苏俄陆军 1941—2017

杨坚／编著

上海社会科学院出版社
SHANGHAI ACADEMY OF SOCIAL SCIENCES PRESS

图书在版编目（CIP）数据

苏俄陆军：1941—2017 / 杨坚著． — 上海：上海社会科学院出版社，2017
　ISBN 978-7-5520-2121-9

Ⅰ．①苏… Ⅱ．①杨… Ⅲ．①陆军－概况－苏联－1941—2017②陆军－概况－俄罗斯－1941—2017 Ⅳ．①E512.51

中国版本图书馆CIP数据核字（2017）第220030号

苏俄陆军 1941—2017

著　　者：杨　坚
责任编辑：黄飞立
封面设计：周清华
出版发行：上海社会科学院出版社
　　　　　上海市顺昌路622号　邮编 200025
　　　　　电话总机 021-63315947　销售热线 021-53063735
　　　　　http://www.sassp.cn　E-mail:sassp@sassp.cn
印　　刷：上海普顺印刷包装有限公司
开　　本：720毫米×1000毫米　1/16
印　　张：50
字　　数：800千
版　　次：2017年11月第1版　2022年8月第3次印刷

ISBN 978-7-5520-2121-9/E·014　　　　　定价：136.00元（全二册）

版权所有　翻印必究

自　序

经过 7 年的艰苦努力，《苏俄陆军 1941—2017》终于要面世了。作为填补国内空白的全面研究伟大卫国战争后苏俄陆军序列沿革的专著，本书将以平实的文字、丰富的资料、通俗易懂的结构向广大读者汇报苏俄陆军序列沿革研究的最新成果。

关于卫国战争后苏俄军队的资料长期以来是极其缺乏的，直到 2004 年后俄罗斯军事历史学家维克多·费斯托夫等人相继出版发行《苏联军队 1945—1991》《冷战中的苏联军队 1946—1991》等书，这些资料才零零碎碎地陆续传入我国。而随着俄罗斯国家档案馆等机构陆续解密有关资料，更多的俄罗斯等国专家、学者投入到苏军乃至苏联解体后前苏各国军队的研究，这一研究领域近年来才呈现出欣欣向荣的态势，更多更新的研究成果陆续发表。

本专著着眼于系统整理相关的资料，按不同历史时期、不同部队加以分类，力求全面、深入浅出地介绍苏俄军队历史最悠久的军种——陆军部队在卫国战争后的发展历程。为了全面了解各部队的历史，还将"二战"末期存续的红军陆军师以上作战部队进行了全面的整理。在全面掌握资料的基础上，研究了不同历史时期的苏俄陆军序列。本书可以说是系统研究苏俄陆军最详尽、数据最准确的专著。

本著为计划中的"苏俄陆军研究书系"之第一种。为写作本书系，笔者查阅了数千万字的俄文、英文、中文材料，不断地筛选、更新、修改。本书系计划各种的主要内容与侧重如下：

第一种　现代苏俄陆军沿革概况和战区、军区、驻外集群

第二种　苏俄陆军集团军

第三种　苏俄陆军军

第四种　苏俄陆军步兵师 1945—1957

第五种　苏俄陆军摩托化步兵师、坦克师

第六种　"二战"后的苏俄陆军机械化师、空降师、骑兵师、炮兵师、高炮师以及新面貌旅

外一种　"二战"苏军诸兵种合成方面军

本书系的主要参考资料有：

1. 军事科学出版社翻译出版的《苏联军事百科》。这是最早专门涉及苏联军队的著作，是权威读物，但成书时间太早，资料缺漏很多，部分内容过时。

2. 维基俄文版、英文版、中文版相关资料。这一资料更新较快，但良莠不齐，需要鉴别吸收。

3. 维克多·费斯托夫等人的著作。这一系列资料丰富，但篇幅较小，专业性太强，不易阅读，早期的资料错误甚多，不过直到目前仍在广泛流传。

4. 公认的专业网站资料。如http://www.soldat.ru，www.ww2.dk。这些网站的资料也很丰富，但比较零碎。

此外，苏俄将帅的回忆录、国内外的书刊文献也为本书系的完成提供了丰富的素材。

本书的编写，力求资料可靠、阐述全面、富有条理、易于阅读，但限于笔者水平和资料有限，成书仓促，书中一定还有不少疏漏、不准确甚至错误之处，敬请读者见谅，并予以斧正。

他山之石，可以攻玉。近年我国的安全形势很不乐观，借鉴战火中锤炼、大战恶战不断的苏俄军队，希望可以帮助我人民解放军在新的征程中坚定信念，为祖国、人民和世界和平再立新功。

非常感谢网友CCCPISM的帮助，是您提供的资料，为本书的编写扫清了最大的障碍。

感谢知远防务论坛、超级大本营军事论坛、鼎盛王朝军事论坛，是你们提供了学习、交流的平台，帮助笔者得以进步。

在此向对该书给予帮助的领导、专家、编辑、发行单位、读者表示感谢，感谢你们的大力支持和帮助。

谨以此书献给世界反法西斯战争胜利72周年。

杨坚

2017年7月

目 录

第一章 现代苏俄地面部队简介 1
第一节 苏联陆军 1
第二节 苏联空降兵 5
第三节 俄罗斯陆军 9
第四节 俄罗斯空降兵 16

第二章 1941—2017年苏俄陆军各兵种的发展 23
第一节 地面部队步兵、坦克兵 23
  一 步兵、坦克兵的发展 23
  二 坦克（机械化）集团军和（诸兵种合成）集团军 38
  三 机械化军、坦克军、步兵军、合成军 43
  四 坦克师、机械化步兵师、步兵师、摩托化步兵师以及新面貌旅 50
第二节 空降兵 92
第三节 骑兵 100
第四节 导弹兵和炮兵 103
第五节 地面防空部队 119
第六节 陆军航空兵 127
第七节 工程兵 129
第八节 通信兵 134
第九节 核、化学和生物武器防护部队（三防兵） 137
第十节 后勤和技术支援部队 138

第三章 战后重建：1945年6月—1948年的苏联陆军 141
第一节 1945年5月苏联红军地面武装力量 141
第二节 1945年6月10日苏联陆军序列（机械化、步兵部队） 152

第三节 1945年夏首次裁军.. 160

第四节 1945年11月苏联陆军序列（机械化、步兵部队）............ 164

第五节 1945年末－1946年苏联陆军的整编 173

第六节 1948年9月1日苏联陆军序列 178

第四章 大变革前的扩军：1948—1955年的苏联陆军 185

第一节 1948年苏联陆军的整编 185

第二节 1955年苏联陆军重排番号 196

第三节 1955年6月13日苏联陆军序列 197

第五章 军事大变革：1955—1964年赫鲁晓夫时代的苏联陆军 ... 207

第一节 1955－1957年间苏联陆军的裁军 207

第二节 1957年苏联陆军的整编 209

第三节 1957年8月苏联陆军序列 213

第四节 1955－1960年苏联陆军裁军报告 221

第六章 军事扩张：1965—1980年勃列日涅夫时代的苏联陆军 .. 231

第一节 勃列日涅夫时代苏联陆军的发展 231

第二节 1979年2月苏联陆军序列 235

第七章 盛极而衰：1980—1989年的苏联陆军 245

第一节 1980－1989年苏联陆军的发展 245

第二节 1989年1月苏联陆军序列 258

第八章 大崩溃：1989—1991年苏联解体前的苏联陆军 323

第一节 裁军50万后的苏联陆军（1990年11月）.................... 323

第二节 大撤军 331

第三节 1991年12月苏联陆军序列 335

表格目录

缩略词对照表	11
表 1-1 俄联邦军区	12
表 1-2 2014 年俄陆军主要装备统计	14
表 2-1 1944 年 1 月 1 日苏联坦克军团编成（标准编制）	36
表 2-2 1946 年组建的机械化集团军编成	41
表 2-3 1946—1948 年师改旅对比	52
表 2-4 1946—1988 年苏联陆军坦克师编成数量变化	70
表 2-5 1946 年 7 月苏联空降兵部队番号、驻地、编成	93
表 2-6 1948 年 10 月底苏联空降兵部队番号、驻地、编成	93
表 2-7 1956 年 4 月后苏联空降兵部队番号、驻地、编成	94
表 2-8 1965 年苏联空降兵部队番号、驻地、编成	95
表 2-9 1945 年组建的步兵师属炮兵旅（除了远东战区的部分师）	106
表 3-1 1945 年 5 月 1 日苏联陆军序列（师以上）	141
表 3-2 1945 年 6 月 10 日苏联陆军序列（机械化、步兵部队）	152
表 3-3 1945 年 11 月苏联陆军序列（机械化、步兵部队）	164
表 3-4 1946 年改编为机械化师、坦克师的步兵师	173
表 3-5 1945－1946 年创建的机械化第 1、7—28 师	175
表 3-6 1945—1946 年创建的近卫机械化第 1—37 师	175
表 3-7 1946 年组建的机炮旅	177
表 3-8 1948 年 9 月 1 日苏联陆军序列	178
表 4-1 1953—1956 年整编为机械化步兵师的步兵师	187
表 4-2 1945—1949 年创建的坦克师	188
表 4-3 1953—1955 年创建的机械化师	189
表 4-4 坦克第 1—10、13 师，近卫坦克第 1—12 师 1945—1957 年间名称变化	190
表 4-5 坦克第 14—47 师 1945—1957 年间番号变化	191
表 4-6 1955—1957 年步兵师、机械化步兵师、空降师、山地步兵师番号沿革	192

3

表 4-7	1948年组建的机械化枪炮兵师的前身单位	195
表 4-8	1955年重排序号的步兵师	196
表 4-9	1955年6月13日苏联陆军序列	197
表 4-10	1955年6月13日苏联陆军编成数量统计	199
表 4-11	1955年6月13日苏联陆军序列（师以上）	199
表 5-1	1947—1956年撤销的步兵师、空降兵师、坦克师、机械化师、机炮师和骑兵师	211
表 5-2	1957年8月1日苏联陆军序列	213
表 5-3	1957年8月1日苏联陆军编成数量统计	214
表 5-4	1957年8月1日苏联陆军序列（师以上）	214
表 6-1	1979年2月苏联陆军序列	235
表 6-2	1979年2月苏军地面力量编成数量统计	236
表 6-3	1979年2月苏联陆军序列	236
表 7-1	1957—1989年苏军摩步师沿革	253
表 7-2	1957—1989年苏军空降师沿革	256
表 7-3	1957—1989年苏军坦克师沿革	257
表 7-4	1989年1月1日苏军地面力量序列（不含海岸、岸防部队）	258
表 7-5	1989年1月1日苏军地面部队序列（不计陆军院校）	259
表 7-6	1989年1月1日后备坦克师	321
表 7-7	1989年1月1日后备摩步师	322
表 8-1	1990—1991年苏军摩步师装备	325
表 8-2	1990—1991年苏军坦克师装备	328
表 8-3	1990—1991年苏军空降师装备	330
表 8-4	1990—1991年苏军军校地面武器装备	330
表 8-5	1988年苏联在东欧四国的驻军数量	333
表 8-6	1991年12月24日苏军地面力量序列（不含海岸、岸防部队）	335
表 8-7	1991年12月24日苏军地面力量编成数量统计	336
表 8-8	1991年12月24日苏联陆军序列	337
表 8-9	1945—1989年苏联陆军和海军的地面部队	343
表 8-10	1947—1991年间苏联坦克装甲车	344

缩略词对照表

俄文缩略词	英文缩略词	中文
а	A	集团军
ав	Av	空军
абр	ABR	炮兵旅
ад(адп)	ad(adp)	炮兵师(突破炮兵师)
АК(ак)	ak	炮兵军
ап	ap	炮兵团
арт	Art	反坦克炮团
АрхВО	arhvo	阿尔汉格尔斯克军区
бад	Bad	轰炸航空兵师
БАК	BAK	轰炸航空兵军
бап	bap	轰炸航空兵团
БакВО	BakVO	巴拉诺维奇军区
БарВО	BarVO	巴库军区
БВО	BVO	白俄罗斯军区
БелВО	belVO	白海军区
БМ	BM	大威力
БМД	BMD	空降战车
БМП	BMP	步兵战车
БНА	BNA	保加利亚人民军
ПВО	PVO	防空军
БСР	BSR	无人侦察机
БТ	BT	装甲车
бтв	BTV	坦克兵
БТМВ	BTMV	坦克兵和机械化步兵
БТР	BTR	装甲运输车
БФ	BF	白俄罗斯方面军
БХВТ(БХИ)	BHVT(BHI)	武器装备存储基地(存储基地)
ВА(ВИА)	BA(VIA)	空军(前线航空兵)
вдбр	vdbr	空降旅
ВДВ	VDV	空降兵
вдд	VDD	空降师
ВДК	VDK	空降军
ВМФ	VMF	海军
ВНА	BNA	匈牙利人民军
ВорВО	VorVO	沃罗涅日军区
ВСибВО	VSibVO	东西伯利亚军区
ВТА(ДТА)	BTA(DTA)	军事运输航空兵(远程运输航空兵)
втад	vtad	军用运输航空兵师
втап	VTAP	军用运输航空兵团
габр	Gabr	榴弹炮旅
гап	GAP	榴弹炮团
ГВ	Gv	近卫
ГКВДВ	GKVDV	最高统帅部远东方向
ГКВЗН	GKVZN	最高统帅部西部方向
ГКВЮЗН	GKVIUZN	最高统帅部西南方向
ГКВЮН	GKVIUN	最高统帅部南部方向
ГКО	GKO	苏联国防委员会
ГорВО	GorVO	高尔基军区
ГРУ	GRU	总参情报局

1

续表

俄文缩略词	英文缩略词	中文
ГСВГ(ГСОВГ)	GSVG(GSOVG)	驻德苏军
ГСД	GSD	山地步兵师
гск	GSK	山地步兵军
ГСП	GSP	山地步兵团
ГСВМ	gsvm	驻蒙古集群
ДА	DA	远程航空兵
ДВО(ДВФ)	DVO(DVF)	远东军区(远东方面军)
ДКБФ(КБФ)	DKBF(KBF)	荣获两枚红旗勋章的红旗波罗的海舰队
ДонВО	DonVO	顿河军区
ДТА	DTA	远程运输航空兵
дшбр(дшб)	dshbr(dshb)	空降突击旅(空降突击营)
ЗабВО	ZabVO	后贝加尔军区
ЗАВО	ZaVo	后贝加尔—阿穆尔军区
ЗакВО	ZakVO	高加索军区
ЗГВ	ZGV	西方集群
зенад	zenad	高炮师
зенап	zenap	高炮团
ЗПУ	ZPU	高射机枪
зрбр	zrbr	防空导弹旅
зрдн	zrdn	防空导弹营
зрп	ZRP	防空导弹团
ЗСибВО	ZSibVO	西西伯利亚军区
ЗСУ	ZSU	自行高炮
иад	IAD	歼击航空兵师
ИАК	IAK	歼击航空兵军
иап	IAP	歼击航空兵团
ибад	Ibad	歼击轰炸航空兵师
иптабр	iptabr	反坦克炮兵旅
иптап	iptap	反坦克炮兵团
КазВО	KAZVO	喀山军区
КВО	KVO	基辅军区
КБФ	KBF	红旗波罗的海舰队
КВФ	KVF	里海舰队
КГБ	KGB	苏联国家安全委员会
кд	kd	骑兵师
КК	KK	骑兵军
КМГ	KMG	骑兵司令部
КП	KP	骑兵团
КСФ(СФ)	KsF(SF)	红旗北方舰队
КТОФ(ТОФ)	KTOF(TOF)	太平洋舰队
КубВО	KUBVO	库班军区
КЧФ(ЧФ)	KCHF(CHF)	红旗黑海舰队
лабр	labr	轻型炮兵旅
лап	lap	轻型炮兵团
ЛВО	LVO	列宁格勒军区
ЛФ	LF	列宁格勒方面军
МехА	MehA	机械化集团军
МехК	MehK	机械化军
мехд	mehd	机械化师
мехп	mehp	机械化团

续表

俄文缩略词	英文缩略词	中文
МВД	MVD	内务部
МВО	MVO	莫斯科军区
минбр	minbr	迫击炮旅
минп	minp	迫击炮团
МинВО	MinVO	明斯克军区
МОПВО	MOPVO	莫斯科防空区
мсб	msb	工兵旅
мсбр	msbr	摩步旅
мед	MED	摩托化步兵师
мсп	MSP	摩托化步兵团
нбад	nbad	夜间轰炸航空兵师
ННА	NNA	东德人民军
ОА	OA	独立集团军
оадн	oadn	独立炮兵营
ОВА	OVA	独立空军集团军
ОБО	OBO	特别军区
ОдВО	OdVO	敖德萨军区
ОКСВА	OKSVA	驻阿苏军
ОМА	OMA	特别机械化集团军
орб	Orb	独立侦察营
осбр	osbr	独立步兵旅
отб	OTB	独立坦克营
ОУЦ	OUC	军区训练中心
бр	br	旅
пулаб	pulab	机枪和炮兵营
пулабр	pulabr	机枪和炮兵旅
пулад	Pulad	机枪和炮兵师
пулап	pulap	机枪和炮兵团
ПрибВО	pribvo	波罗的海军区
ПриВО	PriVO	伏尔加河沿岸军区
ПрикВО	PrikVO	喀尔巴阡军区
ПримВО	PrimVO	滨海军区
ПУрВО	PurVO	伏尔加河沿岸—乌拉尔军区
РВА	PBA	炮兵和火箭兵
реабр	reabr	火箭炮兵旅
реап	Reap	火箭炮兵团
СА	SA	苏联陆军
сабр	SABR	自行火炮旅
САВО	SAVO	中亚军区
сад	SAD	空军混成师
САК	SAK	空军军
сап	SAP	自行火炮团
САУ	SAU	自行火炮
СВ	SV	地面部队
СВАГ	SVAG	驻德苏军司令部
СГВ	SGV	北方集群
СД	SD	步兵师
СевВО	SevVO	北部军区
СибВО	SibVO	西伯利亚军区
ск	SK	步兵军

续表

俄文缩略词	英文缩略词	中文
СКВО	SKVO	北高加索军区
СЗГВ	SZGV	西北集群
СтавВО	StavVO	斯塔夫罗波尔军区
СтепВО	StepVO	草原军区
СТОФ	Stof	北太平洋舰队
СФ	SF	北洋舰队
ТА	TA	坦克集团军
ТавВО	TavVO	塔夫里亚军区
тап	tap	重炮团
тбад	TBAD	重型轰炸航空兵师
ТБАК	TBAK	重型轰炸航空兵旅
тбап	TBAP	重型轰炸航空兵团
ТбилВО	TbilVO	第比利斯军区
тгабр	TGABR	重型榴弹炮旅
тгап	TGAP	重型榴弹炮团
тбр(ттбр)	TBR(TTBR)	坦克旅(重型坦克旅)
тд(ттд)	TD(TTD)	坦克师(重型坦克师)
ТК	TK	坦克军
ТОФ	TOF	太平洋舰队
тп(ттп)	TP(TTP)	坦克团(重型坦克团)
тсп(ттсп)	tsp(ttsp)	坦克自行火炮团(重坦克自行火炮团)
ТуркВО	TurkVO	土耳其斯坦军区
УР	UR	筑垒地域
УрВО	UrVO	乌拉尔军区
ХВО	HVO	哈尔科夫军区
ЦБРТ	TSBRT	中央存储训练基地
ЦГВ	TSGV	中央集群
ЧФ	CHF	黑海舰队
шад	shad	强击航空兵师
ШАК	shaK	强击航空兵军
шап	Shap	强击航空兵团
ЮГВ	YUGV	南方集群
ЮУ	YUUVO	南乌拉尔军区

第一章 现代苏俄地面部队简介

第一节 苏联陆军

苏联陆军部队是苏联武装部队的根基和人数最众多的一部分。

至1941年6月，苏联陆军共有303个师（其中1/4正在组建），红军总人数达470余万。1941年6月22日，法西斯德国撕毁《苏德互不侵犯条约》，向苏联发动突然袭击。由于战前苏联对战争危机估计不足，没有充分做好迎战准备，对双方力量对比估计失当，以及战略指导失误等原因，战争初期红军未能阻止德军的进攻。至7月8日，红军有89个步兵师、20个坦克师被歼。至11月，德军深入苏联腹地850—1200公里，红军损失约700万人，其中被俘300余万人。为抗击侵略，苏联共产党和政府动员全国军民奋起进行卫国战争。至1941年7月1日，共有530万人应征参加红军。至11月，红军共有291个师又94个旅开赴前线。至1941年底，红军新组建400多个师。之后经过艰苦卓绝的战斗，苏联红军越战越强，在1945年5月时苏联武装力量总人数为1136.5万人，其中超过80%是陆军部队。

卫国战争期胜利结束后，陆军占武装力量的比重在81.7%之间，空军占8%，国土防空军占5%，海军占5.3%。装甲坦克兵在陆军中的相对比重由1941年12月的4.4%增加到1945年的11.5%；最高统帅部预备队炮兵则由1941年6月的12.6%增加到1945年的20.7%。步兵的比重由1941年底的68.4%下降到1945年初的62.2%；骑兵也由1941年的4.8%下降到战争结束时的3%。

1946年2月，红军陆军正式确定为一个军种，1953年3月15日正式定名苏联陆军（CA，SA）。

在第二次世界大战结束时，红军有超过500个步兵师和大约十分之一兵力的坦克部队。坦克部队实力大致维持不变，而战时的步兵部队被削减了三分之二。战后的坦克军整编为坦克师，并从1957年起将步兵师整编为

朱可夫元帅

摩托化步兵。每个摩托化步兵师辖有3个摩托化步兵团和1个坦克团,共计10个摩托化步兵营和6个坦克营;坦克师的步坦比例则相反。

陆军司令部在1946年3月份第一次组建,4年后它被遣散,于1955年重建,在1964年3月陆军司令部再次解散,但到1967年11月第三次组建。

1946年3月,苏联元帅格奥尔基·康斯坦丁诺维奇·朱可夫就任陆军总司令,但到7月份就被伊万·科涅夫接替。从1945年到1948年,苏联武装力量从约1130万减少到约280万人,首先通过增加军区的数量到33个以利于复员工作,然后减少到21个,到1946年地面部队的兵力从982.2万人减少到244.4万人。

为确保苏联在东欧的地缘利益,红军从纳粹手里解放了东欧国家,战后仍在这些国家驻军,以确保东欧的政权亲苏。苏军第39集团军在旅顺和大连驻军,直到1955年才移交给中国。

在苏联境内的苏军部队部署在各军区。为了做好复员工作,1945年时有32个军区(最多时33个)。1946年减少到21个,后来长期维持16个。驻德苏军是最强大的苏军集群,北方集群常驻波兰。驻罗马尼亚、保加利亚的南部集群1947年撤销,撤出了保加利亚;驻奥地利、匈牙利的中央集群在1955年撤销,但因1956年匈牙利事件,重建了南部集群。在1958年,苏联军队从罗马尼亚撤出。华沙条约组织在1968年对"布拉格之春"实施军事干预,在捷克斯洛伐克重组了中央集群。而在1969年发生了中苏边界冲突,促使苏军建立了一个新的军区:中亚军区,驻在哈萨克斯坦阿拉木图。1979年,苏军入侵阿富汗,遭到了阿富汗游击队的10年抵抗。

在整个冷战时期(1945—1991年),苏军的兵力在约280万到约530万人。苏军义务兵兵役为3年,直到1967年,地面部队兵役减少到2年。

到20世纪80年代中期,苏军地面部队约有210个师,约四分之三是摩步师,其余是坦克师。此外,还有大量炮兵师,独立炮兵旅,工兵群和其他作战支援编队,然而常备部队的数量相对较少。а、б和в,苏联用西里尔字母中的前3个字母表示兵力等级。а类师是常备师,齐装满员;б和в类师战备等级较低,分别为50%—75%(需要至少72小时的动员)和10%—33%(需要2个月)兵力。境内的军区通常只包含1—2个а级师,其余是б和в师。通常我们研究时把B级用英文细分为C、D级。

大部分冷战时期苏军在前沿部署了4个4—5个师编成的集团军(大致相当于西方的军)。在20世纪70年代末和80年代初,在数个战略方向建立了方向总司令部(战区司令部),包括了欧洲方向(西方和西南战略方向),南方方向(驻巴库),远东方向(苏联远东，第 1 个组建）。

1955 年，苏联与其东欧卫星国签署了华沙组织条约，苏联在军事上正式控制了其武装部队。1956 年后，赫鲁晓夫裁减了陆军，建立了战略火箭军，以强调军队的核能力。他又于 1957 年秋撤换了朱可夫元帅。然而，苏联军队的核武器直到 80 年代中期才满足战争计划要求。

从 1985 年到 1991 年，苏联总统戈尔巴乔夫试图裁减军事力量以解决财政紧张问题。他慢慢地缩小其规模，并在 1989 年撤出阿富汗。

在 1991 年 8 月 19 日至 21 日的"八一九事件"废黜总统戈尔巴乔夫之后，已丧失信仰、军心浮动的军队没有积极响应苏联共产党保守势力发动的政变。国防部长命令坦克开进莫斯科，但政变失败了。

1991 年 12 月 8 日，俄罗斯、白俄罗斯和乌克兰的总统决定正式解散苏联，然后组成独立国家联合体。1991 年 12 月 25 日，苏联总统戈尔巴乔夫辞职；第二天，苏联最高苏维埃自行解散，苏联在 1991 年 12 月 26 日正式解散。在后来的 18 个月内，跨共和国的把苏联的军队改编为统一的独联体军事力量的政治努力失败；最终，驻扎在各共和国的部队正式成为各自的共和政府的军队。

1992 年 3 月中旬，俄罗斯总统叶利钦任命自己兼任俄罗斯国防部长，标志着俄罗斯开始组建武装力量。在 1993 年 6 月，前苏联的军事指挥机构终于正式解散。

在接下来的几年里，前苏联陆军从中欧和东欧（包括波罗的海国家），以及阿塞拜疆、亚美尼亚、乌兹别克斯坦、哈萨克斯坦、土库曼斯坦和吉尔吉斯斯坦等新独立的前苏联共和国撤出。现在，继承了苏联陆军衣钵的俄罗斯陆军仍留在塔吉克斯坦，格鲁吉亚和德涅斯特河沿岸。

20 世纪 50—80 年代，苏联陆军主要包括下列兵种：
- 摩托化步兵（1957 年 3 月 12 日开始组建，1963 年正式由步兵更名）
- 坦克兵（1954 年前称为装甲兵-BTMV，至 1960 年改为坦克兵-BTV）
- 导弹兵和炮兵-PBA（1962 年前称为炮兵）
- 陆军航空兵
- 通信兵
- 工程兵
- 野战防空兵（包括雷达部队）

- 核、生物和化学武器防护兵（NBC）
- 后勤和技术支援部队

陆军直属部队还有一些院校和其他机构。

1955—1963年，陆军地位屈居战略火箭军之后的第二位。1960年代中期后，苏军对战争认识有所改变，陆军作用被重新重视。

1988年初时，苏联陆军人数达199万，分为16个军区。编为51个坦克师、142个摩托化步兵师、7个空降师、约10个突击空降旅和16个方面军炮兵师，装备主战坦克5.3万辆、装甲战斗车辆6.3万辆、火炮2.9万门、地对地导弹发射架约1570部。

1989年时，苏联陆军人数159.6万，分为14个军区。编为53个坦克师、153个摩托化步兵师、7个空降师、约10个突击空降旅和18个炮兵师，装备主战坦克5.455万辆、装甲侦察车8000辆，步兵战车2.6万辆，空降战车2500辆，装甲输送车辆3万辆、牵引火炮2.25万门、自行火炮9000门。

1980年代，苏联陆军军区有：
- 莫斯科军区，也叫中央陆军
- 白俄罗斯军区
- 列宁格勒军区
- 基辅军区
- 波罗的海军区
- 伏尔加河沿岸军区
- 乌拉尔军区
- 外高加索军区
- 北高加索军区
- 敖德萨军区
- 喀尔巴阡军区
- 土耳其斯坦军区
- 中亚军区
- 西伯利亚军区
- 后贝加尔军区
- 远东军区

▲"西方81"演习中的苏联陆军。

历任陆军司令（1950年、1964年数度撤销此职位，1967年11月恢复陆军司令部）：

格奥尔基·康斯坦丁诺维奇·朱可夫苏联元帅（1946年3月21日—1946年6月2日）

伊万·斯捷潘诺维奇·科涅夫苏联元帅（1946年6月3日—1950年3月26日，恢复陆军司令部后1955年3月12日—1956年3月12日）

罗季翁·雅科夫列维奇·马利诺夫斯基苏联元帅（1956年3月13日—1957年11月11日）

安德烈·安东诺维奇·格列奇科苏联元帅（1957年11月12日—1960年4月6日）

瓦西里·伊万诺维奇·崔可夫苏联元帅（1960年4月7日—1964年3月7日）

伊万·格里戈里耶维奇·巴甫洛夫斯基大将（1967年11月5日—1980年11月26日）

瓦西里·伊万诺维奇·彼得罗夫大将（1980年11月27日—至1985年1月24日，1983年3月25日晋升苏联元帅）

叶甫根尼·菲利普波维奇·伊万诺夫斯基大将（1985年2月5日—至1989年1月4日）

瓦连京·伊万诺维奇·瓦连尼科夫大将（1989年1月5日—1991年8月30日，实际于8月22日被捕）

弗拉基米尔·马戈梅多维奇·谢苗诺夫上将（1991年8月31日—1996年11月30日，1996年6月13日晋升大将）

第二节　苏联空降兵

空降兵作为一个独立兵种长期直属于苏联武装力量。

1941年3—4月，红军在原有的空降兵第201、第204、第211、第212和第214旅的基础上组建了5个空降军。空降军的数量在1941年后期由5个上升到10个，但1942年夏季所有的空降军都被改编为近卫步兵师。

1942年8月起，空降军编制之外的机动空降第1—5旅，预备役空降第4团，改为近卫步兵第5—10旅，分别编成步兵第10军和步兵第11军，投入作战。

1942年8月16日，根据国防人民委员部第2178号令，空降第1军，第4—10军，以及机动空降第1—5旅得到了重建，各重建的空降军下属空降旅番号照旧。1942年秋，为了加强西北方向的苏军部队，最高统帅部将新成立的空降兵部队再次改为步兵师（番号为近卫空降第1—10师，仅名字为空降师）投入最重要的区域作战。

1943年4—6月，先后新成立了7、13个近卫空降旅。1943年

▲ 1941年5月1日基辅阅兵式时的空降兵第1军。

12月20日—12月23日，18个近卫空降旅被改编为6个近卫空降师，序号11—16。

1944年1月19日，近卫空降兵第13、14、15师分别改编为近卫步兵第98、99、100师，组成近卫步兵第37军。

1944年8月，新成立了近卫空降兵第21、23、24旅，同时独立空降兵第202旅从哈巴罗夫斯克调往莫斯科军区，改为近卫空降兵第22旅。新组建的4个近卫空降旅和原来的近卫空降兵第3、8旅又合编成了2个近卫空降师：第13-II、14-II师。

同时，近卫步兵第37军和近卫空降兵第8师被从前线召回，最高统帅部筹划成立3个近卫空降军（近卫空降第37、38、39军）。

到1944年10月4日，"正牌"空降兵共有3个军9个师27个旅，另有作为步兵师使用的近卫空降第1—7，9—10师。

1944年12月到次年2月，3个近卫空降军及其下属的9个近卫空降师纷纷改为步兵部队。成立最高统帅部直属的近卫第9集团军，下属3个近卫步兵军（近卫步兵第37、38、39军），共计9个近卫步兵师。

"二战"结束后，近卫第9集团军改组为空降部队，从苏联空军直接转隶到苏联武装力量部下辖的陆军。

1946年6月，苏军空降兵下辖5个军（增加了近卫空降兵第8、15军），共10个师：

- 近卫空降兵第8军（辖近卫空降兵第103、114师）
- 近卫空降兵第15军（辖近卫空降兵第76、104师）
- 近卫空降兵第37军（辖近卫空降兵第98、99师）
- 近卫空降兵第38军（辖近卫空降兵第105、106师）

• 近卫空降兵第 39 军（辖近卫空降兵第 100、107 师）

1948 年夏秋，苏军创建了 5 个近卫空降师（近卫空降兵第 7 师，驻立陶宛，归近卫空降兵第 8 军指挥；近卫空降兵第 11 师，驻梁赞，归近卫空降兵第 38 军指挥；近卫空降兵第 13 师，驻滨海边疆区加连基，归近卫空降兵第 37 军指挥；近卫空降兵第 21 师，驻爱沙尼亚瓦尔加，归近卫空降兵第 15 军指挥；近卫空降兵第 31 师，驻喀尔巴阡，归近卫空降兵第 39 军指挥）。

▲ 苏军空降兵旗帜。

1955 年 4 月末至 1956 年初，近卫空降兵第 11、21、100 和 114 师以及所有的空降军军部被解散，空降师的数量减少到 11 个；1955 年 4 月，运输航空兵脱离空降兵序列，编入空军运输航空兵序列。

1959 年近卫空降兵第 31、107 师被解散，但在 1960 年 10 月组建了空降兵第 44 教导师，在 1964 年空降部队直接隶属国防部。纵观战后国防部领导空降兵的历史，空降部队总是被直接使用，然后将它们加强给空军或陆军，所以空降兵几乎总是与陆军一起排序。

1956 年期间，苏军在干涉匈牙利的过程中使用了 2 个空降师（近卫空降兵第 7 和第 31 师）；1968 年，在捷克斯洛伐克再次使用了近卫空降兵第 7 师。

1967—1968 年，由近卫空降兵第 51 团（驻图拉）组建了一个实验性的空降突击部队——空中突击（空中机动/空中突击）第 1 旅。在 1973 年，近卫空降兵第 13 和第 99 师被改编为突击空降旅，空降师数量下降至 8 个。此外，还有若干个独立旅、团、营。然而，即使到了 20 世纪 80 年代，使用空军军事运输航空兵和俄罗斯国际航空公司的飞机，苏军一次也仅能部署 2 个空降师。

1973 年，部署在乌苏里斯克的近卫红旗斯维里河空降兵第 99 师被拆分，组建独立的突击空降旅（近卫空中突击第 11、13、83 旅）。

根据总参谋部的命令，从 1979 年 8 月 3 日到 1979 年

现代空降兵理论之父马尔格洛夫大将

▲ 20世纪60年代的苏联空降兵。

12月1日,近卫维也纳空降兵第105师被解散了。独立近卫空降兵第345团、第115军事运输航空兵大队留在费尔干纳。该师的其余人员,被编入独立的空降部队和单位,以及新成立的突击空降旅。基于该师近卫空降兵第351团组建了独立近卫空中突击第56旅,驻乌兹别克塔什干州(奇尔奇克地区)阿扎德巴什。与此同时,近卫空降兵第111团改编为独立近卫空中突击第35旅。

1989年,苏军空降兵序列:
- 近卫切尔卡瑟空降兵第7师(考纳斯城堡,立陶宛SSR)
- 近卫切尔尼戈夫空降兵第76师(普斯科夫,俄罗斯SSR)
- 近卫斯维里河空降兵第98师(博尔格勒&基希讷乌,摩尔多瓦SSR)
- 近卫空降兵第103师(维捷布斯克,白俄罗斯SSR)
- 近卫空降兵第104师(基洛夫巴德,阿塞拜疆SSR)
- 近卫空降兵第106师(图拉,俄罗斯SSR)
- 空降部队第242训练中心(约纳瓦,立陶宛SSR),前身是空降兵第44教导师
- 独立近卫空降兵第345团(古达乌塔,格鲁吉亚SSR)
- 空中突击第11旅
- 空中突击第13旅
- 空中突击第14、21、23、35、36、37、38、39、40、56、83、95、100旅
- 独立通信171旅(梅德韦日奥泽拉,莫斯科军区)

历任空降兵司令:
瓦西里·阿法纳西耶维奇·格拉祖诺夫中将(1941年8月29日—1943年6月,两次苏联英雄)
亚历山大·格里戈利耶维奇·卡皮托欣中将(1943年6月7日—1944年8月9日)
伊万·伊万诺维奇·扎特瓦金中将(1944年8月—1946年1月)

亚历山大·费多罗维奇·卡赞京中将（1945年—1946年3月）

瓦西里·瓦西里耶维奇·格拉戈列夫上将（1946年4月—1947年9月，苏联英雄）

亚历山大·费多罗维奇·卡赞京中将（1947年10月—1948年12月）

谢尔盖·伊格纳季耶维奇·鲁坚科上将（1948年12月—1949年9月，苏联英雄）

亚历山大·费多罗维奇·卡赞京中将（1949年10月—1950年3月）

亚历山大·瓦西里耶维奇·戈尔巴托夫上将（1950年3月—1954年5月31日，苏联英雄）

瓦西里·菲利波维奇·马尔格洛夫上将（1954年5月31日—1959年3月22日，1961年9月19日—1979年1月7日，苏联英雄，1967年晋升大将）

伊万·瓦西里耶维奇·图塔日诺夫上将（1959年3月22日—1961年7月）

德米特里·谢苗诺维奇·苏霍鲁科夫上将（1979年1月9日—1987年11月19日，1982年12月16日晋升大将）

尼古拉·瓦西里耶维奇·加里宁大将（1987年11月19日—1989年2月）

弗拉季斯拉夫·阿列克塞耶维奇·阿恰洛夫大将（1989年2月—1991年1月）

帕维尔·谢尔盖耶维奇·格拉乔夫大将（1991年1月—8月31日，苏联英雄）

叶夫根尼·尼古拉耶维奇·波得科尔津中将、上将（1991年9月—1992年5月）

第三节 俄罗斯陆军

陆军编成和指挥机构

1992年5月，俄罗斯武装部队正式建立，它控制了前苏联俄罗斯境内，以及驻扎德国、波兰、波罗的海沿岸诸国的所有武装部队，同时还控制了驻摩尔达维亚的近卫第14集团军、驻扎在南高加索诸共和国的苏联部队，驻中亚共和国的苏联部份部队也由俄罗斯控制。俄军总计拥有前苏联75%（280万）的军队，50%以上的军事装备和80%的战略核力量。

陆军是俄罗斯武装部队的主体，并组建了以空降兵为基础的快速反应部队，拥有世界上一流的武器装备，经分阶段改革后把俄罗斯陆军建成能对威胁做出反应的灵活防御体系。

陆军总司令部平时负责领导所有军区，战时负责领导未改编为方面军的军区。具体

▲ 俄罗斯联邦陆军军旗与军徽。

职能是：对军区部队进行日常管理；组织军区陆军部队的战斗训练；制定和组织实施部队的战斗准备和动员准备计划；制定部队的武器装备保障计划；领导战时各方面军的技术保障工作。战时对陆军部队的指挥由总参谋部通过军区（军队集群、战役集群）实施。对从国外撤回的陆军部队进行重新整编的同时，1992年8月起陆军由集团军、师体制向"军旅制"转变，部分集团军整编为军。

1998年1月1日，陆军总司令部被撤销，改为陆军总局和战斗训练总局。原陆军总司令部所属陆军航空兵司令部、陆军防空兵司令部、火箭兵与炮兵司令部均改编为局，由国防部副部长直接领导。陆军总局最初直属国防部，1998年12月后转隶总参谋部，保留了原陆军总司令部的基本职能，但对部队没有作战指挥权。

2001年3月，科尔米利采夫上将被任命为陆军总司令，开始重建陆军总司令部。2004年，陆军司令免兼国防部副部长。

现陆军司令部直属机构：
- 总参谋部行政办公室
- 战役局
- 组织和动员局
- 政治部
- 导弹和炮兵部队司令部
- 陆军防空兵局
- 陆军航空局
- 情报局
- 工程兵司令部
- 通信局

▲ 莫斯科伏龙芝大街20—22号的俄罗斯陆军司令部。

- 人事局
- 武器局
- 电子战办公室
- 交通运输厅
- 地理办公室

苏联在解体前，共辖有13个军区。俄罗斯联邦武装力量组建后，俄政府对境内保留下来的军区进行了调整，将伏尔加河沿岸—乌拉尔军区分拆，共设8个军区，分别是：列宁格勒军区、莫斯科军区、北高加索军区、伏尔加河沿岸军区、乌拉尔军区、西伯利亚军区、后贝加尔军区和远东军区。同时撤销了西北集群，原外高加索军区改编为统领驻格鲁吉亚、亚美尼亚俄军的驻南高加索俄军集群。1994年8月俄军在驻加里宁格勒州陆、海、空、防空部队的基础上成立加里宁格勒特别防御区。

1998年12月1日，西伯利亚军区和后贝加尔军区合并为西伯利亚军区，司令部驻赤塔，在原西伯利亚军区司令部基础上组建第41集团军司令部。同时，后贝加尔军区所属雅库特（萨哈）共和国划归远东军区。1998年7月，伏尔加河沿岸军区所属科米共和国划归列宁格勒军区。为了对各军种部队及其他军事力量实施统一指挥，俄军决定从1999年起赋予各大军区战役—战略司令部职能。

2001年9月，俄又将乌拉尔军区和伏尔加河沿岸军区进行合并，并重新对军区划分做了调整，保持了6大军区的军事行政区划，另外还设一个不编入军区的独立军事行政单位——加里宁格勒特别军区。6个军区是：列宁格勒军区、莫斯科军区、北高加索军区、伏尔加河沿岸—乌拉尔军区、西伯利亚军区和远东军区。

在2008年的改革前，俄罗斯的军区体制以陆军为主体，在这种体制下，军区只管得了陆军，对海军、空军的约束很少，但是在改革后的体制下，军区对军区内海军、空军部队的控制得以加强。

2010年末后，陆军以及空军部队和海军部署在4个军区：西部军区、南部军区、中部军区和东部军区，负责4个战略方向——西、南、中部和东部。1992—2010年，地面部队分为6个军区：莫斯科、列宁格勒、北高加索、伏尔加河沿岸—乌拉尔、西伯利亚、远东军区，以及俄罗斯四大舰队和里海区舰队。这6个军区被合并为4个新的军区，加入了空军和海军力量。

表 1-1 俄联邦军区

军区名称及所辖集团军	指挥部所在地
西部军区	圣彼得堡
*近卫坦克第1集团军	奥丁特索沃
*第6集团军	阿加拉托沃
*近卫第20集团军	沃罗涅日
南部军区	顿河畔罗斯托夫
*第49集团军	斯塔夫罗波尔
*第58集团军	弗拉季高加索
近卫第8集团军	伏尔加格勒
中央军区	叶卡捷琳堡
*近卫第2集团军	萨马拉
*第41集团军	新西伯利亚
东部军区	哈巴罗夫斯克(伯力)
*第5集团军	乌苏里斯克(双城子)
*第29集团军	赤塔
*第35集团军	别洛戈尔斯克
*第36集团军	乌兰乌德

西部联合战略司令部——西部军区(总部在圣彼得堡),包括北方和波罗的海舰队;

南部联合战略司令部——南部军区(总部在顿河畔罗斯托夫),包括黑海舰队和里海区舰队;

中央联合战略司令部——中央军区(总部在叶卡捷琳堡);

东部联合战略司令部——东部军区(总部在哈巴罗夫斯克),包括太平洋舰队。

俄罗斯还保留了一个军事基地,第102军事基地,驻在亚美尼亚,原属于高加索集群,由南部军区指挥。

2014年12月1日,俄罗斯设立北极战略司令部(改组后的北方舰队)。

俄罗斯陆军兵种架构

陆军现役架构包括摩托化步兵,坦克兵,导弹兵和炮兵部队,防空兵,特种兵团(侦察、通信、无线电、电子对抗、工兵、核辐射、生物和化学三防部队、维修技术支援部队、汽车兵和后方警戒部队)部队和后勤机构。

摩托化步兵是现役兵力最多的部队,构成了地面部队中战斗编队的核心,它们配备了功能强大的武器装备,可打击地面和空中目标。摩托化步兵装备了导弹、坦克、火炮和迫击炮、反坦克导弹、防空导弹系统等武器和侦察控制通信工具。2007年时,俄陆军有19个摩托化步兵师,海军波罗的海舰队在加里宁格勒,以及太平洋舰队在堪察加半岛的海防部队还下辖了几个摩托化步兵部队。大量的动员师旅被称为"武器存储(维修)基地",即在平时只有现场看护人员,存储了充足的武器。

坦克兵是陆军强大武力中的主力,负责完成最重要的作战任务,到 2007 年俄军仅剩 3 个坦克师:莫斯科军区的近卫坦克第 4 和第 10 师,以及西伯利亚军区的近卫"顿河"坦克第 5 师。西伯利亚军区的近卫坦克第 2 师和远东的近卫坦克第 21 师已经被解散。

▲ 参加红场阅兵的近卫摩托化步兵第 2 师,2013 年。

炮兵和火箭炮部队为地面部队提供主要的火力打击。到 2007 年,地面部队包括五六个负责防御的机枪炮兵师、1 个野战炮兵师,莫斯科军区的近卫炮兵第 34 师、西伯利亚军区的炮兵第 12 师和远东军区的近卫炮兵第 15 师都已经解散。

▲ "中央 2015"演习,2015 年 9 月 15 日。

在 2009 年,保留下来的所有 23 个师改编为 4 个坦克旅、35 个摩步旅、1 个侦察旅、1 个机枪炮兵师和 3 个突击空降旅,有几个旅保留了近卫称号,只有少数几个旅恢复为师(在 2013 年 5 月恢复了近卫坦克第 4 师、近卫摩托化步兵第 2 师)。2016 年恢复了 4 个师,其中西部军区 2 个师,南部军区 1 个师,中部军区 1 个。分别部署在斯摩棱斯克、沃罗涅日、顿河畔罗斯托夫和车里雅宾斯克地区。

陆军航空兵用于直接支援地面部队,自 2003 年以来隶属空军指挥,按照计划,到 2015 年陆军航空兵将调回陆军,并组建 18 个新的航空旅。根据国家军备计划,俄军将装备约 1000 架新的直升机,其中 900 架隶属陆军航空兵。然而,直到 2016 年 10 月,陆军航空兵仍隶属空军,陆军航空兵旅的数量和直升机数量都没有完成计划。

野战防空部队是陆军打击敌方空中力量的基本兵力。它们装备了地对空导弹,高射炮和雷达。

根据 http://warfare.be 资料,2014 年俄罗斯陆军兵力 28.5 万人,含 8 万义务兵。

表1-2 2014年俄陆军主要装备统计

型号	类别	系列型号	数量(辆)	备注
T-90	主战坦克		743	2011年停止生产，资金转移到阿玛塔主战坦克项目
T-80	主战坦克		1400	封存:3000辆。到2015年一些T-80退役
T-72	主战坦克		2255	封存:8000，其中155辆升级为T-72h2。300辆升级为T-72B3。退役的部分T-80由T-72S替代
BMP-3	步兵战车		693	从2015年用新型统一作战平台，基于BMP或BTR-T(重型)来补充
BMP-2	步兵战车		1851	另有6500辆BMP-2存储
BMP-1	步兵战车		658	另有10000辆BMP-1存储
BTR-90	装甲输送车		80	由于不符合新面貌军队的要求，在2011年俄罗斯取消了下一步的订单，新BTR改为发展"回旋镖"
BTR-80/82A	装甲输送车		1152	
BTR-70	装甲输送车		68	
BTR-60	装甲输送车		17	另有3663辆存储
MT-LB	装甲输送车		1493	另有5000辆存储
UAZ-469	轻型多用途车			
GAZ-2975"虎"	步兵机动车辆		96	"虎"-M的改型，在2013年上半年投入使用
GAZ-33097	轻型货运卡车			
乌拉尔-4320	中型货运卡车			
乌拉尔-5323	中型货运卡车			
卡玛斯43501	中型货运卡车			
卡玛斯-5350	重型货运卡车			
卡玛斯-6350"野马"	重型货运卡车			
卡玛斯-65225	牵引车			
卡玛斯63968"台风"	防雷反伏击车		60	特种部队使用
DT30"勇士"	铰接式履带运输车			特种部队使用
9K720"伊斯坎德尔"-M	战术弹道导弹	SS-26	30	
OTR-21"托奇卡"	战术弹道导弹	SS-21	96	
"旋风"-G/"旋风"-S	模块式122/300mm火箭炮		36+	用于替换BM-21和BM-30
9A52-2"龙卷风"	300mm多管火箭炮		30	另有100辆存储
9P140(BM-27)	220mm多管火箭炮		340	另有90辆存储
BM-21	122mm多管火箭炮		982	另有2200辆存储
TOS-1	220mm喷火车		15	
2S19	152mm自行榴炮		468	另有82辆存储。生产中
2S3	152mm自行榴炮		931	另有1600辆存储
2S1"康乃馨"	122mm自行榴炮		622	另有1400辆存储
2S7M"芍药"	203mm自行加农炮		37	
2S5"风信子"-S	152mm自行加农炮		237	另有500辆存储
2S4	2400mm自行迫击炮		25	另有120辆存储
2S9"诺娜"	120mm自行迫击炮		18	
2S23	120mm轮式自行迫击炮			
2S31	120mm自行迫击炮			
2S34	120mm自行迫击炮		30	
2A65	152mm榴弹炮		432	另有600门存储
2A36	152mm加农炮		188	另有1000门存储
M-46	130mm加农炮		55	
2S12	120mm迫击炮		708	另有1000门存储

续表

型号	类别	系列型号	数量(辆)	备注
2B14	82mm迫击炮		276	另有3000门存储
D-30	122mm榴弹炮		564	另有1300门存储
MT-12	100mm反坦克炮		468	T-12的现代化改型
9P149	反坦克导弹车	AT-6		
"菊花"-S	反坦克导弹车			
S-300V			185	
9K37"山毛榉"	中程防空导弹		342	
2K12"库班河"	中程防空导弹	SA-6"根弗"	350	
9K330"道尔"	中短程防空导弹	SA-15"雷神"	172	升级型号9K331-M12U于2012年服役，9K-331M2于2016年服役
9K33"黄蜂"	中短程防空导弹	SA-8"壁虎"	282	
9K35M3"箭"-10M3	短程防空导弹	SA-13"金花鼠"	358	
9K31"箭"-1	短程防空导弹	SA-9"灯笼裤"（甘斯肯）"		
2K22"通古斯卡"M1	自行防空系统	SA-19"灰鼬"	204	
ZSU-23-4"石勒喀"	自行防空系统			

※陆航直升机现仍隶属空天军。

战斗历程：

- 塔吉克斯坦内战
- 东普里格罗迪尼冲突
- 阿布哈兹战争（1992—1993年）
- 1993年俄罗斯宪政危机
- 第一次车臣战争
- 达吉斯坦战争
- 第二次车臣战争
- 俄罗斯—格鲁吉亚冲突
- 北高加索地区暴乱
- 2014—2015年俄罗斯军事干预乌克兰
- 2015年后叙利亚反恐战争

▲ 俄空降兵在莫斯科红场展示军旗。

历任陆军司令：

弗拉基米尔·马戈梅多维奇·谢苗诺夫上将（1992年8月21日—1996年11月30日，1996年6月13日晋升大将）

尼古拉·维克多罗维奇·科尔米利采夫上将（2001年4月1日—2004年11月5日，2003年6月11日晋升大将）

阿列克谢·费奥德洛维奇·马斯洛夫上将（2004年11月5日—2008年7月31日，2006年12月5日晋升大将）

弗拉基米尔·安纳托利耶维奇·博尔德列夫大将（2008年7月31日—2010年1月1日）

亚历山大·尼古拉耶维奇·波斯特尼科夫上将（2010年1月10日—2012年5月14日，2011年2月23日晋升大将）

弗拉基米尔·瓦连季诺维奇·奇尔金上将（2012年5月14日—2013年12月2日）

谢尔盖·尤列维奇·伊斯特拉科夫中将（代理，2013年12月2日—2014年5月2日）

奥列格·列昂纳德维奇·萨留科夫大将（2014年5月2日至今）

第四节　俄罗斯空降兵

俄罗斯空降兵的主要任务是：和平时期，根据俄联邦的国际义务，参加联合国和独联体框架内的独立维和行动或多国维和行动；威胁时期，协助边防部队加强对国界的防护，保障陆军部队集群在威胁方向的战役展开，向难于接近的地区空投伞兵，加强对重要国家目标的警卫和防护，消灭敌方特种部队，协助其他部队和安全机关打击恐怖主义势力，参加旨在保障俄联邦国家安全的其他行动；战争时期，不同人员组成战斗任务的空降兵部队机动空投，在敌后展开战事，夺取和坚守重要军事目标，破坏或摧毁重要设施，参加摧毁或包围冲入我方部队战役纵深的敌方集群的行动，包围和消灭敌方空投的空降兵。

在1992年，俄罗斯第一任国防部长格拉乔夫，计划在空降兵基础上组建计划中的机动部队的核心。但组建机动部队的计划没有结果，可用于编组的部队数量远低于预期，因为许多空降部队已被苏联各个加盟国瓜分，而国防部军事情报局和军事运输航空兵坚决反对分割自己部队的控制权。

从1996年开始，空降兵派出第1个独立空降旅编入波黑多国维和部队北集群。该旅使用

▲ 俄罗斯空降兵旗帜。

地面部队的装备，如BTR-80。

经过试验，近卫空降兵第76师近卫空降兵第104团成为俄罗斯第一个实行合同制军人的团。

1997年3月13日，空降兵作为一个兵种编入陆军序列，但保留其机构。1997年9月，空降兵再次成为独立兵种。

1997年底，俄军空降兵辖第

▲ 2014年俄军空降兵集群进入克里米亚。

7、76、98、104、106等5个近卫空降师，驻斯塔夫罗波尔的独立空降兵第21旅，驻鄂木斯克的第242训练中心，梁赞高等空降兵指挥学院及其他战斗支援保障部队，总兵力4.6万人。

到1999年1月1日，俄军空降兵裁军1.4万人。空降兵共改编15个团等部队，撤编22支部队，3个师采用新编制。驻乌里扬诺夫斯克的近卫空降兵第104师改编为近卫空降兵第31旅，下辖3个营，计2500人；驻斯塔夫罗波尔的独立空降兵第21旅缩编为空降团，编入驻新罗西斯克的近卫空降兵第7师；驻伊万诺沃的近卫空降兵第98师只保留2个空降团。

科索沃战争后，1999年6月，俄军为空降兵增加5600人的编制，使之达3.76万人。

根据2008年改革方案，4个2团制师改为7—8个突击空降旅。然而，沙马诺夫到任后，决定保留原有的结构，每个师辖4个独立突击空降旅，每个军区1个。2009年12月，空降兵第332学校在莫斯科被解散。

2013年7月31日，沙马诺夫计划将2所院校和3个空中突击旅从陆军整编到空降兵建制；所有师（旅）属侦察连扩编为侦察营，并开始着手组建独立空中突击第345旅，并在2014年使所有的空降部队都拥有1个侦察营。

2013年10月份，俄罗斯总统普京签署第776号总统令，要求从10月11日起，陆军的3个突击空降旅（东部军区的空降兵第11和第83旅，分驻乌兰

▲ 老的空降兵标志。　　▲ 苏联解体后的空降兵标志。

▲ 参加2014年指挥所演习的近卫空降兵第98师。

乌德和乌苏里斯克；南部军区的空降兵第56旅，驻卡梅申）整编到空降兵建制，在靠近莫斯科的特维尔市建立1个后勤旅和1个俄罗斯军用运输机主要基地。

2014年，由于陆军突击空降旅转隶空降兵，空降兵兵力恢复到5万人。俄罗斯空降兵计划在2019年扩增到7.2万人。

苏联解体后，俄罗斯空降师都装备原来的装甲战斗车辆、火炮和防空炮、卡车和吉普车,这些车辆具有卓越的机动性和火力。1991年以后随着兵力减少,每个师改为辖2个团（每个师曾经有3个团,近卫空降兵第106师是最后一个三团制师,于2006年失去了它的第三个团）,俄罗斯空军第61集团军负责军事空运,其重型运输机一次可运送1个空降师,平时则可运送半个师。在乌里扬诺夫斯克的近卫空降兵第31旅没有装备坦克和火炮,空降后作为轻步兵使用,徒步行军到达战场。

在科索沃战争期间,空降兵参加俄罗斯军队的快速反应部队部署,驻扎在波黑普里什蒂纳机场附近的城市乌格列维克,他们也作为先遣部队被部署在车臣。

新面貌改革后,俄罗斯空降兵装备了"星座"公司研制的部队指挥自动化系统,为2004年和2006年从莫斯科"多面手"设计生产综合体装备的BMD-4伞兵战车和"章鱼"自行反坦克炮配套了空投器材,大量采用无人侦察器材,保留了以前喀山艾尼克斯公司的"副翼"-3远距离监视综合系统,还装备了5种侦察机支援空降兵："渡鸦""蜻蜓""扎拉"-4和"扎拉"-6便携式无人机以及稍大的"伊尔库特"-10无人机,其中"副翼"无人机能在夜间搜索目标,向炮兵传递目标坐标。

2014年底,俄空降兵首次组建机器人分队。

俄罗斯空降部队继承了苏联时代的空降兵日——8月2日,他们最特别的识别标志是杰尔尼阿斯卡T恤（另一个标志甚至具有更多的象征意义,是一个蓝色的贝雷帽,空降兵通常被称为"蓝色贝雷帽"）。

空降兵 2014 年序列：
- 近卫（山地）空中突击第 7 师，驻新罗西斯克
- 近卫空中突击第 76 师，驻普斯科夫
- 近卫空降兵第 98 师，伊万诺沃
- 近卫空降兵第 106 师，图拉

独立旅 / 团：
- 近卫特种第 45 团，库宾卡
- 近卫空中突击第 56 旅，卡梅申
- 近卫空降第 31 旅，乌里扬诺夫斯克
- 空降第 11 旅（索斯诺维博尔，乌兰乌德）
- 空降第 83 旅（乌苏里斯克）
- 空降兵第 242 训练中心，鄂木斯克
- 近卫炮兵第 1182 团
- 通信第 38 团
- 南部军区（原北高加索军区）空中突击第 56 团
- 直属空降兵司令部的培训机构：以 V.F. 马尔戈洛夫将军命名的梁赞空降兵学院。

此外，在 20 世纪 90 年代中后期，独立近卫空降兵第 345 团驻扎在格鲁吉亚的阿布哈兹共和国古达乌塔，它后来改为独立（维和）空降兵第 10 团，此后又改为第 50 军事基地。根据规划，该基地将于 2016 年年底前完成组建近卫空降兵第 345 旅的工作，旅部设在沃罗涅日。

但 2015—2016 年，空降兵的扩编进展缓慢，到 2016 年 10 月，近卫空降兵第 104 师尚未恢复，若干空降团转隶陆军改编为侦察旅。据报道，到 2016 年，空

▲ 空投 Б MD-4 伞兵战车。

降兵人数为 3.6 万人（这一数字是否为空降兵总人数不得而知，其中 2.4 万人或 66% 为合同军人）。

所有空降师编制统一，处于完全战备状态。师编制如下（可选）：
师部（HQ）：
- 2 个团，每团 3 个营
- 炮兵团
- 防空导弹团
- 工程营
- 通信营
- 维修营
- 物资保障营
- 侦察营（1 连为远程侦察连）
- 坦克连（空降突击师）
- 无人机连
- 电子对抗连

2016 年，俄军在空突旅编入坦克连，并将侦察连扩编为营。

战斗历程：
- 第一次车臣战争
- 第二次车臣战争
- 俄罗斯—格鲁吉亚冲突
- 2014 出兵克里米亚
- 2014—2015 年俄罗斯军事干预乌克兰
- 2015 年后叙利亚反恐战争

历任空降兵司令：
叶夫根尼·尼古拉耶维奇·波得科尔津上将、大将（1992 年 5 月—1996 月 12）
格奥尔基·伊万诺维奇·什帕克中将、上将（1996 年 12 月 4 日—2003 年 9 月）
亚历山大·彼得洛维奇·卡尔马科夫中将、上将（2003 年 9 月—2007 年 9 月）

第一章 现代苏俄地面部队简介

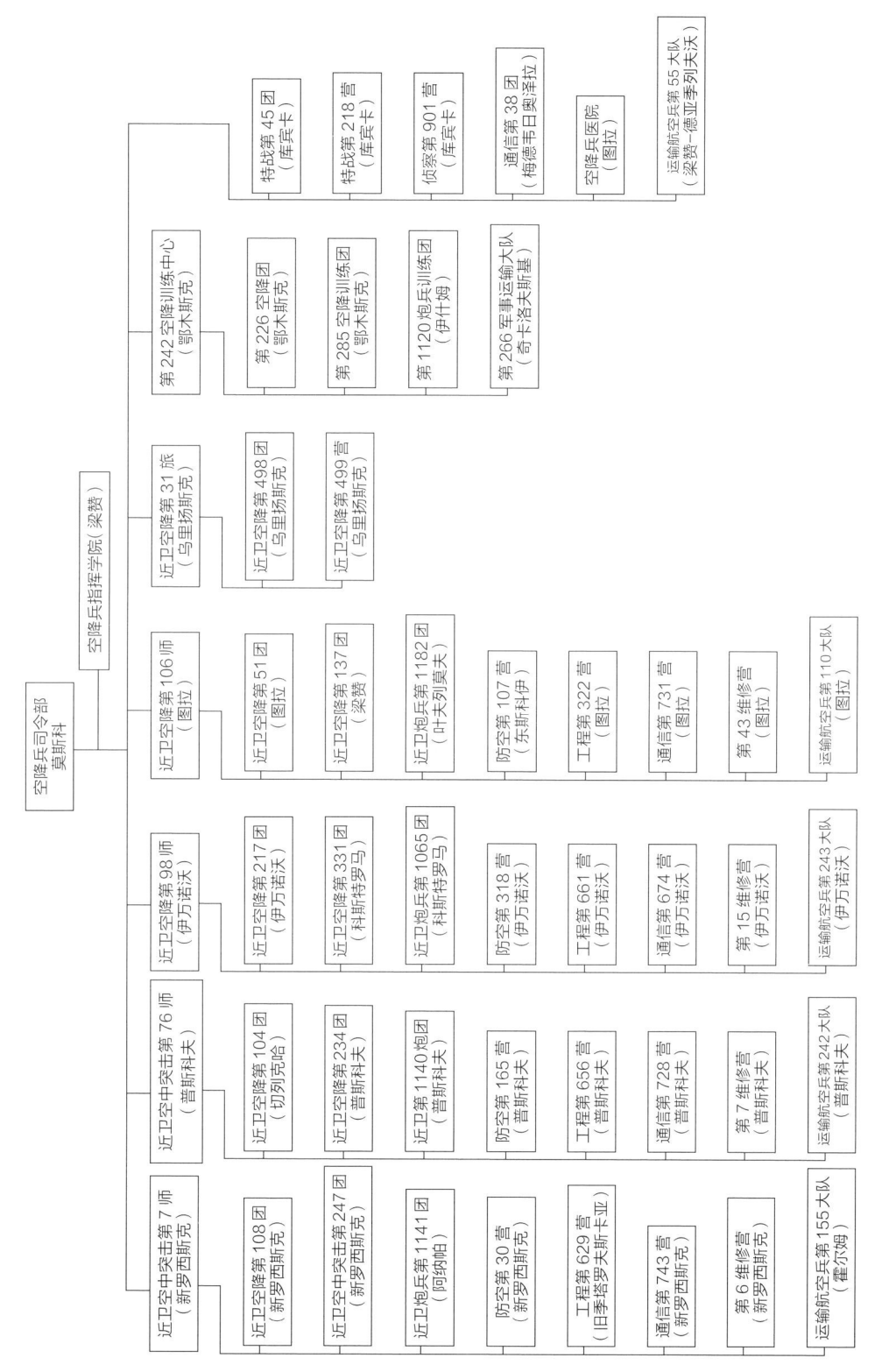

空降兵司令部（莫斯科）
└ 空降兵指挥学院（梁赞）
  ├ 第242空降训练中心（鄂木斯克）
  │ ├ 第226空降团（鄂木斯克）
  │ ├ 第285空降训练团（鄂木斯克）
  │ ├ 第1120炮兵训练团（伊什姆）
  │ └ 第266军事运输大队（奇卡洛夫斯基）
  │   ├ 特战第45团（库宾卡）
  │   ├ 特战第218营（库宾卡）
  │   ├ 侦察第901营（库宾卡）
  │   ├ 通信第38团（梅德韦日奥泽拉）
  │   ├ 空降医院（图拉）
  │   └ 运输航空兵第55大队（梁赞－德亚季列夫沃）
  ├ 近卫空降第31旅（乌里扬斯克）
  │ ├ 近卫空降第498团（乌里扬斯克）
  │ └ 近卫空降第499营（乌里扬斯克）
  ├ 近卫空降第106师（图拉）
  │ ├ 近卫空降第51团（图拉）
  │ ├ 近卫空降第137团（梁赞）
  │ ├ 近卫炮兵第1182团（叶夫列莫夫）
  │ ├ 防空第107营（东斯科伊）
  │ ├ 工程第322营（图拉）
  │ ├ 通信第731营（图拉）
  │ ├ 第43维修营
  │ └ 运输航空兵第110大队（图拉）
  ├ 近卫空降第98师（伊万诺沃）
  │ ├ 近卫空降第217团（伊万诺沃）
  │ ├ 近卫空降第331团（科斯特罗马）
  │ ├ 近卫炮兵第1065团（科斯特罗马）
  │ ├ 防空第318营（伊万诺沃）
  │ ├ 工程第661营（伊万诺沃）
  │ ├ 通信第674营（伊万诺沃）
  │ ├ 第15维修营（伊万诺沃）
  │ └ 运输航空兵第243大队（伊万诺沃）
  ├ 近卫空中突击第76师（普斯科夫）
  │ ├ 近卫空降第104团（切列兵哈）
  │ ├ 近卫空降第234团（普斯科夫）
  │ ├ 近卫第1140炮团（普斯科夫）
  │ ├ 防空第165营（普斯科夫）
  │ ├ 工程第656营（普斯科夫）
  │ ├ 通信第728营（普斯科夫）
  │ ├ 第7维修营（普斯科夫）
  │ └ 运输航空兵第242大队（普斯科夫）
  └ 近卫空中突击第7师（新罗西斯克）
    ├ 近卫空降第108团（新罗西斯克）
    ├ 近卫空中突击第247团（新罗西斯克）
    ├ 近卫炮兵第1141团（阿纳帕）
    ├ 防空第30营（新罗西斯克）
    ├ 工程第629营（旧季塔罗夫斯卡亚）
    ├ 通信第743营（新罗西斯克）
    ├ 第6维修营（新罗西斯克）
    └ 运输航空兵第155大队（霍尔姆）

21

瓦列里·叶甫根尼耶维奇·叶普图霍维奇中将（2007年11月19日—2009年5月6日）

尼古拉·伊万诺维奇·伊戈纳多夫中将（2009年5月6日代理，俄罗斯英雄）

弗拉基米尔·安纳托列维奇·沙马诺夫中将（2009年5月26日—2016年10月4日，俄罗斯英雄，2012年晋升上将，2014年晋升大将）

安德烈·尼古拉耶维奇·谢尔久科夫上将（2016年10月4日至今）

第二章 1941—2017年苏俄陆军各兵种的发展

第一节 地面部队步兵、坦克兵

一 步兵、坦克兵的发展

1939年9月,苏联国防人民委员会规定步兵师编制为18841人,下辖3个步兵团,2个炮兵团,6个直属营(其中1个独立反坦克炮营),4个师直属连。1941年4月5日,编制改为14483人,辖3个步兵团,2个炮兵团,1个独立反坦克炮营,1个高炮营,侦察、通信、工兵、汽车、卫生营各1,装备10420支步枪、1204支冲锋枪、558挺机枪、210门火炮和迫击炮(不含50毫米迫击炮)、16辆轻型坦克、13辆装甲车、55辆汽车、3000多匹马。但到了1941年6月,边境5个军区的177个师又2个旅没有一个是满员的,其中144个师有8000人,19个师只有600—5000人。1941年7月24日,红军将步兵师人员编制减少30%(编制10859人),火炮减少52%,汽车减少64%。

伟大卫国战争第一阶段因战况不利,必须精简步兵师和步兵团的编制,苏军组建了大量步兵旅和海军步兵旅。同时,由于缺乏有经验的指挥员和指挥器材,需要撤销步兵军。战前1个步兵军辖2—3个步兵师、2个军属炮兵团、1个高炮营,总兵力为5万多人,配备516门火炮(其中包括162门反坦克炮和48门高射炮)、450门迫击炮。截至1941年底,苏军原有的

▲1941年时受阅的红军步兵。

▲战斗中的苏军步兵。

62个步兵军仅剩下6个,步兵师(通常为4—7个)直接隶属集团军。后来,集团军战斗编成扩大了(在进攻战役中一般为10—14个师和旅),军队指挥更为复杂了。1942—1943年,由于指挥员、军事技术装备和指挥器材方面的情况有所好转,又重新组建了步兵军。1943年1月1日,苏军共编有34个步兵军,同年12月1日增至150个。从1941年12月起直至战争结束,步兵部队的火力也随着自动武器,特别是自动步枪(冲锋枪)、反坦克兵器和迫击炮的数量增长及质量逐步提高而不断地增强。1944年,1个步兵军下辖3个步兵师、1个炮兵团和其他兵种的部队及分队;有的近卫步兵军还辖有炮兵旅。1个步兵军共有27个营,300—500挺重机枪,450—500门迫击炮和300—400门火炮,至战争结束红军共组建170余个步兵军。每个军辖2—3个步兵师,1个炮兵团(旅),1个火箭炮兵团,1个高炮营。在苏德战争第三阶段的进攻中,步兵军在主要突击方向上受领宽3—5公里的地带,并负责突破敌军战术全纵深的防御,当时步兵军通常会得到坦克和炮兵加强。为了彻底突破敌人防御的战术地幅,在步兵军的进攻地带内往往使用集团军或方面军的快速集群。在防御时,步兵军担负击退敌重兵集团的进攻和扼守20—25公里宽的地带内所占阵地的任务。

苏德战争期间,红军对步兵师的组织编成进行了多次调整。在苏德战争末期,根据编制,步兵师由3个步兵团、1个炮兵旅(2个炮兵团和1个迫击炮团)、1个自行火炮营、1个反坦克歼击炮兵营、1个高射炮兵营、1个工兵营、1个教导营、1个通信营以及数个后勤保障部队和分队组成。步兵师的人员通常低于编制数,平均为5000—6000人。

在1945年的进攻中,步兵师负责地带的宽度规定为1.5—3公里。在突破预有准备的防御中,步兵师的当日任务是歼灭敌主要(第一)地带内的敌人,并向第二地带推进,或是突破第二地带向10—15公里或更大的纵深推进。1944—1945年,在主要方向上进攻的步兵师,都以1—2个榴弹炮团、近1个坦克旅和1个自行火炮团进行了加强。在冲击的炮火准备时节,为了对步兵师的进攻地带实施炮击,曾指派军和集团军炮兵群的炮兵部队、军第二梯队各兵团编成中的炮兵部队参加炮击,必要时还指派集团军第二梯队编成中的炮兵部队参加炮击。在防御中,步兵师的战斗任务是击退敌人进攻,并在宽6—14公里、纵深达5—7公里的地带内扼守所占据的阵地。

"二战"苏军步兵旅

苏德战争初期,因当时苏德战场上的战况对苏联不利,并且在短期内难以组建大量步兵师,所以苏军重新组建了步兵旅。1942年1月,在作战军队中共有159个步兵旅。步兵旅最初由3个步兵营后来由4个步兵营、1个炮兵营和1个迫击炮营、1个冲锋枪连、数个专业兵分队和后勤分队组成;总人数约为5000—6000人。步兵旅一般在诸兵种合成集团军的编成内实施战斗行动,许多步兵旅在与德国侵略者进行的防御战和进攻战中表现突出,受到了政府嘉奖。自1941年10月起,还组建了海军步兵旅,由海岸部队和舰艇上的水手、准尉和军官组成。许多海军步兵旅由于其全体人员表现出了勇敢精神、英雄主义及高超的战斗技能而荣获勋章、近卫称号及其他荣誉称号。由于步兵旅和海军步兵旅突破敌防御及高速进攻的战斗力不强,从1943年9月起,大部分步兵旅和海军步兵旅改编成为步兵师,其余的在战后被解散。

"二战"苏军步兵团

1956—1957年,步兵团作为苏联武装力量中诸兵种合成的基本战术单位和行政管理单位,一般列入步兵旅或师的编制,并在其编成内实施战斗行动;也有一些步兵团直接纳入集团军和其他军团。每个步兵团都有团指挥机关、一定数量的战斗分队(步兵分队、机枪分队、炮兵分队、迫击炮分队、反坦克分队等),以及战斗保障分队和后勤保障分队。

在两次大战之间和苏德战争过程中,步兵团的组织日益完善,团属各分队装备的步兵自动武器、迫击炮和反坦克兵器都增多了,从而提高了各分队的火力。在战争结束阶段,每个步兵团(按1945年编制表规定)有3个步兵营、2个冲锋枪连、1个迫击炮连、1个反坦克歼击炮兵连、1个炮兵连、1个大口径高射机枪排,共2308人,配备108挺轻机枪、54挺重机枪、6挺大口径高射机枪、27支反坦克枪、18门82毫米迫击炮、6门120毫米迫击炮、12门45毫米加农炮、6门57毫米加农炮和6门76毫米加农炮。

许多步兵团由于战绩卓著而荣获勋章,成为近卫步兵团,获得了荣誉称号。由于步兵和机械化部队整编,步兵团被

▲ 山地步兵第194师。

改编为摩托化步兵团。在全球大多数国家的军队中,与苏军摩托化步兵团相类似的团,被称为机械化步兵团。

"二战"苏军山地步兵

1940年8月,苏联红军开始编组山地步兵师。到1941年,红军有19个山地步兵师:基辅军区6个(山地步兵第44、58、60、72、96、192师),北高加索军区1个(山地步兵第28师),外高加索军区7个(山地步兵第9、20、47、63、76、77、138师),中亚军区3个(山地步兵第68、83、194师),远东军区1个(山地步兵第101师),独立第9集团军1个(山地步兵第30师)。每个山地步兵师辖4个5连制的山地步兵团(没有营),除1941年9月山地步兵第28师被歼外,其余山地步兵师被改编为步兵师。

1941年8月,山地步兵第194师改编为步兵师。9月,山地步兵第28师撤编。10月,山地步兵第30师重建后改编为步兵师。12月,山地步兵第47、76、101师陆续撤编。后来,苏军在高加索地区重新组建了2个山地师:7月组建山地步兵第302师;12月组建山地步兵第236师,后者于组建1个月之后又被改编为步兵师。这样一来,到1942年伊始,苏军仅存9个山地步兵师:高加索方面军(山地步兵第9、20、63、77、138、236和302师),中亚军区(山地步兵第68、83师)。

1942年4月,山地步兵第63师被歼,山地步兵第138和302师被改编为步兵师。7月,山地步兵第77师也改编为步兵师,这样一来整个1942年7—12月期间,苏军山地部队的实力为:外高加索方面军(山地步兵第9、20师,当年8月组建了山地步兵第242师);中亚军区(山地步兵第68、83师)。当年11月,山地步兵第83师划入外高加索方面军。

接下来的1943年中,山地部队基本完好无损。7月,外高加索方面军第3军被重新命名为山地步兵第3军,下辖山地步兵第9、83、242师;9月,山地步兵第9师改编为步兵师。10月,山地步兵第20师替代了山地步兵第9师。当月,山地步兵第83师由于在克里米亚半岛的战斗中表现突出,被授予近卫山地步兵第128师的番号。此外,在1944年初,山地步兵第68师也划入高加索方面军。

1944年中旬,1个山地步兵师编制14163人。山地步兵团重组后下辖2个山地步兵营、1个山地炮兵连(4门76毫米山炮)、1个迫击炮连(4门107毫米迫击炮)、1个冲锋枪连(95人)、1个反坦克枪排(6支)、1个侦察连、1个工兵连、1个卫生连和1个运输连;各山地步兵营下辖3个山地步兵连、1个机枪连(12挺中型机枪)、1个迫击炮连（6门82毫米迫击炮）；各山地步兵连下辖1个14人的连部（含狙击手2名）、1个36人的冲锋枪排（3个11人的冲锋枪班）、2个47人的山地步兵排（4个11人的班）和1个9人的50毫米迫击炮组（1匹马）；新的山地师将火炮集中划归1个炮兵团指挥，下辖3个炮兵营，其中2个营与以前的山地炮兵编制类似，另一个炮兵营下辖3个炮兵连，每连有3门122毫米榴炮。

1944年以后，苏军山地部队编制再没有发生较大的变化。1944年5月，山地步兵第20师改编为步兵师，其空位很快由新组建的山地步兵第318师取代，直到战争结束。山地步兵第3军下辖近卫山地步兵第128师和山地步兵第242、318师，这个军隶属于乌克兰第4方面军。此外，山地步兵第68师作为一支独立部队留在了南高加索地区。

除此之外，战争爆发后，红军在列宁格勒军区组建了山地步兵第1旅，但没有任何关于其编制的资料。4个海军步兵旅和2个滑雪旅于1945年1月改编为山地步兵旅，隶属于轻步兵第126和127军（而后，这2个军编为山地步兵军）。山地步兵第126、127军各辖有1个山地炮兵团，装备76毫米榴弹炮和120毫米迫击炮。

"二战"苏军滑雪部队

1939年12月，苏军开始匆忙组建滑雪部队，当时苏军仅仅将步兵师中会滑雪的士兵全部调出组成临时的滑雪营。

据芬兰军队资料，苏军共组建了16支集团军属滑雪营和1支边境戍卫滑雪营。这些部队没有标准编制，装备也五花八门。全营兵力约680人，装备400支半自动步枪和40支冲锋枪，此外还装备有其他重型武器，营部共2台RB无线电和4台RRU无线电用于内部联络。

由于匆忙组建、缺少训练，苏军滑雪营在战斗中战绩不佳。战后，苏军废除了滑雪部队这一编制。

1941年冬，苏军开始组建第二批滑雪营，其中一些直接来自于原先的预备役滑雪团，其余的均由步兵师中抽调而来。再一次，苏军内

▲ 列宁格勒保卫战中奔赴前线的苏军滑雪部队。

▲ 第14集团军的滑雪部队。

部在关于其编制上出现了重大分歧，官方的编制中，全营共有578人，1942年初降至556人。下辖1个营部，3个126人的滑雪连和1个130人的迫击炮连；滑雪连下辖3个排，各排装备3挺轻机枪；迫击炮连下辖3个50毫米迫击炮排和2个82毫米迫击炮排，每排各3门；营部下辖1个工兵排、1个通信排和1个急救站。

尽管在组建滑雪部队方面缺乏经验和必要的准备，但苏联人对滑雪部队的组建抱以极大的热情：1941年12月就组建了超过84个滑雪营，1942年1月又组建了77个营，之后的2个月内还组建了135个营，这些部队大多数属于独立营。滑雪营兵员主要来自1922年出生的士兵，在作战中一般编入步兵师，作为快速反应和机动部队使用。他们被称为"战争木马""雪马"，而德国人则称之为"滑雪死神"。

1942年3月，新组建的突击第1集团军的滑雪第1、2旅编入了共10个滑雪营。卡累利阿方面军组建了滑雪第2、3、4、5、6旅，4月又组建滑雪第7、8旅（各旅仅有3个滑雪营）。

1942年3月起，苏军开始撤编滑雪旅和滑雪营（这些部队伤亡太大，而且只能在冬天作战），到5月大部分部队撤编完成，剩余的23个滑雪营也于当年8月全部撤编。这些滑雪部队的残部大多改编为步兵营或编入坦克军的机械化旅，只有位于北极圈附近的北极第14集团军的第5、6滑雪旅得以保留，之后被并入第31滑雪旅。

之后，苏军组建第3批滑雪部队时，终于吸收了原本早就应该借鉴的教训和经验，士兵在正式服役之前，都接受了步兵的基本训练和滑雪训练。1942年9月，滑雪第1—35旅、第37—45旅、第48—50旅相继组建；10月组建了滑雪第51旅，与此同时仅组建了3个独立滑雪营。

由于积累了大量宝贵经验，新组建的部队实力较为均衡。滑雪营下辖3个滑雪连、1个反坦克枪排和1个机枪排，但并未装备中型或重型迫击炮；滑雪连有军官7名、士兵129名，装备43支半自动步枪、55支冲锋枪、7支狙击步枪、6挺捷格佳廖夫轻机枪和3门50毫米迫击炮，配备步枪弹8026发、冲锋枪弹14190发、迫击炮弹168枚。

每名士兵装备一副滑雪板,全连有 18 辆小型人力雪橇(其中 4 辆用于担架),通信工具包括 3 支信号枪和 9 块地空联络信号板。

滑雪旅下辖 3 个滑雪营、1 个侦察连、1 个冲锋枪连、1 个迫击炮连(6 门 82 毫米迫击炮)、1 个反坦克营(下辖 3 个反坦克连,每连 4 门 45 毫米反坦克炮,1 个配备 18 支反坦克枪的反坦克枪连)、1 个高射机枪排(3 挺 DShK 重机枪)、1 个卫生连和 1 个补给连。

由于无法为滑雪部队配备有线通信设备,营级滑雪部队的无线电数量增至 4 台,而普通步兵师的步兵营中仅有 1 台。

当 1944 年春天再次到来的时候,大量滑雪部队再次被解散,用于补充普通步兵师的损失。仅有在芬兰北部作战的滑雪第 31、32、33 旅与轻步兵第 126、127 军得以继续保留。1944 年 2 月,第二次组建了滑雪第 7 旅(后更名为滑雪第 30 旅),随后被编入轻步兵第 127 军,这样一来轻步兵第 127 军便达到了 3 个滑雪旅的规模。1944 年秋,滑雪第 30、33 旅被裁撤,另外的 2 个滑雪旅也于 1945 年 1 月被改编为山地步兵旅。

"二战"苏军海军步兵旅

苏德战争前期,苏联陆军形势严峻,德军步步紧逼,红军节节败退,而红海军似乎并没有派上太大的用场。因此,为了不让这些闲置部队的人力被浪费,他们被抽调参加陆上作战。海军步兵旅由 3 个步兵营、2 个炮兵营、1 个迫击炮营及数个保障分队组成,编制人数近 5000 人,其火力比陆军步兵旅要强一些。到 1942 年底,苏军共组建了大约 40 个海军步兵旅,他们在作战中赢得了"黑色死神"的称号(因为其人员仍身着黑色海军制服且作战极为英勇)。从 1943 年 9 月起,海军步兵旅被改编成了步兵师。

"二战"中苏联编组了 42 个海军步兵旅,其中 11 个来自波罗的海舰队,12.5 万人,主要在列宁格勒战斗;12 个来自黑海舰队,5.7197 万人,主要在克里米亚半岛、敖德萨、塞瓦斯托波尔战斗;来自北方舰队的 3.9281 万人,主要保卫摩尔曼斯克和海岸线;来自太平洋舰队的 14.9264 万人,主要在萨哈林岛(库页岛)、千岛群岛战斗。

▲ 海军步兵。

到1944年，波罗的海舰队的很多海军步兵改任舰船水手，只留下5个旅：第3、8旅在卡累利阿，1945年1月1日解散；第12旅在北方面军；第255旅在克里米亚半岛和巴尔干半岛；第260旅1945年4月在东普鲁士。苏联曾经重新组建8个海军步兵旅（第70、71、72、77、79、80、83、85旅），在卡累利阿和列宁格勒方面军战斗，到1945年仅留2个：1月在布达佩斯的第83旅和4月在布拉格的第72旅。战后海军步兵很快就解散了，但于1963年重建。

"二战"苏军步兵的满员率

从1941年6月22日到年底，苏联红军损失了444.7382万人，解散了124个步兵师，重组和改编308个师，其中包括24个民兵师。1942年初的步兵师编制1.2725万人，7月减少到1.04万人；1943年7月一度减至9430人，1944年12月至战争结束升为1.17万人。实际人数平均为5000—6000人。

战前红军就普遍不满员，一个应有1.4万人的步兵师，能有8000—9000人就不错了。坦克部队更是如此，一个机械化军应有1031辆坦克，其中546辆T-34与KV，但19个机械化军中没有一个是满员的，有近一半的机械化军实际上只有旧式的轻型坦克。战争爆发时许多机械化师其实根本没有汽车与坦克，就是一般的步兵师。

战争爆发后情况更是急剧恶化，出现了一大批没有坦克的坦克师（旅），没有火炮的炮兵团，甚至没有步兵的步兵师，集团军普遍只有2万—3万人。基辅会战时，西南方面军的第40集团军只有5000名能打仗的步兵，100门火炮和10辆坦克。斯大林格勒会战时，第62集团军平均一个步兵师只有2000—3000人，许多师只有几百人，坦克军连一辆坦克也没有，罗季姆采夫的近卫步兵第13师（该师接近满员，但有一个团没有武器，因此只有7000人左右能投入战斗）的参战改变了斯大林格勒市区的整个局势，可见其他部队何等虚弱！

即使在战争中后期，红军的满员率仍然很低。斯大林格勒会战末尾，负责歼灭被围德军的顿河方面军拥有6个精锐集团军和大量加强兵器，却总共只有21万人。1个坦克集团军一般应有800—1000辆坦克，但是在基洛夫格勒战役后科涅夫的乌克兰第1方面军下辖的3个坦克集团军加起来只有不到200辆坦克。

在1944年，只有1/4的苏联步兵师达到8000人，其余只有5000—7000人，有些甚至只能维持3000—5000人的规模。如步兵第212师，编制8200人，但在1943年12月实际仅有5200人。再如近卫步兵第93师，编制人数8000人，1944年2月实际兵力

6000人，各步兵团仅有2个步兵营，每营424人，步兵连113人。按德军标准，这个师的"战斗力量"不足3000人。

远东战役中，远东第1方面军一个得到极大加强的步兵军——步兵第72军，在加强有8个炮兵旅（含2个重炮旅）、4个炮兵团、3个炮兵连（含2个超重炮兵连）、2个火箭炮兵旅、2个火箭炮兵团、2个迫击炮旅、2个坦克旅、2个自行火炮旅和1个工兵旅之后，总共只有14380人！崔可夫元帅曾经自豪地回忆说，1944年，作为全军头等主力的近卫第8集团军结束休整时，拥有4个近卫步兵军（12个师）和大量加强兵器，而且这些部队在红军看来都是满员率相当高的。可是仔细一算，总共也只有7.6万人而已。

欧洲战事结束时，步兵部队有：
• 174个步兵军，包括40个近卫步兵军（1—98，100—135，近卫1—40），包括山地步兵第3、126、127军。
• 518个步兵师，包括119个近卫步兵师。普通步兵师的序号为1—417，缺14、55、65、145、345、378、379、396、398、400、401、403、405、407、408、410、411、412，近卫步兵师序号为1—129，缺111、112、113、115、116、123—127，其中包括近卫山地步兵第128师，山地步兵第68、242、318师和摩托化第36、57师。
• 15个独立步兵旅、山地步兵旅（步兵第3、31、32、69、70、72旅，山地步兵第2、5、88、89、90、93、94、113、133旅）。
• 1562个步兵、山地步兵和机械化步兵团，包括358个近卫步兵团。普通步兵团序号1—1408，有一些缺号，近卫步兵团序号1—357，缺2、7、16、165、354，其中6个独立团（山地步兵第368团，步兵第302，432、489、540、1408团）。
• 几个独立的步兵营和连。
• 筑垒地域（UR）下辖约100个机枪营，46个UR（近卫1，第2、3、4、6、7、8、9、14、16、17、31、32、51、55、69、77、78、91、101—116、118、119、150-153、155、157、159、161、162）还下辖有步兵部队。
• 9个近卫空降师（1—7，9、10），辖27个近卫空降步兵团，除了近卫空降兵第2师，剩下的8个师都改编为近卫步兵师：

近卫空降兵第1师——近卫步兵第124师，近卫空降兵第3师——近卫步兵第125师，近卫空降兵第4师——近卫步兵第111师，近卫空降兵第5师——近卫步兵第112

师，近卫空降兵第6师——近卫步兵第113师，近卫空降兵第7师——近卫步兵第115师，近卫空降兵第9师——近卫步兵第116师，近卫空降兵第10师——近卫步兵第126师。

1945年6月28日，爱沙尼亚步兵第8军改为近卫步兵第41军，其2个步兵师：步兵第7师改近卫步兵第118师，步兵第249师改近卫步兵第122师。

战后，在原远东第35集团军的独立步兵第1408团和第2集团军的机炮营基础上，组建了2个新的步兵师：第345和396师。不久后，在高加索地区的第4集团军步兵第90旅的基础上组建了步兵第407师。

从部署和整编的角度来看，"二战"结束后考虑到步兵部队的机动性（这些部队都是分散部署的），步兵（摩托化步兵）机关和下属单位都必须位于同一个战区内。尤其是苏联东部和南部边境地区，从战略上来看苏联仍然处于被动防御状态的。

在对日宣战前夕，苏军从西部到东部调动了大量部队，例如，从波罗的海沿岸国家和奥地利抽出了第5、39、53集团军调入后贝加尔地区和滨海边疆区，计有9个步兵军，26个步兵师和1个空降师，还从白海军区调出第150和162筑垒地域到滨海边疆区，后来编入远东第1方面军的地面集群。

战后苏军步兵的发展分四个阶段：

第1阶段：

1945年6月—1957年5月，裁减步兵，改进架构，装备以适应突然开始的冷战；

第2阶段：

1957年6月—1964年12月，步兵全部摩步化，短期裁减然后开始扩军；

第3阶段：

1965年1月—1985年12月，恢复"二战"番号，进一步扩大规模，提高战斗力、战术能力；

第4阶段：

1986年1月—1991年12月，第三阶段的后续发展，其次是"新思维"的政策和随之而来的裁军，架构调整和质量下降。

苏德战争结束后，步兵师增编了1个坦克自行火炮团，步兵团增编了自行火炮连，并且所有的火炮和迫击炮都使用了机械化牵引工具。陈旧的武器装备已为新式武器所代替，步兵也全部装备了机械化输送工具。这样一来，步兵师在火力、突击威力、快速反应能力和机动能力方面，实际上都接近于40—50年代陆军编成中的机械化师。

由于步兵装备了更为现代化的坦克、自行火炮、装甲输送车和汽车、火炮和新式步兵武器,而且必须寻求在战场上最有效地使用这些兵器的战术,这就要求诸兵种合成部队和兵团的编制进行重大改革。例如,步兵团编入1个自行火炮连,步兵师编入1个坦克自行火炮团、1个独立高炮营(后改为团)、第二个炮兵团和其他部队。

陆军广泛装备汽车作为运输工具,使步兵师全部实现了摩托化。关于这一点,从如下事实也可得到证明:按照1948年的编制,一个步兵师拥有1488辆汽车、牵引车和装甲输送车,相比之下1944年只有419辆汽车和牵引车,结果步兵团和步兵师的战术独立性及快速机动性大为提高。由于实现了摩托化,装备了坦克、装甲输送车以及使用机械化车辆牵引的火炮和迫击炮,步兵兵团和机械化兵团之间的差异逐渐消失了。

步兵军的编制有了重大改变,由战争时期的3个步兵师改为2个步兵师和1个机械化师,还编有新的炮兵部队、反坦克部队、高射炮部队和其他部队。步兵军的火炮和迫击炮数量增加了21%,坦克和自行火炮增加了近20倍,在苏德战争后期步兵军的一次弹药齐射量约为5吨,到了1953年则已超过37吨。

科学技术革命时期,由于装备了火箭核武器和其他现代技术兵器,陆军的火力、突击力、机动力、战斗能力以及独立完成各种战斗任务的能力都获得了提高。陆军编成内出现了新的兵种,包括战术、战役战术火箭分队和部队,以及防空部队在内的火箭兵。空降兵在组织上也编入陆军的编成内。

其他兵种和专业兵也发生了根本变化,随着步兵技术装备程度的不断提高,步兵和机械化步兵之间的区别逐渐消失,20世纪50年代末,在步兵和机械化步兵组织上趋向一致的基础上出现了摩托化步兵。这不是名称上的简单改变,它首先反映了这一兵种已发生了实质性的内在变化,其次反映了该兵种符合苏联军事科学的要求和战斗使用的新特点。摩托化步兵一直是陆军人数最多的兵种,是陆军作战力量的核心。

从1954年起,步兵(摩托化步兵)师的编制经历了数次变化。

每次变化的方向都是提高步兵师的快速反应能力、机动性和空中机动能力,以及遭敌大规模杀伤性武器杀伤时的稳定性, 苏军毫不动摇地增强步兵师的突击力和火力。例如,1957年摩托化步兵师取代了步兵师和机械化师,这种师的坦克和装甲输送车的数量比步兵师多,火炮数量不比步兵师少。这种多用途的诸兵种合成兵团在战斗能力方面可以与机械化师并驾齐驱,它能独立完成各种进攻或防御任务,能在使用或不使用核武器的条件下完成战斗任务。摩托化步兵师的编制有利于该类型的师在遭受核突击的地区行动,它使部队具备了对大规模杀伤性武器的良好防护性能和迅速恢复战斗力的能力。

1957年，经过整编后步兵军转型为合成军。步兵师、机械化步兵师统一为摩托化步兵师，师作为陆军核心战术力量的体制一直持续到2008年。

勃列日涅夫时期，军队逐渐扩充，到1980年，军人数量达到冷战的又一个高峰。陆军师的数量高达210多个，但由于苏联深陷阿富汗战争，畸形的军事经济严重影响了国计民生，苏军开始走上了衰败之路。而戈尔巴乔夫的新思维和莽撞的政治经济改革，造成了苏联和苏军的彻底崩溃。

苏联解体后，在多次改革中俄陆军试图重建强大有效的军队，但在格拉乔夫时期，由于经济滑坡严重，军费极其短缺，军队训练水平低下，而俄军还不得不重建自己的国家军事系统，根本无暇顾及军事建设。到了谢尔盖耶夫时期，他在非常困难的条件下展开了真正的改革，在每个师中各将1个团扩充至战时编制，将独立摩步旅、部分作战保障部队及所有空降师和空降旅改为战时编制。解散了一些缩编的基干部队和单位，其人员用于扩充常备部队和单位，并在基干部队的基础上组建了武器装备储存基地。伊万诺夫时期，根据俄罗斯联邦政府的决定，从2003年起在俄罗斯武装力量中开始实施联邦专项计划——合同兵役制和进一步建设地区司令部，为下一步的体制编制改革奠定了基础。谢尔久科夫和马卡罗夫从2008年10月起开始试点，并于2009年10月开始了号称100年来最根本性的编制改革——新面貌改革，简化武装力量指挥体制，取消中间指挥环节。陆军的"总参谋部—军区—军—师—团"指挥体制全面转型为"总参谋部—战略司令部—旅"（后又增加了集团军一级）体制，在现有常备兵团与部队的基础上组建旅，通过解散缩编基干部队以及建立武器装备储存基地来补充它们。

根据俄军2008年12月发布的文件，摩步旅编制有3种类型：装备BMP步战车

▲ 俄军山地部队。

的摩步旅（5/050号文件），装备BTR轮式装甲车的摩步旅（5/055号文件），装备MT-LBV履带装甲车的摩步旅（5/060号文件）。而新组建的第100侦察旅是一个类似美军战场监视旅的实验性轻型旅。

苏联解体后，俄军丢失了山地部队的作战训练经验。卫国战争期间，在高加索地区，以登山运动员为主的苏军山地步兵与纳粹德国的"火绒草"第1山地师激战。"二战"胜利后到60年代初，这些部队或像山地步兵第376师那样被解散，或整编为普通步兵师和摩步师（如第201师、近卫步兵第128师）。阿富汗战争开始后，苏联陆军被迫迅速重建山地部队，在吉尔吉斯斯坦部署了独立摩托化步兵第68旅，几乎全旅官兵都参加了阿富汗山区的战斗，但这支部队在苏军撤兵、苏联解体后也宣告解散。2005年，俄军再度重建山地作战特种部队，到2007年在北高加索军区完成了山地步兵第33、34旅的组建，分别驻达吉斯坦共和国博特利赫、卡拉恰伊—切尔克斯共和国泽连丘克斯卡亚，每个旅有兵力2283人，辖2个摩步营、1个侦察营、1个炮兵营，装备MT-LBV。在山地战斗中还有可能使用骡马。在2009年的新面貌改革中，俄军在博尔佐伊组建了近卫山地步兵第8旅，2014年，又在中部军区组建了山地步兵第55旅。

1940年夏，苏军恢复了机械化军建制，军辖2个坦克师，1个机械化师。坦克师辖2个坦克团、1个摩步团、1个炮兵团，共有375辆坦克。每个军共有1031辆坦克，其中546辆为KV和T-34，另有358门火炮。1941年7—8月，机械化军被解散，建立了独立坦克师（217辆坦克）、坦克旅（93辆坦克）和坦克营（29辆坦克）。

1942年夏，苏军开始组建坦克军，辖3个坦克旅和1个摩步旅，当时每个坦克军有5600人、168辆坦克、76门火炮。战争末期时坦克军编制有1.2万人、270辆坦克（21辆重型坦克、207辆中型坦克和42辆自行火炮）及174门火炮。

1942年秋，苏军开始组建机械化军，每个军辖3个机械化旅（每旅有1个坦克团）、1个坦克旅、1个高炮团、1个反坦克炮团。战争末期时编制有1.6万人、246辆坦克与自行火炮、234门火炮。

1942年，苏军还组建了独立坦克旅（53辆坦克），独立坦克团（39辆坦克），独立突破重型坦

▲ 近卫坦克第11旅第1营连长佩特卢克西中尉的T-34车组，1943年夏。

团（21辆KV）。

1942年，苏军开始组建坦克集团军，辖3个坦克军、1个独立坦克旅、1—2个步兵师。1943年春改编为2个坦克军，1个机械化军。

1942年底，苏军开始组建自行火炮团（17门SU-76,8门SU-122混编），后改为单一的轻型、中型、重型自行火炮团，每团5个连，每连5门自行火炮。

▲"二战"中的苏军坦克部队。

最受宠爱的红色坦克兵得到了特别的重视。库尔斯克会战后，各坦克集团军就曾被调到后方进行短期休整，得以保存不少精华。而在新的一年，随着新式坦克的出现，部分解决了苏联坦克部队自哈尔科夫战役以来所处的装备劣势。最具决定意义的事件是1944年2—3月，红军开始装备T-34最优秀的改进型——T-34/85中型坦克，早期列装的部队包括近卫坦克第2、6、10、11军。

表2-1 1944年1月1日苏联坦克军团编成（标准编制）

	人数	坦克（辆）	自行火炮（门）	火炮迫击炮（门）	弹药（吨）
坦克集团军	4.8万	450—620	98—147	650—750	1800—2100
坦克军	1.1万	209	49	152	491.5
机械化军	1.64万	197	49	252	533

红军坦克部队在1944年依然坚持建立强大的坦克集团军。作为集团军的重要组成部分，年初时坦克军编成为3个坦克旅（每旅65辆坦克）、1个摩托化步兵旅、3个自行火炮团（12辆SU-152，16辆SU-122，21辆SU-76）、1个迫击炮团、1个高炮团。理论上坦克军应该全部装备中型和重型坦克，包括208辆T-34和1辆KV，但实际上只能保证一半。此外，坦克军还装备8门火箭炮和1295辆汽车；机械化军辖有3个机械化旅、1个坦克旅、3个自行火炮团、1个迫击炮团、1个高炮团，理论编制为176辆T-34和21辆T-70，机械化军还装备8门火箭炮和1835辆汽车。

1944年夏季前，红军坦克集团军的各项改进尚未完成。战斗中，由于步兵和炮兵的突破能力不够，配属给步兵的支援坦克又太少（这是坦克总数减少所决定的），以至于经常把坦克集团军用于突破德军防御。这样往往会削弱其纵深突击实力。

1945年初，红军共有6个坦克集团军，14个独立坦克军，7个机械化军，27个独立坦克旅，7个自行火炮旅和大量独立坦克团与自行火炮团。

战后苏军坦克兵的发展同样可分四个阶段：

第一阶段：

1945年6月—1953年战后初期，坦克军改为坦克师，实力基本保留，并调整了部署。这一时期由于大力发展机械化步兵师，从1946年底到1948年底，部分坦克师缩编，冷战开始后，坦克部队的实力迅速恢复。

第二阶段：

1954—1964年12月，开始大规模换装新型坦克和装甲车，组建了重型坦克师，坦克师数量由20多个迅速增加到1957年的47个。由于强调导弹部队的建设，在1958—1960年间减少了几个坦克师，同时坦克部队不断优化编制，增强了战斗力。

第三阶段：

1965年1月—1985年12月，坦克师恢复了"二战"时期的番号，进一步扩大规模，提高了战斗力和战术能力，苏军坦克在质量和数量上都明显超过北约诸国。

第四阶段：

1986年1月—1991年12月，第三阶段的后续发展，随着"新思维"的政策和随之而来的裁军，作为架构调整的重点，坦克数量大规模下降，坦克师数量迅速下降到1991年初的33个，苏联解体时又急剧下降到20个。在坦克师编成内，坦克团数量下降，摩步师内的坦克数量也明显下降。

▲ 坦克兵夜间训练。

苏联解体后，坦克部队在俄军内的地位继续下降，到1996年俄军剩下的10个坦克师满员率很低，如从德国撤回的近卫坦克第47师只有2000多人；2000年，俄军剩下6个坦克师，到新面貌改革前只剩下3个坦克师，而新面貌改革后就剩下了4个坦克旅；2013年，俄军才

▲ T-64坦克部队，1972年。

恢复了近卫坦克第4师建制。2016年,西部军区和中央军区分别恢复了近卫坦克第10、90师。

二　坦克(机械化)集团军和(诸兵种合成)集团军

1941年6月22日前,苏联红军地面部队有27个集团军,番号为第1—27集团军。诸兵种合成集团军编有2—3个步兵军和1个机械化军,若干航空兵团。

在伟大卫国战争中,苏军先后新建了120个集团军。其中:

①在军区指挥机关或集群机关基础上组建的,或官方通过分配番号,或直接命令组建的有66个诸兵种合成集团军。番号为:第5(2次组建),10(3次组建),16(3次组建),19(4次组建),20(2次组建),24(3次组建),26(5次组建),27(3次组建),28(4次组建),29,30,31,32,32(2次组建),33,34,35,36,37(2次组建),38,39,40,41(2次组建),42,43,44,45,46,47,48(2次组建),49,50,51,52,53(2次组建),54,55,56,57,58(3次组建),59,60,61,65,67,69,70集团军(内务部队改编),滨海集团军,列宁格勒民兵集团军,近卫空降集团军等。

②预备集团军,后来改为诸兵种合成集团军的有10个。番号为:预备第1(2次组建),预备第2(2次组建),预备第4,预备第5,预备第6,预备第7,预备第8,预备第9,预备第10集团军等。

③预备集团军,后改为坦克集团军的有1个。番号为:预备第3(2次组建)集团军。

④坦克集团军6个。番号为:坦克第4(2次组建),坦克第5,近卫坦克第6,近卫坦克第3,近卫坦克第4,近卫坦克第5集团军。

战争中,先后有十余个集团军改名为近卫第1—11集团军、突击第1—5集团军。

截至1945年6月1日,苏联地面部队有66个诸兵种合成集团军,6个近卫坦克集团军。

1941年战争开始后,由于部队损失惨重,诸兵种合成集团军编制大大缩小。1941年底到1942年初,一个集团军一般有4—6个步兵师,有的还有1—2个骑兵师,1—2个坦克旅。

1942年底,诸兵种合成集团军编制有所加强。在主要方向的集团军有6—8个步兵师,2—4个步兵旅,1—3个坦克旅。

1944年,诸兵种合成集团军编制进一步加强,有3—4个步兵军(9—12个师),1—3个坦克旅,几个反坦克炮团和高炮团。进攻时通常还配属1个坦克(机械化)军或骑兵军。

1942年5—6月间,红军建成首批2个坦克集团军(坦克第3、5集团军),后第38、28集团军司令部改编为坦克第1、4集团军机关。一般来说,这些坦克集团军的编成如下:3个坦克军、1个坦克旅预备队和1—2个步兵师。但在实战中,每个坦克集团军的编制都是不同的,而是根据战场需要专门编成。

总体上说来,红军首个坦克集团军的编成复制了德军的摩托化(装甲)军的编制。德军装甲军的特点是装甲战斗群、摩步师(装甲掷弹兵师)和步兵师混合编组,尽管被称为摩托化军(1942年全部更名为装甲军),但下辖了各种不同机动力的部队。之前苏军的坦克兵主力主要由坦克军编成,苏军领导层一直寻求其坦克兵装备和人员素质的改善,集团军的兵力比坦克军大得多,独立战斗能力也更强。

最早建立的坦克集团军是利久科夫指挥的坦克第5集团军,由2个坦克军、1个步兵师、1个独立坦克旅,以及炮兵和一些其他部队编成。坦克第3集团军在科泽利斯克战役(1942年8月)中辖2个坦克军、独立坦克旅和3个步兵师。参加斯大林格勒反击(1942年7—8月)的坦克第1和第4集团军各辖2个坦克军,1个或2个步兵师,1个独立坦克旅及炮兵等部队。重建的坦克第5集团军在斯大林格勒反攻战役(1942年11月)中辖2个坦克军和1个骑兵军,独立坦克旅,6个步兵师等部队。

然而,最初的战斗表明,坦克集团军并没取得预期的效果,坦克集团军进攻时在扩大战役纵深的过程中,编成内不同部队的机动性制约了其作战能力。战斗经验表明,必须建立更均衡,机动性更高,火力更强的坦克集团军。在1942—1943年的冬季战役中,战斗要求坦克集团军需要增加摩托化步兵部队和炮兵,提高机动性,改善集团军的工程和运输能力。实践证明,需要在不同的地形中使用不同的大型机械化兵团。

苏军的作战理论要求坦克部队用于扩大诸兵种合成部队所打开的突破口,坦克集团军一般在战役第一或第二天,有时甚至在第三天投入战斗。这作为一项兵力使用规则,在战斗纵深从3—8公里到15—20公里时适用。近卫坦克第5集团军在维捷布斯克-奥尔沙战役和东普鲁士战役中,其战斗纵深为25—30公里。德国人常常把装甲军编入集团军,因此德军的装甲师和摩托化步兵师往往在战役开始时就投入战斗。

苏联红军最高统帅部在1943年1月10日组建了坦克第2集团军,它是第五个也是最后一个旧式编制的坦克集团军,编有坦克第11军和坦克第16军,步兵第60、112和194师,步兵第115旅、滑雪第28旅和近卫坦克第11旅以及支援单位。这个坦克集团军于1943年2—3月间在中央方面军编成内参加了在库尔斯克以西不成功的奥廖尔—布良斯克—斯摩棱斯克进攻战役。

1943年1月,国防人民委员会重新组建了以单纯的坦克军和机械化军为骨干的坦克集团军,当月首先重新组建的部队是坦克第1集团军和近卫坦克第5集团军。到4月初,坦克第1和第2集团军采用新编制编成,此后组建的坦克集团军统一了编制。5月14日,坦克第3集团军组建,7月15日,坦克第4集团军成立,并在1944年1月组建了坦克第6集团军。

此时坦克集团军通常下辖1个或2个坦克军和1个机械化军,独立坦克和自行火炮旅,还有炮兵单位、作战支援部队和后勤维修机构。所有作战部队具有大致相同的运动速度和相同的越野能力,便于集团军司令部管理,并大大提高了其实用性。后来坦克集团军出于加强集团军步兵的需要,在某些情况下还编有步兵师。

在实施战役的过程中,常常会有2个或3个坦克集团军参加战斗。作战实践表明,由步兵、坦克兵和炮兵混编的坦克集团军增加了集团军完成多种作战任务的可能性,因此在战争末期几乎所有的坦克集团军均编有这3个兵种,装备有约800辆坦克和自行火炮,750门火炮、迫击炮和火箭炮。

战争末期的坦克集团军编制共4万—6.5万名战斗人员,下辖2—3个坦克军、1个机械化军、1个反坦克旅、1个火箭炮团、2个自行加农炮(反坦克炮)团、3个榴弹炮旅、1个架桥工兵旅、1个高射炮旅、1个通信团、2—5个独立重型坦克团、1个预备团、1个远程侦察营、2个建设工兵营、1个喷火营、1个防化营、1个道路整修营、1个野战面包制作队、2—4个汽车运输营、1个警卫营、1个武器管理营、1个军需品流动工厂、1个机械修理队、1个惩戒营。

在1945年底前,苏军开始(远东军区在远东战役后)武装部队的改革,首先是整编集团军。1945年8月,苏军撤销了20个集团军、40个步兵军和150个步兵师。值得注意的是,所有的近卫师到1946年(近卫空降兵第2师除外)还没有被撤销,其主要兵力——坦克、机械化、火炮、工兵、通信和防空部队只略作了人员结构上调整,减少了一些警卫和后勤部队的数量。野战集团军(除参加对日作战的部队)被整编到同一类型编制,每个集团军辖3个步兵军(极少数为2个或4个),每军3个步兵师(极少数为2

个），还包括集团军直属的炮兵旅、重型坦克和火箭迫击炮团，另有独立营（工兵、通信、高炮）、高炮师、独立团（1—2个重型坦克或自行火炮团，通信团和汽车运输团）。

然而到了1946—1948年，这种编制已经发生了明显变化。例如，改编自坦克第7集团军的机械化第7集团军，辖坦克第10师、近卫坦克第3师、近卫机械化第27师、机械化第22师。近卫坦克第3和第4集团军也是同样编制。

表2-2　1946年组建的机械化集团军编成

机械化集团军序号	近卫1	近卫2	近卫3	近卫4	近卫5
下辖坦克师	9、近卫11	25、近卫9、12	近卫6、7	近卫10	29、近卫8
下辖机械化师	近卫8、19	1	9、近卫14	近卫6、7	12、22
机械化集团军序号	近卫6	7	8	9	10
下辖坦克师	111、近卫5	10、近卫3	18、23、31	19	
下辖机械化师	14、近卫9	22、近卫27	近卫11、32	20、近卫20	19、21、近卫2、4

到1946年中期，1945年5月时的72个诸兵种和坦克集团军，已裁减超过了30个，坦克集团军数量增加到1.5倍以上，即从6个增至10个，并更名为机械化集团军。1个典型的机械化集团军辖2个坦克师、1个机械化师和2个高炮师、1个工兵旅、1个侦察团（后缩编为营），还有些规模较小的直属部队。1946年夏季，苏军组建了10个机械化集团军。

所有的坦克集团军从1946年夏至1957年4月都改称为机械化集团军，机械化第7—10集团军改编自"二战"的诸兵种合成集团军，6个原坦克集团军（近卫坦克第1到第6集团军）保持"二战"番号。

这些集团军，到1991年仍有6个（近卫坦克第1、2、5、6集团军，坦克第7和第8集团军）。某个时间段里有4个集团军内只有坦克师（近卫坦克第5、6集团军和坦克第7、8集团军），近卫坦克第1、2集团军内编入了摩托化步兵师。除了坦克师或摩步师，每个集团军编成内还包括集团军直属的6个旅（导弹旅、防空导弹旅、炮兵旅、火箭炮旅、工兵旅、汽运旅），5个独立团（2个直升机团、1个通信团、1个舟桥团和1个无线电团），9个独立营（空中突击营、警卫营、无线电中继营、有线营、运输营、舟桥营、电子对抗营、无线电工程营、防化营和2个维修营），还有后勤医院和工厂（车间）等。这个编制并非一成不变，例如，所有的坦克集团军（以及一些诸兵种合成集团军）在20世纪80年代中后期，整合了从诸兵种合成师中撤销的导弹营，组建了第二个导弹旅。

1947—1955年期间的诸兵种合成集团军，通常辖2个步兵军，4—5个步兵师和1—2个机械化步兵师。这些集团军大部分都继承了伟大卫国战争的历史，即便大多数师和集团军或被解散，或被改组成军区。此外,各级机关的军官数量有所减少，其构成改变了集团军下辖摩托化步兵和坦克师，原有的军（前步兵军）被撤销的情况几乎无处不在。此外,苏军开始在集团军直属部队中编入反坦克团和炮兵团，不过这种编制并非存在于所有的集团军中，特别是在苏联境内的部队。

▲"西方81"演习中的空地协同进攻。

1960年,经过各种改革之后,苏军重建了各种类型的诸兵种集团军和坦克集团军,还有合成军和师。几乎所有部队都保留到20世纪80年代后期,虽然这段时间里创建和解散部队的过程并没有停止。

1960—1990年期间,苏军的集团军据估计有25个诸兵种合成集团军和6个坦克集团军，10—18个军,约170个步兵师,50个坦克师和10个空降师。这个数字不包括需动员的集团军和军,以及后备师(在和平时期,只存在于纸面上的武器或人员),此外一些内地军区还有独立师。

20世纪60年代和80年代的苏军集团军编制,除了摩步师和坦克师(1—3个),还包括以下几个部分:3个旅(防空导弹旅、炮兵旅、物资保障旅),3个独立炮兵团(反坦克团、火箭炮团和炮兵侦察团),5个独立营(工兵、通信、电子战、无线电、维修)和1个直升机大队(后扩充到1—2个团)。

苏联解体后,俄陆军接收了原苏军20个集团军中的13个,6个坦克集团军中的2个。这些集团军的兵力编成远远比不上80年代时的规模,编成内没有一个齐装满员的常备师。1993年,近卫坦克第2集团军改为诸兵种合成集团军,1995年,近卫坦克第1集团军也改为诸兵种合成集团军,坦克集团军一度变成了历史。

1996年,俄陆军剩下了8个诸兵种合成集团军、9个军;到2000年1月,俄陆军剩下了7个诸兵种合成集团军、3个军;2008年10月,俄陆军编成内有8个诸兵种合成集团军、1个军。新面貌改革后,集团军一度编制内不再辖作战部队,但很快又纠正了这一做法,加上2010年12月军区由6个减为4个,开始组建新的集团军,陆军集团军由2009年8月的7个又增加到10个。

2014年11月13日,俄军重建了近卫坦克第1集团军,并在2015年将近卫第20集团军调到沃罗涅日。

2017年,俄军在南部军区重建了近卫第8集团军。

经过几年的实验,俄罗斯国防部终于摸索出多兵种组织的最佳组织结构,集团军的主要打击力量是摩步师和坦克师,但集团军还会保留坦克旅和步兵旅(2—3个)。事实上,尼古拉奥加尔科夫元帅的设想正在得到落实,俄罗斯第一任国防部长格拉乔夫曾提出了其措施。前一阵子,国防部军事顾问尼古拉建议在每个集团军编入1个或2个步兵(坦克)旅,作为集团军的战役机动进攻集群——突破敌人的防御后向其后方发展,在突破纵深的敌阵地后,集团军将展开"穿插"机动作战。旅在集团军(军)的编成中,其任务是在敌人后方发动进攻,因此编成将比较均衡,并增加火力。这些旅的重组即将结束,设想会得到实现,它们会得到满编的侦察营、火箭炮营和反坦克营。

新的集团军编制内将包括炮兵旅、防空旅、侦察旅、保障旅和2个团——工程团和三防团。

目前,编制内下属单位几乎完整的只有近卫第20和第58集团军(2016年,近卫坦克第4师和近卫摩托化步兵第2师已由近卫坦克第1集团军转隶近卫第20集团军)。值得注意的是,在与乌克兰的边界上,除了一般的炮兵旅,俄军将在南翼加强装备着超重的2S4"郁金香"240毫米自行迫击炮的部队,该炮适合于破坏敌预设炮台和防御工事。

三 机械化军、坦克军、步兵军、合成军

1932年秋,红军组建了世界上首批机械化军——机械化第11、45军,前者改编自列宁格勒军区的步兵第11师,后者改编自乌克兰军区的步兵第45师,但步兵第11师和第45师的番号依旧保留。每个机械化军辖1个装备了T-26坦克的机械化旅(辖3个坦克营、1个步兵营、1个炮兵营、1个工兵营、1个高炮连)和1个装备BT快速坦克的坦克旅(无步兵营,其余编制同机械化旅),还有1个步兵旅、军属侦察营、工兵营、喷火营、高炮营、交通指挥连和技术支援基地。每个军有560辆坦克和200多辆装甲汽车,兵力1.2万人。整个机械化军有8个坦克营和3个摩步营,侦察营中BA装甲车和摩托车混装。

1934年,红军又成立2个机械化军。到1936年初,红军已组建了4个机械化军。

1938年8月到年底,红军组建了4个坦克军(机械化军改),每军2个轻型坦克团和1个步兵团,兵力12364人,装备660辆坦克和118门火炮。

1939年11月,坦克军被解散,统一了坦克旅(团)的编制。

1940年下半年,红军恢复机械化军建制。1940年夏组建首批共9个军,1941年2—3月组建第二批共20个机械化军。

截至1941年6月22日,苏联红军有29个机械化军,每军编制36080人,有5个坦克团和4个摩步团。装备1031辆坦克,包括256辆BT-7坦克和17辆T-37/38坦克,126辆KV和420辆T-34坦克,还有358门火炮和迫击炮,268辆装甲汽车、5165辆卡车和352辆牵引车。最精锐的机械化第4军隶属基辅特别军区第6集团军。

配属于机械化军的坦克师包括2个坦克团、1个摩步团和1个炮兵团,还有反坦克营、高炮营、通信营、侦察营、舟桥营及一些小的后勤单位,总共拥有11343人(1941年减少到10940人),配备60门火炮和迫击炮,375辆坦克(包括63辆KV和270辆T-34)。摩托化师(也称机械化师)编成中有2个摩步团、1个坦克团、1个炮兵团,支援单位和坦克师类似,总计11650人,配备98门火炮和迫击炮、275辆轻型坦克和49辆装甲汽车。到战争爆发前,大部分机械化军还在组建阶段,兵力、装备均严重不足。

1941年7月15日,因损失太大,红军撤销了机械化军,代之以规模相对较小的坦克师,随后是更小的但数量更多的坦克旅和坦克营。

1942年3月31日,红军组建了首批4个坦克军(坦克第1—4军),每军2个坦克旅(后3个),1个摩步旅,1个侦察营,1个高炮营,1个喷火营以及物资保障分队(油料运输连、维修连等),编制5603人,装备100辆坦克(20辆KV,40辆T-34,40辆T-60/70),但这种编制配置不平衡,缺乏战术灵活性。3种坦克以不同的速度移动,特别是在道路上,无法同时发起进攻。此外,不同类型的坦克有不同的通讯电台,相互间的管理和组织非常复杂。4月时,为这些军增加了第三个坦克旅,随后又为每个军补充了额外的火力和后勤支持。编制坦克168辆,32门45/76mm火炮,20门37mm高炮,44门82/120mm迫击炮。8门BM-8/13火箭炮。4—5月间,共建成方面军属坦克军11个,统帅部预备队坦克军14个。

1942年5—6月间,建成首批两个坦克集团军(坦克第3、5集团军),后第38、28集团军司令部改编为坦克第1、4集团军机关。一般来说,这些坦克集团军的编成如下:3个坦克军,1个坦克旅预备队和1—2个步兵师。

结果,到1942年7月,红军就部署了好几种编制不同的坦克军,实力在146—180

辆坦克之间。当时全军共有25个坦克军（部分编入坦克集团军），189个坦克旅，其中114个是独立坦克旅；前线部队共有4065辆坦克，包括1955辆轻型坦克，其余坦克都被编入了大本营预备队。

从1942年4月初—12月31日，国防人民委员会总共组建了28个坦克军，其中3月份4个军，4月份9个军，5月份6个军，6月份4个军，7月份3个军，12月份2个军。在国防人民委员会于1942年末把部分坦克军转为机械化军之后，红军在1943年1月1日拥有20个坦克军。

1943年初，红军坦克军的军部通常有3辆T-34坦克，每个军有3个坦克旅和1个摩步旅，军部直辖侦察营、近卫迫击炮营、工兵连、燃料运输连和2个火炮及坦克维修连，编制人数为7853人，配备168辆坦克（包括98辆T-34和70辆T-70坦克）、38门火炮（包括24门76毫米野炮、12门45毫米反坦克炮和2门37毫米高炮）、52门迫击炮（包括48门82毫米和4门120毫米迫击炮）、8门卡秋莎多管火箭炮和至少存在于纸面上的20辆装甲汽车。这些坦克军的实力比它们的前辈要强大，但它们仍然缺乏足够的火炮、反坦克炮、防空部队和工程兵支持。

坦克军的坦克旅旅部通常都有旅部连，该连只有1辆T-34坦克，全旅有2个坦克营，中型坦克营编有31辆T-34坦克，轻型坦克营有21辆T-70坦克。此外还有1个摩步营、1个炮兵连（4门76毫米反坦克炮）、1个独立的连级技术支持单位和1个医疗点（排），共计1038人和53辆坦克。

坦克旅中，中型坦克营的营部排有1辆T-34，3个坦克连各有10辆T-34，营里还有1个支援和训练（后勤）分队，共有151人。轻型坦克营的营部排有1辆T-70，2个坦克连各有10辆T-70坦克，营里也有1个支援和训练（后勤）分队，共有146人。摩步营除了营部和营部排，2个步兵连各有112人，还有1个半自动步枪连、1个配备6门82毫米迫击炮的迫击炮连和1个卫生排，全营总计403人。

坦克军的摩步旅除旅部和旅部连，辖3个摩步营、82毫米迫击炮营、76毫米炮兵营和37毫米高炮营，还有反坦克枪连、冲锋枪连、侦察连、工兵连、技术支持连和1个卫生排。全旅共3537人，配备12门76毫米野炮、12门45毫米反坦克炮、12门37毫米高炮、30门82毫米和4门120毫米迫击炮，还有54支反坦克枪。由于摩步旅缺乏履带式装甲输送车，步兵被迫步行或搭载在坦克上机动。

国防人民委员会在1943年上半年兴奋地通过加强坦克军自身的结构，及其下属的坦克旅的结构来克服它们的显著弱点。例如，1月10日，它命令为每个军增加迫击炮团和自行火炮团，以及后备坦克分队，并且为每个坦克旅增加装备4门37毫米炮和4挺DShK机枪的高炮连。这些新的迫击炮团辖2个120毫米迫击炮营，每营3个连，全团共计36门迫击炮，而自行火炮团辖6个连共17门SU-76或8门SU-122自行火炮。尽管配属给每个坦克军的后备坦克分队编制有147人和40辆后备坦克，包括33辆T-34和7辆T-70坦克，但是这些分队很少满编。最后，国防人民委员会也提高了坦克军的燃料供应连的能力。

1943年2月，坦克军属工兵连改为工程兵营，3月，将旅属高炮连升级为装备16门37毫米炮的军属高炮营，并且用通信营取代了军属通信连。随后国防人民委员会继续加强坦克军的实力，4月，为坦克军增加了1个拥有20门45毫米反坦克炮的反坦克炮团、1个装备波-2飞机的航空兵联络分队、1个战场自动面包烘制单位和1个卫生排。5月，又为坦克军增加了1个配备12门76毫米或85毫米反坦克炮的反坦克炮营，并把军属混和自行火炮团转为装备12门SU-152的重型自行火炮团。

8月末，国防人民委员会用2个自行火炮团取代了军属的牵引式炮兵团，其中轻型自行火炮团装备21门SU-76自行火炮，中型自行火炮团装备16门SU-122自行火炮和1辆T-34坦克。11月，国防人民委员会用摩托车营取代了装甲汽车营，以提高坦克军的侦察能力，每个摩托车营辖2个摩托车连、1个坦克连、1个装甲汽车连和1个反坦克炮连。

这些措施的累积效应倍增了坦克军在人员、坦克和自行火炮方面的实力，通过将坦克型号从4个（KV、T-34、T-60和T-70）减少到1个（T-34/85），简化维修的同时还加强了坦克的火力和装甲防护，坦克军的战斗力和持续作战能力得到了明显提高。

1942年9月，红军开始重新组建机械化军，机械化军比坦克军拥有更多的摩托化步兵、炮兵和反坦克炮兵。首批2个机械化军在9月2日组建完毕，到1942年12月31日，国防人民委员会又部署了另外6个机械化军。为了在不同类型的地形上作战，这些新的机械化军编制差异很大，部队来源也非常广泛。

截至1942年底，国防人民委员会部署了3类不同的机械化军，不过所有的军都是在3个机械化旅的核心上组建而成的，辖有反坦克团和高炮团、近卫迫击炮营、侦察营（装甲汽车）、工兵营、卫生营和维修营，还有1个工程布雷连和1个燃料供应连（某些资料称为战地修理基地）。此外，每个机械化军的机械化旅都拥有装备39辆T-34坦克的坦克团。1943年初的6个机械化军有3种编制，第一种类型的军（机械化第1、2军）辖1个坦克旅，装备53辆坦克，军属坦克总数为175辆，包括100辆T-34和74辆T-60或者T-70坦克；第二种类型的军（机械化第3、5军）辖2个各装备53辆坦克的坦克旅，总计224辆坦克；第三种类型的军（机械化第4、6军）辖2个独立坦克团，总计204辆坦克。前两种类型的机械化军编制成为了新组建机械化军的基础。在1942年组建的8个机械化军之外，国防人民委员会于1943年1月在坦克第13军的基础上组建了近卫机械化第4军，前者虽挂着坦克军的番号，但在1942年10月组建时参照的是机械化军的编制，更名之后拥有3个机械化旅、2个独立坦克团和其他支援单位及直属分队。

国防人民委员会也在1942年9月组建了两类机械化旅，第一类作为独立旅而第二类隶属于机械化军。所有这些旅都下辖3个摩步营，还有维修排、运输排和指挥排，坦克团并非机械化旅的标准配置。与隶属于坦克军摩步旅的营不同，隶属于机械化旅的摩步营有1个机枪连和1个反坦克枪加强连。国防人民委员会一开始只给独立机械化旅配属了坦克团，不久后也为隶属于机械化军的机械化旅增加了坦克团。

这个坦克团下辖2个3排制的中型坦克连（共22辆T-34坦克）、1个3排制的轻型坦克连（共16辆T-70坦克）、1个反坦克炮连，以及侦察排、运输排和维修排。包括团部的1辆指挥坦克在内，坦克团共有339人和39辆坦克，其中23辆是T-34，其余16辆是T-70坦克。与坦克军一样，为了提高机械化军和机械化旅的战斗力，国防人民委员会在1943年也对它们进行了重大结构调整。这一过程始于该年1月1日，当时它下令坦克团将成为军属机械化旅的固定编制，坦克团里中型坦克的数量要增加，轻型坦克的数量会减少。新的坦克团下辖3个中型坦克连（每个连有10辆T-34坦克）、1个轻型坦克连（7辆T-70或T-60坦克），团部有2辆轻型指挥坦克，兵力和坦克数量与此前相比并未变化，但T-34坦克增加到了30辆。新编制还给坦克团增加了1个半自动步枪连和1个反坦克枪排。

1942年9—12月，红军组建部署了77个独立坦克团，其中有15个重型突破坦克团。坦克团数量明显提高，从1943年2月1日的94个增加到1943年7月1日的110个，至12月31日已经有115个团，其中包括34个重型突破坦克团和工程坦克团。

1943年1月下旬，国防人民委员会为机械化军增加了迫击炮团、混合自行火炮团（装备17或25门SU-76和8门SU-122自行火炮）和后备坦克分队。不过，与坦克军的情况相同，由于编制上的变动在战时需要花时间来实现，因此新旧类型不同的部队共存了好几个月。到1943年2月，红军各机械化军的组成有明显的差异，尽管常规编制一样，特别是炮兵和支援单位没有区别（都有98门火炮、148门迫击炮和8门火箭炮），但其中一些军下辖1个或2个坦克旅，而其他军则拥有2个独立坦克团，于是各部队在兵力和坦克数量上有显著不同。实力最弱的军只有13559人和175辆坦克,最强的军则有15018人和224辆坦克,而多数机械化军配备了204辆坦克(162辆T-34和42辆T-70)。

机械化军下属的机械化旅在2月时辖3个摩步营和1个坦克团(辖3个坦克连),另有迫击炮营和炮兵营、侦察连、半自动步枪连、反坦克枪连、高射机枪连、工兵连、训练连和卫生排。如上所述,机械化旅的坦克团拥有39辆坦克,全旅共有3558人、39辆坦克及60门火炮和迫击炮。

1943年2月以后,国防人民委员会将机械化军和机械化旅改编为同坦克军和坦克旅相似的类型。例如,3月时它用军属高炮团取代了国土防空军提供的防空团,每个高炮团装备16门37毫米高炮和16挺DShK高射机枪,并且将军属通信连扩充至营级。在4月简单地将军属反坦克炮团更名为坦克歼击团后,国防人民委员会又在5月给机械化军增加了独立反坦克营,并在8月时把军属混合自行火炮团替换为3个自行火炮团,分别装备SU-76、SU-85和SU-152。至1943年末,所有的自行火炮团都装备了标准数量的21门自行火炮。

1943年8月,坦克军增加了2个自行火炮团(SU-76、SU-152),1年后又增加了1个轻型炮团。之后,坦克军和机械化军的编成基本不变,直到战争结束。

1941年6月22日前,红军的步兵军辖2—3个步兵师,2个军属炮兵团(其中1个装备36门152毫米ML-20榴弹炮,另一个是装备12门152毫米榴弹炮和24门107毫米或122毫米火炮的混合炮团),1个高炮营。但这种步兵军的后勤保障系统几乎不存在。

1941年9月,红军取消了步兵军编制。

1942年1月,红军重新恢复了步兵军,但规模较以往而言缩小了很多。步兵军由若干步兵旅编成,兵力相当于西方军队的步兵师。

1942年末,红军最高统帅部开始将步兵师编入步兵军,因此到年底时只剩下7个军仍全部由步兵旅构成,改编之后的步兵军辖2—3个步兵师、1个炮兵团(旅)、1个火箭炮兵团、1个高炮营。

1943年,红军组建了更多的步兵军,步兵军中的步兵旅均升级为步兵师。

到1945年5月,红军共有174个步兵军。番号为:近卫步兵第1—40军,步兵第1—98、100—135军。其中第3、126、127军为山地步兵军,第126军和第127军下辖轻步兵旅。

大多数步兵军在战后 2 年内撤销,只保留了一部分(同一时期在堪察加半岛组建了步兵第 137 军)。部分保留下来的步兵军在 1946 年至 1948 年的大裁军后,建制内的旅恢复为师,例如西伯利亚近卫步兵第 18 军和步兵第 122 军,1947 年时分别辖近卫步兵第 6、10、16 旅和步兵第 20、24、47 旅,之后恢复为近卫步兵第 109、124、110 师和步兵第 56、85、198 师。这样的情况并非普遍,只在苏联内地的军区中存在。

到了 1955 年,保留下来超过 45 个步兵军,除了番号较小的(例如,1 和 10 的数字番号就分别有两个军——近卫步兵军和普通步兵军),其余的则重排序号。例如,步兵第 87 军改为步兵第 2 军,步兵第 119 军改为步兵第 17 军,步兵第 137 军改为步兵第 43 军。

至 1955 年,步兵军辖 2—3 个步兵师,一些步兵师已编成机械化师和坦克师。步兵军基本上都是这种情况,无论是在国外的集群还是在边境军区。这为步兵军整编为合成军创造了条件。1957 年,所有幸存的近卫军级部队和普通军级部队都重新命名,师也变更了番号。此时大部分军都是独立的合成军,除了一些部队,尤其是在远东军区的部队。例如,第 5 集团军曾辖第 7 和第 45 军,这种集团军—军—师的结构与普遍的集团军直辖师的结构不同。

经过在 1955—1957 年时期的裁军,大多数步兵军保留了"二战"时期的番号(另外部分序数大的步兵军已重新排序),空降兵在 1957 年 4 月 15 日转隶陆军。存在于 1946—1957 年时期的 100 多个师没有保留。整编后的每个军番号在 1—86 范围内,但一些军,特别是序号超过 45 的于 1965 年沿袭他们在"二战"时期的番号,如第 82、86 军,近卫第 13 和 30 军,第 1 和第 12 军。

需要注意的是,在 1984—1989 年间,作为一项实验,几个步兵师和坦克师被升级为军,并采用了新的编成,即所谓的快速反应部队(类似于美国)。例如,第 5 军由白俄罗斯近卫摩托化步兵第 120 师改编,后贝加尔军区的近卫坦克第 5 师改编为近卫第 48 军。这些军的编制中包括 2 个坦克旅和 2 个机械化旅,4 个独立团——炮兵团、防空导弹团、空中突击团和直升机团,还有一些其他单位(部分单位是新组建的),通过变更老部队的番号,苏军建立了新的军级部队。以近卫摩托化步兵第 120 师改编的第 5 军为例,其近卫坦克第 355 团、近卫摩托化步兵第 339、334 团、近卫摩托化步兵第 356 团,分别改为近卫坦克第 1、2 旅,近卫机械化第 176、177 旅(该师的其他单位,如炮兵团、直升机团和空中突击团番号分别为 1180、276、1318)。近卫第 48 军辖近卫坦克第 3、4 旅和近卫机械化第 178、179 旅。20 世纪 80 年代末,这些军恢复了原先的编制。

苏联解体后,俄陆军接收了原苏军11个合成军中的10个。1996年俄陆军剩下了9个合成军;到2000年1月,俄陆军还有3个合成军;2008年10月,俄陆军编成内有2个合成军。新面貌改革后,合成军只留下远东的第68军。

四　坦克师、机械化步兵师、步兵师、摩托化步兵师以及新面貌旅

苏联陆军师沿革

1940年,红军打算将15个步兵师改编为摩托化师(也称为机械化师),每师编入1个坦克团,编制坦克257辆,装甲车73辆。到1940年5月,组建了首批5个摩托化师。

1940年下半年,红军恢复了机械化军,每个机械化军编入2个坦克师、1个摩托化师。原来的大部分独立坦克旅扩为坦克师,一共21个。

1941年春,红军组建了第二批机械化军,同时组建了更多的坦克师、摩托化师,配属于这些军的坦克师包括2个坦克团、1个摩步团、1个炮兵团,还有反坦克营、高炮营、通信营、侦察营、舟桥营以及一些小规模后勤单位,总兵力11343人(1941年减少到10940人),配备60门火炮和迫击炮,以及375辆坦克(包括63辆KV和270辆T-34)。摩托化师编成中有2个摩步团、1个坦克团、1个炮兵团,支援单位和坦克师差不多,兵力总计11650人,配备98门火炮和迫击炮、275辆轻型坦克和49辆装甲汽车。

截至1941年6月22日,红军地面部队拥有303个师的番号,包括198个步兵师、31个摩托化师、61个坦克师、13个骑兵师,其中125个师正在组建之中。

1941年7月19日,红军将在德军进攻中幸存下来的机械化军中的几个坦克师转为所谓的100系列坦克师。起初这些师包括坦克第101、102、104、105、108、109和110师,以及摩托化第103和106师,1941年末,国防人民委员会又组建了坦克第111和112师,这些师中的坦克排只有3辆而不是5辆坦克。

这些新型的独立坦克师编成内有1个装备10辆T-40轻型坦克的侦察营、2个坦克团(每个团1个中型坦克营、2个轻型坦克营,共90辆坦克)、1个摩步团、1个炮兵团和1个高炮营,后勤支持则由运输营、维修营和医疗营提供,纸面上的兵力是180辆坦克。坦克团下属的中型坦克营包括1个装备10辆KV坦克的重型坦克连和2个分别装备10辆T-34坦克的中型坦克连,一共30辆坦克;轻型坦克营亦是3连制,全营共装备30辆T-26或BT快速坦克。

除了3个步兵营以外,坦克师的摩步团还辖有1个装备6门45毫米炮的反坦克炮连、1个装备4门120毫米的迫击炮连和1个装备4门76毫米团属火炮的野炮连。坦克师的炮兵团辖3个营,每个营有2个装备4门76毫米炮的炮兵连,1个装备4门122毫米炮的炮兵连。师属高炮营则由3个分别装备4门25毫米或37毫米高射炮的炮兵连组成。

然而,由于坦克和其他重武器长时间短缺,这些坦克师无法保持满员或者接近满员的状态,到8月中旬,国防人民委员会解散了大多数100系列坦克师,或者把它们改编为新的规模更小的坦克旅。

战争爆发后建立的10个坦克师中,只有3个保留到1941年10月,此后西方面军所属的坦克第112师在1942年初改编为坦克旅,而坦克第61和111师则保留在远东直到战争结束。而战争开始时的摩托化师(机械化师),或被歼,或被改编为普通步兵师,到1941年秋已全部撤销。

截至1941年6月22日,红军的198个步兵师中有多种类型的编制,其中符合1941年4月步兵师编制的满编师有4个(步兵第5、8、16、67师),99个执行TOE4/100编制(和平时期编制1.0298万人,战时1.2万人),78个执行TOE4/120编制(和平时期编制5864人),山地步兵师满编为9000人。但这些部队的满员率都不高。

到1945年的夏天,红军共有520个步兵师和9个空降师,有部分在德国和东欧国家的部队开始撤回苏联境内,回国后就解散了。保留下来的师从1944年12月起陆续过渡到新的编制,到1945年5月大约30个师完成改编,部分步兵师(包括8个空降师)到1945年底采用了新的编制:3个步兵团,1个炮兵旅(3个炮兵团),3个炮兵营(反坦克炮、高炮和自行火炮营),4个独立营(教导、通信、战斗工兵、卫生),2个独立连(摩托化侦察连和防化连)。也就是说,步兵师实际上增加了1.5倍的攻击力。

第18集团军(山地)没有改组山地步兵师。

到1946年上半年,有42个步兵师被改编为机械化师,之前师属步兵团和其余部队(炮兵和迫击炮旅、团除外)在战争期间的编制和番号几乎没有变动。1946年夏天过后,这些师的师属坦克自行火炮团装备有16辆坦克、42辆自行火炮和6门ZSU-57高射炮,火力已明显增加,即使师炮兵旅解散也没有强烈影响到全师的战斗力。

然后红军开始了新一轮裁军,裁撤了约150个步兵师,另有130个师被缩编为旅。这些裁减影响到了集团军其他部分。例如,坦克第10、20、23、25师,机械化第8和第9师(前身为同名军)及数个师缩编为团。

此后，在1953—1955年，1957—1960年和1965—1968年期间，苏军进行了最为雄心勃勃的变革。

主要变革是裁撤军级单位，改为集团军直辖师，然而，由于1948年"冷战"开始，苏军变革的一大目的就是让师级和团级单位齐装满员，而之前步兵师已被裁减到团、营和简编师的水平了。在1953—1955年间，一部分步兵师和骑兵师变更了番号，苏军改编了约15个机械化师和7个坦克师（或重型坦克师）。

到1957年，师的变化更大。1948年底，苏联陆军有4类师级部队——坦克师、机械化步兵师、步兵师和空降师，到1957年，所有保留下来的机械化步兵师或步兵师均整编为摩托化步兵师或坦克师。早在1955年4月30日，大部分番号高于170的步兵师及600以上的步兵团，随着番号出现空缺，有一些部队使用了新番号。

1955年后，随着一些师被改编以及重新排列番号，苏联陆军约有65个机械化师，30个坦克师，14个空降师、约120个步兵师。进入1957年后，这些数字再次发生变化，陆军拥有47个坦克师，11个空降师和大约130个摩步师。

到1965年，师的类型没有变动，唯一明显发生变化的是兵力和内部编制。20世纪50年代末—60年代初，苏军师级部队在总量上有所变化，坦克师、空降师和摩步师的数量大约为45、10和154，但进入20世纪60年代后，随着中苏关系恶化，苏军在远东方向上的部队有所增加，陆军的师级单位再次发生变化，达到50个坦克师、10个空降师和大约140个摩步师。当时苏军新组建了大约20个师，如摩托化步兵第36、46、62、67师，坦克第14、51、76师等。

在1945—1947年期间，苏军约有300个师被解散，除了1945年夏天将高加索军区的第13军步兵第94旅扩充为步兵第407师之外，没有组建其他的新部队。1946年6月—1948年，约120个步兵师被缩编成步兵旅，所辖的团缩编为营。

表2-3 1946—1948年师改旅对比

改编前后编制类型	师旅番号												
近卫师	3	12	24	25	32	33	38	42	43	51	53	69	72	75
近卫旅	13	15	3	2	5	8	19	4	29	42	1	37	7	18
近卫师	81	87	101	102	109	110	112	113	115	118	124			
近卫旅	9	17	21	11	6	16	12	43	14	22	20			
普通师	9	16	17	19	29	43	48	52	56	60	69	73	77	85
普通旅	8	44	1	11	10	21	51	49	20	6	25	39	4	24
普通师	86	87	91	96	99	102	150	154	160	164	177	179	185	187

续表

改编前后编制类型	师旅番号											
普通旅	17	12	14	26	37	9	7	22	43	16	35	27	28	64
普通师	188	189	194	198	201	203	217	227	251	252	263	265	266	270
普通旅	52	13	40	47	53	33	3	49	29	15	19	34	18	41
普通师	272	295	321	326	347	372	376	417				
普通旅	50	30	38	42	36	46	48	45				

举例来说，步兵第 185 师步兵第 1319 团缩编为步兵第 28 旅步兵第 217 营，步兵第 17 师步兵第 1312 团缩编为步兵第 1 旅步兵第 144 营，步兵第 56 师步兵第 37 团缩编为步兵第 20 旅步兵第 187 营，近卫步兵第 101 师近卫步兵第 326 团缩编为近卫步兵第 21 旅近卫步兵第 60 营，近卫步兵第 112 师近卫步兵第 354 团缩编为近卫步兵第 12 旅近卫步兵第 35 营。而近卫步兵第 69 师缩编为近卫步兵第 37 旅，1953 年 10 月 29 日又更名为近卫机械化第 70 师。苏联裁军后，一些这样的旅（原为师）被解散，一些高战备等级的师大幅减少现役军人的人数，缩编为团，步兵营和炮兵营缩编为步兵连和炮兵连。然而，随着与昔日盟友的关系急剧恶化，在 1948 年底至 1950 年间，基本上苏联陆军保留下来的旅再次扩充兵力。例如机枪炮兵第 6 师，该师是在步兵第 101 师的基础上改建的，负责保卫千岛群岛北部。此外，1947—1955 年间，在卡累利阿、波罗的海、高加索、后贝加尔和远东军区还编有几个步兵师与筑垒地域合编的机枪炮兵师，类似这样由步兵师改机枪炮兵师的有 26 个，独立团升格的师（如佩宁苏拉半岛的独立步兵第 6 团）还不计在内。1953 年，在波罗的海舰队机枪炮兵第 1 师的基础上组建了海军步兵第 1 师。

另一个有趣的事实是，苏军在 1950 年代实际上已经撤销了大部分"二战"时的山地步兵部队——24 个山地师仅剩下近卫山地步兵第 128 师和山地步兵第 318 师。然而，撤销这些部队后，南方战区在许多地域仍旧需要使用山地部队，因此苏军不得不在 20 世纪 50 年代开始在北高加索和土耳其斯坦军区重建山地步兵第 73、89、201 和 376 师。不过，这些部队存在的时间并不长——1960 年，山地步兵第 201（27）师和第 376（71）师都改编为独立山地团，这些部队仅保留到 60 年代末，之后仅在高加索军区保留山地步兵第 145 师。山地步兵部队后来在阿富汗和车臣贫困山区的作战表现说明其缺乏训练。

1955 年，保留下来的步兵师中，第 150—417 师重排番号，空缺的番号来自"二战"结束后被解散的师。而改编为机械化师的步兵师，为了避免与普通步兵师出现相同番号,常常改变番号。

近卫步兵师、摩托化步兵师和坦克师没有出现重复番号。例如1957年,步兵第39师为避免与近卫摩托化步兵第39师(保留了"二战"番号)冲突,更名为摩托化步兵第129师。同样的事情也发生在步兵第45师身上,这个师改称摩托化步兵第131师,以和近卫摩托化步兵第45师区分。

为了区分近卫步兵第40师和摩托化步兵第40师,前者更名为近卫摩托化步兵第17师,而"二战"时期的近卫步兵第17师已经更名为近卫摩托化步兵第123师。多次更改番号的部队并不少见,例如步兵第360师在2年内变更了3次番号,1955年该师改称步兵第62师,1957年又改为摩托化步兵第108师。同样的命运也降临在步兵第367师身上,该师先改为步兵第64师,后又改称摩托化步兵第111师。

改变番号的不止有师级单位,许多团级部队同样如此,这主要集中在那些番号已经更改的师里。例如,近卫步兵第18师所辖的团全部改变了番号(近卫步兵第51、53、58团,分别改称近卫机械化第95、96、97团,之后又更名为近卫摩托化步兵第275、278、280团)。一系列(空缺)序号被分配给了传统的机械化团(序号1—232)和坦克团(序号1—398)。例如,近卫机械化第7、22、23、33团(前身为旅)分别改称近卫坦克第120团和近卫摩托化步兵第200、202、204团。原先序号相同的部队则拿到了新的番号,统一排序,远东军区的坦克第2、3师因与近卫坦克师"重号",就改称坦克第32、46师。

到1965年1月11日,许多集团军和师(团)恢复了卫国战争时期的番号,因此1965年前步兵师(含空降师)和坦克师的数量几乎与其番号(摩步师从第1—157,坦克师从第1—47)相当,后来这样的情况就不复存在了。摩托化步兵师出现了第201、203、207、242、245、254、270、272、277、295师的番号,坦克师除了有第66、78、193师的番号,还有近卫坦克第75、79、90、117师。有3个师不但改变了番号,连类别也改变了,原近卫摩托化步兵第62师、近卫坦克第41师和近卫摩托化步兵第31师,改建为近卫坦克第26、117教导师和近卫坦克第21师(番号保留到80年代末)。

有些步兵团番号在战后不同的时间段内出现在了不同的师里——如摩托化步兵第400团的番号先后出现在坦克第32师(1957年)、山地步兵第145师(1961年)和摩托化步兵第21师(1972年),这个番号甚至于1962年作为独立团出现在了驻古巴的苏军中。在一个特定时期内苏军究竟拥有多少个师,长期以来很难细究,因为这些数字当时一直是保密的。赫鲁晓夫大裁军时,苏军地面部队大约有10个空降师、47个坦克师、约140个摩托化步兵师和15个炮兵师,还有25个筑垒地域。

坦克部队的兵力是裁撤最少的。1945年6月10日后,苏军开始了军改师、旅改团、团改营(1953年时营级单位没有统一排序,勋章和荣誉称号继承自原来的团),远东部队则在日本投降后才开始改编。不过,在这些部队中出现了一种新型的坦克自行火炮团,大多是在重型坦克团基础上创建的,"二战"时期的那种自行火炮团被撤消了。坦克自行火炮团被编入了坦克师、机械化师和步兵师,而每个集团军还保留着一些坦克团作为预备队。"二战"后保留下来的所有24个坦克军和14个机械化军都改为同序号的师,还在一些步兵师、骑兵军和骑兵师的基础上组建了60多个机械化师(机械化第61—74师成立于1953年),并组建了3个新的坦克师。

1945年6月,苏军总参谋部批准了新的坦克师和机械化师编制。机械化师所辖除3个机械化团外,坦克团(其坦克营没有汽车)、重型坦克自行火炮团、高炮和迫击炮团(1953年5月改榴弹炮团)、近卫火箭炮(迫击炮)团各1个,师属的营级单位有坦克教导营、工兵营、通信营、摩托化(侦察)营、卫生营和运输营。全师兵力为9700人,武器装备数量和种类繁多,计有245辆坦克、24辆自行火炮、8门ZSU-37高炮、195辆装甲输送车、72门牵引式火炮包括12门57毫米反坦克炮、10门76毫米和12门85毫米加农炮、36门122毫米榴弹炮、2门82毫米无后坐力炮,120毫米和160毫米重型迫击炮各12门,另有8门BM-13和BM-31火箭炮,42门高射炮(8门25毫米、25门37毫米、9门85毫米),17挺重机枪和高射机枪(6挺DShK,4挺ZGGU-1,3挺ZPU-2,4挺ZPU-4),200部电台和1238辆汽车。

坦克师的编制略有不同,没有坦克教导营和榴弹炮团,辖3个坦克团(其中有1个重型坦克自行火炮团)和1个摩步团(1953年5月改机械化团),与机械化师正好相反。坦克师编制兵力为8800人,装备314辆坦克、24辆自行火炮、4门ZSU-37高炮、58门野战炮(18门57毫米反坦克炮、4门76毫米和85毫米炮、36门122毫米榴弹炮)、8门BM31火箭炮、36门高射炮、15挺重机枪和高射机枪(6挺DShK、6挺ZPU-2、3挺ZPU-4),另有170台电台1224辆汽车。

机械化师和坦克师的细微差异为1957年组建单一类型的坦克师打下了基础,保留的部队除了没有改为导弹师(在1972年恢复,1982年后再次减少)的,自1960年以后都撤消了教导营。独立坦克和自行火炮旅、团转入诸兵种合成集团军,如第28集团军接收了近卫第92自行火炮团,第5集团军接收了近卫第139自行火炮团等。

1946年,远东军区在步兵第66、300师基础上组建了坦克第2、3师,战时的坦第61、111师保留到1949年。机械化师的情况也类似,新的机械化师也被授予了新的番号：近卫师从第10—37师,普通师从第11—28师,而1950年代组建的17个机械化师的番号是第38、39、43、61—74师。

远东战役结束后,后贝加尔和远东军区的步兵第284师改编为机械化第14师。1949年,机械化第12师改编为坦克第5师。自1957年以来,所有的坦克师都采用连续序号(从1—47),其中包括了近卫师或普通师。

这些师所辖的团基本上都采用了新番号,为了避免重号,有些旅改编成团时沿用了相同的序号。坦克旅改编成团时通常会保留序号,包括他们的类型名称,如重型坦克。唯一的例外是序号相同的近卫团和普通旅、团,例如,为避免和坦克第25团（原同名旅）重名,近卫坦克第2师的近卫坦克第25团被撤销,类似的团（旅）还有第3、23、36、65团。不过,大部分战时的重型坦克团都采用了新的番号。1955年,苏军坦克团和坦克自行火炮团的数量不超过259,其中包括"二战"以来的约140个坦克旅改编的团,以及番号相同但分为近卫和普通部队的坦克团及坦克自行火炮团。如坦克第10团隶属坦克第7师,而近卫坦克第10团（原坦克旅）隶属近卫步兵第48师；坦克第73团（原同名旅）被编入坦克第16师,而近卫坦克自行火炮第73团（原自行火炮第339团）隶属近卫摩托化步兵第26师。仅在1955—1957年,因撤并或重型坦克团整编为普通坦克团,苏军坦克团的番号排到了400。例如,坦克第23师坦克自行火炮第62团因和近卫坦克第10师近卫坦克第62团番号相同,就改称为坦克第276团；机械化第27师（原步兵第254师）坦克自行火炮第66团保留了番号,而近卫坦克第12师近卫坦克第66团则改称近卫坦克第353团。另一个有趣的事实是,如果用几个团中的部队来组建新的团,一般会继承获得勋章和荣誉称号数量最多的团的荣誉。例如,坦克第20师近卫坦克第76团（1957年改重型坦克团）在1945年组建时就来源于3个团：1营基于近卫红旗罗姆金斯克第7团,2营基于荣获库图佐夫勋章的近卫纳尔瓦重型坦克第103团,3营基于荣获苏沃洛夫勋章、库图佐夫勋章和亚历山大涅夫斯基勋章的近卫红旗奥尔沙重型自行火炮第360团。第76团就继承了第360团的勋章和荣誉称号。同样的原则也在其他许多团存在。

机械化师的序号按照1—37来排,机械化团的番号则从1—118排列,传统的机械化师（1和7—28）包括团的番号几乎是连续的,近卫机械化师则平行编号。军属步兵旅改为坦克师的同名摩托化步兵团,或改编成建机械化团,1946年的团前身存在四五种类型的部队——坦克、摩托化步兵、机械化旅,坦克自行火炮团和机械化团。1953年,"二战"时期建立的近卫摩托化步兵第1—7旅（欠第5旅）改番号为近卫机械化第119—124团。

不过，师级部队的番号命名并没有任何规律。例如，步兵第121师于1945年6月在乌克兰解散，但1948年9月，这个师在滨海边疆区山地步兵第126军山地步兵第72旅的基础上再次创建。1953年，步兵第121师再次被裁撤。1957年，第121师又被赋予了由南乌拉尔调到高加索的机械化第73师（前身是步兵第164师）身上，新的步兵第121师存在了8年，1965年该师恢复了"二战"时的序号164。1970年8月，远东军区组建了摩托化步兵第121训练师，1990年后在滨海边疆区再次出现了相同的情况。

不知道是什么原因，苏军中还存在一些番号相同但类型不同的师和团，如番号9就出现在了4个坦克团和1个近卫机械化团身上，这还不计步兵第9团。使用番号3的师在1946—1947年期间有3个，其中2个在远东——坦克第3师（前步兵第300师）和近卫坦克第3师（前近卫坦克第3军），还有近卫机械化第3师（前近卫机械化第3军）。这样一来不但国外的情报人员感到困惑，连苏联将军也容易混淆，直到G.K.朱可夫领导国防部后，这种一团糟的编号情况才被终结。

1946—1948年期间，苏联陆军力试图推行全机械化，但没能实现。被裁撤解散的部队有近卫坦克第1师、坦克第5、11、18、19师，近卫机械化第22、24师和机械化第11、13、15、16、17、19、20、21、23、25师，基本上这些师所属的坦克团都被并入保留下来的步兵师和机械化师之中。在1960年后编成的坦克部队中，驻德集群编入了5个独立坦克旅。

1954年10月—1958年，苏军组建了重型坦克师，与普通坦克师不同的是，这类师的3个坦克团装备的全都是IS-2/3，IS-4和IS-8（T-10）重型坦克，且没有机械化团（摩托化步兵团）。为了让这8个重型坦克师（近卫第14，第5、18、13、17、24、25、34师）齐装满员，解散了23个重型坦克自行火炮团，8个师中改编自坦克师的只有原坦克第13、25、34师（其前身是坦克第9、25、10军）。近卫重型坦克第18师改编自近卫骑兵第5师（"二战"时的近卫骑兵第5军），重型坦克第5师改编自机械化第12师（前身是骑兵第63师）。近卫重型坦克第14师和重型坦克第17师的前身是近卫步兵第75师和步兵第78师，这2个步兵师于1953年被改编成近卫机械化第64师和机械化第21师，最后成了重型坦克师。

与此同时，还有一些机械化师和步兵师被改编成坦克师，而且连番号都改掉了。在1947—1955年间出现了一批新的坦克师，和当时已有的近卫师番号重复的有2、3、4、

13、15、16、17，1957年后这些坦克师都更改了番号（近卫坦克师则保留了番号）。在50年代末的裁军过程中，有一些师连同所在的军一起被裁撤，如近卫坦克第45-I师，重型坦克第5师，坦克第13、16师，近卫空降兵第11、21、31、100、107、114师，近卫摩托化步兵第5、48、87师和摩托化步兵第95、116师，海军步兵第1师以及部分机枪炮兵师（重新改编）。

苏军在60年代进行了训练体制改革，将部分师、团改编为教导师、团，同时作战师教导营的预备士官培训职能实际上被剥离。这一改革导致教导师获得了蓬勃发展，缺点是良好的专业训练无法大范围推广。1987年9月，几乎所有的教导师都被改建成军区训练中心（OUC）。

1969年爆发的苏中边境冲突迫使苏军边防要塞化，并重建昔日的要塞部队UR（筑垒地域）。1966年3月，沿后贝加尔铁路组建了第97筑垒地域（驻赤塔东南的比留图伊）和第114筑垒地域（驻谢尔洛瓦亚—戈拉）。这2个筑垒地域每个都辖3个摩步营（每营4个连）和4个坦克营（装备T-34/85、IS-2、IS-3、IS-4、T-54、T-55及其改型OT-55），还有独立机枪炮兵营（6个连，其中2个连各装备10辆T-55和IS-4坦克），以及通信营、维修营、反坦克营（18门85毫米反坦克炮）和火箭炮连（4门BM-13"喀秋莎"）。相对来说，这2个筑垒地域在装备上不如普通的摩步师（坦克就有大约230辆），兵力约等于摩托化步兵旅。

大部分筑垒地域的实力类似摩步团：辖3—4个机枪炮兵营，1个坦克营，1个作战连和1个通信排。筑垒地域分布在外高加索（第6—9UR）、后贝加尔军区和远东军区，这些部队一直留存到1980年代末，当时共有10个。此后基本上所有的筑垒地域都被改编成机枪炮兵团或摩托化步兵团，部分编入基于摩托化步兵师组建的机枪炮兵师，机枪炮兵师与普通摩步师的区别是其编成内辖2个机枪炮兵团以及1个摩步团，而不是3个摩托化步兵团。机枪炮兵师不再使用原部队的番号，如近卫摩托化步兵第38师和近卫摩托化步兵第123师，摩托化步兵第192、135、272、277师分别改称近卫机枪炮兵第131、129师，机枪炮兵第126、130、128、127师。

苏联同中国的边境冲突令曾经亲密友好的两国渐行渐远，为了保卫远东地区漫长的铁路线，苏军决定重新装备在1950年代已经退役的装甲列车。1970年5月底，苏联开始在哈尔科夫重型机械工兵（HZTM）厂生产装甲列车，列车采用BP-1索引车（4节车厢），可按需定制6—20节列车。每辆服役的装甲列车载员59人，4节装甲内燃机车（装备4挺机枪）中1节安置指挥所和通讯装备，1节是高炮车厢（1门ZU-23-4，1门

ZU-24-2），还有 2 节是闭篷车（运输最低需求的维修材料和备件），8 节装甲输送车厢（装备BTR-40，PT-76 坦克和 5 节BTL-1）以 2—2—4 的形式错开布置。每列满编的装甲列车（营）包括：机动分队，编制为指挥官 1 人、士兵 9 人、无线电员 1 人、卫生员和机务 2 人；2 个T-62 或T-55 坦克分队——10 辆坦克（8 人，4 挺机枪）。此外，还包括 3 个独立装甲列车排（摩托化步兵、防空导弹和工兵），用于确保作战的的食宿和后勤物资，其余 7 个装甲车厢负责运输货物和专用工具、摩托车。

战后 40 年间，苏联陆军长期保留的经历过"二战"的步兵师（战后被改编成机械化师、摩步师和坦克师）约有 140 个，1960 年代至 90 年代，苏军拥有的坦克团数量总计有 400 个（其中由"二战"时期的坦克旅改成坦克团的约有 75 个），摩托化步兵团约有 700 个。几乎所有的师都发生了编制变化，尤其是坦克部队，许多团和师连番号及类型都改变了，为此新建单位继承老部队名称和荣誉的做法也被迫改变。通常来说，功勋卓著的师和团都有冗长的荣誉称号，由于种种原因，其中的部分单位在改编成新部队的过程中不得不更名，还有一些部队由于重名或荣誉称号及勋章相同而被裁撤。许多具有光荣历史的师和团不复存在，但一些荣誉不是很多的师和团反而得以保留，如在伟大卫国战争没有特别战绩的摩托化步兵第 75 师（前身是同名的步兵师）和步兵第 261 师（后改编为摩托化步兵第 127 师）。而一个组建于 1918 年的历史悠久的师——荣获列宁勋章和苏沃洛夫勋章的近卫红旗巴拉诺维奇步兵第 44 师（原步兵第 5 师），于战争结束后解散了，同样的命运也降临到许多荣誉步兵师和（改编为步兵师的）空降师身上。

令人感兴趣的是战争结束后苏军的部署变化，自战后初期一直到 1970 年代初，各师的部署地早已面目全非。"二战"结束后，有些部队经历了武装力量的大裁军，如近卫坦克第 6 集团军从蒙古调到乌克兰的同时，解散了下属的一些部队；驻中国旅顺港的第 39 集团军撤回苏联国内后，集团军内几乎所有的师都被裁撤；滨海边疆区第 25 集团军和驻保加利亚及罗马尼亚的特别机械化第 10 集团军的命运同样如此。1964—1972 年，师级单位的调整主要是针对远东战区、匈牙利和捷克斯洛伐克事件，以及苏中关系交恶后采取的紧急措施。当时苏军向后贝加尔、西伯利亚、中亚和远东调动了第 29 军和第 44 军，20 个师，还有北高加索军区的导弹第 4 旅，白俄罗斯军区的防空导弹第 240 旅等部队。

这 20 个师中，从 1968 年起驻军捷克斯洛伐克社会主义共和国的有 5 个。1979—1980 年，苏联陆军的部署再次产生了变化，驻德集群的近卫坦克第 6 师撤回白俄罗斯，苏联入侵阿富汗后，近卫摩托化步兵第 4 师从第聂伯罗彼得罗夫斯克调到铁尔梅兹，一些独立团扩建成摩托化步兵第88和第134师。值得一提的是,在1960年代—1980年代,苏军组建了一些现役师的备份师(影子师)。如切尔卡斯克的近卫坦克第5师和其基础上拆分出来的坦克第51师,被分别调后贝加尔和蒙古,并在其原驻地组建另一个师——坦克第14师。同样的事情也发生在近卫摩托化步兵第4、5师,摩托化步兵第108、201、266、272师等部队身上。

苏联军队从1989年开始大规模撤出东欧的行为,显得相当无能和愚蠢,这在很大程度上是高层领导人对党和国家的直接背叛。不幸的是,苏联武装部队最高司令部对此显然没有丝毫准备,他们无法妥善应对时局的变化,只是选择懦弱地保留装备(如相对较新的装备调到亚洲,撤销"二流"师并重新部署以节省开支;裁撤海军,许多单位不复存在)。

由于政局动荡,苏军失去了最好的准备最充分的师,部队丧失了军事训练的连贯性,装备也年久失修,最重要的是失去了训练有素的人员。而苏共的政治领导工作全然杂乱无章,(党在军队的喉舌)空谈严厉措施,但普通民众只能挨饿受苦,大量家庭支离破碎,个人的命运被扭曲。基层军官、士官和士兵以及军人家属从相当宁静的驻外生活中被调回国,结果陷入了连最低标准的口粮配给和住房都没有的境地,军队从这一刻起开始失控解体,高级将领和政治委员(集团军级的军官,尤其是西方集群和前驻德集群)爆出了各种丑闻。贪污腐败、公然盗窃层出不穷,隐蔽和公开的背叛行为在这些群体中已经达到了前所未有的地步,这一切迅速摧毁了战备最充分的部队。

各类事件在波罗的海沿岸的3个加盟共和国、高加索、中亚、苏联军队以及联盟本身酝酿爆发,唯有"核盾牌"(几乎所有的火箭集团军均在俄罗斯境内)仍然维持着国家的强大。然而,经历了政变之后的新的军队领导人仍然做出了不合理的决定,加速了军队崩溃。

▲ 1982年11月,中央集群的坦克部队正在训练。

目前尚不清楚为何在1992年从德国撤出的空降兵第14旅会部署到阿拉木图去,这支部队很快就转给了哈萨克斯坦政府,俄罗斯联邦政府犯下的错误远不止这些,他们还默许高加索和中亚军区的民族主义分子抢夺俄罗斯的武器装备,比如车臣分离势力,有时某些官员甚至纵容其直接背叛。例如,阿塞拜疆的V.克拉维特索夫上校率领民族主义武装分子控制了解散的歼击航空兵第82团,军队仅仅发出警告说武装分子劫持了飞机,但一直到1992年7月9日,武装分子仍然控制着停机坪上的30架米格-25PD(虽然大多数无法起飞),最后克拉维特索夫成为了阿塞拜疆空军司令。同样的事情也发生了在侦察航空兵第882团,团长A.普列斯奇·达尔利阿里中校与克拉维特索夫的行为如出一辙,只是控制的飞机数量没那么多(少于16架米格-25RB和苏-24MR侦察机)。

苏联陆军师主要装备

苏军坦克师和步兵师装备了大量型号不同的武器装备,仅坦克就有T-54、T-55、T-62、T-64、T-72和T-80,还有PT-76两栖坦克;装甲输送车则有MT-LB、BTR-60PB、BTR-70和BTR-80;步兵战车型号不多,主要是BMP-1和BMP-2以及它们的变形车或各种改型。这些重型武器大多(除了T-64和T-80)为华约国家的军队所装备和出口,1987年,苏联境内的军队装备了新型号的BMP-3步兵战车。

20世纪80年代,在一些以步兵师为主的内地军区,由于缺乏装甲车和步兵战车,部队仍广泛使用汽车,主要是乌拉尔ZIL-131-4320。为了弥补装甲输送车的缺口,部队甚至还保留了部分20世纪50年代服役的BTR-40和BTR-152,算得上"现代"的车辆只有服役时间很长的BTR-60了。值得注意的是,驻防高加索军区、北极和卡累利阿的苏军师级部队拥有一些特定的装备,当地驻防的师基本上所辖的不是1个坦克团而是独立坦克营,部分摩托化步兵团装备了BTR和MT-LB。苏军驻防在亚洲领土上的部队仍然装备着许多老式的T-34(使用85、100或122毫米坦克炮的后期型号,叙利亚军队曾大量使用),驻萨哈林岛加斯杰尔洛的摩托化步兵第79师在20世纪80年代仍然在使用这样的坦克。

很大一部分炮兵团(尤其是坦克师所属)装备的是122毫米2S1"康乃馨"和152毫米2S3"金合欢"自行火炮,其他炮兵团装备的则是MT-LBT牵引的榴弹炮,火箭炮营则装备BM-21。"二战"时期的迫击炮团和旅几乎都不复存在,摩步师、团、营的迫击炮连装备PM-38迫击炮和2S12"撒尼"(又译"雪橇")120毫米车载迫击炮。

师级部队的防空武器包括便携式防空导弹,机动防空导弹(例如"立方")系统和"石勒喀河"高炮,但仍保留着85毫米和100毫米高炮,甚至还有老式的DT11K高炮(因此许多高炮团没有装备防空导弹)。苏军的步兵武器型号也不少,士兵的标配是卡拉什尼科夫突击步枪(除了名闻遐迩的AK 47,还有AKM、AK 74、PKM、RPK等众多改型),狙

▲ BTR-152。

▲ 2S-1。

▲ 2S-3。

▲ BM-21。

▲ 2S-12。

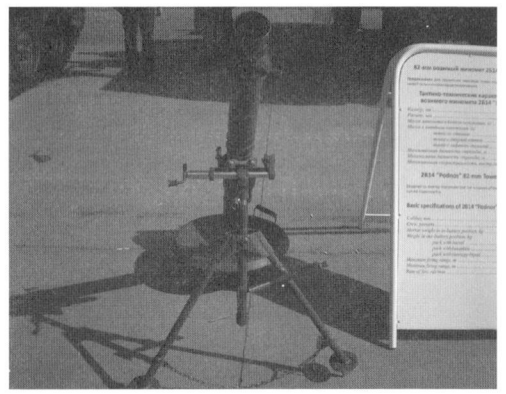

▲ 2B-14。

▲ T-80。

▲ T-72。

第二章 1941—2017 年苏俄陆军各兵种的发展

▲ T-64。

▲ T-62。

▲ T-55。

▲ T-54。

▲ PT-76。

▲ BMP-2。

▲ BMP-1。

▲ BTR-80/82。

63

▲ BTR-60。

▲ MT-LB。

▲ BRDM-2。

▲ BRDM-1。

▲ BTR-50。

▲ BTR-40。

击手使用捷格加廖夫狙击步枪(RAP和SVD),制式手枪以马卡罗夫手枪(MTA和PM)为主。除了枪械,部队还装备有榴弹发射器(AGS-17"火焰"),火箭筒(RPG-7、RPG-18)和82毫米迫击炮2B9"矢车菊"(嘎斯66载2K21)。所有军官和大士都配备PM手枪(排长还携带突击步枪),狙击手除了SVD狙击步枪,同样装备APS手枪(有时装备PM)。

  需要指出的是,自20世纪50年代初起,几乎所有的武器均可用装甲车装载。随着苏军增加了坦克、步兵战车和装甲输送车的产量,防空武器、反坦克炮和火炮系统、指挥车和工程车相继采用装甲车辆的同类底盘。 一般来说,反坦克导弹往往被安装在BRDM

上，通信和电台设备装在BTR及BMP（R-145BM、BMP-1KSH、BTR-50PU、R-156BTR、1V119、PRP-3、PRP-4）上。采用坦克底盘，尤其是在T-55坦克底盘上改装的各种工程和维修车辆被广泛使用，如MTU-20、MT-55A、BTU、KMT-5-1ARV。此外，部分T-54/T-55的后期型号由于技术性能不佳（但这并不妨碍它们向非洲、亚洲和中东的新朋友出口），被改装成坦克工程机械车辆供苏军使用。T-55A坦克（有限防核能力）的生产始于1962年，一直服役到联盟解体。部分工程车辆是在BMP的基础上改装的，如ARV-2维修车的底盘就来自于BMP-1。1982年之后，加强了两栖作战能力的BMP-2已经开始发展ARV-4和IMR的改型。

苏联陆军师分级

从20世纪60年代至80年代，苏军在战区部署各种不同等级的师有着多方面的原因。有些师必须具备快速反应能力，能够快速投送兵力和武器装备，还有些师需要动员的过程，这都与当时的现有道路状况有关。苏军在战时最多可有25种步兵师的编制，约15种坦克师的编制，如果团级部队装备IFV或APC，步兵师的战斗力可能会有所不同。按照美军的标准来说，这些师的战备等级类型可分为A、B、C和D四级，其中D级又称动员师。苏军驻扎在境外的师大部分为A级，而且各师的状态在平时和战时的完全不同。

苏军的常用分级方法如下：

常备师：一线I级师，90%—100%人员和95%—100%的武器装备满员率，全训；装备现代化武器；能够立刻执行战斗任务。

缺编I级师：70%—85%人员和95%以上的武器装备满员率，其中1—2个团满编，按美军标准可分别划入B、A级，全训；装备现代化的武器；师内的部分单位能够立刻执行战斗任务。

缺编II级师：55%—70%人员和95%以上的武器装备满员率，其中1个团满编，按美军标准可划入B级，全训；大部分装备现代化的武器；师内的部分单位能够立刻执行战斗任务。

非常备师——高配基干师：25%—40%人员（2500—4300人）满员率，也就是通常说的3000人师，有限训练，不高于营级；装备陈旧；大部分主要装备是现代的，一些卡车和装甲输送车来自库存物资。

低配基干师：5%—25%人员（1500—2500人），有限训练，不高于连级；装备陈旧；大部分主要装备是现代的，一些卡车和装甲输送车来自库存物资。

动员师：没有兵员（依托其他师，作为影子师存在）和40%—90%装备满员率。

因此，通过观察一个师的战备率状况，就可以判断其是A级师还是B级师。例如，B级师内的步兵团兵员超过1000人，大多为1300—1500人，各团之间的差异是200—300人（战时一个团的兵员有2400人）。师的架子团等单位只存在于动员计划中，即在纸面上组建动员师，以减少武装部队中的服役人员、军事装备、武器和物资库存。动员师因战备需保留约10%—15%的军官、士官和士兵，满足保卫和维护装备所需的最低数量的人员，装备处于存储状态。

1980年代末，苏军现役装备最差的动员师（D级师）的坦克团标准编制是1个营的T-54早期型，2个营的T-34/85/M1969，摩步团没有装甲车，只装备卡车，炮兵使用的是"二战"时期的火炮。值得注意的是，在远东的预备役师里有多个师只装备同型的T-34。

1989年，所有的动员师和部分B级师被改编为武器装备存储维修基地（BHVT）或存储基地（BHI）。同样的命运也降临在炮兵、通信、工兵和防化旅等其他专业部队身上——它们的差别仅在于结尾字母，例如，第5203BHVT（M）的结尾字母表示摩托化步兵，904BHVT（S）的结尾字母表示通信部队，4321BHVT（T）的结尾字母表示工兵部队。由于摩托化步兵师和坦克师数量庞大，因此别说是国外的研究者，就算俄罗斯军事历史学家也很难提供一个给定的时间段内准确的陆军师数量。

1989年，苏军陆军师再次改换编制，在苏联驻外集群或阿富汗的A级摩步师所属的坦克团被改编成摩托化步兵团，这样一来师属摩步团的数量就从3个增加到了4个。列宁格勒军区第6集团军所属部队的师属坦克团被缩编成坦克营，高加索军区辖4个摩托化步兵团的师有多个，这些摩步团的序号超过了1350。A级坦克师的1个坦克团同样被改编为摩步团。1987年3月，西部集群和边境军区的陆军师撤消导弹营，组建陆军导弹旅。

苏联陆军师编制

苏军标准的摩步师主要编制如下：6个团（3个摩步团、1个坦克团、1个自行火炮团、1个高炮或防空导弹团），7个营（侦察和电子战营、通信营、工兵营、维修营、防化营、卫生营和物资保障营），2个独立营（战术导弹或火箭炮营，以及反坦克营），有部分师没有防化营只有防化连。在20世纪80年代初，炮兵指挥营曾被编入炮兵团，但于1980年代末大部分被撤销。3个摩托化步兵团皆混装步兵战车、装甲输送车和汽车。

BTR摩托化步兵团辖3个摩托化步兵营和1个坦克营（40辆坦克），自行火炮和迫击

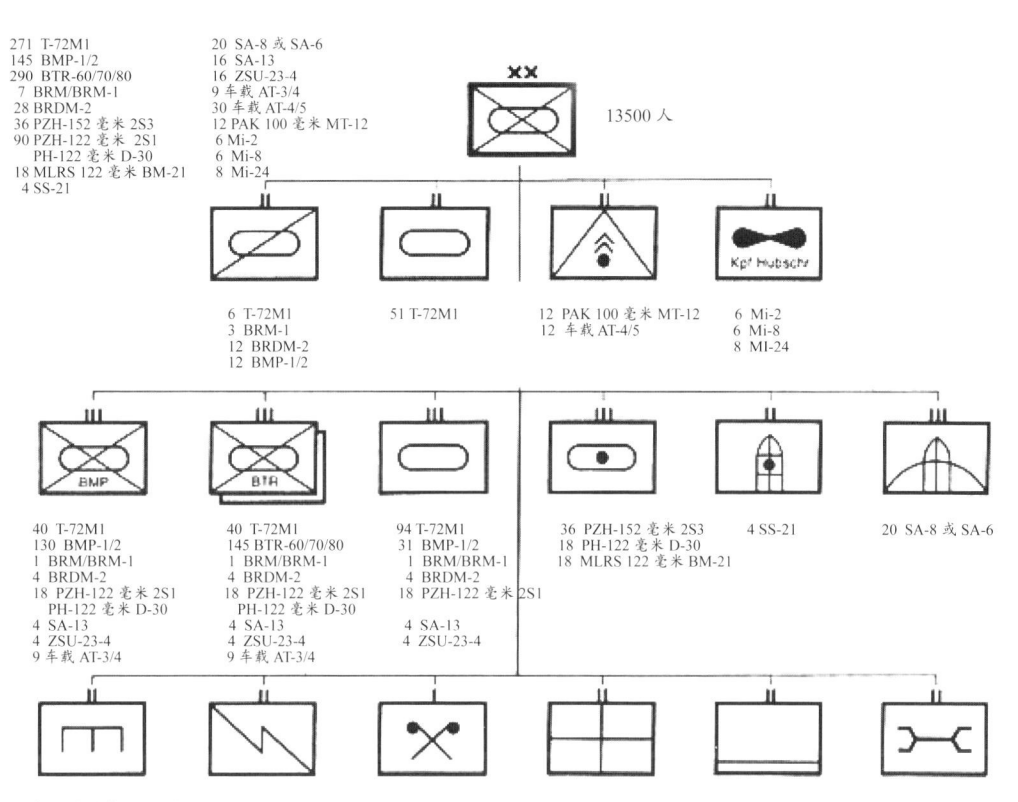

```
271 T-72M1                20 SA-8 或 SA-6
145 BMP-1/2               16 SA-13
290 BTR-60/70/80          16 ZSU-23-4
7 BRM/BRM-1               9 车载 AT-3/4
28 BRDM-2                 30 车载 AT-4/5
36 PZH-152 毫米 2S3       12 PAK 100 毫米 MT-12          13500 人
90 PZH-122 毫米 2S1       6 Mi-2
   PH-122 毫米 D-30       6 Mi-8
18 MLRS 122 毫米 BM-21    8 Mi-24
4 SS-21
```

```
                6 T-72M1         51 T-72M1        12 PAK 100 毫米 MT-12    6 Mi-2
                3 BRM-1                           12 车载 AT-4/5          6 Mi-8
                12 BRDM-2                                                 8 MI-24
                12 BMP-1/2
```

```
40 T-72M1         40 T-72M1           94 T-72M1         36 PZH-152 毫米 2S3    4 SS-21    20 SA-8 或 SA-6
130 BMP-1/2       145 BTR-60/70/80    31 BRM/BRM-1      18 PH-122 毫米 D-30
1 BRM/BRM-1       1 BRM/BRM-1         4 BRDM-2          18 MLRS 122 毫米 BM-21
4 BRDM-2          4 BRDM-2            18 PZH-122 毫米 2S1
18 PZH-122 毫米 2S1   18 PZH-122 毫米 2S1
   PH-122 毫米 D-30   PH-122 毫米 D-30
4 SA-13           4 SA-13             4 SA-13
4 ZSU-23-4        4 ZSU-23-4          4 ZSU-23-4
9 车载 AT-3/4     9 车载 AT-3/4
```

▲ 标准摩步师的编制。

炮营（装备 18 辆 2S1 "康乃馨"，18 辆 2S12 "撒尼"迫击炮），团直属连有 6 个——高炮连、侦察连、工兵连、通信连、维修连和卫生连。BTR摩步团装备（不包括汽车或拖车）：148 辆BTR、10 辆BMP、9 辆R-145BM（或BMP-1KSH）、3 辆PRP-3（PRP-4）和 3 辆PU-12、3 辆RHM、2 辆BREM-2、2 辆MT-55A、12 辆ML-BT。

BMP摩托化步兵团装备 152 辆步兵战车，一般不装备装甲输送车。

第三种类型的摩步团在内地军区，人员和装备使用汽车（ZIL-157 和嘎斯-66，ZIL-131 或乌拉尔-4320）、装甲输送车和步兵战车（有的师没有）运输。

摩步师坦克团辖 3 个坦克营（每营 31 辆坦克）、1 个摩步营和 1 个自行火炮营，团直属连与摩托化步兵团相同。团装备如下：94 辆坦克（包括 4 辆指挥坦克）、46 辆步兵战车、2 辆装甲输送车、8 辆BRDM-2、5 辆BMP-1KSH（或R-145BM）、18 门 2S1 "康乃馨"自行火炮、18 门 2S12 "撒尼/雪橇"迫击炮、4 辆"箭"-10 防空导弹车（或"箭"-1）和 4 门ZSU-23-4 "石勒喀河"、3 辆PU-12、3 辆PRP-3（或PRP-4）、3 辆RHM、3 辆MT-55A、MT-LBT（ARV-2）、8 辆运输车和 27 辆卡车、218 辆车辆（108 辆卡车、105 辆拖车和 5 辆乘用车）。

自行火炮团辖 3 个 2S3"金合欢"自行火炮营（各 18 辆），火箭炮营（18 门 BM-21"冰雹"），团炮兵指挥连和师炮兵指挥连编制大致相同（5 辆 PRP-3 或 PRP-4、3 辆 1V18、2 辆 1V191）。

普通炮兵团也有 54 门火炮，但装备的是牵引式 D-30 榴弹炮，而不是自行火炮。

独立的导弹营装备有 3—4 具 9K79"圆点"（SS-21）导弹发射架和 2 台 CURVO-145BM，火箭炮营辖 2—3 个连（每连 6 门 BM-21 多管火箭炮）。

独立反坦克营辖 3 个连（每连 6 门炮），1 个 PRP-3 指挥排。

独立坦克营与一般的坦克营不同之处在于每个排的坦克分别是 4 辆，而后者是 3 辆，营里的其他单位都一样——三防分队、医疗所、通信排、维修排和工兵排。全营装备 40 辆坦克、若干辆 BMP、2 辆 BMP-1KSH、1 辆 R-145BM、1 辆 R-156BTR 和 1 辆 MT-55A。

独立侦察和电子战营辖 4 个连：坦克连、侦察连、无人机连（或 2 个 BRDM 侦察连）、电子技术连。

侦察营分两种类型，分别装备如下：

24 辆 BMP、1 辆 BMP-1KSH、2 辆 R-145BM、1 辆 R-156 装甲输送车。

6 辆坦克、17 辆 BMP、6 辆 BTR、1 辆 R-145BM。

工兵营（1968 年改工程营）战时编制 395 人（36 名军官），包括营部、4 个连（工兵连、门桥连、舟桥连和筑路连）、2 个独立排（通信排和工兵排）。每营装备 6 辆 MT-55A 坦克架桥车（半节 GMP 舟桥）、2 辆重型机械化桥（TMM）、4 辆装甲输送车、2 台异步探雷器（DIM）、3 台 MP、3 台 SD-67 或 SD-77、4 辆 GSP 自行门渡、7 节 BAP 浮桥（TCP、TCP-2、K-61）、2 辆工程车（WRI）、5 辆机械化履带车（TMC、BTM、BTM-2）、2 台盾构机（MDC-2 或 MDC-3）、2 台挖掘机和 95 辆汽车。

独立通信营装备 P-140、P-240T、P-241T 汽车底盘的技术车、指挥车和工作车辆。电台：10 台 R-145BM 或 R-156BTR，以及 1 台 P-2AM。

维修营辖 5 个连（2 个坦克维修连、1 个炮兵维修连、1 个工兵及通信装备连、1 个车辆维修连）、3 个独立排（特别行动排、交通管理排、设施排）、邮局、医疗中心和测量队。

物资保障营辖 5 个汽车连（2 个弹药连、2 个燃料和交通运输连、1 个食品服装和军用装备运输连）、维修排、物资保障排、仓库、邮局、医疗中心、面包房。

卫生营包括卫生连、3 个独立分队（医疗、卫生、防疫）、3 个小组（交通管理、医疗

第二章 1941—2017年苏俄陆军各兵种的发展

用品、通信）。

坦克师的下属单位几乎与摩步师相同，除了团、营数量和名字不同。坦克师下辖3个坦克团、1个摩步团、1个自行火炮团和防空导弹（或高炮）团，但没有独立坦克营和反坦克营。（战时）坦克师标准编制12382人，装备：326辆坦克、228辆步兵战车、19辆BRM-1K、29辆BRDM、142辆自行火炮（48辆152毫米2S3"金合欢"、96辆122毫米2S1"康乃馨"）、24门火箭炮和导弹发射架（20门BM-21"冰雹"、4具SS-21"圆点"）、9辆9P148反坦克导弹车、20具2P25"魔方"（SA-4或SA-6"圆"）防空导弹、16辆9A34（9A35）"箭"-10防空导弹发射车和16门ZSU-23-4"石勒喀河"。有趣的事实是，自1945年到1960年代末，苏军坦克师的装备并没有太大变化。

1945年，每师装备314辆中型坦克、24门自行火炮、110辆装甲输送车、49门火炮（37门122毫米炮，57、76、85毫米炮各4门）、4门120毫米迫击炮、8门火箭炮和56门高炮（4门ZSU-37、3门ZPU-4、2门25毫米高炮、29门37毫米高炮、6门DSHK、6门ZPU-2、6门85毫米高炮）。

在1960年代末，坦克师装备314辆主战坦克、19辆两栖PT-76坦克、24门122毫米D-30榴弹炮、133辆装甲输送车（包括19辆指挥车）、15门120毫米迫击炮、6门BM-21"冰雹"火箭炮、36门高炮（12门ZSU-23-4"石勒喀河"和24门57毫米高炮）。

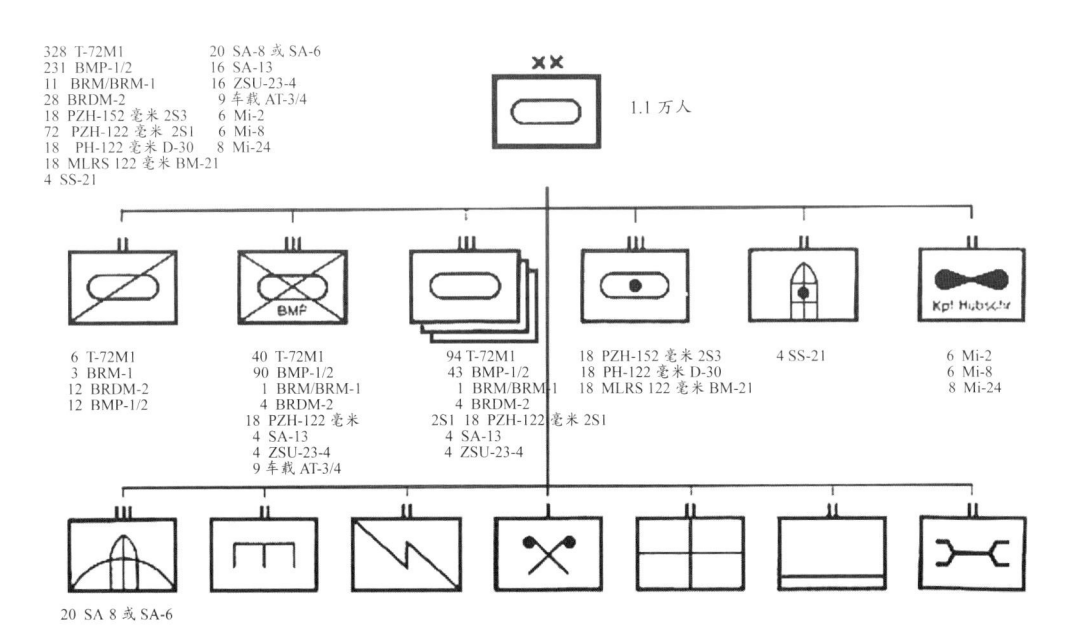

328 T-72M1　　　　　20 SA-8 或 SA-6
231 BMP-1/2　　　　 16 SA-13
11　BRM/BRM-1　　　16 ZSU-23-4
28　BRDM-2　　　　　9 车载 AT-3/4
18　PZH-152 毫米 2S3　6 Mi-2
72　PZH-122 毫米 2S1　6 Mi-8
18　PH-122 毫米 D-30　8 Mi-24
18　MLRS 122 毫米 BM-21
4　SS-21

6 T-72M1　　　40 T-72M1　　　94 T-72M1　　　18 PZH-152 毫米 2S3　　4 SS-21　　　　　　　6 Mi-2
3 BRM-1　　　 90 BMP-1/2　　 43 BMP-1/2　　　18 PH-122 毫米 D-30　　　　　　　　　　　　6 Mi-8
12 BRDM-2　　　1 BRM/BRM-1　 1 BRM/BRM-1　 18 MLRS 122 毫米 BM-21　　　　　　　　　　8 Mi-24
12 BMP-1/2　　 4 BRDM-2　　　4 BRDM-2
　　　　　　　18 PZH-122 毫米　　
　　　　　　　2S1　　　　　　18 PZH-122 毫米 2S1
　　　　　　　4 SA-13　　　　 4 SA-13
　　　　　　　4 ZSU-23-4　　 4 ZSU-23-4
　　　　　　　9 车载 AT-3/4

20 SA 8 或 SA-6

▲ 标准坦克师的编制。

相比苏联国内各军区的部队,驻外苏军基本上都是齐装满员的,位于东欧的各师还辖有国内部队罕见的战术导弹营,而国内的很多师连防化营、导弹营和反坦克营都没有,绝大多数坦克团、步兵团、自行火炮团和防空导弹团(国内苏军师大多只有炮兵团和高炮团)等单位长期处于简编状态,如果要提升到满编状态,每个单位都需要把营连补满。例如,平时摩步师的 3 个步兵团虽然技术装备几乎满编,但只有 1 个团兵力满编,另 2 个团只有 1 个营是满员的,其余的营里只有少数人员。还有一些师称得上满编的只是 1 个摩托化步兵团和坦克团,其他团则不满员。部分师的高炮团在 20 世纪 50—70 年代进行了改编,例如 1960 年,西伯利亚摩托化步兵第 13 师组建了高炮第 440 营,2 年后改为高炮第 1172 团。同样的情况还有近卫坎捷米罗夫卡坦克第 4 师的近卫高炮第 120 团,该团在 1960 年缩编为防空第 908 营,1962 年 5 月 5 日又改编成防空第 538 团。摩托化步兵第 85 师高炮第 525 营同样于 1962 年 4 月 29 日改编为防空第 1131 团。

番号最大的摩步师是摩托化步兵第 295 师,番号最大的摩步团是摩托化步兵第 1361 团,苏联陆军实有兵力大约为 193 个师和 523 个团,数量肯定没有序号的数字大,但在战时很可能会达到那么多的数量(也许坦克师的序号不会超过 80)。战时如有需要的话,组建和部署新 1 个的师,需要 2—3 个月。

表 2-4 1946—1988 年苏联陆军坦克师编成数量变化

组成单位名称\年份	1946 年	1953 年	1957 年	1962 年	1972 年
坦克团	3	3	2	3	3
重坦克(坦克)团	1	—	1	—	—
摩步团(1953-1957 年改机械化团)	1	1	1	1	1
自行火炮团(炮兵团)	—	1	1	1	1
迫击炮团(1953 年撤销)	1	—	—	—	—
防空(高炮)团	1	1	1	1	1
炮营(1946-1947 年榴弹炮营)	1	1	1	1	1
火箭炮营(1962-1972 年为炮连)	—	—	—	1	1
侦察营(1953 年前摩托车营)	1	1	1	1	1
工兵营(1968 年改工程营)	1	1	1	1	1
通信营	1	1	1	1	1
维修营(1962 年前维修间)	—	—	—	1	1
物资保障营(1980 年前汽运营)	1	1	1	1	1
医疗(卫生)营	1	1	1	1	1
坦克教导营	1	1	1	—	—
防化连(1962 年前防化排、1972 年后防化营)	—	1	1	1	1

20 世纪 70—80 年代苏军陆军师的编制装备特点:

① 轻武器威力大,步兵乘车战斗。

班装备突击步枪、轻机枪和火箭筒,迫击炮和反坦克导弹不编入排连,而是编入营。

步兵战车和装甲输送车编入班,进攻中尽量乘车战斗。按射击速度,步兵营每分钟可发射枪弹5万—8万发。

② 摩托化步兵师内编成坦克多。

苏军摩步师内有1个坦克团(95辆坦克)和1个独立坦克营(51辆坦克),每个摩步团编1个坦克营(40辆),全师共有坦克266辆。坦克团和独立坦克营通常集中使用,摩步团属坦克营一般以连排单独支援步兵,连可得到1—2个坦克排(4—8辆坦克),营得到1—2个坦克连(13—26辆坦克)的支援。

③ 师、团、营各级炮兵数量多,口径大,师具有常规火力和核火力双重打击能力。

师属火箭炮营装备的18门122毫米40管自行火箭炮,一次齐射30秒内可发射48吨弹药。师炮兵团装备122毫米、152毫米榴弹炮和自行榴弹炮,摩步营装备120毫米迫击炮。

师战术导弹营装备4具导弹发射架,配有16枚导弹,核弹头的总当量可达40万吨。

④ 反坦克、防空兵器多,战斗保障比较严密。

陆军师建有师—团—营—班四级反坦克武器体系。师炮团装备100毫米反坦克炮和AT-3反坦克导弹发射车,摩步营装备反坦克导弹和重型迫击炮,反坦克兵器达35件(如装备步兵战车还将增加1倍)。摩步师总共有1000件反坦克兵器。

⑤ 装备新型工程机械和渡河器材,工程作业力量强。

陆军师的工兵人均马力达到60—90匹,仅次于坦克兵的120匹。师工兵营和团工兵连共有6台挖壕车,10小时可挖25公里战壕。3辆火箭布雷车1小时可布设5—10公里宽的三列雷场,2—3分钟内可开辟雷场道路。师团渡河器材可保障部队越过战壕和中型以下的河流。

⑥ 侦察、通信力量多,各种手段齐全。

师侦察营有4个连,其中坦克侦察连、装甲侦察连可对前方、翼侧50公里范围进行远程侦察;侦察连可在敌后100公里纵深内活动;电子技术侦察连设有3个侦听测向站和3个侦察雷达站。

团侦察连下辖坦克侦察排、装甲侦察排、摩托侦察排和化学

▲ 参加"西方81"军事演习的苏军坦克部队。

侦察排。

师编有通信营,团编有通信连,营编有通信排,乘车步兵班有电台,徒步时排长有电台。

俄罗斯陆军师和新面貌旅

苏联解体后,俄罗斯陆军接收了原苏军66个摩步师中的39个,22个坦克师中的13个,全部8个机枪炮兵师,还有17个训练中心中的11个,50多个师级存储基地的约70%。这些师的状况远远比不上1980年代时的苏军,居然连一个齐装满员的常备师都没有。

1996年,俄陆军有40个摩步师、坦克师和机枪炮兵师,近20个存储基地和训练中心;到2000年1月,俄陆军还有27个摩步师、坦克师和机枪炮兵师,近30个存储基地和训练中心;2008年10月,俄陆军仅有24个摩步师、坦克师和机枪炮兵师,近20个存储基地和训练中心。新面貌改革后,俄陆军一度只剩下1个机枪炮兵师,其他全部改编成为新面貌摩步旅。

2008年12月,新面貌摩步旅的编制制订完毕并由国防部长批准。这一阶段具有新面貌的独立摩步旅编制如下:

• 旅指挥机关和参谋部,旅部下设作战科、人力科、干部科、后勤科等单位,编制54人,其中军官33人、士官16人、士兵5人,另编有文职干部36人

• 旅部连,辖警卫排(2个警卫班,分8人班和12人班,1个4人军犬班)、保障排(2个班,分10人汽车班和5人技术器材班)和联邦安全处的5人警卫班

• 3个摩步营

• 1个坦克营,辖4个坦克连,以及通信排、保障排、卫生所

• 2个自行榴弹炮营,每营3个连,以及指挥排、保障排、技术维护排

• 1个反坦克营,辖2个反坦克导弹连和1个反坦克炮连,以及指挥排、保障排、技术维护排

• 1个防空导弹营,辖3个防空导弹连,以及指挥和雷达排、保障排、技术排、定检修理排

• 1个防空导弹高炮营,辖1个防空导弹连和2个防空导弹高炮连(如高炮营则为3个高炮连),以及指挥排、保障排、技术维护排

• 1个火箭炮营,辖3个火箭炮连,以及指挥排、保障排、技术维护排

- 1个工程营,辖地雷连、工程连、技术连和舟桥连
- 1个维修营,辖装甲维修连、汽车维修连、军械维修连、装备维修连和后送抢修连
- 1个通信营,辖旅部通信连和通信连,以及通信站、技术保障排、物资保障排
- 1个物资保障(供应)营,辖3个运输连和1个(补给)供应连,以及物资保障排、指挥排
- 1个侦察连
- 1个指挥和炮兵侦察连
- 1个核生化防护连,编制72人,其中军官5人、准尉(大士)2人、士官11人、士兵54人,辖核生化侦察排、洗消排、气溶胶(烟雾)排和喷火器排
- 1个无线电电子战连,编制77人,其中军官7人、准尉(大士)9人、士官15人、士兵46人,辖短波通信和干扰排、超短波通信和干扰排、航空超短波通信和干扰排以及2个无线电干扰排
- 1个卫生连50人,辖收容分类排、手术包扎排、住院排和卫生防疫排
- 防空指挥和雷达排,编制22人,其中军官1人、士官4人、士兵17人,辖3个指挥班和1个技术保养班
- 1个情报排
- 1个阻击手排
- 1个训练器材排
- 1个体能教练排

全旅合计编有14个营、6个直属连和5个直属排。

就编成而言,这种摩步旅的规模介于摩步师和摩步团之间。此外,俄军还制订了独立坦克旅的编制,其与摩步旅编制的区别主要在于坦克旅中的坦克营是3个,而摩步营只有1个,而且缺少1个自行榴弹炮营。

在制订新编制时,俄罗斯联邦国防部领导人不得不从两个相互对立的要求出发。旅应该是独立的,无需火力和物质技术增援就能完成上级司令部布置的任务,但同时还应是"轻型"的,能在接到警报后1小时之内出动。因此,在旅里出现了火箭炮营(装备BM-21"冰雹"122毫米火箭炮)和指挥连,但同时大幅度裁减了物质保障营和独立连、营的保障班、排的编制。

新面貌摩步营的典型编制如下:

- 营部（9人）
- 3个摩步连，每连101人，连部和3个摩步排（每排30人），每排1个指挥班（6人）、3个8人步兵班
- 1个迫击炮连，每连64人，连部、2个中口径火力排和1个轻型火力排，每个火力排3门炮
- 1个榴弹发射器排，每排26人，编成3个班
- 1个保障排（39人），编成2个汽车班（合计24辆汽车）、1个技术保障班（2辆车）和1个给养班（3辆车）
- 1个通信排（12人），分为2个指挥班、1个无线电班，3辆车
- 1个医疗所（9人，4辆车）

俄军前总参谋长马卡罗夫声称这样的营可以"独立地在相当远的距离上遂行任务"。

装甲输送车型摩步营则另有反坦克排、侦察排、工程排、汽车维护排、阻击手排，卫生排替代医疗所。

① 装备MT-LBV装甲输送车的摩步营

编制510人，其中军官30人、准尉6人、士官54人。

- 营部
- 3个摩步连，每连有连部和3个摩步排，每排3个9人步兵班；全连装备10辆MT-LBV装甲输送车、9挺PKP大口径机枪、9具RPG-7V2火箭筒、1部SBR-5近程侦察雷达、R-168-5UN、R-168-5KN电台各1部、4部R-168-0.5U无线电台、12部R-168-0.1U无线电台、1台FD4-230VO电机
- 1个迫击炮连，每连装备8门2S12车载迫击炮、11辆乌拉尔-43206汽车、2具RPG-7V2火箭筒、1部R-168-5UN电台、2部R-168-0.5U无线电台、1部P-193M1电话交换机、9部R-168-0.1U无线电台、1部LPR-2激光侦察仪
- 1个榴弹发射器排，装备3辆MT-LBV、6具AGS-17榴弹发射器、1部R-168-5KN电台、3部R-168-0.1U无线电台
- 1个反坦克排，装备3辆MT-LBV、9套9P151导弹发射装置、1部R-168-5KN电台、3部R-168-0.5U无线电台
- 侦察排装备3辆MT-LBV、2挺PKP大口径机枪、2支德拉贡诺夫SVDS折叠式阻击步枪、2支VSS特种阻击步枪、1具RPG-7D3火箭筒、1部SBR-5近程侦察雷达、1部LPR-2

第二章 1941—2017年苏俄陆军各兵种的发展

激光侦察仪、R-168-5UN、R-168-5KN电台各1、3部R-168-1K无线电台

• 工兵排装备1辆UMP-3遥控布雷车、2部乌拉尔-3电锯、1部UR-83P便携扫雷装置、3辆乌拉尔-4320-31汽车、2具RPG-7V2火箭筒、1部R-168-5UN电台、3部R-168-0.5U无线电台、2部RP-377UV干扰发射机、2台EB4-2-VO发电机、1辆2-PN-4M拖车

• 1个通信排，装备2辆KSHMR-149BMRG通信车、1辆MT-LBV、1具RPG-7V2火箭筒、3部R-168-5UN电台、4部R-168-0.5U无线电台、3部T-231-1U加密机、1部P-193M1电话交换机

• 1个履带式装甲车辆保障排，装备1辆MTO-AG1M1技术保养车、1具RPG-7V2火箭筒

• 1个汽车技术保障排，装备1辆MTO-BT技术保养车、2具RPG-7V2火箭筒、8辆乌拉尔-4320-31汽车、3部R-168-5UN电台、3辆ACPT4.7-4320油罐车、5辆2-PN-4M拖车、1辆PFI-1-8912挂车、3辆ATE-7-5557加油车、4辆PC-4.7-782B机动加油车、1辆PAK-200M-01野战面包拖车、1辆KP-130炊事拖车、3辆PHB-0.4野战面包拖车、1套PKBP-10供水机组车（卡玛斯-43114汽车和2辆PN-4M拖车）、1部DDU-1喷淋式消毒装置（卡玛斯-43114汽车牵引）

• 1个卫生排装备1部R-168-5UN电台、1辆AS4350.1救护车、1辆MT-LBV

• 阻击手排装备1辆乌拉尔-4320-31汽车、24支德拉贡诺夫SVDS折叠式阻击步枪、1支SBDS特种阻击步枪、1部R-168-5UN电台、5部R-168-0.5U电台、7部R-168-0.1U无线电台

② 摩步旅属坦克营

编制175人，其中军官20人、准尉11人、士官36人。坦克营辖4个坦克连，通信排、保障排、卫生所各1，装备41辆坦克。

• 通信排，装备1辆坦克、1辆R-KSHMR-149BMRG通信车、1辆MT-LBV装甲输送车、1具RPG-7V2火箭筒、R-168-5UN、5KN电台各1、4部R-168-0.5U无线电台、1部P-193M1电话交换机、1台FD4-230VO电机

• 保障排，装备1辆MTO-BT技术保养车、1辆BREM-1救援车、1具RPG-7V2火箭筒、5辆乌拉尔-4320-31汽车、1部R-168-5UN电台、1辆ACPT4.7-4320油罐车、4辆2-PN-4M拖车、1辆PFI-1-8912挂车、3辆ATE-7-5557加油车、4辆PC-4.7-782B机动加油车、4辆AC-7.5-4320油罐车、1辆PAK-200M-01野战面包拖车、1辆KP-130炊事拖车、1

辆PHB-0.4野战面包拖车、1部DDU-1喷淋式消毒装置（卡玛斯-43114汽车牵引）

- 卫生所，装备1部R-168-5UN电台、1辆乌阿斯-3962汽车

③ 摩步旅属自行榴弹炮营

编制166人，其中军官17人、准尉10人。每营3个连，以及指挥排、保障排和技术维护排。

- 营部：4名军官、2名准尉、1名士兵
- 3个自行榴弹炮连，每连编成：

连部（1名军官、2名准尉、1名士官）

2个自行榴弹炮炮排，每排排部2人（军官1人，士兵1人）

3个5人炮班

全连共装备6辆2S19、2具RPG-7V2火箭筒（每排第1班）、1部R-168-5UN电台

- 指挥排（军官1人），辖4人连部指挥班，1辆1B14M指挥车；4人指挥班，装备1个1B520计算器、2部R-168-5UN无线电台、1具RPG-7V2火箭筒、1部R-168-5UN电台、1辆乌拉尔-4320-31汽车

发射阵地指挥班，4人，装备1辆1B14M指挥车

- 炮营指挥排（军官1人）

5人营部指挥班，1辆1B15M指挥车；4人营部指挥班，装备1辆1B16M指挥车

4人炮兵指挥班，装备1个1B520计算器、1部LPR-2激光侦察仪、1个PRP-4M移动侦察站

5人指挥班，装备1个ABS-1M自动弹道站、2部R-168-5UN无线电台、1具RG-7V2火箭筒、3部R-168-0.5UN电台、1台ESB4-0.5-VO发电机、1部R-326M电台、1部P-193M1电话交换机、1辆乌拉尔-4320-31汽车

- 1个4人技术维护排（准尉1人），装备1辆MTO-BT技术保养车、1具RPG-7V2火箭筒、1部R-168-5UN无线电台

- 保障排

7人汽车班，装备1具RPG-7V2火箭筒、1部R-168-5UN无线电台、7辆乌拉尔-43202-31汽车、4辆2-PN-4M拖车、1辆EV-1.2油槽半挂车、1辆PFI-1-8912挂车

4人汽车班，装备1辆AC-7.5-4320油罐车、3辆ATE-7-5557加油车、1辆PC-4.7-782B机动加油车

4人给养班，2辆KP-130炊事拖车、1辆PHB-0.4野战面包拖车

④摩步旅属火箭炮营

每营辖3个连，以及指挥排、保障排和技术维护排。

- 营部：4名军官、2名准尉、1名士兵
- 3个火箭炮连，每连编成：

连部（1名军官、1名准尉、1名士官）

2个火箭炮排，每排排长1人（军官），3个5人炮班，共装备6辆BM-21-1火箭炮、2部R-168-0.1U电台

- 指挥排（军官1人）

3人连部指挥班，1个1B18计算器；4人指挥班，装备2部R-168-5UN无线电台、1辆乌拉尔-4320-31汽车

发射阵地指挥班，3人，装备1个1B520计算器、1个1B110计算器

牵引（汽车）班，6人，6辆乌拉尔-4320-31汽车

- 炮营指挥排（军官1人）

4人营部指挥班，1辆1B19指挥车

5人营部指挥班，装备1辆1B111指挥车

4人炮兵侦察班，装备1个1B520计算器、1个PRP-4M移动侦察站

4人指挥班，装备1个ABS-1M自动弹道站、2部R-168-5UN无线电台、1部R-168-5KN无线电台、1具RPG-7V2火箭筒、6部R-168-0.5UN电台、3部R-168-0.1UN电台、1台ESB4-0.5-VO发电机、1部P-193M1电话交换机、1辆乌拉尔-4320-31汽车

- 1个4人技术保障排（准尉1人）装备1辆MTO-BT技术保养车、1具RPG-7V2火箭筒、1部R-168-5UN无线电台

- 保障排

排部1人（准尉）

4人技术维护班，装备1辆MTO-BT技术保养车、1具RPG-7V2火箭筒、1部R-168-5UN无线电台

3人后送班，装备1辆BREM-1战斗修理后送车

7人汽车班，装备1具RPG-7V2火箭筒、1部R-168-5UN无线电台、5辆乌拉尔-43202-31汽车、4辆2-PN-4M拖车、1辆AC-7.5-4320油罐车、1部DDU-1喷淋式消毒装置（卡

玛斯-43114汽车牵引)、1辆PFI-1-8912挂车

7人汽车班,装备4辆AC-7.5-4320油罐车,3辆ATE-7-5557加油车、4辆PC-4.7-782B机动加油车

5人给养班,1辆PAK-200M 01野战面包拖车、1辆KP-130炊事拖车、1辆PHB-0.4野战面包拖车

• 技术维护排(士官1人、士兵3人),装备1辆MTO-AM1技术保养车、1具RPG-7V2火箭筒、1部R-168-5UN无线电台

2个汽车班,合计2名士官、21名士兵,装备2具RPG-7V2火箭筒、2部R-168-5UN无线电台、22辆乌拉尔-43202-31汽车、1辆ATE-7-5557加油车、2辆2-PN-4M拖车、1辆AC-7.5-4320油罐车、1辆PFI-1-8912挂车、1辆EV-1.2油槽半挂车、1辆PC-4.7-782B机动加油车

4人给养班,装备1辆KO-75移动炉灶、2辆KP-130炊事拖车、1辆PHB-0.4野战面包拖车

⑤摩步旅属反坦克炮营

每营辖营部,2个反坦克导弹连和1个反坦克炮连,以及指挥排、保障排和技术维护排。

• 营部:4名军官、2名准尉、1名士兵

• 1个反坦克炮连,连部(1名军官、1名准尉、1名士官)

2个反坦克炮排,每排排部2人(军官1人、士兵1人),1部R-168-5UN无线电台、1辆乌拉尔-4320-31汽车;每排3个3人炮班,2个排共装备6辆2S25

4人炮兵侦察班,装备1辆MT-LVB、1部PSNR-8便携式地面侦察雷达

3人通信班,1辆MT-LVB、1部R-168-5UN无线电台

• 2个反坦克导弹连,每连连部(1名军官、1名准尉、1名士官、士兵1人),装备1辆BRDM-2

3个反坦克导弹排,每排军官1人、士官3人、士兵1人,4部9P162导弹系统

4人指挥班,装备1辆BRDM-2、1部LPR-2激光侦察仪、2部R-168-5UN无线电台、1辆乌拉尔-4320-31汽车

• 炮营指挥排(军官1人)

3人营部指挥班,1辆R-149BMRG指挥车

4人炮兵侦察班，装备1个1B520计算器、1部LPR-2激光侦察仪、1个PRP-4M移动侦察站

6人通信班，1辆MT-LBV装甲输送车、1具RPG-7V2火箭筒、1台ESB-0.5-VO发电机、1部R-168-5UN电台、5部R-168-0.5U无线电台、1部P-193M1电话交换机、1辆乌拉尔-4320-31汽车

• 保障排

排部1人（准尉）

4人技术维护班，装备1辆MTO-BT技术保养车、1具RPG-7V2火箭筒、1部R-168-5UN无线电台

3人后送班，装备1辆BREM-1战斗修理后送车；

7人汽车班，装备1具RPG-7V2火箭筒、1部R-168-5UN无线电台、5辆乌拉尔-43202-31汽车、4辆2-PN-4M拖车、1辆ACPT-4.7-4320油罐车、1部DDU-1喷淋式消毒装置（卡玛斯-43114汽车牵引）、1辆PFI-1-8912挂车

7人汽车班，装备4辆AC-7.5-4320油罐车、3辆ATE-7-5557加油车、4辆PC-4.7-782B机动加油车

5人给养班，1辆PAK-200M-01野战面包拖车、1辆KP-130炊事拖车、1辆PHB-0.4野战面包拖车

• 技术维护排（士官1人、士兵3人）装备1辆MTO-AM1技术保养车、1具RPG-7V2火箭筒、1部R-168-5UN无线电台

8人汽车班，装备1具RPG-7V2火箭筒、2部R-168-5UN无线电台、6辆乌拉尔-43202-31汽车、1辆ATE-7-5557加油车、3辆2-PN-4M拖车、1辆AC-7.5-4320油罐车、1辆PFI-1-8912挂车、1辆EV-1.2油槽半挂车、1辆PC-4.7-782B机动加油车

4人给养班，2辆KD-20M炊事拖车、2辆KP-130炊事拖车、1辆PHB-0.4野战面包拖车

训练班（1名准尉、1名士兵）1台9F618M3-2-01训练机

⑥摩步旅属防空导弹营

每营辖3个防空导弹连，以及指挥和雷达侦察排、保障排、技术排、定检和修理排。

• 营部：3名军官、1名准尉、1名士官、1名士兵
• 3个防空导弹连，每连编成：

连部(1 名军官、1 名准尉、1 名士官),装备 1 辆BRDM-2

4 个防空导弹班,每班军官 1 人、士官 1 人、士兵 3 人,共 4 部 9A331 导弹车

自动化指挥器材班(1 名准尉、2 名士兵),装备 1 个 9S912 指挥所(BTR-80 装甲输送车)、1 台P-180M电话机

4 人导弹运输班,1 具RPG-7V2 火箭筒、2 辆 9T244 导弹装填车

技术班(1 名准尉、3 名士兵),装备 1 辆 9B887M技术保养车、1 辆 9F399-1M配件车

4 人防空班,装备 1 辆MT-LBV、3 具 9P516-1 发射装置、1 部R-168-0.5U无线电台、2 部R-168-0.1U无线电台

- 指挥和雷达侦察排(军官 1 人)

雷达站,1 名军官、1 名士官、3 名士兵,1 部 9S18M1 雷达

雷达站,1 名准尉、1 名士官、3 名士兵,1 部 35H6 雷达

2 个自动化指挥器材班(1 名准尉、2 名士兵),装备 1 个 9S912 指挥所(BTR-80 装甲输送车)、1 台P-180M电话机

无线电台(1 名士官、2 名士兵),装备 1 部R-166-0.5 无线电台(BTR-80 装甲输送车)、1 部R-170P无线电台、1 部R-250M无线电台、1 套P-330-3 低频通信系统

无线电台(1 名士官、2 名士兵),装备 1KSHMP-142HMR营部指挥车

- 技术排(军官 1 人)

12 人导弹运输班,1 具RPG-7V2 火箭筒、6 辆 9T245 导弹运输车

6 人导弹储存班,1 套 9F116 地面装备、1 辆KS-2573-1 军用吊车、1 部UKS-400V-131 空气压缩机、1 辆乌拉尔-4320-31 汽车

4 人警卫班,装备 1 挺 6P39 轻机枪、1 辆乌拉尔-4320-31 汽车

- 定检和修理排(军官 1 人)

技术维护班(1 名准尉、2 名士兵),装备 1 辆 9B887M技术保养车

技术维护班(1 名准尉、1 名士官、2 名士兵),装备 1 辆 9B894M1 修理和技术保养车

动力班(1 名准尉、6 名士兵)装备 3 台PES-100-T/230-CH/400-A1RK发电机、4 部BPL-30 变流器、3 辆乌拉尔-4320 汽车

- 1 个 4 人技术保障排(准尉 1 人)装备 1 辆MTO-BT技术保养车、1 具RPG-7V2 火箭筒、1 部R-168-5UN无线电台

- 保障排

排部 1 人(准尉)

4人技术维护班，装备1辆MTO-AGEM1技术保养车、1具RPG-7V2火箭筒、1部R-168-5UN无线电台

6人汽车班，装备1具RPG-7V2火箭筒、1部R-168-5UN无线电台、4辆乌拉尔-43202-31汽车、1辆ATE-7-5557加油车、1辆AC-7.5-4320油罐车、2辆PC-4.7-782B机动加油车、2辆2-PN-4M拖车、1辆EV-1.2油槽半挂车、1辆PFI-1-8912挂车

4人给养班，2辆KP-130炊事拖车、1辆PHB-0.4野战面包拖车

训练班（1名准尉、2名士兵）2台9F678训练机

⑦摩步旅属防空导炮（高炮）营

营辖3个防空导炮连、指挥和雷达排、保障排、技术排、定检修理排。

• 营部：3名军官、1名准尉、1名士官、1名士兵

• A防空导炮连，编成：

连部（1名军官、1名准尉、1名士官）

3个防空导炮排，每排军官1人、士官1人、士兵6人，2个班，装备2门2S6M1自行高炮

自动化指挥器材班（1名准尉、2名士兵），装备1个9S912指挥所（BTR-80装甲输送车）、1台P-180M电话机

6人导弹运输班，装备6辆2F77M运输装填车、3台1E1E发电机、3部R-168-5UN无线电台

• B防空导炮连，编成：

连部（1名军官、1名准尉、1名士官）

3个防空导炮排，每排军官1人、士官2人、士兵6人，2个班，装备1套9A35M3防空导弹系统、2套9A34M3防空导弹系统

自动化指挥器材班（1名准尉、2名士兵），装备1个9S912指挥所（BTR-80装甲输送车）、1台P-180M电话机

• C防空导炮连，编成：

连部（1名军官、1名准尉、1名士官）

3个防空导炮排，每排军官1人、士官3人、士兵9人，装备9个9P516-1防空导弹发射装置、3辆MT-LBV装甲输送车、1部R-168-0.5U电台、9部R-168-0.1U

指挥班（1名军士、2名士兵），装备1个PU-12M指挥所

营长指挥班（1名军士、3名士兵），1个PPRU-1M侦察指挥所、1部R-168-5UN无线电台、1部R-309K-1无线电台

• 定检和修理排（2名军官、2名准尉、8名士兵）装备1台1R-10-1M1修理和技术保养车、1台2B110-1技术保养车、1台2F55-1M1修理和技术保养车、1台9B915M技术保养车、1台9I111外部供电系统、1辆乌拉尔-4320汽车、1辆2-PN-4M汽车拖车

• 保障排

排部1人（准尉）

4人技术维护班，装备1辆MTO-BT技术保养车、1具RPG-7V2火箭筒、1部R-168-5UN无线电台

3人后送班，装备1辆BREM-1战斗修理后送车

7人汽车班，装备1具RPG-7V2火箭筒、1部R-168-5UN无线电台、5辆乌拉尔-43202-31汽车、1辆AC-4.7-4320油罐车、1个DDU-1喷淋消毒装置、4辆2-PN-4M拖车、1辆PFI-1-8912挂车

7人汽车班，装备3辆ATE-7-5557加油车、4辆AC-7.5-4320油罐车、4辆PC-4.7-782B机动加油车

5人给养班，1辆PAK-200M-01野战面包拖车、2辆KP-130炊事拖车、1辆PHB-0.4野战面包拖车

• 技术维护排

排部1人（准尉）

4人技术维护班，装备1辆MTO-AG2M1技术保养车、1具RPG-7V2火箭筒、1部R-168-5UN无线电台

6人汽车班，装备1具RPG-7V2火箭筒、1部R-168-5UN无线电台、4辆乌拉尔-43202-31汽车、1辆ATE-7-5557加油车、1辆AC-7.5-4320油罐车、2辆PC-4.7-782B机动加油车、3辆2-PN-4M拖车、辆EV-1.2油槽半挂车、1辆PFI-1-8912挂车

4人给养班，2辆KP-130炊事拖车、1辆PHB-0.4野战面包拖车

训练班（1名准尉），1台9F624训练机

• 防空主任指挥和雷达侦察排（军官1人）

探测雷达站，1名军官、1名士官、3名士兵、1部9L119雷达、1辆乌拉尔-43202-31汽车

雷达站，1名准尉、1名士官、3名士兵，1部35H6雷达

1个自动化指挥器材班（1名准尉、2名士兵），装备1个9S912指挥所（BTR-80装甲输送车）、1台P-180M电话机

无线电台（1名士官、2名士兵），装备1部R-166-0.5无线电台（BTR-80装甲输送车）

无线电台（1名士官、2名士兵），装备1辆KSHMP-142HMR营部指挥车

⑧摩步旅通信营

- 营部：2名军官、1名准尉；参谋：2名军官、1名准尉

下辖旅部通信连（指挥所通信枢纽）和通信连（指挥所），以及固定通信枢纽、技术保障排和物资保障排

- 旅部通信连（指挥所通信枢纽）

指挥人员（1名军官、2名准尉、1名士官），1部R-168-5UN电台

卫星通信站（1名军官、1名准尉、2名士兵），1个R-441-O移动枢纽站，（1辆乌拉尔-43203汽车、2-PN-4M拖车）

无线电排（1名军官），有3种无线电台

3人无线电台（1名士官、2名士兵），装备1部R-166-0.5无线电台（BTR-80装甲输送车）

3人无线电台（1名士官、2名士兵），装备1部R142-HMR无线电台

4个3人无线电台（1名士官、2名士兵），装备1部R149-BMR无线电台

保密通信排（1名军官），辖2个机房、1个收发室

2个5人机房（1名准尉、4名士兵），装备1部P-240I、1辆卡玛斯-5350汽车、1辆2-PN-4M拖车

3人收发室（1名准尉、2名士兵），1部P-391PM电话交换机

无线电中继排（1名准尉），辖5个无线电中继站、1个通信架线班、1个机房

5个3人无线电中继站（1名士官、2名士兵），装备1部R149-MP低容量无线电中继台

5人通信架线班，1部P-193M1电话交换机、1辆乌拉尔-43206汽车

3人机房，装备1个E-351-16机房、1个ESB-4-VO汽油发电机、1辆乌拉尔-4320汽车

- 通信连（指挥所）

指挥人员（1名军官、2名准尉、1名士官），1部R-168-5UN电台

83

通信排（后方指挥所，1名军官）辖3种无线电台

3人无线电台（1名士官、2名士兵），装备1部R-166无线电台（BTR-80装甲输送车）

3人无线电台（1名士官、2名士兵），装备1部R142-TO无线电台

3人无线电台（1名士官、2名士兵），装备1部R142-T无线电台

保密通信排（1名军官），辖3个机房、1个通信架线班

2个5人机房（1名准尉、4名士兵），装备1部P-240I、1辆卡玛斯-5350汽车、1辆2-PN-4M拖车

5人通信架线班，1部P-193M1电话交换机、1辆乌拉尔-43206汽车

3人机房，装备1个E-351-16机房、1个ESB-4-VO汽油发电机、1辆乌拉尔-4320汽车

无线电中继排（1名军官），辖4个无线电中继站、4个通信架线班

4个3人无线电中继站（1名士官、2名士兵），装备1部R149-MP低容量无线电中继台

4个5人通信架线班，1部P-193M1电话交换机、1辆乌拉尔-43206汽车

移动指挥所通信排（1名军官），1部R-168-5UN电台。辖2个机房、5个无线电台

3人无线电台（1名士官、2名士兵），装备1部R-166-0.5无线电台（BTR-80装甲输送车）

4个3人无线电台（1名士官、2名士兵），装备1部R149-BMR无线电台

4人机房（1名准尉、3名士兵），装备1部P-240BTZ

3人机房，装备1个E-3512BRM2机房、1个ESB-4-VO汽油发电机

通信排（移动通信器材）1名军官，1部R-168-5UN电台。辖2个通信班、4个无线电台

4个3人无线电台（1名士官、2名士兵），装备1部R-166-0.5无线电台

5人（便携器材）通信班，装备1部AV-1-0/230汽油发电机组、5部R-438-M小型卫星通信装置、5部T-231-1U加密机

6人（便携器材）通信班，装备1部AV-1-0/230汽油发电机组、5部R-168-5UN电台、5部R-168-5KN电台、5部T-231-1U加密机、1辆乌拉尔-43206汽车

- 固定通信枢纽（1名军官、2名准尉、1名士官、5名士兵、20名文职人员）

装备1台60千瓦、400伏电动发电机组、2部R-166S无线电台、2部R-168-100KA无线电台、2部R-168-100U无线电台、4个R419-MC低容量无线电中继台、2部R-170P无

线电台、2套P-330-6复用设备、4套T-230-1AM特种通信技术设备、2套AT-3002M1通信设备、1套AT-3004D多路调制解调器、2套T-230-03特种通信技术设备、2套T-230-06特种通信技术设备、2套T-208特种通信技术设备、1台P-209IM-40/60-S1轻型交换机、1台P-206-40/20交换机、5台P-115A纸卷式电传打字机、1台容量为500个号码的电动电话交换机

- 技术保障排

排部1人（准尉）1部R-168-5UN无线电台

4人技术维护站（1名准尉、3名士兵），装备1辆ATO-3技术保养车

4人技术维护站（自动通信加密设备，1名准尉、3名士兵），装备1辆ATO-UM1技术保养车

5人技术维护班，装备1辆MTO-AM1技术保养车、1部R-168-5UN无线电台、1个12U1303电焊机

3人动力班，装备1台ESV-0.5VO发电机、1台ESV-4-BZ-1汽油发电机、1个E-350PM流动充电站

- 物资保障排

排部1人（准尉）

5人汽车班，装备1部R-168-5UN无线电台、4辆乌拉尔-43202-31汽车、1辆ATE-7-5557加油车、1辆PC-4.7-782B机动加油车、2辆2-PN-4M拖车、1辆EV-1.2油槽半挂车、1辆PFI-1-8912挂车

4人给养班，2辆KP-130炊事拖车

⑨摩步旅物资保障营

- 营部：2名军官、1名准尉

通常辖3个汽车连，1个保障连

- 汽车连（弹药运输）

连部（1名军官、2名准尉）

2个汽车排（每排1名准尉、3名士官、15名士兵），装备1部R-168-5UN无线电台、18辆乌拉尔-43202-31汽车、18辆2-PN-4M拖车

- 汽车连（燃料运输）

连部（1名军官、2名准尉）

2个汽车排（每排1名准尉、2名士官、21名士兵），装备1具RPG-7V2火箭筒、1部R-168-5UN无线电台、2辆乌拉尔-43202-31汽车、2辆2-PN-4M拖车、19辆AC-7.5-4320油罐车、4辆ATE-7-5557加油车、21辆PC-6.7-8925机动加油车

• 汽车连（食品、被服物资和军事技术器材运输）

连部（1名军官、2名准尉）

汽车排（军事技术器材运输，1名准尉、3名士官、22名士兵），装备1具RPG-7V2火箭筒、2辆KS-3574军用起重车、21辆乌拉尔-43202-31汽车、2辆"巴斯"-3205军用汽车、18辆2-PN-4M拖车

汽车排（给养和被装运输，1名准尉、3名士官、24名士兵），装备1具RPG-7V2火箭筒、1部R-168-5UN无线电台、17辆乌拉尔-43202-31汽车、2辆AFI-66恒温厢式汽车、2辆AFK-66综合厢式汽车、3辆ACPT-4.7-4320油罐车

• 保障连

连部（1名军官、2名准尉）

给养排，排部1人（准尉）

12人汽车班，装备1具RPG-7V2火箭筒、1部R-168-5UN无线电台、7辆乌拉尔-4320-31汽车、1辆AFI-66恒温厢式汽车、1辆AFK-66综合厢式汽车、1辆AFX-66厢式面包车、2辆ACPT-4.7-4320油罐车

食堂（1名准尉、11名士兵、2名文职人员），装备7辆KP-130炊事拖车、1个PP-170拖挂式炉灶、3个PHP-0.4便携面包炉、1个PKS-2M移动餐室

洗浴服务班（1名准尉）

被装修理所（1名准尉、3名文职人员）

浴室（含生活服务站）（1名准尉、7名士兵、4名文职人员），装备2个PVP生活服务站、2个PVO-32浴室、5辆乌拉尔-4320-31汽车、1辆ACPT-4.7-4320油罐车、1部DDK-1喷淋式消毒装置

洗衣房（1名准尉、6名士兵、10名文职人员），装备1个MPP-9洗衣房、4辆乌拉尔-4320-31汽车、1辆ACPT-4.7-4320油罐车

仓库（3名准尉、8名文职人员），装备1个MNUG-90马达泵

应急备品仓库（2名准尉、5名文职人员）

修理厂（定检）（1名准尉、2名士官、2名士兵），装备1辆MKP9B839M监控-检查车、1个PK9B866-2移动检查站

汽车修理排（1名准尉）

7人汽车修理班（拆装作业），装备1辆MRS-AM1修配车、1个USA-M1电焊机

8人汽车修理班（钳工、机修作业、组件小修），装备1辆MRM-M3.1机械修理车、1辆乌拉尔-4320-31汽车、1辆2-PN-4M汽车拖车

6人技术班（诊断调试），装备1辆MTO-AM1技术保养车、1辆MTP-A2.1技术支援车

⑩摩步旅修理营
- 营部：3名军官、1名准尉

通常辖装甲车辆修理连、汽车修理连、装备修理连、技术装备连和后送修理连，以及指挥排和物资保障排

- 装甲车辆修理连（1名军官、1名准尉、1名士官），装备1部R-168-5UN电台

装甲坦克车辆（履带式车辆）修理排（1名准尉），辖4个班：

2个4人装甲坦克车辆（履带式车辆）修理班，装备1辆乌拉尔-43203-31汽车、1辆MRS-BT装甲坦克车辆修配车、1辆2-PN-4M汽车拖车

2个6人装甲坦克车辆（拆装和技术保养）修理班，装备1辆MTO-BT技术保养车、1辆MRS-BT装甲坦克车辆修配车

装甲坦克车辆（轮式车辆）修理排（1名准尉），辖3个班，1个修理厂

2个3人装甲坦克车辆（轮式车辆）修理班，装备1辆MRS-BT装甲坦克车辆修配车、1辆2-PN-4M汽车拖车

3人装甲坦克车辆（燃料装置）修理班，装备1辆MRP-AM1燃料供给系统仪器修理车
3人（动力）修理厂，装备1辆MTO-BT技术保养车

装甲坦克（军械）修理排（1名准尉），下辖2个班，1个修理厂

4人装甲坦克（火力控制系统和可控武器系统）修理班，装备1辆MRE-AM1专用电气设备修理车

3人装甲坦克（火力控制系统和可控武器系统）修理班，装备1辆MRE-AM1专用电气设备修理车

修理厂（可控武器系统和电气设备诊断）（1名准尉、4名士兵）装备1辆MRE-AM1专用电气设备修理车、1辆KPMC01M01监控-检查车

特种作业排（1名准尉）

3人钳工—机修班，装备1辆MRM-M3.1机械修理车

3人焊接班，装备1台MSR干燥机（乌拉尔-43203-31汽车）

3人蓄电池班，装备1辆MEA-M1蓄电池充电和修理车、1台ESB-4-VZ汽油发电机

3人高压气瓶测试和装填班，装备1辆乌拉尔-4320-31汽车、1个PKU-150移动空气压缩装置、1个PZUS野战二氧化碳充气站

- 汽车修理连（1名军官、1名准尉、1名士官），装备1部R-168-5UN电台

汽车修理排（1名准尉），辖3个班：

5人汽车野外修理班，装备1辆MTP-A2.1技术支援车、1辆MRS-AM1机动修配车

7人汽车修理班，装备1辆MRS-AM1机动修配车、1辆MRM-M3.1机械修理车、2辆2-PN-4M拖车

4人汽车修理班，装备1辆MRS-AM1机动修配车、1个USA-M1电焊机、1辆乌拉尔-4320-31汽车、1辆2-PN-4M汽车拖车

汽车修理排（履带式车辆，1名准尉），辖3个班：

5人汽车野外修理班，装备1辆MTP-A2.1技术支援车、1辆MRS-AM1机动修配车

7人汽车修理班，装备1辆MRS-AM1机动修配车、1辆MRM-M3.1机械修理车、2辆2-PN-4M拖车

4人（履带式车辆）汽车修理班，装备1辆MRS-AM1机动修配车、1辆乌拉尔-4320-31汽车、1辆2-PN-4M汽车拖车

特种作业排（1名准尉），辖3个班：

6人汽车（电气设备、特种设备和电源）修理班，装备1辆MEA-M1蓄电池充电和修理车、1辆MRP-AM燃料供给系统仪器修理车、1辆MRE-AM1专用电气设备修理车、1部ZD30-T/400-1VP电动机

6人（热作业）汽车修理班，装备4辆乌拉尔-4320-31汽车、4辆2-PN-4M拖车

4人（木工和硫化作业）汽车修理班，装备1辆MIR-AM1工程侦察车、1个BG-1500锅炉、1辆乌拉尔-4320-31汽车

- 装备修理连（1名军官、1名准尉、1名士官），装备1部R-168-5UN电台

装备修理排（1名军官、1名准尉），辖4个班：

7人军械修理班，装备1辆MRS-ARM机动修理车、4辆2-PN-4M拖车、1部ZD30-T/400-1RPM2电动机、1辆MRM-M3.1机械修理车

7人军械修理班，装备1辆MRS-ARM机动修理车、4辆2-PN-4M拖车、1部TA6M1运输车、1台12U1334电焊机、1辆MRM-M3.1机械修理车

第二章 1941—2017 年苏俄陆军各兵种的发展

4 人技术维护班，装备 1 辆KPM1I37 监控-检查车（卡玛斯-43114 汽车）、1 台UQS1I391 炮膛清洁装置（卡玛斯-43114 汽车）

3 人（枪械和设备）装备修理班，装备 1 辆MTO-BT技术保养车

反坦克导弹系统、仪表和光学器材修理排（1 名准尉），辖 2 个班：

3 人反坦克导弹系统修理班，装备 1 辆 9V871-3 检测车

6 人仪表和光学器材修理班，装备 2 个OP-M修理间、2 辆 2-PN-4M拖车

防空武器、指挥所、雷达和无线电技术站修理排（1 名军官、1 名准尉），辖 3 个班：

5 人无线电技术站和指挥所修理班，装备 1 辆KRM-1M2 参谋指挥车、1 个MRTS无线电技术站、1 个 16KW照明发电机

3 人防空导弹武器定检和修理班，装备 1 辆 9V915M技术保养车

5 人雷达和地面识别设备修理班，装备 1 个KRAS-PM-1 汽车检查修理站、1 辆MRTO-P修理和技术保养车

• （工程通信防化后勤）技术装备修理连（1 名军官、1 名准尉），装备 1 部R-168-5UN电台

通信器材修理排（1 名准尉）

（通信器材技术保养）修理厂（1 名准尉、2 名士兵），装备 1 辆ATO-UM1 技术保养车

（技术保障）机房（1 名准尉、3 名士兵），装备 1 辆ATO-Z技术保养车

3 人蓄电池班，装备 1 辆E-350PM移动充电站

工程修理厂（1 名准尉、4 名士兵），装备 1 辆MRIV工程装备修理车、1 台ESB-2-B3发电机

3 人后勤技术装备修理班，装备 1 辆MRM-M3.1 机械修理车

三防器材修理厂（1 名准尉、2 名士兵），装备 1 个RXBE-1 核生化三防器材修理所

• 后送修理连（1 名军官、1 名准尉），装备 1 部R-168-5UN电台

装甲坦克车辆后送排（1 名准尉、2 名士官、9 名士兵），装备 1 辆BREM-1 战斗修理后送车、1 辆KEKT-74281 库尔干轮式牵引车

汽车后送排（1 名准尉、2 名士官、12 名士兵），装备 1 部R-168-5UN电台，1 辆KS-3574M1 军用起重车、2 辆乌拉尔-4420-31 汽车、4 辆KT-L后送牵引车、1 辆MTP-A2.1 技术支援车

待修设备保管排（1 名准尉），辖 2 个班：

3 人（技术装备保管和报废）技术班，装备 1 辆MTP-A2.1 技术支援车

3人（组件交换）技术班，装备1个4901汽车水栓

测量技术设备修理厂（1名准尉、2名士兵），装备1个PLIT-A2-4/1测量技术装备移动试验室

- 指挥排（1名军官）

3人无线电台（1名士官、2名士兵），装备1部R142-TO参谋指挥车车载电台

4人通信班，装备1台ESB-0.5-VO发电机、1部R-168-5UN无线电台、1部P-193M1电话交换机、1辆乌拉尔-43206汽车

- 物资保障排（1名准尉）

6人汽车班，装备1部R-168-5UN无线电台、2辆乌拉尔-43202-31汽车、2辆乌拉尔-4320-31汽车、1辆ATE-7-5557加油车、1辆AC-7.5-4320油罐车、1辆PC-4.7-782B机动加油车、2辆2-PN-4M拖车、1辆CV-1.2油槽半挂车、1辆PFI-1-8912挂车

5人给养班，装备2辆KP-130炊事拖车

与美军作战旅相比，俄军新面貌摩步旅压制与防空火力超强，独立作战、电子对抗、特种任务能力强，但侦察情报能力较弱。2009年2月，新面貌旅的编制最终获得批准。2009年9月4日，俄陆军司令弗拉基米尔·博尔德列夫发表声明表示，到6月1日，俄军地面部队于上半年已经组建了85个常备旅，其中包括合成旅、导弹旅、突击旅和电子战旅。

2009年10月，俄军正式开始新面貌改革，截至2010年初，在改革过程中共组建了85个旅。7个特种旅保持着特殊地位，作为试验型兵团在北高加索的莫兹多克还组建了第100侦察旅。俄军在2010年又补充组建了8个新面貌旅，包括6个摩步旅、1个工程旅和1个防空导弹旅，并撤销了不符合实际的"战役司令部"，恢复了集团军编制。

2011年3月，俄军再次补充组建了21个新面貌旅，包括3个诸兵种合成旅、1个导弹旅、2个炮兵旅、3个防空导弹旅、9个侦察旅和3个工程旅。截至2012年底，俄陆军基本完成了军事改革框架内所有新面貌旅的组建工作，作战部队总数量约为114个新面貌旅、1个机枪炮兵师和17个独立团。其中，担负主力作战任务的诸兵种合成旅约有55—60个，其余均为单一兵种作战旅，陆军总兵力约为27万人。

2013年5月，俄军恢复了近卫摩托化步兵第2师、近卫坦克第4师的建制，2014年在中部军区组建了山地步兵第55旅。2016年1月14日，俄罗斯国防部长绍伊古宣布，在西部军区重建3个师。2016年1月22日，俄罗斯陆军司令奥列格·萨柳科夫上

第二章 1941—2017年苏俄陆军各兵种的发展

▲ T-90。

▲ T-14。

▲ BTR-90。

▲ T-90。

▲ 库尔干-25（BMP-4）。

▲ T-15。

▲ 2S-34 122毫米榴弹炮。

▲ 2S35-SV152毫米加榴炮。

将证实将恢复4个师,其中西部军区3个师(即近卫坦克第10师、摩步第144师和摩步第150师),中部军区1个(在车尔雅宾斯克附近组建近卫坦克第90师)。

2016年10月,有消息称俄国防部在9月批复将在南部军区重建近卫摩托化步兵第42师,而下一步计划是驻伏尔加格勒的近卫摩托化步兵第20旅可能扩编为师。

图中是俄军近年来研制、生产、服役的部分陆军主战装备。

第二节　空降兵

1941年6月22日,苏联红军空降兵共编有5个空降军。这些空降军组建于1941年4月,每军辖3个空降旅,兵力约1万人。战争过程中空降兵的编成多次发生变化,由于在勒热夫-维亚济马进攻战役、第聂伯河空降战役中损失惨重,红军空降兵在战争的大部分时期里作为精锐步兵使用。

1945年底,苏军几乎已经没有空降部队了,"二战"结束时的9个近卫空降师(第1—10师,欠第8师)中的8个被改编为步兵师,近卫空降兵第2师则在基辅军区解散。1945年6月,近卫空降兵第4、5、6、7、9师,被分别改编为近卫步兵第111、112、113、115、116师,同年11月,近卫空降兵第1、3、10师,被改编为近卫步兵第124、125、126师。到1945年11月末,红军只剩下近卫空降兵第5、8、24旅。

半年多后,苏军空降兵部队依据1946年6月3日的部长会议决定重建。根据国防部长于6月10日下达的命令,空降兵作为一个独立兵种从空军中分拆出来,直属国防部,同时建立空降兵指挥系统。

空降兵序列如下:5个近卫空降军(近卫空降兵第8、15、37、38、39军),10个近卫空降兵师(第76、98—100、103—107、114师)都保留了所有的荣誉称号和勋章。除近卫空降兵第76师外,这些部队的前身均为空降师和空降旅,然而由于这些师中的第三个团战后都被解散或用于组建新部队,因此重建的空降师按照新编制只辖2个空降团。

表 2-5 1946 年 7 月苏联空降兵部队番号、驻地、编成

空降军番号	空降师番号	组建时间	驻地	所辖近卫空降团
近卫空降兵第 15 军		1946 年 6 月 7 日	拉克韦雷	
	近卫空降兵第 76 师	1946 年 6 月 7 日	普斯科夫	234、237
	近卫空降兵第 104 师	1946 年 6 月 7 日	纳尔瓦	328、346
近卫空降兵第 8 军		1946 年 6 月 7 日	白俄罗斯波洛茨克	
	近卫空降兵第 103 师	1946 年 6 月 7 日	梁赞	317、322
	近卫空降兵第 114 师	1946 年 6 月 7 日	白俄罗斯博罗夫哈	350、357
近卫空降兵第 38 军		1946 年 6 月 7 日	图拉	
	近卫空降兵第 105 师	1946 年 6 月 7 日	科斯特罗马	331、345
	近卫空降兵第 106 师	1946 年 6 月 7 日	图拉	347、351
近卫空降兵第 39 军		1946 年 6 月 7 日	切尔尼戈夫	
	近卫空降兵第 100 师	1946 年 6 月 7 日	别拉亚特舍尔科夫	298、301
	近卫空降兵第 107 师	1946 年 6 月 7 日	切尔尼戈夫	348、352
近卫空降兵第 37 军		1946 年 6 月 7 日	别洛戈尔斯克	
	近卫空降第 98 师	1946 年 6 月 7 日	海滨边疆区波克罗夫卡	296、299
	近卫空降第 99 师	1946 年 6 月 7 日	海滨边疆区曼佐夫卡	297、300

表 2-6 1948 年 10 月底苏联空降兵部队番号、驻地、编成

空降军番号	空降师番号	组建时间	驻地	编成	备注
近卫空降兵第 15 军		1946 年 6 月 7 日	拉克韦雷		
	近卫空降兵第 76 师	1946 年 6 月 7 日	普斯科夫	234、237 团	
	近卫空降兵第 104 师	1946 年 6 月 7 日	奥斯特罗夫	328、337 团	
	近卫空降兵第 21 师	1948 年 10 月	瓦尔加	104、108 团	前身近卫空降 104 师近卫第 346 团、1955 年 4 月 25 日撤销
近卫空降兵第 8 军		1946 年 6 月 7 日	白俄罗斯波洛茨克		
	近卫空降兵第 103 师	1946 年 6 月 7 日	白俄罗斯波洛茨克	39、317 团	
	近卫空降兵第 114 师	1946 年 6 月 7 日	白俄罗斯博罗夫哈	350、357 团	1956 年 4 月撤销
	近卫空降兵第 7 师	1948 年 10 月	考纳斯	97、119 团	前身近卫空降 103 师近卫空降 322 团
近卫空降兵第 38 军		1946 年 6 月 7 日	图拉		
	近卫空降兵第 105 师	1946 年 6 月 7 日	科斯特罗马	331、345 团	
	近卫空降兵第 106 师	1946 年 6 月 7 日	图拉	51、351 团	
	近卫空降兵第 11 师	1948 年 10 日	梁赞	111、137 团	前身近卫空降 106 师近卫 347 团、1955 年 4 月 25 日撤销
近卫空降兵第 39 军		1946 年 6 月 7 日	切尔尼戈夫		
	近卫空降兵第 100 师	1946 年 6 月 7 日	基洛夫格勒	298、301 团	1955 年 4 月 25 日撤销
	近卫空降兵第 107 师	1946 年 6 月 7 日	切尔尼戈夫	348、352 团	
	近卫空降兵第 31 师	1948 年 10 月	沃伦斯基新城	114、381 团	继承近卫 107 师近卫 356 团、近卫 100 师 304 团历史
近卫空降兵第 37 军		1946 年 6 月 7 日	别洛戈尔斯克		
	近卫空降兵第 98 师	1946 年 6 月 7 日	波克罗夫卡	95、299 团	
	近卫空降兵第 99 师	1946 年 6 月 7 日	曼佐夫卡	297、300 团	
	近卫空降兵第 13 师	1948 年 10 月	阿穆尔州斯沃博德内	116、192 团	前身近卫空降第 98 师近卫空降 296 团

表2-7 1956年4月后苏联空降兵部队番号、驻地、编成

序号	空降师番号	组建时间	驻地	编成	备注
1	近卫空降兵第76师	1946年6月7日	普斯科夫	104、234、237团	
2	近卫空降兵第104师	1946年6月7日	奥斯特罗夫	328、337、97团	
3	近卫空降兵第103师	1946年6月7日	维捷布斯克	317、350、357团	
4	近卫空降兵第7师	1946年6月7日	考纳斯	97、108、119团	前身是近卫空降103师近卫空降322团
5	近卫空降兵第105师	1946年6月7日	科斯特罗马	111、331、345团	
6	近卫空降兵第106师	1946年6月7日	图拉	51、137、351团	
7	近卫空降兵第107师	1946年6月7日	切尔尼戈夫	301、348、352团	1959年撤销
8	近卫空降兵第31师	1948年10月	沃伦斯基新城	109、114、381团	继承近卫107师近卫356团、近卫100师304团历史，1959年撤销
9	近卫空降兵第98师	1946年6月7日	别洛戈尔斯克	217、299、300团	
10	近卫空降兵第99师	1946年6月7日	曼佐夫卡	74、297、300团	
11	近卫空降兵第13师	1948年10月	斯沃博德内	116、192、296团	前身是近卫空降98师近卫空降296团

1948年底，由于冷战局势紧张，苏军进一步组建了5个空降师（近卫空降兵第7、11、13、21、31师，在空降团的基础上扩编）。例如，荣获库图佐夫勋章的近卫空降兵第103师近卫空降兵第322团扩建为近卫空降兵第7师，近卫空降兵第104师空降兵第346团扩建为近卫空降兵第21师。此时每个空降师除了2个空降团，师属单位还有炮兵团、独立高炮营、工兵营、通信营、警卫营和医疗卫生营，师部还有2个独立连（侦察连和防化连）。

保障这些师作战的是5个军用运输航空兵师——近卫第3和第6、1、12、281师，后者都是重建的航空师。1948年，苏军增加了第二批运输航空兵师，如装备滑翔机的近卫运输航空兵第19、20、21师（原轰炸机师）。当时的空降兵直属运输航空兵司令是K.N.斯米尔诺夫中将（至1951年）。1955年，军用运输机部队不再隶属空降兵司令部，转隶空军的军用运输机部队（BTA）。顺便说一下，削减空降兵的主要原因是由于运输机不足（滑翔机不能执行类似投送SU-85突击自行火炮的任务，资金也不足）。

值得注意的是，战争结束后空降兵的裁撤导致在人员素质方面敲响了警钟，空降兵司令部不得不重新培训，或再

▲ 训练中的苏军空降兵。

次训练军官和从其他兵种调入的将领。战后，颇具传奇色彩的苏联英雄V.F.马尔格洛夫少将调入近卫空降兵第76师，于1948年5月第一次跳伞（不完全成功）时已年近不惑了。该师师长M.I.德尼森科死于1949年4月7日，当时他正在进行第三次跳伞。1957年，空降部队由直属国防部转隶陆军，在此之前，他们直接由监察长领导。

20世纪50年代的军事改革对空降兵产生了直接影响，1951年初，独立近卫空降第37军从滨海边疆区调到阿穆尔州，转隶红旗第1集团军。1953年4月，空降兵机关重组为独立的空降集团军，空降师大多改编为3团制结构（除了空降兵第103和114师，这两个师过了一段时间后才获得第三个团）。由于军队在1954年底—1956年初大规模裁撤，4个空降师（11、21、100、114师）被裁撤，部分空降团转隶至其他师。

空降兵转隶陆军8年后，于1964年再次直接隶属国防部，期间空降部队的情况再次出现了变化。1959年，近卫空降兵第31师和近卫空降兵第107师被解散，但一年后的1960年10月，在普斯科夫军区组建第44教导师（继承近卫空降兵第4师的勋章和荣誉），驻立陶宛约纳瓦。同年，近卫空降兵第104师改驻阿塞拜疆基洛瓦坎，近卫空降兵第105师383团从费尔干纳调吉尔吉斯斯坦奥什。到1965年，苏军空降兵有10个师，在1957—1969年间，近卫空降师番号为第7、13、31、76、98、99、103—107师。

值得注意的是，空降师下辖的空降团不一定与该师的机关部署在一起。例如，近卫空降兵第7师机关和近卫空降兵第104团都部署在考纳斯，但其他3个团分别部署于阿利图斯（近卫空降兵第97团）、马里扬波雷（近卫空降兵第119团）和卡尔瓦里亚（1137炮兵团）。近卫空降兵第106师的3个团分别位于不同地方，相互间距离更远——师部、第51团驻图拉，第137团在梁赞，第331团在纳罗福明斯克。1968年，远东军区的近卫空降兵第98师被调到敖德萨军区（师部驻博尔格勒，下属第300团在基希讷乌）。自那时以后，空降师按照各自的驻地形成了一个非正式的名称：第7师被称为考纳斯师，第13师被称为阿穆尔师，第76师被称为普斯科夫师，第98师被称为基希讷乌师，第99师被称为乌苏里斯克师，第103师被称为维捷布斯克师，第104师被称为基洛瓦坎师，第105师被称为费尔干纳师，第106师被称为图拉师。

表2-8 1965年苏联空降兵部队番号、驻地、编成

序号	空降师番号	组建时间	驻地	编成	备注
1	近卫空降兵第76师	1946年6月7日	普斯科夫	101、231、237团	
2	近卫空降兵第44师	1960年10月	约纳瓦	226、285、301团	
3	近卫空降兵第103师	1946年6月7日	维捷布斯克	317、350、357团	
4	近卫空降兵第7师	1948年10月	考纳斯	97、108、119团	前身是近卫空降103师近卫空降322团

续表

序号	空降师番号	组建时间	驻地	编成	备注
5	近卫空降兵第105师	1946年6月7日	费尔干纳	345、351、383团	1979年8月3日—12月1日拆分近卫空突35、56旅，近卫空降345团
6	近卫空降兵第106师	1946年6月7日	图拉	51、137、331团	
7	近卫空降兵第104师	1946年6月7日	基洛瓦坎	80、328、387团	
8	近卫空降兵第98师	1946年6月7日	别洛戈尔斯克	217、299、300团	
9	近卫空降兵第99师	1946年6月7日	乌苏里斯克	74、297、385团	
10	近卫空降兵第13师	1948年	莫戈恰	116、192、296团	前身近卫空降98师近卫空降296团

自1969年以来，作为陆军的一部分，空降兵失去了独立兵种的地位。此时苏军组建了部分轻装的空降旅（后来被称为空中突击旅，但几乎所有的旅都失去了近卫称号），主要用于直升机机降。1969年，率先组建了第11、13旅（在近卫空降兵第13和第99师基础上改建），1973年又组建了第83旅、21旅（前身是第104师332团），1979年第14、35—40、56旅先后组建，并于1986年组建了第23、57、95旅。

为加强空降兵训练，空降兵于1972年5月15日在立陶宛约纳瓦建立了空降兵第332学校。在20世纪70年代末，空降兵司令部直属的独立空降兵第171营改为通信营。1979年5月，近卫空降兵第105师被解散（大部分人员和2个空降团移防至白俄罗斯，在那里组建了空降突击第38旅，继承了该师的近卫和荣誉称号），随后在空降兵第79和第80团的基础上组建了空降突击第40和第39旅。令人惊讶的是，新任空降兵司令苏霍鲁科夫上将在阿富汗战争前夕分拆近卫空降兵第105师的行为，因为该师是苏军在乌拉尔以东地区唯一的空降师，该师专门负责山区和沙漠作战行动，而苏军在阿富汗的空降兵力显然是不足的！维捷布斯克空降师的山地训练不如费尔干纳师，因为近卫空降兵第103师事实上是按完全不同的条件在为战争做准备。独立近卫空降兵第345团和前身是第351团的近卫空降突击第56旅已经证明是最好的。

苏军在阿富汗战争中作出了调整，空降兵的1个教导团（独立第387团）在1985年从近卫空降兵第104师调到了第

▲ 训练中的苏军空降兵。

第二章 1941—2017年苏俄陆军各兵种的发展

▲ BMD-2。

▲ BTR-D。

▲ BMD-1。

▲ 2S-23。

40集团军,并一直待到苏军从阿富汗撤出。空降兵第44教导师在1987年改编为第242空降训练中心,但其编制没有变化,仍辖4个教导团(3个空降团和1个炮兵团),自行火炮第75训练营和高炮第366、367营,另有通信、侦察、工兵、卫生、物资保障和支援分队等独立营连。在空降兵部队中,近卫空降兵第103师还辖独立坦克营。

　　空降师,空降突击旅、营都有自己独有的武器装备。1969年,空降兵统一开始在地面战中使用单一的履带式通用装甲底盘,该底盘几乎用于所有的装甲车,如BMD-1、BMD-2、BTR-D,2S9"诺娜"(于1981年开始服役)和2S23"诺娜"-SVK(1990年服役),BMD-1KSH(指挥所),BTR-RD(装甲运输车,可载AT-5"竞赛"反导弹系统),BTR-BHP(肩扛式防空导弹"箭"的装甲输送车),ARV-A(维修),1V119(炮兵指挥),P-440odb(无线电),甚至使用BTR-D牵引D-30榴弹炮。这些部队还装备有被陆军"重型"师排斥的BTR-40、ACS-57和SU-85。嘎斯-69、UAZ-469和嘎斯-66卡车被广泛应用,后者还包括指挥所车型号F-142和电台载车R-141,所有这些车辆装备既可以空运也可以空投。独一无二的BMD-1伞投试验(参加者包括空降兵司令和他的儿子A.V.马尔格洛夫)在1973年1月首次进行,试验的成功表明了空降兵部队作战能力的增强,并最终推广到整个苏联红军。

▲ 2S-31迫榴炮。

苏军空降师的结构在战争结束后40年间没有明显改变,20世纪80年代末,空降师辖以下几个主要单位:3个空降团和1个炮兵团,防空导弹营(装备BTR-4TE装甲车、1辆BMP-1KSH),6个独立营等。

装备2S9"诺娜-S"自行火炮的空降团取消了迫击炮连,辖3个空降营,炮兵连和防空炮连——全团装备110辆BMD、32辆BTR-D、18辆2S9"诺娜-S"120毫米自行火炮(有的使用2S23"诺娜-SVK")、6辆BTR-13RD-HT装甲输送车、8辆BMD-1KSH和10辆1V119。

炮兵团辖自行火炮营(装备18辆2S9"诺娜-S")和反坦克营(18辆BTR-RD),炮兵连(6门D-30榴弹炮和D-6装甲车)和防空排(3辆BTR-ZD),炮兵指挥连(3辆BMD-1KSH,10辆1V119)。

1989年,苏军空降兵序列:

- 近卫切尔卡瑟空降兵第7师(考纳斯,立陶宛苏维埃社会主义共和国)
- 近卫切尔尼戈夫空降兵第76师(普斯科夫)
- 近卫斯维里空降兵第98师(博尔格勒和基什尼奥夫,摩尔多瓦苏维埃社会主义共和国)
- 近卫空降兵第103师(维捷布斯克,白俄罗斯苏维埃社会主义共和国)
- 近卫空降兵第104师(基洛瓦坎,阿塞拜疆苏维埃社会主义共和国)
- 近卫空降兵第106师(图拉)

▲ BMD-4M,莫斯科,2013年1月31日。

第二章 1941—2017年苏俄陆军各兵种的发展

- 空降兵第242训练中心（约纳瓦，立陶宛SSR），前身是空降兵第44教导师（荣获苏沃洛夫勋章和波格丹·赫梅利尼茨基勋章的红旗奥夫鲁奇空降兵第44师），辖3个教导团。1960年10月，空降兵第4师成立于普斯科夫，继承了近卫步兵第111师的战斗旗帜（战时的近卫空降兵第4师），但新组建的师和团不是近卫部队。该师组建后调往立陶宛，并在那里改编为空降兵第44师。
- 独立近卫空降兵第345团（古达乌塔，格鲁吉亚苏维埃社会主义共和国）
- 空降兵第11、13、14、21、23、35、36（加尔波罗沃，列宁格勒军区）、37、38、39、40、56、83、95、100旅
- 独立通信第171旅（莫斯科州梅德韦日奥泽拉）

1990年，空降兵发生变革，近卫空降兵第103师改克格勃部队，陆军空降兵部队组成的14个空降旅（11、13、14、21、23、35—39、40、56、83、95）全部更名为空降突击旅。一年后，这些部队大多又恢复为近卫空降旅，第39旅撤销后几乎同时改编为第224训练中心，并继承了第39旅和第56旅获得的荣誉，如红星第39旅的前身——近卫空降兵第80团在1956年匈牙利事件以及卫国战争中获得的荣誉，第56旅在1986年的阿富汗战争中获得的荣誉。第38旅则继承了近卫空降兵第105师在"二战"中获得的荣誉。这类部队的主要打击力量是突击营（3—4个），可以作为独立营独立作战，拥有自己的番号。例如，第13旅的独立空中突击第620—622营，第11旅的独立空中突击第617—619营。

在苏联解体的时候，空降兵已经全部满编（无需动员）：

7个空降师（包括1个训练中心）共辖22个伞兵团，含1个独立团和3个教导团，另有14个空降旅（第57旅解散），其中包括1个教导旅。此外，空降兵第38旅（改名第171训练中心）、梁赞高等军事空降指挥学校接受了（立陶宛）约纳瓦的空降兵第332学校的列宁共青团勋章，然后迁到了莫斯科附近的米提诺。此前，阿拉木图的空降兵预备军官学校早在1960年就编入了武装部队。

苏联解体后，部分空降兵单位被独立的原加盟共和国接收。白俄罗斯接收了近卫空降兵第103师和第38旅，乌克兰接收了第23、39、40、95旅，哈萨克斯坦接收了第14旅（从德意志民主共和国撤回）和第35旅。第98师被一分为二，部署在科斯特罗马（第217团）和阿巴坎（第300团，后发展为第100侦察旅），于是摩尔多瓦接管了在本地的第217团和炮团的装备。与此同时，俄军撤回了部署在波罗的海沿岸国家的2个

空降师,将近卫空降兵第 7 师调至新罗西斯克,空降兵第 44 教导师(后改编为空降兵第 242 训练中心)部署到鄂木斯克,还几乎从零开始在伊万诺沃重组了近卫空降兵第 106 师 331 团。

空降师和团的番号没有任何规律性,虽然在 1969 年他们的番号和摩托化步兵并列。炮团番号沿用之前的番号,其序号和武装部队所有类型的的炮兵团,包括战略导弹团一起排序,空降师的其他部分和直属单位也同样如此。

第三节 骑兵

卫国战争前夕,苏联红军只有 13 个骑兵师(4 个山地骑兵师)和 4 个骑兵军指挥机关。骑兵师在 1941 年的编制为 3 个骑兵团、1 个坦克团、1 个骑兵炮兵营(马拉炮兵营)和 1 个高炮营,约 9000 人,配备 8000 匹马,坦克 64 辆、火炮 51 门。

由于坦克部队在战争初期损失重大,红军被迫使用骑兵部队作为突击力量。到 1941 年末,红军的骑兵部队新增了 8 个骑兵军和 88 个骑兵师。同期红军损失了 2 个骑兵军与 19 个骑兵师,到 1941 年末红军实际有 9 个骑兵军和 82 个骑兵师。

1941 年夏,苏军实施了新编制,组建约 3000 人的轻骑兵师。下辖 3 个骑兵团,1 个炮兵团和 1 个坦克团等,兵力 2939 人,装备马 3147 匹、机枪 36 挺、各种火炮 34 门(24 门 76 毫米加农炮、4 门 82 毫米迫击炮、6 门 45 毫米反坦克炮)、坦克 10 辆。

1942 年 4 月,苏军作战部队有 34 个骑兵师。1942 年苏军组建了 15 个骑兵军,17 个骑兵师,分别为近卫骑兵第 2、4、5 军,骑兵第 8—19 军;近卫骑兵第 7、9—12 师和骑兵第 7、10、12—13、15、96、110—112、114—116 师。撤消了 12 个骑兵军和

▲ 被迫作为突击力量的骑兵部队。

▲ 莫斯科附近的骑兵侦察兵,1942 年。马可以快速移动,且声音不大,是不可或缺的侦察、巡逻手段。

68个骑兵师,分别为骑兵第1、2、5、6、9—14、16、17军;骑兵第1（有3个）、2—4、10、12、13、15、17、18、25—29、31、34、35、38、40、41、44、46、49、52、54、56、57、60、61、62、64、66、68、70、72—80、82、87、91、94、96、98—109、111、113—116师。到了年底,苏军还保有12个骑兵军和31个骑兵师。

1943年苏军新编了2个骑兵军与10个骑兵师,分别是近卫骑兵第6、7军;近卫骑兵第8、13—17师与骑兵第58、59、67、84师,撤消了5个骑兵军和14个骑兵师的番号,分别是骑兵第4、7、8、18、19军和骑兵第7、11、20、21、24、51、55、58、67、81、83、97、110、112师,尚有8个骑兵军和26个骑兵师,这个数字一直保持到了战争结束。

骑兵在"二战"期间的表现表明,她的黄金时代已经过去了。

到战争结束的时候,苏军红军的骑兵部队有8个骑兵军26个骑兵师,分别如下：

- 近卫骑兵第1军：辖近卫骑兵第1、2、7师
- 近卫骑兵第2军：辖近卫骑兵第3、4、17师
- 近卫骑兵第3军：辖近卫骑兵第5、6师和骑兵第32师
- 近卫骑兵第4军：辖近卫骑兵第9、10师和骑兵第30师
- 近卫骑兵第5军：辖近卫骑兵第11、12师和骑兵第63师
- 近卫骑兵第6军：辖近卫骑兵第8、13师和骑兵第8师
- 近卫骑兵第7军：辖近卫骑兵第14—16师
- 骑兵第15军：下辖骑兵第1、23、39师
- 骑兵第59、84师

战争结束后,大多数骑兵部队被改编为机械化师。近卫骑兵第6军在1945年夏天

▲ 近卫骑兵第3军的马拉机枪队,1944年5月1日（摄影：A.I.乌特金）。

▲ 骑兵炮兵占领阵地。整个战争期间骑兵进攻都是罕见的,大部分战斗是骑兵徒步,马匹运输。

被裁掉了，一起被裁的还有近卫骑兵第1军近卫骑兵第7师和近卫骑兵第3军骑兵第32师。与此同时近卫骑兵2、5、7军中的2个师缩编成1个师，同年冬天近卫骑兵第7、4、5军分别失去了驻白俄罗斯的近卫骑兵第15师、骑兵第30师和第63师（分别被改编为近卫机械化第12师和机械化第11、12师），而军部调往高加索。

1946年夏天，骑兵师采用了新的编制，每个师辖3个骑兵团、1个坦克团和炮兵团，另有迫击炮营、高炮营、坦克营、骑兵侦察连、通信连和防化连等单位。此外，所有幸存的近卫骑兵军在1946年夏天变更为同序号的骑兵师，近卫骑兵第3、4、5军在喀尔巴阡和北高加索军区就地变更番号，近卫骑兵第1军和所辖的近卫骑兵第1、2师于1946年5月在沃罗涅日军区解散。

与此同时，骑兵第15军（1946年3月从伊朗撤回）中唯有骑兵第1师保留了番号，骑兵第23师改为骑兵第2师，骑兵第39师改为骑兵第6师并调往阿拉木图。而在后贝加尔军区和远东，驻蒙古的骑兵第59师改为骑兵第7师，骑兵第84师裁撤。大部分骑兵团都换了番号，例如，骑兵第6师所辖的骑兵第13、14、15团原先的序号是骑兵第165、167、169团。近卫骑兵第5军近卫骑兵第11和12师，改编为近卫骑兵第5师近卫骑兵第11团和12团，该师的第三个团来自原近卫骑兵第11师近卫骑兵第37团，其坦克第108团（装备重型坦克）的前身是自行火炮第1814团、坦克第54和第71团。近卫高炮第50营来自近卫骑兵第12师，近卫炮兵第149团则来自近卫骑兵第11师，近卫反坦克第137营和火箭炮营是在炮兵第1509团的基础上创建。改编完后的骑兵师辖3个骑兵团、坦克团和炮兵团，师直属有9个营，除了3个炮兵营（迫击炮营，防空营和反坦克营）以外，还有工兵营、通信营、防化营、侦察营、卫生营和运输营。部分单位基本保持不变，部分经过了整编。1946年夏天，苏联红军的骑兵建制仍然有7个师——近卫骑兵第3、4、5师，骑兵第1、2、6、7师。

1953年，独立骑兵第7师被撤消番号，1954年，独立骑兵第6师被撤消番号，1955年9月，近卫骑兵第4师被撤消番号，所属人员组成斯塔夫罗波尔通信技术学校防空部队。只有近卫骑兵第5师发展为整编近卫重型坦克第18师，其余骑兵部队被直接解散。唯一长期保留的骑兵部队，也只有特别骑兵第11团，它是在20世纪60年代初在莫斯科重新成立的，并于2010—2011年间被裁撤。

第四节　导弹兵和炮兵

1941年4月，红军组建了10个统帅部预备队炮兵旅。每旅2个团，每团6个营，共有48门76毫米火炮、24门107毫米加农炮、24门85毫米高射炮、16门37毫米高射炮。

战争初期，红军将榴弹炮团和加农炮团简编为每团18—24门火炮。解散了反坦克炮旅，组建反坦克炮团，每团辖4—5个连。1941年8月，红军组建了近卫火箭炮部队。

1942年4月起，红军组建6旅制炮兵师，每师装备火炮356门。

1942年10—11月，红军组建统帅部预备队炮兵师，每师辖8个团，共168门火炮。12月，炮兵师改辖1个轻型炮旅、1个榴弹炮旅、1个重加农炮旅、1个迫击炮旅，共248门火炮。

1943年春，红军组建突破炮兵师，下辖6个旅，装备356门火炮。当年还组建了高射炮师和重型火箭炮师，以及专门用于压制敌方炮兵的加农炮兵师和反坦克歼击炮兵旅。

1943年5月，红军组建火箭炮兵师，辖3个M-31火箭炮兵旅，装备72门（432管）火箭炮。

1943年4月，红军组建突破炮兵军，辖2个突破炮兵师和1个火箭炮兵师，装备有712门火炮，M-31火箭炮72门（六管，后改进为十二管）。截止1943年年底，统帅部预备队炮兵已经有9个炮兵军、26个炮兵师和7个火箭炮兵师，拥有1.35万门火炮和1.12万管火箭炮。

大型炮兵兵团的建立大大提高了最高统帅部预备炮兵在主要作战方向上大量集中使用的可能性，随时都能保证加强在主要突击方向上作战的部队，从而在主要突击方向上的火炮数量和质量都较德军有较大优势。这样一来，炮兵就不仅仅是完成战术任务的手段，而且还成了完成战役任务的手段。

为加强伴随炮兵的威力，红军从1942年底开始组建最高统帅部预备自行火炮团，最初实行混编，每团配有76毫米自行火炮17门，122毫米自行火炮8门。后来，前线指挥人员普遍认为单一类型的自行火炮最适应作战需要，遂统一编为轻、中、重型自行火炮团。1943年4月，自行火炮团编入了坦克和机械化部队。到1943年底，苏军已经拥有104个自行火炮团，约2100门自行火炮。

为加强反坦克火力，红军在1943年继续加强统帅部预备反坦克歼击炮兵的建设。

到6月初,已经组建了20个旅,此外还编有164个独立反坦克歼击炮兵团,编成内共拥有4480门反坦克炮。

随着战局的发展,炮兵在战斗和战役中的作用不断提高,这就要进一步完善各级部队和整个武装力量中的炮兵指挥机关以及对炮兵的领导。红军于1942年底设立了红军炮兵司令员职务,各方面军、集团军、军和师的炮兵主任的职务也相继设立。

编制的改变带来了炮兵战术运用的进步,最主要是提高了战术密度,在斯大林格勒战役的反攻阶段,红军火炮密度达到每公里正面30—60门,在其主要突破方向上火炮密度达到每公里正面近200门。在库尔斯克会战中,红军炮兵已具有优势,火炮和迫击炮的数量几乎2倍于敌。

在炮兵使用上,各集团军都建立了破坏炮群、火箭炮群、远战炮群和高射炮群,自行火炮团开始编入直接支援步兵的坦克群。在炮火准备中首次区分了试射阶段和破坏射击阶段,在炮火支援中首次使用了单层徐进弹幕射击。这一阶段炮兵的使用特点突出表现为:密集使用,广泛实施机动,力求将敌人置于不间断的火力杀伤之下,并加大了火力袭击的纵深。指挥上的特点是集中指挥,也有个别兵团指挥员有时把支援炮兵转隶给步兵团团长指挥,使协同作战指挥艺术得到了进一步发展。

自1944年初至战争胜利结束是红军的战略反攻阶段,在此阶段,红军炮兵已经取得了对敌的绝对优势。

为取得战争的胜利,红军炮兵仍按增强火力的指导思想继续发展。技术装备方面,统一了火炮生产的类型和口径,这一阶段苏联军事工业为部队提供了6.94万门各种类型的火炮(不含火箭炮)。132毫米和300毫米火箭弹改进了发射装置;反坦克炮兵装备了穿甲力强、射程远的100毫米新式火炮;增加了160毫米迫击炮的产量。在战争快结束时,红军火炮数量比战争初期增加了近2倍,拥有的火炮和迫击炮数量超过26万门,从而保证了每次重大战役中红军炮兵数量占有3倍于敌的绝对优势,这更充分证明了红军炮兵在第二次世界大战中的作用和意义。

▲ 白俄罗斯战役中的苏军炮兵。

这一阶段，红军炮兵编制更趋完善，仍按增加统帅部预备炮兵和加强队属炮兵的方针进行。

1944年，突破炮兵师改为下辖7个旅，装备364门火炮。1944年8月起，红军组建了4个突破炮兵军和11个7旅制的突破炮兵师。

到1945年初，红军编成内有89个炮兵师和火箭炮师，138个炮兵旅、反坦克歼击炮兵旅、迫击炮旅和火箭炮旅。军和集团军属炮兵团扩编为炮兵旅，并于1944年8月组建了专门的山地驮载迫击炮团。

炮兵的使用完全克服了炮火准备与炮火支援的脱节现象，各次重大战役其主要突击方向上的火炮密度均达到每公里正面200门以上。在柏林战役中，大量集中使用炮兵的原则得到了充分体现，白俄罗斯第1方面军突破地段上每公里火炮和迫击炮的战术密度达到了300门以上。这就使得炮火准备能够按照短促有力地进行压制的原则实施，并将持续时间缩短为30分钟（10分钟火力急袭、10分钟等速射击、10分钟火力急袭），在炮火准备期间对敌人防御压制的深度达到10—12公里。对步兵和坦克冲击的支援火力，计划用探照灯在夜间实施照明，前2公里纵深内采用双层徐进弹幕射击，后2公里则采用单层徐进弹幕射击。对步兵和坦克的火力护送纵深为8—10公里，方法是进行逐次集中射击。

"二战"时苏军的突破炮兵师一共有4种编制：

① 8团制

总计168门（2个团的152毫米加农榴弹炮，各18门；3个团的122毫米榴弹炮，各20门；3个团的76毫米野炮，各24门）。

② 4旅制

将上述3种炮各合成1个旅，另成立1个迫击炮旅，总计248门（2个团的152毫米加农榴弹炮，各18门；3个团的122毫米榴弹炮，各20门；3个团的76毫米野炮，各24门；5个团的120毫米迫击炮，各16门）。

后来的炮兵师也只有这4个旅是辖团的，其他的旅都是直辖营。

③ 6旅制

76毫米野炮和152毫米加农榴弹炮的2个旅不变，分别为72门和36门。

迫击炮旅由骡马化改为摩托化，团由16门炮扩充到36门炮，旅辖3团，共108门炮，增加了28门。

榴弹炮旅每团增加1个营8门炮，即28门（1个营12门，另2个营8门），旅辖3

团，84门，也就是增加了24门。

增加重榴弹炮旅，152毫米榴弹炮32门，该旅下辖4营，每营8门。

增加大威力榴弹炮旅，203毫米榴弹炮24门，该旅下辖4营，每营6门。

以上总计356门。

④ 7旅制

榴弹炮旅不变，84门。

重榴弹炮旅不变，32门。

大威力榴弹炮旅不变，24门。

迫击炮旅不变，108门。

152毫米加农榴弹炮旅撤出突破炮兵师，改归各集团军直辖。

76毫米野炮削减1个团，2个团各24门总计48门。

增加重迫击炮旅，4个营，32门160毫米迫击炮。

增加重火箭炮旅，3个营，36台BM-31-12火箭炮。

以上总计364门。

表2-9 1945年组建的步兵师属炮兵旅（除了远东战区的部分师）

炮兵旅序号	隶属步兵师	炮兵旅序号	隶属步兵师	炮兵旅序号	隶属步兵师
近卫26	近卫89				
57	近卫95				
近卫251	近卫122	441	19	551	近卫87
252	近卫45	442	252	552	156
253	近卫63	443	303	553	257
254	近卫64	444	近卫112	554	32
255	近卫129	445	近卫115	555	189
256	近卫70	446	近卫62	556	196
257	161	447	近卫69	557	123
258	167	448	近卫41	558	315
259	140	449	近卫80	559	414
260	183	450	近卫4	560	392
261	近卫48	451	近卫34	561	51
262	近卫50	452	近卫40	562	208
263	近卫54	453	126	563	216
264	近卫55	454	235	564	2
265	近卫96	455	263	565	307
266	20	456	26	566	343
267	61	457	70	567	近卫2
268	130	458	319	568	近卫32
269	152	459	18	569	近卫33
270	近卫9	460	205	570	近卫53
271	近卫21	461	115	571	267

续表

炮兵旅序号	隶属步兵师	炮兵旅序号	隶属步兵师	炮兵旅序号	隶属步兵师
272	近卫43	462	354	572	204
273	近卫46	463	193	573	45
274	近卫51	464	近卫44	574	83
275	近卫67	465	108	575	114
276	近卫71	466	186	576	67
近卫277	近卫119	467	413	577	341
278	308	468	15	578	367
279	332	469	69	579	368
280	376	470	近卫37	580	25
281	近卫1	471	373	581	289
282	近卫5	472	31	582	110
283	27	473	214	583	153
284	近卫16	474	294	584	324
285	近卫18	475	213	585	11
		476	111	586	29
287	近卫31	477	50	587	288
288	近卫83	478	116	588	224
289	近卫84	479	254	589	177
290	166	480	近卫10	590	178
291	28	481	近卫38	591	176
292	37	482	近卫76	592	194
293	47	483	近卫90	593	96
294	48	484	313	594	109
295	119	485	近卫11	595	43
296	168	486	259	596	382
297	219	487	353	597	9
298	256	488	394	598	73
299	268	489	195	599	217
300	147	490	244	600	154
381	86	491	333	601	334
382	326	492	近卫28	602	251
383	321	493	近卫92	603	287
384	372	494	188	604	389
385	90	495	78	605	349
386	46	496	206	606	402
近卫387	近卫101	497	337	607	407
近卫388	近卫102	498	近卫125	608	261
389	272	499	近卫108	609	89
390	近卫35	500	近卫66	610	56
391	近卫47	501	163	611	85
392	近卫57	502	316	612	198
393	近卫79	503	320	613	1
394	近卫88	504	近卫126	614	160
395	175	505	近卫20	615	71
396	近卫39	506	近卫73	616	44
397	185	507	155	617	164
398	近卫74	508	近卫68	618	270
399	近卫82	509	近卫36	619	179
400	近卫27	510	74	620	16
401	286	511	93	621	156

续表

炮兵旅序号	隶属步兵师	炮兵旅序号	隶属步兵师	炮兵旅序号	隶属步兵师
402	近卫 94	512	21	622	347
403	266	513	近卫 49	623	279
404	近卫 60	514	近卫 59	624	91
405	295	515	近卫 61	625	417
406	416	516	近卫 86	626	87
407	301	517	223	627	77
408	230	518	近卫 93	628	306
409	248	519	180	629	344
410	近卫 23	520	53	630	357
411	近卫 52	521	99	631	360
412	33	522	近卫 7	632	374
413	150	523	近卫 8	633	201
414	171	524	近卫 56	634	3
415	207	525	近卫 30	635	12
416	265	526	近卫 85		
417	364	527	131	641	22
418	146	528	近卫 22	642	34
419	132	529	近卫 29	643	35
420	143	530	近卫 65	644	79
421	260	531	近卫 118	645	101
422	12	532	172	646	264
423	75	533	350	647	255
424	近卫 77	534	118	648	342
425	60	535	280	649	355
426	近卫 13	536	近卫 117	650	258
427	392	537	近卫 121		
428	近卫 97	538	395		
429	近卫 116	539	112		
430	近卫 14	540	250		
431	近卫 78	541	290		
432	近卫 15	542	348		
433	近卫 58	543	5		
434	近卫 6	544	169		
435	近卫 113	545	129		
436	111	546	近卫 120		
437	近卫 25	547	269		
438	近卫 72	548	283		
439	近卫 42	549	近卫 3		
440	近卫 81	550	近卫 24		

到 1945 年 5 月 9 日，苏军共有 10 个突破炮兵军，37 个炮兵师，其中突破炮兵师 32 个、加农炮兵师 2 个、混合炮兵师 3 个。

炮兵旅共 410 个，其中榴弹炮兵旅 101 个、加农炮兵旅 94 个、轻型炮兵旅 40 个、机枪炮兵旅 1 个、军属炮兵旅 7 个、师属炮兵旅 9 个、近卫火箭炮兵旅和迫击炮旅 94 个、反坦克炮旅 64 个。

战争结束后，炮兵发生了重大的变化，由于步兵师编入了炮兵旅（见表 2-9），步兵

第二章 1941—2017 年苏俄陆军各兵种的发展

▲ 2S-4。

▲ 2S-5。

▲ 2S-7。

▲ 2S-19。

▲ MT-12。

▲ 85mm D-44。

▲ 9M113MA（T-5B"拱肩"B）。

▲ 9K11"婴儿"（AT-3"赛格"）。

▲ D-30。

▲ 2A-65。

军火炮数量明显增加。每个幸存的(包括远东新创建的)步兵军组建了加农炮旅,榴弹炮团改称炮兵团,所有这些团都隶属一个炮兵旅(火力旅)。此外,每个步兵师增编2个独立炮兵团——自行火炮团和高炮团(防空团),原辖的炮团改称加农炮团,这些团编为(师属)炮兵旅。这一过程在欧洲战争结束后的1945年夏天继续进行,在同年秋天完成,炮兵师和炮兵旅(除远东军区和后贝加尔军区)的序号分别增加到了251—300以及381—636,步兵军属炮兵旅序号在241—250和301—380(近卫72—78)的范围内,远东步兵军和师炮兵旅的序号范围在637—720之内。这些步兵师属炮兵旅在1945—1947年间先后撤销,一些反坦克旅、团整编成加农炮旅、团(例如,反坦克第54和第59旅分别改成炮兵第696和697旅,近卫反坦克第114旅改为近卫炮兵第440团等),部分迫击炮团改榴弹炮团,如第286团改为第2025榴弹炮团。

然而,因在1947—1948年连续2年裁军,这个步兵师属炮旅的实验停止了。非迫击炮(包括火箭炮)炮兵旅,在第1—621范围内缺编,重排的最小序号达到了900。到1945年5月炮兵团(加农炮、榴弹炮、高射炮等)的番号排序到了2014,同年秋天到了2495,到1946年夏天到了2560(由于高炮营重新改团,团数量增加了),与已有的番号数字出现了1000的差距。团番号发生了许多变化。类似的情形也出现在了炮兵营。然而,在这种情况下高炮营的序号到1945年5月排到了571(有一定的缺号),随后持续下降。1945年,通过组建军和师

▲ 9K111(АТ-4)。

第二章 1941—2017 年苏俄陆军各兵种的发展

▲ BS-3。

▲ M1938（M30）。

▲ D-1。

▲ M-1937（ML-20）。

▲ M1931（B-4）。

▲ BM-14。

▲ ShKHvz.77（"达纳"）。

▲ 8K11（P-11）/SS-1B"飞毛腿"。

111

属高炮团，序号达到了1200。摩托化步兵师则增强了炮兵营的兵力，主要是反坦克炮和炮兵旅的番号达到了930（1945年5月最大序号454）。例如，近卫步兵第41、62、69、80师的近卫第44、69、75、85反坦克炮营，经整编后新的番号为第924—927自行火炮团。不过，大多数反坦克炮营还没有进行整编，师内则组建了新的自行火炮营，装备了SU-76。不过，这样的过渡时期时间不长，1946年各师就编入了坦克自行火炮团。

在1946—1949年期间，苏军解散了一些炮兵部队和分队。例如，大多数炮兵军不复存在（到1948年初只剩下6个），由于部队合并，师、旅和团的数量有所减少。保留下来约70%的炮兵团（特别是高炮部队），缩编为营后编入一些旅、团。到1946年，新组建近卫第7—10、32—38炮兵师。例如，在远东组建炮兵第33师（隶属第39集团军）和第38师，在德国组建炮兵第34师，在喀尔巴阡军区组建近卫炮兵第9师，高加索军区组建了近卫炮兵第10师。在德国部署了5个高炮师（近卫第2，以及第6、10、24、32高炮师），集团军属高炮师保留了3个团而不是原有的4个。此外，炮兵第4军的编成与1945年5月相比发生了明显变化——现在它辖突破炮兵第5、6师，近卫第3、4反坦克旅。炮兵师编制也随之变化，减少了一部分旅、团，机关也进行了改组，许多师所辖部队的数量和类型都有所改变。

在20世纪五六十年代，炮兵兵团的数量明显减少了，几乎所有炮兵军、师被解散（到1953年11月撤销了所有的炮兵军），保留的部队单位人数也有所下降，大部分炮兵、火箭炮和高炮师、旅、团都改编为战略导弹部队的导弹师、团。

到80年代末90年代初，大的炮兵单位大概只有喀尔巴阡军区的炮兵第66军（1990年9月组建）和10多个炮兵师。其中只有4个经历过"二战"的炮兵师番号，其余师的编制是不固定的，一般辖2个旅，以及若干个团和存储基地。

几乎所有的炮兵师都辖有5个团（或旅），每个榴弹炮旅辖3个炮团（包括1个重型

▲ Zil-131运载的R-17。

▲ 9K72导弹系统"厄尔布鲁士"（SS-1C"飞毛腿"B）。

第二章 1941—2017年苏俄陆军各兵种的发展

或大威力炮兵团），1个反坦克团。例如，参加托茨科耶"核"演习的炮兵第10师辖4个旅：第47榴弹炮旅，近卫第2、第154大威力炮兵旅，第16重迫击炮旅，没有计算集团军属近卫炮兵第27旅。旅辖4个营，团辖3个营，每营辖3个炮连。各炮连装备4或6门火炮，根据不同的装备分为中型（重型）火炮或火箭炮连。

▲ 9K714"奥卡"（OTR-23，SS-23"蜘蛛"）。

战争结束后大部分炮兵旅、团都改变了番号，此后苏联武装部队（战略火箭军除外）统一番号排序与炮兵相关的所有分支机构、所有分队——火箭，高炮（包括导弹）、所有类型的火炮（包括重型火炮、榴弹炮、火箭炮、炮兵侦察、反坦克炮）部队。团和旅用数字排序，番号更改不止一次，例如，近卫坦克第4集团军近卫第71轻型火炮旅"二战"后改为近卫炮兵第113团，70年代再次被整编成旅，但番号成了387。

随着战术导弹的出现和作战方式的改变，著名的导弹兵和炮兵（PBA）装备明显有所改变。大部分炮兵旅和炮兵团装备自行火炮，从1970年起122毫米2S1"康乃馨"和152毫米2S3"金合欢"自行火炮服役，仅部分部队装备122毫米D-30（1968年起服役，共有约5000门）牵引式榴弹炮。重型榴弹炮和重型旅、团装备有152毫米2A65"姆斯塔"-B（700门），2S19"姆斯塔"-S（70门），2A36"风信子"（又译"葫芦"-B，约1300门），D-20型152毫米榴弹炮，2B16、D-30榴弹炮（约5200门）。随着1976年203毫米自行火炮2S7"芍药"（射程达47公里，可发射核炮弹）服役，榴弹炮旅开始接收2S7，到1990年，装备了347门该型自行火炮，编为6个旅。

炮兵部队装备有约650多门152毫米自行火炮2S5"风信子"-S（射程33公里，可

▲ 9K72导弹系统。

▲ 9A52（BM-30）。

▲ Zil-131 运载的 R-17。

▲ 9K72 导弹系统"厄尔布鲁士"（SS-1C"飞毛腿"B）。

发射核炮弹），炮兵旅的"风信子"营每营 3 个连，炮兵连 4 门（自行火炮连 6 门），每旅共 72 门。此外，还有混编炮兵团和炮兵旅、团装备 2S5"风信子"-S 自行火炮。8 个旅装备 2S4"郁金香"240 毫米自行迫击炮，每旅 48 辆（总共大约有 400 门）。著名的 BM-13"喀秋莎"火箭炮的接班人——BM-21 型"冰雹"火箭炮（1963 年起服役，并在珍宝岛参战）及改进型（共有约 3800 门），9P138 和 9P140（BM-27）"飓风"，部分"喀秋莎"甚至在解体前还在服役。

反坦克旅、团、营主要装备 MT-12"双刃剑"100 毫米炮（约 700 门），部分 85 毫米 SD-44 反坦克炮被保留下来，除了火炮，苏军还装备了反坦克导弹，共有约 1.1 万具。

反坦克营辖 1 个自行反坦克炮连和 2 个 MT-12"双刃剑"100 毫米牵引反坦克炮连。例如，敖德萨军区反坦克炮兵团在 1991 年装备了 47 门"双刃剑"火炮，27 辆 BTR-60PB 车载 9P149"强攻"-S 反坦克导弹和 53 辆 MT-LB。

除了这些相对较新的火炮系统，还有陈旧的 100 毫米火炮 BS-3（约 650 门）、122 毫米榴弹炮 M-30（3500 门）、130 毫米火炮 M-46（约 1400 门）、152 毫米榴弹炮 D-1（约 1200 门）和 ML-20（约 2000 门）、203 毫米榴弹炮 B-4D（600 门）、140 毫米多管火箭炮 BM-14 和 PAR-14（700 门）、160 毫米迫击炮 M-160（200 门）和 240 毫米迫击炮 M-240（约 180 门）。

进口火炮方面，苏军还拥有 108 辆捷克斯洛伐克的"达纳"152 毫米自行榴弹炮（安装在 4 轴车辆"塔特拉"底盘上），在 20 世纪 80 年代采购。

▲ OTR-21（SS-21）。

苏军一般使用装甲车MT-LBT（或GT-MU），汽车乌拉尔-375（或乌拉尔-4320）和ZIL-131牵引火炮和迫击炮，火炮的通信、指挥单元使用特种工程车辆和BTR-60以及BMP底盘的汽车：R-145BM、R-156BTR、PU-12、PRP-3、PRP-4、1V18、1V19等。

导弹旅第一次出现在1958年8月，以RVGK工程旅名义隶属陆军。最初装备的战术导弹是R-11（8A61）和R-11M（8K11），射程范围80—150公里，携带重达1000公斤的高爆弹头。前3个旅被部署在喀尔巴阡（第77旅）、基辅（第90旅，前特种工程第56团）和沃罗涅日军区（第233旅）。

在1962年初，苏军开始接收新型导弹R-17（8K14、9K72，MAZ-543底盘，替代R-11，北约的简称是"飞毛腿"-A和"飞毛腿"-B）。9P117MAZ-543轮式机动发射车与R-17导弹构成的9K72系统（P-300出口版）在1965年出现，并服役到联盟解体。早期的导弹旅辖3个营（每营3个炮连）、指挥连、工兵单位、其他战斗和技术支持单位，总共有9辆发射车，500辆特种和通用汽车，兵力800人（超强实力的243RBS是27辆车）。

此后，这些旅装备了9K52"月亮"系统和9K72"厄尔布鲁士"发射系统。这样的旅分2种类型，每旅3—4个导弹营（每营辖3个连，每连1辆发射车），或4—6个导弹营（每营辖2个连，每连1发射车）。苏军还装备了9K714"奥卡"（SS-23"蜘蛛"，射程达400公里，用来替代9K72）发射系统。1989年的中程导弹核裁军协议中涉及"奥卡"，当时其已装备大约100套发射系统，编为6个旅和驻德集群的1个独立团（第4炮团）。3个旅驻扎在白俄罗斯（每个有18具发射架），1个在驻德集群，土库曼斯坦和哈萨克斯坦各有1个旅（各12具发射架）。到1990年底，陆军大约有650枚战术导弹，其中约100枚部署在远东。

此外，1988年初，PBA还编有装备"温度"-S导弹（每个团4—6具发射器，射程可达300—900公里）的3个旅，3—5个独立团，这些部队在20世纪70年代中期从战略导弹部队中抽调而出。他们被部署在德意志民主共和国（2个旅和2个独立团）与捷克斯洛伐克（2个旅）境内，以及苏联本土的5个军区——白俄罗斯（1个

▲2012年服役的"冰雹"-K火箭炮。

▲ 9K720伊斯坎德尔M(SS-26)。 　　　　　　　　　▲ 9A52-4型122/220毫米模块火箭炮。

▲ 9K115-2 (AT-13 "萨克斯风"-2)。 　　　　　　　▲ 9M133 "短号" (AT-14)。

团)、远东(1个旅)、后贝加尔(1个旅)、西伯利亚(1个团)和中亚(1个旅加1个独立团),总共135具发射器,部署了220枚并存储了506枚PTRC导弹(北约代号OS-12 "薄板"),这些导弹在1988—1989年接受了核稽查并进行裁减。

当时世界独有的300毫米多管火箭炮9A52 "龙卷风"(12个发射管,射程70公里,底盘基于MAZ-543),于1987年11月开始服役,被编入火箭炮部队而不是导弹部队。到1990年,装备该系统的只有3个火箭炮旅——分别位于白俄罗斯(336旅)、波罗的海(337旅)和敖德萨军区(371旅),每个旅辖4个营,每个营有3个连(每连4门火箭炮)。

令人印象深刻的是苏联生产了数量更多的220毫米多管火箭炮9P140 "飓风"(16具发射管,射程34公里,汽车底盘BAZ-135),该型火箭炮从1975年3月开始服役,只部署在火箭炮团(驻德集群第307旅也有服役)。每团辖3—4个营,每个营12辆,首批装备了第160、182、802、918、1199团(近卫第14集团军第803团只有29门),第二批为第463、689、889、928团。陆军总计大约有1100门 "飓风" 多管火箭炮系统。

1990年,在驻欧洲的师属9K79 "圆点" 导弹营基础上,苏军以3—4个营编成1个新的导弹旅,番号在430—490的范围内。被部署在西方集群(前驻德集群)的旅如下:

第432旅（近卫坦克第1集团军，部署在武尔岑），第448旅（第3集团军，贝尔瑙），第449旅（近卫第8集团军，阿恩施塔特），458旅（近卫坦克第2集团军，施特雷利茨），464旅（近卫第20集团军，弗尔斯滕瓦尔德）。属于基辅军区的是驻白采尔科维的近卫第1集团军第459旅，喀尔巴阡军区的是第461旅（驻斯拉武塔，隶属第13集团军），波罗的海军区第463旅（驻加里宁格勒，隶属近卫第11集团军），白俄罗斯军区第465旅（驻格罗德诺，隶属第28集团军）和第460旅（戈布波希，隶属近卫坦克第5集团军），中央集群第442旅（后来撤回莫斯科军区的舒亚）。

只有8个师有独立导弹营（其中莫斯科军区和列宁格勒军区各2个，波罗的海军区和北高加索各1个，北方集群有2个），这些营于1976年服役，导弹射程达120公里。复杂的9M79导弹可携带常规弹头（500公斤）或不低于10万吨TNT当量的核弹头。

应该指出的是，通过导弹技术的广泛应用，苏军发展出许多有前途的火炮系统，得以批量生产420毫米的E2B1"欧卡"火箭炮、406毫米的2A3-2M自行火炮（4种改型）。1955—1977年，苏联还小批量生产了SU-122/54（T-54底盘），85毫米DM-44自行反坦克炮（550门），107毫米无后坐力炮B-11，240毫米迫击炮M-240（330门），多管火箭炮系统EM-14、BM-24（后来换成了BM-21型"冰雹"）。

炮兵旅和炮兵团的番号并不像普通的诸兵种合成部队那样频繁变动，主要的变化是在20世纪50年代，旅的序号减少到最大390，团是1300。1960年代旅的序号排到502，团的序号再次超过2100（如摩托化步兵第199师炮兵第2183团、摩托化步兵第13师炮兵第2193团），不过炮兵单位的序号中缺号很多，因此其总体数量要比序号小得多。

炮兵军官需要接受炮兵兵种和培训中心培训，因此苏军于1960年8月1日在伏尔加河沿岸军区组建了卡普斯京亚尔基地（第71训练基地），20多年来为苏军培育出大批合格的炮兵军官，为此该基地获得了红星勋章。驻扎在同一军区的还有导弹第187训练旅，另外，列宁格勒军区有2个训练旅（第186和第195旅）。

1998年1月1日，俄军成立了导弹兵和炮兵司令部，同年10月，导弹兵和炮兵司令部改为跨军种的武装力量导弹兵和炮兵总局。2001年3月，导弹兵和炮兵又转隶俄陆军领导，到了2010年12月1日，再次归属俄国防部领导。

苏联解体后，俄罗斯继承了7个炮兵师中的4个，到1995年只剩了2个。2005年，俄军在西伯利亚军区重建了炮兵第12师，但到了2009年，随着新面貌改革，所有炮兵师都被裁撤。

普京上台后,随着经济状况改善,俄军开始大规模更新装备。2015年8月,俄军宣布伊斯坎德尔导弹部队将转隶新组建的空天军,不过到2016年10月这一设想还没有变成现实。

20世纪80年代的炮兵师:

• 近卫红旗彼列科普炮兵第2师,荣获苏沃洛夫勋章,战后从波罗的海撤回了列宁格勒军区,其编制并没有发生重大变化,只是改变了番号。

• 红旗布拉格炮兵第12师,荣获库图佐夫勋章、波格丹·赫梅利尼茨基勋章,在1982年5月后驻守贝加尔湖以西,前身为"二战"时期的第122大威力炮兵旅。

• 近卫红旗涅曼炮兵第15师,荣获苏沃洛夫勋章、库图佐夫勋章,前身是战争期间的几个炮兵旅,1970年远东军区整编各旅组建该师,驻防滨海边疆区。

• 莫斯科军区炮兵第16师,(动员)组建于1982年5月,1989年10月改存储基地。

• 莫斯科军区炮兵第17师,(动员)组建于1982年10月,1989年10月改存储基地。

• 莫斯科军区炮兵第20教导师,1975年7月由炮兵第41教导旅改编,1987年9月改为第468炮兵训练中心。

• 锡瓦什什切青炮兵第26师,荣获苏沃洛夫勋章,该师在1956年4月重建,属喀尔巴阡军区,编制与战时相同,但大部分单位变更了番号。

• 后贝加尔军区炮兵第30师,(动员)组建于1984年,1992年撤销。

• 炮兵第34师,1945年10月在德国由几个炮兵旅合组,1993年撤回莫斯科军区。

• 近卫红旗罗加乔夫新罗西斯克炮兵第51师,创建于1972年8月,前身近卫炮兵第40旅在战争期间是炮兵第19师的一部分,中部集群解散后从奥地利撤回白俄罗斯。

• 红旗布达佩斯炮兵第55师,荣获波格丹·赫梅利尼茨基勋章、亚历山大·涅夫斯基勋章,前身榴弹炮第52旅在战争中是炮兵第16师的一部分,战后驻敖德萨军区,炮兵第16师于1950年缩编为旅。该旅在1960年再次扩编为师,但有不同的番号,1973年组建了炮兵第55师。

• 中亚军区炮兵第64师,(动员)组建于1984年,后来被哈萨克斯坦接管。

• 基辅军区炮兵第67师,(动员)组建于1983年,1987年12月改为第750民兵训练中心。

- 白俄罗斯军区炮兵第70师,(动员)组建于1983年,1989年10月撤销。
- 敖德萨军区炮兵第71师,(动员)组建于1984年,1987年12月改为第714民兵训练中心。
- 喀尔巴阡军区炮兵第72师,(动员)组建于1984年12月,1987年12月改为第701民兵训练中心。
- 基辅军区炮兵第73师,(动员)组建于1984年,1987年12月改为第752民兵训练中心。
- 白俄罗斯军区炮兵第80师,(动员)组建于1984年,1989年10月改为第1533炮兵存储基地。
- 炮兵第81师,组建于1956年6月,隶属喀尔巴阡军区。
- 炮兵第84师(后备),可能在20世纪60年代组建,隶属西伯利亚军区。
- 近卫红旗库班河炮兵第110师,组建于1966年,隶属北高加索军区。
- 近卫炮兵第149师,组建于1974年,隶属波罗的海军区。

第五节　地面防空部队

苏联防空部队的发展在很大程度上与其历史有关,由于认真汲取了第二次世界大战、越南战争及中东战争的经验教训,苏联人充分了解了现代空中力量的威胁。

"二战"期间,苏联红军的防空系统是使用高射炮的点防御和使用飞机进行区域防空的混合体系,当时就用这些系统保卫着莫斯科、各主要工业和交通运输中心、各战地主要指挥部及后勤保障中心。

为提高军队的防空能力,自1942年秋季起,最高统帅部预备炮兵中的一些独立高炮团合并为高炮师。到1943年底,苏联陆军编成内共有60个炮兵师,每师编4个团(37毫米高炮团3个,85毫米高炮团1个)。

1945年5月9日,苏军地面部

▲ 战争中的苏军高炮部队。

队有61个最高统帅部预备队高炮师。番号为近卫高射炮兵第2—6师,高射炮兵第2—7、9—14、17—49、64—67、69—74、76师。

第二次世界大战后,苏联人认为美国的战略轰炸机是一种严重的威胁,乌拉尔地区的工业中心在大战中没有遭到德军空袭,但却受到了美国战略轰炸机的威胁。随着西方国家核武器的生产

▲ "西方81"军事演习中的陆军防空兵。

和军事技术的不断发展,苏联认识到国土防空需要现代化的防空网。

苏军的防空部队分两部分:领土防空司令部和陆军(野战)防空司令部。前者负责苏联领空的防御,由总参谋部直接指挥,后者是苏联武装部队五大军种之一的一支主要部队,它的责任是保护地面部队免遭敌机攻击。

苏联人从越南战争和中东战争中汲取的主要经验教训是认识到防空战是一种消耗战,胜利属于没有把导弹、炮弹或飞机用完的一方。因此,前苏联的作战理论、作战原则及武器的发展主要是从打消耗战中的进攻战来考虑的,苏联人估计他们在武器数量上的优势会压倒敌方。

苏联陆军的防空武器包括点防御和面防御两种,面防御由集团军和军属的SA-4导弹旅(后来SA-12逐步代替SA-4)提供。点防御的导弹主要是用来打击4000米以下的目标。SA-7、SA-14(用来替换SA-7)、SA-9、SA-13和所有的高射炮主要用于点防御,SA-6、SA-11和SA-8导弹用来填补点、面防御之间的空白。

北约意识到了苏联军事原则中的进攻性,所以把重点放在了战术空军上,以遏制和挫败苏联向西欧的进攻。

苏军的防空任务分三个方面:第一,在敌机参战之前就将其摧毁,这项任务要由战略火箭部队、野战炮兵、海军部队和特种部队来完成;第二,在敌机突防进入苏联地面部队上空之前就用飞机或地空导弹将其击落;第三,必须击落已经进入作战部队上空的敌机和敌直升机,这项任务落在多兵种联合编队部队中地面防空部队的肩上。

苏军防空有四项原则:密集、混编、机动和统一。各级指挥部都配备有高射炮和防空导弹,规模比世界上任何国家的军队都大。混合防御是为了使各种武器能相互补充。

在武器设计中，苏联很重视武器的机动性，比如有些最新的防空武器系统是专为坦克部队和摩托化步兵设计的，能进行快速机动。最后一点就是苏联的防空设施在陆军内组成一体，上自集团军级，下至排长都可调用防空武器。

苏联人改编防空部队的一个目的是为了更有效地使用各种武器系统。地面防空部队的防空职能更大了，因此防空设施的使用灵活性也更大了，既可用于进攻战，又能用于防御战。由于空中威胁大多来自超低空突防的飞机和导弹，所以高射炮在击落低空飞机和低空飞行的巡航导弹中将会发挥新的作用。

苏军防空部队改编的另一个目的是为了指挥和管理，改进对苏陆军防空部队的指挥和管理能使苏联形成一种更为集中的防空态势。防空导弹和高射炮在超低空作战时的效果比截击机更好，陆军防空部队的成员都要在对付低空威胁方面接受培训。

在老的编制中，建制属于进攻性地面部队的战术防空导弹和防空设施归军区指挥使用，而防空导弹和地面防御用防空截击机是通过一些独立的指挥渠道来指挥控制的。在军区一级，空战武器包括防空军用的设施和前线空战用的飞机。同样，军区的防空武器包括部队防空和地面防空用的面空导弹。由于在新的体制中军区的前线指挥员既担负进攻，又担负防御的指挥任务，所以他的权力和作用更集中、更大。

苏联防空部队的改编会影响到苏联的空中作战，苏联人设想利用尚未充分应用的作战资源来扩大苏联的空中力量，把这类飞机从单一的国土防空任务中解脱出来就能直接增加地面的支援力量，提高苏联的空中进攻能力。

因为易被攻击，管理和协调像苏联这样大的防空网可能存在很多问题。据《苏联战术防空》一文中说："苏联的作战原则及其实施、武器装备、通信和管理方面普遍存在问题，其中许多问题是由于各指挥员没有能够正确掌握作战原则，以及没有真正按照作战原则指挥作战而产生的。"

苏联存在的这种弱点可能在任何大的军队中都具有代表性。但是这一弱点在苏联太普遍了，以致于严重影响了苏联防空系统的作战效果，最大的问题之一可能是在持续作战环境中对防空武器系统的后勤供应和维修。另外，由于武器系统部署的位置离战区前沿很近，所以存在的另一个问题就是武器系统易受

▲ 2K-11（SA-4）。

▲ S-300V(SA-12)。

地面火力的攻击，特别是火炮和火箭的攻击，而且像SA-6、SA-8、SA-9和ZSU-23-4这类系统的装甲又不厚。此外，这些武器的雷达特别易受地面火力的破坏。

苏联防空部队的指挥和管理高度集中可能也是一个弱点，在长期作战条件下，整个系统可能会脱节。对防空部队的指挥和控制与对领空的管制是相互依赖的。地面防空部队、空中防御战斗机和前线的进攻性空战部队之间的协调是很重要的，否则华约防空武器就可能打击自己的飞机和导弹。

总之，苏联人在设法解决指挥控制方面可能出现的各种问题，他们把指挥和控制权力更加集中，使作战效果最佳，同时允许各部队有足够的自主权，以便保证各种不同环境条件下的作战效果。换句话讲，要是在上级的指挥控制不完全适合战斗的实际环境时，若师级防空指挥员认为有必要，就可以按照自己的方式指挥防空战。

几乎所有的陆军防空导弹旅、独立防空导弹团和高炮团在20世纪60年代前都是高炮师、团。例如，防空导弹第229团（后改导弹第2旅）1946年时为高炮旅，前身是高炮第69师；高炮第70师改编为高炮第434旅后，到1962年之前只辖高炮营，而几乎所有的旅都不辖团。不过，坦克师和机械化师一直有高炮团，后来组建的摩托化步兵师属防空导弹团中，除几个高炮团外，几乎所有的团都改装了防空导弹。1958年8月16日，防空旅和集团军属防空旅正式作为一个兵种编入陆军防空部队，其中包括防空导弹部队、高炮和雷达部队。对高炮系统（ZSU-37和ZSU-57-2）的升级，不仅导致它们重新命名，还能提高工作效率。野战部队装备萨姆-1，而萨姆-2（S-75"德维纳河"）装备防空兵，但部署它需要太多的准备时间（4—5小时）。

1965年10月，新的防空系统"圆"（2K11，也就是SA-4，首批部

▲ 9K22（2S6M"通古斯卡"，SA-19）。

署 5 个团,射高、射程至少为 45 公里和 24 公里)在集团军防空旅服役。一套"圆"防空导弹系统的单位为 1 个营,方面军及集团军防空旅辖 3 个营(每个旅都有指挥连),每个营由 3 个防空导弹连和技术连组成,每个防空导弹连装备 3 辆 PU2P24 型履带式导弹发射车(两联装导弹)和 1 个导弹制导站(履带式)。因此,全旅共装备 27 辆发射车(架上 54 枚导弹),以及监控设备和雷达。

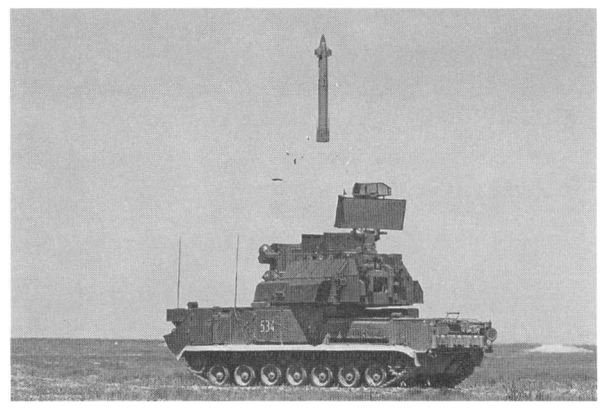

▲ 9K331M道尔-M1(SA-15)。

防空旅、防空营和指挥连有一套复杂的指挥和控制系统"螃蟹"(K-1),1981 年之后换装了"格莱德"-D自动化控制系统(ACS),此外每个团还装备了近程防空系统——ZSU-23-4"石勒喀"或ZU-23,之后进一步发展到 9K37 防空导弹系统。防空旅和军级指挥所于 1980 年装备了自动化控制系统"波利亚纳"-D4,旅辖 4 个防空导弹营,每个导弹营都辖指挥所(装备履带运输车MT-LB装载的搜索和制导雷达)、通信排和 3 个防空导弹炮连(每连 2 辆自行发射车、2 辆弹药补给车)。

1983 年,具有导弹防御系统(NMD)能力的S-300V1 防空导弹服役,1988 年新型 S-300V导弹服役,该型导弹能够拦截"潘兴"-1 弹道导弹。最接近S-300V(自用版本"安泰"-2500)性能的是美国的"爱国者"防空导弹。20 世纪 80 年代末,S-300V进入(前线)防空导弹旅服役,20 世纪 90 年代开始在基辅和喀尔巴阡军区装备,最先装备该型导弹的部队是西部集群(前驻德集群)近卫防空导弹第 133 旅。

20 世纪 80 年代中期,苏军高炮旅装备了 9K330"雷神"、9K331"托尔"-1(SA-15,1987 年服役)和 9K22"通古斯卡"(1986 年服役)防空系统,当时世界上还没有类似

▲ 2K-12"立方/库班河"(SA-6"根弗")。

▲ S-60。

▲ 9K-31"箭"-1（SA-9）。

▲ 9K-33"黄蜂"（SA-8）。

▲ 9K35M3"箭"-10（SA-13）。

▲ ZSU-23-4。

▲ 9K34（原9K36）"箭"-3（SA-14）。

▲ 9K32M"箭"-2（SA-7"圣杯"）。

▲ 9K38"伊格拉"-2（SA-18）。

▲ 9K310"伊格拉"-1（SA-16）。

第二章 1941—2017 年苏俄陆军各兵种的发展

▲ ZSU-57-2。

▲ ZSU-37-2。

▲ S-300PMU-2 "娇子"（SA-20B "滴水嘴"）。

▲ "铠甲"-S1（8×8 轮式卡玛兹-6560 车载）/SA-22 "灰狗"。

▲ 9K338 "伊格拉"-S(SA-24)。

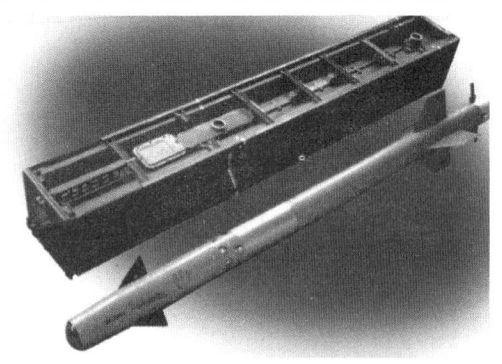

▲ 9M333。

▲ 9M336 "柳树"（SA-25）。

▲ "山毛榉"-M2E(SA-17)-4。

125

装备。所有的这些地对空导弹（发射车、预警和控制站）的底盘都采用了履带式，这大大增强了它们的野战能力。该旅辖3个营（每营3个炮连）、2个独立炮兵连（指挥和技术）、通信连、每个营都能够独立作战。

师属防空导弹团共有484人，装备2K11"圆"（SA-4）或2K12"立方"（SA-6）防空导弹，包括5个防空连（4个防空连和1个指挥站）、营部连、指挥和技术连。

苏军野战防空部队大约有55个防空旅，其中有5个预备役旅和10个独立团。共装备约1350具2K-11"圆"、300具2K-12"立方"和70具S-300V。

除了这些武器外，还有其他很有效的防空系统——9K31"箭"-1（BRDM-2底盘），9K33"黄蜂"（1977年服役），9K35"箭"-10（MT-LB底盘，1976年服役），自行高炮ZSU-23-4"石勒喀河"（1965年服役），高射炮ZSU-23-2（在阿富汗经历了实战），便携式防空导弹9K32"箭"-2、9K34"箭"-3和9K38"针"。

防空导弹的配套防空雷达系统有：制导SA-4防空导弹的1S32、1S12目标搜索雷达，制导SA-6的目标搜索雷达1S11、1S19，制导SA-11的目标搜索雷达9S18"巨蛋（扫雪）"，S-300的相控阵预警雷达9S15M"广告板"-3，9S19M2"高屏"反导搜索雷达和9S32多通道火控雷达。

苏联陆军1950—1970年代服役的高炮有57毫米高射炮S-60（RPK-1"花瓶"），100毫米高射炮KS-19M2，而ZSU-57-2和ZSU-37-2"叶尼塞河"部分在仓库封存，部分仍在役。

苏军防空指挥自动化系统使用9S44"螃蟹"K-1（配套SA-4）、9S52"格莱德"D-4（配套SA-12）、9S468M1"格莱德"D-1（配套SA-19）和9S737（配套SA-15），脉冲雷达有"白杨"-1和"白杨"-2、"桥"、1L13、"天堂NE"等。

9S52波利亚纳-D4ASU自动化指挥系统结构：

运输、发射车（MP06车）采用BAZ-6950底盘

旅指挥车（KShM）（MP02车，带1台CP4拖车）采用乌拉尔-375底盘

备件和技术维修车（MP45）

2套柴油电机ED-T400-1RAM

防空部队的编成发生变化，通常是由于换装。例如1969年，坦克第7集团军防空导弹第158团接收SA-4"圆"时，部队就改编成为防空导弹第240旅，该旅于1975年2月12日又改为后贝加尔军区防空导弹第86旅。

俄罗斯陆军防空兵主要遂行战役、战术防空任务，防空反导任务基本上在0.5—

100公里（反导最大拦截距离40公里）和射高0.01—30公里范围内。苏联解体后，俄军大量裁减过时的防空装备，近年来逐步换装更先进、威力更大的防空武器系统。

第六节　陆军航空兵

　　苏军最年轻的兵种——陆军航空兵（AVS）诞生于20世纪60年代，主要任务是为地面部队提供战场直接火力支援，并执行在较短距离内运输部队、补给、装备和弹药的任务。

　　苏军在1960年代末开始组建直升机团，主力装备为米-8运输和武装直升机。到80年代初，陆军几乎所有集群、军区、坦克和诸兵种合成集团军、军，都配属了直升机团（每团辖4个大队，平均装备55—60架），或独立直升机大队（装备12—14架）。

　　1970年，苏军开始组建空中突击团（起初命名为空中突击第1团，后改空降团）。

　　1974年，米-24武装直升机开始服役，一般每个集团军辖2个直升机团，分别是武装直升机团（20架米-24和40架米-8），以及运输直升机团（40架米-8和20架米-6）。米-6、米-8、米-8T、米-24、少量米-28和米-2构成了苏联陆军航空兵的骨干，还有作为空中指挥所使用的米-17直升机。除了火力支援和运输，直升机还担负着战术空中侦察、侦察和打击、炮火校准、运输伤员等任务。

　　到20世纪80年代，苏军共组建了约50个直升机团，约30个独立大队。几乎所有的团都是在大队基础上扩建的，并且继承了一些团的番号、勋章和荣誉称号，如近卫第7团和第239团。

　　直升机部队在阿富汗取得了真正的战斗检验，特别是米-24"雌鹿"武装直升机。此外，在阿富汗的战斗不仅使苏联陆军航空兵获得了作战经验，也成为了检验苏联陆军联合作战能力的唯一战场，除了直升机与歼击机、轰炸机、侦察机及对地攻击机的协同，其余的联合作战看起来并不令人印象深刻。

　　远东第5集团军在乌苏里斯克和切尔尼戈夫卡（机场）辖有以下单位：

　　第1078指挥所，直升机第319团，独立直升机第32和第319大队，独立直升机第53、60、147中队，独立无人侦察机第273大队，独立第741维修营，4个独立连（通信第123连和第1134电子连，第134维修连，第930物资保障连），第31、37、435野外飞机维修间，第160气象局。

▲ 米-24。

▲ 米-8。

▲ 米-17/米-8M。

▲ 米-6。

▲ 米-26。

▲ 米-2。

▲ 卡-52 直升机。

▲ 米-28。

1991年，苏军陆航部队兵力7.5万人，装备各式飞机6000余架。

苏联解体后，俄罗斯陆航在所有地区（尤其是高加索地区）的冲突中都扮演了重要角色，它实际上是俄罗斯武装力量中战备状况最好的部队之一。但到了2000年，俄军陆航部队减少到3.7万人，各型直升机2300余架，编制有39个直升机团等。2003年大裁军后，俄军陆航部队转至空军管理，兵力减少到1.8万人，各型直升飞机还余1200余架，其中米-8系列800架、米-26直升机188架、米-24约200架、卡-50直升机12架，仍保留39个直升机团。俄军计划在2015年将空军的主要直升机部队归还陆军，重组陆军航空兵，不过到2016年10月为止，陆军航空兵仍没有转隶陆军。

2009—2010年12月1日，随着各独立武装直升机团和武装运输直升机团解散，各直升机大队列编二级陆航基地，分属各军区。例如，南方军区驻扎在科列诺夫斯克的第393基地，西方军区则驻扎在列瓦绍夫的第549基地。

2013年夏，西部军区空军在普斯科夫州的奥斯特罗夫机场部署了新组建的第15陆航旅，陆航旅有3个直升机大队，而在最近的将来可能增加到5个。其中，第1大队装备米-28N和米-35M武装直升机；第2大队装备喀山生产的米-8MTV-5；第3大队于2014年12月5日接收了12架最新的卡-52武装直升机。据航空专家推测，第4大队将装备米-26重型运输直升机，第5大队将装备乌兰乌德生产的米-8AMTSh。第15陆航旅的实验成功后，俄军将在每个军区都组建陆航旅，据说米-38等在研型号的直升机将来会列装。

第七节　工程兵

1941年6月，红军工兵由原各军区工兵司令部代行管理，集团军和军区下辖的工兵营相继改编为工兵团、舟桥团。1941年11月，红军成立了工程兵司令部、方面军和集团军工程兵司令部，加强对工程兵的领导。1942年初，成立了10个工兵集团军（每个集团

▲过浮桥。

▲ IMR-2。

▲ IMR。

▲ MTU-72。

▲ MTU-20。

▲ GMZ-1 布雷车。

▲ GSP-55。

▲ PMM。

▲ MTU-12。

军有 2—4 个工兵旅，每旅 6—8 个营）。1942 年 2 月，大本营撤销了 5 个工兵集团军，其余部队改隶方面军（如北高加索方面军工兵第 8 集团军 1942 年 7 月末时辖有 8 个工兵旅和 19 个建筑营）后也相继撤销。1942 年夏，苏军组建工程机械大队，每个军 1 个大队。1942 年年底统计，外高加索方面军工程兵部队计有 8 个特种山地布雷旅和工程兵旅、41 个工程兵营、57 个工兵连和特种连，计有官兵 60566 名。

1942 年起，工兵旅、舟桥旅、工程旅成为红军工程兵部队的主要组织形式，1944 年这些部队编入方面军和集团军，同时还组建了特种工兵旅和突击工兵旅。到 1945 年 5 月 9 日，红军地面部队共有工程兵旅 111 个：

摩托化工程兵旅 20 个：近卫摩托化工程兵第 1、3、5 旅，摩托化工程兵第 1、2、8、13、17、18、19、21、22、27、33、41、42、44、46、47、67 旅；

工程工兵旅 58 个：工程工兵第 1、2、4、4（山地）、5、6、6（山地）、8—15、17—40、43、48—66 旅；

突击工程工兵旅和摩托化突击工程工兵旅 22 个：近卫突击工程工兵第 1、2、22（摩托化）旅，突击工程工兵第 1—5、7、9—17、19、20（摩托化）、21（摩托化）、23（摩托化）旅；

舟桥旅 11 个：舟桥第 1—11 旅。

▲ ГМЗ-3（GMZ-3）履带式布雷车。

▲ ДМР（DMP）道路排雷车。

▲ ИМР-2（IMP-2）工程排障车。

▲ МДК-3（MDK-3）掘沟车。

战争结束后，工兵部队尽管规模减小，但装备的技术含量大大提高了。由于战争期间工兵单位很少有独立作战的需求，主要是作为配属单位与其他部队协同，因此战后工兵营都被编入保留下来的师，大部分都变更了番号。工兵部队中保留下来的最大编制单位是旅——工兵旅和舟桥旅，这些旅基本上都换了番号。

总部直属或军区直属的工兵部队至少是旅级，工兵团和舟桥团编入集团军，一些工兵营被编入集团军、军和师。部分集团军的突击工兵营装备了舟桥，可以归结为特种专业部队，因为他们的任务是确保登陆的主力跨越过水障碍。还有一些独立的工兵营（连、排）被编入旅级单位：突击工兵营、舟桥营、伪装营、门桥营、筑路营、机械化挖掘营、工程营、前方支援营、扫雷营、供水营。此外，还有用于类似切尔诺贝利核事故善后的分队。

工兵部队从来不会没有"工作"，部队训练从未停下过，参加军事设施、射击场和道路等设施的建设一直要用到工程设备，而不定期发生的自然灾害也需要大量工兵技术人员的参与。

工程设备和舟桥的载具很多，可以使用普通卡车、拖拉机和推土机以及专门的装甲车，如IMR（BMP-1底盘改装的工兵勘察车辆）和UR-67（远程扫雷锄安装在BTR-50输送车底盘上），以及架桥车MTU-20和MT-55A（油箱和无炮塔的T-55）。

20世纪60—80年代，苏军工兵在各类演习中大显身手，苏军的演习代号往往会采用河流来命名，如"第聂伯河"（1967年）、"德维纳河"（1970年）、"别列津纳河"（1978年）。在历次演习和战后最大的演习——"西方81"行动中，苏军工兵部队大规模使用了舟桥和门桥。不过，阿富汗才是工兵真正的试验场。

应该指出，独立的军事施工单位并没有编入工兵单位，但它们在后方大量从事工程工作，包括军事设施和民用基础设施的建设，特别是军人的住房建设。建筑营（施工营）和建筑队是军事施工单位的主要组织方式，根据工程灵活搭配使用，除建筑和交通工程作业时，军事施工单位一般不装备武器。

苏联解体后，俄军工程兵基本沿袭了苏军的编制和装备体系，按专业化进行编组，包括侦察、工兵、道路、阵地工程、桥梁、舟桥、登陆渡河、工程障碍、扫雷、伪装、给水等十多种专业部队和分队，用于保障部队机动的道路、桥梁、舟桥等专业单位的比例增大。方面军编有1个工程工兵旅、1个舟桥团和1个公路铁路桥梁建筑团，还有若干个登陆渡河营；集团军编有1个工程工兵旅、1个舟桥团、1个工程工兵营和1个登陆渡河营；师编有独立工程工兵营；团编有工程工兵连。

截至 2009 年，俄罗斯武装力量工程兵有 300 多个单位，其中包括下诺夫哥罗德和秋明的 2 所高等军事工程指挥学校、1 所科学研究所、4 个跨军种地区训练中心、若干工程旅及工程工兵旅，还有工程技术保障单位。工程兵的基础是常备和简编的工程兵与工兵部队，工程兵由旅、团、营、独立连、军械库、基地、仓库和军事院校组成，它们被编入武装力量各军兵种：野战部队、特种部队、后勤部门、技术保障部门、内卫部队、联邦安全局边防部门和紧急情况部。工程兵专家组还会加入内务部、联邦安全局、海关、毒品管制部门的特种公共安全机构。

在优化俄联邦武装力量的同时，工程兵也在完善指挥体制。工程兵还编入了BTR-80A，负责工兵部队作业的警戒。下图是俄罗斯网站发布的 2015 年 1 月西部军区工程兵45 旅训练的一组镜头：

▲ 西部军区工程兵第 45 旅训练组图，2015 年 1 月。

第八节　通信兵

1941年6月，红军只有4.3万部电台，而且仅有10%的指挥坦克配备了电台。到1942年秋，通信团的数量增加约3倍，通信营增加约4倍，无线电营增加了1倍多。战争结束时，红军通信兵兵力达100多万人。

没有通信兵，就无法指挥部队——这不可动摇的真理终于强烈融入了部队的建设理念之中，"二战"中的苏联红军再也不会重蹈一战时期沙俄军队的错误了。红军通信部队快速增长，而且这些部队还要执行相当复杂的任务，确保在各种条件下的部队通信和技术管理。

根据武装部队不同的通信任务需求，苏军通信部队划分为总部（VGK）直属通信兵和队属通信兵。伟大卫国战争时期的通信兵部队最大编制为旅，战后几个月时间里组建了约50个旅，根据其应用特点，每旅辖3—7个不同类型的营——通信、微波、长途通信、无线、无线中继、有线、管井电缆（架设）、线路、节点（设施）建设以及维护方面，涉及几乎所有民用电信的细分专业。例如，在德国的第6旅辖5个独立营——第897有线营和第480无线电营在法兰克福，第382特种通信和第579无线电中继营在莱比锡，第719微波通信营在卡尔马克思城区。在波兰的通信第3旅辖4个营——第824通信营、第540无线电中继枢纽、第451和389微波通信营。而在莫斯科的第14旅则有7个营。

1970年代组建了一些新的通信旅，中央和军区直属通信团及（集群）独立营大多改编为旅。不过这些旅存在一些问题，尤其是基站和地面部队的通信旅，这些旅中各营之间相隔很远，旅的编制必定会受到影响，有时只能在架子营的基础上组建新的营。

许多通信部队在战后经历了大量变化，如红星柏林通信第34团在1945年夏天随第8集团军机关一起抵达新西伯利亚市，改编为独立通信第1047营。1959年6月20日，该营番号变更为第418营，10年后又改为通信第135旅，20年后再次变更为通信第235团。

苏军4个战区司令部辖2个通信旅和2—3个独立通信营，驻德集群和边境

▲ BTR-60R-145BM无线电通信车。

军区也有 2—3 个通信旅、2—4 个团和独立营,每个坦克或诸兵种合成集团军辖 1 个通信团,军则辖 1 个独立营。集团军属通信团的基础是 2 个通信枢纽和通信连（CCP）,不过有线通信在通信系统中也占据了相当大的份额。此外,除了通信团,军区、集群、集团军和部分军属通信部队中,电子对抗部队的规模从团到连不等。中央直属部队除了旅和营,还有通信学校,如莫斯科第 208 通信学校就负责总参谋部通信。

部队广泛装备频谱设备、电源和天线装置,出于各种目的,绝大多数被安装在汽车底盘上以提高机动能力,主要有嘎斯 63、嘎斯 69、嘎斯 66、兹林-157、兹林-131、乌拉尔-375 和乌拉尔-4320、卡玛斯-4320 汽车,2-PN-2 和 2-PN-4 拖车。此外,安装在 APC 和步兵战车底盘上的技术装备通常用于团至集团军通信。如 BTR-50 底盘基础上的 BTR-50PU 和 BTR-50PUM,BRDM-1 步兵战车底盘的 BMP-1KSCH 和 BRDM-5。最重要的装备是采用 BTR-60 底盘的指挥和工作人员车辆,其电台型号有：R-137B、R-140BM、R-145BM、R-156BM、P-238BT、P-240BT、R-241BT、R-409BM 和 PU-1215。车辆基本情况如下：

BTR-60R-137B——超短波信号车,由 60PB 改装而成,装有 R123 和 R405 型无线电台,同样装有可伸缩桅杆；

BTR-60R-140BM——短波信号车,由 60PB 改装而成,与 R-137B 型很相似,装有 R140、R405 和 R123 型无线电台；

BTR-60R-156BTR——高频信号车,由 60PB 改装而成,加装有 R156 型高频电台、R405 和 R123 型无线电台；

BTR-60R-409BM——无线点中继车,由 60PB 改装而成,装有 R409 型无线电台；

BTR-60P-238BT——电话交换车,由 60PB 改装而成；

BTR-60P-240BT——电话交换车,由 60PB 改装而成；

BTR-60P-241BT——电话交换车,由 60PB 改装而成。

以 VGK 通信第 5 旅为例,说明集团军通信部队的部署情况。该旅 1967 年在阿拉木图创建,旅部和微波通信第 630 营、第 1049 营驻阿拉木图,而独立微波通信第 577 营驻扎在格奥克-捷别（土库曼斯坦）,独立

▲ 俄军通信兵。

微波通信第449营（成立于1967年，短期扩为团，1989年解散）驻哈萨克斯坦西北部的乌拉尔斯克，这2个营距旅部有数百公里之遥。该旅先后参加了在捷克斯洛伐克和阿富汗的军事行动，实际上该旅负责的地域覆盖了哈萨克斯坦从西部到东部边界。其直属通信营在20世纪70年代末80年代初装备了15台R-410重型微波电台，6套P-257-12K和R-140电台。

该旅参加了1979年在白俄罗斯举行的春季演习，之后于12月25日进入阿富汗，并在1980年春季后撤出阿富汗民主共和国，随后通信兵营换装新通信站——P-410M和R-257-24K（BV）电台。所有的旧设备及部分人员——5名军官、维护人员，5名士官和30名士兵被编入第40集团军第230旅。

1981年4月，微波通信第630营返回乌拉尔斯克，在5月—6月参加了蒙古国境内的大型演习（从乌兰乌德飞往乌兰巴托再往蒙古南部边境）。

1982年的春天，该旅被部署在哈萨克斯坦东部（阿拉木图—阿亚古兹—塞米巴拉金斯克），回到永久部署地，第630营调南部边境（库什卡—马雷—撒马尔罕—塔什干，1984年冬季，1年半后返回营地）。

1983年8月，该旅部署在北高加索克拉斯诺达尔边疆区斯塔夫罗波尔。

据不完整统计，该旅6年间行程约30万公里，第630营的铁路行程大约有10万公里（部分人员甚至更多）。装卸一次3梯队（一般2梯队）的人员，需要33—37节车厢和2—3平台货车，花费1.5—2个小时来完成。每个站需要4辆车（乌拉尔-375和ZIL-1313）和4台拖车（2台拉天线、2台拉柴油发动机），6—7人（编制人员9人）操作，每站内包括3—4名新兵，这些新兵还无法独立操作，只能进行一些辅助工作。此时每次进行装卸，不能少于编制兵力操作。除了训练和执行作战任务（包括动员3个营），该旅还要在乌拉尔斯克和试验场间进行新的通信工具测试。1979年12月10日夜间，第630营的2个连在阿富汗的野外台站部署，开始了在冬天山区通信的真正实验。很长一段时间内，该营（不包括电台）是连接喀布尔和昆都士的联盟之间的唯一联系，直到1980年春夏季，红星KGB通信站第303旅被部署到铁路附近的营地。可惜的是，时至今日这

▲ 三防兵参加演习。

个营已被解散。

苏联解体后,俄军重组了统一的数据交换系统和武装力量联合自动化通信系统,但到2004年仍未实现模拟传输系统向数字传输系统的转换,缺少如移动无线电设备、微波接力通信和对流层散射通信设备、司令部指挥车、现代化保密设备等新的通信设备。新面貌改革前,俄军约有10个通信旅。新面貌改革后,俄军加快了通信部队的建设和新一代通信系统的研发部署,俄军通信部队于2013年装备了"堡垒(多面堡)"-2US新型电信系统,新型便携式卫星通信电台"别洛泽尔"。

第九节 核、化学和生物武器防护部队(三防兵)

核武器和其他大规模杀伤性武器(WMD)的出现,迫使苏军加快建设防核辐射、防化学武器和生物防御(NBC)部队,这些部队的装备、工具和防护方式都发生了改变。战争结束后,这些部队在战后时期的最大的编制是旅,其数量也有所增加,民防部队通过州和自治共和国,组建了防化团、防化营和独立营,有些集团军、军和师下辖了NBC营或连。

诚然,防化部队规模已经降低了,苏联只是在切尔诺贝利事故时部署了一些军事单位,或派遣部队救灾(例如,远离灾区的西伯利亚军区组建了防化第11旅)。但是,即使在著名的1954年9月14日托茨科耶军事演习中使用了原子弹,防化部队也几乎没有参与(仅特种防护第19营参加)演习,所有提到的这些训练都是有限的。

在"东部"空地核进攻演习中,"红军"为步兵第128军(军部、近卫机械化第12师和近卫步兵第50师)、炮兵第10师(辖4个旅)、集团军属炮兵第27旅和近卫工兵第5旅、近卫强击航空兵第10团、轰炸航空兵第140团、歼击航空兵第119师、独立侦察航空兵第511团和近卫空降兵第331团1营。"蓝军"由机械化第73师、步兵第270师和强击航空兵第667团担任。人们指责这样的演习忽视健康人的风险, 当时的国防部长朱可夫一意孤行,但事实上演习很顺利。甚

▲ RKhM-4-01核生化侦察车。

至连试验结果都证明，在海拔 350 米处的核爆炸核辐射水平相对较低——根据情报显示，在 40 分钟内中间地域的核辐射强度为 50 伦琴/小时，半径 300 米处为 25 伦琴/小时，500 米处为 0.5 伦琴/小时，850 米处为 0.1 伦琴/小时。距离震中 730 米处设置的X射线计数器的数据略有不同，爆炸 2 分钟后为 65 伦琴/小时，10 分钟后为 10 伦琴/小时，25 分钟后为 2.4 伦琴/小时，47 分钟后为 1.5 伦琴/小时。

部队对辐射剂量的测试发现，距离震中 400 米处的核辐射数据一致。在爆炸发生后的 2 小时 30 分钟内，以 4—5 公里/小时的平均速度通过辐射区时，徒步人员受到的辐射剂量约为 0.02—0.03X射线，而乘坐装甲运兵车和坦克则要少 4—8 倍。飞机在核爆炸后 21—22 分钟通过"蘑菇云"，采集到的机身辐射剂量为 0.2—0.3 伦琴/小时，机舱内为 0.02—0.03 伦琴/小时，这是非常小的剂量。部队甚至进行了停留，以清除核污染和灭火（马霍夫卡、叶尔沙卡、伊万诺夫卡、奥尔洛夫卡村的部分房屋着火）。

NBC部队的主要装备是轮式车辆，NBC营的侦察检测设备DCAGAZ-66，采用K-611和MT-LB底盘。还有RKHM"抹香鲸"化学侦察车。

苏联解体后，俄罗斯军队防化兵更名为"防辐射、防化学和防生物兵"，简称"三防兵"。

防化兵院校改为三防兵院校，各部队的防化勤务主任改称三防勤务主任。在战役军团内，编有辐射、化学和生物侦察与防护部队，其中包括工业设施事故后果消除旅、气溶胶伪装部队和喷火部队等。各战术单位也编有类似的分队，在营一级设三防军官和1个三防技术班。

近年来，俄军还在BTR-80 的基础上研制了RKHM-4-01 核生化侦察车，在BMD-3 的基础上为空降兵研制了RKHM-5 核生化侦察车。

第十节　后勤和技术支援部队

战争时期的经验被广泛用于后勤部队。在战争期间，后勤部队主要是铁道、军运、建筑、道路兵，后来还增加了管道兵。除此之外，还有另外 10 项专业——燃料、食品、被服、医疗、卫生、兽医、勘探、军乐团、银行、法律、军事法庭、贸易、住房和公共服务。有指定的国防部副部长管理这些部队，低级别单位由各自的后勤副司令员管理，负责后勤和航空工程、救护、修建机场、维修配件、支援舰队。后勤部队还用来保障部队的通信、工程和防化物资运送，以及后方警戒和安保。此外，后勤部队还要负责装甲车、汽车和飞机等装备的维修和保养工作，并在后方设立了独立的仓库、流动工厂、车间和营（后者多在诸兵种合成师）。后勤部队进行战斗支援服务时，受各自的装备副司令员指挥。

后勤部队被部署在后方，基

▲ 进行集体加油的步兵战车。

本编制单元是相同的。"二战"后的后勤单元为物资保障旅（师辖独立营）。各军区和集团军所属的旅（每个军区有1—5个旅），辖有汽车营、燃料营和物资营，还有警戒部队、仓库及军械仓库，这些旅平时只有工作人员。保留下来的乐团、合唱团和剧院分布在苏联武装部队内部，集群和军区下辖有军乐队、金融和法律单位、银行和法院、军事法庭和检察院，后方还开办了4所军校。

铁道兵保留了战时编制，总数超过40个团，总兵力超过60万人。这些部队对铁路设备和线路进行了广泛的技术改造和维护，涌现出了一些著名的单位，如腾达市的第35团第35大队。20世纪70年代初装甲列车复苏，尤其是出现了以铁路机动为主的战略导弹部队，这极大地增强了苏军部队战斗力。铁道兵的主要培训中心和教导部队位于莫斯科扎格尔杨斯基区。列宁共青团第1铁路局保留了"二战"时的旅、团和独立营，旅辖5—7个车辆营，但和平时期多数是动员营，只有员工代表。其国民经济动员车队的人员编制和结构，在正常情况下几乎是战时状态的复制，战时将会改编成铁道营或独立汽车连。战后最著名的铁道兵行动是往阿富汗运送物资，新动员的营在运输时常常遭遇真正的战斗，游击队伏击或进攻时常常在道路上布设地雷，因此这些部队在执行运输任务时司机和装备损失很大。铁道兵旅被用于不同的铁道线间的运输，这些旅往往由伟大卫国战争时期的铁道兵军缩编，如第333和343旅前身是敖德萨军区第63军，第323旅前身是莫斯科军区第62军。

因欧洲常规裁军谈判的需要，1980年代末铁道兵从苏联武装力量序列中撤出，此后叶利钦沿用了这种做法，但是铁道兵仍然属于俄"军事组织"，在政府中设有铁道兵总局管理这支队伍。2005年，俄铁道兵部队现役人员为5.1万人，编制率为98.9%，2005年底铁道兵转隶国防部。

▲ 俄军铁道兵演习，下诺夫哥罗德，2010年10月。

2009年新面貌改革后，铁道兵编成发生很大变化，组建了4个地区司令部（辖28个旅级单位），独立铁道旅（在其编成中只有常备部队）和中央直属部队等单位均齐装满员。

管道部队尽管组建较慢，却是部队运行的一个重要环节，他们要在进攻或防御时供应所有燃料。大量燃料需要数量庞大的输送设备，武装部队自身的输送能力不能完全满足需求，还需要提供公路、铁路甚至航空运输。标准的管道部队基本结构单元是旅，每个州1—2个旅，编入集群。

苏联解体后，俄军大量减少了管道部队，在向军事新面貌过渡的改革中，俄军领导层撤销了所有管道部队的旅级编制，只在各军区和舰队保留1个营的编制。

根据第二次世界大战和局部战争的经验，苏军大力改善了医疗服务的组织结构，人员也相应增加。除了军区和军队医院，还有野战医院医疗队、军队医院列车、卫生防疫、仓库及其他医疗单位，这样的团队几乎每个州、每个集群都有。以集团军医院为例，在20世纪80年代末，远东第5集团军就有6家医院（第308、312、314、382、1118、1257医院）。苏联解体后，俄军的医院也被大量裁撤。骑兵部队存在的时候，陆军还提供兽医服务。

陆军后勤部队还进行地质勘探活动，和平时期积累军事地形学的数据，战时就能达成军事目标。进行这些活动的苏军测量队，大多数保留了"二战"时期的番号、荣誉称号及勋章。

测量队可以部署在以前没有进行过勘探的部队驻地，这种情况特别适用于远东和后贝加尔、蒙古和中亚。例如，在缺水的蒙古，特别是在南部和东部，苏联军队部署了大大小小的军营，并通过1个军事测量营供水。同样，在阿富汗因缺水，部队打了几十个新的水井，后来部队还装备了HAPP（野外供水系统）。但在东欧，甚至在苏联国内的测量队其最重要的工作是确定SRF导弹发射井的位置。

苏联解体后，俄军接管了苏军的大部分测量部队。

第三章 战后重建：1945年6月—1948年的苏联陆军

第一节 1945年5月苏联红军地面武装力量

在1945年5月时，苏联武装力量总人数为1136.5万人，其中80%是陆军部队。

表3-1 1945年5月1日苏联陆军序列（师以上）

方面军、集团军部队名称	师以上战术单位	编成
列宁格勒方面军		
库尔兰集群		
突击第1集团军	步兵第1军	步兵第306、344、357师
	步兵第8军	步兵第7、249师
	步兵第119军	步兵第201、360、374师
	步兵第123军	近卫步兵第21、376师
	近卫突破炮兵第6师	近卫加农炮第29旅、轻型炮第69旅、榴弹炮第134旅、重榴弹炮第87旅、大威力榴弹炮第119旅、迫击炮第4旅、近卫火箭炮第13营
	突破炮兵第20师	轻型炮第34旅、加农炮第53旅、榴弹炮第60旅、重榴弹炮第93旅、大威力榴弹炮兵第102旅、迫击炮第20旅、火箭炮第796营
	炮兵第27师	轻型炮第78旅、加农炮第76旅、榴弹炮第74旅、火箭炮第783营
	高炮第36师	高炮第1385、1391、1397、1399团
突击第4集团军	步兵第84军	步兵第164、270师
	步兵第92军	步兵第156、179、257师
	步兵第32军	
	高炮第73师	高炮第205、402、430、442团
近卫第6集团军	近卫步兵第2军	近卫步兵第9、71、步兵第166师
	近卫步兵第22军	近卫步兵第46师、步兵第16、29师
	近卫步兵第30军	近卫步兵第45、63、64师
	高炮第39师	高炮第1406、1410、1414、1526团
近卫第10集团军	近卫步兵第7军	近卫步兵第7、8师、步兵第119师
	近卫步兵第15军	近卫步兵第29、30、85师
	近卫步兵第19军	近卫步兵第22、56、65师、步兵第198师
	高炮第14师	高炮第715、718、721、2013团
第42集团军	近卫步兵第14军	步兵第11、288师
	步兵第122军	步兵第56、85师
	步兵第130军	近卫步兵第43师、步兵第308师
	第118筑垒地域	
	高炮第42师	高炮第620、709、714、729团
第51集团军	近卫步兵第1军	近卫步兵第53师、步兵第204、267师
	步兵第10军	步兵第91、279、347师
	步兵第63军	步兵第77、87、417师
	高炮第17师	高炮第1267、1276、1279、2014团
	高炮第46师	高炮第617、618、717团

141

续表

方面军、集团军部队名称	师以上战术单位	编成
集群直属	步兵第19军	步兵第43、157师
	近卫机械化第3军	近卫机械化第7、8、9旅，近卫坦克第35旅
	炮兵第8师	近卫加农炮第26、27、28旅
	突破炮兵第21师	加农炮第64旅、榴弹炮第55旅、大威力榴弹炮第103旅、重榴弹炮第94旅、迫击炮第25旅
	突破炮兵第28师	轻型炮兵第188旅、榴弹炮第193旅、大威力榴弹炮第165旅、重榴弹炮第196旅、迫击炮第36、50旅、近卫火箭炮第39旅
	高炮第41师	高炮第244、245、463、634团
合计		
诸兵种合成集团军：6；空军集团军：1		
步兵军：19；步兵师：51；筑垒地域：2；突破炮兵师：4；高炮师：8；机械化军：1		
第8集团军	步兵第6军	步兵第10、327师
	步兵第109军	步兵第109、131师
	第14筑垒地域	
	第79筑垒地域	
	高炮第7师	高炮第465、474、602、632团
第23集团军	步兵第97军	步兵第177、178、224师
	第9筑垒地域	
	第16筑垒地域	
	第17筑垒地域	
第67集团军	近卫步兵第23军	近卫步兵第51、67师，步兵第332师
	步兵第111军	步兵第189、196、382师
	步兵第112军	步兵第44、123、377师
	高炮第44师	高炮第508、708、710、1274团
直属		第22筑垒地域
方面军合计		
诸兵种合成集团军：9；空军集团军：2		
步兵军：25；步兵师：67；筑垒地域：6；突破炮兵师：4；高炮师：10；机械化军：1		
白俄罗斯第3方面军		
近卫第2集团军	近卫步兵第11军	近卫步兵第2、3、32师
	近卫步兵第13军	近卫步兵第24、33、87师
	步兵第60军	步兵第154、251、334师
近卫第11集团军	近卫步兵第8军	近卫步兵第5、26、83师
	近卫步兵第16军	近卫步兵第1、11、31师
	近卫步兵第36军	近卫步兵第16、18、84师
	高炮第34师	高炮第1379、1383、1389、1395团
第48集团军	步兵第29军	步兵第73、102、217师
	步兵第29军	步兵第137、170、399师
	步兵第53军	步兵第17、96、194师
	第152筑垒地域	
	高炮第66师	高炮第1981、1985、1989、1993团
第50集团军	步兵第69军	步兵第110、153、324师
	步兵第81军	步兵第2、307、343师
	步兵第124军	步兵第51、208、216师
方面军直属	坦克第1军	坦克第89、117、159旅，摩步第44旅
	近卫坦克第2军	近卫坦克第4、25、26旅，近卫摩步第4旅
	炮兵第5军	机关、火箭第833营
	近卫突破炮兵第2师	近卫轻型炮第4旅、近卫第6旅、加农炮第114旅、近卫榴弹炮第5旅、近卫大威力榴弹炮第20旅、迫击炮第33旅
	近卫突破炮兵第3师	重榴弹炮第99旅、大威力榴弹炮第107旅、迫击炮第43旅

第三章 战后重建：1945年6月—1948年的苏联陆军

续表

方面军、集团军部队名称	师以上战术单位	编成
	近卫重加农炮兵第4师	近卫加农炮第11、12、13、14旅，近卫火箭炮第7旅
	突破炮兵第10师	近卫轻型炮第33旅、加农炮第154旅、榴弹炮第162旅、重榴弹炮第158旅、大威力榴弹炮第117旅、迫击炮第44旅
	近卫火箭炮第7师	近卫火箭炮第9、11、24旅
	高炮第2师	高炮第1069、1086、1113、1117团
	高炮第33师	高炮第1378、1710、1715、1718团
	高炮第45师	高炮第707、737、1465、1466团
	高炮第48师	近卫高炮第231团、高炮第1277、1278、2011团
	高炮第67师	高炮第1982、1986、1990、1994团
合计		
诸兵种合成集团军：4；空军集团军：2		
步兵军：12；步兵师：36；筑垒地域：1；炮兵军：1；突破炮兵师：3；高炮师：7；坦克军：2		
白俄罗斯第2方面军		
突击第2集团军	近卫步兵第40军	近卫步兵第101、102师，步兵第272师
	步兵第108军	步兵第46、90、372师
	步兵第116军	步兵第86、321、326师
	突破炮兵第15师	轻型炮第206旅、近卫榴弹炮第31、35旅、重榴弹炮第85旅、大威力榴弹炮第106旅、迫击炮第18旅
第19集团军	步兵第132军	步兵第18、27、205师
	步兵第134军	近卫步兵第10师、步兵第310、313师
	第91筑垒地域	
	第153筑垒地域	
第43集团军	步兵第54军	步兵第126、235、263师
	步兵第90军	步兵第26、70、319师
	步兵第103军	步兵第115、182、325师
第49集团军	步兵第70军	步兵第200、330、385师
	步兵第121军	步兵第42、191、199师
	步兵第139师	
	步兵第238师	
	步兵第380师	
	突破炮兵第23师	轻型炮第79旅、榴弹炮第38旅、重榴弹炮第3、96旅、迫击炮第28旅
	近卫火箭炮第4师	近卫火箭炮第4、7、31旅
	高炮第49师	高炮第1265、1271、1272、2012团
第65集团军	步兵第18军	近卫步兵第37师、步兵第15、69师
	步兵第46军	步兵第108、186、413师
	步兵第105军	近卫步兵第44师、步兵第193、354师
	炮兵第26师	轻型炮第75旅、加农炮第56旅、榴弹炮第77旅、近卫火箭炮第5旅
	高炮第12师	高炮第836、977、990、997团
第70集团军	步兵第47军	步兵第71、136、162师
	步兵第96军	近卫步兵第38师、步兵第165、369师
	步兵第114军	步兵第76师、步兵第1、160师
	步兵第3师	
	突破炮兵第1师	轻型炮第166旅、榴弹炮第167旅、重榴弹炮第156旅、迫击炮第41旅、迫击炮第9旅、近卫火箭炮第13旅
近卫坦克第5集团军	坦克第29军	坦克第25、31、32旅、摩步第53旅
	高炮第6师	高炮第146、366、516、1062团
方面军直属	步兵第14军	近卫步兵第90师、步兵第158、346师
	步兵第98军	步兵第142、281、381师
	近卫骑兵第3军	近卫骑兵第5、6师、骑兵第32师

143

续表

方面军、集团军部队名称	师以上战术单位	编成
	第 161 筑垒地域	
	近卫坦克第 1 军	近卫坦克第 15、16、17 旅，近卫摩步第 1 旅
	近卫坦克第 3 军	近卫坦克第 3、18、19 旅，近卫摩步第 2 旅
	近卫坦克第 8 军	近卫坦克第 58、59、60 旅，近卫摩步第 28 旅
	机械化第 8 军	机械化第 66、67、68 旅，坦克第 116 旅
	炮兵第 8 军（机关）	
	高炮第 47 师	高炮第 1585、1586、1591、1592 团
	高炮第 65 师	高炮第 1980、1984、1988、1992 团
合计		
诸兵种合成集团军：6；坦克集团军：1；空军集团军：1		
步兵军：18；步兵师：57；骑兵军：1；骑兵师：3；U：3；坦克军：4；机械化军：1；炮兵军：1；突破炮兵师：3；高炮师：6		
白俄罗斯第 1 方面军		
突击第 3 集团军	近卫步兵第 12 军	近卫步兵第 23 师、步兵第 33 师
	步兵第 7 军	步兵第 146、265、364 师
	步兵第 38 军	近卫步兵第 52 师、步兵第 64、89 师
	步兵第 79 军	步兵第 150、171、207 师
	突破炮兵第 4 军	近卫第 16、22、23 火箭炮旅
	突破炮兵第 5 师	近卫轻型炮第 23 旅、加农炮第 24 旅、榴弹炮第 9 旅、重榴弹炮第 86 旅、大威力榴弹炮第 100 旅、迫击炮第 1 旅
	近卫火箭炮第 5 师	
	高炮第 19 师	高炮第 1332、1338、1344、1350 团
突击第 5 集团军	近卫步兵第 26 军	近卫步兵第 89、94 师、步兵第 266 师
	步兵第 9 军	步兵第 230、248、301 师
	步兵第 32 军	近卫步兵第 60 师、步兵第 295、416 师
	坦克第 11 军	坦克第 20、36、65 旅、摩步第 12 旅
	突破炮兵第 6 军	
	突破炮兵第 2 师	轻型炮第 20 旅、近卫加农炮第 16 旅、近卫榴弹炮第 10 旅、近卫重榴弹炮第 48 旅、大威力榴弹炮第 121 旅、迫击炮第 5 旅、火箭炮第 68 营
	突破炮兵第 14 师	轻型炮第 169 旅、榴弹炮第 172 旅、重榴弹炮第 176 旅、大威力榴弹炮第 122 旅、迫击炮第 21 旅、迫击炮第 24 旅、近卫火箭炮第 6 旅
	近卫高炮第 2 师	近卫高炮第 302、303、304、306 团
近卫第 8 集团军	近卫步兵第 4 军	近卫步兵第 35、47、57 师
	近卫步兵第 28 军	近卫步兵第 39、79、88 师
	近卫步兵第 29 军	近卫步兵第 27、74、82 师
	突破炮兵第 3 军	
	突破炮兵第 18 师	轻型炮第 65 旅、榴弹炮第 58 旅、重榴弹第 2、80 炮旅、大威力榴弹第 120 旅、迫击炮第 42 旅
	突破炮兵第 29 师	轻型炮第 182 旅、榴弹炮第 186 旅、重榴弹第 189 旅、大威力榴弹第 184 旅、迫击炮第 46 旅、迫击炮第 26 旅、近卫火箭炮第 36 旅
	近卫火箭炮 2 师	近卫火箭炮第 17、20、26 旅
	近卫高炮第 3 师	近卫高炮第 297、307、308、309 团
第 3 集团军	步兵第 35 军	步兵第 250、290、348 师
	步兵第 40 军	步兵第 5、129、169 师
	步兵第 41 军	近卫步兵第 120 师、步兵第 269、283 师
	高炮第 31 师	高炮第 1376、1380、1386、1392 团
第 33 集团军	步兵第 16 军	步兵第 323、339、383 师
	步兵第 62 军	步兵第 95、222、362 师
	步兵第 49 师	
	第 115 筑垒地域	
	第 119 筑垒地域	

第三章 战后重建：1945年6月—1948年的苏联陆军

续表

方面军、集团军部队名称	师以上战术单位	编成
	突破炮兵第22师	轻型炮第13旅、加农炮第59旅、榴弹炮第63旅
	高炮第64师	高炮第1979、1983、1987、1991团
第47集团军	步兵第77军	步兵第185、260、328师
	步兵第125军	步兵第60、76、175师
	步兵第129军	步兵第82、132、143师
	突破炮兵第6师	轻型炮第21旅、加农炮第10旅、榴弹炮第18旅、迫击炮第2旅
	高炮第74师	高炮第445、457、498、499团
第61集团军	近卫步兵第9军	近卫步兵第12、75师，步兵第415师
	步兵第80军	步兵第212、234、356师
	步兵第89军	步兵第23、311、397师
	高炮第20师	高炮第1333、1339、1345、1351团
第69集团军	步兵第25军	近卫步兵第77师，步兵第4、41师
	步兵第61军	步兵第134、247、274师
	步兵第91军	步兵第117、312、370师
	突破炮兵第12师	轻型炮第46旅、加农炮第41旅、榴弹炮第32旅、迫击炮第11旅
	高炮第18师	高炮第297团、近卫高炮第160、166、270团
近卫坦克第1集团军	近卫机械化第8军	近卫机械化第19、20、21旅、近卫坦克第1旅
	近卫坦克第11军	近卫坦克第40、44、45旅、近卫摩步第27旅
	近卫高炮第4师	近卫高炮第256、257、263、273团
近卫坦克第2集团军	近卫坦克第9军	近卫坦克第47、50、65旅、近卫摩步第33旅
	近卫坦克第12军	近卫坦克第48、49、66旅、近卫摩步第34旅
	机械化第1军	机械化第19、35、37旅、坦克第219旅
	高炮第24师	高炮第1045、1337、1343、1349团
方面军直属	近卫骑兵第2军	近卫骑兵第3、4、17师
	近卫骑兵第7军	近卫骑兵第14、15、16师
	坦克第9军	坦克第23、95、108旅、摩步第8旅
	高炮第13师	高炮第1065、1173、1175、1218团
	高炮第32师	高炮第1377、1387、1393、1413团
合计		
诸兵种合成集团军：8；坦克集团军：2；空军集团军：1		
步兵军：24；步兵师：72；骑兵军：2；骑兵师：6；筑垒地域：2；坦克军：5；机械化军：2；炮兵军：3；突破炮兵师：8；高炮师：12		
波兰第1集团军（隶属白俄罗斯第1方面军）	波兰步兵第1、2、3、4、6师	
	高炮第1师	高炮第15、16、17、18团
波兰军队直属		
乌克兰第1方面军		
近卫第3集团军	步兵第21军	步兵第58、253、389师
	步兵第76军	步兵第127、287师
	步兵第120军	步兵第106、197、329师
	步兵第149师	
	坦克第25军	坦克第111、162、175旅、摩步第20旅
	近卫突破炮兵第1师	近卫轻型炮第3旅、近卫加农炮第1旅、近卫榴弹炮第2旅、重榴弹炮第98旅、迫击炮第16、30旅、近卫火箭炮第19旅
	高炮第69师	高炮第1996、2000、2004、2008团
近卫第5集团军	近卫步兵第32军	近卫空降第9师、近卫第13、97步兵师
	近卫步兵第33军	近卫步兵第14、78、95师
	近卫步兵第34军	近卫步兵第15、58师，步兵第118师
	近卫坦克第4军	近卫坦克第12、13、14旅、近卫摩步第3旅
	突破炮兵第3师	轻型炮第15旅、加农炮第5旅、榴弹炮第1旅、近卫大威力榴弹炮第25旅、重榴弹炮第116旅、迫击炮第7旅

续表

方面军、集团军部队名称	师以上战术单位	编成
	高炮第29师	高炮第1360、1366、1372、1374团
第6集团军	步兵第22军	步兵第112、135、181、273师
	步兵第74军	步兵第218、309、359师
	第77筑垒地域	
第13集团军	步兵第24军	近卫步兵第117师,步兵第280、395步兵师
	步兵第27军	近卫步兵第6、121师
	步兵第102军	步兵第147、172师
	炮兵第17师	轻型炮第37旅,加农炮第39旅,榴弹炮第50旅,重榴弹炮第92旅,大威力榴弹炮第108旅,迫击炮第22旅
	高炮第10师	高炮第802、975、984、994团
第21集团军	步兵第55军	步兵第225、285师
	步兵第117军	步兵第72、120、125师
	步兵第118军	步兵第128、282、291师
	高炮第37师	高炮第1400、1404、1408、1412团
第28集团军	近卫步兵第3军	近卫步兵第50、54、96师
	步兵第20军	近卫步兵第48、55师,步兵第20师
	步兵第128军	步兵第61、130、152师
	突破炮兵第25师	轻型炮第175旅,榴弹炮第179旅,重榴弹炮第181旅,大威力榴弹炮第183旅,迫击炮第39旅,迫击炮第48旅,近卫火箭炮第3旅
第31集团军	步兵第36军	步兵第173、176、352师
	步兵第44军	步兵第62、174、220师
	步兵第71军	步兵第54、88、331师
第52集团军	步兵第48军	步兵第116、214、294师
	步兵第73军	步兵第50、111、213师
	步兵第78军	步兵第31、373师
	步兵第254师	
	高炮第21师	高炮第1044、1334、1340、1346团
第59集团军	步兵第43军	步兵第13、80、314师
	步兵第93军	步兵第239、391师
	步兵第115军	步兵第92、245、286师
	步兵第98师	
近卫坦克第3集团军	近卫坦克第6军	近卫坦克第51、52、53旅,近卫摩步第22旅
	近卫坦克第7军	近卫坦克第54、55、56旅,近卫摩步第23旅
	机械化第9军	机械化第69、70、71旅,坦克第91旅
近卫坦克第4集团军	近卫机械化第5军	近卫机械化第10、11、12旅,近卫坦克第24旅
	近卫机械化第6军	近卫机械化第16、17、35旅
	近卫坦克第10军	近卫坦克第61、62、63旅,近卫摩步第29旅
	近卫高炮第6师	近卫高炮第431、432、433、434团
方面军直属	步兵第229师	
	步兵第350师	
	近卫骑兵第1军	近卫骑兵第1、2、7师
	近卫机械化第7军	近卫机械化第25、26旅,近卫坦克第57旅
	突破炮兵第7军	机关、火箭炮第624营
	近卫突破炮兵第1师	
	近卫火箭炮第3师	近卫火箭炮第15、32旅(近卫火箭炮第18旅加强到第6集团军)
	突破炮兵第10军	
	突破炮兵第4师	轻型炮第168旅,榴弹炮第171旅,近卫重榴弹炮第50旅,大威力榴弹炮第163旅,迫击炮第37旅,迫击炮第49旅,近卫火箭炮第30旅
	突破炮兵第31师	轻型炮第187旅,榴弹炮第191旅,重榴弹炮第194旅,迫击炮第35旅,迫击炮第51旅,近卫火箭炮第38旅
	高炮第23师	高炮第1064、1336、1342、1348团

第三章 战后重建：1945年6月—1948年的苏联陆军

续表

方面军、集团军部队名称	师以上战术单位	编成
	高炮第71师	高炮第1998、2002、2006、2010团
合计		
诸兵种合成集团军：9；坦克集团军：2；空军集团军：1		
步兵军：26；步兵师：77；空降师：1；骑兵军：1；骑兵师：3；筑垒地域：1；坦克军：5；机械化军：4；炮兵军：1；突破炮兵军：1；突破炮兵师：5；高炮师：8		
波兰第2集团军（隶属乌克兰第1方面军）	波兰第5、7、8、9、10步兵师	
	波兰坦克第1军	坦克第2、3、4旅
	炮兵第2师	轻型炮第6旅、加农炮第8旅、榴弹炮第7旅、火箭炮第6营
	高炮第3师	高炮第61、66、69、75团
乌克兰第4方面军		
近卫第1集团军	步兵第67军	步兵第81、211、340师
	步兵第95军	近卫第2空降师、步兵第351师
	步兵第107军	近卫步兵第129师、步兵第161、167师
	轻步兵第127军	山地步兵第3、69、70旅
	高炮第25师	高炮第1067、1356、1362、1368团
第18集团军	近卫步兵第17军	步兵第8、138师
	步兵第24师	
	第159筑垒地域	
第38集团军	步兵第11军	步兵第30、271、276师
	步兵第52军	步兵第121、241、305师
	步兵第101军	近卫步兵第70师、步兵第140、183、226师
	轻步兵第126军	山地步兵第31、32、72旅
	突破炮兵第24师	轻型炮第174旅、榴弹炮第177旅、重榴弹炮第180旅、大威力榴弹炮第126旅、迫击炮第40旅、迫击炮第47旅、近卫火箭炮第34旅
	高炮第76师	高炮第223、416、447、591团
第60集团军	步兵第15军	步兵第9、107、336师
	步兵第28军	步兵第100、246师
	步兵第106军	步兵第148、304师
	山地步兵第3军	近卫步兵第128师、步兵第242、322师、山地步兵第318师
	步兵第302师	
	坦克第31军	坦克第100、237、242旅、摩步第65旅
	突破炮兵第13师	轻型炮第42旅、榴弹炮第47旅、重榴弹炮第88、91旅、大威力榴弹炮第101旅、迫击炮第17旅
	高炮第43师	高炮第464、635、1463、1464团
合计		
诸兵种合成集团军：4；空军集团军：1		
步兵军：13；步兵师：33；步兵旅：6；空降师：1；筑垒地域：1；坦克军：1；突破炮兵师：2；高炮师：3		
乌克兰第2方面军		
近卫第7集团军	步兵第23军	步兵第19、252师
	近卫步兵第25军	近卫空降第4、6师、近卫步兵25师、步兵第303师
	近卫步兵第27军	近卫步兵第72师、步兵第141、375、409师
	突破炮兵第16师	轻型炮第49旅、加农炮第61旅、榴弹炮第52旅、重榴弹炮第90旅、大威力榴弹炮第109旅、迫击炮第14旅
	高炮第5师	高炮第670、743、1119、1181团
	高炮第26师	高炮第1352、1357、1363、1369团
第40集团军	步兵第51军	步兵第133、232、240师
	第54筑垒地域	
第46集团军	近卫步兵第10军	近卫步兵第49、86师
	步兵第68军	步兵第99、297师
	步兵第75军	步兵第53、223师

147

续表

方面军、集团军部队名称	师以上战术单位	编成
	近卫步兵第59师	
	高炮第11师	高炮第804、976、987、996团
第53集团军	近卫步兵第18军	近卫步兵第109师，步兵第52、317师
	近卫步兵第24军	近卫步兵第81、93师，步兵第180师
	步兵第49军	近卫空降第1师、近卫步兵第110师、步兵第228师
	步兵第57军	步兵第203、227师
	炮兵第11师	轻型炮第31旅、加农炮第45旅、榴弹炮第40旅、近卫火箭炮第9营
	高炮第27师	高炮第1354、1358、1364、1370团
近卫坦克第6集团军	近卫坦克第5军	近卫坦克第20、21、22旅，近卫摩步第6旅
	近卫机械化第2军	近卫机械化第4、5、6旅，近卫坦克第37旅
	近卫机械化第9军	近卫机械化第18、30、31旅，近卫坦克第46旅
近卫第1骑兵机械化集群	步兵第50军	近卫步兵42师，步兵第6、243师
	近卫骑兵第4军	近卫骑兵第9、10师，骑兵第30师
	近卫骑兵第6军	近卫骑兵第8、13师，骑兵第8师
	机械化第7军	机械化第16、63、64旅，近卫坦克第41旅
方面军直属	步兵第38师	
	步兵第387师	
	坦克第23军	坦克第3、39、135旅，摩步第56旅
	炮兵第9军	
	近卫突破炮兵第5师	近卫加农炮第17旅、重榴弹炮第95旅、近卫大威力榴弹炮第18旅
	突破炮兵第30师	轻型炮第185旅、榴弹炮第190旅、重榴弹炮第192旅、大威力榴弹炮第195旅、近卫火箭炮第37旅
	高炮第30师	高炮第1361、1367、1373、1375团
	高炮第38师	高炮第1401、1405、1409、1712高炮团
合计		
诸兵种合成集团军：4；坦克集团军：1；空军集团军：1		
步兵军：12；步兵师：33；步兵旅：1；空降师：3；骑兵军：2；骑兵师：6；筑垒地域：1；坦克军：2；机械化军：3；炮兵军：1；突破炮兵师：3；高炮师：6		
罗马尼亚第1集团军	第4军	山地步兵第2、3师，步兵第10师
	第7军	步兵第2、19师，骑兵第9师
罗马尼亚第4集团军	第2军	步兵第6、21师，骑兵第1师等
	第6军	步兵第9、11、18师等
	步兵第1、3师	
	骑兵第8师	
乌克兰第3方面军		
近卫第4集团军	近卫步兵第20军	近卫空降第5、7师，近卫步兵第80师
	近卫步兵第21军	近卫步兵第41、62、66、69师
	近卫步兵第31军	近卫步兵第4、34、40师
近卫第9集团军	近卫步兵第37军	近卫步兵第98、99、103师
	近卫步兵第38军	近卫步兵第104、105、106师
	近卫步兵第39军	近卫步兵第100、107、114师
	近卫高炮第5师	近卫高炮第103、109、112、161团
第26集团军	步兵第30军	步兵第36、68师，步兵第21师
	步兵第104军	步兵第74、93、151师
	步兵第135军	步兵第233、236师
第27集团军	近卫步兵第35军	近卫空降第3师、步兵第163、202师
	步兵第33军	步兵第78、155、206、337师
	步兵第37军	近卫步兵第108师，步兵第316师
	步兵第320师	
第57集团军	近卫步兵第6军	近卫空降第10师，近卫步兵第20、61师
	步兵第64军	近卫步兵第73师，步兵第113、299师

第三章 战后重建：1945年6月—1948年的苏联陆军

续表

方面军、集团军部队名称	师以上战术单位	编成
方面军直属	步兵第133军	步兵第84、104、122师
	近卫骑兵第5军	近卫骑兵第11、12师，骑兵第63师
	近卫第1筑垒地域	
	近卫机械化1军	近卫机械化1、2、3旅，近卫坦克第9旅
	坦克第18军	坦克第110、170、181旅，摩步第32旅
	突破炮兵第2军	
	突破炮兵第9师	轻型炮第26旅、加农炮第30、115旅，榴弹炮第23旅，迫击炮第10旅
	突破炮兵第19师	轻型炮第170旅，榴弹炮第173旅，近卫重榴弹炮第49旅，近卫大威力榴弹炮第32旅，迫击炮第38、15旅，近卫火箭炮第29旅
	突破炮兵第7师	轻型炮第11旅，近卫第9旅，加农炮第17旅，榴弹炮第25旅，大威力榴弹炮第105旅，迫击炮第3旅
	高炮第3师	高炮1084、1089、1114、1118团
	高炮第4师	近卫高炮第253、254、268团，高炮第606团
	高炮第9师	高炮第800、974、981、993团
	高炮第22师	高炮第1335、1341、1347、1353团
合计		
诸兵种合成集团军:5；空军集团军:1		
步兵军:15；步兵师:42；空降师:4；骑兵军:1；骑兵师:3；筑垒地域:1；坦克军:1；机械化军:1；炮兵军:1；突破炮兵师:3；高炮师:5		
保加利亚第1集团军(隶属乌3)	步兵第3军	步兵第10、12、16师
	步兵第4军	步兵第3、8、11师
独立第14集团军	步兵第31军	步兵第83、114、367师
	步兵第131军	步兵第45、67师
	第2筑垒地域	
	高炮第40师	高炮第1407、1411、1415、1527团
独立第37集团军	步兵第34军	步兵第259、353、394师
	步兵第66军	步兵第195、244、333师
	步兵第82军	近卫步兵第28、92师，步兵第188师
	高炮第35师	高炮第772、1390、1396、1398团
合计		
诸兵种合成集团军:2		
步兵军:5；步兵师:14；步兵旅:1；筑垒地域:1；高炮师:2		
前线合计		
方面军:8；诸兵种合成集团军:51；坦克集团军:6；空军集团军:10		
步兵军:150；步兵师:431；步兵旅:8；空降师:9；骑兵军:7；骑兵师:21；筑垒地域:20；坦克军:20；机械化军:12；炮兵军:9；突破炮兵师:31；炮兵师:6；高炮师:59		
大本营预备队		
第5集团军	步兵第45军	步兵第157、159、184师
	步兵第65军	步兵第97、144、371师
	步兵第72军	步兵第63、215、277师
第22集团军	步兵第83军	步兵第47、119、168师
	步兵第100军	步兵第28、377、219师
	步兵第110军	步兵第48、256、268师
第32集团军	无师级部队	
第39集团军	近卫步兵第5军	近卫步兵第17、19、91师
	步兵第94军	步兵第124、221、358师
	步兵第113军	步兵第192、262、338师
独立滨海集团军	步兵第315师	
	步兵第414师	
波罗的海第3方面军机关	无师级部队	

149

续表

方面军、集团军部队名称	师以上战术单位	编成
大本营直属	第150筑垒地域	
	第162筑垒地域	
	近卫机械化第4军	近卫机械化第13、14、15旅，近卫坦克第36旅
	坦克第5军	坦克第24、41、70旅，摩步第5旅
	坦克第10军	坦克第178、183、186旅，摩步第11旅
	坦克第19军	坦克第79、101、202旅，摩步第26旅
	坦克第20军	近卫坦克第8旅，坦克第80、155旅
	突破炮兵第1军	机关、火箭炮第122营
	高炮第72师	高炮第253、309、582、879团
合计		
方面军：2；诸兵种合成集团军：5；空军集团军：3		
步兵军：9；步兵师：29；筑垒地域：2；坦克军：4；机械化军：1；炮兵军：1；高炮师：1		
莫斯科军区	无师级部队	
白海军区	步兵第4军	步兵第25、289师
	步兵第341师	
	步兵第368师	
白俄罗斯立陶宛军区	无师级部队	
奥廖尔军区	无师级部队	
基辅军区	高炮第70师	高炮1997、2001、2005、2009团
利沃夫军区	无师级部队	
敖德萨军区	无师级部队	
哈尔科夫军区	无师级部队	
伏尔加军区	无师级部队	
北高加索军区	无师级部队	
高加索方面军		
第4集团军	步兵第58军	山地步兵第68师，步兵第75师，步兵第89、90旅
	骑兵第15军	骑兵第1、23、39师
第45集团军	步兵第261师	
	步兵第349师	
	第55筑垒地域	
	第69筑垒地域	
	第116筑垒地域	
方面军直属	步兵第12军	步兵第296、406师
	步兵第13军	步兵第392师、94旅
	步兵第402师	
	第51筑垒地域	
	第78筑垒地域	
	第151筑垒地域	
诸兵种合成集团军：2		
步兵军：3；步兵师：8；步兵旅：4；骑兵军：1；骑兵师：3；筑垒地域：6		
南乌拉尔军区	无师级部队	
中亚军区	无师级部队	步兵93旅
西伯利亚军区	无师级部队	图瓦第7骑兵团
后贝加尔方面军		
第17集团军	步兵第85军	摩步第36、57师
	步兵第284师	
	坦克第61师	
第36集团军	步兵第86军	步兵第94、298师
	步兵第209师	
	步兵第210师	

第三章 战后重建：1945年6月—1948年的苏联陆军

续表

方面军、集团军部队名称	师以上战术单位	编成
	步兵第278师	
	第31筑垒地域	
方面军直属	步兵第2军	步兵第103、275、292师
	步兵第293师	
	骑兵第59师	
	第32筑垒地域	
	坦克第111师	
诸兵种合成集团军:2；空军集团军:1		
步兵军:3；步兵师:10；摩步师:2；骑兵师:1；筑垒地域:2		
远东方面军		
第2集团军	步兵第3师	
	步兵第12师	
	步兵第342师	
	步兵第345师	
	步兵第355师	
	步兵第396师	
	第101筑垒地域	
第15集团军	步兵第34师	
	步兵第255师	
	步兵第361师	
	步兵第388师	
	第4筑垒地域机关	
	第102筑垒地域	
第16集团军	步兵第56军	步兵第79师
	第103筑垒地域	
	第104筑垒地域	
方面军直属	步兵第5军	步兵第35、390师
	勘察加防御区	步兵第101师
合计		
诸兵种合成集团军:3；空军集团军:1		
步兵军:2；步兵师:14；步兵旅:4；筑垒地域:5		
滨海集群		
第1集团军	步兵第26军	步兵第22、59师
	步兵第59军	步兵第39、365师
	步兵第87军	步兵第231、300师
	步兵第187师	
	骑兵第84师	
	第6筑垒地域	
	第105筑垒地域	
	第112筑垒地域	
	机械化第10军（机关）	
第25集团军	步兵第17军	步兵第190、366师
	步兵第39军	步兵第40、384、386师
	步兵第88军	步兵第393师
	步兵第105师	
	步兵第258师	
	步兵第335师	
	第7筑垒地域	
	第106筑垒地域	

续表

方面军、集团军部队名称	师以上战术单位	编成
	第107筑垒地域	
	第108筑垒地域	
	第110筑垒地域	
	第111筑垒地域	
	第113筑垒地域	
第35集团军	步兵第66师	
	步兵第264师	
	步兵第363师	
	第8筑垒地域	
	第109筑垒地域	
集群直属	无师级部队	
合计		
诸兵种合成集团军：3；空军集团军：1		
步兵军：6；步兵师：19；骑兵师：1；筑垒地域：12；机械化军：1		
军区和无战事方面军合计		
方面军：3；诸兵种合成集团军：10；空军集团军：3		
步兵军：15；步兵师：57；步兵旅：9；骑兵军：1；骑兵师：5；筑垒地域：25；机械化军：1；坦克师：2		

第二节　1945年6月10日苏联陆军序列（机械化、步兵部队）

表3-2　1945年6月10日苏联陆军序列（机械化、步兵部队）

兵团名称	独立战术兵团名称	驻地	编成
列宁格勒方面军（拉脱维亚、爱沙尼亚集群）			
突击第1集团军		拉脱维亚格兰西	
	步兵第1军	拉脱维亚瓦尔杰基	步兵第306、344、357师
	爱沙尼亚步兵第8军	爱沙尼亚塔尔图	步兵第7、249师
	步兵第119军	拉脱维亚斯帕雷	步兵第201、360、374师
	步兵第123军	拉脱维亚波佩	近卫第21师，步兵第376师
	步兵第37师		
突击第4集团军	步兵第84军		步兵第164、179、270师
	步兵第47师		
	第155筑垒地域		
近卫第6集团军	近卫步兵第2军		近卫步兵第9、71师，步兵第166师
	近卫步兵第23军		近卫步兵第51、67师，步兵第332师
	近卫步兵第22军		近卫步兵第46师，步兵第16、29师
	近卫步兵第30军		近卫步兵第45、63、64师
	步兵第92军		步兵第32、156、257师
近卫第10集团军		爱沙尼亚	
	近卫步兵第97军		近卫步兵第97、8师，步兵第119师
	近卫步兵第915军		近卫步兵第929、30、85师
	近卫步兵第919军		近卫步兵第922、56、65师
第42集团军	近卫步兵第914军		步兵第11、288师
	步兵第122军		步兵第56、85、198师
	步兵第130军		近卫步兵第943师，步兵第308师
	第118筑垒地域		
第51集团军	近卫步兵第91军		近卫步兵第953师，步兵第204、267师

续表

兵团名称	独立战术兵团名称	驻地	编成
	步兵第 6 军		步兵第 10、109、327 师
	步兵第 10 军		步兵第 91、279、347 师
	步兵第 63 军		步兵第 77、87、417 师
	步兵第 97 军		步兵第 177、178、224 师
第 8 集团军	步兵第 109 军		步兵第 131 师
	第 14 筑垒地域		
	第 79 筑垒地域		
第 67 集团军	里加		步兵第 43 师
	步兵第 111 军		步兵第 189、196、382 师
	步兵第 112 军		步兵第 44、123 师
列宁格勒方面军（北方向）			
第 23 集团军	第 9 筑垒地域		
	第 16 筑垒地域		
	第 17 筑垒地域		
	第 22 筑垒地域		
白俄罗斯第 3 方面军（驻东普鲁士）			
近卫第 2 集团军	近卫步兵第 913 军		近卫步兵第 92、32、33 师
	近卫步兵第 911 军		近卫步兵第 93、24、87 师
	步兵第 60 军		步兵第 154、251、334 师
近卫第 11 集团军	近卫步兵第 98 军		近卫步兵第 95、26、83 师
	近卫步兵第 916 军		近卫步兵第 91、11、31 师
	近卫步兵第 936 军		近卫步兵第 916、18、84 师
第 50 集团军	步兵第 69 军		步兵第 110、153、324 师
	步兵第 81 军		步兵第 2、307、343 师
方面军直属	坦克第 1 军		
	近卫坦克第 2 军		
北方集群（白俄罗斯第 2 方面军改）			
第 43 集团军		但泽、希切（什切齐内克）、新斯德丁	
	步兵第 54 军		步兵第 126、235、263 师
	步兵第 90 军		步兵第 26、70、319 师
	步兵第 132 军	波恩霍尔姆岛	近卫步兵第 90 师，步兵第 18、205 师
	步兵第 115 师		
第 52 集团军		6 月 27 日前由捷克移防波兰凯尔采、琴斯托霍瓦、克拉科夫	
	步兵第 48 军		步兵第 111、213、294 师
	步兵第 73 军		步兵第 50、116、254 师
	步兵第 78 军		步兵第 31、214、373 师
第 65 集团军		6 月 4 日—7 月 3 日部署到罗兹、波兹南、布雷斯劳	
	步兵第 18 军		近卫步兵第 37 师，步兵第 15、69 师
	步兵第 46 军		步兵第 108、186、413 师
	步兵第 105 军		近卫步兵第 44 师，步兵第 193、354 师
方面军直属	步兵第 14 军	往波兰途中	近卫步兵第 90 师
	步兵第 96 军	沃姆扎、姆瓦瓦、普乌图斯克地区	近卫步兵第 10、38、76 师
	近卫骑兵第 3 军		近卫骑兵第 5、6 师，骑兵第 32 师
	第 161 筑垒地域		

续表

兵团名称	独立战术兵团名称	驻地	编成
坦克兵	近卫坦克第3军	克拉科夫（6月20日前）	
	坦克第5军	波兰扎加（6月5日前），1945年6月17日移防比亚韦斯托克	
	坦克第10军	克罗托申	
	坦克第20军	布雷斯劳	
未编入北部集群驻扎在波兰的部队			
第19集团军	步兵第98军		步兵第27、310、313师
	步兵第103军		步兵第142、281、381师
	步兵第134军		步兵第182、325师
	第91筑垒地域		
	第153筑垒地域		
近卫坦克第5集团军（直属大本营）	坦克第29军		
	近卫坦克第8军		
乌克兰第4方面军的部队，北方集群提供补给			
近卫第1集团军		卡托维采	
	步兵第67军	索斯科维茨	步兵第81、237、340师
	步兵第52军	琴斯托霍瓦	步兵第121、241、305师
	步兵第11军	梅胡夫（沃兹斯拉夫）	步兵第30、271、276师
	步兵226师		
第18集团军		6月20日起部署梅胡夫、琴斯托霍瓦、索斯科维茨	
	近卫步兵第17军		步兵第8、24、138师
	步兵第95军		近卫第2空降师，步兵第211、351师
	第159筑垒地域		
第60集团军		6月17日起部署奥斯特鲁夫、耶尔西、肯皮斯	
	步兵第15军		步兵第107、336师
	步兵第28军		步兵第148、302、322师
	步兵第106军		步兵第100、246、304师
	步兵第9师		
	坦克第31军		
驻德占领军（白俄罗斯第1方面军6月10日改）			
突击第2集团军		哥德堡	
	近卫步兵第40军		近卫步兵第101、102师，步兵第272师
	步兵第108军		步兵第46、90、372师
	步兵第116军		步兵第86、321、326师
突击第3集团军	近卫步兵第12军		近卫步兵第23、52师，步兵第33师
	步兵第7军		步兵第146、265、364师
	步兵第79军		步兵第150、171、207师
突击第5集团军		柏林	
	近卫步兵第26军		近卫步兵第89、94师，步兵第266师
	步兵第9军		步兵第248、301师
	步兵第32军		近卫步兵第60师，步兵第295、416师
	步兵第230师		

第三章 战后重建：1945年6月—1948年的苏联陆军

续表

兵团名称	独立战术兵团名称	驻地	编成
近卫第8集团军		耶拿	
	近卫步兵第4军		近卫步兵第35、47、57师
	近卫步兵第28军		近卫步兵第39、79、88师
	近卫步兵第29军		近卫步兵第27、74、82师
第47集团军		哈斯莱本	
	近卫步兵第9军		近卫步兵第12、75、77师
	步兵第125军		步兵第60、175、185师
	步兵第129军		步兵第132、143、260师
近卫坦克第1集团军		德累斯顿	
	近卫机械化第8军	格里马	
	近卫坦克第11军		
	坦克第9军		
近卫坦克第2集团军		符斯滕堡	
	近卫坦克第9军		
	近卫坦克第12军		
	机械化第1军		
直属			
骑兵	近卫骑兵第2军		近卫骑兵第3、4、17师
坦克兵	近卫坦克第1军	居斯特罗、斯滕贝尔格	
	坦克第11军		
第13集团军		包岑	
	步兵第24军	托尔高	近卫步兵第117师，步兵第280、395师
	步兵第27军	席尔道	近卫步兵第121师，步兵第172、350师
	步兵第102军		步兵第118、147师
在德国未编入占领军序列正在回国的部队，驻德苏军提供补给			
第33集团军	步兵第16军		步兵第64、89、95师
	步兵第38军		步兵第222、323、362师
	步兵第62军		步兵第49、339、383师
	第119筑垒地域		
第49集团军	步兵第70军		步兵第139、238、385师
	步兵第121军		步兵第199、200、330师
	步兵第42师		
	步兵第158师		
	步兵第191师		
	步兵第380师		
第61集团军	步兵第77军		步兵第76、82、212师
	步兵第80军		步兵第23、234、356师
	步兵第89军		步兵第311、397、415师
	第115筑垒地域		
第69集团军	步兵第25军		步兵第274、328、370师
	步兵第61军		步兵第41、134、312师
	步兵第91军		步兵第4、117、247师
第70集团军	步兵第47军		步兵第1、71、136师
	步兵第114军		步兵第162、165、369师
	步兵第160师		
	步兵第346师		
其他	近卫骑兵第7军		近卫骑兵第14、15、16师

155

续表

兵团名称	独立战术兵团名称	驻地	编成
	机械化第8军		
中央集群（乌克兰第1方面军1945年6月10日改）			
近卫第4集团军		维也纳	
	近卫步兵第20军		近卫空降第5、7师，近卫步兵第62师
	近卫步兵第21军		近卫步兵第41、69、80师
	近卫步兵第31军		近卫步兵第4、34、40师
近卫第5集团军	近卫步兵第32军		近卫第13、95、97步兵师
	近卫步兵第33军		近卫空降第9师，近卫步兵第14、78师
	近卫步兵第34军		近卫步兵第6、15、58师
	近卫坦克第4军		
近卫第7集团军		维斯普雷姆、瑞吉考尼饶、欧文	
	步兵第23军	霍斯特米采	步兵第19、141、252、303师，海步兵83旅
	近卫步兵第25军		近卫空降第4、6师，近卫步兵第25师
	近卫步兵第27军		近卫步兵第42、72、81师
近卫第9集团军		索尔诺克、布达佩斯、塞格德	
	近卫步兵第37军		近卫步兵第98、99、103师
	近卫步兵第38军		近卫步兵第104、105、106师
	近卫步兵第39军		近卫步兵第100、107、114师
近卫坦克第3集团军		捷克帕尔杜比采	
	近卫坦克第6军		
	近卫坦克第7军		
	机械化第9军		
近卫坦克第4集团军		匈牙利松博特海伊	
	近卫机械化第6军		
	近卫坦克第10军		
	坦克第25军		
集群直属	近卫机械化第7军	坦克博尔	
	坦克第18军	捷克布拉迪斯拉发	
骑兵	近卫骑兵第1军		近卫骑兵第1、2、7师
未编入中央集群的留在中欧正在回国的部队			
近卫第3集团军	步兵第21军		步兵第58、253、389师
	步兵第120军		步兵第106、197、329师
	步兵第76军		步兵第127、287师
	步兵第149师		
第6集团军		布雷斯劳	
	步兵第22军		步兵第218、309、359师
	步兵第74军		步兵第112、135、181师
	第77筑垒地域		
第21集团军		捷克	
	步兵第55军		步兵第13、229、285师
	步兵第117军		步兵第120、125、225师
	步兵第118军		步兵第72、282、291师
第31集团军	步兵第36军		步兵第62、88、331师
	步兵第44军		步兵第173、176、220师
	步兵第71军		步兵第128、174、352师
第40集团军		捷克	
	步兵第51军		步兵第133、232、240师
	第54筑垒地域		

第三章 战后重建：1945年6月—1948年的苏联陆军

续表

兵团名称	独立战术兵团名称	驻地	编成
第59集团军		捷克苏台德地区	
	步兵第43军		步兵第80、92、314师
	步兵第93军		步兵第239、245、286师
	步兵第115军		步兵第98、273、391师
第28集团军		捷克	
	近卫步兵第3军		近卫步兵第50、54、96师
	步兵第20军		近卫步兵第48、55师，步兵第20师
	步兵第128军		步兵第61、130、152师
独立	步兵第49军军部		步兵第375、409、228师
	近卫机械化第5军		
在中欧正在回国途中的原乌克兰第2方面军部队			
近卫第1骑兵机械化集群	近卫骑兵第4军		近卫骑兵第9、10师，骑兵第30师
	近卫骑兵第6军		近卫骑兵第8、13师，骑兵第8师
乌克兰第4方面军（利沃夫）			
第38集团军	步兵第107军		近卫步兵第129师，步兵第161、167师
	步兵第101军		近卫步兵第70师，步兵第140、183师
	山地步兵第3军	回乌克兰途中	
直属			近卫步兵第128师、步兵第242师、山地步兵第318师
	轻步兵第126军		山地步兵第31、32、72旅
	轻步兵第127军		山地步兵第3、69、70旅
	坦克第23军		
乌克兰第3方面军（奉5月29日命令，6月15日改南部集群）			
第46集团军	近卫步兵第10军		近卫步兵第49、59师，步兵第99师
	近卫步兵第24军		近卫步兵第93师，步兵第53、180师
	步兵第68军		近卫步兵第86师，步兵第223、297师
第27集团军	近卫步兵第35军		近卫空降第3师，近卫步兵第66、108师
	步兵第33军		步兵第78、206、337师
	步兵第37军		步兵第163、316、320师
第37集团军	步兵第34军		步兵第259、353、394师
	步兵第66军		步兵第195、244、333师
	步兵第82军		近卫步兵第28、92师，步兵第188师
第57集团军	近卫步兵6军		近卫空降第10师，近卫步兵第20、61师
	步兵第64军		近卫步兵第36、68、73师
	步兵第104军		步兵第21、74、93师
方面军直属	近卫机械化第2军		
	近卫第1筑垒地域		
未编入南方集群的部队			
第26集团军	步兵第30军		步兵第155、233、236师
	步兵第133军		步兵第104、122、202师
	步兵第135军		步兵第113、151、299师
	步兵第84师		
	步兵第75军		步兵第38、387师
回国中的部队	近卫机械化第1军		
	近卫骑兵第5军		近卫骑兵第11、12师，骑兵第63师
（大本营）预备队			
第22集团军	步兵第83军		步兵第47、119、168师
	步兵第100军		步兵第28、37、219师
	步兵第110军		步兵第48、256、268师

157

续表

兵团名称	独立战术兵团名称	驻地	编成
	步兵第109师		
第32集团军			
独立滨海集团军		克里米亚	
	步兵第315师		
	步兵第414师		
大本营直属	近卫机械化第4军		1945年6月15日编入南部集群
	坦克第19军		1945年6月15日编入南部集群
莫斯科军区	无师级部队		
白海军区			
第14集团军	步兵第31军		步兵第83、114、367师
	步兵第131军		步兵第45、67师
	步兵第4军		步兵第25、289师
	第2筑垒地域		
军区直属	步兵第341师		
	步兵第368师		
	第150筑垒地域		
	第162筑垒地域		
白俄罗斯—立陶宛军区			
第3集团军		明斯克	
	步兵第35军		步兵第250、290、348师
	步兵第40军		步兵第5、129、169师
	步兵第41军		近卫步兵第120师，步兵第269、283师
第48集团军		立陶宛	
	步兵29军		步兵第73、102、217师
	步兵42军		步兵第137、170、399师
	步兵53军		步兵第17、96、194师
	第152筑垒地域		
直属	步兵第124军		步兵第51、208、216师
奥廖尔军区	无师级部队		
基辅军区			
利沃夫军区			
敖德萨军区			
哈尔科夫军区	无师级部队		
伏尔加沿岸军区	无师级部队		
北高加索军区	无师级部队		
独立第4集团军（大本营直属）		大不里士	
	步兵第58军		山地步兵第68师，步兵第75师，步兵第89、90旅
	骑兵第15军		骑兵第1、23、39师
高加索方面军			
第45集团军	步兵第261师		
	步兵第349师		
	第55筑垒地域		
	第69筑垒地域		
	第116筑垒地域		
直属	步兵第12军		步兵第296、406师
	步兵第13军		步兵第392师、94旅
	步兵第402师		
	第51筑垒地域		
	第78筑垒地域		

第三章 战后重建：1945年6月—1948年的苏联陆军

续表

兵团名称	独立战术兵团名称	驻地	编成
	第151筑垒地域		
南乌拉尔军区	无师级部队		
中亚军区	无师级部队		步兵第93旅
西伯利亚军区	无师级部队		
欧洲调远东方向正在路上的部队			
近卫坦克第6集团军（原隶属乌克兰第2方面军）	近卫坦克第5军		
	近卫机械化第9军		
第39集团军（原隶属白俄罗斯第3方面军）	近卫步兵第5军		近卫步兵第17、19、91师
	步兵第94军		步兵第124、221、358师
	步兵第113军		步兵第192、262、338师
第53集团军（原隶属乌克兰第2方面军）	近卫步兵第18军		近卫空降第1师、近卫步兵第109、110师
	步兵第50军		步兵第6、243、317师
	步兵第57军		步兵第52、203、227师
第5集团军（原隶属白俄罗斯第3方面军）	步兵第45军		步兵第157、159、184师
	步兵第65军		步兵第97、144、371师
	步兵第72军		步兵第63、215、277师
独立	近卫机械化第3军（原隶属列宁格勒方面军）		调入滨海集群
	机械化第7军（原隶属乌克兰第3方面军）		调入滨海集群
后贝加尔方面军		赤塔	
第17集团军	步兵第85军		摩步第36、57师
	步兵第284师		
	坦克第61师		
第36集团军	步兵第86军		步兵第94、298师
	步兵第209师		
	步兵第210师		
	步兵第278师		
	第31筑垒地域		
方面军直属	步兵第2军		步兵第103、275、292、293师
	骑兵第59师		
	第32筑垒地域		
	坦克第111师		
远东方面军			
第2集团军	步兵第3师		
	步兵第12师		
	步兵第342师		
	步兵第355师		
	步兵第396师		
	第101筑垒地域		
第15集团军	步兵第34师		
	步兵第255师		
	步兵第361师		
	步兵第388师		
	第4筑垒地域机关		
	第102筑垒地域		
第16集团军	步兵第56军		步兵第79师
	第103筑垒地域		
	第104筑垒地域		
直属	勘察加防御区		步兵第101师

续表

兵团名称	独立战术兵团名称	驻地	编成
滨海集群			
第1集团军	步兵第26军		步兵第22、59师
	步兵第59军		步兵第39、365师
	步兵第87军		步兵第231、300师
	步兵第187师		
	骑兵第84师		
	第6筑垒地域		
	第105筑垒地域		
	第112筑垒地域		
	机械化第10军(机关)		
第25集团军	步兵第17军		步兵第190、366师
	步兵第39军		步兵第40、384、386师
	步兵第88军		步兵第393师
	步兵第105师		
	步兵第258师		
	步兵第335师		
	第7筑垒地域		
	第106筑垒地域		
	第107筑垒地域		
	第108筑垒地域		
	第110筑垒地域		
	第111筑垒地域		
	第113筑垒地域		
第35集团军	步兵第66师		
	步兵第264师		
	步兵第345师		
	步兵第363师		
	第8筑垒地域		
	第109筑垒地域		
	步兵第5军		步兵第35、390师

※1945年6月10日,部分部队已接到1945年5月29日签发的解散命令(在6月10日生效),表内一并列出。

第三节　1945年夏首次裁军

在欧洲的战争行动结束后第一周,红军就计划战后重组。

1945年5月11日,大本营命令在各方面军组建后送营地,以看守战俘和遣返苏联公民——每个营地1万人。

营地总数:白俄罗斯第2方面军15个,白俄罗斯第1方面军30个,乌克兰第1方面军30个,乌克兰第4方面军5个,乌克兰第2方面军10个,乌克兰第3方面军10个。

1945年6月10日,苏联国防委员会决定军队复员和武装部队转入和平状态。国防人民委员会和海军人民委员部于1946年2月25日合并。

1945年6月,苏军开始第一次裁军,与民众的期望相反,此次裁军的幅度不是那么

第三章 战后重建：1945年6月—1948年的苏联陆军

▲ 1945年6月24日红场阅兵。

大。虽然撤销了44个集团军、40个步兵军、1个骑兵军、2个骑兵师和135个步兵师（包括1个空降师）的建制，减少了兵员数量，但现役部队的火炮数量有了极大增加，几乎所有的坦克都进行了升级。

根据大本营1945年5月29日发布的命令，在德国境内计划解散的部队有13个步兵军和45个步兵师，具体名单如下：

步兵第47、77、80、89、25、61、91、16、38、62、70、121、114军军部。

步兵师第71、136、162、76、82、212、356、234、23、397、311、415、328、274、370、41、134、312、4、117、247、89、95、64、323、362、222、49、339、383、191、380、42、139、238、385、200、330、199、1、369、165、169、158、346师。

然而，有部分部队实际上并没有解散，如步兵第38、114军，步兵第1、71、89、346师等。

在捷克、奥地利和匈牙利境内计划解散的部队有16个步兵军和49个步兵师，还有1个步兵旅，具体名单如下：

步兵第21、76、120、36、44、71、118、117、55、43、93、115、22、74、51、49军军部；

步兵第197、149、253、389、58、127、287、329、54、88、331、62、220、176、173、352、174、128、291、282、72、125、120、225、285、229、13、80、314、92、286、245、239、391、98、273、309、218、359、135、112、181、133、232、240、228、375、141、409师，海军步兵第83旅。

实际上，部分计划中的军和师并没有解散，1945年夏季倒是

▲ 1945年6月24日红场阅兵。

▲ 1945年6月24日红场阅兵。

裁撤了一些其他部队，如近卫第3集团军步兵第120军的步兵第106、329师；1945年6月步兵第50军军部被撤销，步兵第49军却被保留下来，部队编入第53集团军调往后贝加尔军区。与此同时，步兵第76军和步兵第287师也被保留了下来。

在波兰境内计划解散的部队有1个集团军、12个步兵军和33个步兵师（包括1个空降师），具体名单如下：

第19集团军司令部；

步兵第134、98、14、103、15、28、106、67、96、11、52军军部，近卫第17军军部；

步兵第310、313、27、142、281、381、182、325、100、304、246、148、302、322、107、336、81、237、340、8、24、138、211、351、30、271、276、241、121、305、226师，近卫第90师，近卫空降兵第2师。

同样有部分部队并没有解散，如步兵第52、134军，近卫步兵第90师、步兵第27师等。

1945年末，苏军进行了第二次复员，但空军和红海军的部队裁撤了数量非常少，只有一些后方部队和后勤支持单位。直到1947年，由于军备采购预算削减，空军和海军才进行了大规模裁军。

绝大多数前线集团军和保留下来的军级单位一起被改编为新的军区，在1945年7月和10月，除了原有的14个军区，苏军新组建了19个军区和4个地面部队集群。改编的不仅仅是集团军司令部和军部，还有其直属部队。新的军区撤销了部分部队，但保留下来的仍有不少，中部、高加索、中

▲ 1945年6月24日红场阅兵。

第三章 战后重建：1945年6月—1948年的苏联陆军

亚和乌拉尔军区都部署了撤回国的部队，但战斗力最强大的部队仍然在东欧。

而在远东和后贝加尔军区，高加索和中亚军区，几乎都没有裁减军队。前两个军区因计划与日本开战而大幅增兵，后两个军区是因为在1946年接收了从伊朗撤回的部队（新建的步兵第407、68、75、261、296、

▲ 复员，1945年5月（摄影：米哈伊·萨文）。

349、392、402、406、296、349、392、402师，第4和第45集团军，骑兵第15军）。到1945年底，从欧洲撤回的部队有：近卫第7集团军，步兵第1、29、76、119军，近卫机械化第1、5、31、16师，机械化第26师，近卫步兵第10师，步兵第46、73、89、101、109、201、203、216、295、303、306、344、357、360、372、374、376、414师等。

1945年9月已撤销的红军步兵军、步兵师、空降师和骑兵师

被撤销的部队中，步兵军有40个：

步兵第11、14—16、21、22、25、28、36、42—44、47、51、52、55、61、62、64、67、68、70、71、74、77、80、83、89、91、93、95、98、106、115、117、118、120、121、133、135军

其中驻德红军奉1945年5月29日的命令撤销了步兵第47、77、80、89、25、61、91、16、62、70、121军，而步兵第38、96、114军没有按5月29日的命令撤销。

步兵师有130个：

步兵第13、23、30、38、41、42、47、49、54、58、62、64、72、76、80—82、84、88、92、95、98、100、104、106、107、117、119—122、127、128、133—137、141、142、149、151、158、162、165、168、170、173、174、176、181、182、191、197、199、200、202、211、212、218、220、222、225、226、228、229、232—234、236—241、245—247、249、253、271、273、274、276、281、282、285、286、291、

163

297、299、302、304、305、309—314、322、323、325、328—331、336、339、340、346、351、352、359、362、369、370、375、377—381、383、385、391、397、398、399、409、415师。

其中驻德红军奉1945年5月29日的命令撤销了步兵第136、162、76、82、212、234、23、397、311、415、328、274、370、41、134、312、117、247、95、64、323、362、222、49、339、383、191、380、42、238、385、200、330、199、369、165、158、346师，而步兵第1、4、71、89、139、169、356师被保留下来。

空降师1个：近卫空降兵第2师。

骑兵师3个：近卫第6、7、32师。

第四节　1945年11月苏联陆军序列（机械化、步兵部队）

表3-3　1945年11月苏联陆军序列(机械化、步兵部队)

集团军以上部队名称	步兵、坦克师以上单位	驻地	主要编成
驻德占领军(白俄罗斯第1方面军改)			
突击第2集团军		什末林	
	近卫步兵第40军		近卫步兵第38、101、102师
	步兵第108军		步兵第46、90、372师
	步兵第116军		步兵第86、321、326师
	第91筑垒地域		
	第153筑垒地域		
突击第3集团军		施滕达尔	
	近卫步兵第12军		近卫机械化第22师（近卫步兵第52师），近卫步兵第23师，步兵第33师
	步兵第7军	舍纳贝克	机械化第15师
	步兵第146师	马格德堡	
	步兵第265师	舍纳贝克	
	步兵第79军		机械化第16师（步兵第171师），步兵第150、207师
突击第5集团军		柏林	
	近卫步兵第26军		近卫机械化第24师（近卫步兵第89师），近卫步兵第94师，步兵第266师
	步兵第9军	柏林	
	步兵第248师	波茨坦	
	步兵第301师	柏林	
	机械化第17师	奥利姆皮斯切多夫	
	步兵第32军		机械化第18师（步兵第416师），近卫步兵第60师，步兵第295师
近卫第8集团军		耶拿	

第三章 战后重建：1945年6月—1948年的苏联陆军

续表

集团军以上部队名称	步兵、坦克师以上单位	驻地	主要编成
	近卫步兵第4军		近卫机械化第19师（近卫步兵第47师，开姆尼茨）、近卫步兵第35、57师
	近卫步兵第28军	鲁多尔斯塔特	近卫机械化第20师（近卫步兵第79师）、近卫步兵第39、88师
	近卫步兵第29军	瑙姆堡	近卫机械化第21师（近卫步兵第27师）、近卫步兵第74、82（莱比锡）师
第47集团军		罗斯托克（原驻哈雷）	
	近卫步兵第9军		近卫步兵第12、75、77师
	步兵第125军		步兵第60、175、185师
	步兵第129军		步兵第132、143、260师
近卫坦克第1集团军		拉德博伊尔	
	近卫机械化第8师（近卫机械化第8军）	格里马	
	近卫坦克第11师（近卫坦克第11军）	格劳豪	
	坦克第9师（坦克第9军）		
近卫坦克第2集团军	近卫坦克第9师（近卫坦克第9军）		
	近卫坦克第12师（近卫坦克第12军）	新鲁平	
	近卫坦克第1师（近卫坦克第1军）	新鲁平	
	机械化第1师（前机械化第1军）		
北方集群（白俄罗斯第2方面军改）			
第43集团军		格但斯克	
	步兵第54军		步兵第126师（1946年改机械化28师）、步兵第235、263师
	步兵第90军		步兵第26、70、319师
	步兵第132军	丹麦博恩霍尔姆岛	近卫步兵第90师、步兵第18、27师
第65集团军		罗兹	
	步兵第18军	罗兹	近卫机械化第27师（近卫步兵第37师）、步兵第108、69师
	步兵第105军	布雷斯劳（弗罗茨瓦夫）	步兵第193师（机械化第22师）、近卫步兵第44师、步兵第354师
	坦克第10师（坦克第10军）	罗兹	
	近卫坦克第3师（近卫坦克第3军）	弗罗茨瓦夫	
集群直属	坦克第5师（坦克第5军）	比亚韦斯托克	
	坦克第20师（坦克第20军）	斯维托斯乔夫	
	步兵第96军		近卫步兵第10、38、76师
	第161筑垒地域		
	机械化第8师（机械化第8军）	东波美拉尼亚	
中央集群（乌克兰第1方面军）			
近卫第4集团军		奥地利	
	近卫步兵第20军		近卫步兵第112师（近卫空降第5师）、近卫步兵第115师（近卫空降第7师）、近卫机械化第16师
	近卫步兵第21军		近卫机械化第18师（近卫步兵第41师）、近卫步兵第62、69师

165

续表

集团军以上部队名称	步兵、坦克师以上单位	驻地	主要编成
	近卫步兵第31军		近卫机械化第17师（近卫步兵第40师）、近卫步兵第4、34师
近卫第5集团军	近卫步兵第32军	维也纳	近卫机械化第13师（近卫步兵第13师，维也纳）、近卫步兵第95（博尔滕）、97师
	近卫步兵第33军		近卫机械化第14师（近卫步兵第116师）、近卫步兵第14、78师
	近卫步兵第34军	捷克	近卫机械化第15师（近卫步兵第6师）、近卫步兵第15、58师
近卫第7集团军		匈牙利维斯普雷姆	
	近卫步兵第25军	匈牙利	近卫步兵第111（近卫空降第4师）、113（近卫空降第6师）、25师
	近卫步兵第27军	匈牙利	近卫步兵第42、72、81师
近卫坦克第3集团军		捷克	
	近卫坦克第6师（近卫坦克第6军）	帕尔杜比采	
	近卫坦克第7师（近卫坦克第7军）	赫拉德茨—克拉洛韦	
	机械化第9师（机械化第9军）		
近卫坦克第4集团军		匈牙利松博特海伊	
	近卫机械化第6师（近卫机械化第6军）		
	近卫机械化第7师（近卫机械化第7军）		
	近卫坦克第10师（近卫坦克第10军）	捷克休钦	
	坦克第25师（坦克第25军）	匈牙利松博特海伊	
骑兵	近卫骑兵第1军		近卫骑兵第1、2师
南部集群（乌克兰第3方面军）			
第57集团军		罗马尼亚	
	步兵第68军	保加利亚	机械化第21师（步兵第223师）、步兵第78师
	近卫步兵第6军		近卫步兵第126师（近卫空降第10师）、近卫机械化第25师（近卫步兵第20师）
	步兵第64军		近卫机械化第24师（近卫步兵第36师）、近卫步兵第68、73师
	步兵第104军		机械化第20师（步兵第21师）、步兵第74、93师
第37集团军		保加利亚	
	步兵第34军		步兵第53、259、353师
	步兵第66军		步兵第244（机械化第19师）、195、333师
直属	近卫第1筑垒地域		
	近卫机械化第2师（近卫机械化第2军）	凯奇凯梅特	
	近卫机械化第4师（近卫机械化第4军）	布达佩斯	
	坦克第19师（坦克第19军）	罗马尼亚普洛耶什蒂	
白海军区		凯姆市	
	步兵第31军	摩尔曼斯克	步兵第45（佩琴加）、67（摩尔曼斯克）、83（摩尔曼斯克）师
	步兵第131军		步兵第114（雷博勒）、367（索尔塔瓦拉）、341（阿拉库尔季）师

第三章 战后重建：1945年6月—1948年的苏联陆军

续表

集团军以上部队名称	步兵、坦克师以上单位	驻地	主要编成
	步兵第4军		步兵第25（阿尔汉格尔斯克）、289（白海）师
	第2筑垒地域		
	步兵第368师	凯姆	
列宁格勒军区			
近卫第10集团军		塔林	
	近卫步兵第7军	哈普萨卢	近卫步兵第7（帕尔努）、8（哈普萨卢）师，步兵第131师（萨雷马岛埃泽尔）
	近卫步兵第15军	拉克韦雷	近卫步兵第29（拉克韦雷）、30（塔林）、85（金吉谢普）师
	近卫步兵第19军	瓦尔加	近卫步兵第22（沃鲁）、56（埃瓦）、65（瓦尔加）师
	近卫步兵第41军（步兵第8军）	塔尔图	近卫步兵第118、122师（前步兵第7、249师），步兵第377师
第23集团军	近卫步兵第30军	维堡	近卫步兵第45、63、64师
	第9、16、17筑垒地域		
	第22筑垒地域	黑河	
	第14筑垒地域		
	第79筑垒地域		
	近卫坦克第2师（近卫坦克第2军）		
波罗的海沿岸军区			
近卫第6集团军		希奥利艾	
	近卫步兵第2军	立陶宛考纳斯	近卫步兵第9（克莱佩达）、71（考纳斯）师，步兵第166师（阿利图斯）
	近卫步兵第23军	拉脱维亚库尔迪加	近卫步兵第21（库尔迪加）、51（文茨皮尔斯）、67（利耶帕亚）师
	近卫步兵第22军	立陶宛克莱佩达	近卫步兵第46师（克莱佩达），步兵第16（维尔纽斯）、332（捷尔西亚）师
	步兵第130军	里加	近卫步兵第43师（里加），步兵第308师（陶格夫匹尔斯）
	第118筑垒地域		
特别军区（近卫第11集团军）		加里宁格勒	
	近卫步兵第8军	切尔尼亚霍夫斯克	近卫步兵第11（马莫诺沃）、16（切尔尼亚霍夫斯克）、83（兹纳缅斯克）师
	近卫步兵第16军	加里宁格勒	近卫步兵第1、5师，近卫机械化第29师（近卫步兵第31师）
	近卫步兵第36军	古谢夫	近卫步兵第18、26、84师
	坦克第1师（坦克第1军）		
	坦克第11师（前坦克第11军）	古谢夫	
	近卫机械化第28师（近卫骑兵第2军）		
莫斯科军区（近卫第2集团军）	近卫步兵第1军	梁赞	近卫步兵第53师（莫斯科），步兵第204（哈姆雷特）、267（图拉）师
	近卫步兵第11军	加利涅茨	近卫步兵第2（阿拉比诺）、32（加里宁）、33（勒热夫）师
直属	近卫坦克第4师（近卫坦克第4军）	纳罗福明斯克	
斯摩棱斯克军区（前第33集团军）	近卫步兵第13军	卡卢加	近卫步兵第3（大卢基）、24（布良斯克）、87（卡卢加）师
	步兵第60军	斯摩棱斯克	步兵第154、251、334师

167

续表

集团军以上部队名称	步兵、坦克师以上单位	驻地	主要编成
	第119筑垒地域		
高尔基军区（前第49集团军）	步兵第97军	伊万诺沃	步兵第177（伊万诺沃）、178（捷尔任斯克）、224师
近卫第9集团军	近卫步兵第37军	弗拉基米尔	近卫步兵第98（摩尔）、99（科洛姆纳）、103（卡尔佩特〈科夫罗夫〉）师
	近卫步兵第38军	伊万诺沃	近卫步兵第104（科斯特罗马）、105（捷伊科沃）、106（捷伊科沃）师
沃罗涅日军区（前第6集团军）	步兵第92军	坦波夫	步兵第32（坦波夫）、156（米丘林斯克）、257（利佩茨克）师
	步兵第111军	沃罗涅日	步兵第189（巴赫马奇）、196（鲍里索格列布—科诺托尔）、382（沃罗涅日）师
巴拉诺维奇军区（前白俄罗斯第3方面军）			
第28集团军		格罗德诺	
	近卫步兵第3军	布列斯特	近卫步兵第50（布列斯特）、54（科布林）、96（斯普另加）师
	步兵第20军	格罗德诺	近卫步兵第48（科尔维斯克）、55（格罗德诺）师，步兵第20师（利达）
	步兵第128军	巴拉诺维奇	步兵第61（巴拉诺维奇）、130（斯洛尼姆）、152（比尔奇）师
近卫坦克第5集团军		斯卢茨克	
	坦克第29师（坦克第29军）	斯卢茨克	
	机械化第12师（骑兵第63师）	奥西波维奇	
	近卫坦克第8师（近卫坦克第8军）	奥西波维奇	
明斯克军区	步兵第35军	莫吉廖夫	步兵第250（鲍里索夫）、290（乔瑟）、348（莫吉廖夫）师
	步兵第40军	维捷布斯克	步兵第5（维捷布斯克）、129（波洛茨克）、169（列佩利）师
	步兵第41军	明斯克	近卫步兵第120师（明斯克）、步兵第269（马拉泽奇纳）、283（克鲁姆纳斯）师
喀尔巴仟军区（乌克兰第4方面军，切尔诺夫策）			
第38集团军		斯坦尼斯拉夫	
	山地步兵第3军	乌日哥罗德	近卫步兵第128师（乌日哥罗德）、步兵第242师（胡斯特）、山地步兵第318师（穆卡切沃）
	步兵第107军	切特科夫	近卫步兵第129师（捷尔诺波尔）、步兵第167师（切特科夫）
	步兵第101军	科洛梅亚	近卫步兵第70师（斯坦尼斯拉夫）、步兵第140（卡卢什）、183（科洛梅亚）师
	轻步兵第127军		山地步兵第3、69、70旅
	第159筑垒地域		
第27集团军	步兵第33军	旧康斯坦丁诺夫	步兵第78（旧康斯坦丁诺夫）、206（赫梅尔尼克）、337（文尼察）师
	步兵第37军	卡缅涅茨—波多利斯克	机械化第25师（步兵第163师，卡缅涅茨—波多利斯克）、步兵第316（莫吉廖夫—波多尔斯基）、320（卡缅涅茨—波多利斯克）师，近卫步兵第108师（瓦普尼亚卡）
	近卫步兵第35军	切尔诺夫策	近卫步兵第125（近卫空降第3师45、11改，图尔钦）、66（切尔诺夫策）师，步兵第202师（哈登）

第三章 战后重建：1945年6月—1948年的苏联陆军

续表

集团军以上部队名称	步兵、坦克师以上单位	驻地	主要编成
直属	坦克第31师（前坦克第31军）	普罗斯库罗夫	
	坦克第18师（坦克第18军）	文尼察州盖辛（吉森）	
	机械化第11师（前骑第30师）	桑博尔（松博）	
	近卫机械化第12师（近卫骑兵第15师）	斯坦尼斯拉夫	
	近卫骑兵第3军	伊贾斯拉夫	近卫骑兵第5、6师
利沃夫军区（第31集团军）			
第52集团军		德罗戈贝奇	
	步兵第48军	利沃夫	步兵第111（利沃夫）、213（利沃夫）、24（步兵第294师，亚沃罗夫）师
	步兵第73军	德罗戈贝奇	步兵第50（松博）、116（德罗戈贝奇）、254（斯特雷）师
	步兵第78军	舍佩托夫卡	步兵第31（斯拉武塔）、214（舍佩托夫卡）、373（斯拉武塔）师
第13集团军		罗夫诺	
	步兵第24军	弗拉基米尔—沃伦	步兵第112（罗夫诺）、280（柳博姆利）、395（弗拉基米尔—沃伦）师
	步兵第27军	科罗斯坚	近卫步兵第121师（别罗格罗维奇）、步兵第350（奥夫鲁奇）、172（科罗斯坚）师
	步兵第102军	日托米尔	近卫步兵第117师（别尔季切夫）、步兵第118师（日托米尔）、147（别尔季切夫）师
	步兵第161师		
机械化部队	近卫机械化第5师（近卫机械化第5军）		
	坦克第23师（前坦克第23军）	奥夫鲁奇	
	近卫机械化第10师（近卫骑兵第6军、近卫骑兵第8师）	罗夫诺	
	近卫机械化第11师（近卫骑兵第13师）	沃伦斯基新城	
	机械化第13师（骑第8军）	杜布诺	
敖德萨军区	近卫步兵第10军	基希纳乌	近卫机械化第33师（近卫步兵第49师，科姆拉茨）、近卫步兵第59师（蒂拉斯波尔）、步兵第99师（杜波萨利）
	近卫步兵第24军	博尔格勒	近卫步兵第93师（近卫机械化第35师，博尔格勒）、步兵第180师（别尔哥罗德—德涅斯特罗夫斯基）
	步兵第52军	伯尔齐	近卫步兵第86师（伯尔齐）、步兵第326师（格赖沃龙）
	步兵第82军	敖德萨	近卫步兵第28（敖德萨）、92（尼古拉耶夫）师、步兵第188师（沃兹涅先斯克）
	第54筑垒地域		
塔夫里亚军区	辛菲罗波尔		
	步兵第112军	赫尔松	步兵第44（梅利托波尔，后调巴甫洛格勒）、123（赫尔松）师
	步兵第315师	刻赤	
	步兵第414师	占科伊	

169

续表

集团军以上部队名称	步兵、坦克师以上单位	驻地	主要编成
基辅军区（近卫第1集团军）	步兵第81军		步兵第2（涅任）、307、343师
	步兵第124军		步兵第51、208、216师
哈尔科夫军区（第21集团军）	近卫步兵第14军	第聂伯彼得罗夫斯克	步兵第11、288师
	步兵第69军		步兵第110、153、324师
顿河军区（北高加索军区和第61集团军）		罗斯托夫	
	步兵第6军	斯大林格勒	步兵第10、109、327师
	近卫骑兵第5军	新切尔卡斯克	近卫骑兵第11、12师
库班军区（前第60集团军）		克拉斯诺尔	
	步兵第29军	克拉斯诺尔	步兵第73（新罗西斯克）、217（纳尔奇克）、102（阿尔马维尔）师
	步兵第9师	克拉斯诺达尔	
	近卫骑兵第4军	迈科普	近卫骑兵第9、10师
斯塔夫罗波尔军区	第59集团军、近第1骑兵机械化集群	斯塔夫罗波尔	
	步兵第23军	奥尔忠尼启则	步兵第19（奥尔忠尼启则）、252（格罗兹尼）、303（涅温诺梅斯克）师
第比利斯军区			
第18集团军			
	步兵第12军	苏呼米	步兵第296（波蒂）、406（苏呼米）师
	步兵第13军	库塔伊西	步兵第392（祖格迪迪）、407（库塔伊西）师
独立步兵19军（接替第45集团军）		埃里温	步兵第89（埃里温）、261（列宁纳坎）师，机械化第26师（基洛瓦坎）
直属	步兵第349师	阿哈尔齐赫	
	步兵第402师	巴统	
	第51筑垒地域	巴统	
	第55筑垒地域	列宁纳坎	
	第69筑垒地域	埃奇米阿津	
	第116筑垒地域	阿哈尔卡拉基	
	第78筑垒地域	阿哈尔齐赫	
巴库军区（前第69集团军）		阿塞拜疆	
直属	近卫骑兵第7军	纳希切万	近卫骑兵第14、16师
独立第4集团军（大本营直属）		伊朗大不里士	
	步兵第58军		山地步兵第68师、步兵第75、406师、步兵第89旅
	骑兵第15军		骑兵第1、23、39师
	近卫机械化第1师（近卫机械化第1军）	马拉特（萨芬）	
伏尔加沿岸军区			
近卫第3集团军	步兵第123军	古比雪夫	步兵第29（希哈内）、43（古比雪夫）、376（谢尔多布斯克）师
喀山军区（前第48集团军）	步兵第10军	基洛夫	步兵第87（伊热夫斯克）、91（萨拉普尔）、347（基洛夫）师
	步兵第53军	喀山	步兵第17（约什卡尔奥拉）、96（喀山）、194（约什卡尔奥拉）师
	第152筑垒地域		
乌拉尔军区（第51集团军）	步兵第63军	车里雅宾斯克	步兵第77（斯维尔德洛夫斯克）、279（卡梅什洛夫斯城）、417（车里雅宾斯克）师
南乌拉尔军区（第70集团军）		契卡洛夫（奥伦堡）	

第三章 战后重建：1945年6月—1948年的苏联陆军

续表

集团军以上部队名称	步兵、坦克师以上单位	驻地	主要编成
	步兵第84军	契卡洛夫（奥伦堡）	步兵第164（契卡洛夫）、179（乌拉尔斯克）、270（布祖卢克〈托茨科耶〉）师
土耳其斯坦军区（突击1集团军）		塔什干	
	步兵第1军	阿什哈巴德	步兵第344（库什卡）、357（阿什哈巴德）、374（查尔朱）师，步兵第93旅（克拉斯诺沃茨克）
	步兵第119军	斯大林阿巴德（杜尚别）	步兵第201（斯大林阿巴德）、360（铁尔梅兹）、306（撒马尔罕）师
草原军区（突击第4集团军）		阿拉木图	
	第155筑垒地域		
西西伯利亚军区（第8集团军）		新西伯利亚	
	步兵第122军	新西伯利亚	步兵第56（鄂木斯克）、85（新西伯利亚）、198（巴尔瑙尔）师
东西伯利亚军区（第50集团军）		伊尔库茨克	
	近卫步兵第18军	伊尔库茨克	近卫步兵第124（近卫空降第1师，下乌金斯克）、109（安加尔斯克）、110（伊尔库茨克）师
	步兵第49军	克拉斯诺亚尔斯克	步兵第203（坎斯克）、227（克拉斯诺亚尔斯克）、317（阿钦斯克）师
后贝加尔—阿穆尔军区（后贝加尔方面军）		长春（1945年12月迁哈巴罗夫斯克）	
近卫坦克第6集团军		博尔贾	
	近卫坦克第5师（前近卫坦克第5军）	谢尔洛瓦亚—戈拉	
	近卫机械化第9师（前近卫机械化机械化第9军）	赛音山达	
	坦克第111师	纳来哈	
	机械化第14师（步兵第284师）	涅尔琴斯克	
	骑兵第59师		
第17集团军			步兵第209、278师
第1集团军		哈尔滨（后撤回布拉戈维申斯克）	
	步兵第59军	哈巴罗夫斯克	步兵第39（哈巴罗夫斯克）、59师
	步兵第26军	别洛戈尔斯克	步兵第3（扎维京斯克）、12（别洛戈尔斯克）、231（斯沃博德内）师
	第101筑垒地域		
第36集团军		赤塔	
	步兵第86军	特苏格尔村	步兵第94、210、298师，摩步第36师
	摩步第57师		
	坦克第61师	乌兰乌德	
	步兵第361师		
	步兵第388师		
	第4筑垒地域		
	第31筑垒地域	达乌里亚	
	第32筑垒地域	博尔贾	
	第102筑垒地域		
远东军区（前远东第2方面军）			
第15集团军		南萨哈林斯克	
	步兵第85军	库利尔斯克	步兵第355师（择捉岛）、步兵第2（得抚岛）、113（国后岛）旅

171

续表

集团军以上部队名称	步兵、坦克师以上单位	驻地	主要编成
	步兵第87军	阿尼瓦	步兵第264（南萨哈林多林斯克）、342（霍穆托沃营地，建设中）师
	步兵第56军	亚历山大多普勒斯克	步兵第79师（波罗奈斯克）、步兵第3团（原步兵第5旅）
	轻步兵第126军	阿纳德尔	山地步兵第31（阿纳德尔）、32（乌列米亚）、72（普罗维登斯村）旅
	堪察加防区	彼得罗巴甫洛夫斯克	步兵第22、101、255师
直属	步兵第5军	比金	步兵第34（大泽姆斯基）、35（比金）师
	第103筑垒地域		
	第104筑垒地域	阿穆尔河畔尼古拉耶夫斯克（庙街）	
滨海军区		伏罗希洛夫（1957年改名乌苏里斯克）	
第5集团军		伏罗希洛夫	
	步兵第45军		步兵第159、157、184师
	步兵第65军		步兵第97、144、371师
	步兵第72军		步兵第63、215、277师
	步兵第66师（11、29坦克第2师）	利波夫奇	
	步兵第300师（坦克第3师）		
	第6筑垒地域		
	第7筑垒地域		
	第8筑垒地域		
	第105筑垒地域		
	第106筑垒地域		
	第107筑垒地域		
	第108筑垒地域		
	第109筑垒地域		
	第110筑垒地域		
	第111筑垒地域		
	第112筑垒地域		
	第113筑垒地域		
第25集团军		平壤	
	步兵第39军		步兵第40、384师、机械化第10师（机械化第10军）
	步兵第88军		步兵第258、386、393师
第39集团军		旅顺	
	近卫步兵第5军	锦州	近卫步兵17（金州附近）、19（Andune）、91（锦州）师
	步兵第113军	旅顺	步兵第262、338、358师
	第150筑垒地域		
	第162筑垒地域		
	机械化第7师（机械化第7军）	大连	
直属	近卫机械化第3军		
	骑兵第84师		

※ 部分步兵师正式改为机械化师是在1945年11月1日后。

第五节 1945年末-1946年苏联陆军的整编

苏联武装部队尤其是陆军的整编，明显减少了步兵单位的数量，但值得注意的是，所有的近卫师到1946年基本保留了下来（只有近卫空降兵第2师，因失去了战旗在1945年6月5日解散）。

红军在第二次世界大战结束后减少了步兵单位，其中有些在9月份改编为内卫师，如步兵第192、210、275、365、366、396师，改编为内卫第76、77、78、79师，有38个步兵师在1945年底至1946年初改编为新的机械化师和坦克师。

1946年5月—9月，苏军进行了战后第三次复员，其中包括一批年龄较大的军人，其余超龄服役人员于1947年复员完毕。

1946年，苏联正式组建了陆军军种，这一时期陆军是整个武装力量建设的重点。它的发展方向是改革组织体制，提高火力、突击力和机动力，提高军级以下部队独立完成战役战术任务的能力。1946年，步兵军进行了改编，其编成内的1个步兵师改为机械化师，军属炮兵部队也进行了改编和换装。

表3-4 1946年改编为机械化师、坦克师的步兵师

原步兵师	改编为	荣誉称号（勋章）
近卫6	近卫机械化第15师	罗夫诺（列宁勋章、红旗勋章、苏沃洛夫勋章）
近卫15	近卫机械化第19师	哈尔科夫—布拉格（列宁勋章、2枚红旗勋章、苏沃洛夫勋章、库图佐夫勋章）
15	机械化第26师	因扎、锡瓦什—斯德丁（列宁勋章、2枚红旗勋章、苏沃洛夫勋章、劳动红旗）
近卫18	近卫机械化第30师	因斯特堡（红旗勋章、苏沃洛夫勋章）
近卫20	近卫机械化第25师	克里沃罗格（红旗勋章、苏沃洛夫勋章）
21	机械化第20师	彼尔姆（红旗勋章）
近卫27	近卫机械化第21师	新布格（红旗勋章、赫梅利尼茨基勋章）
近卫31	近卫机械化第29师	维捷布斯克（列宁勋章、红旗勋章、苏沃洛夫勋章）
近卫36	近卫机械化第24师	上第聂伯罗夫斯克（红旗勋章、苏沃洛夫、库图佐夫勋章）
近卫37	近卫机械化第27师	列奇察（2枚红旗勋章、苏沃洛夫勋章、库图佐夫勋章、赫梅利尼茨基勋章）
近卫40	近卫机械化第17师	叶纳基耶沃—多瑙河（红旗勋章、苏沃洛夫勋章）
近卫41	近卫机械化第18师	科尔孙—多瑙河（苏沃洛夫勋章）
近卫47	近卫机械化第19师	下第聂伯罗夫斯克（红旗勋章、赫梅利尼茨基勋章）
近卫49	近卫机械化第33师	赫尔松（红旗勋章、I级苏沃洛夫勋章）
近卫52	近卫机械化第22师	里加—柏林（列宁勋章、苏沃洛夫、库图佐夫勋章）
66	坦克第2师	（库图佐夫勋章）
近卫79	近卫机械化第20师	扎波罗热（列宁勋章、红旗勋章、苏沃洛夫勋章、赫梅利尼茨基勋章）
近卫80	近卫机械化第16师	乌曼（苏沃洛夫勋章）
近卫89	近卫机械化第23师	别尔哥罗德—哈尔科夫（红旗勋章、苏沃洛夫勋章）
近卫90	近卫机械化第26师	维捷布斯克（红旗勋章）
近卫92	近卫机械化第34师	克里沃罗格
近卫93	近卫机械化第35师	哈尔科夫（2枚红旗勋章、苏沃洛夫、库图佐夫勋章）
近卫116	近卫机械化第14师	波尔塔瓦—塔甘罗格（红旗勋章、苏沃洛夫、库图佐夫勋章）

续表

原步兵师	改编为	荣誉称号（勋章）
近卫117	近卫机械化第32师	别尔季切夫（赫梅利尼茨基勋章）
126	机械化第28师	戈尔洛夫卡（2枚红旗勋章、苏沃洛夫勋章）
161	机械化第24师	斯坦尼斯拉夫（红旗、赫梅利尼茨基勋章）
163	机械化第25师	罗姆林—基辅（列宁勋章、红旗勋章、苏沃洛夫、库图佐夫勋章）
171	机械化第16师	伊德里察—柏林（红旗勋章、库图佐夫勋章）
183	机械化第23师	哈尔科夫（列宁勋章、红旗勋章、苏沃洛夫勋章、赫梅利尼茨基勋章）
193	机械化第22师	第聂伯河（列宁勋章红旗勋章、苏沃洛夫、库图佐夫勋章）
223	机械化第21师	贝尔格莱德（红旗勋章）
230	机械化第17师	斯大林（苏沃洛夫勋章）
244	机械化第19师	扎波罗热（红旗勋章、苏沃洛夫勋章）
254	机械化第27师	切尔卡瑟（列宁勋章、苏沃洛夫勋章、库图佐夫勋章、赫梅利尼茨基勋章）
284	机械化第14师	兴安岭
300	坦克第3师	托斯诺（红旗勋章）
416	机械化第18师	塔甘罗格（红旗勋章、苏沃洛夫勋章）

第三章 战后重建：1945年6月—1948年的苏联陆军

表3-5 1945—1946年创建的机械化第1、7—28师

机械化师	前身	隶属	下辖机械化团	坦克团	坦克自行火炮团	炮兵团	高炮团	沿革
1	机械化第1军	GSOVG	19、35、37	219	近卫72	近卫347	1382	摩步第19 (35) 师
7	机械化第7军	PrimVO	17、63、64	近卫41	55	614	1713	摩步师
8	机械化第8军	BVO	66、67、68	116	近卫95	615	1716	坦克第28师
9	机械化第9军	GSOVG	69、70、71	91	近卫113	616	1719	摩步第82师
10	机械化第10军	PrimVO	34、42、72	204		621	970	摩步第84师
11	骑兵第30师	RVR	13、*、255					1947年解散
12	骑兵第63师	BVO	10、14、43	129	近卫34	1394	1949	坦克第5师
13	骑兵第8师	BVO	*、4、*					1947年解散
14	步兵第284师	ZaVo	39.、*、*		5	470		1947年解散
15	步兵第364师	GSVG、TVO						1947年解散
16	步兵第171师	TSGV				466		1946年10月解散
17	步兵第230师	GSOVG						1947年解散
18	步兵第416师	GSOVG	60、*、*			1054		摩步第21师
19	步兵第244师	YUGV						1947年解散
20	步兵第21师	YUGV	74、75、76			78	2504	1947年解散
21	步兵第223师	YUGV	77、78、79			856		1947年解散
22	步兵第193师	BVO	80、81、82	49	46	384		坦克第36 (193) 师
23	步兵第183师	CHED	83、84、85		49	576		1947年撤销
24	步兵第161师	PrikVO	86、87、88			1036		摩步第99 (161) 师
25	步兵第163师	CHED	89、90、91			365		1947年撤销
26	步兵第15师	ZKVO	92、93、94			203		摩步第100 (15) 师
27	步兵第254师	PrikVO	95、96、97		66	791		摩步第27 (254) 师
28	步兵第126师	ODVO	98、99、100		358	近卫97		摩步第101 (126) 师

表3-6 1945—1946年创建的近卫机械化第1—37师

近卫机械化师序号	前身	隶属	下辖近卫机械化团	坦克团	坦克自行火炮团	炮兵团	高炮团	沿革
1	近卫机械化第1军	ZkVO	1、2、300	近卫9	近卫102	近卫35	1699	近卫摩步第2 (100) 师
2	近卫机械化第2军	TSGV	4、5、6	近卫37	近卫87	近卫407	159	近卫坦克第19师
3	近卫机械化第3军	FEB	7、8、9	近卫35	*	129	1705	近卫摩步第47师
4	近卫机械化第4军	YUGV	13、14、15	近卫36	近卫209	527	540	近卫摩步第4师
5	近卫机械化第5军	TVO	10、11、12	近卫24	近卫103	近卫240	近卫763	近卫摩步第53 (5) 师
6	近卫机械化第6军	GSOVG	16、17、35	近卫68	近卫82	285	288	近卫摩步第6师，近卫坦克第90师

续表

近卫机械化师序号	前身	隶属	下辖近卫机械化团	坦克团	坦克自行火炮团	炮兵团	高炮团	沿革
7	近卫机械化第7军	GSOVG	24、25、26	近卫57	*	近卫262	近卫427	近卫摩步第11师
8	近卫机械化第8军	GSOVG	19、20、21	近卫1	*	近卫265	近卫358	近卫摩步第20师
9	近卫机械化第9军	ZkVO	18、30、31	近卫46	近卫123	近卫458	近卫388	近卫摩步第9师
10	近卫骑兵第8师	PrikVO	36、37、38	*	近卫23	近卫855	937	近卫摩步第83师
11	近卫骑兵第13师	PrikVO	32、39、40	62	近卫27	近卫492	1284	近卫摩步第30师
12	近卫步兵第15师	BVO	41、42、43	近卫43	近卫106	近卫32	*	近卫坦克第33 (15) 师
13	近卫骑兵第13师	PrikVO	44、45、46	近卫15	近卫5	近卫469	2097（后1009）	近卫摩步第21 (13) 师
14	近卫步兵第116师	GSOVG	47、48、49	10	近卫114	近卫34	*	近卫坦克第14师
15	近卫步兵第6师	BVO	50、51、52	11	*	近卫171	1160	近卫坦克第47 (45) 师
16	近卫步兵第80师	TVO	53、54、55	13	近卫27	近卫90	*	近卫坦克第90 (80) 师
17	近卫步兵第40师	TSGV	56、57、58	83	*	近卫89	2052	近卫坦克第17师
18	近卫步兵第41师	CHED	59、60、61	近卫64	近卫68	近卫99	*	近卫坦克第35 (41) 师
19	近卫步兵第47师	GSOVG	62、63、64	26、153	17	近卫172	2504	近卫坦克第26 (47) 师
20	近卫步兵第79师	GSOVG	65、66、67	近卫17	*	近卫54	近卫286	近卫坦克第27 (79) 师
21	近卫步兵第27师	GSOVG	68、69、70	28	*	近卫124	*	近卫坦克第21 (27) 师
22	近卫步兵第52师	MVO	71、72、73	*	*	近卫21	2510	1947年解散
23	近卫步兵第2师	GSOVG	74、75、76	*	近卫89	近卫185	*	近卫坦克第23 (2) 师
24	近卫步兵第89师	KVO	77、78、79	52	6	近卫46	*	1947年解散
25	近卫步兵第20师	SGV	80、81、82	48	47	近卫193	*	近卫坦克第37 (17) 师
26	近卫步兵第90师	BVO	83、84、85	52（后261）	60	近卫86	*	近卫摩步第38 (90) 师，近卫坦克第6师
27	近卫步兵第37师	PribVO	86、87、88	*	52	近卫12	*	近卫摩步第39 (37) 师
28	近卫骑兵第2军	ZKVO	89、90、91	131	*	*	*	近卫坦克第40师
29	近卫步兵第31师	PribVO	92、93、94	*	*	近卫64	*	近卫摩步第29 (31) 师，近卫坦克第21师
30	近卫步兵第18师	PribVO	95、96、97	69	52	61	*	近卫摩步第30 (18) 师
31	近卫步兵第7师	ZKVO	98、99、100	*	*	*	*	近卫坦克第31 (23) 师
32	近卫步兵第117师	PrikVO	101、102、103	*	*	近卫305	*	近卫坦克第41 (117) 师
33	近卫步兵第49师	YUGV	104、105、106	*	近卫133	近卫100	*	近卫摩步第33 (92) 师
34	近卫步兵第92师	ODVO	107、108、109	67	*	近卫197	*	近卫坦克第34 (92) 师
35	近卫步兵第93师	ODVO	110、111、112	近卫87	59	近卫198	*	近卫坦克第35 (93) 师
36	近卫步兵第29师	LVO	113、114、115	*	*	近卫62	*	近卫坦克第36 (144) 师
37	近卫步兵第6师	LVO	116、117、118	近卫86	*	近卫133	*	近卫摩步第37 (63) 师

第三章 战后重建：1945年6月—1948年的苏联陆军

此外，1945年秋天，苏联红军在远东新组建了步兵第137军。保留下来的师按1944年12月批准的编制过渡，这种编制的核心是在于每个师拥有辖3个炮兵团（加农炮、榴弹炮和迫击炮团）的炮兵旅，2个独立炮兵营（牵引火炮营和自行火炮营）。然而，到了1946年，这些炮兵旅就全部改为炮兵团了（参见前文炮兵部队）。

不过，步兵部队的整编并没有结束，1946年6月，在中央集群近卫第9集团军的基础上组建了新的空降兵部队（VDV）。空降兵成为了一个独立的兵种，这些部队由原近卫步兵部队改编：5个空降军（近卫空降兵第8、15、37、38、39军），10个师（近卫空降兵第76、98、99、100、103—107、114师），2年后苏军又新建了5个空降师（近卫空降兵第7、11、13、21、31师）。几乎在重建空降兵的同时，1946年5月，被保留下来的筑垒地域（UR）改编为机枪炮兵旅（pulabr）。此后（主要是在1947年），许多机枪炮兵旅被缩编为机枪炮兵团，或者扩编为机枪炮兵师（Pulad），这些机枪炮兵师在20世纪50年代初再次被改编或裁撤，一部分机枪炮兵师（包括于1948年新组建的师）的沿革参见下表。

▲ 莫斯科高尔基大街上的IS-3重型坦克，1946年。

表3-7 1946年组建的机炮旅

机炮旅	隶属	前身	驻地	后续沿革
1	CBF	第79筑垒地域	奥谢尔（萨雷马岛）	机炮第1师
245	ZakVO、第45集团军	第78筑垒地域	巴统	机炮第2师，步兵第2师
3	ZabVO、第36集团军	第31筑垒地域		机炮第3师
近卫4	PrimVO、第39集团军	近卫步兵第91师	旅顺	近卫机炮第25师、近卫机炮第2团
5	FEB、第15集团军	第103筑垒地域	近卫军港	机炮第5师
6	ZakVO	第151筑垒地域	阿哈尔齐赫	1947年解散
7	FEB	第7筑垒地域	克拉斯基诺	步兵第7旅
8	ZabVO、第36集团军	第32筑垒地域	博尔贾	机炮第8师
9	PrimVO、第5集团军	第105筑垒地域	格罗杰科沃	机炮第9师
10	PrimVO、第25集团军	第106筑垒地域		与步兵第386师改机炮第10师
11	FEB、第15集团军	第104筑垒地域	德卡斯特里	机炮第11师
12	ZakVO、第45集团军	第51筑垒地域	阿哈尔卡拉基	机炮第12师
13	FEB、第1集团军	第101筑垒地域	布拉戈维申斯克	机炮第13师
14	FEB、第1集团军	第102筑垒地域	乌尔加尔	机炮第14师
15	PrimVO、第25集团军	第107筑垒地域	巴拉巴什	机炮第24师机炮第8团

续表

机炮旅	隶属	前身	驻地	后续沿革
16	PrimVO，第 25 集团军	第 108 筑垒地域	波西耶特	机炮第 24 师机炮第 9 团
17	ZakVO	第 55 筑垒地域	列宁纳坎	机炮第 17 师
18	PrimVO，第 35 集团军	第 109 筑垒地域	奥尔加湾	机炮第 18 师
19	PrimVO，第 25 集团军	第 110 筑垒地域	斯拉夫扬卡	机炮第 24 师机炮第 10 团
20	ZakVO，第 45 集团军	第 69 筑垒地域	埃里温	机炮第 17 师机炮第 19 团
21	PrimVO，第 25 集团军	第 111 筑垒地域	苏城	机炮第 21 师
22	LVO，第 23 集团军	第 22 筑垒地域	维堡	机炮第 22 师
23	PrimVO，第 25 集团军	第 112 筑垒地域	卡罗尔	1947 年解散
24	PrimVO，第 25 集团军	第 113 筑垒地域	哈桑	与步兵第 393 师改机炮第 24 师
25	PrimVO，第 39 集团军	第 150 筑垒地域	旅大	1947 年解散
26	PrimVO，第 39 集团军	第 162 筑垒地域	旅大	1947 年解散

第六节　1948 年 9 月 1 日苏联陆军序列

战后 3 年，苏军几乎所有军兵种部队和军事单位都在不同程度上受到了整编影响。到 1948 年，苏军武装部队总人数减至 287.4 万，其中裁减最多的也是陆军部队。

表 3-8　1948 年 9 月 1 日苏联陆军序列

集团军以上单位	步兵、坦克兵旅以上单位	驻地	编成
驻德集群			
突击第 3 集团军		马格德堡	
	步兵第 79 军	柏林	步兵第 207 师（柏林施滕达尔），近卫机械化第 19 师（近卫步兵第 47 师，哈尔登斯莱本）
	步兵第 9 军	什末林	近卫步兵第 94 师（什末林），机械化第 18 师（步兵第 416 师，佩勒堡）
近卫第 8 集团军		努赫拉	
	近卫步兵第 28 军	鲁多尔斯塔特	近卫机械化第 20 师（近卫步兵第 79 师，耶拿），近卫步兵第 39 师（奥尔德鲁夫）
	近卫步兵第 29 军	瑙姆堡	近卫机械化第 21 师（近卫步兵第 27 师，哈雷），近卫步兵第 57 师（瑙姆堡）
近卫机械化第 1 集团军		德累斯顿	
	近卫机械化第 8 团（前近卫机械化第 8 师，近卫机械化第 8 军）	格里马	
	近卫坦克第 11 师（近卫坦克第 11 军）	德累斯顿	
	坦克第 9 师（坦克第 9 军）	里萨	
近卫机械化第 2 集团军		符斯滕堡	
	近卫坦克第 9 师（近卫坦克第 9 军）	施特雷利茨	
	近卫坦克第 12 师（近卫坦克第 12 军）	新鲁平	
	机械化第 1 师（机械化第 1 军）	克拉姆尼茨	
	近卫机械化第 14 师（近卫步兵第 116 师、近第 9 空降师）	于特博格	
近卫机械化第 3 师（动员，近卫机械化第 3 集团军）		于特博格	

178

第三章 战后重建：1945年6月—1948年的苏联陆军

续表

集团军以上单位	步兵、坦克兵旅以上单位	驻地	编成
	近卫坦克第6团（前近卫坦克第6师、近卫坦克第6军）	维滕贝格	
	近卫坦克第7团（近卫坦克第7师、近卫坦克第7军）	罗斯劳	
	机械化第9团（前机械化第9师、机械化第9军）	科特布斯	
近卫坦克第4师（动员、近卫机械化第4集团军缩编）		埃伯斯瓦尔德—菲诺	
	近卫机械化第7团（前近卫机械化第7师、近卫机械化第7军）	奥利姆比瑟斯多尔夫	
	近卫机械化第6团（前近卫机械化第6师、近卫机械化第6军）	贝尔瑙	
	近卫坦克第10团（前近卫坦克第10师、近卫坦克第10军）	克拉姆尼茨	
	坦克第25团（前坦克第25师、坦克第25军）	沃格尔桑	
北方集群		西德维尼察	
	步兵第18军	罗兹	近卫机械化第26师（近卫步兵第90师、博尔内苏利诺沃）、步兵第26师（弗罗茨瓦夫）
	坦克第20师（坦克20军）	斯维托斯乔夫	
中央集群（乌克兰第1方面军）		巴登	
	近卫机械化第13师（近卫步兵第13师）	维也纳	
	近卫步兵第95师		
	近卫机械化第17师（近卫步兵第40师）		
特别机械化集团军	1947年12月组建	布加勒斯特	
	近卫机械化第2师（近卫机械化第2军）	克拉约瓦	1949年8月调匈牙利
	近卫机械化第25师（近卫步兵第20师）	康斯坦察	
	近卫机械化第33师（近卫步兵第49师）	蒂米什瓦拉	
阿尔汉格尔斯克军区		阿尔汉格尔斯克	
	近卫步兵第10旅（近卫步兵第77师）	阿尔汉格尔斯克	
	步兵第25旅（步兵第69师）	沃洛格达	
白海军区	彼得罗扎沃茨克		
	步兵第31军	摩尔曼斯克	步兵第45（佩琴加）、67（摩尔曼斯克）师
	步兵第131军	卡累利阿	步兵第341（阿拉库尔季）、367（索尔塔瓦拉）师
列宁格勒军区	近卫步兵第4军	塔林	近卫步兵第22（近卫步兵第118师、派尔努）、35（近卫步兵第8师、哈普萨卢）旅、近卫机械化第36师（克罗奥嘉）、机炮第2师（第79筑垒地域、奥谢尔〈萨列马岛〉）
	近卫步兵第30军	维堡	近卫机械化第37师（近卫步兵第63师、红谢洛）、近卫步兵第45（卡缅卡）、64（萨佩尔诺耶）师
直属	机炮第22师（第22筑垒地域）	黑河	
	近卫坦克第2师（近卫坦克第2军）	爱沙尼亚埃尔瓦城	
空降兵	近卫空降第15军（近卫步兵第15军）	拉克韦雷	近卫空降第76、104师
波罗的海沿岸军区			

179

续表

集团军以上单位	步兵、坦克兵旅以上单位	驻地	编成
近卫第11集团军		加里宁格勒	
	近卫步兵第16军	加里宁格勒	近卫步兵第16（切尔尼亚霍夫斯克）、1（加里宁格勒）师，近卫机械化第28师（近卫骑兵第2军，斯拉夫斯克）
	近卫步兵第36军	古谢夫	近卫步兵第26师（古谢夫），近卫机械化第30师（近卫步兵第18师，古谢夫），近卫步兵第5师（近卫军城）
	坦克第1师（坦克第1军）	加里宁格勒	
直属	近卫步兵第2军	考纳斯	近卫步兵第29（近卫步兵第43师，里加）、42（近卫步兵第51师，文茨皮尔斯）旅，步兵第44旅（步兵第16师，维尔纽斯）
	近卫机械化第29师（近卫步兵第31师）	立陶宛考纳斯	
莫斯科军区	近卫步兵第1军	高尔基	步兵第6（步兵第60师，捷尔任斯克）、34（步兵第265师，伊万诺沃）旅，近卫步兵第19旅（近卫步兵第38师，上沃洛乔克）
	近卫步兵第13军	卡卢加	近卫步兵第18旅（近卫步兵第87师，多罗戈布日），步兵第50旅（步兵第272师，库尔斯克）
	近卫步兵第11军	加利涅茨	近卫步兵第1（近卫步兵第53师，科夫罗夫）、5（近卫步兵第32师，加里宁）、13（近卫步兵第3师，奥波奇卡）旅
直属	近卫步兵第2师	加利涅茨（阿拉比诺）	
	近卫坦克第4师（近卫坦克第4军）	纳罗—福明斯克	
空降兵	近卫空降第38军	图拉	近卫空降第105、106师
白俄罗斯军区（前巴拉诺维奇军区、前白俄罗斯第3方面军）			
第28集团军		格罗德诺	
	近卫步兵第9军（步兵第20军）	格罗德诺	近卫步兵第48（沃尔科维斯克）、55（格罗德诺）师，机械化第8师（机械化第8军）
	步兵第128军	布列斯特	近卫步兵第50师（驻布列斯特），近卫机械化第12师，近卫骑兵第15师（布列斯特）
独立坦第7师（机械化7集）		鲍里索夫	
	近卫机械化第27师（近卫步兵第37师）	波洛茨克（博罗夫哈）	
	近卫机械化第15师（近卫步兵第6师）	佩奇	
	近卫坦克第3师（近卫坦克第3军）	扎斯洛诺沃	
	坦克10团（前坦克第10师，坦克第10军）	鲍里索夫	
独立近卫机械化第5师（近卫机械化第5集，近卫坦克第5集）		博布鲁伊斯克	
	坦克第29团（前坦克第29师，坦克第29军）	斯卢茨克	
	近卫坦克第8团（前近卫坦克第8师，近卫坦克第8军）	奥西波维奇	
	机械化第12师（骑兵第63师）	奥西波维奇	
	机械化第22师（步兵第193师）	博布鲁伊斯克	
直属	步兵第41军	明斯克	近卫步兵第120师（明斯克），近卫步兵第37旅（近卫步兵第69师，波斯塔维）
空降兵	近卫空降第8军（近卫步兵第8军）	波洛茨克	近卫空降第103、114师
喀尔巴阡军区（乌克兰第4方面军）			

第三章 战后重建：1945 年 6 月—1948 年的苏联陆军

续表

集团军以上单位	步兵、坦克兵旅以上单位	驻地	编成
第 38 集团军		伊万诺 — 弗兰科夫斯克	
	山地步兵第 3 军	乌日哥罗德	近卫山地步兵第 128 师（乌日哥罗德）、山地步兵第 318 师（穆卡切沃）
	近卫步兵第 35 军	切尔诺夫策	近卫步兵第 66（切尔诺夫策）、70（伊万诺—弗兰科夫斯克）师
机械化第 8 集团军（第 52 集团军）		日托米尔	直属总参，军区代管
	坦克第 31 师（坦克第 31 军）	普罗斯库罗夫（今赫梅利尼茨基）	
	近卫机械化第 11 师（近卫骑兵第 13 师）	沃伦斯基新城	
	近卫机械化第 32 师（近卫步兵第 117 师）	别尔季切夫	
	坦克第 23 团（前坦克第 23 师，坦克第 23 军）	奥夫鲁奇	
第 13 集团军		罗夫诺	
	步兵第 27 军	罗夫诺	近卫机械化第 10 师（近卫骑兵第 8 师，罗夫诺）、近卫步兵第 97 师（斯拉武塔）
	步兵第 73 军	德罗戈贝奇	机械化第 27 师（第 254 师，德罗戈贝奇）、步兵第 24 师（步兵第 294 师，亚沃罗夫）
	近卫步兵第 34 军	舍佩托夫卡	近卫步兵第 15 师（弗拉米尔—沃伦）、机械化第 24 师（步兵第 161 师，伊贾斯拉夫）
直属	近卫骑兵第 3 师（近卫骑兵第 3 军）	伊贾斯拉夫	
敖德萨军区	近卫步兵第 10 军	基什尼奥夫	近卫步兵第 59（蒂拉斯波尔）、86（伯尔齐）师，近卫机械化第 35 师（基什尼奥夫）
	近卫步兵第 24 军	博尔格勒	步兵第 180 师（别尔哥罗德—德涅斯特罗夫斯基）、步兵第 51 旅（步兵第 48 师，科托夫斯克）
	步兵第 82 军	敖德萨	近卫步兵第 28 师（敖德萨州近卫军村）、近卫机械化第 34 师（近卫步兵第 92 师，尼古拉耶夫）
塔夫里亚军区		辛菲罗波尔	
	步兵 7 旅（步兵第 315 师）	费奥多西亚	
	近卫步兵第 43 旅（近卫空降第 6 师，近卫步兵第 113 师）	叶夫帕托里亚	
	机械化第 28 师（步兵第 126 师）	辛菲罗波尔	
	步兵第 52 旅（步兵第 188 师）	扎波罗热	
基辅军区	近卫步兵第 14 军	第聂伯彼得罗夫斯克	近卫步兵第 4（近卫步兵第 42 师，新莫斯科夫斯克）、14（近卫步兵第 115 师、近卫空降第 7 师，第聂伯彼得罗夫斯克）旅、近卫机械化第 4 师（近卫机械化第 4 军，伏罗希洛夫格勒）
	近卫步兵第 27 军	科诺托普	近卫步兵第 12（近卫步兵第 112 师，近卫空降第 5 师，切尔尼戈夫）、7（近卫步兵第 72 师，白采尔科维）、9（近卫步兵第 81 师，科诺托普）旅
	近卫步兵第 20 军	波尔塔瓦	近卫步兵第 2（近卫步兵第 25 师，卢布内）、17（近卫步兵第 75 师，丘古耶夫）旅
军区预备队	近卫机械化第 18 师（近卫步兵第 41 师）	乌曼	
空降兵	近卫空降第 39 军	切尔尼戈夫	近卫步兵第 100、107 师

续表

集团军以上单位	步兵、坦克兵旅以上单位	驻地	编成
北高加索军区	步兵第6军（第109军）	斯大林格勒	步兵第46（步兵第372师、乌留平斯克）、18（步兵第266师、斯大林格勒）旅
	步兵第29军	克拉斯诺达尔	步兵第9（步兵第9师、迈科普）、8（步兵第73师、新罗西斯克）旅
	步兵第12军	奥尔忠尼启则	步兵第11（步兵第19师、奥尔忠尼启则）、30（步兵第295师、沙利）旅、近卫步兵第3旅（近卫步兵第24师、格罗兹尼）
	近卫骑兵第5师（近卫骑兵第5军）	新切尔卡斯克	
	近卫骑兵第4师（近卫骑兵第4军）	迈科普	
外高加索军区			
步兵第13军		库塔伊西	近卫步兵第10师（阿哈尔齐赫）、步兵第414师（第比利斯）
近卫第7集团军		埃里温	
	步兵第19军	埃里温	步兵第89（埃里温）、261（列宁纳坎）师
	机械化第26师（步兵第15师）	基洛瓦坎	
	机炮第2师（机炮第2旅、第78筑垒地域）	阿哈尔齐赫	
	机炮第12师（第78筑垒地域）	阿哈尔卡拉基	
	机炮第17师（第55筑垒地域）		
第4集团军		巴库	
	近卫机械化第31师（近卫骑兵第7军）	基洛夫巴德（甘贾）	
	步兵第75师	纳希切万	
	步兵第216师	巴库	
	步兵第6师（步兵第90旅）	连科兰	
	近卫机械化第1师（近卫机械化第1军）	第比利斯	
伏尔加军区	步兵第10军	基洛夫	步兵第14（步兵第91师、萨拉普尔）、40（步兵第194师、基洛夫）旅
	步兵第53军	喀山	步兵第26（步兵第96师、喀山）、1（步兵第17师、约什卡尔奥拉）旅
	步兵第123军	古比雪夫	步兵第21（步兵第43师、古比雪夫）、10（步兵第29师、希哈内）、48（步兵第376师、谢尔多布斯克）旅
乌拉尔军区	步兵第63军	斯维尔德洛夫斯克	步兵第4（步兵第77师、斯维尔德洛夫斯克）、23（步兵第279师、卡梅什洛夫城）、45（步兵第417师、车里雅宾斯克）旅
南乌拉尔军区	步兵第27旅（步兵第179师）	乌拉尔斯克	
	步兵第16旅（步兵第164师）	契卡洛夫	
	步兵第41旅（步兵第270师）	布祖卢克	
土耳其斯坦军区	步兵第1军	阿什哈巴德	步兵第344（库什卡）、357（阿什哈巴德）师、近卫机械化第5师（马雷）
	步兵第119军	杜尚别	步兵第360师（铁尔梅兹）、近卫机械化第16师（近卫步兵第80师、撒马尔罕）、步兵第201师（杜尚别）
	步兵第33旅（步兵第203师）	卡拉干达	
	骑兵第6师（骑兵第39师）	阿拉木图	
西西伯利亚军区	近卫步兵第18军	鄂木斯克	近卫步兵第6旅（近卫步兵第109师、鄂木斯克）、步兵第20（步兵第56师、鄂木斯克）、24（步兵第85师、博加特科瓦）旅
直属	步兵第47旅（步兵第198师）	比斯克	
东西伯利亚军区		伊尔库茨克	

第三章 战后重建：1945年6月—1948年的苏联陆军

续表

集团军以上单位	步兵、坦克兵旅以上单位	驻地	编成
	近卫步兵第10旅（近卫步兵第124师）	下乌金斯克	
	近卫步兵第16旅（近卫步兵第110师）	伊尔库斯克	
	步兵第49旅（步兵第227师）	克拉斯诺亚尔斯克	
后贝加尔军区		赤塔	
近卫机械化第6集团军		博尔贾	
	近卫坦克第5师（近卫坦克第5军）	谢尔洛瓦亚—戈拉	
	近卫机械化第9师（近卫机械化第9军）	赛音山达	
	坦克第111师	蒙古纳来哈	
	机械化第14师（步兵第284师）		
	骑兵第7师		
步兵第86军		特苏格尔村	步兵第94师，机炮第8师（第32筑垒地域，博尔贾）
直属	坦克第61师	乌兰乌德	
远东军区（南萨哈林斯克）			
第1集团军	步兵第39师	哈巴罗夫斯克	
	步兵第12师	布拉戈维申斯克	
	机炮第11师（原步兵第34师、第104筑垒地域）	德卡斯特里	
	机炮第14师（第102筑垒地域）	哈巴罗夫斯克州乌尔加尔	
	机炮第13师（第101筑垒地域、步兵第396师）	布拉戈维申斯克	
第14集团军		阿纳德尔	
	步兵第116师（轻步兵第31旅）	阿纳德尔	
	步兵第117师（轻步兵第31旅）		
	步兵第121师（轻步兵第72旅）	普罗维登斯村	
直属	步兵第56军		步兵第79师（波罗奈斯克），机炮第20师（步兵第2旅，萨哈林）
	步兵第85军	库利尔斯克	步兵第355师（择捉岛），机炮第7（步兵第2旅，得抚岛）、15（步兵第113旅，国后岛）师
	步兵第87军	阿尼瓦	步兵第342（霍穆托沃）、264（多林斯克）师
	步兵第137军	彼得罗巴甫洛夫斯克	步兵第255、22（彼得罗巴甫洛夫斯克）师，机炮第6师（第101旅、第3筑垒地域，彼得罗巴甫洛夫斯克）
	机炮第2师（步兵第361师、第4筑垒地域）	哈巴罗夫斯克	
	机炮第5师（步兵第5团、第103筑垒地域）	苏维埃港	
滨海军区（伏罗希洛夫〈乌苏里斯克〉）			
第5集团军	步兵第72军		近卫机械化第3师（近卫机械化第3军，达利涅列琴斯克），步兵第215（斯帕斯克达利尼）、277师
	机炮第18师（步兵第184师、机炮第18旅）	奥尔加湾伊曼	
	坦克第2师（步兵第66师）	利波夫奇	
	坦克第3师（步兵第300师）	波克罗夫卡	
	步兵第148师	波尔塔夫卡	

183

续表

集团军以上单位	步兵、坦克兵旅以上单位	驻地	编成
	机炮第9师（第157步兵师，机炮第9旅）	格罗杰科沃	
	机炮第10师（第106筑垒地域）		
	机炮第15师（步兵第113旅、第107筑垒地域）	巴拉巴什	
	机炮第16师（第108筑垒地域）	波西耶特	
	机炮第19师（第110筑垒地域）	斯拉维扬卡	
	机炮第21师（前第111筑垒地域）	苏城	
	机炮第24师（第113筑垒地域）	哈桑	
第25集团军		平壤	
	步兵第65军		步兵第63、144师、机械化第10师（机械化第10军）
	步兵第40师		
直属	近卫空降第37军	滨海边疆区摩纳斯提里斯切	近卫空降第98、99师
驻旅顺部队（WGF）			
第39集团军	近卫步兵第5军	旅顺	近卫步兵第17师、机械化第7师（机械化第7军）
	近卫机炮第4师（近卫步兵第91师）	旅顺	

第四章　大变革前的扩军：1948—1955 年的苏联陆军

1948 年 10 月至 1949 年期间，由于冷战的开始，苏联武装力量总人数增加了 150 万人，同时陆军的许多部队，主要是坦克机械化部队从简编扩充至满编，并提升了战备等级。在此期间，苏联于 1949 年 8 月试爆了第一枚原子弹。

1950—1954 年，因朝鲜战争的爆发和欧洲战略对抗的加剧，苏联武装力量总人数增至 576.3 万人，这意味着此时苏军的兵力达到了"二战"结束时的一半。而当时与空军的大规模换装呈鲜明对比的是，陆军中老式武器装备的数量占着大头。在这几年里，陆军没有得到任何量产的新型自行火炮，没有获得新研制的重型坦克，而配备 100 毫米炮的 T-54 中型坦克从 1951 年才开始批量生产。该坦克自 1946 年正式定型、1947 年投产后产量并不高，1947 年生产了 600 辆，1948 年 600 辆，1949 年 500 辆，1950 年只有 250 辆。1951 年的产量有所上升，达到了 1795 辆，此后年产量总算超过了 1700 辆；而当时国产装甲运输车 BTR-40 和 BTR-152 才开始量产。

第一节　1948 年苏联陆军的整编

1948 年初，苏联武装部队总人数为 287.4 万，同比增长 8491 人，比 1945 年 5 月胜利时要少得多，但是由于冷战开始，军队在 1948—1949 年度再次征召了 150 万人，1954 年军人数量上升到了 576.3 万。

陆军由于装备了射程远、命中率高、威力大、机动性强的战役战术导弹，以及威力更猛的各型火炮而发生了实质性变化，步兵装备了大量坦克和装甲输送车，实现了摩托化。为此，步兵军编入了新的军属炮兵部队，步兵师编入了 1 个坦克自行火炮团，步兵团增编 1 个自行火炮营，从而使步兵的支援火力大为提高。

▲ 在马雷测试的 T-54。

1953年，步兵军一次齐射的弹药重量（不含坦克、自行火炮和高炮）高达37吨，比卫国战争末期（5吨）提高7倍以上。步兵师新编入大量汽车、牵引车和装甲输送车，按1948年编制，共有1488辆，比卫国战争末期（419辆）增加3倍以上，从而提高了步兵的机动力。

坦克和机械化部队的编制做了重大调整，原坦克集团军改编为机械化集团军，直辖2个坦克师、2个机械化师和其他集团军属部队，撤销了军的建制。坦克师与机械化师装备的坦克和火炮数量均超过原坦克军与机械化军，机械化集团军编有的坦克和自行火炮比战时的坦克集团军多430辆，因而具有更高的机动力与突击力，是发展战役胜利的重要手段。

炮兵除新换装了新式火炮和火箭炮，增加了火炮、迫击炮和反坦克炮的数量外，还对一些原有的火炮进行了机械化改装，装备了新式牵引车辆，可以25—30公里的时速拖带重型火炮，比卫国战争时期的牵引速度提高3—4倍。

陆军序列中暂时还保留了骑兵，但因陆军基本上实现了机械化，各兵种机动力和突击力大有提高，骑兵已相形见绌，所以数量急剧减少，到1955年彻底裁撤。

大部分机枪炮兵师在50年代前半叶从苏军序列中消失了，一半以上被很快裁撤，剩下的或改为步兵师（如机枪炮兵第11和第24师改为步兵第132和第148师），或重新改为旅后过了一段时间再解散。

1948年，部署在楚科奇的旅被重组为师：第31、32、72旅分别改为步兵第116、117、121师，隶属在轻步兵第126军的基础上组建的第14集团军。同一时期苏军还组建了一些新的师，如高加索的步兵第6师和第145师。

此时苏联红军中已经有了11个山地步兵师，其中大部分集中在苏联的南部边境，7个山地师在高加索军区（近卫第10、24师，第9、19、73、89、145师），山地步兵第201、376师在土耳其斯坦军区。每个山地师编有4个山地步兵团和直属部队，每个山地步兵团有2

▲ 克里米亚的军事演习，1950年代。

第四章 大变革前的扩军：1948—1955年的苏联陆军

个山地步兵营、3个独立炮连（分别装备120毫米迫击炮、自行火炮和高射炮）、4个独立连（工兵、通信、汽车和畜力运输）、3个独立排（骑兵、指挥和保障排），还有医疗中心和教导队，每团只有约1200人和220匹马。然而，到了1954年，山地师大多被改编为步兵师，到了20世纪60年代中期，山地步兵师全部被撤消，部队改编为摩步师。苏军仅在阿富汗战场使用了山地步兵旅。

▲ 俄军第58集团军进入南奥塞梯，2008年8月。

1953年3月15日，苏联陆军和海军编入国防部（前国防委员会）。"二战"结束7年后，苏联红军开始改称苏军（SA），这个术语指的主要是地面部队，尽管在广泛意义上而言它适用于所有的苏联武装部队。

1953年底—1956年，有16个苏军步兵师改编为机械化师。

表4-1 1953—1956年整编为机械化步兵师的步兵师

原步兵师序号	改机械化师序号	名称、荣誉
近卫2	近卫23	塔曼，M.I.加里宁（红旗勋章、苏沃洛夫、库图佐夫勋章）
近卫25	近卫38	叶利尼亚（红旗勋章、苏沃洛夫勋章）
29	63	波洛茨克（苏沃洛夫勋章）
近卫32	近卫66	塔曼（红旗勋章、苏沃洛夫勋章）
48	69	罗普沙，M.I.加里宁（红旗勋章）
近卫53	近卫62	塔尔图（红旗勋章）
318	39	新罗西斯克（苏沃洛夫勋章）
56	67	普希金（红旗勋章）
近卫63	近卫37	红谢洛
近卫110	近卫72	亚历山德拉—兴安岭（2枚红旗勋章、苏沃洛夫勋章）
164	73	维捷布斯克（红旗勋章）
194	43	列奇察（红旗勋章）
265	71	维堡
227	74	捷姆留克（红旗勋章）
279	61	利西昌斯克（红旗勋章）

表4-2 1945—1949年创建的坦克师

坦克师	简身	隶属	下辖坦克团	坦克自行火炮团	机械化团 (53 年前摩步团)	炮兵团 (53 年前追击炮团)	高炮团	沿革
近卫1	近卫坦克第1军	GSOVG	近卫15、16、17	近卫74	(近卫1)	455	近卫80	1947年解散
1	坦克第1军	PribVO	89、117、159	近卫98	127 (44)	108	1720	
近卫2	近卫坦克第2军	LVO	近卫4、25、26	近卫90	近卫122 (近卫4)	873 (273)	1695	
2	步兵第66师	PrimVO	75、76、184	218	124 (33)	872 (555)	2537	坦克第32师
近卫3	近卫坦克第3军	SGV、BVO	近卫3、18、19	近卫126	近卫121 (近卫2)	733 (266)	1701	
3	步兵第300师	PrimVO	72、125、208	259	126 (56)	不明	不明	坦克第46师
近卫4	近卫坦克第4军	MVO	近卫12、13、14	近卫43	近卫119 (近卫3)	近卫275 (近卫264)	近卫120	
近卫5	近卫坦克第5军	ZabVO	近卫20、21、22	近卫110	近卫124 (近卫5)	近卫454 (近卫454)	近卫392	近卫摩步第22师
5	坦克第5军	SGV	24、41、70	近卫75	(5)	(277)	1708	1947年撤销
近卫6	近卫坦克第6军	GSOVG	近卫51、52、53	近卫78	近卫22 (近卫22)	近卫272 (近卫272)	近卫286	
近卫7	近卫坦克第7军	GSOVG	近卫54、55、56	近卫79	近卫23 (近卫23)	近卫670 (近卫467)	近卫287	
近卫8	近卫坦克第8军	BVO	近卫58、59、60	近卫94	近卫121 (近卫28)	近卫732 (近卫269)	近卫300	近卫坦克第16师
近卫9	近卫坦克第9军	GSOVG	近卫47、50、65	近卫65	近卫33 (近卫33)	近卫724 (近卫234)	近卫66	
9	近卫坦克第9军	GSOVG	23、95、108	近卫70	134 (8)	96 (218)	216	
近卫10	近卫坦克第10军	BVO	近卫61、62、63	近卫81	近卫29 (近卫29)	近卫744 (近卫299)	近卫359	
10	坦克第10军	GSOVG	178、183、186	近卫38	近卫23 (11)	409 (287)	1693	坦克第34师
近卫11	近卫坦克第11军	GSOVG	近卫40、44、45	近卫7	近卫27 (近卫27)	近卫841 (近卫270)	近卫1018	
11	坦克第11军	YUUV	79、101、202	近卫73	(12)	(243)	1388	1947年解散
近卫12	近卫坦克第12军	SGV	80、155、近卫8	近卫71	近卫145 (近卫34)	近卫843 (近卫226)	1273	
13	近卫坦克第61师	ZabVO	43、141、142	74	28 (28)	(457)	不明	1958年解散
15	重型坦克自行火炮第78团	TVO	96、156、180	78	135 (31)	1062	不明	
16	坦克第111师	ZabVO	165、205、222	近卫73	133 (29)	不明	不明	1958年解散
18	近卫坦克第18军	PribVO	110、170、181	近卫85	(32)	(292)	1694	1947年解散
19	近卫坦克第19军	YUUV	79、101、202	近卫88	(26)	(179)	1717	
20	坦克第20军	SGV	80、155、近卫8	近卫76	近卫137 (近卫7)	近卫1052 (近卫291)	1711	
23	近卫坦克第23军	PrivVO	3、39、135	84	129 (56)	916 (457)	1697	
25	近卫坦克第25军	GSOVG	111、162、175	不详	12 (20)	119 (459)	1702	
29	坦克第29军	BVO	25、31、32	93	128 (53)	851 (271)	1381	
31	坦克第31军	PrivVO	100、237、242	近卫77	131 (65)	1047 (617)	1885	坦克第31师

第四章 大变革前的扩军：1948—1955年的苏联陆军

表4-3 1953—1955年创建的机械化师

机械化师	前身步兵师	隶属	下辖机械化团	坦克团	坦克自行火炮团	炮兵团	高炮团	沿革
61	279	YUUVO	213 不明	不明	不明	831	1382	坦克第44师
近卫62	近卫53	CVM	近卫214 不明	不明	9	近卫123	不明	近卫摩步第62（53）师
63	29	PriVO	不明	不明	不明	77	不明	摩步第110（29）师
近卫64	近卫75	ZabVO	近卫160、205、216	25	不明	近卫159	不明	近卫重型坦克第14（75）师
65			167、222 不明	不明	不明	不明	不明	摩步第65师
近卫66	近卫32	CVM	近卫218 不明	不明	272	近卫58	不明	近卫摩步第114（32）师
67	56	SibVO	142、208 不明	不明	不明	113	不明	摩步第67（56）师
68	266	SKVO	不明	不明	不明	832	不明	摩步第117（266）师
69	48	TAVVO	227 不明	394	不明	494	不明	摩步第118（48）师
近卫70	近卫69	BVO	近卫165、211、223	近卫374	近卫328	近卫56	近卫1873	近卫重型坦克第45师
71	265	MVO	不明	不明	不明	不明	不明	摩步第119（265）师
近卫72	近卫110	ZabVO	近卫225 不明	不明	不明	247	不明	1956年撤销
73	164	YUUVO	不明	不明	34	671	不明	摩步第121（164）师
74	227	SibVO	228、231、232	386	不明	711	不明	摩步第74师
近卫38	近卫25	KVO	不明	不明	不明	不明	不明	近卫摩步第115（25）师
43	194	PriVO	不明	不明	不明	不明	不明	摩步第130师

189

表 4-4 坦克第 1—10、13 师, 近卫坦克第 1—12 师 1945—1957 年间名称变化

坦克师序号	近卫1	1	近卫2	2	近卫3
1957 年		坦克第 1 师	近卫坦克第 2 师	坦克第 32 师	近卫坦克第 3 师
1955 年	近卫坦克第 1 师	坦克第 1 师	近卫坦克第 2 师	坦克第 2 师	近卫坦克第 3 师
1947 年	近卫坦克第 1 师	坦克第 1 军	近卫坦克第 2 师	坦克第 2 师	近卫坦克第 3 师
1945 年	步兵第 300 师		近卫第 2 军	步兵第 66 师	近卫坦克第 3 军

坦克师序号	3	近卫4	5	近卫6
1957 年	坦克第 46 师	近卫坦克第 4 师	近卫摩步第 122 师	近卫坦克第 5 师
1955 年	坦克第 3 师	近卫坦克第 4 师	近卫坦克第 5 师	近卫坦克第 5 师(机械化第 12 师)
1947 年	坦克第 3 师	近卫坦克第 4 师	近卫坦克第 5 师	近卫坦克第 5 师
1945 年		近卫坦克第 4 军	近卫第 5 军	

坦克师序号	近卫7	近卫8	9	近卫10
1957 年	近卫坦克第 7 师	近卫坦克第 8 师	近卫坦克第 9 师	近卫坦克第 10 师
1955 年	近卫坦克第 7 师	近卫坦克第 8 师	近卫坦克第 9 师	近卫坦克第 10 师
1947 年	近卫坦克第 7 师	近卫坦克第 8 师	近卫坦克第 9 师	
1945 年	近卫坦克第 7 军	近卫坦克第 8 军	骑兵第 63 师	

坦克师序号	10	近卫11	近卫12	13
1957 年	坦克第 34 师	近卫坦克第 11 师	近卫坦克第 12 师	坦克第 13 师
1955 年	坦克第 10 师	近卫坦克第 11 师	近卫坦克第 12 师	坦克第 13 师
1947 年	坦克第 10 师	近卫坦克第 11 师	近卫坦克第 12 师	坦克第 61 师
1945 年	坦克第 10 军	近卫坦克第 11 军	近卫坦克第 12 军	坦克第 61 师

表4-5 坦克第14—47师1945—1957年间番号变化

坦克师序号	近卫14	15	16	17	近卫18
1957年	近卫坦克第14师	坦克第15师		坦克第17师	近卫坦克第5师
1955年	近卫重型坦克第14师（近卫机械化第64师）	坦克第15师	坦克第16师		近卫坦克第18师（近卫骑兵第5师）
1947—1949年	近卫步兵第75师	重型坦克第78团	坦克第111师		近卫骑兵第5师
1945年	近卫步兵第75师		坦克第111师		近卫骑兵第5军

坦克师序号	近卫19	20	近卫21	近卫22	23
1957年	近卫坦克第19师	坦克第20师	近卫坦克第21师	近卫坦克第22师	坦克第23师
1955年	近卫机械化第2师	坦克第20师	近卫机械化第13师	近卫步兵第115师	坦克第23师
1947—1949年	近卫机械化第2师	坦克第20师	近卫机械化第13师	近卫步兵第14旅	坦克第23师
1945年		坦克第20军		近卫空降第7师	坦克第23军

坦克师序号	24	25	近卫26	近卫27	28
1957年	坦克第24师	坦克第25师	近卫坦克第26师	近卫坦克第27师	坦克第28师
1955年		坦克第25师	近卫机械化第19师	近卫机械化第20师	机械化第8师
1947—1949年	重型坦克自行火炮第163团	坦克第25师	近卫机械化第19师	近卫机械化第20师	机械化第8师
1945年		坦克第25军	近卫步兵第47师	近卫步兵第79师	机械化第8军

坦克师序号	29	近卫30	31	32	近卫33
1957年	坦克第29师	近卫坦克第30师	坦克第31师	坦克第32师	近卫坦克第33师
1955年	坦克第29师	近卫机械化第11师	坦克第31师	坦克第2师	近卫机械化第12师
1947—1949年	坦克第29师	近卫机械化第11师	坦克第31师	坦克第2师	近卫机械化第12师
1945年	坦克第29军	近卫骑兵第13师	坦克第31军	步兵第66师	近卫骑兵第15师

坦克师序号	34	近卫35	36	近卫37	近卫38
1957年	坦克第34师	近卫坦克第35师	坦克第36师	近卫坦克第37师	近卫坦克第38师
1955年	坦克第10师	近卫机械化第18师	机械化第22师	近卫机械化第25师	近卫机械化第26师
1947—1949年	坦克第10师	近卫机械化第18师	机械化第22师	近卫机械化第25师	近卫机械化第26师
1945年	坦克第10军	近卫步兵第41师	步兵第193师	近卫步兵第20师	近卫步兵第90师

坦克师序号	近卫39	近卫40	近卫41	近卫42	43
1957年	近卫坦克第39师	近卫坦克第40师	近卫坦克第41师	近卫坦克第42师	坦克第43师
1955年	近卫机械化第27师	近卫机械化第28师	近卫机械化第32师	近卫坦克第42师	步兵第60师
1947—1949年	近卫机械化第27师	近卫机械化第28师	近卫机械化第32师	步兵第4旅	步兵第6旅
1945年	近卫步兵第37师	近卫骑兵第2军	近卫步兵第117师	近卫步兵第42师	步兵第60师

坦克师序号	44	近卫45	46	近卫47	
1957年	坦克第44师	近卫坦克第45师	坦克第46师	近卫坦克第47师	
1955年	机械化第61师	近卫机械化第70师	坦克第3师	近卫机械化第15师	
1947—1949年	步兵第23旅	近卫步兵第37旅	坦克第3师	近卫机械化第15师	
1945年	步兵第279师	近卫步兵第69师	步兵第300师	近卫步兵第6师	

表4-6 1955—1957年步兵师、机械化步兵师、空降师、山地步兵师番号沿革

1955—1957年师番号	前身步兵师（解散时间）	前身机械化师（解散时间）	前身空降师（解散时间）	前身机炮师	1957年整编后番号
近卫步兵第1师					近卫摩步第1师
近卫机械化第1师		近卫1			近卫摩步第2师
近卫机械化第2师		近卫2			近卫坦克第19师
步兵第2师				2	近卫摩步第147师
近卫机械化第3师		近卫3			近卫摩步第47师
近卫步兵第3师	近卫3				近卫摩步第3师
近卫机械化第4师		近卫4			近卫摩步第63师
步兵第4师	179				近卫摩步第4师
近卫步兵第5师	近卫5				近卫摩步第5师
近卫机械化第5师		近卫5			近卫摩步第53师
近卫步兵第6师	近卫6				近卫坦克第47师
近卫机械化第6师		近卫6			近卫摩步第6师
步兵第4师	步兵第90旅				摩步第60师
近卫机械化第7师		近卫7			近卫摩步第11师
近卫空降第7师			1948年组建		近卫空降第7师
机械化第7师		7			摩步第7师
近卫步兵第8师	近卫8				近卫摩步第8师
近卫机械化第8师		近卫8			近卫摩步第20师
机械化第8师		8			坦克第28师
近卫机械化第9师		近卫9			近卫摩步第9师
机械化第9师		9			摩步第82师
步兵第9师	9				摩步第80师
近卫机械化第10师		近卫10			近卫摩步第83师
近卫步兵第10师	近卫10				近卫摩步第10师
机械化第10师		10			摩步第84师
近卫机械化第11师		近卫11			近卫坦克第30师
近卫空降第11师			1948年组建（1955）		
步兵第11师	172				
近卫机械化第12师		近卫12			近卫坦克第33师
机械化第12师		12			坦克第5师
步兵第12师	12				摩步第12师
近卫机械化第13师		近卫13			近卫坦克第21师
近卫空降第13师			1948年组建		近卫空降第13师
近卫机械化第14师		近卫14			近卫摩步第14师
机械化第14师		14			摩步第89师
步兵第14师	180				摩步第88师
近卫机械化第15师		近卫15			近卫坦克第47师
近卫步兵第15师	近卫15				近卫摩步第15师
步兵第15师	185				
近卫机械化第16师		近卫16			近卫摩步第90师
近卫步兵第16师	近卫16				近卫摩步第16师
近卫机械化第17师		近卫17			近卫摩步第17师
近卫步兵第17师	近卫17				近卫摩步第123师
近卫机械化第18师		近卫18			近卫坦克第35师
机械化第18师		18			摩步第18师
步兵第18师	194				摩步第130师
近卫机械化第19师		近卫19			近卫坦克第26师
步兵第19师	19				摩步第92师

第四章 大变革前的扩军：1948—1955 年的苏联陆军

续表

1955—1957年师番号	前身步兵师（解散时间）	前身机械化师（解散时间）	前身空降师（解散时间）	前身机炮师（解散时间）	1957年整编后番号
近卫机械化第20师		近卫20			近卫坦克第27师
步兵第20师	188				
近卫机械化第21师		近卫21			近卫摩步第21师
近卫空降第21师			近卫21（1955）		
机械化第22师		22			坦克第36师
步兵第22师	22				摩步第22师
近卫机械化第23师		近卫23			近卫摩步第23师
步兵第23师	198				摩步第95师
近卫步兵第22师	近卫24				近卫摩步第42师
机械化第24师		24			摩步第99师
步兵第24师	24				摩步第24师
近卫机械化第25师		近卫25			近卫坦克第37师
近卫机械化第26师		近卫26			近卫坦克第38师
近卫步兵第26师	近卫26				近卫摩步第26师
机械化第26师		26			摩步第100师
近卫机械化第27师		近卫27			近卫坦克第39师
机械化第27师		27			摩步第27师
山地第27师	201				山地第27师
近卫机械化第28师		近卫28			近卫坦克第40师
机械化第28师		28			摩步第101师
近卫机械化第29师		近卫29			近卫摩步第29师
近卫机械化第30师		近卫30			近卫摩步第30师
步兵第30师	203				近卫摩步第102师
近卫机械化第31师		近卫31			近卫摩步第31师
近卫空降第31师			1948年组建		近卫空降第31师
近卫机械化第32师		近卫32			近卫坦克第41师
步兵第32师	207				摩步第32师
近卫机械化第33师		近卫33			近卫摩步第33师
步兵第33师	215（1956）				
近卫机械化第34师		近卫34			近卫摩步第34师
步兵第34师	216（1956）				
近卫机械化第35师		近卫35			近卫摩步第35师
步兵第35师	255				摩步第125师
近卫机械化第36师		近卫36			近卫摩步第36师
步兵第36师	36（1956）				
近卫机械化第37师		近卫37			近卫摩步第37师
步兵第37师	261				摩步第127师
近卫步兵第38师	近卫38				近卫摩步第38师
近卫机械化第38师	近卫25				近卫摩步第115师
近卫步兵第39师	近卫39				近卫摩步第39师
步兵第39师	39				摩步第129师
步兵第40师	40				摩步第40师
步兵第41师	264				摩步第41师
近卫步兵第42师	近卫42				近卫坦克第42师
近卫步兵第43师	近卫43（1956）				
步兵第43师	43				摩步第43师
机械化第43师	194				摩步第130师
步兵第44师	270				摩步第44师
近卫步兵第45师	近卫45				近卫摩步第45师

续表

1955—1957年师番号	前身步兵师（解散时间）	前身机械化师（解散时间）	前身空降师（解散时间）	前身机炮师	1957年整编后番号
步兵第45师	45				摩步第131师
步兵第46师	272				摩步第46师
步兵第47师	277（1956）				
近卫步兵第48师	近卫48				近卫摩步第48师
步兵第49师	295				摩步第49师
近卫步兵第50师	近卫50				近卫摩步第50师
近卫步兵第51师	近卫51				近卫摩步第51师
步兵第52师	315				摩步第52师
步兵第54师	341				摩步第54师
近卫步兵第55师	近卫55				近卫摩步第55师
步兵第56师	342				摩步第56师
近卫步兵第57师	近卫57				近卫摩步第57师
山地第58师	344				摩步第58师
近卫步兵第59师	近卫59				近卫摩步第59师
机械化第61师		61			坦克第44师
步兵第61师	357				摩步第61师
近卫机械化第62师		近卫62			近卫摩步第62师
步兵第62师	360				摩步第108师
机械化第63师		63			摩步第110师
近卫机械化第64师		近卫64			近卫重型坦克第14师
近卫步兵第64师	近卫64				近卫摩步第64师
步兵第65师	367				摩步第111师
机械化第65师		65			摩步第65师
近卫机械化第66师		近卫66			近卫摩步第114师
近卫步兵第66师	近卫66				近卫摩步第66师
机械化第67师		67			摩步第67师
步兵第67师	67				摩步第116师
机械化第68师		68			摩步第117师
步兵第68师	372				摩步第68师
机械化第69师		69			摩步第118师
步兵第69师	69				摩步第69师
近卫机械化第70师		近卫70			近卫重型坦克第45师
近卫步兵第70师	近卫70				近卫摩步第70师
机械化第71师		71			摩步第119师
山地第71师	376				山地第71师
近卫机械化第72师		近卫72（1956）			
近卫步兵第72师	近卫72				近卫摩步第72师
机械化第73师	164				摩步第121师
步兵第73师	73				摩步第73师
机械化第74师		74			摩步第74师
步兵第74师	414（1956）				
步兵第75师	75				摩步第75师
近卫空降第76师			近卫76		近卫空降第76师
近卫步兵第77师	近卫77				近卫摩步第77师
步兵第77师	77				摩步第126师
步兵第78师	417				摩步第78师
步兵第79师	79				摩步第79师
近卫步兵第81师	近卫81				近卫摩步第81师
步兵第85师	85				摩步第85师

第四章 大变革前的扩军：1948—1955 年的苏联陆军

续表

1955—1957 年师番号	前身步兵师（解散时间）	前身机械化师（解散时间）	前身空降师（解散时间）	前身机炮师	1957 年整编后番号
近卫步兵第 86 师	近卫 86				近卫摩步第 86 师
近卫步兵第 87 师	近卫 87				近卫摩步第 87 师
步兵第 91 师	91				摩步第 91 师
近卫步兵第 94 师	近卫 94				近卫摩步第 94 师
近卫步兵第 95 师	近卫 95（1955）				
步兵第 96 师	96				摩步第 96 师
近卫步兵第 97 师	近卫 97				近卫摩步第 97 师
近卫空降第 98 师			近卫 98		近卫空降第 98 师
近卫空降第 99 师			近卫 99（1956）		
近卫空降第 100 师			近卫 100（1955）		
近卫空降第 103 师			近卫 103		近卫空降第 103 师
近卫空降第 104 师			近卫 104		近卫空降第 104 师
近卫空降第 105 师			近卫 105		近卫空降第 105 师
近卫空降第 106 师			近卫 106		近卫空降第 106 师
近卫空降第 107 师			近卫 107		近卫空降第 107 师
近卫步兵第 109 师	近卫 109				近卫摩步第 109 师
近卫步兵第 112 师	近卫 112				近卫摩步第 112 师
近卫步兵第 113 师	近卫 113				近卫摩步第 113 师
近卫空降第 114 师			近卫 114（1956）		
近卫步兵第 115 师	近卫 115				近卫坦克第 22 师
近卫步兵第 118 师	近卫 118（1956）				
近卫步兵第 120 师	近卫 120				近卫步兵第 120 师
近卫步兵第 128 师	近卫 128				近卫摩步第 128 师

在上面和下面的列表中详细列出了所有战后存在的苏军陆军师（坦克、摩托化步兵、机械化步兵、空降兵、机枪火炮，海军步兵和后方警卫师）和筑垒地域（UR），在 1945—1956 年期间存在的步兵师、空降师和机械化师的沿革。

表 4-7 1948 年组建的机械化枪炮兵师的前身单位

№	前身	驻地	后续沿革
6	FEB、步兵第 101 师	彼得罗巴甫洛夫斯克	1953 年撤销
7	FEB、步兵第 2 旅	德抚岛	1953 年改步兵第 7 旅
11	FEB、步兵第 34 师、机炮第 11 旅	德卡斯特里	1953 年撤销
15	FEB、步兵第 113 旅、机炮第 15 旅	库纳施尔岛（国后岛）	1953 年撤销
18	PrimVO、步兵第 184 师、机炮第 18 旅	奥尔加湾	1954 年改机炮第 18 旅

195

第二节　1955年苏联陆军重排番号

"二战"结束后，更换了番号的步兵师如下：

表4-8　1955年重排序号的步兵师

步兵师	新番号	名称、荣誉	下属团	团新序号
第179师	第4师	维捷布斯克(红旗勋章)	215、234、259	
第180师	第14师	基辅(苏沃洛夫勋章、库图佐夫勋章、红旗勋章)	21、42、86	
第188师	第20师	下第聂伯罗夫斯克(红旗勋章)	523、580、595	11、27、37
第198师	第23师		506、1027、1029	8、130、133
第201师	第27师	加特契纳(红旗勋章)	92、122、191	
第203师	第30师	扎波罗热—兴安岭(红旗勋章、苏沃洛夫勋章)	592、610、619	31、53、66
第207师	第32师	波美拉尼亚(红旗勋章、苏沃洛夫勋章)	594、597、598	33、40、41
第215师	第33师	斯摩棱斯克(红旗勋章、苏沃洛夫、库图佐夫勋章)	618、707、711	65、69、82
第216师	第34师	锡瓦什湖(红旗勋章、苏沃洛夫、库图佐夫勋章)	589、647、665	29、67、68
第255师	第35师		968、970、972	99、100、101
第261师	第37师		974、976、978	107、124、128
第264师	第41师	乌苏里江	1056、1058、1060	142、144、151
第270师	第44师	杰米多夫—波洛茨克(红旗勋章)	973、975、977	102、112、126
第272师	第46师	斯维里河—波美拉尼亚(红星勋章、红旗勋章)	1061、1063、1065	159、155、153
第277师	第47师	罗斯拉夫尔(苏沃洛夫勋章、库图佐夫勋章、红旗勋章)	850、852、854	94、96、98
第295师	第49师	赫尔松(列宁勋章、红旗勋章、苏沃洛夫勋章)	1038、1040、1042	135、139、140
第315师	第52师	梅利托波尔(红旗勋章)	362、724、1328	362、91、206
第318师	第53师	新罗西斯克(苏沃洛夫勋章)	1331、1337、1339	208、209、210
第341师	第54师	(红旗勋章)	251、279、281	
第342师	第56师	(红旗勋章)	357、377、389	
第344师	第58师	罗斯拉夫尔(红旗勋章)	1152、1154、1156	160、161、162
第357师	第61师	(苏沃洛夫勋章)	1188、1190、1192	163、173、175
第360师	第62师	涅韦尔(红旗勋章)	1193、1195、1197	177、180、181
第367师	第65师	(红旗勋章)	1217、1219、1221	182、184、185
第372师	第68师	诺夫哥罗德(红旗勋章)	1236、1238、1240	186、187、188
第376师	第71师	库兹巴斯、普斯科夫(红旗勋章)	1248、1250、1252	189、190、196
第414师	第76师	阿纳帕(红旗勋章)	1367、1371、1375	212、216、220
第417师	第78师	锡瓦什湖(红旗勋章、苏沃洛夫勋章)	1369、1372、1376	213、219、223

▲ 1955年阿尔汉格尔斯克阅兵。

当时改编的步兵师大约有130个保留了"二战"时期的番号，在1949—1954年期间重新组建的步兵师（不包括空降师）：近卫步兵第1、3、5、8、10、15、16、17、19、24、26、28、38、39、42、43、45、48、50、51、55、57、59、64、66、70、72、77、81、86、87、94、95、97、109、112、113、118、120、128师，

步兵第9、12、16、19、22、24、36、39、40、43、45、60、63、67、69、73、75、77、79、85、89、91、94、96、116、144、145、146、147、148、149、150师。这些部队绝大多数在1957年春天改编为摩步师，再次改变番号。与此同时，所有步兵团的番号都改变了。

受裁军影响，到1955年近卫步兵团、普通步兵团、山地步兵团和空降团共

▲ 1954年5月1日苏军参加游行。

产生了500多空号（序号500以上的团会分配新的番号）。有部分师级单位和下属团的番号被保留了下来，如步兵第19师保留了师番号及其2个团的番号（32和315），但第1310团改新番号为第201团。必须强调的是，所有这些变化只发生在普通步兵部队身上，近卫部队保持不变。

步兵军发生番号变更的单位数量要少得多，大部分都保留了老的番号。保留原番号的有近卫步兵第1、4、5、9、11、13、14、18、20、25、27、30、34、35、36军，步兵第1、3、9、10、12、17、19、27、29、52军。步兵第63、72、73、82、86、87、123、119、137军分别改为步兵第22、7、21、25、26、32、40、33、43军，到了1957年春，保留下来的步兵军均改为诸兵种合成军编制。

第三节　1955年6月13日苏联陆军序列

表4-9　1955年6月13日苏联陆军序列

军区及集群	集团军	步兵军	步兵师、机炮师	坦克师（骑兵师）	机械化师	空降军（师）
驻德集群	3、近卫8、近卫机械化1、2、3、4	9、23、近卫28、29	32、近卫39、57、94	9、25、近卫6、7、9、10、11、12	1、9、18、近卫6、7、8、14、19、20、21	

续表

军区及集群	集团军	步兵军	步兵师、机炮师	坦克师（骑兵师）	机械化师	空降军（师）
北方集群				20	近卫26	
中央集群			近卫95		近卫2、13、17	
特机集			近卫81		近卫25、33	
白海军区			69、近卫77			
北部军区	6		45、54、65、67			
列宁格勒军区		近卫4、30	近卫8、45、64、118、机炮2、22	近2	近卫36、37	近卫15（近卫76、104）
波罗的海沿岸军区	近卫11	近卫2、16、36	16、近卫1、5、16、26、43、51	1	近卫28、29、30	
白俄罗斯军区	28、机械化7、近卫机械化5	41、128、近卫9	近卫48、50、55、120	5、10、29、3、8	8、22、近卫12、15、27、70	近卫8（近卫7、103、114）
莫斯科军区		近卫1、11	60、近卫3、38	近卫4	71、近卫23、62、66	近卫38（近卫105、106）
沃罗涅日军区		近卫13	46、近卫87			
喀尔巴阡军区	13、38、机械化8	3、21、27、近卫34、35	24、近卫15、66、70、97、128	23、31	24、27、近卫10、11、32	
敖德萨军区		25、近卫10、24	14、20、近卫28、59、86		69、近卫34、35	
塔夫里亚军区			52、近卫113		28	
基辅军区		近卫14、20、27	8、55、近卫25、42、72、112、115	近卫重型坦克14	近卫4、18	近卫39（近卫31、107）
伏尔加沿岸军区		10、40	18、43、91、96		63	
乌拉尔军区		63	77、78		61、65	
南乌拉尔军区			4、44		73	
北高加索军区		6、29、12	9、19、49、68、山地73、近卫24	近卫重型坦克18（另有近卫骑兵4）	68	
南高加索军区	4、近卫7	22、山地13、19	6、34、37、74、75、147、山地2、89、145、近卫山地10		26、近卫1、31	
土耳其斯坦军区		1、17、33	30、58、61、62、山地27、71	15	近卫5、16	
西西伯利亚军区		近卫18	198、85、近卫109		67、74	
后贝加尔军区	近卫机械化6	31、86	36、94、近卫124	13、16、近卫5	14、近卫9、72	
远东军区	5、15、25	7、32、65、43	12、22、33、35、39、40、41、45、47、56、57、63、79、121、144、148,机炮2、9-11、13、14、21、24	2、3	10、近卫3	近卫37（近卫13、98、99）
驻旅顺部队（隶属远东军区）	39	近卫5	近卫17、19、近卫机炮25		7	

第四章 大变革前的扩军：1948—1955年的苏联陆军

表4-10 1955年6月13日苏联陆军编成数量统计

(单位：个)

	集团军	机械化集团军	步兵军	步兵师	山地步兵师	步兵旅	骑兵师	机炮师	机炮旅	坦克师	机械化师	空降师
驻德集群	2	4	4	4						8	10	
北方集群			1							1	1	
中央集群				1							3	
特机械化集		1		1							2	
白海军区				2								
北部军区	1			4								
列宁格勒军区	1		2	4				2		1	2	2
莫斯科军区			2	3						1	4	
沃罗涅日军区			1	2								
波罗的海军区	1		3	7						1	3	
白俄罗斯军区	1	2	3	5						4	6	3
喀尔巴阡军区	2	1	5	6						2	5	1
敖德萨军区	0		3	5							3	
塔夫里亚军区				2								
基辅军区			3	7						1	2	2
伏尔加军区			2	4								
南乌拉尔军区				2								
乌拉尔军区			1	2								
北高加索军区			3	5	1		1			1	1	
外高加索军区	2		3	6	4						3	
土耳其斯坦军区			3	4	2					1	2	
西伯利亚军区				3							2	
后贝加尔军区		1	2	3				1		3	3	
远东军区	4		5	18		1		10	2	2	3	3
合计	15	9	48	100	7	1	1	12	3	26	60	12

具体编成如下（括号内为"二战"番号）：

表4-11 1955年6月13日苏联陆军序列(师以上)

军区集群、集团军名称	军或独立师	驻地	编成
驻德集群		柏林	
第3集团军		马格德堡	
	步兵第23军	柏林	步兵第32师(步兵第207师，施滕达尔)，近卫机械化第19师(近卫步兵第47师，哈尔登斯莱本)
	步兵第9军	什末林	近卫步兵第94师(什末林)，机械化第18师(步兵第416师，佩勒堡)
近卫第8集团军		努赫拉	
	近卫步兵第28军	鲁多尔斯塔特	近卫机械化第20师(近卫步兵第79师，耶拿)，近卫步兵第39师(奥尔德鲁夫)
	近卫步兵第29军	瑙姆堡	近卫机械化第21师(近卫步兵第27师，哈雷)，近卫步兵第57师(瑙姆堡)
近卫机械化第1集团军		格劳豪	

199

续表

军区集群、集团军名称	军或独立师	驻地	编成
	近卫机械化第 8 师（近卫机械化第 8 军）	格里姆	
	近卫坦克第 11 师（近卫坦克第 11 军）	德累斯顿（格劳豪）	
	坦克第 9 师（坦克第 9 军）	里萨	
近卫机械化第 2 集团军		符斯滕堡	
	近卫坦克第 9 师（近卫坦克第 9 军）	施特雷利茨	
	近卫坦克第 12 师（近卫坦克第 12 军）	新鲁平	
	机械化第 1 师（机械化第 1 军）	克拉姆尼茨	
近卫机械化第 3 集团军		卢肯瓦尔德	
	近卫坦克第 6 师（近卫坦克第 6 军）	维滕贝格	
	近卫坦克第 7 师（近卫坦克第 7 军）	罗斯劳	
	机械化第 9 师（机械化第 9 军）	科特布斯	
近卫机械化第 14 军（近卫步兵第 116 师，近卫空降第 9 师）		于特博格	
近卫机械化第 4 集团军		埃伯斯瓦尔德—菲诺	
	近卫机械化第 7 师（近卫机械化第 7 军）	奥利姆比瑟斯多尔夫	
	近卫机械化第 6 师（近卫机械化第 6 军）	贝尔瑙	
	近卫坦克第 10 师（近卫坦克第 10 军）	阿尔滕堡	
	坦克第 25 师（坦克第 25 军）	沃格尔桑	
北方集群		莱格尼察	
	近卫机械化第 26 师（近卫步兵第 90 师）	博尔内苏利诺沃	
	坦克第 20 师（坦克第 20 军）	斯维斯托乔夫	
中央集群		巴登	
	近卫机械化第 13 师（近卫步兵第 13 师）	维也纳	
	近卫步兵第 95 师		
	近卫机械化第 17 师（近卫步兵第 40 师）	匈牙利松博特海伊	
	近卫机械化第 2 师（近卫机械化第 2 军）	塞克什白堡	
特别机械化集团军（1947 年 12 月 24 日组建）		布加勒斯特	
	近卫机械化第 25 师（近卫步兵第 20 师）	康斯坦察	
	近卫机械化第 33 师	蒂米什瓦拉	
	近卫步兵第 81 师	布加勒斯特	
白海军区（前阿尔汉格尔斯克军区，突击第 2 集团军）		阿尔汉格尔斯克	
	近卫步兵第 77 师	阿尔汉格尔斯克	

第四章 大变革前的扩军：1948—1955 年的苏联陆军

续表

军区集群、集团军名称	军或独立师	驻地	编成
	步兵第 69 师	沃洛格达	
北部军部（前白海军区）第 6 集团军（1952 年 4 月组建）		彼得罗扎沃茨克	
		摩尔曼斯克	
	步兵第 65 师（步兵第 367 师）	索尔塔瓦拉	
	步兵第 45 师	佩琴加	
	步兵第 67 师	摩尔曼斯克	
	步兵第 54 师（步兵第 341 师）	阿拉库尔季	
列宁格勒军区		列宁格勒	
	近卫步兵第 30 军	维堡	近卫步兵第 45（卡缅卡）、64（萨佩尔诺耶）师，近卫机械化第 37 师（近卫步兵第 63 师、红谢洛）
	近卫步兵 4 军	塔林	近卫步兵第 8（哈普萨卢）、118（塔尔图）师，近卫机械化第 36 师（近卫步兵第 29 师、克罗奥嘉），机炮第 2 师（奥谢尔（萨列马岛））
直属	近卫坦克第 2 师（近卫坦克第 2 军）	爱沙尼亚埃尔瓦城	
	机炮第 22 师（第 22 筑垒地域）	维堡	
	近卫空降第 15 军	拉克韦雷	近卫空降第 76（普斯科夫）、104（奥斯特罗夫）师
波罗的海沿岸军区		里加	
近卫第 11 集团军		加里宁格勒	
	近卫步兵第 16 军	加里宁格勒	近卫步兵第 16 师（切尔尼亚霍夫斯克）、近卫步兵第 1 师（加里宁格勒）、近卫机械化第 28 师（近卫骑兵 2 军、斯拉夫斯克）
	近卫步兵第 36 军	古谢夫	近卫步兵第 26 师（古谢夫）、近卫机械化第 30 师（近卫步兵第 18 师、古谢夫）、近卫步兵第 5 师（近卫军城）
	坦克第 1 师（坦克第 1 军）	加里宁格勒	
直属	近卫步兵第 2 军	里加	近卫步兵第 43 师（里加）、近卫步兵 51 师（文茨皮尔斯）、近卫机械化 29 师（近卫步兵 31 师、考纳斯）
	步兵第 16 师	立陶宛维尔纽斯	
莫斯科军区		莫斯科	
	近卫步兵第 1 军	高尔基	近卫步兵第 38 师（上沃洛乔克）、步兵第 60 师（捷克任斯克市）、机械化 71 师（步兵第 265 师、伊万诺沃）
	近卫步兵第 11 军	加利涅茨	近卫步兵第 3 师（奥波奇卡）、近卫机械化第 62 师（近卫步兵第 53 师、科夫罗夫）、近卫机械化第 66 师（近卫步兵第 32 师、驻加里宁）
直属	近卫坦克第 4 师（近卫坦克第 4 军）	纳罗福明斯克	
	近卫机械化第 23 师（近卫步兵第 2 师）	阿拉比诺	
驻军区内：空降兵司令部	近卫空降第 38 军	图拉	近卫空降第 105 师（科斯特罗马）、近卫空降第 106 师（图拉）
沃罗涅日军区		沃罗涅日	

201

续表

军区集群、集团军名称	军或独立师	驻地	编成
	近卫步兵第13军	伊万诺沃	步兵第46师(步兵第272师,库尔斯克)、近卫步兵第87师(多罗戈布日)
白俄罗斯军区 第28集团军		明斯克 格罗德诺	
	近卫步兵第9军(步兵第20军)	格罗德诺	近卫步兵第48师(沃尔科维斯克)、近卫步兵第55师(格罗德诺)、机械化第8师(机械化第8军)
	步兵第42军(步兵第128军)	布列斯特	近卫步兵第50师(布列斯特)、近卫机械化第12师(近卫骑兵第15师,布列斯特)
机械化第7集(第65集团军)		鲍里索夫	
	近卫机械化27师(近卫步兵第37师)	波洛茨克(博罗夫哈)	
	近卫机械化15师(近卫步兵第6师)	佩奇	
	近卫坦克3师(近卫坦克第3军)	扎斯洛诺夫	
	坦克第10师(坦克第10军)	鲍里索夫	
近卫机械化第5集团军(近卫坦克第5集)		博布鲁伊斯克	
	坦克第29师(坦克第29军)	斯卢茨克	
	近卫坦克第8师(近卫坦克第8军)	奥西波维奇	
坦克第5师(机械化第12师,骑兵第63师)		奥西波维奇	
	机械化第22师(步兵第193师)	博布鲁伊斯克	
直属	步兵第41军	明斯克	近卫步兵第120师(明斯克)、近卫机械化第70师(近卫步兵第69师,波斯塔维)
	步兵第10军(步兵第169师)	列佩利	
军区境内	近卫空降第8军(近卫空降第8军)	波洛茨克	近卫空降第103(波洛茨克)、114(博罗夫哈)、7(考纳斯)师
喀尔巴阡军区 第38集团军		利沃夫 斯坦尼斯拉夫	
	近卫步兵第35军	切尔诺夫策	近卫步兵第66(切尔诺夫策)、70(斯坦尼斯拉夫)师
	步兵第3军	乌日哥罗德	近卫步兵第128师(乌日哥罗德)、步兵第53师(步兵第318师,穆卡切沃)
机械化第8集团军(第52集团军)		日托米尔	
	坦克第23师(坦克第23军)	奥夫鲁奇	
	坦克第31师(坦克第31军)	普罗斯库罗夫(今赫梅利尼茨基)	
	近卫机械化第11师(近卫骑兵第13师)	沃伦斯基新城	
	近卫机械化第32师(近卫步兵第117师)	别尔季切夫	
第13集团军		罗夫诺	
	步兵第27军	罗夫诺	近卫机械化第10师(近卫骑兵第8师,罗夫诺)、近卫步兵第97师(斯拉武塔)

第四章 大变革前的扩军：1948—1955 年的苏联陆军

续表

军区集群、集团军名称	军或独立师	驻地	编成
	近卫步兵第 34 军	舍佩托夫卡	近卫步兵第 15（弗拉基米尔-沃伦）、机械化第 24 师（步兵第 161 师，伊贾斯拉夫）
	步兵第 21 军（步兵第 73 军）	德罗戈贝奇	机械化第 27 师（步兵第 254 师，利沃夫州德罗戈贝奇）、步兵第 24 师（步兵第 294 师，亚沃罗夫）
空降兵	近卫空降第 31 军（隶属近卫空降第 39 军）	沃伦斯基新城	
敖德萨军区		敖德萨	
	近卫步兵第 10 军	基什尼奥夫	近卫步兵第 59（蒂拉斯波尔）、86（伯尔齐）师，近卫机械化第 35 师（近卫步兵第 93 师，基什尼奥夫）
	近卫步兵第 24 军	博尔格勒	机械化第 69 师（步兵第 48 师，博尔格勒）、步兵第 14 师（步兵第 180 师，别尔哥罗德-德涅斯特罗夫斯基）
	步兵第 25 军（步兵第 82 军）	敖德萨	近卫机械化第 34 师（近卫步兵第 92 师，尼古拉耶夫）、步兵第 20 师（步兵第 188 师，五一城）、近卫步兵第 28 师（敖德萨近卫军村）
塔夫里亚军区		辛菲罗波尔	
	步兵第 52 师（步兵第 315、347 师）	刻赤	
	近卫步兵第 113 师	叶夫帕托里亚	
	机械化第 28 师（步兵第 126 师）	辛菲罗波尔	
基辅军区	近卫步兵第 27 军	科诺托普	近卫步兵第 112 师（近卫空降第 5 师，杰斯纳）、步兵第 55 师（步兵第 343 师）
	近卫步兵第 20 军	波尔塔瓦	近卫机械化第 18 师（近卫步兵第 41 师，乌曼）、近卫步兵第 25（卢布内）、72（白采尔科维）师
	近卫步兵第 14 军	第聂伯罗彼得罗夫斯克	近卫步兵第 115（近卫空降第 7 师，新莫斯科斯克）、42（近卫军城）师、近卫机械化第 4 师（近卫机械化第 4 军，卢甘斯克）
直属	近卫重型坦克第 14 师（近卫步兵第 75 师）	丘古耶夫	
	步兵第 8 师（步兵第 167 师）	阿尔乔莫夫斯克	
空降部队	近卫空降第 39 军	切尔尼戈夫	近卫空降第 107 师（切尔尼戈夫）
北高加索军区	步兵第 6 军	斯大林格勒	机械化第 68 师（步兵第 266 师，斯大林格勒）、步兵第 68 师（步兵第 372 师，乌留平斯克）
	步兵第 29 军	克拉斯诺达尔	步兵第 9 师（迈科普）、山地步兵第 73 师（新罗西斯克）
	步兵第 12 军	奥尔忠尼启则	近卫步兵第 24 师（格罗兹尼）、步兵第 19 师（奥尔忠尼启则）
直属	近重坦克第 18 师（近卫骑兵第 5 师、近卫骑兵第 5 军）	新切尔卡斯克	
	近卫骑兵第 4 师（近卫骑兵第 4 军）	迈科普	
	步兵第 49 师（步兵第 295 师）	沙利	
外高加索军区		第比利斯	
近卫第 7 集团军		埃里温	

续表

军区集群、集团军名称	军或独立师	驻地	编成
	步兵第22军		步兵第74师(步兵414师,第比利斯),机械化第26师(基洛瓦坎)
	山地步兵第19军	埃里温	山地步兵第89师(埃里温),步兵第37师(步兵第261师,列宁纳坎),山地步兵第145师,步兵第147师
第4集团军		巴库	
	步兵第6师(步兵第406师)	连科兰	
	近卫机械化第31师(近卫骑兵第7军,近卫骑兵第14、16师)	甘贾	
	步兵第34师(步兵第216师)	巴库	
	步兵第75师	纳希切万	
直属	山地步兵第13军	库塔伊西	近卫山地步兵第10师(阿哈尔齐赫),山地步兵第2师(巴统)
	近卫机械化第1师(近卫机械化第1军)	第比利斯	
伏尔加军区		古比雪夫	
	步兵第40军(步兵第123军)	古比雪夫	步兵第43师(古比雪夫),机械化第63师(步兵第29师,希哈内)
	步兵第10军	基洛夫	步兵第18(步兵第194师,基洛夫)、91(萨拉普尔)师
直属	步兵第96师	喀山	
乌拉尔军区		斯维尔德洛夫斯克	
	步兵第63军	车里雅宾斯克	机械化第61师(步兵第279师,斯维尔德洛夫斯克州卡梅什洛夫城),步兵第77(斯维尔德洛夫斯克)、78(步兵第417师,切巴尔库里)师
	机械化第65师	昆古尔	
南乌拉尔军区	步兵第4师(步兵第179师)	乌拉尔斯克	
	机械化第73师(步兵第164师)	契卡洛夫	
	步兵第44师(步兵第270师)	布祖卢克	
土耳其斯坦军区		塔什干	
	步兵第1军	阿什哈巴德	步兵第58(步兵第344师,库什卡)、61(步兵第357师,阿什哈巴德)师,近卫机械化第5师(近卫机械化第5军,马雷)
	步兵第33军(山地步兵第119军)	杜尚别	山地步兵第27(山地步兵第201师,杜尚别)、71(山地步兵第376师,奥什)师
	步兵第17军	撒马尔罕	步兵第62(步兵第360师,铁尔梅兹)、30(步兵第203师,塞米巴拉金斯克)师,近卫机械化第16师(近卫步兵第80师,撒马尔罕)
直属	坦克第15师	阿什哈巴德	
西西伯利亚军区		新西伯利亚	
	近卫步兵第18军	鄂木斯克	近卫步兵第109师(秋明),机械化第67师(步兵第56师,鄂木斯克)
	机械化第74师(步兵第227师)	克拉斯诺亚尔斯克	

第四章 大变革前的扩军：1948—1955 年的苏联陆军

续表

军区集群、集团军名称	军或独立师	驻地	编成
	步兵第 85 师	别尔茨克	
	步兵第 23 师（步兵第 198 师）	比斯克	
后贝加尔军区			
近卫坦克第 6 集团军		博尔贾	
	近卫坦克第 5 师（近卫坦克第 5 军）	谢尔洛瓦亚—戈拉	
	近卫机械化第 9 师（近卫机械化第 9 军）	赛音山达	
	坦克第 16 师（坦克第 111 师）	蒙古纳来哈	
	机械化第 14 师（步兵第 284 师）		
直属	步兵第 86 军	博尔贾	步兵第 36、94 师，机炮第 8 旅（博尔贾）
	步兵第 31 军	伊尔库茨克	近卫机械化第 72 师（近卫步兵第 110 师，伊尔库茨克），近卫步兵第 124 师（近卫空降第 1 师，下乌金斯克）
	坦克第 13 师（坦克第 61 师）	乌兰乌德	
远东军区			
第 15 集团军（1953 年 4 月重建）		哈巴罗夫斯克	
	近卫空降第 37 军	别洛戈尔斯克	近卫空降第 98（别洛戈尔斯克）、99（海滨边疆区曼佐夫卡）、13（斯沃博德内）师
	步兵第 12 师	布拉戈维申斯克市古比雪夫卡	
	步兵第 57 师（机炮第 5 师）	苏维埃港	
	机炮第 2 师（第 4 筑垒地域）	哈巴罗夫斯克	
	机炮第 11 师（步兵第 34 师、第 104 筑垒地域）	尼古拉耶夫斯克（庙街）	
	机炮第 13 师（101 筑垒地域）	布拉戈维申斯克市	
	机炮第 14 师（102 筑垒地域）	哈巴罗夫斯克州乌尔加尔	
第 5 集团军		伏罗希洛夫（乌苏里斯克）	
	步兵第 7 军（步兵第 72 军）		步兵第 33（步兵第 215 师、斯帕斯克达利尼）、47（步兵第 277 师）师，近卫机械化第 3 师（近卫机械化第 3 军、达利涅列琴斯克）
	步兵第 39 师	列索扎沃茨克	
	步兵第 148 师	波尔塔夫卡	
	坦克第 2 师（步兵第 66 师）	利波夫奇	
	机炮第 18 旅（机炮第 18 师，步兵第 184 师，109 筑垒地域）	奥尔加湾伊曼	
第 25 集团军		什科托沃	
	步兵第 65 军		步兵第 63（捷留克湾海岸）、144 师，机械化第 10 师（机械化第 10 军、西比尔采沃）
	步兵第 40 师	什科托沃	

205

续表

军区集群、集团军名称	军或独立师	驻地	编成
	坦克第3师(步兵第300师)	波克罗夫卡	
	机炮第9师(步兵第157师,第105筑垒地域)	格罗杰科沃	
	机炮第10师(106筑垒地域)		
	机炮第21师(111筑垒地域)	苏城	
	机炮第24师(113筑垒地域)	哈桑	
直属	步兵第32军(步兵第87军)	阿尼瓦	步兵第56(步兵第342师,霍穆托沃)、41(步兵第264师,多林斯克)、79(波罗奈斯克)师
	步兵第43军(前步兵第137军)	彼得罗巴甫洛夫斯克	步兵第35(步兵第255师,波利舍列茨克)、22(彼得罗巴甫洛夫斯克)师
	步兵第97师	勘察加半岛	
	步兵第8旅(步兵第121师,轻步兵第72旅)	阿纳德尔	
	机炮第20师(步兵第2旅)	萨哈林	
驻旅顺部队		旅顺	
第39集团军	近卫步兵第5军	旅顺	近卫步兵第17师,机械化第7师(机械化第7军),近卫机炮第25师(近卫机炮第4师,近卫步兵第91师)
	近卫步兵第19师	旅顺	

第五章 军事大变革：1955—1964 年赫鲁晓夫时代的苏联陆军

第一节 1955—1957 年间苏联陆军的裁军

1955—1961 年，当苏联"找到了一种更可取的军事技术发展方向"后，新一代领导层开始对武装力量进行裁军。1955 年 8 月，赫鲁晓夫宣布单方面裁军 64 万。

朱可夫被任命为国防部长后，将整编后的步兵单位作为地面部队的基础，然后解散了部分军级和师级指挥机构。截止 1957 年初，近卫步兵第 14、20、34、35 军和步兵第 3、21、27 军的军机关都已撤销，甚至连一些"二战"时期著名的步兵部队也被撤销了，如近卫步兵第 95 师，步兵第 18、33、36、47、63、94 师。1956 年 8 月，立陶宛第 16 师、阿塞拜疆第 34 师、近卫拉脱维亚第 43 师、格鲁吉亚第 74 师、亚美尼亚第 89 师、近卫爱沙尼亚第 118 师都被裁撤。有些师缩编成旅后，在未来也被解散了，例如远东的步兵第 63、121 师，缩编成独立步兵第 1、8 旅。

1955—1958 年间，苏联武装力量总人数降至 362.3 万人，总裁员达到 214 万人。

1958 年 1 月，苏联再次宣布裁军 30 万，同时华约其他缔约国也裁军 11.9 万人。1960 年 1 月，苏联通过了将苏联武装力量削减 120 万人的决议，但没有最终实施。

在大裁军的过程中，陆军中有 2/3 的炮兵军和师被解散，同时本土部队中坦克师、机械化师和步兵师中的炮兵团缩编为营（大队）级单位，步兵团中的高炮部队也进行了缩编。从 1957 年 3 月起，陆军通过增加坦克师的数量提高了战斗力，机械化师和步兵师统一改编为摩托化步兵师。1960

▲ 赫鲁晓夫视察驻德苏军。

年代，苏联陆军拥有约 2 万辆T-54 和T-55 中型坦克，后者是 1958 年 7 月起投产的。1951—1962 年间，陆军接收了约 1 万辆BTR-152，其中到 1956 年已有 5000 辆。在此期间，苏联陆军布署了核武器及其投放装置（战术与战役战术火箭系统），陆军防空部队（建立于 1958 年）得到了机动式防空导弹系统（SA-4）。1960 年代初，苏联陆军完成定型系列化的反坦克导弹，量产了可泅渡的轮式装甲运输车BTR-60R和其他多种陆军武器装备。

需要强调的是，在核实苏联武装力量裁员情况时，要考虑一个客观事实：有相当多的单位没有被苏联国防部列入裁减范围，还有就是在被裁减的定员编制中的人数与实际人数有着想当大的误差。在国防部长 1955 年 8 月 12 日向苏联领导人作出的报告中，国防部下属各机构总人数编制为 481.587 万人，实际人数为 463.7523 万人（伊·德罗戈沃兹的著作，第 15 页，裁军标准参看《苏军 50 年》，第 500 页）。同时，在对炮兵部队的分类上值得注意的是，在组建战略火箭军后，编入其中的 3 个炮兵师为全员转隶。1947—1962 年T-54/55 坦克的总产量为 2.4 万辆，其中一部分在 50 年代末至 60 年代初用于出口。最早的 600 辆BTR-152 为 1950 年下半年生产，到 1962 年全部停产时，共生产了 1.24 万辆（9900 辆为莫斯科吉斯工厂在 1950—1959 年间生产，2500 辆为布良斯克汽车制造厂于 1960—1962 年间生产），其中 1955—1959 年出产的 1000 辆被出口，另有 556 辆 50 年代末的产品装备了边防军。

1960 年，苏军经历了大裁军后还剩下 200 多万人，由于加勒比事件的刺激和美军的扩军，到 1964 年赫鲁晓夫下台时苏军已经恢复到 362 万人的水平。

20 世纪 60 年代被认为是苏联战略核武器超高速发展的时期，是各军种大量采用导弹的时期。与此同时，针对加勒比海危机期间苏军的行动表现，苏联陆军在 1962 年春重新扩编了前段时期被缩编的炮兵营和步兵营，将它们重新升级为团级单位。1963 年，陆军接收了新一代压制武器——冰雹式火箭炮。而反坦克武器除导弹外，又研制了以 100 毫米滑膛炮为代表的反坦克系统。从 1962 年夏开始，T-55（T-55A型起开始使用三防装置）最终量产，陆军还装备了配置着 115 毫米滑膛炮的T-62 坦克。

1946—1956 年间被裁撤的经历过"二战"的步兵师：

近卫步兵师共 46 个：第 4、7、9、11、12、19、21、22、23、30、33、34、35、43、44、46、54、56、58、60、61、62、65、67、68、71、73、74、78、82—85、88、95、96、101、102、108、111、118、122、124、125、126、129 师；

步兵师共 153 个：第 1—4、6、8、16、17、18、20、28、31—35、37、44、46、47、50—53、61、68、70、86、87、90、93、94、99、101、103、105、108—112、114—116、118、119、123—125、129—132、138、140、143—147、150、152—154、156、157、160、168、175、177、178、183、186、187、189、190、193、195—197、204、205、208、210、214、217、219、221、223、224、230、231、235、242、244、248、250—252、256、257、259、260、263、267—269、275、277、280、283、288、290、292—294、296、298、301、303、306—308、315—317、319—321、324、326、332—335、337、348、350、353—355、361、363—366、373、384、386、388—390、393—396 师。

第二节　1957 年苏联陆军的整编

截止 1957 年，苏联陆军仍在建制内的参加过"二战"的步兵师如下：

近卫步兵第 1、3、5、8、10、15—17、19、24、26、28、38、39、42、45、48、50、51、55、57、59、64、66、70、72、77、81、86、87、94、97、109、112、113、120、128 师；

步兵第 9、12、19、22、39、40、43、60、67、69、73、75、77、79、85、91、96、144 师。

著名的"铁师"步兵第 24 师在 1945 年夏被撤销，1946 年步兵第 294 师变更番号为步兵第 24 师，继承了第 24 师在国内战争以来的历史。

将 1944 年 12 月式步兵师编制改编为摩托化步兵师的革命性变化在 1957 年完成了，步兵师和机械化师的都被改编为摩步师。为提高打火箭核战争的能力，陆军集团军和方面军都装备了战役战术火箭（导弹），师装备了战术火箭。由于坦克有较好的原子防护力，可迅速利用核突击的效果，因而军级单位增加了坦克和坦克兵的比重。至 1962 年，摩步师的坦克已增至 238 辆，比卫国战争末期坦克军的坦克编制数还多 15%。1962 年，苏联陆军有坦克师 20 个，占陆军师数量的 12%。至 1964 年，坦克师增加到 50 个，占陆军师总数的比例提高到 35.7%。各军种均增加了侦毒和洗消设备，提高了防核辐射的能力。陆军总司令部被撤消，陆军各兵种划归总参直接领导；苏军削减了 240 万常规兵员；关闭了一些军事院校和机场等等。

由于核力量优先的方针在军队中遭到一定抵制，所以苏军各种常规力量仍有不同程度的发展，在这段时期内，步兵单位装备了装甲输送车，增编了其他车辆，实现了全部摩托化。

喀尔巴阡军区的近卫步兵第 66 师在 1945—1957 年间的发展沿革是一个很典型的例子。

- 1945 年 5 月 8 日（战斗行动结束），该师还辖有：

第 973 军事邮局

第 859 战地银行

军事法庭

- 1945 年 8 月 18 日：

防化连缩编为排

解散：军事兽医医院，邮局和战地银行

- 1945 年 12 月 21 日，该师辖独立红旗谢德尔采炮兵第 849 营（前炮兵第 1493 团）
- 1946 年 7 月，炮兵第 500 旅，迫击炮第 504 团和榴弹炮第 1948 团解散
- 1947 年 12 月—1948 年 1 月。该师辖：

第 447 火炮维修间

被服和装备维修间

- 1952 年 7 月组建第 650 坦克维修间
- 在 1953 年，防化连改防化排，汽车营改第 363 连，航空校射站和军事法庭解散，组建司训教导队
- 1954 年 5 月 22 日，炮兵团失去了"加农"和"榴弹炮"的名称，高炮营改高炮第 2015（后 838）团，摩托车侦察营改名，防化排再次扩编为第 278 连，组建第 447、792 火炮和汽车维修间
- 1955 年 10 月 5 日，解散了第 651 面包房和第 447 火炮维修间，野战医院改第 79 卫生连
- 1956 年 6 月，炮兵第 1104 团解散
- 1957 年 6 月，师采用过渡编制，步兵团改摩步团，坦克团改坦克自行火炮团，高炮第 838 团改第 495 营，第 358 营改连，侦察营改第 101 连，防化连改排，解散了反坦克炮营和卫生连，组建了教导队，并恢复第 447 火炮维修间。

相同的整编发生在苏联陆军的各个师中，许多部队在战争结束后的 12 年里经历了

第五章 军事大变革：1955—1964年赫鲁晓夫时代的苏联陆军

多次整编。以近卫步兵第69师为例，该师在1947年缩编为近卫步兵第37旅，1952年恢复师建制，1953年10月29日改编为近卫机械化第70师，并于1957年整编为近卫红旗重型坦克第45师。

表5-1 1947—1956年撤销的步兵师、空降兵师、坦克师、机械化师、机炮师和骑兵师

师番号（撤销时间）	1946年时番号或组建时间	1945年6月时番号	荣誉称号	勋章	隶属
近卫坦克第1师（1947）		近卫坦克第1军	别尔季切夫	波格丹、赫梅利尼茨基	GSOVG
机炮第1师（1956）		海军步兵第1师	莫济里	红旗	PribVO
机炮第2师（1956）		第4筑垒地域	阿穆尔		FEB
机炮第3师（1954）		第31筑垒地域	兴安岭		ZabVO
机械化第3师（1947）		步兵300师	哈尔滨		PrimVO
机炮第4师（1948）		第6筑垒地域	哈尔滨		PrimVO
坦克第5师（1947）		坦克第5军	德文斯克	红旗、苏沃洛夫、库图佐夫	SGV
机炮第5师（1954）		第103筑垒地域	兴安岭		FEB
机炮第6师（1954）		步兵第101旅、第3筑垒地域		列宁	FEB
机炮第7师（1956）		步兵第355师、第7筑垒地域			FEB
机炮第8师（1954）		第32筑垒地域		红旗	ZabVO
机炮第9师（1955）		步兵第157师、第105筑垒地域	涅曼	苏沃洛夫、库图佐夫	PrimVO
机炮第10师（1956）		第106筑垒地域		红旗	PrimVO
近卫空降第11师（1955）	1948年组建				MVO
坦克第11师（1947）		坦克第11军	拉多姆斯科—柏林	红旗、库图佐夫、苏沃洛夫	GSOVG
机械化第11师（1947）		骑兵第30师	日托米尔—新布格	红旗、列宁、苏沃洛夫、库图佐夫	BVO
机炮第11师（1954）		步兵第34师、第4筑垒地域	中伏尔加古比雪夫	红星	FEB
机炮第12师（1954）		第7筑垒地域	乌苏里斯克		PrimVO
机械化第13师（1947）		骑兵第8师	远东德布勒森	红旗	BVO
坦克第13师（1956）		坦克第61师		红旗	ZabVO
机炮第13师（1956）		第101筑垒地域	兴安岭		FEB
机炮第14师	1948年组建	第102筑垒地域		红旗	PrimVO
机械化第15师（1947）		步兵第364师	托斯诺	红旗	GSOVG
步兵第15师（1956）		步兵第185师	潘克拉托夫—布拉格	苏沃洛夫	MVO
机炮第15师（1953）	1948年组建	第107筑垒地域			PrimVO
步兵第16师（1956）		步兵第16师	立陶宛克莱佩达	红旗	YUUVO
机炮第16师（1954）		第108筑垒地域		红旗	PrimVO
机械化第17师		步兵第230师	斯大林诺	苏沃洛夫	TSGV
机炮第17师	1949年组建	第55筑垒地域			ZKVO
坦克第18师（1947）		坦克第18军	布达佩斯	红旗、库图佐夫、苏沃洛夫	PrikVO
近卫步兵第19师（1956）		近卫步兵第19师	鲁德尼亚—兴安岭	红旗、列宁、苏沃洛夫	PrimVO
机械化第19师（1947）		步兵第244师	扎波罗热	红旗、苏沃洛夫	YUGV
坦克第19师（1947）		坦克第19军	彼列科普	红旗	YUGV

211

续表

师番号（撤销时间）	1946年时番号或组建时间	1945年6月时番号	荣誉称号	勋章	隶属
机炮第19师	1949年组建	步兵第190师、第110筑垒地域		红旗	PrimVO
机械化第20师（1947）		步兵第21师	彼尔姆	红旗	YUGV
机炮第20师	1948年组建	步兵第2旅			FEB
近卫空降第21师（1955）	1948年组建				LVO
机炮第21师（1956）		第111筑垒地域			PrimVO
近卫机械化第22师（1947）		近卫步兵第52师	里加—柏林	红旗、列宁、苏沃洛夫、库图佐夫	GSOVG
机炮第22师（1956）		第114筑垒地域	斯维里河	红旗	LVO
机炮第23师（1956）		第112筑垒地域			FEB
近卫机械化第24师（1947）		近卫步兵第89师	别尔哥罗德—哈尔科夫		GSOVG
机炮第24师（1956）		第113筑垒地域		红旗	PrimVO
近卫机炮第25师（1955）		近卫步兵第91师、第150筑垒地域	杜霍夫希纳—兴安岭	红旗、列宁、苏沃洛夫	PrimVO
步兵第26师（1952）		步兵第26师	斯大林兹拉托乌斯特	红旗、苏沃洛夫	SGV
步兵第47师（1956）		步兵第277师	罗斯拉夫尔	红旗、苏沃洛夫、库图佐夫	LVO
步兵第74师（1956）		步兵第414师	格鲁吉亚阿纳帕	红旗	ZKVO
近卫空降第100师（1955）	近卫空降第100师	近卫步兵第100师	斯维里	红旗	KVO
近卫步兵第111师（1948）		近卫空降第4师	奥夫鲁奇	红旗、苏沃洛夫、波格丹、赫梅利尼茨基	YUGV
近卫空降第114师（1955）	近卫空降第114师	近卫步兵第114师	维也纳	红旗、库图佐夫	BVO
步兵第116师（1953）		山地步兵第31旅		红旗、红星	FEB
步兵第117师（1953）		山地步兵第32旅			FEB
近卫步兵第118师（1956）		步兵第7师	爱沙尼亚塔林	红旗	LVO
步兵第121师（1953）		山地步兵第72旅		红旗、红星	FEB
近卫步兵第122师（1948）		步兵第249师	爱沙尼亚		LVO
近卫步兵第123师（1947）		近卫第1筑垒地域			TSGV
近卫步兵第124师（1952）		近卫空降第1师	兹韦尼戈罗德—布加勒斯特	苏沃洛夫	VSibVO
近卫步兵第125师（1947）		近卫空降第3师	乌曼	红旗、库图佐夫、苏沃洛夫	TSGV
近卫步兵第126师（1947）		近卫空降第10师	克里沃罗格	红旗、苏沃洛夫	YUGV

第五章 军事大变革：1955—1964年赫鲁晓夫时代的苏联陆军

第三节 1957年8月苏联陆军序列

表5-2 1957年8月1日苏联陆军序列

军区及集群	集团军	军	摩步师	坦克师	空降师（军）
驻德集群	3、近卫8、18、近卫坦克1、2、4		18、19、32、82、近卫6、11、14、20、21、39、57、94	25、重13、近卫6、7、9、10、11、12、26	
北方集群				20、近卫38	
南方集群	38		27、近卫17、35、128	近卫19、21	
	独立1		近卫33	近卫37	
北方军区	6	特别44	54、69、111、116、131、近卫77		
列宁格勒军区		近卫30	近卫37、45、64、机炮22	近卫2	近卫76、104
波罗的海沿岸军区	近卫11	10、近卫4	119、近卫1、3、5、8、16、18、26、36、51、机炮2	1、24、近卫40	近卫7
白俄罗斯军区	28、坦克7、近卫坦克5		近卫48、50、55、120	28、29、36、重5、34、近卫3、8、33、39、45、47	近卫103
莫斯科军区		近卫13	近卫23、38、62、114	43、近卫4	近卫105、106
沃罗涅日军区			46、近卫87		
喀尔巴阡军区	13、坦克8	28	24、99、近卫15、66、70、83、97	重17、第23、31、近卫30、41	
敖德萨军区	14	25、45	52、88、93、101、118、近卫28、34、59、86、113		
基辅军区	近卫坦克6	近卫27	136、近卫63、72、81、112、115	近卫重型14、近卫22、35、42	近卫31、107
伏尔加沿岸军区		40	96、110、43		
乌拉尔军区			65、78、91、126	44	
南乌拉尔军区			4、44、130		
北高加索军区		6、29、12	68、80、92、117、山地73、近卫42	近卫重型18	
外高加索军区	4、近卫7	特别31	49、60、75、100、121、127、146、147、近卫2、25、山地145、近卫山地10		
土耳其斯坦军区		1、17、33	58、61、102、108、近卫53、90、山地71、124	15	
西伯利亚军区		近卫18	67、74、85、95、近卫109		
后贝加尔军区			13、89、近卫9、122		
远东军区	5、15、25	43	12、22、40、41、56、79、84、125、129、147、148、近卫47、123	32、46	近卫13、98、99（隶属近卫37军）

表 5-3 1957 年 8 月 1 日苏联陆军编成数量统计

(单位：个)

军区及集群	集团军	坦克集团军	军	摩步师	步兵旅	山地步兵师	机炮师	机炮旅	坦克师	重坦克师	空降师
驻德集群	4	2		12					8	1	
北方集群									2		
南方集群	1			4					2		
独立第 1 集团军	1			1					1		
北部军区	1		1	6							
列宁格勒军区			1	3			1		1		2
莫斯科军区			1	4					2		2
沃罗涅日军区				2							
波罗的海军区	1		2	11			1		2		1
白俄罗斯军区	1	2	1	4					9	2	1
喀尔巴阡军区	1	1	1	7					5	1	1
敖德萨军区	1		2	10							
基辅军区		1	1	6					3	1	
伏尔加军区			1	3							
南乌拉尔军区				3							
乌拉尔军区				4					1		
北高加索军区			3	5		1			1		
外高加索军区	2		1	10		2					
土耳其斯坦军区			3	6	2				1		
西伯利亚军区				5							
后贝加尔军区				4							
远东军区	3		1	13	2			1	2		3
合计	16	6		22	122	2	5	2		39	6	11

表 5-4 1957 年 8 月 1 日苏联陆军序列(师以上)

战役兵团名称	师	前身	驻地	备注
驻德集群				
第 3 集团军		突击第 3 集团军	马格德堡	
	摩步第 32 师	步兵第 207 师	柏林施滕达尔	
	摩步第 18 师	机械化第 18 师，步兵第 416 师	佩勒堡	
	近卫摩步第 94 师		什末林	
	近卫坦克第 26 师	近卫机械化第 19 师、近卫步兵第 47 师	哈尔登斯莱本	
近卫第 8 集团军			努赫拉	
	近卫坦克第 27 师	近卫机械化第 20 师、近卫步兵第 79 师	耶拿	
	近卫摩步第 39 师	近卫步兵第 39 师	奥尔德鲁夫	
	近卫摩步第 21 师	近卫机械化第 21 师(近卫步兵第 27 师)	哈雷	
	近卫摩步第 57 师	近卫步兵第 57 师	瑙姆堡	
近卫坦克第 1 集团军		德累斯顿(格劳豪)		
	近卫坦克第 11 师	近卫坦克第 11 军	德累斯顿	
	重坦克第 13 师	坦克第 9 师(坦克第 9 军)	里萨	
	近卫摩步第 20 师	近卫机械化第 8 师(近卫机械化第 8 军)	格里马	
近卫坦克第 2 集团军		符斯滕堡		
	近卫坦克第 9 师	近卫坦克第 9 军	施特雷利茨	

214

第五章 军事大变革：1955—1964 年赫鲁晓夫时代的苏联陆军

续表

战役兵团名称	师	前身	驻地	备注
	近卫坦克第 12 师	近卫坦克第 12 军	新鲁平	
	摩步第 19 师	机械化第 1 师（前机械化第 1 军）	奥利姆比瑟斯多尔夫	
近卫第 18 集团军	近卫坦克第 3 集团军	于特博格		
	近卫坦克第 6 师	近卫坦克第 6 军	维滕贝格	
	近卫坦克第 7 师	近卫坦克第 7 军	罗斯劳	
	摩步第 82 师	机械化第 9 师（机械化第 9 军）	科特布斯	
	近卫摩步第 14 师	近卫机械化第 14 师、近卫步兵第 116 师、近卫空降第 9 师	于特博格	
近卫第 20 集团军	近卫坦克第 4 集团军	埃伯斯瓦尔德—菲诺		
	近卫摩步第 11 师	近卫机械化第 7 师（近卫机械化第 7 军）	菲尔斯滕瓦尔德	
	近卫摩步第 6 师	近卫机械化第 6 师（近卫机械化第 6 军）	贝尔瑙	
	近卫坦克第 10 师	近卫坦克第 10 军	阿尔滕堡	
	坦克第 25 师	坦克第 25 师、坦克第 25 军	沃格尔桑	
北方集群			莱格尼察	
	近卫坦克第 38 师	近卫机械化第 26 师（近卫步兵第 90 师）	博尔内苏利诺沃	
	坦克第 20 师	坦克第 20 军	斯维托斯乔夫	
南方集群			布达佩斯	
第 38 集团军	近卫坦克第 21 师	近卫机械化第 39 师、近卫步兵第 13 师	维斯普雷姆	
	摩步第 27 师	机械化第 27 师、步兵第 254 师	塞克什白堡	
	近卫摩步第 35 师	近卫机械化第 35 师、近卫步兵第 93 师	凯奇凯梅特	
	近卫摩步第 128 师	近卫步兵第 128 师	埃斯泰尔戈姆	
	近卫坦克第 19 师	近卫机械化第 2 师、近卫机械化第 2 军	埃斯泰尔戈姆	
	近卫摩步第 17 师	近卫机械化第 17 师、近卫步兵第 40 师	松博特海伊	后撤回赫梅利尼茨基
独立第 1 集团军		特别机械化集团军	布加勒斯特	
	近卫坦克第 37 师	近卫机械化第 25 师、近卫步兵第 20 师	康斯坦察	
	近卫摩步第 33 师	近卫机械化第 33 师（近卫步兵第 49 师）	蒂米什瓦拉	
北部军区		前白海军区	彼得罗扎沃茨克	
特别第 44 军		白海军区、阿尔汉格尔斯克军区	阿尔汉格尔斯克	1967 年调后贝加尔，1970 年扩第 29 集团军
	近卫摩步第 77 师	近卫步兵第 77 师	阿尔汉格尔斯克	
	摩步第 69 师	步兵第 69 师	沃洛格达	
第 6 集团军		步兵第 131 军	摩尔曼斯克	
	摩步第 131 师	步兵第 45 师	佩琴加	
	摩步第 116 师	步兵第 67 师	摩尔曼斯克	
	摩步第 54 师	步兵第 341 师	阿拉库尔季	
	摩步第 111 师	步兵第 367 师	索尔塔瓦拉	
列宁格勒军区			列宁格勒	
近卫第 30 军			维堡	
	近卫摩步第 37 师	近卫机械化第 37 师、近卫步兵第 63 师	红谢洛	

续表

战役兵团名称	师	前身	驻地	备注
	近卫摩步第 45 师	近卫步兵第 45 师	卡缅卡	
	近卫摩步第 64 师	近卫步兵第 64 师	萨佩尔诺耶	
	机炮第 22 师		红列奇卡	1959 年改机炮第 14 团
直属	近卫坦克第 2 师	近卫坦克第 2 军	卢加	
空降部队	近卫空降第 76 师		普斯科夫	
	近卫空降第 104 师		奥斯特罗夫	
波罗的海沿岸军区				
	近卫第 11 集团军		加里宁格勒	
第 10 军		维尔纽斯 1956—1957 年调入		
	近卫摩步第 26 师	近卫步兵第 26 师	古谢夫	
	摩步第 119 师	步兵第 265 师	维尔纽斯	
直属	近卫坦克第 40 师	近卫机械化第 28 师,近卫骑兵第 2 军	立陶宛斯拉夫斯克	
	近卫摩步第 16 师	近卫步兵第 16 师	立陶宛希奥利艾	
	近卫摩步第 1 师	近卫步兵第 1 师	加里宁格勒	
	近卫摩步第 5 师	近卫步兵第 5 师	近卫军城	
	近卫摩步第 18 师	近卫机械化第 30 师,近卫步兵第 18 师	切尔尼亚霍夫斯克	
	坦克第 1 师	坦克第 1 军	加里宁格勒	
近卫 4 军		近卫第 10 集团军,近卫步兵第 4 军		
	近卫摩步第 36 师	近卫机械化第 36 师,近卫步兵第 29 师	克罗奥嘉	
	近卫摩步第 8 师	近卫步兵第 8 师	哈普萨卢	
	机炮第 2 师		萨列马岛	1958 年改摩步第 132 师
军区直属	近卫摩步第 51 师	近卫步兵第 51 师	拉脱维亚文斯皮尔斯	
	近卫摩步第 29 师	近卫机械化第 29 师(近卫步兵第 31 师)	立陶宛考纳斯	
	坦克第 24 师	1956 年组建	多贝莱	
莫斯科军区			莫斯科	
近卫第 13 军		近卫步兵第 13 军	高尔基	
	近卫摩步第 62 师	近卫机械化第 62 师,近卫步兵第 53 师	卡尔佩特(高尔基州科夫罗夫)	
	坦克第 43 师	机械化第 65 师,步兵第 60 师	捷尔任斯克市	
直属	近卫坦克第 4 师	近卫坦克第 4 军	纳罗福明斯克	
	近卫摩步第 23 师	近卫机械化第 23 师,近卫步兵第 2 师	加利涅茨(阿拉比诺)	
	近卫摩步第 114 师	近卫机械化第 66 师,近卫步兵第 32 师	加里宁	
	近卫摩步第 38 师	近卫步兵第 38 师	上沃洛乔克	1967 年 4 月调后贝加尔
空降兵司令部	近卫空降第 105 师		科斯特罗马	
	近卫空降第 106 师		图拉	
沃罗涅日军区	摩步第 46 师	步兵第 272 师	库尔斯克	1960 年转隶近第 13 军
	近卫摩步第 87 师	近卫步兵第 87 师	多罗戈布日	
白俄罗斯军区				
第 28 集团军			格罗德诺	
	近卫摩步第 48 师	近卫步兵第 48 师	沃尔科维斯克	1959 年 7 月撤销
	近卫摩步第 55 师	近卫步兵第 55 师	格罗德诺	
	坦克第 28 师	机械化第 8 师,机械化第 8 军	斯卢茨克	
	近卫摩步第 50 师	近卫步兵第 50 师	布列斯特	

第五章 军事大变革：1955—1964年赫鲁晓夫时代的苏联陆军

续表

战役兵团名称	师	前身	驻地	备注
	近卫坦克第33师	近卫机械化第12师、近卫骑兵第15师	布列斯特	
坦克第7集团军		第65集团军	鲍里索夫	
	近卫坦克第39师	近卫机械化第27师、近卫步兵第37师	波洛茨克（博罗夫哈）	
	近卫坦克第3师	近卫坦克第3军	扎斯洛诺夫	
	坦克第34师	坦克第10军	鲍里索夫	
	近卫坦克第47师	近卫机械化第15师、近卫步兵第6师	佩奇	
近卫坦克第5集团军			博布鲁伊斯克	
	坦克第29师	坦克第29军	斯卢茨克	
	近卫坦克第8师	近卫坦克第8军	奥西波维奇	
	重坦克第5师	机械化第12师、骑兵第63师	奥西波维奇	
	坦克第36师	机械化第22师、步兵第193师	博布鲁伊斯克	
直属	近卫坦克第45师	近卫机械化第70师、近卫步兵第69师	波斯塔维	
	近卫摩步第120师	近卫步兵第120师	明斯克	
空降部队	近卫空降第103师		波洛茨克	
喀尔巴阡军区			利沃夫	
坦克第8集团军	第52集团军	日托米尔		
	重坦克第17师	机械化第21师	亚沃罗夫	1960年10月1日撤销
	坦克第23师	坦克第23军	奥夫鲁奇	
	坦克第31师	坦克第31军	普罗斯库罗夫（今赫梅利尼茨基）	
	近卫坦克第30师	近卫机械化第11师、近卫骑兵第13师）	沃伦斯基新城	
	近卫坦克第41师	近卫机械化第32师、近卫步兵第117师	别尔季切夫	
第13集团军			罗夫诺	
	摩步第99师	机械化第24师、步兵第161师	伊贾斯拉夫	
	近卫摩步第97师	近卫步兵第97师	斯拉武塔	
	近卫摩步第15师	近卫步兵第15师	弗拉基米尔—沃伦	
	近卫摩步第83师	近卫机械化第10师、近卫骑兵第8师	罗夫诺市耶赛克特里村	
	摩步第24师	步兵第294师	亚沃罗夫	
第28军		1957年3月组建	伊万诺—弗兰科夫斯克	
	近卫摩步第70师	近卫步兵第70师	伊万诺—弗兰科夫斯克	
	近卫摩步第66师	近卫步兵第66师	切尔诺夫策	
空降部队	近卫空降第31师		切尔诺夫策和科洛梅亚	
敖德萨军区				
第14集团军		近卫步兵第10军	基什尼奥夫	
	摩步第88师	步兵第180师	别尔哥罗德—德涅斯特罗夫斯基	
	近卫摩步第86师		伯尔齐	
	近卫摩步第59师		蒂拉斯波尔	
	摩步第118师	机械化第69师、步兵第48师	博尔格勒	
第25军		步兵第82军		
	近卫摩步第34师	近卫机械化第34师（近卫步兵第92师）	尼古拉耶夫	1960年10月转隶军区
	摩步第93师	步兵第188师	扎波罗热	1959年3月撤销
第45军		塔夫里亚军区	辛菲罗波尔	

续表

战役兵团名称	师	前身	驻地	备注
	摩步第52师	步兵52师	刻赤	
	近卫摩步第113师	近卫步兵第113师	叶夫帕托里亚	1959年3月撤销
	摩步第101师	机械化第28师,步兵第126师	辛菲罗波尔	
直属	近卫摩步第28师	近卫步兵第28师	敖德萨近卫军村	
基辅军区			基辅	
近卫坦克第6集团军			丘古耶夫	
	近卫重坦克第14师	近卫机械化第64师,近卫步兵第75师		
	近卫坦克第22师	近卫步兵第115师,近卫空降第7师	新莫斯科斯克	
	近卫坦克第42师	近卫步兵第42师	第聂伯彼得罗夫斯克市沃尔诺耶	
	近卫摩步第63师	近卫机械化第4师(近卫机械化第4军)	卢甘斯克	1959年转隶基辅军区
近卫27军			科诺托普	1958年8月撤销
	近卫摩步第81师	近卫步兵第81师	科诺托普	
	近卫摩步第115师	近卫步兵第25师	卢布内	
直属	近卫摩步第72师	近卫步兵第72师	白采尔科维	
	近卫摩步第112师	近卫步兵第112师	杰斯纳	
空降兵	近卫空降第107师		切尔尼戈夫	
北高加索军区				
第6军			伏尔加格勒	
	摩步第68师	步兵第372师	乌留平斯克	
	摩步第117师	机械化第68师(步兵第266师)	伏尔加格勒	
第12军		步兵第12军(顿河军区)	奥尔忠尼启则	
	摩步第92师	步兵第19师	奥尔忠尼启则	
	近卫摩步第42师	近卫步兵第24师	格罗兹尼	
第29军		步兵第29军	克拉斯诺达尔	
	摩步第80师	步兵第9师	迈科普	
	山地步第73师		新罗西斯克	
直属	近重坦克第18师	近卫骑兵第5师,近卫骑兵第5军	新切尔卡斯克	
外高加索军区				
第4集团军			巴库	
	摩步第60师	步兵第6、406师	连科兰	
	近卫摩步第25师	近卫机械化第31师,近卫骑兵第7军	基洛夫巴德	
	摩步第49师	步兵第295师	巴库	
	摩步第75师	步兵第75师	纳希切万	
近卫第7集团军			埃里温	
第19军			埃里温	1960年撤销
	摩步第121师	机械化第73师,步兵第164师	埃里温	
	摩步第127师	步兵第261师	列宁纳坎	
直属	山地步兵第145师	机炮第17师	列宁纳坎	1958年转隶31军,1962年改摩步师
	摩步第147师	机炮第12师	阿哈尔卡拉基	1959年拆分机炮12师、摩步147-II师
	近卫摩步第2师	近卫机械化第1师,近卫机械化第1军	第比利斯	
	摩步第100师	机械化第26师,步兵第15师	瓦纳佐尔	
特别步兵第31军		步兵第13军	库塔伊西	1957年10月1日特别31军

218

第五章 军事大变革：1955—1964年赫鲁晓夫时代的苏联陆军

续表

战役兵团名称	师	前身	驻地	备注
	近卫山地步兵第10师	近卫步兵第10师	阿哈尔齐赫	1962年改摩步师
	摩步第146师	步兵第2师、机炮第2师	巴统	1958年撤销
伏尔加军区			古比雪夫	
第40军		步兵第123军	古比雪夫	
	摩步第43师	步兵第43师	罗辛斯基	
	摩步第110师	机械化第63师、步兵第29师	希哈内	
直属	摩步第96师	步兵第96师	喀山	
乌拉尔军区			斯维尔德洛夫斯克	
	摩步第65师	步兵第368师	昆古尔	1959年1月10日撤销
	摩步第78师	步兵第417师	切尔巴库里	
	摩步第91师		彼尔姆	1959年3月1日撤销
	摩步第126师	步兵第77师	斯维尔德洛夫斯克	
	坦克第44师	机械化第61师、步兵第279师	卡梅什洛夫城	
南乌拉尔军区				
	摩步第44师	步兵第270师	乌拉尔斯克	1959年3月撤销
	摩步第130师	机械化第43师	奥伦堡	1959年7月1日撤销
	摩步第4师	步兵第179师	布祖卢克	
土耳其斯坦军区				
第1军		步兵第1军	阿什哈巴德	
	摩步第58师	步兵第344师	克孜勒—阿尔瓦特	
	摩步第61师	步兵第357师	阿什哈巴德	
	近卫摩步第53师	近卫机械化第5师、近卫机械化第5军	库什卡	
第33军		步兵第119军	伏龙芝城	1968年4月调西伯利亚军区
	山地步兵第124师	步兵第201师	杜尚别	
	山地步兵第71师	步兵第376师	伏龙芝城	
第17军			撒马尔罕	1968年4月调伏龙芝城
	近卫摩步第90师	近卫机械化第16师、近卫步兵第80师	撒马尔罕	
	摩步第102师	步兵第203师	塞米巴拉金斯克	
	摩步第108师	步兵第62、360师	铁尔梅兹	
直属	坦克第15师	重型坦克第78团	阿什哈巴德	
西伯利亚军区				
近卫第18军		近卫步兵第18军	鄂木斯克	
	摩步第67师	机械化第67师、步兵第56师	鄂木斯克	
	近卫摩步第109师	近卫步兵第109师	秋明	1959年7月1日撤销
直属	摩步第74师	机械化第74师、步兵第227师	克拉斯诺尔斯克	1959年3月1日撤销
	摩步第85师	步兵第85师	新西伯利亚-17（博加特科瓦）	
	摩步第95师	步兵第198师	比斯克	
后贝加尔军区	近卫摩步第9师	近卫机械化第9师、近卫机械化第9军	赛音山达	
	摩步第89师	机械化第14师、步兵第284师	达斡里亚	
	摩步第13师	坦克第61师	乌兰乌德	
	近卫摩步第122师	近卫坦克第5师、近卫坦克第5军	达乌里亚	
远东军区				
第15集团军			南萨哈林斯克	
	摩步第41师	步兵第41（264）师	多林斯克	1958年4月1日撤销
	摩步第56师	步兵第342师	霍穆托沃	

续表

战役兵团名称	师	前身	驻地	备注
	摩步第79师	步兵第79师	波罗奈斯克	
	步兵第2旅	机炮第20师、步兵第2旅	萨哈林岛	
	步兵第7旅	机炮第7旅、前机炮第15师、前7筑垒地域、步兵第355师	择捉岛	
第43军		步兵第137军	彼得罗巴甫洛夫斯克	
	摩步第125师	步兵第255师	波利舍列茨克	
	摩步第22师	步兵第22师	彼得罗巴甫洛夫斯克	
	摩步第410团	步兵第3旅	马加丹	
	摩步第414团	步兵第8旅	阿纳德尔	
第5集团军			乌苏里斯克	辖近卫第7军
	近卫摩步第47师	近卫机械化第3师、近卫机械化第3军	达利涅列琴斯克	1959年11月27日撤销
	摩步第40师		斯莫尔尼亚诺沃(什科托沃)	
	摩步第84师	机械化第10师、机械化第10军	苏城	1958年7月1日撤销
	近卫摩步第123师	近卫步兵第17师		
	机炮第18旅	机炮第18师	奥尔加湾伊曼	
	坦克第32师	坦克第2师、步兵第66师	利波夫奇	
第25集团军				
	坦克第46师	坦克第3师、步兵第300师	波克罗夫卡	1959年11月解散
	摩步第147师		哈桑	
	摩步第148师		波尔塔夫卡	1958年3月14日撤销
	摩步第7师	机械化第7师、机械化第7军		
直属	摩步第129师	步兵第39师	哈巴罗夫斯克	
	摩步第12师		别洛戈尔斯克	1958年10月15日撤销
	近卫空降第98师		别洛戈尔斯克	
	近卫空降第99师		曼佐夫卡	
	近卫空降第13师		阿穆尔奥布拉斯特布(Free)	

※ 此表为1957年8月1日苏联陆军序列。

第五章 军事大变革：1955—1964年赫鲁晓夫时代的苏联陆军

第四节　1955－1960年苏联陆军裁军报告

　　1955—1960年的大裁军涉及苏联各军兵种、内务部队、国家安全委员会（克格勃）管理的边防部队，还有国防部、总参谋部、总政治部、后勤部和总监察部的机构及人员裁减。

　　到20世纪50年代中期，苏军裁撤了一批集团军、大部分步兵军、2/3的炮兵军和炮兵师。仅1955—1959年间苏军就裁减了214万人（许多人直接复员，没有退休金、遣散费、住房和其他社会福利），想了解此间情况，可参见当时的两任国防部长朱可夫和马利诺夫斯基的裁军报告。大裁军结束于1960年，由于国际形势恶化，另一个120万人的裁军计划未能完全实现。苏军的军种和军区数量发生了变化，随着苏军在匈牙利、捷克和古巴先后驻军，南部集群、中部集群和驻古巴苏军应运而生，再加上与中国的紧张关系，后贝加尔军区（包括驻蒙古的部队）和远东军区的兵力显著加强。从1960年开始，新的集团军和军级部队纷纷组建，军事技术也得到了大力发展，驻外集群和军区发生了深刻变化并进行了重组，部队变得更精干。所有集群都驻扎在国外，苏联境内则分为16个军区，这个布局一直维持到苏联解体。

苏联武装部队裁军报告

一、朱可夫关于裁减武装力量情况的备忘录，1955年8月12日（绝密要报）

　　1. 目前，武装力量的编制人数为481.587万人，而在册的实有人数为463.7523万人，其中包括：军官90.5093万人，工厂、维修部门、工程兵部队、验收机构及科研机关的37.0731万人。缺额17.8347万人。

　　武装力量各军兵种实际在册人数如下：

　　陆军：232.1243万人；

　　海军：74.7452万人；

　　空军：73.2322万人；

　　国土防空军：49.8931万人；

空降兵：8.4201万人；

机场建设及工程兵部队：25.3374万人。

国防部建议在1955年12月15日前将武装力量编制和在册人数裁减34万人,其中包括从奥地利撤回的部队,此外还规定裁减后武装力量的义务役缺额人员,包括现有的缺额兵员为30万人。裁减的34万人以及因规定而义务役缺额的现役军人都转入预备役。

武装力量各军兵种编制人员和在册人员拟分别裁减：

陆军：21万人；

海军：3.3万人；

空军：1.65万人；

国土防空军：2.9万人；

从奥地利撤回的部队：3.85万人。

鉴于部队缩编,步兵连和炮兵连的员额减少,共裁减34万兵员,撤销步兵连和炮兵连的政治副连长职位,按伟大卫国战争时期的做法,改为营设党务政治机构,这样可减少1.3万名军官。

国防部建议通过下列方式来裁减武装力量的人数：

将在苏联境内的步兵师、机械化师和坦师改为缩编师,缩减海军陆战队和海岸防御部队的员额；

将13个军属炮兵旅改编为军属炮兵团；

缩减突破炮兵师的员额；

撤消现有17个空军航空兵军指挥机关中的11个,撤消现有7个国土防空军歼击航空兵军指挥机关中的2个。航空兵师由空军集团军直接领导；

将5个探照灯师改编为10个独立探照灯团；

将阿穆尔河区舰队改编为内河军事基地,将北太平洋区舰队改编为一级海军基地；

裁减军需保障部队、后勤和工程兵部队及其机构、军事院校人员,裁减某些职位。

2. 根据苏联部长会议1954年11月25日第2386-1140和2382-1136号决议,国防部应在1955—1957年期间组建39个轰炸航空兵师,其中包括：8个战略航空兵师、11个远程航空兵师、20个前线航空兵师。并为前线航空兵和海军航空兵现2团制的轰炸机师和水鱼雷师各增编1个轰炸机团,共16个轰炸机团。

根据政府的上述决议,国防部要在1955年组建：1个战略航空兵师、5个远程航空兵师、2个前线航空兵轰炸机师,并为前线航空兵现2团制的轰炸机师增编6个轰炸机团。

国防部认为,在1956年仅组建1个战略航空兵师和1个航空兵团是适宜的,远程航空兵和前线航空兵等部队的组建工作要推迟较长的时间进行。 国防部提交的1956年度预算草案已考虑到上述设想,国防部关于延期组建上述航空兵部队的建议将另行提交。

格·朱可夫
1955 年 8 月 12 日

二、朱可夫和索科洛夫斯基呈递给苏共中央的关于进一步裁军的建议报告,1956年2月9日(绝密,M1)。

根据苏联部长会议于1955年8月12日的4181-825号决议,国防部对武装力量的编制数额和在册人员进行了裁减,共裁军34万人。此外,义务役缺额人员为30万人,其中包括当时武装力量实有的缺额为17.8217万人。

根据1955年9月19日苏联和芬兰共和国之间取消波卡拉苏联海军基地的协议,裁减武装部队员额1.6962万人。

为了减少缺额人数,国防部进一步压缩了4.8417万人的武装部队编制额。目前武装部队的组成包含工兵部队、施工,维修和辅助部队,据统计编制数为440.6216万人,在册数为414.7496万人。1953年3月1日的人员编制数为539.6038万人。从1953年3月1日起至1956年1月1日共裁减98.9822万人,其中包括17.2238万名军官和将军,在册人员110.6216万人,包括11.9074万名军官和将军。

国防部认为通过裁减作战部队、机关、后勤服务单位和机构、军事院校,以及用文职人员取代部队、机关、院校、仓库、维修机构中的现役军人,军队于1956年裁减42万人是可行的。

为此,国防部建议:

关于战斗部队和指挥机构

1.解散白海和塔夫利亚军区指挥机关,成立2个军(第44、45军)机构领导这些军区现有部队。

2. 解散 10 个步兵军军部（近卫第 2、9、14、16、20、28、29、36 军，步兵第 9、23 军），2 个空降军军部（空降第 8、38 军）和 3 个航空军军部，这些军所属的步兵师、航空兵师直接隶属于集团军或军区司令员指挥，而空降师直接归空降兵司令员指挥。

3. 解散分驻远东的斯列坚斯克，伊曼市和克拉斯基诺镇（滨海边疆区）的 3 个步兵师，2 个空降师（远东的近卫空降兵第 99 师和驻苏联欧洲部分的近卫空降兵第 114 师），还有远东的 1 个独立步兵团。

4. 解散 23 个独立重坦克自行火炮团，根据先前批准的计划，人员和重型坦克组建 1 个重型坦克师（重型坦克第 17 师），并补充 2 个现有的重型坦克师。

5. 解散部署在堪察加半岛的 1 个海军陆战队旅。

6. 解散国土防空军契卡洛夫航空师师部，以其为基础组建古比雪夫防空军指挥机构辅助点。

7. 解散在现代条件下没有实战价值的为歼击机机场和强击机机场提供掩护的部分独立高炮营。

8. 将国土防空军 72 门火炮编成的高炮团缩编为 56 门火炮，在用导弹武装这些团时，人员必须达到所需的数量。

9. 1956—1957 年期间，将 200 艘海军舰艇改为储备舰船或封存。

10. 根据国防部 1955 年 12 月 31 日提交给苏共中央并于今年 2 月 8 日由国防委员会批准的报告，将 93 艘超龄舰艇报废，69 艘过时的舰艇转移到其他舰种。

11. 解散国土防空军莫斯科防空区的 1 个防空探照灯团。

12. 裁减国防部中央机关和军事验收部门的人员。

其中建议苏军驻德集群将 4 个步兵军军部（近卫步兵第 28、29 军，第 9、23 军），2 个重型坦克自行火炮团，1 个营，1 个机场技术保障连和 1 个初级飞行学校撤回苏联境内并撤销。为了避免削弱军队集群的炮兵，以撤销的上述 4 个军的军属炮兵和防空部队组建 2 个集团军属炮兵师和 1 个集团军属高炮师。由此，驻德苏军将裁减人员 7500 人。

关于后勤保障部队

1. 撤销苏联境内的航空技术师师部，将机场维护部队移交航空兵兵团。

2. 解散国防部新建和改造现有通信电缆及无线电通信线路的线路通信部队，其工作由苏联通信部承担

3.将贸易机构、在国外为军队服务的有关机构（贸易分支机构、商品采购基地、军官商店、军官餐厅、团属服务社和咖啡馆）从武装部队分离出去，移交苏联贸易部，这些贸易机构中的现役军人改预备役，责成苏联贸易部的工人和雇员取代他们。

4.裁减物资押送部队的员额，军用物资（火炮牵引车、拖拉机、卡车和密封篷车运送的军事装备）按国民经济物资通用运输原则运输。

5.目前，打捞沉船和水下技术工作：在海上，由海军抢险救护部门负责；在河流和湖泊内，由航运部水下工程和特种工程局负责。建议打捞沉船和水下技术工作由苏联航运部集中管理，海军只保留必要的抢险救护机构，以保证作战训练和抢救遇险船舶。

关于军事院校，计划裁减 4 万人，其中：

1.将 2 所军事学院（军事交通学院和军事后勤供给学院）合并为 1 所，下设军事通信系、军事后勤系、汽车运输系。由于裁减铁道兵部队及取消道路建筑部队，撤销了交通系和道路建筑系。

2.撤销军事政法学院，在一所地方政法学院设置军事政法系。

3.撤销莫斯科兽医学院军事兽医系，责成农业部为军队培训所需的兽医。将国防部 15 所军校中的音乐学校作为少年宫移交给所在的加盟共和国的教育部管辖，因为目前音乐学校毕业生，或者业余乐队的年轻人可以补充军乐队。

4.由于苏沃洛夫学校恶劣的生活条件，17 所苏沃洛夫学校合并为 10 所，苏沃洛夫军事学校改编期限为 2 年，即 1956 年和 1957 年。

关于工程兵部队

武装部队中从事建筑任务的军事工程兵部队有 23.1015 万人，除了此外，武装部队编制外的现役工程兵部队有 7.3095 万人，应征军事施工队有 21.888 万人。

国防部建议保留现役工程兵部队的 10.5 万人和应征军工的 11.5 万人，从事极端气候和气象条件下的工程，以及偏远军区的机场建设和特种工程，其余所有的工程兵部队和军事施工队解散。除了这些措施外，国防部认为可以通过工人和雇员取代部队及机关中现役军人的某些职务，以此来裁减武装力量员额。按工作性质来说，这些工作并不需要接受军事训练，具体如下：

在管理机构、后勤机构、研究机构和军事学校中的人员，初步计划可裁减达 10 万人。

完全用职工取代飞机、坦克、卡车、拖拉机和通信器材军工维修企业（工厂、基地、车间）的现役军人（不含驻国外企业），估计有 1 万人。

扩大武装力量中的职工数量 11 万人，警卫人员 1.1 万人，以取代现役军人。

总计武装力量各军兵种分别裁减：

地面部队 14.2911 万人；

海军 5.2 万人；

空军 4.3296 万人；

国土防空军 4.0117 万人；

空降兵 7036 人；

中央直属部队和指挥机构 8591 人；

机场建设和工程兵部队 12.6049 万人；

撤销编制外的工程兵部队 7.3095 万人和编制外的施工队 10.388 万人。

按照苏联部长会议的决定，苏联国防部正在施工的工程有：

加里宁市 513 号纺织联合企业，建材工业部的 1 家工厂，莫斯科动力学院教学楼及住宅楼，通用机械制造部的国家储备和动员储备火药及爆炸物储存基地，还有化工部液态氧储存仓库，航空工业部和民航管理总局的工厂，飞机跑道、机场、电站，无线电广播电台站，食品工业企业和大量工程项目。

鉴于裁减工程兵部队，国防部建议自 1956 年以后不再为各单位和主管部门进行建筑安装工程，将这些工程移交相应部委和机构施工。国防部不再为莫斯科市的建筑项目提供施工，按国防部的计划，自 1956 年以后，莫斯科及其郊区的全部工程项目移交莫斯科市住宅和民用建筑总局。

根据苏联部长会议 1955 年 8 月 12 日的 4181-825 号决议，武装力量缺额 30 万人。由于这样的状况，在战斗部队中士官和士兵很少，这已经影响他们的作战训练，国防部建议于裁减的 42 万人中实际退役 30 万人，其余 12 万人用于弥补缺额，因此，缺额人员的数字不是苏联部长会议于 1955 年 8 月 12 日 4181-825 号决议规定的 30 万人，而是 18 万人。

拟定的裁减措施在以下期限内完成：

撤销和裁减机关及部队人员——1956 年 11 月 1 日；

舰艇和快艇退役或封存——1956—1957 年；

裁减军队院校人员——1956 年 12 月 1 日；

贸易机构移交苏联贸易部和音乐学校移交加盟共和国教育部 ——1956 年 10 月 1 日；

职工取代现役军人——1957 年 1 月 1 日；

撤销和改编工程兵、机场建设部队及指挥机构分两期完成——25%，1956 年 11 月 15 日前；其余 75%，1957 年 1 月 1 日；

削减军事施工队——35%，1956 年 12 月；其余 65%，1957 年 5 月 1 日。

为确保国防部的工程项目完成，必须责成苏联经济委员会在其计划中规定，根据国防部工程部门的撤销情况，向其派遣一线工人，可在居民中有组织地挑选。

请审核和批准。

朱可夫

索科洛夫斯基

1956 年 2 月 9 日

三、特别卷宗——马利诺夫斯基和索科洛夫斯基呈递给苏共中央的关于继续裁减苏联武装部队的报告，1958 年 1 月 3 日（绝密，IND NO.1）。

根据苏共中央主席团于 1957 年 12 月 6 日（128 号会议记录）的指示，国防部研究了裁减武装部队力量的问题，认为在 1958 年通过裁减指挥机构、后勤服务部队和机构、军事院校和作战部队，裁减武装力量编制和在册人员 30 万是可行的。

为此，国防部建议：

作战部队和指挥机构

苏军驻德集群撤回苏联境内 4.1753 万人，包括 2 个摩步师，其中 1 个师改为 3000 人的缩编师，撤销另一个摩步师以及集团军直属炮兵和防空炮兵部队。此外，将驻德集群的 7 个高炮师和炮兵师，以及 2 个集团军属炮兵师改编为旅。

南方集群的第 38 集团军指挥机关、警备服务部队和 2 个摩步师撤回苏联本土，将这 2 个摩步师改编为 3000 人的缩编师，部署在喀尔巴阡军区。

实施这些措施后，我们的驻德部队将减少 4.1753 万人，驻匈牙利部队将减少 1.7109 万人。

1. 解散：

南乌拉尔军区机关、远东军区驻什科托沃的第25集团军指挥机关；

1个空军航空兵军军部和列宁格勒海军军区指挥机关，将其编队和部队划归舰队司令；

8个步兵师，其中5个在远东，分驻布拉戈维申斯克市（摩托化步兵第12师）、巴拉巴什、库页岛（摩托化步兵第41师）、堪察加半岛（摩托化步兵第125师）和苏城市（摩托化步兵第84师），3个在后贝加尔军区；

2个鱼雷航空兵师师部、1个歼击航空兵师师部、1个军事运输航空兵师师部和2个重型轰炸机航空兵师师部；

（空军）3个歼击机师、4个轰炸机师、4个歼击轰炸机师、2个战斗轰炸机团、30个歼击机团、5个轰炸机团、3个重型轰炸机团、1个鱼雷轰炸机团和4个侦察航空大队。这些师和团目前只装备了40%—50%的飞机，而在未来数年也没有可能从工厂获得新飞机；

（国土防空军）5个歼击机防空师，因其编成内的团已经解散，其作战技术装备已补充其他各师 2个高炮师、3个炮兵旅、2个机枪炮兵团、2个坦克训练团、1个加农炮兵团和1个炮兵旅；

1个防空探照灯团，约29个掩护机场的高炮营，因其已无法保证能有效地保护机场；

由于扩大了高炮团的编制，将每个高炮团由6个营扩充至8—12个营，撤销7个高炮师师部、12个高炮团团部和18个高炮营营部；

2个筑垒地域（远东的波西耶特和苏城筑垒地域），设2个守备处保卫该地区的永久性防御设施；

26个装备落后的海岸炮兵营以及一些后勤部队、机关和服务机构。

2.（土耳其斯坦军区）2个山地师（山地步兵第27、71师）改山地步兵团，1个机枪炮兵师（卡累利阿地峡）改独立机枪炮兵团。

3.压缩军区指挥机关编制，裁减4个摩步师、1个坦克师和1个榴弹炮旅，裁减国防部的管理机关。

4.1958年，将43艘舰艇、26座海岸炮台退役和封存。

5.报废519艘陈旧的战舰、训练舰、支援舰和驳船，66艘改作他用。

军事院校

根据军队的裁员计划,军事学校裁减 2.2 万人,其中解散 4 所校舍和教学设备都很陈旧的军事院校(步兵),1 所海军高级工程学院,并压缩其余军事学校的规模;

为了提高苏沃洛夫军校和纳西莫夫海军学校的生源,保证有觉悟的少年入学,改变苏共中央委员会和苏联部长会议 1956 年 5 月 25 日第 720 号决议中关于苏沃洛夫军校和纳西莫夫海军学校接收初中毕业的男孩的办法,规定:学校今后以自愿考试的方式,接收苏联陆军和海军现役军人及工人、农民、教职工的子女——他们应当身体健康,能适应军人生活,7 年制学校或初中毕业,并年满 14 岁。录取后在苏沃洛夫军事学校训练 3 年(8、9 和 10 年级)。解散 4 所苏沃洛夫军校后,3 所苏沃洛夫军事学校将改组为(步兵)军事学校,以替代裁撤的校舍和教学设备陈旧的军事学校。武装部队将保留 10 所苏沃洛夫学校和 1 所纳西莫夫海军学校,共 4950 名学生。

考虑到裁减目前在校的第 5、第 6 和第 7 年级的学生是不适宜的,因此这些学校的裁减在 3 年内完成,3 年内不招收新生。

工程部队

将国防部工程部队改组为军事施工队,减少 1.8 万现役军人。将改编部队士兵改为应征军工,相应扩大军工人数为 1.8 万人。

采取上述措施,将会有多达 4 万名军官转业。有鉴于此,国防部认为有必要让一部分军官转业,主要是已服完法律规定最长服役年限,并享有退休金的军官,以及病员、不具备相应的军事能力和专业培训资格的军官。

国防部认为,由于转业军官数量庞大,因此军官转业工作必须分阶段进行,到 1958 年年底结束,以利于安置他们工作;要责成加盟共和国及自治共和国部长会议,边疆区和州人民委员会及企业、机关与组织的领导,应在军官转入预备役到达居住地不超过 1 个月内,参照他们的专业和工作经验给他们安排工作;还要责成各部委、主管部门和企事业机关领导给予转入预备役的军官优先入学或参加相关培训班的权利。 在培训中,除了有退役金的人员外,要为转入预备役的军官提供相当于 75%基本工资(月薪)的补助金。

责成边疆区和州、市和区苏维埃执行委员会的人员,保证为转入预备役的军官优先提供住房,根据苏联最高苏维埃主席团 1948 年 8 月颁布的法令,为他们拨出建造私人住宅的土地,并按国家定价提供建材。

拟定的裁减措施在以下期限内完成：

削减武装部队在 1959 年 1 月 1 日结束；

裁减军队院校根据毕业时间决定；

精简军官在 1958 年逐渐进行，士兵和士官的退役在 1958 年第一季度完成。

请审核和批准。

马利诺夫斯基

索科洛夫斯基

1958 年 1 月 3 日

第六章　军事扩张：1965－1980年勃列日涅夫时代的苏联陆军

第一节　勃列日涅夫时代苏联陆军的发展

勃列日涅夫上台以后，推行进攻性的全球扩张政策。苏联并不满足于西方承认它在第二次世界大战中获得的果实和在东欧的特殊利益，它要称霸整个欧洲。为了实现这一目标，苏联一方面利用华约组织不断提出"缓和""裁军"之类的建议，开展和平攻势，分化和瓦解欧美联盟，另一方面积极加强华约的战争机器和战争准备，对西欧保持强大的军事威胁，争取不战而胜或战而胜之。

同苏联向西欧扩张的政策相适应，华约在军事上抛弃了过去的防御战略，转而采取进攻性战略。华约联合武装部队前总参谋长什捷缅科在1960年代中期就强调，"战略防御在现代战争中是一种不容采取的军事行动"。在作战指导思想上，华约军队强调突然袭击、先发制人。

华约集团奉行进攻性军事战略也表现在军队的部署和军备建设上，华约组织在欧洲的总兵力达427万，比北约多110万。苏联把它最精锐的部队驻扎在东欧，总数达62万，相当于美国在西欧驻军的2倍。华约的主力部队部署在中欧平原一带，采取前出姿态，直接威胁西欧的心脏地区。华约军备建设的方针是重点加强各军兵种的进攻作战能力。

随着1964年秋苏联领导人的换届，"新武器技术的应用，战斗兵力和保障人员的编制不但不应减少反而应该增加"的观点最终取得胜利。于是，在1960年代苏联武装力量的人数又逐渐恢复到基本上相当于1958年的水平，并在此后开始略有增加。从1967年起陆军广泛建立了新式的炮兵武器系统，其中最重要的是新式自行火炮，火炮数量也增加了，具备了发射常规炮弹与核炮弹的双重能力。1960年代后期，苏军摩步师火炮和迫击炮一次齐射的弹药重量（不计核火力）达到了53吨，陆军计有火炮4.87万门以上，构成世界上最强大的炮兵。

此时苏军陆军开始装备第一种步兵战车BMP-1，并增编了装甲输送车，因此陆军的火力、突击力和机动力又有了显著提高。

截至1967年，T-54/55坦克并未装备足以抗衡美英新式坦克装甲的次口径（脱壳）穿甲弹头，以及聚能装药弹头，其所需技术条件储备在60年代用于100毫米炮的仅有聚能装药弹头。1961年2月，苏联全面停止研制新型重型坦克，转而为哈尔科夫坦克工厂生产的中型坦克研制更强大的发动机，以便与1961年2月开始设计的该中型坦克的装甲与火力相匹配。这种新式坦克既要拥有重型坦克的防护与火力，同时还要拥有重型坦克的吨位、尺寸和机动性，以此成为坦克部队的主战坦克。但是在1966年12月30日接收的T-64坦克，在技术性能上并不足以满足部队需要，其中最薄弱的环节就是发动机性能。之后哈尔科夫总厂开始对其进行改进，而下塔吉尔的工厂在其基础上设计了适合本国国情的V2发动机，列宁格勒的基洛夫工厂则在1968年4月接到了在T-64基础上研制使用燃气轮机的新型坦克的任务。鉴于1968年（捷克）的复杂政治形势，苏联开始在坦克和步兵战车底盘上研制新型300毫米反坦克火箭系统（能发射200—300吨当量的核炮弹）："冲击"和"野蔷薇"。前者在坦克底盘上研制，用来装备坦克兵团，后者在BMP步兵战车底盘上研制，装备摩步兵团。而在战斗中直接使用战术核武器，只是为了在政治上证明西方国家的坦克危胁所具有的危险性。

1965年，鄂木斯克工厂生产了640辆T-55A，下塔吉尔则生产了1500辆T-62；哈尔科夫工厂在1965年制造了160辆"432计划"坦克，即T-64；而1962年车里雅宾斯克工厂停止了T-10M重型坦克的生产；列宁格勒的基洛夫工厂由于1962年起主要制造两栖坦克，后来又为民用订单工作，直至稍晚时候才开始T-64的生产。100毫米次口径脱壳穿甲弹在2000米距离上的穿甲能力为170毫米垂直钢装甲，在1000米的距离上穿甲深度为220毫米；聚能弹头的穿甲能力为340毫米，任意有效距离（据资料显示，要击穿外国坦克装甲的至少需要250毫米的穿甲能力）；115毫米次口径弹头在2000米距离上穿甲深度为220毫米，1000米距离上穿甲深度为250毫米，而聚能装药弹头任意有效距离穿甲深度为440毫米。在此期间，列宁格勒没有出产坦克，苏联在1968年和1969年的坦克产量如下：

1968年：T-64——425辆，

▲ T-72。

T-62——2020辆，T-55A——780辆；

1969年：T-64——550辆，T-62——2250辆，T-55A——800辆。

从20世纪60年代末起，苏联陆军开始组建动员师。

1973—1983年时期：1973年，陆军开始接收改进后的T-64A坦克和下塔吉尔的产品——T-72，"冲击"和"野蔷薇"项目被停止；1975年开始接收新型自行火炮，以及220毫米"飓风"火箭炮系统，而在1976年，还接收了战术弹道导弹"圆点"。经过60年代末改造后的库尔干工厂从70年代起生产坦克，并以年产量2000辆的标准进行，以满足苏联陆军的需要。从1979年起，改造后的鄂木斯克工厂主要生产列宁格勒厂改进的燃汽轮机坦克——T-80B。

苏军先后换装了T-64、T-72、T-80，坦克数量已增加到5万辆以上。

根据美军在越南战争中获得的经验，苏联也对陆航部队空前重视起来，越来越多地采用直升机作为运输和作战工具，但苏联遂行战术空降不用专业部队，而用摩步营。1980年代初，苏联陆军编制内出现了新的兵种——陆军航空兵，以米-24武装直升机和米-8武装运输直升机为装备，最大限度地保障了陆军作战能力。为在战役纵深内执行作战任务，专门建立了独立的旅建制军级单位，下辖多个空降突击团和直升机团。

空降师作为战备值班部队得到了极大的加强，并且在世界上率先实现了空降部队机械化，战斗力大为提高。

1970年代到80年代初，苏联对美国、华约对北约的武装力量形成了基本均势。值得注意的是，直到70年代末，苏联陆军坦克的主要装备仍为在各种大演习中表现出优异状态的T-54/55中型坦克，而BMP-1步兵战车则由于性能有限表现欠佳，促生了新型的BMP-2步兵战车。

T-80坦克从1976年7月起正式装备部队，并于1976—1978年间由重建后的列宁格勒基洛夫工厂进行有限生产。而产能强大的鄂木斯克工厂于1978年结束T-55A的生产后，转而大规模生产

▲ 1979年阿富汗战争中的苏军第40集团军坦克兵。

T-80B。到1979年,苏联共量产约3.5万辆T-54/55/55A（大约2.4万辆T-54/55到1962年夏在3个工厂生产,而至少1万—1.2万辆T-55A从1962年夏到1978年由鄂木斯克工厂生产）,其中至少有1.5万辆被出口到其他国家（该型坦克同时被许多国家仿制生产,并出口）；T-62系列坦克于1962年夏投产,1965年时年产1500辆,1968年年产达到2020辆,1969年上升至2500辆,到1973总共生产达2万辆,其中不少于4000辆出口（除苏联外只有捷克斯洛伐克小规模生产并出口）；T-64（115毫米炮型号）在1969年生产了1305辆,之后由哈尔科夫工厂（技术改进后年产量不少于550辆）生产125毫米炮型号（1973年命名为T-64A）,从1976年起生产配备125毫米炮可发射眼镜蛇炮射导弹的T-64B；T-72系列坦克从1974年起,由下塔吉尔生产单层炮塔装甲的乌拉尔型坦克,从1976年起生产复合装甲炮塔的乌拉尔-1型坦克,同时车里雅宾斯克拖拉机厂也生产同型号的坦克。

到1980年代,苏联在欧洲地区除拥有465枚SS-4和SS-5中程导弹以外,还把最新的近200枚SS-20多弹头导弹的四分之三以上部署在这里,把全部西欧领土置于其射程以内。而北约要到1983年才开始部署这样的武器。苏联在欧洲储存的战术核武器总爆炸当量相当于北约的1.7倍。在常规军备的发展方面,华约同样把立足点放在进攻上。在中欧地区,华约部队装备的主战坦克数量相当于北约的2.5倍,装甲运输车数量相当于2倍,作战飞机在数量上也处于领先地位。华约在中欧主要作战方向上加紧进行战场准备,构筑备用机场,大量储存弹药和燃料,加速建设苏联通向东欧的宽轨铁路和高速公路,为在欧洲打一场大规模的闪击战创造更加有利的条件。华约集团的进攻性军事战略还表现在军队的战备程度上,多年来,华约集团驻东欧主力部队全部保持齐装满员,处于高度临战状态。一旦需要,无需经过长时间准备,就可以对西欧诸国发动大规模的常规进攻,或者从演习状态下转入突然袭击。

但另一方面,勃列日涅夫又展露了灵活的一面。1979年10月6日,勃列日涅夫在东柏林宣布单方面从民主德国撤出1000辆苏军坦克和2万人的军队,近卫坦克第6师撤回了白俄罗斯。

而勃列日涅夫在亚洲的政策是灾难性的,尽管军事扩张屡有斩获,但和中国的领土纠纷导致的长期对抗,以及1979年入侵阿富汗后卷入的持久战争,使得苏军开始走上衰退的道路,而苏联陆军仍在扩充的道路上继续前行。

第二节　1979年2月苏联陆军序列

表6-1　1979年2月苏联陆军序列

军区及集群	集团军	军	摩步师（含训练师、动员师）	坦克师（含训练师）	空降师	旅
驻德集群	3、近卫8、20、近卫坦克1、2		21、35、207、近卫6、14、20、27、39、57、94	9、25、近卫6、7、10、11、12、16、47、79		近卫特种3
北部集群				20、近卫90		
中部集群		28	48、近卫18、30	31、近卫15		
南部集群			254、近卫93	近卫13、19		
古巴集群						摩步1
列宁格勒军区	6	26、近卫30	16（动员）、37（动员）、54、67（动员）、69、109（动员）、111、115（动员）、116（动员）、131、近卫45、63（训练）、64、77		近卫76	特种2
波罗的海沿岸军区	近卫11		107、153（动员）、近卫1、3、26、144	1、24、近卫40	44、近卫7	特种4
白俄罗斯军区	28、坦克7、近卫坦克5		84（动员）、267（动员）、近卫50、120	28、29、34、76（动员）、193、近卫3、8、39、45	近卫103	特种5
莫斯科军区		近卫13	89（动员）、196、225（动员）、近卫2、32、53（训练）	60、近卫4	近卫106	特种16
喀尔巴阡军区	13、38、坦克8		24、161、275（动员）、276（动员）、近卫17、51、66（训练）、70、97、128	第23、50（动员）、近卫30、117（训练）		特种8
敖德萨军区	近卫14	32	126、157、180、近卫28、59、86、92（训练）		近卫98	特种10、17
基辅军区	近卫1、近卫坦克6		36、47、136、近卫4、25、72、	52（动员）、58（动员）、近卫17、22、41、42、48、75		特种9
伏尔加沿岸军区			43（训练）、96、130（动员）、213、166（动员）、248（动员）、274（动员）			
乌拉尔军区			34、65（动员）、78、163（动员）、165（动员）	44		
北高加索军区		12	9、19、82、113（动员）、156（动员）、197、268（动员）、近卫42（训练）	14		
外高加索军区	4、近卫7	31	15、49（动员）、60、75、127、145、147、152（动员）、164、295、近卫10、23、100训练		近卫104	特种12、空突21
土耳其斯坦军区			58、61（训练）、83（动员）、108、114（动员）、133（动员）、151（动员）、154（动员）、近卫5		近卫105	特种15
中亚军区		1、17	68、155、201、203、269（动员）、近卫8、80（训练）	78、69（动员）		特种22
西伯利亚军区		33	13、56（训练）、62、85、167（动员）、190、218（动员）、227（动员）、242			
后贝加尔军区	29、36、39		12、41、52、91、110（动员）、143（动员）、150（训练）、195（动员）、245、247、近卫11、38、122	49、51、近卫2、5		空突11、侦察20、特种24

续表

军区及集群	集团军	军	摩步师（含训练师、动员师）	坦克师（含训练师）	空降师	旅
远东军区	5、15、35、51	43	22、29、33、40、73、79、119（动员）、121（训练）、124（动员）、125（动员）、129（训练）、135、148（动员）、192、194（动员）、199、265、266、270、271（动员）、272、277、近卫81、123、机炮18	近卫21		摩步23、空突13、特种14、45

表6-2 1979年2月苏军地面力量编成数量统计

(单位：人)

军区及集群	集团军	坦克集团军	军	摩步师	摩步旅	空突旅	机炮师	特种旅	坦克师	炮兵师	空降师	侦察旅
驻德集群	3	2		10					10	1		
北方集群				2					2			
中央集群			1	3					2			
南部集群				2					2			
驻古巴部队				1								
列宁格勒军区	1		2	14					1	2	1	
莫斯科军区			1	6					1	2	1	1
波罗的海军区	1			6					1	3	1	
白俄罗斯军区	1	2		4					1	9	1	
喀尔巴阡军区	2			10					1	4		
敖德萨军区	1		1	7				2			1	
基辅军区	1	1		6					1	8		
伏尔加军区				7								
乌拉尔军区				5					1			
北高加索军区			1	8								
外高加索军区	2		1	13		1			1			
中亚军区			2	7					1	2		
土耳其斯坦军区				9				1		1		
西伯利亚军区			1	9						1		
后贝加尔军区	3			13		1		1	4			1
远东军区	4		1	25	1	1	1	2	1			
合计	19	6	11	164	2	3	1	14	50	10	7	1

表6-3 1979年2月苏联陆军序列

军以上部队名称	师、旅	前身	驻地	备注
驻德集群				
第3集团军			马格德堡	
	摩步第207师	摩步第32师，步兵第207师	柏林施滕达尔	
	近卫坦克第10师	近卫坦克10军	克拉姆尼茨	1983年5月迁阿尔滕堡
	近卫坦克第47师	近卫坦克第26师，近卫机械化第19师，近卫步兵第47师	哈尔登斯莱本	
近卫第8集团军			努赫拉	
	近卫坦克第79师	近卫坦克第27师，近卫机械化第20师，近卫步兵第79师	耶拿	
	近卫摩步第39师		奥尔德鲁夫	
	近卫摩步第20师	近卫机械化第8师，近卫机械化第8军	努赫拉	
	近卫摩步第57师		瑙姆堡	

第六章 军事扩张：1965—1980年勃列日涅夫时代的苏联陆军

续表

军以上部队名称	师、旅	前身	驻地	备注
近卫坦克第1集			德累斯顿（格劳豪）	
	近卫摩步第27师	近卫摩步第21师、近卫机械化第21师、近卫步兵第27师	哈雷	
	近卫坦克第6师	近卫坦克第6军	维滕贝格	
	近卫坦克第7师	近卫坦克第7军	罗斯劳	
	近卫坦克第11师	近卫坦克第11军	德累斯顿（格劳豪）	
	坦克第9师	坦克第9军	里萨	
近卫坦克2集			符斯滕堡	
	近卫坦克第16师	近卫坦克第9师、近卫坦克第9军	施特雷利茨	
	近卫坦克第12师	近卫坦克第12军	新鲁平	
	坦克第25师	坦克第25军	沃格尔桑	
	摩步第21师	摩步第18师、机械化第18师、步兵第416师	佩勒堡	
	近卫摩步第94师		什末林	
近卫第20集团军			埃伯斯瓦尔德—菲诺	
	近卫摩步第14师	近卫机械化第14师、近卫步兵第116师、近卫空降第9师	于特博格	
	近卫摩步第6师	近卫机械化第6师、近卫机械化第6军	贝尔瑙	
	摩步第35师	机械化第1师（前机械化第1军）	奥利姆比瑟斯多尔夫	1965—1970年代曾驻文斯多夫，转隶近卫坦克2集
特种部队	近卫特种第3旅	摩步第5团	符斯滕堡	1966年组建
北方集群	近卫坦克第90师	近卫坦克第38师、近卫机械化第26师、近卫步兵第90师	博尔内苏利诺沃	
	坦克第20师	坦克第20军	斯维托斯乔夫	1991年撤回哈尔科夫解散
中央集群				
第28军			奥洛穆茨	1957年12月组建，1968年调入
	近卫摩步第30师	近卫摩步第55师、近卫步兵第55师	兹沃伦	
	坦克第31师	坦克第31军	布伦塔尔	
直属	近卫坦克第15师	近卫坦克第33师、近卫机械化第12师、近卫骑兵第15师	米洛维采	
	近卫摩步第18师	近卫摩步第30师、近卫步兵第18师	姆拉达—博莱斯拉夫（布拉格东北50公里）	
	摩步第48师	摩步第132师、步兵第48师	上米托威市街	
南部集群	近卫坦克第19师	近卫机械化第2军、近卫机械化第2师	埃斯泰尔戈姆	
	近卫坦克第13师	近卫坦克第21师、近卫步兵第13师	维斯普雷姆	
	摩步第254师	摩步第27师、步兵第254师	塞克什白堡	
	近卫摩步第93师	近卫摩步第35师、近卫步兵第93师	凯奇凯梅特	
驻古巴	摩步（教导）1旅		那洛可可	1962年组建
列宁格勒军区				
第26军			阿尔汉格尔斯克	1967年7月组建
	近卫摩步第77师		阿尔汉格尔斯克	
	摩步第69师		沃洛格达	
	摩步第115师（动员）	第69师的影子师	诺夫哥罗德州伊万捷耶沃	1968年组建

续表

军以上部队名称	师、旅	前身	驻地	备注
第6集团军		前北部军区		1960年组建
	摩步第16师（动员）	1968年组建	彼得罗扎沃茨克	
	摩步第54师	步兵第341师	阿拉库尔季	
	摩步第109师（动员）	第54师的影子师	阿拉库尔季	1968年组建，1987年撤销
	摩步第111师	步兵第367师	索尔塔瓦拉	
	摩步第131师	步兵第45师	佩琴加	
	摩步第116师（动员）	第131师的影子师	纳戈尔内	1968年组建
近卫第30军		近卫步兵第30军	维堡	
	近卫摩步第45师	近卫步兵第45师	卡缅卡	
	近卫摩步第64师	近卫步兵第64师	萨佩尔诺耶	
	摩步第37师（动员）	依托近卫摩步第63师	乔尔纳亚列奇卡	1969年组建，1989年10月改3807存储基地
直属	近卫摩步第63师	近卫摩步第37师、近卫机械化第37师、近卫步兵第63师	红谢洛	
	摩步第67师（动员）		沃洛格达	1968年组建，1980年2月调远东
空降部队	近卫空降第76师		普斯科夫	
	特种第2旅		普斯科夫州切列克西（普罗美日特斯）	1962年9月成立
波罗的海沿岸军区			里加	
近卫第11集团军			加里宁格勒	
	坦克第1师	坦克第1军	加里宁格勒	
	近卫坦克第40师	近卫机械化第28师、近卫骑兵第2军	立陶宛斯拉夫斯克	
	近卫摩步第26师	近卫步兵第26师	古谢夫	
	近卫摩步第1师	近卫步兵第1师	加里宁格勒	
直属	近卫摩步第144师	近卫机械化第36师、近卫步兵第29师	塔林	
	摩步第107师	摩步第265师拆分	维尔纽斯	
	摩步第153师（动员）	摩步第597团1972年扩	维尔纽斯	
	坦克第24师	步兵第256师	多贝莱	
	近卫摩步第3师	近卫步兵第3师	立陶宛克莱佩达	
空降部队	近卫空降第7师		考纳斯	
	空降第44教导师		立陶宛约纳瓦	1961年组建
特种部队	特种第4旅		爱沙尼亚维尔加德	1962年组建
莫斯科军区				
近卫第13军		近卫步兵第13军	高尔基	
	坦克第60师	坦克第43师、步兵第60师	捷尔任斯克市	
	摩步第225师（动员）		穆利诺	1978年组建，1987年9月撤销
	摩步第89师（动员）		坦波夫	1966年6月组建，1987年9月改1042训练中心
直属	近卫坦克第4师	近卫坦克第4军	纳罗福明斯克	
	近卫摩步第32师	近卫机械化第66师、近卫步兵第32师	加里宁	
	近卫摩步第2师	近卫摩步第23师、近卫机械化第23师、近卫步兵第2师	加利涅茨（阿拉比诺）	
	近卫摩步第53训练师	近卫机械化第62师、近卫步兵第53师	科夫罗夫（卡尔佩特）	1979年12月29日改近卫坦克第26教导师
	摩步第196师（动员）		库尔斯克	1978年组建，1987年9月撤销

第六章 军事扩张：1965—1980年勃列日涅夫时代的苏联陆军

续表

军以上部队名称	师、旅	前身	驻地	备注
空降兵司令部	近卫空降第106师		图拉	
	特种第16旅		梁赞州丘尔科沃	1963年1月成立
白俄罗斯军区				
第28集团军			格罗德诺	
	坦克第28师	机械化第8师，机械化第8军	斯洛尼姆	
	近卫摩步第50师	近卫步兵第50师	布列斯特	
	坦克第76师		布列斯特	1969年组建
坦克第7集团军		第65集团军	鲍里索夫	
	近卫坦克第37师	近卫坦克第39师，近卫机械化第27师，近卫步兵第37师	波洛茨克（博罗夫哈）	
	近卫坦克第3师	近卫坦克第3军	扎斯洛诺夫	
	坦克第34师	坦克第10军	鲍里索夫	
	摩步第267师（动员）	坦克第34师的影子师	鲍里索夫	1968年组建，1987年撤销
近卫坦克第5集团军			博布鲁伊斯克	
	坦克第29师	坦克第29军	斯卢茨克	
	近卫坦克第8师	近卫坦克第8军	滨海戈尔卡	
	坦克第193师	机械化第22师，步兵第193师	博布鲁伊斯克	
	摩步第84师（动员）		滨海戈尔卡	1968年组建，1987年撤销
直属	近卫摩步第120师	近卫步兵第120师	明斯克	
	近卫坦克第45师	近卫机械化第15师，近卫步兵第6师	佩奇	
空降部队	近卫空降第103师		维捷布斯克	
特种部队	特种第5旅		滨海戈尔卡	1963年1月成立
喀尔巴仟军区			利沃夫	
第38集团军			利沃夫	
	近卫摩步第17师	近卫机械化第17师，近卫步兵第40师	赫梅利尼茨基	
	近卫摩步第70师	近卫步兵第70师	伊万诺—弗兰科夫斯克	
	近卫摩步第128师	近卫步兵第128师	穆卡切沃	
	摩步第276师（动员）	近卫第128师的影子师	乌日哥罗德	1970年组建，1987年撤销
坦克第8集团军		第52集团军	日托米尔	
	坦克第23师	坦克第23军	奥夫鲁奇	
	近卫坦克第30师	近卫机械化第11师（近卫骑兵第13师）	沃伦斯基新城	
	坦克第50师（动员）		日托米尔	1968年12月组建，1987年12月改第686民兵训练中心
第13集团军			罗夫诺	
	摩步第161师	摩步第99师，机械化第24师，步兵第161师	伊贾斯拉夫	
	近卫摩步第97师	近卫步兵第97师	斯拉武塔	
	近卫摩步第51师	近卫摩步第15师，近卫步兵第15师	弗拉基米尔—沃伦和柳博穆利	
	摩步第275师（动员）	第161师的影子师	伊贾斯拉夫	1970年组建，1987年撤销
直属	摩步第24师	步兵第294师	西萨摩列斯	
	近卫摩步第66教导师	近卫步兵第66师	切尔诺夫策	

续表

军以上部队名称	师、旅	前身	驻地	备注
	近卫坦克第117教导师	近卫坦克第41师、近卫机械化第32师、近卫步兵第117师	别尔季切夫	
直属	特种第8旅		伊贾斯拉夫	1963年组建
敖德萨军区			敖德萨	
近卫第14集团军			基什尼奥夫	
	摩步第180师	摩步第88师，步兵第180师	别尔哥罗德—德涅斯特罗夫斯基罗夫斯基	
	近卫摩步第86师	近卫步兵第86师	伯尔齐	
	近卫摩步第59师	近卫步兵第59师	蒂拉斯波尔	
第32军			辛菲罗波尔	1967年2月组建
	摩步第126师	摩步第101师、机械化第28师、步兵第126师	辛菲罗波尔	
	摩步第157师		费奥多西亚	1969年4月组建
直属	近卫摩步第92师	近卫摩步第34师、近卫机械化第34师、近卫步兵第92师	尼古拉耶夫	
	近卫摩步第28师	近卫步兵第28师	敖德萨近卫军村	
空降部队	近卫空降第98师		博尔格勒	
	特种第10旅		塞瓦斯托波尔市旧克里木	1962年9月—1962年10月组建
	特种第17旅		奥查克沃	1968年6月组建
基辅军区				
近卫坦克第6集团军	近卫坦克第75师	近卫坦克第14师、近卫机械化第64师、近卫步兵第75师	丘古耶夫	
	近卫坦克第17师	近卫坦克第37师、近卫机械化第25师、近卫步兵第20师	克里沃罗格	
	近卫坦克第42师	近卫步兵第42师	近卫军城	
	近卫坦克第22师	近卫步兵第115师	新莫斯科斯克	
	坦克第52师(动员)		日丹诺夫卡	1969年组建，1987年12月改第722民兵训练中心
	坦克第58师(动员)		克里沃罗格	1971年组建，1987年12月改第747民兵训练中心
近卫第1集团军			切尔尼戈夫	
	近卫摩步第25师	近卫步兵第25师	卢布内	
	近卫摩步第72师	近卫步兵第72师	白采尔科维	
	近卫坦克第41师	近卫坦克第35师、近卫机械化第18师、近卫步兵第41师	(乌曼)斯卡德罗夫利斯村	
	摩步第47师		科诺托普	1969年7月组建
直属	摩步第36师		阿尔乔莫夫斯克	1966年组建
	摩步第136师	步兵第343师	皮里亚京	1960年重建
	近卫摩步第4师	近卫机械化第4师、近卫机械化第4军	卢甘斯克	
	近卫坦克第48教导师	近卫步兵第112师、近卫空降第5师	奥斯特	
	特种第9旅		基洛夫格勒	1962年12月28日成立
北高加索军区			罗斯托夫	
第12军			罗斯托夫	
	摩步第9师	步兵第9师	迈科普	
	摩步第113师(动员)	摩步第9师的影子师	戈尔亚奇克留奇	1978年组建，1987年10月撤销

第六章 军事扩张：1965—1980 年勃列日涅夫时代的苏联陆军

续表

军以上部队名称	师、旅	前身	驻地	备注
	摩步第 156 师（动员）	1968 年 6 月组建	新罗西斯克	1987 年 12 月改 880 民兵训练中心
直属	摩步第 19 师	摩步第 92 师、步兵第 19 师	奥尔忠尼启则	
	摩步第 268 师（动员）	摩步第 19 师的影子师	普罗赫拉德内	1978 年组建，1987 年 12 月改 887 民兵训练中心
	坦克第 14 师		新切尔卡斯克	成立于 1960 年后期
	近卫摩步训练第 42 师	近卫步兵第 24 师	格罗兹尼	
	摩步第 82 师		伏尔加格勒	1969 年组建
外高加索军区			第比利斯	
第 31 军		1961 年 5 月改特别第 31 军	库塔伊西	
	摩步第 145 师		巴统	
	摩步第 147 师		阿哈尔卡拉基	
	摩步第 152 师（动员）		库塔伊西	1972 年组建
	近卫摩步第 10 师	近卫步兵第 10 师	阿哈尔齐赫	
近卫 7 集团军			埃里温	
	摩步第 164 师	摩步第 121 师、机械化第 73 师、步兵第 164 师	埃里温	
	摩步第 127 师	步兵第 261 师	列宁纳坎	
	摩步第 15 师	摩步第 100 师、机械化第 26 师、步兵第 15 师	瓦纳佐尔	
第 4 集团军			巴库	
	摩步第 60 师	步兵第 6、406 师	连科兰	
	近卫摩步第 23 师	近卫机械化第 31 师、近卫骑兵第 7 军	基洛夫巴德	
	摩步第 75 师	步兵第 75 师	阿塞拜疆纳希切万	
	摩步第 295 师	摩步第 49 师、步兵第 295 师	巴库	
	摩步第 49 师	摩步第 295 师的影子师	巴库	1978 年组建，1987 年撤销
直属	近卫摩步 100 训练师	近卫机械化第 1 师、近卫机械化第 1 军	第比利斯	
空降、空突部队	近卫空降第 104 师			
	空突第 21 旅		库塔伊西	1973 年 2 月 19 日组建
特种部队	特种第 12 旅		格鲁吉亚拉戈代希	1962 年组建
伏尔加军区	摩步第 43 训练师	摩步第 130 师、步兵第 43 师	古比雪夫	
	摩步第 96 师	步兵第 96 师	喀山	
	摩步第 213 师	摩步第 118 师、步兵第 213 师	托茨科耶	
	摩步第 130 师（动员）	摩步第 43 的影子师	古比雪夫	1970 年组建，1987 年 9 月撤销
	摩步第 166 师（动员）		阿尔基诺	1978 年组建，1987 年 9 月改 1056 民兵训练中心
	摩步第 248 师（动员）		萨拉普尔	1978 年组建，1987 年 9 月改 1060 民兵训练中心
	摩步第 274 师（动员）	摩步第 43 师的影子师	古比雪夫州科里亚日	1970 年组建，1987 年 9 月撤销
乌拉尔军区	摩步第 65 师（动员）	步兵第 368 师	彼尔姆	1967 年重建
	摩步第 34 师	摩步第 126 师、步兵第 77 师	斯维尔德洛夫斯克	
	摩步第 78 训练师	步兵第 417 师	切尔巴库里	
	坦克第 44 训练师	机械化第 61 师、步兵第 279 师	卡梅什洛夫城	
	摩步第 163 师（动员）		别列别伊	1975 年组建，1987 年撤销
	摩步第 165 师（动员）		博洛史诺（叶兰茨基）	1978 年组建，1987 年撤销

241

续表

军以上部队名称	师、旅	前身	驻地	备注
土耳其斯坦军区			塔什干	步兵第93旅
	近卫摩步第5师	近卫机械化第5师,近卫机械化第5军	库什卡	
	摩步第58师	步兵第344师	土库曼克孜勒—阿尔瓦特	
	摩步第61训练师	步兵第357师	阿什哈巴德	
	摩步第83师(动员)	摩步第61训练师的影子师	阿什哈巴德	1972年组建,1989年撤销
	摩步第108师	步兵第360师	铁尔梅兹	
	摩步第114师(动员)		撒马尔罕	1978年组建,1987年撤销
	摩步第133师(动员)	摩步第108师的影子师	铁尔梅兹	1972年组建,1987年撤销
	摩步第151师(动员)		卡尔希	1972年组建,1987年撤销
	摩步第154师(动员)	摩步61训练师的影子师	阿什哈巴德	1972年组建,1987年撤销
空降部队	近卫空降第105师		费尔干纳	
特种部队	特种第15旅		奇尔奇克	1963年1月1日成立
中亚军区			阿拉木图	
第1军			塞米巴拉金斯克	
	摩步第203师	摩步第102师,步兵第203师	哈萨克卡拉干达	
	坦克第78师	坦克第15师	阿亚古兹	
	摩步第155师		塞米巴拉金斯克	
	坦克第69师(动员)	摩步第155师的影子师	乌斯季—卡缅诺戈尔斯克	1972年组建
第17军			伏龙芝城	
	近卫摩步第8师	近卫步兵第8师	伏龙芝城	1967年从爱沙尼亚移防
	摩步第68师	步兵第372师	萨雷奥泽克	
	摩步第201师	摩步第134师,步兵第201师	杜尚别	
直属	近卫摩步第80训练师	近卫摩步第90师,近卫步兵第80师	奥塔尔市近卫军村	
	摩步第269师(动员)	近卫摩步第80师的影子师	奥塔尔市近卫军村	1978年组建,1987年撤销
特种部队	近卫特种第22旅	卡普恰盖		1976年组建
西伯利亚军区				
第33军			克麦罗沃	
	摩步第13师	摩步第95师	比斯克	1960年9月组建
	摩步第62师	1971年成立	伊塔特卡	
	摩步第167师(动员)	摩步第13师的影子师	比斯克	1978年组建,1987年10月改第1010民兵训练中心
直属	摩步第85师	步兵第85师	新西伯利亚	
	摩步第190师(动员)	摩步第85师的影子师	别尔兹克	1978年组建,1987年撤销
	摩步第242师		阿巴坎	1972年组建
	摩步第218师(动员)	摩步第242师的影子师	克孜勒	1978年组建
	摩步第56训练师	摩步第67师,步兵第56师	鄂木斯克	
	摩步第227师(动员)	摩步第56训练师的影子师	鄂木斯克(斯维特里村)	1978年组建,1987年撤销
后贝加尔军区				
第39集团军			蒙古乌兰巴托	
	摩步第41师		乔依尔	1968年7月11日组建
	近卫坦克第2师	近卫坦克第2军	乔巴山	1965年列宁格勒军区调
	坦克第51师		纳来哈	1967年组建
	侦察第20旅		阿尔拜—哈列	1972年5月15日组建
第29集团军		第44军,1968—1969年改	乌兰乌德	1988年2月28日改47军
	摩步第245师		上乌金斯克(古西诺泽尔斯克)	1967年8月31日组建

242

第六章 军事扩张：1965—1980年勃列日涅夫时代的苏联陆军

续表

军以上部队名称	师、旅	前身	驻地	备注
	摩步第52师	步兵第315、347师	下乌金斯克	1969年刻赤移防
	摩步12师		旧迪维济翁纳亚	1960年6月组建，1979年3月后调蒙古
	近卫坦克第5师	近重坦克第18师、近卫骑兵第5师、近卫骑兵第5军	恰克图	1965年从北高加索调
第36集团军		步兵第86军	博尔贾	1976年组建
	近卫摩步第122师	近卫坦克第5军、近卫坦克第5军	达斡里亚	
	近卫摩步第11师	近卫机械化第7师、近卫机械化第7军	别兹列奇纳亚	
	近卫摩步第38师	近卫步兵第38师	斯列坚斯克	
直属	摩步第91师		舍列霍沃（奇斯托耶克留奇）	1970年7月组建
	摩步第150训练师		贝加尔斯克	
	坦克第49训练师	摩步训练第243师，1969年改	赤塔	
	摩步第110师（动员）		布拉茨克	1968年组建
	摩步第143师（动员）		伊尔库茨克	1978年组建，1987年撤销
	摩步第195师（动员）		后贝加尔—彼得罗夫斯克	1978年组建，1987年撤销
	摩步第247师（动员）		德罗维亚纳亚	1978年组建，1987年撤销
空突部队	空突第11旅	空降第11旅，1971年7月改空突第11旅	莫戈恰	1968年8月组建
特种部队	特种第24旅		恰克图	1977年12月1日组建
远东军区				
第51集团军		第2军	南萨哈林斯克	
	摩步第33师	摩步第56师、步兵第342师	霍穆托沃	
	摩步第79师	步兵第79师	列昂尼多沃（波罗奈斯克）	
	机炮第18师	步兵第184师、第109筑垒地域	择捉岛	
第15集团军			哈巴罗夫斯克	
	摩步第270师		哈巴罗夫斯克附近红列奇卡	1970年3月3日组建
	近卫摩步第81师	近卫步兵第81师	比金	1969年后调远东
	摩步第135师	1968年4月调远东	列索扎沃茨克	1960年6月组建，参加珍宝岛战斗
	摩步第73师	步兵第73师	共青城	1969年随29军调远东
	第2筑垒地域		大乌苏里岛（黑瞎子岛）	
	第17筑垒地域		达利涅列琴斯克	
红旗第35集团军		步兵第29军	别洛戈尔斯克	
	近卫坦克第21师	近卫摩步第31、29师、近卫步兵第31师	别洛戈尔斯克	1969年从波罗的海军区考纳斯调远东，1978年起为近卫坦克第21师
	摩步第192师		布拉戈维申斯克	1969年组建
	摩步第265师	步兵第265师	沃兹日阿耶夫卡	1968年调入
	摩步第266师	步兵第266师	赖奇欣斯克	1969年调入
第5集团军			乌苏里斯克	
	摩步第277师	坦克第32、2师、步兵第66师	波克罗夫卡	
	摩步第119师（动员）		利阿里奇	1976年组建，1982年改坦克第77师

续表

军以上部队名称	师、旅	前身	驻地	备注
	近卫摩步第123师	近卫步兵第17师	巴拉巴什	
	摩步第124师(动员)	近卫摩步第123师的影子师	乌苏里斯克	1970年组建
	摩步第29师	摩步第110师,步兵第29师	石费舍尔	1968年调驻远东
	摩步第40师	步兵第40师	斯莫尔尼亚诺沃	
	摩步第148师(动员)		什科托沃	1970年组建,1987年改第475民兵训练中心
	摩步第199师	摩步第124师,步兵第215师	红库特	
	第4筑垒地域		克拉斯季诺(图们江口)	
	第5筑垒地域		波波夫卡	
	第13筑垒地域		波格拉尼奇内	
	第15筑垒地域		新格奥尔基耶夫卡	
	第20筑垒地域		巴拉巴什	
第43军		步兵第137军		
	摩步第272师	摩步第119师,步兵第272师	巴布斯托沃	
	摩步第118师(动员)		比罗比詹	1968年组建
直属	摩步第125师(动员)		扎维京斯克	1969年组建,1981年改坦克第27训练师
	摩步第194师(动员)		斯沃博德内	1976年组建,1987年撤销
	摩步第271师(动员)	近卫坦克第21师的影子师	别洛戈尔斯克	1978年组建,1989年9月改第5230存储基地
直属	摩步第22师		彼得罗巴甫洛夫斯克	
	独立摩步第23旅		楚科奇地区阿纳德尔	1984年扩编为99师
	摩步第129训练师	步兵第39师	哈巴罗夫斯克沃洛查耶夫斯克镇	
	摩步第121训练师		西比尔采沃	1970年8月组建
空突部队	空突第13旅		阿穆尔州马格达奇	1970年8月组建
特种部队	特种第45旅		俄罗斯岛	1955年组建
	特种第14旅		乌苏里斯克市基尔扎沃德	1963年12月1日组建

第七章　盛极而衰：1980－1989年的苏联陆军

第一节　1980－1989年苏联陆军的发展

1980年代初，苏联的扩张达到顶峰，在全球与美国为首的西方阵营展开激烈对抗。1981年，苏联举行了规模宏大的"西方81"演习。以总参谋长奥加尔科夫元帅等一批军事理论家，对电子计算机为核心的信息技术、精确制导武器倍加关注，提出了新军事革命理论，但后来却不了了之。另一方面由于深陷阿富汗战争，苏军开始了衰败过程。

1982年11月，勃列日涅夫逝世，此后的继任者安德罗波夫和契尔年科也相继逝世，苏联在3年里换了3次领导人。1985年戈尔巴乔夫上台后，试图摆脱经济重负，却始终走不出困境，因而转向政治上的改革，并寻求与西方的全面和解。

1980年代末，新的苏联领导层提出了新的军事学说，并产生了新的军事指导原则：

苏联在任何情况下不首先采取军事行动，更不会首先使用核武器；

苏联武装力量不会预设或实施任何军事行动，以对对手进行突然袭击或先发制人的打击；

▲"西方81"演习。

苏联在对侵略进行反击时，将只进行自卫和反击行动；

不考虑在战争初期以全体武装力量对敌军进行大规模进攻作战。

这个军事学说预先限定了苏联武装力量进攻（反击）军事行动的规模和限度，正式标志着苏联武装力量向确保防卫的战略思想转变。1988年，在国防部长亚佐夫领导下，苏联欧洲部分进行了武装力量的战略推演，全面展示了苏军战区防御作战的状态。从1984年秋开始，和平时期战区内的战略推演计划制订，部队组织，直至第一阶段的战略推演结束，都由战略方向总司令部完成，战略推演体现了总参和各军区参谋部的大量劳动成果。这个时期，苏联武装力量有4个驻外军队集群（西部集群驻德国，中央集群驻捷克斯洛伐克，北方集群驻波兰，南部集群驻匈牙利）及16个军区（其中土耳其斯坦军区的第40集团军位于阿富汗，后贝加尔军区的第39集团军驻蒙古）。苏军在1984年建立了战略方向总司令部，对下辖的各集群、军区和舰队有绝对独立的指挥权。但在保证各集群和军区足够权力的条件下，战略方向总司令部更多地表现为大型战略战役领导机构的预备，尽管这种机构在战争进程中已经不可能建立了。

西战略方向：

驻德集群（1989年7月1日改称西部集群）、北方集群、中央集群、白俄罗斯军区、喀尔巴阡军区。

主要的防护指挥所位于喀尔巴阡军区内的文尼察；和平时期，总司令部位于波兰境内的莱格尼察，战役兵团还有波罗的海舰队，白俄罗斯防空集团军和驻白空军集团军。

西南战略方向：

南方集群、基辅军区、奥德萨军区。

主要的防护指挥所位于伊万诺—福朗科夫斯科，和平时期位于基什纽夫，战役兵团还有黑海舰队，防空和空军集团军。

南战略方向：

外高加索军区、北高加索军区、土耳其斯坦军区（中亚军区1989年并入）。

主要的防护指挥所位于巴库，和平时期总司令部也在此处。战时编入里海分舰队，巴库防空区，空军集团军。

远东战略方向（1979年建立）：

后贝加尔军区、远东军区。

主要的防护指挥所位于赤塔，战时编入太平洋舰队，防空军和空军集团军。

另有7个独立的军区：列宁格勒军区、莫斯科军区、波罗的海沿岸军区、伏尔加军区、乌拉尔军区、中亚军区、西伯利亚军区。根据战略需要,苏联陆军常备战斗部队大部分为驻外集群和集团军。1988年,这些常备师分布情况如下:西部集群19个、中央集群5个、北方集群2个、南方集群4个、第40集团军4个、第39集团军5个。

根据戈尔巴乔夫公开性思想,1987年10月,《真理报》发表文章公开了苏联陆军的实力,并导致其他各大报纸曝光苏军的力量组成,其中陆军总人数约200万人,陆军师数量不少于210个。1987年10月13日的《真理报》同时公布了陆军的布署情况:57个常备师(战备师,45个位于乌拉尔外,其中30个驻东欧)、44个简编师(1个月内战备完成),其余为动员师(含装备,但需要长时间完成战备)。

根据费斯科夫整理的资料,1980年代苏军各军区、集群的陆军师分布如下:

一、驻德集群

一线战备师

坦克师:25,近卫7、9、10、11、12、16、32、47、79、90

摩步师:35、207,近卫20、21、27、35、39、57、94

二、北方集群

一线战备师

坦克师:20

摩步师:近卫6

三、中央集群

一线战备师

坦克师:近卫15、31

摩步师:48,近卫18、30

四、南方集群

一线战备师

坦克师:近卫13、19

摩步师:254,近卫93

五、列宁格勒军区

1.一线战备师

空降师:近卫76

2.I级缺编师

摩步师:54、131,近卫45

3. 高配基干师

摩步师：69，近卫63（训练）

4. 低配基干师

摩步师：111，近卫64、77

六、波罗的海军区

1. 满员师（战备师）

空降师：近卫7

2. I级缺编师

坦克师：近卫40

3. II级缺编师

摩步师：近卫1

4. 高配基干师

空降师：44（训练）

坦克师：24（训练）

5. 低配基干师

摩步师：107，近卫3、26、144

七、白俄罗斯军区

1. I级缺编师

坦克师：近卫6

摩步师：近卫120

2. 高配基干师

坦克师：28、29、34、193，近卫3、8、37，近卫45（训练）

3. 低配基干师

摩步师：近卫50

八、喀尔巴阡军区

1. I级缺编师

坦克师：23

摩步师：24、近卫128

2. 高配基干师

坦克师：近卫30、近卫117（训练）

摩步师：近卫66（训练）

3.低配基干师

摩步师：161，近卫17、51、70、97

九、基辅军区

1.II级缺编师

坦克师：近卫17

2.高配基干师

坦克师：近卫22、75，近卫48（训练）

摩步师：近卫72

3.低配基干师

坦克师：近卫41、42

摩步师：36、46、47，近卫25

十、敖德萨军区

1.一线战备师

空降师：近卫98

2.高配基干师

摩步师：近卫28，近卫92（训练）

3.低配基干师

摩步师：126、157、180，近卫59、86

十一、莫斯科军区

1.一线战备师

空降师：近卫106

2.I级缺编师

坦克师：近卫4

3.II级缺编师

摩步师：近卫2

4.高配基干师

坦克师：近卫26（训练）

5.低配基干师

坦克师：60

摩步师：89，近卫 32

十二、伏尔加军区

高配基干师

摩步师：43（训练），96、213

十三、乌拉尔军区

高配基干师

坦克师：44（训练）

摩步师：78（训练），34

十四、北高加索军区

1.高配基干师

坦克师：14

摩步师：19，近卫 42（训练）

2.低配基干师

摩步师：9、82

十五、外高加索军区

1.一线战备师

空降师：近卫 104

2.Ⅱ级缺编师

摩步师：60、127、164，近卫 10

3.高配基干师

摩步师：147，近卫 100（训练）

4.低配基干师

摩步师：15、75、145、295，近卫 23

十六、土耳其斯坦军区

1.高配基干师

摩步师：61（训练），88，近卫 4

2.低配基干师

摩步师：58

十七、阿富汗

一线战备师

第七章 盛极而衰：1980—1989 年的苏联陆军

空降师：近卫103

摩步师：108、201，近卫5

十八、中亚军区

1. I级缺编师

坦克师：78

2. II级缺编师

摩步师：68、155

3. 高配基干师

摩步师：近卫8，近卫80（训练）

4. 低配基干师

摩步师：71、134、203

十九、西伯利亚军区

高配基干师

摩步师：56（训练），13、62、85、242

二十、后贝加尔军区

1. I级缺编师

坦克师：近卫5

摩步师：近卫11

2. II级缺编师

摩步师：近卫122

3. 高配基干师

坦克师：49（训练）

摩步师：近卫38

4. 低配基干师

摩步师：52、198、245

二十一、蒙古

1. 一线战备师

坦克师：近卫2

2. I级缺编师

摩步师41

3.Ⅱ级缺编师

坦克师：51

摩步师：12、91

二十二、远东军区

1.Ⅰ级缺编师

摩步师：29、67、192、270，近卫81、123

2.Ⅱ级缺编师

摩步师：40、135、199、265、266、277

3.高配基干师

坦克师：27（训练），近卫21

摩步师：121、129（训练），272

机炮师：18

4.低配基干师

摩步师：22、33、73、79、99

根据官方公布报告（《欧洲常规武器限制条约》）在欧洲（乌拉尔以外）有如下军队：

118.7万陆军和空降部队

4.158万辆坦克（含PT-76）

4.5万辆步兵战车，装甲输送车（含不受条约限制的BRDM）

50275门各种火箭炮迫击炮和76毫米以上口径身管火炮

8840套反坦克导弹系统

而防空军和陆军防空部队武装不受限制，而战术战役导弹发射器有1221部。

同时还公布了陆军装备总数：

6.39万辆坦克（含PT-76）

7.652万辆步兵战车，装甲输送车

1723部战术战役导弹发射器

而动员机制没有公布，但估计当时苏联可在战争状态下动员1200万—1500万人（《俄罗斯军事战略历史》，第528页）。

第七章 盛极而衰：1980—1989年的苏联陆军

表7-1 1957—1989年苏军摩步师沿革

摩步师1989年番号（1965年番号或组建时间）	1987—88年改的训练中心	1957年摩步师番号（解散时间）	荣誉称号	勋章	隶属
近卫1		近卫1	莫斯科—明斯克	无产阶级红旗、列宁、苏沃洛夫、库图佐夫	PribVO
近卫2		近卫23	塔曼、M.I.加里宁	红旗、苏沃洛夫、库图佐夫	MVO
近卫3		近卫3	沃尔诺瓦哈	红旗、苏沃洛夫	PribVO
近卫4		近卫63	斯大林格勒	红旗、苏沃洛夫、库图佐夫	KVO、TVO
		4（1958）	维捷布斯克	红旗	ZKVO
近卫5		近卫53	济莫夫尼基	库图佐夫、亚历山大涅夫斯基	TVO
近卫6（近卫坦克90）		近卫坦克38	维捷布斯克—诺夫哥罗德	两枚红旗	SGV
		7（1958）	新乌克兰卡—兴安岭	红旗、列宁、苏沃洛夫	FEB
近卫8		近卫8	列奇察、潘菲洛夫	红旗、列宁勋章、苏沃洛夫	CAMD
		近卫9	德涅斯特—勒姆尼克河	红旗、库图佐夫	ZabVO
9		80	格鲁吉亚克拉斯诺达尔	红旗、库图佐夫、红星	SKVO
近卫10		近卫10	佩琴加	两枚红旗、红星、亚历山大涅夫斯基	ZKVO
近卫11		近卫11	涅任—库兹巴斯	苏沃洛夫	ZabVO
12		12（1958）	阿穆尔		ZabVO
13					SibVO
15		100	锡瓦什—什切青	两枚红旗、列宁、苏沃洛夫、红星	ZKVO
近卫16		近卫16	卡拉切夫	红旗、列宁、苏沃洛夫	PribVO
近卫17		近卫17	叶纳基耶沃—多瑙河	红旗、苏沃洛夫	PrikVO
近卫18		近卫30	因斯特堡	红旗、苏沃洛夫	TSGV
19		19	沃罗涅日—乌穆林斯克	两枚红旗、苏沃洛夫	SKVO
近卫20		近卫20	喀尔巴阡—柏林	红旗、苏沃洛夫	GSVG
21		18	塔甘罗格	红旗、苏沃洛夫	GSVG
22		22	克拉斯诺达尔—哈尔滨	两枚红旗	FEB
近卫23		近卫25	勃兰登堡	红旗、列宁、苏沃洛夫	ZKVO
24		24	萨马拉、乌里扬诺夫斯克、别尔季切夫、铁师	三枚红旗、十月革命、苏沃洛夫、波格丹、赫梅利尼茨基	PrikVO
近卫25		近卫115	锡涅利尼科沃—布达佩斯、恰巴耶夫	红旗、苏沃洛夫、波格丹、赫梅利尼茨基	KVO
近卫26		近卫26	东西伯利亚—戈罗多克	红旗、苏沃洛夫	PribVO
近卫27		近卫21	鄂木斯克—新布格	红旗、波格丹、赫梅利尼茨基	GSVG
近卫28		近卫28	哈尔科夫	红旗	OdVO
29		110	波洛茨克	苏沃洛夫	FEB
近卫30		近卫55	伊尔库茨克、平斯克、塔曼	两枚红旗、列宁、苏沃洛夫、俄罗斯苏维埃劳动红旗	TSGV
近卫32		近卫114	塔曼	红旗、苏沃洛夫	MVO
33		56			FEB
		近卫33（1958）	赫尔松	红旗、苏沃洛夫	YUGV
34		126	辛菲罗波尔、谢尔戈·奥尔忠尼启则	红旗、苏沃洛夫	UrVO
35		19	克拉斯诺格勒	红旗	GSVG
36（1966）					CHED
37		156			LVO
近卫38		近卫38	洛佐瓦亚	红旗	ZabVO

253

续表

摩步师1989年番号（1965年番号或组建时间）	1987—88年改的训练中心	1957年摩步师番号（解散时间）	荣誉称号	勋章	隶属
近卫39		近卫39	斯大林格勒—巴尔文科沃	列宁、两枚红旗、苏沃洛夫和波格丹、赫梅利尼茨基	GSVG
40		40		列宁、红旗	FEB
		41（1958）		红旗	FEB
41（1968）					ZabVO
（近卫42）	近卫173	近卫42	叶夫帕托里亚	红旗	SKVO
（43训练）	469	43	塔尔图	两枚红旗	PriVO
近45		近卫45	红谢洛、A. A.日丹诺夫	列宁、红旗	LVO
46（1980）					CHED
		近卫47（1959）	斯大林格勒—克里沃罗格		FEB
		近卫48（1959）	克里沃罗格	红旗、苏沃洛夫、库图佐夫	BVO
48		132	罗普沙—特维尔、M. I.加里宁	红旗	TSGV
近卫50		近卫50	顿涅茨克（斯大林诺）	两枚红旗、苏沃洛夫、库图佐夫	BVO
		近卫51（1958）	维捷布斯克、K. E.伏罗希洛夫	列宁、红旗	PribVO
近卫51		近卫15	哈尔科夫—布拉格	两枚红旗、列宁、苏沃洛夫、库图佐夫	PrikVO
52		52	梅利托波尔	红旗、苏沃洛夫	ZabVO
54		54		红旗	LVO
海步55（1967）		海步55（1956）	莫济里	红旗	KTOF
56训练		67	普希金	红旗	SIBVO
近卫57		近卫57	新布格	苏沃洛夫、波格丹、赫梅利尼茨基	GSVG
58		58	罗斯拉夫尔	红旗	TVO
近卫59		近卫59	克拉马托尔斯克	红旗、苏沃洛夫、波格丹、赫梅利尼茨基	ODVO
60		60	F. I.托尔布欣元帅		ZKVO
61训练		61		苏沃洛夫	TVO
62（1971）					SibVO
		63（1958）	维捷布斯克	红旗、苏沃洛夫库图佐夫	FEB
（近卫63训练）	近卫56	近卫63	红谢洛	列宁、苏沃洛夫、波格丹、赫梅利尼茨基	LVO
近卫64		近卫64	红谢洛	红旗	LVO
65		65	佩琴加	红旗	UrVO
（近卫66训练）	近卫110	近卫66	波尔塔瓦	红旗	PrikVO
67（1968）					FEB
68		68	诺夫哥罗德	红旗	TVO
69		69	谢夫斯克	两枚红旗、苏沃洛夫、库图佐夫	LVO
近卫70		近卫70	格卢霍夫	两枚红旗、列宁、苏沃洛夫、库图佐夫、波格丹、赫梅利尼茨基	PrikVO
71		71	托伦	红旗	LVO
近卫72		近卫72	克拉斯诺格勒	红旗	KVO
73		73	新济布科夫	红旗、列宁、苏沃洛夫	FEB
		74	捷姆留克	红旗	SibVO

第七章 盛极而衰：1980—1989年的苏联陆军

续表

摩步师1989年番号（1965年番号或组建时间）	1987—88年改的训练中心	1957年摩步师番号（解散时间）	荣誉称号	勋章	隶属
75		75			ZKVO
近卫77		近卫77	切尔尼戈夫	红旗、列宁、苏沃洛夫	LVO
78训练	417	78	锡瓦什	红旗、苏沃洛夫	UrVO
79		79	萨哈林		FEB
（近卫80训练）	近卫210	近卫90	五一城	苏沃洛夫	CAMD
近卫81		近卫81	克拉斯诺格勒	红旗、苏沃洛夫	FEB
		82（1958）	基辅—日托米尔	红旗、苏沃洛夫、库图佐夫	GSVG
82（1969）					SKVO
		近卫83（1959）	奥伦堡—罗夫诺	两枚红旗、列宁、苏沃洛夫、红星	PrikVO
84（1981）					BVO
85		85	巴甫洛夫	红旗	SibVO
近卫86		近卫86	尼古拉耶夫	红旗	OdVO
88（1980）					TVO
		89（1958）	兴安岭		ZabVO
91（1970）					ZabVO
近卫92训练		近卫34	克里沃罗格		OdVO
		93（1960）	下第聂伯彼得罗夫斯克	红旗	OdVO
近卫93		近卫35	哈尔科夫	两枚红旗、苏沃洛夫、库图佐夫	YUGV
近卫94		近卫94	兹韦尼戈罗德—柏林	苏沃洛夫	GSVG
		95（1959）			SibVO
96		96	戈梅利	红旗、苏沃洛夫	PriVO
近卫97		近卫97	波尔塔瓦	红旗、苏沃洛夫、波格丹、赫梅利尼次基	PrikVO
99（1968）					FEB
近卫100训练		近卫2	维也纳	列宁、库图佐夫	ZKVO
		105（1958）	后贝加尔—兴安岭	列宁	ZabVO
107（1968）					PribVO
108		108	涅韦尔	两枚红旗	TVO
		近卫109（1960）	别里斯拉夫—兴安岭	红旗、苏沃洛夫	SibVO
111		111		红旗	LVO
		近卫113（1958）	克列缅丘格—兹纳缅卡	红旗、苏沃洛夫	
		116（1960）			LVO
118（1969）					FEB
近卫120		近卫120	罗加乔夫、白俄罗斯	红旗、苏沃洛夫、库图佐夫	BVO
（121训练）	291	84		红旗	FEB
近卫122		近卫122	斯大林格勒、基辅	红旗、列宁勋章、苏沃洛夫、库图佐夫	ZabVO
近卫123		近卫123	杜霍夫希纳—兴安岭	红旗、苏沃洛夫、十月革命	FEB
		125（1958）			FEB
126		101	戈尔洛夫卡	两枚红旗、苏沃洛夫	OdVO
127		127			ZKVO
近卫128		近卫128	土耳其斯坦	红旗	PrikVO
129训练		129	太平洋	红旗、苏沃洛夫	FEB
131		131	佩琴加	列宁、红旗	LVO
山地134（1980）					CAMD
135					FEB
近卫144		近卫36	叶利尼亚	红旗、苏沃洛夫	PribVO

续表

摩步师1989年番号(1965年番号或组建时间)	1987—88年改的训练中心	1957年摩步师番号（解散时间）	荣誉称号	勋章	隶属
145（山地145）		山地145	塔曼	红旗、库图佐夫、红星	ZKVO
146					PrikVO
147					ZKVO
(150训练，1976后)					ZabVO
152					ZKVO
155					CAMD
157					OdVO
161		99	斯坦尼斯拉夫	红旗、波格丹、赫梅利尼茨基	PrikVO
164		121	维捷布斯克	红旗	ZKVO
180		88	基辅	红旗、苏沃洛夫、库图佐夫	OdVO
192					FEB
199					FEB
201		山地27	加特契纳	红旗	TVO
203		102	扎波罗热—兴安岭	红旗、苏沃洛夫	CAMD
206					MVO
207		32	波美拉尼亚	红旗、苏沃洛夫	GSVG
213					PriVO
242（1972）					SibVO
245（1967）					ZabVO
254		27	切尔卡瑟	红旗、列宁、苏沃洛夫、库图佐夫、波格丹、赫梅利尼茨基	YUGV
265		119	维堡	红旗	FEB
266		117	阿尔乔莫夫斯克—柏林	红旗、苏沃洛夫	FEB
270					FEB
272		46	斯维里—波美拉尼亚	红旗、红星	FEB
277（坦克66）		坦克32	罗斯拉夫尔	库图佐夫	FEB
295		49	赫尔松	红旗、列宁、苏沃洛夫	ZKVO

表7-2 1957—1989年苏军空降师沿革

空降师1989(1965)年番号	1987—88年改训练中心	1957年时番号（解散时间）	荣誉称号	勋章	隶属
近卫7		近卫7		红旗、亚历山大涅夫斯基	PribVO
		近卫13（1968）			FEB
		近卫31（1959）	维也纳		PrikVO
（教导4）	242		奥夫鲁奇	红旗、苏沃洛夫、波格丹、赫梅利尼茨基	PribVO
近卫76		近卫76	切尔尼戈夫	红旗	LVO
近卫98		近卫98	斯维里	红旗、库图佐夫	ODVO
		近卫99（1969）	斯维里	库图佐夫	FEB
近卫103		近卫103		列宁、红旗、库图佐夫、苏联60周年	TVO
近卫104		近卫104		库图佐夫	ZKVO
		近卫105（1979）	维也纳	红旗	TVO
近卫106		近卫106		红旗、库图佐夫	MVO
		近卫107（1959）		红旗、苏沃洛夫	KVO

第七章 盛极而衰：1980—1989年的苏联陆军

表7-3 1957—1989年苏军坦克师沿革

坦克师1989年番号（1965年番号或组建年份）	1987—88年改训练中心	1957年时番号（解散时间）	荣誉称号	勋章	隶属
1		1	因斯特堡	红旗	PribVO
近卫2		近卫2	塔钦	红旗、苏沃洛夫	ZabVO(MPR)
近卫3		近卫3	科捷尔尼科夫	红旗、苏沃洛夫	BVO
近卫4		近卫4	安德罗波夫、坎捷米罗夫卡	列宁、红旗	MVO
近卫5		近卫重型坦克18	布达佩斯、顿河	红星	
		重型坦克5(1960)	科尔孙	红旗	BVO
近卫6		近卫6	基辅—柏林	红旗、列宁、苏沃洛夫、波格丹、赫梅利尼茨基	BVO
近卫7		近卫7	基辅—柏林	两枚红旗、列宁苏沃洛夫	GSVG
近卫8		近卫8		红旗、苏沃洛夫	BVO
9		9	博布鲁伊斯克—柏林	红旗、苏沃洛夫	GSVG
近卫10		近卫10	乌拉尔志愿者、利沃夫、马利诺夫斯基	十月革命红旗、苏沃洛夫、库图佐夫	GSVG
近卫11		近卫11	喀尔巴阡—柏林	红旗、苏沃洛夫	GSVG
近卫12		近卫12	乌曼	红旗、列宁、苏沃洛夫	GSVG
近卫13		近卫21	波尔塔瓦	两枚红旗、列宁、苏沃洛夫、库图佐夫	YUGV
14（1972）					SKVO
近卫15		近卫33	莫济里	红旗、苏沃洛夫	TSGV
78		15	涅维尔	红旗	TVO
近卫16		近卫9	乌曼	红旗、列宁、苏沃洛夫	GSVG
		16（1959）	兴安岭		ZabVO
近卫17		近卫37	克里沃罗格	红旗、苏沃洛夫	KVO
近卫19		近卫19	尼古拉耶夫—布达佩斯	红旗、苏沃洛夫	YUGV
20		20	基洛夫格勒—兹韦尼戈罗德	红旗	SGV
近卫21（1978）（近卫摩步31）		近卫29	维捷布斯克	红旗、列宁、苏沃洛夫	PBVO
近卫22		近卫22	格罗德诺	列宁	KVO
23		23	布达佩斯	红旗、苏沃洛夫	PrikVO
24		24	纳尔瓦	红旗	PribVO
25		重型坦克25		红旗	GSVG
（近卫26训练）	467	近卫53	莫斯科—塔尔图	红旗	MVO
（27训练，1969）	395				FEB
28		28	亚历山德拉	红旗、库图佐夫	BVO
29		29	兹纳缅卡	红旗、列宁、苏沃洛夫	BVO
近卫30		近卫30	罗夫诺	红旗、苏沃洛夫	PrikVO
31		31	乌斯扬斯基	红旗、苏沃洛夫、库图佐夫	TSGV
近卫32（1982）		近卫14	波尔塔瓦	红旗、苏沃洛夫、库图佐夫	GSVG
34		34	第聂伯河	苏沃洛夫	BVO
近卫37		近卫39	列奇察	两枚红旗、苏沃洛夫、库图佐夫、波格丹、赫梅利尼茨基	BVO

257

续表

坦克师1989年番号(1965年番号或组建年份)	1987—88年改训练中心	1957年时番号(解散时间)	荣誉称号	勋章	隶属
近卫40		近卫40	波美拉尼亚	红旗、苏沃洛夫	PribVO
近卫41		近卫坦克35	科尔孙—多瑙河	苏沃洛夫	KVO
近卫42		近卫42	普里卢基	红旗、列宁、波格丹、赫梅利尼茨基	KVO
(44训练)	479	44	利西昌斯克	红旗	UrVO
		近卫重型坦克45(1960)	兹韦尼戈罗德	红旗	BVO
(近卫45训练)	近卫72	近卫47	罗夫诺	列宁、红旗、苏沃洛夫	BVO
近卫47		近卫26	下第聂伯彼得罗夫斯克	红旗、波格丹、赫梅利尼茨基	GSVG
(近卫48训练,1968)	近卫169	近卫112训练	兹韦尼戈罗德	红旗、苏沃洛夫	KVO
49训练(1965)			勃列日涅夫		ZabVO
51 (1967)					ZabVO
60		43	谢夫斯克—华沙	红旗、苏沃洛夫	MVO
近卫75		近卫重型坦克14	巴赫马奇	两枚红旗、苏沃洛夫	KVO
76 (1968)					BVO
77		46	乌苏里江		FEB
78		15	涅维尔	红旗	TVO
近卫79		近卫27	扎波罗热	红旗、列宁、苏沃洛夫、波格丹、赫梅利尼茨基	GSVG
近卫90 (近卫摩步6)		近卫6	利沃夫	红旗、列宁、苏沃洛夫	GSVG
(近卫117训练)	近卫119	近卫41	别尔季切夫	波格丹、赫梅利尼茨基	PrikVO
193		36	第聂伯河	红旗、列宁、苏沃洛夫、库图佐夫	BVO

第二节　1989年1月苏联陆军序列

表7-4　1989年1月1日苏军地面力量序列(不含海岸、岸防部队)

军区及集群	集团军	军	摩步师	坦克师	训练中心	空降师	摩步旅、坦克旅	特种旅
驻德集群	3、近卫8、20、近卫坦克1、2		21、35、207、近卫20、27、39、57、94	9、25、近卫7、10、11、12、16、32、47、79、90				近卫特种3
北部集群			近卫6	20			摩1	空突83
中部集群		28	48、近卫18、30	31、近卫15				
南部集群			254、近卫93	近卫13、19				
驻古巴集群								
列宁格勒军区	6	26、近卫30	16(动员)、37(动员)、54、111、115(动员)、116(动员)131、146、近卫45、63(训练)、64		近卫76			特种2、空突36

258

第七章 盛极而衰：1980—1989 年的苏联陆军

续表

军区及集群	集团军	军	摩步师	坦克师	训练中心	空降师	摩步旅、坦克旅	特种旅
波罗的海沿岸军区	近卫11		107、近卫1、3、26、144	1、近卫40	54、空降242	近卫7		特种4、空突37
莫斯科军区		近卫13	近卫2、32	60、近卫4	近卫467	近卫106	近卫27	特种16
白俄罗斯军区	28、坦克7、近卫坦克5	近卫5	近卫50	28、29、34、近卫6、8、37	514、近卫72			特种5、近空突38
喀尔巴阡军区	13、38、坦克8		24、146（动员）、161、168（动员）、近卫17、51、70、97、128	23、近卫30	近卫110、119、空降224			特种8、空突95、空降39
敖德萨军区	近卫14	32	126、157、180、近卫28、59、86		近卫150	近卫98		特种10、17、空降40
基辅军区	近卫1、近卫坦克6	64	36、46、47、200（动员）、204（动员）、近卫25、72	近卫17、22、41、42、75	近卫169			特种9、空突23、58
伏尔加沿岸军区			65、96、166、213		469			
乌拉尔军区			34、78		473			
北高加索军区		12、34、42	9、19、82	14	近卫173			空突128
外高加索军区	4、9、近卫7		15、60、75、127、145、147、152（动员）、164、295、近卫10、23		近卫171	近卫104		特种12、22、空突21
土耳其斯坦军区	40	36	58、83（动员）、88、108、201、近卫4、5		209	近卫103		特种15、近空突35、56、近卫70
中亚军区		1、17	68、134、155、203、近卫8	78	近卫210			空突57
西伯利亚军区		33	13、62、85、218（动员）、242		465			特种67
后贝加尔军区	29、39	55、近卫48	12、41、198、245、近卫11、38、122	51、近卫2	213、214、497		169	空突11、特种24、侦察20
远东军区	5、15、35、51	43、近卫25	22、29、33、40、67、73、79、99、135、192、199、265、266、270、271（动员）、272、277、近卫81、123、机炮18	近卫21	392、395、291、475、1008（动员）			空突13、特种14、45

表 7-5 1989 年 1 月 1 日苏军地面部队序列（不计陆军院校）

军以上单位	下属单位	驻地	前身	备注
西方总方向		莱格尼察		1984 年 5 月组建，辖 SVG、GVS、TSGV、BVO、PrikVo，1992 年 6 月 30 日撤销
	通信第3旅	肯斯特萨	"二战" 通信第32团	
	通信第134旅	莱格尼察	"二战" 通信第24团	
	第689通讯中心	莱格尼察		

259

续表

军以上单位	下属单位	驻地	前身	备注
	空突第83旅	比亚洛格勒		1986年5月11日组建,1990年7月撤回乌苏里斯克
	警卫第1367营	莱格尼察		
	混成航空兵第25大队	克什瓦		
西南总方向		基希讷乌		辖YUGV、ODVO、KVO
	混成航空兵第193大队	基希讷乌		
	通信第2旅	基希讷乌		
	通信第57旅	杜波萨利		
	通信第53、94团			
	对流层通信第384营			
	空突第23旅	克列缅丘格		1986年9月25日组建,属乌克兰
	警卫第286营			装备13辆BTR-80
南方总方向		巴库		1984年9月5日组建,1992年6月30日撤销
	通信第51旅	罗斯托夫		
	通信第54旅	巴库		
	近卫混成航空兵第300大队	巴库		
	空突第128旅(动员)	斯塔夫罗波尔		1986年10月组建,1990年5月撤销
远东总方向		乌兰乌德		1979年2月8日组建,1992年6月3日撤销
	通信第9旅	乌兰乌德		
	通信第50旅	赤塔		
	GRU侦察第20旅	蒙古阿尔拜—哈列		1972年5月15日组建,装备T-62、BMP-1、BTR-60、BPRM-2、2S9、BM-21、D30、SA-9、ZSU23-4、米-8、米-2
	GRU侦察第25旅	蒙古乔巴山		
	空突第130旅(动员)	阿巴坎		1986年10月组建,1990年5月撤销
驻德苏军			白俄罗斯第1方面军	1994年8月解散
近卫坦克第1集团军		德累斯顿		撤回斯摩棱斯克,1995年莫斯科军区近卫第1集,1998年解散
	坦克第147团	普劳恩		改摩步第734团,后撤回黑海村(敖德萨州)
	第101坦克教导团	德累斯顿		曾直属GSVG
	坦克第9师	里萨	坦克第9军	1991年撤回斯摩棱斯克解散
	近卫坦克第11师	德累斯顿	近卫坦克第11军	1991年大部分撤回白俄罗斯洛尼姆,1994年后改近卫11旅;近卫坦克第44团撤回俄罗斯弗拉基米尔
	近卫摩步第20师	格里马	近卫机械化第8军,近卫机械化第8师	1993年撤回北高加索军区伏尔加格勒,2009年改近卫摩步第20旅、近卫空降第56旅
	武装直升机第225团	阿尔施塔德特		1963年组建,1991年5月15日撤回莫斯科军区梁赞州普罗塔索沃,后第86直升机基地,1998年解散
	直升机第6大队	克洛特特斯切	航空联络第6大队1977年5月25日改	1992年撤回维亚济马(德沃耶夫卡),直属军区,1993年改电子对抗直升机第6大队,1997年1月并入直升机第440团
	第269BSR大队	布兰迪斯		
	近卫第181导弹旅	科斯塔德特	"二战"近卫火箭炮第11旅	1992年6月撤回摩尔曼斯克州比诺泽洛解散

第七章 盛极而衰：1980—1989年的苏联陆军

续表

军以上单位	下属单位	驻地	前身	备注
	导弹第432旅	武尔岑		1983年6月组建，1991年5月撤回伊万诺—弗兰科夫斯克州纳德沃尔纳亚，属38集
	防空导弹第53旅	阿尔滕堡、梅泽堡	防空导弹第268团	1992年撤回库尔斯克，属近卫第20集
	防空导弹第204团			
	炮兵第308旅	蔡特海恩	轻型炮兵第197旅	1982年5月组建，1992年2月撤回库班河畔斯拉维扬斯克，1992年4月和炮兵第201旅合组炮兵第227旅（第1次组建）
	反坦克第489营	梅宁根		
	近卫反坦克第174营	德累斯顿		
	近卫工程第443旅	德累斯顿	工兵第17旅	
	舟桥第68团	德累斯顿		撤回卡缅斯克—沙赫京斯克
	舟桥第35旅	维滕贝格		
	空降第1044营	于特博格		1980年6月1日组建，1989年3月18日撤回波罗的海希奥利埃，1989年12月属波罗的海舰队，1991年6月30日属驻维尔纽斯第107师，1991年10月10日撤销
	特种第602连	海德瑙		
	侦察第132连	德累斯顿		
	突击工兵第6营	德累斯顿		撤回贝瑞
	无线电第253团	梅泽堡—德绍		
	专线第278营	德累斯顿		
	第87FPS	德累斯顿		
	通信中心	德累斯顿		
	电子对抗第106营	维滕贝格		撤回捷尔任斯克
	单边通信第829营(无线中继电缆)	迈森		
	维修第303营	迈森		
	维修第308营	德累斯顿		
	物资供应第41旅	德累斯顿		
	近卫通信第3团	德累斯顿		撤回斯摩棱斯克
	警卫第234营	德累斯顿		
	雷达第51营	克洛特特斯切		
近卫坦克第2集团军		符斯滕堡		1993年撤回伏尔加军区萨马拉，1998年改第2集团军
	坦克第138团	普利梅尔瓦尔德	坦克第5旅，1980年改	1990年4月撤销
	近卫坦克第221团	特海廷（tehentin）		1990年撤销
	坦克第145团	加尔德莱根	曾隶属第3集团军	1989年4月28日改摩步第733团，1990年8月9日撤销
	近卫坦克第16师	新施特雷利茨	近卫坦克第9军	撤回乌拉尔—伏尔加军区柴可夫斯基，1997年改第5967基地，2009年12月解散
	摩步第21师	佩勒堡	步兵第416师	1991年撤回西伯利亚军区鄂木斯克，改摩步180旅，不久改第139存储基地，2000年解散
	近卫摩步第94师	什未林	近卫步兵第94师	1991、1992年撤回西伯利亚尤尔加，改编为近卫摩步第74旅
	摩步第207师	施滕达尔	步兵第207师	1991年8月撤回亚尔莫林奇，改近卫第6242存储基地

261

续表

军以上单位	下属单位	驻地	前身	备注
	警卫第240营	符斯滕堡		
	武装直升机第172团	达默		1973年组建，1992年12月撤回列宁格勒州西莫沃近卫第30军，1998年4月并入近卫直升机第332团，2000年改第714基地
	直升机第439团	帕希姆		1987年组建，1992年11月撤回科斯特罗马州索科尔基诺，属莫斯科军区，1998年解散
	直升机第9大队	新鲁平	1947年组建的航空联络第9大队	1993年8月撤回新西伯利亚别尔斯克，属军区，1997年撤销
	第271 BSR大队	帕希姆		
	近卫导弹第112旅	根特斯洛	近卫火箭炮第8团、后近卫加农炮第40旅	1992年撤回莫斯科军区舒亚，直属军区
	导弹第458旅	新施特雷利茨		1987年9月由各师导弹营合组，1993年撤奔萨州卡缅卡，改导弹第92旅，直属伏尔加军区
	炮兵第290旅	施瓦利赫	近卫坦克第2集团军轻型火炮第198旅	1982年5月组建，1993年3月撤回切尔巴库里，1994年撤销
	工程第480营	拉特诺夫	工兵第18旅	
	舟桥第69团	拉特诺夫		撤回坎达拉克沙
	防空导弹第61旅	斯塔茨		1967年组建，1992年撤回西伯利亚军区比斯克，2012年调尤尔加
	空降第1185营	拉文斯布吕克		1981年1月组建，1989年3月撤回爱沙尼亚埃尔瓦，1991年10月撤销
	特种第527连	拉文斯布吕克		
	突击工兵第15营	拉特诺夫		
	勘测第52营	拉特诺夫		
	物资供应第118旅	拉文斯布吕克		
	专线第250团	施滕达尔		撤回奥斯特罗戈日斯克
	第702通信中心	吉斯多尔福	无线电第383营	
	近卫第5通信团	拉文斯布吕克		撤回萨马拉州罗辛斯基
	(单边)无线中继缆线第636营	根特斯洛		
	第76通信中心	符斯滕堡		
	电子对抗第908营	乌尔科夫		
	维修第310营	符斯滕堡		
	雷达第52营	符斯滕堡		
	侦察第595营	开姆尼茨		
	第1388 RRC	符斯滕堡		
	维修第297营	符斯滕堡		撤回北高加索，编入第42军
	特种车辆维修第315营	符斯滕堡		
第3集团军直属		马格德堡	突击第3集团军	1991年调至远东军区但随后被解散
	坦克第115团	奎德林堡	坦克第97团	1990年撤销
	近卫坦克第7师	罗斯劳	近卫坦克第7军	1990年7月该师撤回波尔塔瓦州皮里亚京，改近卫第4214存储基地
	近卫坦克第10师	阿尔滕堡	近卫坦克第10军	1993年11月—1994年7月撤回莫斯科军区博古恰尔，隶属近卫第20集团军
	近卫坦克第12师	新鲁平	近卫坦克第12军	1991年撤回弗拉季高加索，解散并入第19师

第七章 盛极而衰：1980—1989年的苏联陆军

续表

军以上单位	下属单位	驻地	前身	备注
	近卫坦克第47师	哈尔登斯莱本	近卫步兵第47师	1994年撤回莫斯科军区穆利诺
	警卫第232营	马格德堡		
	反坦克第1148团	马格德堡		1990年撤回列宁格勒州罗蒙诺索夫
	武装直升机第178团	波尔斯捷尔		1973年5月组建，1992年6月撤回库尔斯克州雷日克沃，属莫斯科军区，1994年改第214大队
	直升机第440团	施滕达尔		1987年5月组建，1992年7月回莫斯科军区维亚泽马，直属军区
	直升机第296大队	马尔温克尔	1947年组建的航空第296大队	1992年5月撤回布琼诺夫斯克并撤销，飞机调第485团、第9大队
	第265 BSR大队	施普伦贝格		
	舟桥第36团	马格德堡	舟桥第1团	1990年撤回塞兹兰
	工兵第323营	马格德堡	工兵第25旅	
	导弹第36旅	阿尔滕堡		1963年9月组建，1991年12月撤回北高加索克罗波特金，不久撤销
	导弹第448旅	伯格		1987年9月由各师导弹营合组，撤回莫斯科军区库尔斯克州杜尔涅沃，属近卫第20集团军
	近卫防空第49旅	伯朗肯	高炮第221旅、高炮第221团、近卫导弹第810团	1993年撤回莫斯科军区叶利尼亚，直属军区
	近卫炮兵第385旅	伯朗肯	迫击炮第136旅、近卫炮兵第304旅	1981年8月组建，1993年11月撤回托茨科耶—2（别尔舍季）
	反坦克第451营	马格德堡	炮兵第206团	
	空降第899营	布尔格		1979年11月组建，1989年3月撤回坦波夫，1990年10月撤销
	空突第482营	马格德堡		
	特种第792连	科赫施泰特		
	无线电第40旅	威特斯托克		撤回伏尔加军区马克思城
	通信第105团	马格德堡		撤回哈巴罗夫斯克
	专线第254团	梅泽堡	1989年1月阿富汗调入	
	电子战第10营	斯坦斯多尔夫		
	无线电中继电缆第457营	马格德堡		
	勘测第2营	伯格		
	物资供应第42旅	马格德堡		
	维修第298营	舍讷贝克		撤回萨马拉
	维修第302营	舍讷贝克		
	军事医院	马格德堡		
	无线电技术第15营	马格德堡		撤回摩尔曼斯克，迁列宁格勒州伊特木托科索沃整编
近卫第20集团军		埃伯斯瓦尔德—菲诺	近卫坦克第4集团军	1994年撤回沃罗涅日
	第118坦克教导团	科特布斯	1966年9月近卫第74摩步教导团改	1990年12月撤销
	第58坦克教练团	贝尔瑙	坦克第5军、第41旅	1990年12月撤销
	摩步第35师	克拉姆尼茨	机械化第1军	1992年在德国解散
	近卫坦克第90师	贝尔瑙	近卫机械化第6军	1993年撤回伏尔加军区萨马拉切尔诺列奇耶，转隶近卫坦克第2集团军

263

续表

军以上单位	下属单位	驻地	前身	备注
	坦克第25师	沃格尔桑	坦克第25军	1989年10月撤回基辅军区，1989年11月解散
	近卫坦克第32师	于特博格	近卫空降第9师	1989年5月撤回基辅军区，1989年6月解散
	近卫摩步第6旅	柏林	近卫步兵第60师近卫步兵第185团	1993年2月撤回库尔斯克，1997年改近卫摩步第6团，加入近卫坦克第10师，2009年撤销
	直升机第337团	马尔温克尔		1978年12月组建，1994年5月24日撤回新西伯利亚州别尔茨克，属西伯利亚军区
	直升机第298大队	努赫拉	1947年组建的航空第298大队	1992年6月撤回克拉斯诺达尔边疆区克连诺夫斯克并解散
	直升机第41大队	菲诺	1949年4月27日组建的航空第41大队	1993年7月撤回图拉，1993年10月迁塔吉克的基斯萨尔，属第201师，1999年12月1日改直升机第303团
	第290 BSR大队	马尔温克尔		
	导弹第27旅	阿尔特斯拉格	近卫步兵第112师近卫炮兵第467团	1991年6月撤回白俄罗斯奥西波维奇并解散
	导弹第464旅	福尔斯滕瓦尔德		1988年8月由各师导弹营合组，1991年5月撤回卡普斯京亚尔，属近卫第8集团军，1997年后属北高加索军区，2004年后属第58集团军，2009年撤销
	防空导弹第67旅	埃尔斯塔		1969年12月在尼科波尔组建，1992年6月转隶近卫第8军，撤回伏尔加格勒州贝凯托夫斯卡亚，1997年12月转隶第58集团军
	近卫炮兵第387旅	阿尔特斯拉格	近卫炮兵第71旅	1992年5月撤回卢加，1993年和炮兵第289旅合组近卫炮兵第9旅
	反坦克第154营	阿尔特斯拉格		撤销
	近卫工程第479营	埃伯斯瓦尔德—菲诺	近卫工兵第3旅	
	舟桥第44团	奥得河畔法兰克福		撤回乌留平斯克（弗拉基米尔州）
	特种突击第483营	圣基茨		撤销
	特种第569连	布伦茨劳		
	近卫通信第6团	埃伯斯瓦尔德—菲诺	通信第6旅	撤回沃罗涅日
	专线通信第264团	诺邓布里茨，达尔戈		撤回乌克兰日托米尔州上欧文
	第179 FPS	埃伯斯瓦尔德—菲诺		
	勘测第43营	比森塔尔		
	警卫第247营	埃伯斯瓦尔德—菲诺		
	无线中继电缆第423营	鲁多尔斯塔特		
	雷达第48营	埃伯斯瓦尔德—菲诺		
	电子对抗第1034营	鲁多尔斯塔特		
	物资保障第117旅	埃伯斯瓦尔德—菲诺		
	维修第155、307营	埃伯斯瓦尔德—菲诺		

第七章 盛极而衰：1980—1989年的苏联陆军

续表

军以上单位	下属单位	驻地	前身	备注
近卫第8集团军		努赫拉		1992年改近卫第8军，撤回北高加索伏尔加格勒，1997年12月撤消
	独立坦克第119团	巴德兰根萨尔察		1989年4月改摩步第732团，1990年撤回克拉斯诺达尔
	近卫摩步第27师	哈雷	近卫步兵第27师	1992年撤回伏尔加军区托茨科耶
	近卫摩步第39师	奥尔德鲁夫	近卫步兵第39师	1991年6月—1991年10月撤回乌克兰，改近卫第5001存储基地
	近卫摩步第57师	瑙姆堡	近卫步兵第57师	1993年4月撤回车里雅宾斯克，1993年6月解散
	近卫坦克第79师	耶拿	近卫步兵第79师	1992年7月撤回土耳其斯坦军区撒马罕，解散
	近卫炮兵第390旅	奥尔德鲁夫	近卫加农炮第43旅	1993年6月撤回伏尔加格勒，1998年5月撤销
	导弹第11旅	魏森费尔斯		1961年组建，1991年6月撤回北高加索，不久撤销
	导弹第449旅	阿恩施塔特		1986年由各师导弹营合组，1992年6撤回外贝加军区亚斯纳亚（Clear），1998年撤销
	反坦克第38团	阿尔滕堡		1989年改反坦克第943营
	工程第325营	格拉	工兵第64旅	
	舟桥第65团	梅泽堡		撤回远东达利涅列琴斯克
	防空导弹第18旅	哥达	导弹第335团，1974年改	1992年撤回列宁格勒州普里奥焦尔斯克的博洛诺耶，直属列宁格勒军区，2011年调贝加尔军区恰克图，直属军区，2012年撤销
	直升机第486团	旧拉尔（拉格）		1991年8月撤回哈萨克的乌恰拉尔，1992年1月1日被哈萨克接收，一部回库尔斯克，2001年撤销
	武装直升机第336团	魏玛		1978年10月由教导第163团一部组建，1992年7月撤回莫斯科军区巴拉格拉福、沃洛京斯克，1992年12月31日属近卫坦克第1集，1997年改第45团
	第268 BSR大队	努赫拉		
	空降突击第900营	韦默		1979年12月组建，1989年3月撤回捷布斯克州扎斯洛诺沃，1989年10月改MVD特种第322旅，驻阿克塞
	空降第722营	加勒		1990—1991年撤销
	特种第794连	努赫拉		
	第1020 RRC	努赫拉		
	通信第91团	魏玛		1992年后撤回克拉斯诺达尔，隶属第67军
	第747前方通信营	努赫拉		
	无线电第194团	魏玛		1991年夏撤回LVO阿拉库尔季
	物资供应第116旅	阿尔滕堡		
	警卫第227营	努赫拉		
	无线电第46营	努赫拉		
	电子对抗第678营	弗兰肯多尔夫		
	防化第305营	格拉		
	维修第173营	马尔肯多尔夫		
	维修第202营	奥贝尔伦		
	勘测第134营	格拉		1990年撤销
	单边通信第446营	魏玛		撤回北高加索军区克拉斯诺达尔

续表

军以上单位	下属单位	驻地	前身	备注
集群直属	直升机第113大队	施佩伦伯格		
	运输航空第226团	施佩伦伯格		
	近卫直升机第239团	奥拉宁堡	近卫远程航空兵第23团	撤回叶菲列莫夫
	电子对抗直升机第292大队	科赫施莱德		
	BSR大队	波尔斯捷尔		
	第264 BSR大队	泽尔布斯特		
	炮兵第34师	波茨坦		1945年10月组建，辖近卫榴弹炮第286、第288旅，近卫加农炮第303旅、近卫火箭炮第307旅等。1993年改近卫炮兵第34师，1994年5月撤回莫斯科穆利诺，2009年撤销
	警卫第43团	文斯多夫		警卫第43营
	导弹第164旅	科特布斯		1969年组建，1992年撤回北高加索军区沃尔格拉德州兹纳缅斯克，1993年撤销
	近卫导弹第175旅	奥斯哈茨		1962年组建，1991年3月撤回敖德萨州别列兹诺，1992年1月撤销
	近卫工程第1旅	勃兰登堡		撤回罗斯托夫
	建筑第57旅	津纳		撤回纳克哈比诺
	舟桥第27团	卢特尔斯塔特—维滕贝格		
	防空导弹第202旅	马格德堡	导弹第472团，1974年8月改	1991年5月撤回纳罗—福明斯克，属莫斯科军区，2010年6月1日转隶防空军
	防空导弹第252旅	格拉	防空导弹第284团，1977年改	1992年撤回斯帕斯克达尔尼，直属远东军区，1995年撤销
	近卫防空导弹第133旅	于特博格	近卫防空导弹第1051团，1972年8月30日改	1994年5月撤回普斯科夫州红斯特鲁吉
	防空导弹第157旅	普利梅尔瓦尔德		11个营撤回纳罗—福明斯克
	防空导弹第163旅	莱比锡		撤回下诺夫哥罗德
	防空导弹第481团	普利梅尔瓦尔德		撤回北高加索，现驻北奥塞梯阿尔东
	近卫特种第3旅	符斯滕堡	近卫摩步第5团	1991年4月撤回萨马拉州罗辛斯基
	近卫空突第35旅	科特布斯	近卫空降第14旅	1990年6月1日空降第35旅，1991年4日撤回哈萨克卡普恰盖
	通信第5旅	奥得河畔法兰克福		
	通信第118旅	文斯多夫	通信第66团	撤回克麦罗沃州克列斯奇哈
	通信第119旅	莱比锡		撤回莫斯科军区纳罗福明斯克
	通信第132旅	特罗伊恩布里岑		撤回列宁格勒军区
	(枢纽)通信第197团	文斯多夫		
	后方通信第272团	奥得河畔法兰克福		撤回MVO叶利诺
	第31通讯训练团	不莱梅，哈维尔		
	雷达第40旅	维特施托克		4个营撤回马克思城(萨拉托夫州)
	专线第82旅	托尔高		撤回维亚济马
	雷达第45旅	梅泽堡		4个营1991年撤回阿穆尔河畔共青城
	电子对抗第29团	舍恩瓦尔德		撤回奥斯特罗夫，1990年后改电子对抗中心第1269团
	电子对抗第71团	奥得河畔法兰克福		撤回莫斯科
	前方通讯第116营	罗萨		
	通信第279、545营	德累斯顿		
	第56 FPS	波茨坦		

第七章 盛极而衰：1980—1989年的苏联陆军

续表

军以上单位	下属单位	驻地	前身	备注
	铁道兵旅	阿纳堡		
	空突第721营	埃森	3 IMR-2	
	防化第451营	圣基茨		
	喷火第20营	斯坦恩多尔夫		
	物资供应第118旅	拉文斯布吕克		
	汽运第64旅	库姆梅尔斯多尔夫古特		撤回北高加索军区斯捷普诺耶沃尔格
	汽运第65旅	福斯滕瓦尔德		
	汽车第56团	库姆梅尔斯多尔夫古特		
	管道第75旅	福斯滕瓦尔德		
	维修第5团			
	维修第110营	库姆梅尔斯多尔夫古特		
	维修第149营	库姆梅尔斯多尔夫古特		
	勘测营	格拉		
维修厂	第120坦克维修厂	卡姆佩茨		1990年11月库存：340辆T-64
	第184坦克维修厂			1989—1990年撤销
	第193坦克维修厂	文斯多夫		1990年11月库存：48辆T-80、75辆BMP-2、168辆BMP-1、23辆BTR-70、218辆BTR-60
	第134炮兵维修厂	福尔斯滕瓦尔德		库存：4门D-30、6门2S12
	第511炮兵维修厂			
	第556工兵维修厂	云达不莱梅		
	通信第133厂	弗兰肯德尔德斯		
	第43、52、53厂			
学校、培训团	第341坦克指挥学校	福斯特津恩		
	第143汽车学校	勃兰登堡		
	第320工兵学校	格芳		撤回白俄罗斯索斯尼
	第141驾校	勃兰登堡		
	特种学校	托尔高		
	第74摩步训练团	克拉姆尼茨		
	第97坦克训练团	克拉姆尼茨		1989年撤销
	第214炮兵训练团	波茨坦		改第281炮兵训练旅。1990年11月撤回基辅军区德文斯基
	第31通信训练团	云达哈维尔		
	厨师学校	武尔岑		
中部集群		米洛维采		1991年初到1991年6月末，苏军全部撤出
第28军		奥洛穆茨		1957年12月组建，1991年7月撤回西伯利亚军区
	近卫摩步第30师	兹沃伦	近卫步兵第55师	1990年撤回白俄罗斯滨海戈尔卡，1994年改近卫摩步第30旅，后改近卫第30 BHVT存储基地，2005年改近卫第37旅的近卫30营
	坦克第31师	布伦塔尔		1989年撤至莫斯科军区索尔摩沃，1990年2月—1990年3月撤回下诺夫哥罗德，1997年和近卫坦克第47师合组摩步第3师
	直升机第238团	斯利亚奇（兹沃伦）		1976年组建，1990年10月22日撤回乌克兰卡里诺夫卡

267

续表

军以上单位	下属单位	驻地	前身	备注
	通讯第 14 营	奥洛穆茨		
	无线中继电缆第 535 营	鲁佐姆贝罗克		
	雷达第 1240 营	奥洛穆茨		
	舟桥第 1257 营	奥洛穆茨		
	建筑营	克尔诺夫		
	警卫第 779 连	奥洛穆茨		
直属	近卫坦克第 15 师	米洛维采	近卫骑兵第 15 师	1990 年 6 月撤回切巴尔库里,1990 年 8 月撤销
	近卫摩步第 18 师	姆拉达—博莱斯拉夫	近卫步兵第 18 师	1990—1991 年撤回加里宁格勒州古谢夫,隶属近卫第 11 集团军。1997 年 12 月 1 日划归波罗的海舰队,2002 年改近卫摩步第 18 旅
	摩步第 48 师	上米托	步兵第 48 师	1990 年 2 月—1990 年 3 月后调回哈尔科夫州丘古耶夫,1990 年 6 月 1 日改 KGB 内务师,1991 年 8 月 27 日改边防部队,1991 年 11 月 9 日恢复现役摩步师,苏联解体后被乌克兰接管,现乌克兰机械化第 92 旅
	直升机第 199 大队	米蒙城堡	混成第 390 团第 2 大队,1974 年改	1991 年 6 月撤回车里雅宾斯克州特罗伊茨克,直属军区,2003 年 12 月 30 日改第 933 基地
	第 272 BSR 大队	Lushtenitse(布拉格西南)		
	导弹第 442 旅	米蒙—赫维日多夫		1987 年 9 月由各师导弹营合组,1990 年 5 月撤回莫斯科军区舒亚,1991 年撤销
	近卫炮兵第 211 旅	耶塞尼克	近卫加农炮第 35 旅	1990 年撤回莫斯科军区穆利诺,1994 年撤销
	空突第 901 营	米洛维采		1979 年 10 月组建,1991 年 5 月撤回阿布哈兹 ASSR 苏呼米,1993 年 10 月撤回库宾卡,1994 年 2 月与第 218 营合组特种空降侦察第 45 团
	空降第 58 营	米洛维采		
	GRU 特种第 670 连	拉兹涅波赫达尼采		1981 年组建,1991 年 4 月编入了特种第 16 旅
	近卫导弹第 185 旅	图尔诺夫		1962 年 5 月组建,1990 年 6 月撤回土耳其斯坦军区阿什哈巴德州涅比特达格,1991 年解散
	防空导弹第 5 旅	库里沃迪	防空导弹第 919 团,1971 年改	1990 年 6 月撤回舒亚,属近卫第 13 军
	通信 130 团	米洛维采		1991 年撤回下诺夫哥罗德州捷尔任斯克,属近卫第 22 集团军
	雷达第 57 营	涅拉特维采		撤回莫斯科军区,属近卫第 22 集团军,合并了雷达第 88 营
	第 322 CM	米洛维采		
	通信第 7 旅	米洛维采—奥洛穆茨		1990 年底撤回普洛瓦力
	专线第 233 团	拉兹涅波赫达尼采		
	第 1672 DCGSH	米洛维采		
	第 1883 FPS 节点	米洛维采		
	武装工程第 91 团	波利斯拉夫		撤回 KVO 罗姆尼
	舟桥第 563 营	大贝拉		

第七章 盛极而衰：1980—1989 年的苏联陆军

续表

军以上单位	下属单位	驻地	前身	备注
	防化第 129 营	耶塞尼克(温泉市)		1990 年 4 月撤回莫斯科军区解散
	通信第 304 营	米洛维采		
	通信第 310 营			
	单边通信第 234 营	米洛维采		
	单边通信第 821 营	伊尔日采		
	单边通信第 635 营	伊尔日采		
	电子对抗第 1921 营	米蒙		
	电子对抗第 979 营	卢什杰尼采		
	运输第 144 营	卢什杰尼采		
	汽车第 556 营	卢什杰尼采		
	运输营	奥洛穆茨		
	维修第 75 营	米洛维采		
	装甲维修第 651 营	米洛维采		
	工程第 605 营	米蒙		
	工程第 1637 营	米洛维采		
	工程第 1639 营	米洛维采		
	单边通信第 1640 营	米洛维采		
	警卫第 259 营	米洛维采		
北方集群				1991 年 4 月 9 日—1993 年 9 月 17 日撤出波兰，随即解散
	坦克第 20 师	斯维托斯乔夫	坦克第 20 军	1991 年撤回哈尔科夫解散
	近卫摩步第 6 师	博尔内苏利诺沃	近卫步兵第 90 师	1992 年 3 月撤回特维尔，1995 年改近卫摩步第 166 旅
	第 510 坦克教导团	下西里西亚省斯特拉胡夫		撤回 LVO 卡缅卡
	警卫第 91 营	莱格尼察		
	近卫第 114 导弹旅	博尔内苏利诺沃	炮兵第 318 旅	1991 年 7 月撤回白俄，不久撤销，荣誉转授导弹第 464 旅
	防空导弹第 140 旅	绿山城	高炮第 66 师	1992 年 12 月 18 日撤回西伯利亚捷连巴
	防空导弹第 325 团	莱格尼察		
	GRU 特种第 27 营	斯切戈姆		撤回维堡
	武装直升机第 55 团	科洛布则	轰炸机第 807 团、强击机第 807 团、歼击轰炸机第 807 团	1992 年 5 月撤回北高加索科列诺夫斯克，直属军区，2000 年属第 67 集团军，2009 年改第 6974 基地
	直升机第 688 团	莱格尼察	轰炸机第 688 团、运输机第 688 团	1989 年 10 月撤回 BVO 斯托马奇
	舟桥第 5 团	魏德林		撤回远东军区阿尔哈拉
	舟桥第 902 营	托伦		
	舟桥第 1308 营	魏德林		
	通信第 137 营	希维德尼察		迁莱格尼察
	第 587 营	弗罗茨瓦夫		
	通讯第 886 营	希维德尼察		
	雷达第 94 团	弗罗茨瓦夫		改雷达第 86 营
	电子对抗第 1955 营	希维德尼察		
	雷达第 86 营	克鲁泽沃		撤销
	雷达第 1996 营	莱格尼察		
	雷达第 96 营	斯切戈姆		
	RRC	莱格尼察		
	第 284 通信中心	莱格尼察		
	第 206 FPS 节点	莱格尼察		

续表

军以上单位	下属单位	驻地	前身	备注
	维修基地	什切青		
	维修第650营	比亚洛格勒		
	铁道第15营	亚沃尔		
	工程第100营	博尔内苏利诺沃		
	霍特下诺夫营	莱格尼察		
	上西里西亚营	波兹南		
	斯特斯切营	瓦尔布尔基		
	防化第164营	弗罗茨瓦夫		
	近卫工程第101营	什切青		
	汽车第59营	希维德尼察		
	汽车第246营	弗罗茨瓦夫		
	第66坦克修理厂	比亚沃加德		
	第885工兵修理厂	欧拉夫		
	第748通信仓库	莱格尼察		
	炮兵基地			
	路灯维护营	奥拉夫		
南部集群		布达佩斯		1991年6月1日解散，1991年6月19日最后一批部队撤出匈牙利
	近卫坦克第19师	埃斯泰尔戈姆	近卫机械化第2军	1990年撤至白俄罗斯军区扎斯洛诺沃，后改第19基地，2008年改近卫机械化第19旅
	近卫坦克第13师	维斯普雷姆	近卫步兵第13师	1989年12月解散
	近卫摩步第93师	凯奇凯梅特	近卫步兵第93师	1990—1991年撤回乌克兰切尔卡瑟，现乌克兰机械化第93旅
	摩步第254师	塞克什白堡	步兵第254师	改乌克兰军队机械化第52旅，2004年撤消
直属	近卫直升机第396团	考洛乔(德布勒森)		撤回土耳其斯坦军区(卡根)
	电子对抗直升机第209大队	德布勒森		
	第103坦克教导团	德布勒森		1989年5月撤出，1990年撤销
	第39摩步教导营	凯奇凯梅特		
	导弹第22旅	栋博堡		1961年12月25日组建，1990年7月撤回白俄罗斯军区奥斯波维奇，直属军区
	导弹第459旅	塔塔		1987年9月7日组建，1990年撤回白采尔科维，属基辅军区
	防空导弹第55旅	莫尔(Sea)	防空导弹第104团，1971年改	1991年1月撤回辛菲罗波尔，乌克兰接管
	防空导弹第297旅	多瑙城堡	防空导弹第177团，1977年改	1990年4月撤回巴什基尔共和国阿尔基诺-2，转隶伏尔加河沿岸—乌拉尔军区
	防空导弹第327团	索尔诺克		
	舟桥第20团	多瑙城堡		1990年撤回
	舟桥营	巴哈		
	工程第704营	杰尔		
	工程营	埃杰克		
	空降第902营	凯奇凯梅特		1979年11月组建，1989年5月1日撤回白俄罗斯布列斯特州马洛里塔，1990年10月撤销
	空降第8营	圣安德烈		
	雷达第70旅	布达佩斯		撤回纳罗福明斯克，后改编为无线电第96团

第七章 盛极而衰：1980—1989年的苏联陆军

续表

军以上单位	下属单位	驻地	前身	备注
	雷达第104营	皮里斯察巴		
	警卫第81营	布达佩斯		
	特种第75连	德布勒森		
	无线电中心第188旅	旧布达		
	近卫第127通信旅	维斯普雷姆		撤回明斯克
	特种雷达第70团	纳德克列舍		撤回利沃夫
	对流层散射第954通信营	海兰德		
	独立第151营	波佩		1990年撤回叶尔加瓦(波罗的海军区)，1992年转移到叶卡捷琳堡
	有线第143营	塞克什白堡		
	汽车第179营	布达佩斯		
	汽车第667营	瓦茨		
	第40修理厂	塞克什白堡		1990年撤销
驻古巴	第12训练中心（摩步第7旅）	那洛可可	摩步第496团，1963年4月改	1991年6月撤销
列宁格勒军区		列宁格勒		
近卫第30军		维堡		1999年撤销
	近卫摩步第45师	维堡	近卫步兵第45师	移至列宁格勒州卡缅卡，1997年12月1日改近卫第138旅
	近卫摩步第64师	萨皮奥尔诺耶	近卫步兵第64师	1999年撤消改近卫第36存储基地
	摩步第37师（动员）	红列奇卡		1969年组建，依托近卫摩步第63师，1989年秋第3807仓储基地，1993年撤销
	近卫炮兵第8团	维堡	近卫炮兵第8团	
	反坦克第970团	维堡		可能改第4998存储基地
	炮兵侦察第1451团	维堡		
	火箭炮第807团	卡缅卡		改火箭炮第807营
	直升机第93大队	卡西莫沃		1960年组建，1991年解散
	工程第910营	克哈里托诺沃		
	通讯第78团	维堡		
	近卫通信第5营	维堡		
	雷达第198营	维堡		
	电子对抗第496营	维堡		
	物资供应第54旅	维堡		
	维修第217营	维堡		
	维修第708营	卡缅卡		
	GRU警卫第462连	维堡		
第6集团军		彼得罗沃扎茨克		1998年解散
	摩步第16师（动员）	彼得罗沃扎茨克		1968年组建，1989年10月改第5186基地，1993年撤销
	摩步第54师	阿拉库尔季	步兵第341师	1997—1998年改摩步第62旅，99年后改第35存储基地，2006年12月1日撤销
	摩步第111师	索尔塔瓦拉	步兵第367师	1994—1995年摩步第111师(索尔塔瓦拉)改摩步第20旅，编入近卫第30军，1999年第23存储基地
	摩步第116师（动员）	纳戈尔内		1968年组建，1989年10月改第5187 BHVT
	摩步第131师	佩琴加	步兵第45师	1997年改摩步第200旅
	导弹第6旅	摩尔曼斯克州比诺泽洛		1962年组建，1998年撤销

续表

军以上单位	下属单位	驻地	前身	备注
	近卫防空抵达第271旅	摩尔曼斯克州坎达拉克沙地区卢佩切沙夫诺-1		1974年4月组建，1998年9月1日改直属列宁格勒军区，2002年6月撤销
	直升机第88大队	阿帕季特		转隶近卫坦克第6集团军，1991年解散
	直升机第258大队	洛司塔里		1991年改第714预备役直升机基地
	第274 BSR大队	坎达拉克沙		
	近卫火箭炮第182团	坎达拉克沙		
	加农炮第5团	洛司塔里		
	炮兵侦察第1450团	洛司塔里		
	空降第1179营	彼得罗扎沃茨克		1980年组建，1989年12月撤销
	无人机第271大队			
	工兵第840营	多罗夫亚诺耶（Woodfire）		
	通信第12团	摩尔曼斯克		
	CSS电话中心	彼得罗扎沃茨克		
	电子对抗第292团	坎达拉克沙		
	专线工程第133团	拉赫坚波希亚		
	电子对抗第977营	拉赫坚波希亚		
	雷达第49营	彼得罗扎沃茨克		
	防化第5营	梅德韦日耶戈尔斯克		
	物资供应第53旅	彼得罗扎沃茨克		
	汽车第67营	纳戈尔诺		
	第3957维修基地	彼得罗扎沃茨克		
	第4182维修中心	比诺则罗		
	维修第179营	彼得罗扎沃茨克		
	勘测第595营	梅德韦日耶戈尔斯克		
	警卫第13连	彼得罗扎沃茨克		
第26军		阿尔汉格尔斯克		1967年组建，1989年12日解散
	近卫摩步第77师	阿尔汉格尔斯克	近卫步兵第77师	1989年秋改海岸师，1994年近卫第163旅，1996年撤销
	摩步第69师	沃洛格达	步兵第69师	1989年改第5189存储基地
	摩步第115师(动员)	诺夫哥罗德州伊万捷耶沃	步兵第69师的影子师	1989年10月改第5188存储基地，1993年撤销
	混成直升机第377大队	沃洛格达		
	工兵第14团			
	工程第293营	阿尔汉格尔斯克		
	物资供应第55旅	阿尔汉格尔斯克		
	通信第1068营	阿尔汉格尔斯克		
	维修第709营	阿尔汉格尔斯克		
	警卫连	阿尔汉格尔斯克		
直属	特种第2旅	普斯科夫州切列克西		1962年9月17日组建
	第1071特种训练团	伯朝拉		撤销
	导弹导弹第21旅	列宁格勒州奥谢尔季		1961年7月组建，1992年12月改导弹第346旅，1998年撤销
	导弹第131旅	卢加		1960年组建，1993年撤销
	第186导弹训练旅	卢加		1958年组建，1992年撤销
	第195导弹训练旅	诺夫哥罗德州梅德维德		1964年组建，1991年撤销

第七章 盛极而衰：1980—1989年的苏联陆军

续表

军以上单位	下属单位	驻地	前身	备注
	导弹第26旅	德诺		
炮兵部队	大威力火炮第289旅	卢加		1973年12月组建，1992年5月和近卫炮兵第387旅合组近卫炮兵第9旅
	近卫炮兵第2师	普希金	近卫突破炮兵第2师	辖3旅4团，1991年时辖7个团。1993年撤销
	第1494火箭炮训练团			
	反坦克第1148团	罗蒙诺索夫		
防空部队	防空导弹第141旅	加尔波洛沃	防空导弹第921团，1973年12月31日改	2006年4月改防空导弹第1544团，编入空防第54军
	第172防空训练团	拉多加湖畔马武雷尔		第172防空训练中心
	雷达第73旅	托科索沃		
空降部队	近卫空降第76师	普斯科夫		
空突部队	空突第36旅	加尔波洛沃		1979年10月组建，1997年2月1日撤销
直属	第63近卫摩步训练师	红谢洛	近卫步兵第63师	1990年后改近卫第56训练中心
	机炮第180营	红山		撤销
	近卫直升机第332团	普布洛沃		
	混成直升机第317大队			
	电子对抗直升机第227大队	阿拉库尔季		空军第76集团军组建
	后警第229师	沃洛格达		1989—1990年9月出现
工兵	突击工兵第33团	谢尔特洛沃		
	工程第170团	摩尔曼斯克		可能改第825存储基地
	道路工程第15团	坎达拉克沙		
	近卫舟桥第7团	赛罗（凯尔）、卡累利阿		舟桥第140团
	道路桥梁建筑工程第639营	赛罗		
	工程第105营	阿佳拉托沃		
通信部队	通信第95旅	黑河	通信第26团	
	通信第96旅	弗谢沃洛日斯克		
	通信第97旅	维堡		被德国撤回的通信第132旅替代
	专线第114旅	弗谢沃洛日斯克		
	第60 CSS	列宁格勒		
	后方通信第192团	黑河		
	第58通信教导团	谢尔特罗沃		
	第1611通信训练营			
	电子对抗第164团	托科索沃		
	电子对抗第29团	阿库特耶		
	第321通信训练中心	加尔波洛沃		
三防部队	防化第41旅	沃洛格达		防化第21团、2005年撤销
后勤	物资供应第69旅	彼得霍夫		
	汽运第3旅	彼得霍夫		
	汽运第41旅	谢尔特洛沃		
	勘测第21团	黑河		
警卫部队	警卫第359营	列宁格勒		
其他训练中心	第731训练中心	黑河		
	第987训练中心			

273

续表

军以上单位	下属单位	驻地	前身	备注
	第323训练中心			
	第391训练中心			
	第406训练中心			
维修厂	第75装甲维修厂	彼得罗扎沃茨克		
	第775炮兵维修厂			
	第521通信维修厂			
莫斯科军区				
近卫第13军		高尔基	近卫第13军	1990年9月14日改编为近卫第22集团军，1991年3月1日在诺夫哥罗德正式成立，2009年6月1日撤销
	坦克第60师	捷尔任斯克	步兵第60师	1989年3月9日改5409存储基地，1990年2月13日解散
	第1042训练中心		摩步第89师（动员）1987年9月改	1989年10月改第5347存储基地
	直升机第436团	斯图皮诺		
	直升机第269团	马里诺		1961年组建，1998年时改直升机第156大队，2009年改特种第206航空基地，移驻莫斯科州契卡洛夫，隶属于俄罗斯宇航局
	导弹第50旅	舒亚		1970年导弹第95旅拆分，2001年撤销
	炮兵旅	穆利诺		
	反坦克第395团	坦波夫		
	通信第72营	高尔基		
	近卫工程第576营	高尔基	1 MT-55A	
	无线电第88营	高尔基州杜本基		并入捷克撤回的无线电第57营
直属	近卫坦克第4师	纳罗—弗明斯克	近卫坦克第4军	
	近卫摩步第2师	阿拉比诺	近卫步兵第2师	
	近卫摩步第27旅	莫斯连特根	近卫第2师、近卫第6团	
	近卫第467训练中心	卡尔佩特（科夫罗夫）	近卫第26坦克训练师、近卫步兵第53师	
	近卫摩步第32师	加里宁(现特维尔)	近卫步兵第32师	1989年10月改近卫第5210存储基地，1993年撤销
	第1043训练中心	布良斯克州克林齐	摩步149师（动员），1987年9月改	1989年10月改第5346存储基地，1993年撤销
	后警第228师	卡尔佩特		1989—1990年存在
炮兵部队	第468（炮兵）训练中心	穆利诺	第20炮兵教导师，1987年9月改	辖炮兵第922团、火箭炮第932团、反坦克第280团、1685训练营，1994年撤销
	炮兵第16师（动员）	加里宁		1982年5月组建，1989年10月改第1874炮兵存储基地，装备169辆MT-LBT，1994年撤销
	炮兵第17师（动员）	坦波夫		1982年10月组建，1989年10月改第1874炮兵存储基地，1990年撤销
	加农炮第167旅	加里宁		
	加农炮第279旅	加里宁		1998年5月接受炮兵第149团荣誉
	大威力火炮第228旅	舒亚		1981年组建，装备2S7、2S4，1998年撤销
	近卫加农炮第235旅	梁赞州斯科平		装备24辆2S5、24门D-20、36门BM-21
	近卫火箭炮第79旅	特维尔	近卫火箭炮第7师、近卫火箭炮第9旅	直属军区，装备BM-30

第七章 盛极而衰：1980—1989 年的苏联陆军

续表

军以上单位	下属单位	驻地	前身	备注
	火箭炮兵第 806 团	斯科平		
	反坦克第 349 旅	斯科平		
	反坦克第 866 旅			
	火箭炮第 397 团	梁赞州斯科平		
	炮兵侦察第 987 团	斯科平		
	炮兵侦察第 1109 团			
	声测第 35 团			
	勘测第 9 团	沃罗涅日州贝尔威尔斯		
	加农炮第 236 旅	坦波夫		属近卫第 20 集团军。装备 72 门 2A36
	炮兵第 45 旅	坦波夫		1993 年 7 月 31 日—1998 年为火箭炮第 450 旅，1998 年 3 月 7 日改大威力火炮第 45 旅，后改炮兵第 19 营
	反坦克第 258 团			
	反坦克第 395 团	坦波夫附近新利亚达		
	第 315 炮兵训练中心	阿拉比诺		
	第 333、346 训练中心			
	第 52 炮兵武器库	勒热夫	炮兵第 38 旅	第 55 炮兵武器库，储存 BM-21、9P138、9P140、CP-12
	第 59 炮兵军械库	莫斯科		
	第 591 炮兵仓库	伊万捷沃		储存大量 2A65、2A36、D-20、D-30、MT-LBT
导弹部队	导弹第 95 旅	舒亚		1967 年组建，1992 年撤销
防空部队	预备防空导弹第 21、12 团			
	第 185 防空训练团	特力古尔亚		
空降兵司令部		莫斯科		
	近卫空降第 106 师	图拉		
	独立通信第 171 旅	郊区		
	空降第 38 旅		第 171 旅	
	梁赞高等空降学院	梁赞	梁赞高等军事学院，1964 年 4 月 4 日改	1996 年 11 月 22 日后接受一系列荣誉称号
	运输航空兵第 58 大队	梁赞		1968 年 6 月 28 日组建，属梁赞空降兵学校，2007 年直属空降兵司令部
特种部队	特种第 16 旅	梁赞州丘尔科沃		1963 年 1 月 1 日组建，改突第 16 旅，2003 年 11 月移坦波夫
	特种第 218 营	莫斯科		保留
空突部队	空突第 899 营			
直升机部队	直升机第 361 团	法尔孔		米-24、米-8
	直升机第 214 大队	库尔斯克		米-24、米-8
	直升机第 234 大队	卡卢加		米-24、米-8
	直升机第 253 大队	科斯特罗马		米-24、米-8
	直升机第 12 大队	沃罗涅日		米-24、米-8
	(空军) 电子对抗直升机第 297 大队	阿拉比诺		
	机场工程第 347 营	图拉		
骑兵部队	骑兵第 11 团	科布亚科沃		
工兵	近卫工程第 1 团	格罗夫		被工程第 8 团替代
	近卫工程第 7 团	别列夫		工程第 314 旅

续表

军以上单位	下属单位	驻地	前身	备注
	工程第86、141、194旅	比格		
	工程第152、284团			
	路桥第17旅	卡希拉		路桥第73旅
	舟桥第86营	摩尔		并入舟桥第44旅
	舟桥第190旅	新济布科夫		
	路桥第385营	巴拉赫纳	1 IWW	撤销
	工程伪装第79营	诺金斯克		
通信、电子部队	通信第1旅	库尔基诺(希姆基)		
	通信第14旅	波多利斯克		
	通信第19旅			
	通信第111旅	戈利岑		
	通信第112旅	叶戈里耶夫斯克		
	通信第90团	加里宁		
	通信第138团	摩尔		
	专线第53旅	卡卢加		
	专线第312团	斯摩棱斯克		
	电子对抗第225团	新莫斯科斯克		
	电子对抗第226团			
	电子对抗第227团	库尔斯克		
	通信第72营			
	通信第523营	希姆基		
	电子对抗第1348营	库尔斯克		
	电子对抗第937、979、1921营			
三防部队	防化第27旅	库尔斯克		
	防化第2旅	捷伊科沃		
	防化第3旅	基涅什马		第3 NBC旅
	防化第26旅	梁赞		
	第282防化训练中心	诺金斯克		
	烟雾第23旅			
后勤部队	物资保障第119旅			
	筑路第6、10、16、22、29、39、41旅			
	道路第15旅	列乌托夫		
	道路第19旅	沃罗涅日		
	物资供应第63旅	谢尔普霍夫		
	汽车第10旅	新莫斯科夫斯克		
	汽车第39旅	库尔斯克		
	汽车第378团	阿尔扎马斯		
	汽车第385团	沃罗涅日		
	汽车第4、484营			
	管线第89旅			
	第6450维修中心	库宾卡		
	第6451维修中心	纳罗—福明斯克		
	维修团			
	维修第258营	纳罗—福明斯克		
	维修第303营	谢尔哥特舍沃		
	维修第923营			
	警卫第366、367营			

第七章 盛极而衰：1980—1989年的苏联陆军

续表

军以上单位	下属单位	驻地	前身	备注
维修厂	第404坦克维修厂	巴拉斯哈		
	第5538维修厂	卡卢加		
	第6472维修厂	沃罗涅日		
	第227机动维修厂	布伊		
	第243机动维修厂	纳罗—福明斯克		
	第132维修厂	雅罗斯拉夫尔		
	第803维修厂	雷姆扎沃德		可能撤销
喀尔巴阡军区		利沃夫		乌克兰西方司令部
坦克第8集团军		日托米尔		乌克兰陆军第8军
	近卫坦克第30师	沃伦斯基新城	近卫骑兵第13师	2004年7月30日改乌克兰第30机旅
	坦克第23师	奥夫鲁奇	坦克第23军	1990年7月1日改6065（后129）存储基地
	第686训练中心	日托米尔	坦克第50师，1987年12月改	1989年7月1日改5358存储基地，1990年6月1日撤销
	直升机第441团	科罗斯坚		1987年5月组建
	直升机第513团	别尔季切夫（苏维埃村）		1979年9月17日组建
	直升机第18大队	日托米尔	直升机第515团	
	导弹第177旅	日托米尔州艾梅尔奇诺		1961年组建，1990年转隶炮兵第66军，1992年1属乌克兰
	炮兵第404旅（动员）	沃伦斯基新城		1982年组建，1989年10月1日改第6066（炮兵）存储基地
	火箭炮第1196团	日托米尔		
	火箭炮第1803营	日托米尔		
	防空导弹第138旅	舍佩托夫卡	防空导弹第822团，1967年改	乌克兰接管
	第242坦克训练团	日托米尔	坦克第242旅	1991年改第95训练中心，1994年10月5日新组建第8军空突第95旅，2000年空中机动第95旅
	舟桥第532营	拉多梅什利		
	工兵第12团	沃伦斯基新城		
	通信第93团	日托米尔		
	无线中继电缆第664营	日托米尔		
	第347 CSS	日托米尔		
	电子第54营	日托米尔		
	特种第8旅	伊贾斯拉夫		1962年12月15日组建，2004年7月23日迁赫梅利尼茨基
	空降第1156营	沃伦斯基新城		1980年组建，1989年12月撤销
	物资供应第88旅	日托米尔		
	路桥工兵第1591营			
	电子对抗第983、2241营			
	三防第144营	沃伦斯基新城		
	警卫第103连	日托米尔		
	GRU警卫连	上欧文		
	维修226营			
第13集团军		罗夫诺		乌克兰第13军
	近卫摩步第51师	弗拉基米尔—沃伦	近卫步兵第15师	2004年改机械化第51旅
	近卫摩步第97师	斯拉武塔	近卫步兵第97师	1992年改机械化第97旅，2004年10月30日撤消

277

续表

军以上单位	下属单位	驻地	前身	备注
	摩步第161师	伊贾斯拉夫	步兵第161师	改机械化第161旅,后撤消
	导弹第38旅	别拉亚克利尼察(克列门涅茨)		1965年组建,1992年后属乌克兰
	导弹第461旅	斯拉武塔(列普)		1988年9月组建,1992年后属乌克兰
	武装直升机第119团	布罗德		1981年6月组建,2004年8月26日改旅,2005年8月改陆航第3团
	直升机第442团	卓夫特涅沃耶、沃伦斯卡亚		1987年5月组建
	直升机第119大队	杜布诺		
	BSR大队	列普		
	加农炮第13团	科韦尔		第359旅替代
	火箭炮第802团	科韦尔		36门9P140
	火箭炮第713(731)营			
	防空导弹第62旅	柳博姆利		1969年11月组建,乌克兰接管
	反坦克第985团	科韦尔		保留
	空降第904营	弗拉基米尔—沃伦		1982年组建,1989年12月撤销
	战斗工程第49团	奥斯特罗格		
	工兵第561营	伊贾斯拉夫		
	通信第55团	罗夫诺		
	物资供应第86旅	兹多尔布诺夫		
	雷达第53营	罗夫诺市耶赛克特里		
	无线中继电缆第21营	耶赛克特里		
	电子对抗第971营	科斯托比尔		
	三防第22营	科斯托比尔		
	第79摩步训练营			
	维修第247营	兹多尔布诺夫		
	维修第374营	伊贾斯拉夫		
	警卫第394连	耶赛克特里		
第38集团军		伊万诺—弗兰科夫斯克		后第38军,2003年5月解散,并入13军
	近卫摩步第17师	赫梅利尼茨基	近卫步兵第40师	改机械化第15旅,2004年解散
	近卫摩步第70师	伊万诺—弗兰科夫斯克	近卫步兵第70师	1991年解散,改第857存储基地
	近卫摩步第128师	穆卡切沃	近卫步兵第128师	2004年改近卫机械化第128旅
	第664训练中心	亚尔莫林齐	摩步第146师(动员),1987年12月改	1989年7月1日改5194存储基地 1991年6月1日并入第6242存储基地
	(空军)武装直升机第340团	新卡里诺夫(卡里克)	运输航空第340,1960年改	1992年后合组13军陆航第7团(米8/24/26共16架)
	直升机第335团	卡里诺夫		1977年组建,长期阿富汗作战,陆航第7团
	直升机第448团	瓦普尼亚尔卡		进驻东欧撤回的直升机第488团
	混成直升机第96大队	斯宾茨		
	BSR大队	郝梅利尼茨基		
	自行火炮第93团	赫梅利尼茨基		2006年后改克里沃利斯基中心
	多管火箭炮第160团	德尔亚金		装备36门9P140
	炮兵侦察第65团	伊万诺—兰科夫斯克		
	反坦克炮第1255团	日梅林卡		1989年改第382炮兵存储基地,装备84辆MT-LBT

278

第七章 盛极而衰：1980—1989 年的苏联陆军

续表

军以上单位	下属单位	驻地	前身	备注
	防空导弹第 223 旅	捷列博夫利亚	防空导弹第 213 团，1975 年改	
	预备火箭炮第 596 营	斯维尔努特		
	工兵第 222 旅	库尔维		
	工兵第 135 团			
	战斗工程第 321 团	库尔维		
	通信第 188 团	伊万诺—弗兰科夫斯克		
	特种第 163 无线电团	科洛梅亚		
	物资供应第 87 旅	纳德维尔纳		
	物资供应第 89 旅（仅旅部）	伊万诺—弗兰科夫斯克		
	空降第 1603 营	纳德维尔纳		1987 年 12 月组建，1989 年 12 月撤销
	雷达第 1655 营	瓦尔雷伊		
	电子对抗第 17 营	乌日哥罗德		
	电子对抗第 583 营	伊万诺—弗兰科夫斯克		
	防化第 46 营	瓦尔雷伊		
	维修第 118 营	纳德维尔纳		
	维修第 711 营	乌日哥罗德		
	警卫连	伊万诺—弗兰科夫斯克		
	GRU警卫第 569 连	伊万诺—弗兰科夫斯克		
军区直属	炮兵第 26 师	捷尔诺波尔		1956 年 4 月 19 日组建，辖榴弹炮第 900 团、近卫重型榴弹炮第 899 团、加农炮第 985、897 团、反坦克第 911 团、近卫火箭炮第 904 团，2006 年改炮兵第 26 旅
	炮兵第 81 师	维诺格拉多夫		1956 年 6 月 16 日组建，辖榴弹炮第 874 团、重型榴弹炮第 983 团、加农炮第 301、883 团、反坦克第 894 团、近卫火箭炮第 889 团、炮兵侦察团，1992 年 1 月乌克兰接管
	第 701 训练中心	日梅林卡	炮兵第 72 架子师，1987 年 12 月改	1989 年 12 月改 1596 炮兵存储基地
	导弹第 122 旅	日托米尔州耶米尔奇诺		1969 年组建，1988 年 3 月因中程导弹军备裁减从伯特斯塔特（摩拉维亚边界）撤回，1989 年 4 月改反坦克炮第 122 旅
	炮兵侦察第 440 团	涅斯捷罗夫		
	反坦克第 980 团	涅斯捷罗夫		装备 84 辆MT-LBT，后撤销
	炮兵第 219 旅	利沃夫州图尔克		1989 年 10 月改第 1048 炮兵存储基地
	近卫导弹第 35 旅	涅斯捷罗夫（佐夫卡）		1960 年 8 月 1 日组建，1992 年 1 月属乌克兰，不久撤销
	摩步第 24 师	亚沃罗夫	步兵第 294 师	1992 年改机械化第 24 师、2003 年改机械化第 24 旅
	近卫 119 训练中心	别尔季切夫	近卫第 117 坦克训练师，1987 年 9 月改	2001 年时为机械化第 62 旅
	摩步第 168 师（动员）	别尔季切夫	近卫第 117 坦克训练师的影子师	1981 年组建，1989 年 10 月改第 1950 武器存储基地，1990 年 6 月撤销
	近卫第 110 训练中心	切尔诺夫策	近卫第 66 摩步训练师，1987 年改	1992 年 9 月改机械化 66 师,2000 年改机械化 22 旅,2003 年撤消；其近卫第 145 团 2000 年改机械化第 300 旅

续表

军以上单位	下属单位	驻地	前身	备注
	后警第232师			1989—1990年9月
	后警第233师			1989—1990年9月
	大威力火炮第188旅	斯米尔奇诺	库尔兰集群炮兵第28师轻型炮兵第188旅	乌克兰接管
	重型榴弹炮第430旅（动员）	涅斯捷罗夫		1982年组建，装备2S7、2S4，1989年撤销
	BSR第383团	卡缅卡—布格斯卡亚		无人机第383团，驻布罗迪
	防空导炮第61师（动员）	文尼察州德祖戈夫卡		1976年组建，1989年7月1日改第4600存储基地（防空）
	第1068训练中心	日托米尔	防空导弹第119师（动员），1987年12月改	1989年7月1日改第4606存储基地（费斯科夫指改第4603炮兵存储基地）
直属	防空导弹第25旅	利沃夫州斯特里	防空导弹第18团，1966年改	
	防空导弹第1046团	科罗斯坚		
	第186高炮训练团			
直升机部队	直升机第111团	布罗迪		1990年改混成航空第111大队，调驻新卡里尼夫
	BSR第379团	新卡里尼夫		
空降、空突部队	空降第39旅	利沃夫州基洛夫	近卫第80空降团一部，1979年10月改	1990年6月1日改第224空降训练中心，1992年后空中机动第6旅
	空突第95旅	日托米尔		1986年组建
	第38训练营	西卡莫列斯		
特种部队	特种第8旅	伊贾斯拉夫		1963年组建，1992年乌克兰特种第30团
工兵部队	工程第114旅	吉森		
	突击工兵第50团	桑博尔		工程兵第50团
	舟桥第54团	卡缅涅茨—波多尔斯克		
	工程第137团			
	舟桥第636营			
通信部队	通信第98旅	斯塔里奇		装备10辆R-145BM
	通信第99旅	大维斯托斯卡亚		
	通信第100旅	大维斯托斯卡亚		撤销
	无线电第68旅	斯特里		
	专线工程第147旅	布罗迪		
	后方通信第186团	涅斯捷罗夫		
	电子对抗第245团	博莱斯拉夫		
	电子对抗第224、225团			
	电子对抗第644营	桑博尔		
	第300情报营	瓦尔列		装备12台K-611、6台RKhM-4
三防兵	三防第22旅	桑博尔		装备49台RKhM-4
后勤部队	物资供应第84旅	利沃夫		
	物资供应第85旅	涅斯捷罗夫		
	物资供应第90旅	桑博尔		
	运输第8旅			
	管线第63旅			

第七章 盛极而衰：1980—1989年的苏联陆军

续表

军以上单位	下属单位	驻地	前身	备注
	医疗第91旅	斯塔夫		
	汽运第3团			
	第416训练中心			
	勘测第24团	桑博尔		
维修厂	第390火炮维修厂			
	第1453、3169维修厂			
	第175坦克修理厂			
	第1500通信装备维修厂	别列扎尼		装备50辆R-145BM、1辆R-156 BTR
仓库、存储基地	第5909工兵仓库			
	第1529工兵仓库			装备2辆IMR-2、6辆MT-55A
敖德萨军区				1998年1月3日南方作战司令部
近卫第14集团军		蒂拉斯波尔	近卫步兵第10军	
	近卫摩步第59师	蒂拉斯波尔	近卫步兵第59师	1997年6月1日改为俄近卫摩步第8旅，2002年解散，保留2个维和营（82、113）、独立支援营
	近卫摩步第86师	伯尔齐	近卫步兵第86师	1989年12月1日改第5381存储基地
	摩步第180师	别尔哥罗德—德涅斯特罗夫斯基	步兵第180师	1991年改第5775存储基地，1992年改乌克兰陆军机械化第27旅，后撤消
	直升机第287团	敖德萨州旧克霍夫卡		1976年组建
	直升机第36大队	蒂拉斯波尔		
	第321BSR大队	蒂拉斯波尔		
	防空导弹第156旅	敖德萨州阿列克赛耶夫卡（Ungeni）		1972年组建，乌克兰接管
	导弹第173旅	本德尔		1961年组建，1994年撤销，装备撤回俄罗斯
	加农炮兵第4团	温盖尼		装备36门D-30、24门2A36、3辆PRP-3、5辆R-145BM、47门MT-12、54辆MT-LB
	火箭炮第803团	温盖尼		装备29门9P140
	反坦克第952团	温盖尼		
	炮兵侦察第714营			
	空降第905营	本德尔		1979年11月组建、1989年12月撤销
	舟桥第2团	本德尔		
	舟桥第194团	别尔哥罗德—德涅斯特罗夫斯基		
	工程第102营	别尔哥罗德—德涅斯特罗夫斯基		
	近卫通信第15团	蒂拉斯波尔	近卫通信第57营	
	第233 CSS	蒂拉斯波尔		
	侦察第785营	本德尔		
	第1389 RRC	蒂拉斯波尔		
	专线通信工程第108团	别尔哥罗德—德涅斯特罗夫斯基		调回本德尔
	无线中继电缆第2营	瓦尼察		
	雷达第58营	蒂拉斯波尔		
	电子对抗第976营	帕尔卡尼		
	电子对抗第2242营			

续表

军以上单位	下属单位	驻地	前身	备注
	防化第130营	本德尔		
	工程第115营	帕尔卡尼		
	道路第637营	本德尔		
	物资供应第93旅	蒂拉斯波尔		
	第5154维修基地	蒂拉斯波尔		
	警卫第540营	蒂拉斯波尔		
	GRU警卫第818连	蒂拉斯波尔		
第32军		辛菲罗波尔	塔夫里亚军区	
	摩步第126师	辛菲罗波尔	步兵第126师	1989年12月1日改海防部队，后改乌克兰机械化第84旅、岸防第126旅，2014年3月被俄罗斯接管
	第710训练中心	菲奥多西亚	摩步第157师，1987年12月改	1989年7月改5361存储基地，2001年改机械化第127旅、机械化第571团
	第711训练中心	苏维埃村	1980年组建摩步第159师（动员），1987年12月1日改	1989年秋撤销
	导弹第438旅	苏维埃村		
	炮兵第301旅	辛菲罗波尔		1983年组建，装备48门2A36、72门D-30
	炮兵侦察2336团	辛菲罗波尔		
	防空导弹第447旅	苏维埃村		1980年组建，1991年1月撤销，并入匈牙利撤回的防空导弹第55旅
	火箭炮第816团	辛菲罗波尔		乌克兰接管
	反坦克第1398团	卢戈沃伊		装备84辆 MT-LBT
	特种第909营	马赞卡		
	雷达第237营	马赞卡		
	电子对抗营	马赞卡		
	维修第858营	苏维埃村		
	工程第9营	马赞卡		
	防化第150营	别列瓦尔诺耶		
	物资供应第96旅	辛菲罗波尔		
	警卫第19连	辛菲罗波尔		
	GRU警卫第78连	辛菲罗波尔		
直属	近卫空降第98师	基什尼奥夫		一半调回俄罗斯伊万诺沃，划归乌克兰的一半被编为空降第1师，驻切尔卡瑟、博尔格勒；2003年空降第1师撤消，其近卫空降第217团改为空中机动第1旅，2002年7月16日后改空降第25旅
	近卫摩步第28师	敖德萨市近卫军村	近卫步兵第28师	2001年改机械化第28师，不久改机械化第28旅
	近卫第92摩步训练师	尼古拉耶夫	近卫步兵第92师	1989年改近卫第150训练中心
	后警第234师	敖德萨		1989—1990年9月
	坦克第10团	尼古拉耶夫		
炮兵部队	炮兵第55师	扎波罗热	炮兵第16师榴弹炮第52旅，1973年扩	辖榴弹炮第701团，重型榴弹炮第707团，加农炮738、739团，火箭炮第371团，反坦克第751团，炮兵侦察第2335团，后为乌克兰炮兵第55旅
	第774训练中心	扎波罗热	炮兵第71师（动员），1987年12月改	89年10月1日改第1773存储基地
	火箭炮第107旅	克列缅丘格		107火箭炮团
	大威力火炮第184旅	敖德萨州旧克霍夫卡（别列佐夫卡-2）		1974年组建，装备48门2S7

第七章 盛极而衰：1980—1989年的苏联陆军

续表

军以上单位	下属单位	驻地	前身	备注
	大威力火炮第190旅	别列兹诺		1978年组建，装备24门2S7和24门2B4迫击炮、1989年撤销
	重型榴弹炮第238旅	新亚历山德罗夫卡		1984年组建，1989年12月改第3043存储基地
	独立炮兵第79团			
	炮兵侦察第25团	新阿列克桑德罗夫卡		
	导弹第9旅	旧克霍夫卡	导弹第106旅，1970年拆分	1991年撤销
	导弹第34旅	塔鲁济涅		1967年组建，1992年后属乌克兰
	导弹第106旅	敖德萨州旧克霍夫卡		1961年组建，1992年后属乌克兰
空降部队	近卫空降第217团	博尔格勒		1993年12月为空降第1师的1个旅，2002年改独立空降第25旅
	空降第40旅	尼古拉耶夫州米克莱夫		1979年10月近卫第76为主、近卫第80空降团一部分合组，1989年空降第40旅，1993年9月缩编为空突第79团，2007年合并陆航第11团为第6军空突第79旅
直升机部队	直升机第320团	赫尔松州切尔诺巴耶夫卡		1972年由第370大队扩
	直升机第338团	老克霍夫卡		1981年10月组建，1989年撤消
	混合航空第217大队	敖德萨		
	(空军)直升机电子对抗第208大队	布亚力克		
特种部队	特种第10旅	旧克里木		1962年9—10月在克里米亚组建，1992年后属乌克兰；2003年5月1日俄军在北高加索摩尔基诺也重建了该旅
	特种第17旅	奥查克沃		1968年6月组建，1990年1月转隶黑海舰队，改侦察第1464营，1992年4月9日乌克兰接管，一部分撤回莫斯科，改特种第7营，后改第17特种作战中心，后再改海军第73特种作战中心
防空部队	防空导弹第46旅	波德戈尔诺耶		1967年组建，1992年乌克兰接管
工兵部队	工程第237旅	杜波萨利	工程第56团，1987年11月29日改	
	舟桥第23团			
	舟桥第62团	里布尼沙		
通信部队	近卫通信第120旅	敖德萨		装备17辆R-145BM、1辆R-156、1辆P-137B、1辆P-240BT
	通信122旅			
	第64 CSS	敖德萨		
	雷达第77旅	菲奥多西亚		
	专线通信第93旅	克拉斯诺谢尔吉(红谢尔吉)		
	通讯第1187营	别列耶夫卡		
	电子对抗第285营	布莱克(敖德萨)		
三防部队	三防第18旅	敖德萨		装备1台RKhM-4
后勤支援部队	物资供应第92旅	敖德萨		
	物资供应第94旅(架子)	敖德萨		
	物资供应第95旅			

283

续表

军以上单位	下属单位	驻地	前身	备注
	汽运第 4 旅			
	汽运第 25 旅(架子)			
	警卫第 363 营			
	管线第 225 旅			
	管线第 72 营	敖德萨		
	摩托第 1475 营			
	维修第 223 营			
	勘测第 25 团	巴尔塔		
	第 451 训练中心	乌里扬诺夫卡		装备 6 台 MT-LB
基埔军区				1992 年 11 月 1 日解散,成为乌克兰国防部和总参谋部的基础
近卫坦克第 6 集团军		第聂伯彼得罗夫斯克		乌克兰第 6 军
	近卫坦克第 17 师	克里沃罗格	近卫步兵第 20 师	后为乌克兰第 6 军近卫坦克第 17 旅
	近卫坦克第 42 师	近卫军城(沃尔诺耶)	近卫步兵第 42 师	1990 年 9 月改 6299 存储基地,1991 年 5 月撤销
	近卫坦克第 75 师	丘古耶夫	近卫步兵第 75 师	1989 年 11 月解散,其 T-10 坦克销毁
	近卫坦克第 22 师	新莫斯科斯克	近卫步兵第 115 师	1990 年 9 月撤销,场地留近卫摩步第 93 师
	第 722 训练中心	顿涅茨克州日丹诺夫卡	坦克第 52 师,1987 年 12 月改	1989 年 7 月改 5359 存储基地,1991 年 6 月撤销
	第 747 训练中心	克里沃罗格	坦克第 58 师,1987 年 12 月改	1989 年 7 月 1 日改第 5361 存储基地,1990 年 6 月并入近卫坦克第 17 师
	近卫加农炮第 437 团	新莫斯科斯克		炮兵第 331 旅
	反坦克第 977 团	新莫斯科斯克		
	防空导弹第 269 旅	尼科波尔		1977 年组建,乌克兰接管
	导弹第 107 旅	克列缅丘格		1967 年 10 月组建,20 世纪 80 年代拆分了 1 个旅,1992 年 1 月被乌克兰接管
	混成直升机第 16 大队	彼得霍罗德涅郊区(苏布尔班)		
	BSR 大队	第聂伯彼得罗夫斯克		
	近卫通信第 121 团	第聂伯彼得罗夫斯克	通信第 4 团	
	雷达第 93 营	第聂伯彼得罗夫斯克		
	电子对抗第 465 营	近卫军城		
	工兵第 73 团	第聂伯罗捷尔任斯克		
	舟桥第 428 营	巴尔		
	防化第 311 营	日丹诺夫卡		
	物资供应第 103 旅	第聂伯彼得罗夫斯克		调基辅,合并汽运第 20 旅
	维修第 150 营	第聂伯彼得罗夫斯克		
	维修第 227 营	近卫军城		
	警卫第 133 连	第聂伯彼得罗夫斯克		
近卫第 1 集团军		切尔尼戈夫		2005 年 8 月 15 日改北方指挥部,部队并进第 8 军
	近卫坦克第 41 师	切尔卡瑟	近卫步兵第 41 师	1989 年第 5362 存储基地,1990 年 6 月撤销

第七章 盛极而衰：1980—1989年的苏联陆军

续表

军以上单位	下属单位	驻地	前身	备注
	近卫摩步第72师	白采尔科维	近卫步兵第72师	1992年改机械化第72师，2002年改机械化第72旅
	近卫摩步第25师	卢布内	近卫步兵第25师	改机械化第25师，2000年解散；坦克第280团和机械化第72师近卫292团合组乌克兰坦克第1旅
	摩步第47师	科诺托普		1969年7月组建，1989年7月改5198存储基地，1991年11月并入近卫摩步第39师
	第850训练中心	皮里亚京	1981年组建摩步第200师（动员），1987年12月改	1989年7月1日改第5196存储基地，1991年6月1日并入第4214存储基地
	第851训练中心	切尔卡瑟	1981年组建摩步第204师（动员），1987年12月1日改	1989年7月1日改第5193存储基地
	导弹第162旅	白采尔科维		1962年组建，乌克兰接管
	炮兵第71团	法斯托夫	近卫坦克第6集团军直属轻型火炮第202旅	装备24门2A36、36门D-20、2辆PRP-3、15辆1V18、5辆1V19、6辆R-145BM
	炮兵第346团（架子）	白采尔科维		
	反坦克第976团	法斯托夫		装备5辆R-145BM、53辆MT-LBT
	火箭炮第961团	法斯托夫		装备36门BM-21、9辆1V18、3辆1V19
	炮兵侦察第761团	克列缅丘格		
	直升机第318大队	白采尔科维		12架米-24，6架米-8
	混成直升机第30大队	冈察洛夫斯基		5架米-8
	BSR大队	冈察洛夫斯基		
	防空火箭第108旅	切尔卡瑟州佐洛托诺沙	高炮第22师	乌克兰接管
	空降第908营	切尔尼戈夫州冈察洛沃		1979年12月组建，1989年12月撤销
	通信第30团	切尔尼戈夫		
	第367 CSS	切尔尼戈夫		
	雷达第92营	切尔尼戈夫		
	电子对抗第307营	切尔尼戈夫		
	工兵第104营	切尔尼戈夫		
	工程第417营	切尔尼戈夫		
	防化第48营	切尔尼戈夫		
	勘测第832营	切尔尼戈夫		
	物资供应第102旅	切尔尼戈夫		
	警卫第314营	切尔尼戈夫		
	维修第147营	冈察洛夫斯基		
第64军		阿尔乔莫夫斯克		1982年6月组建，1989年7月撤销
	摩步第46师	卢甘斯克	近卫摩步第4师拆分	1980年组建，1989年3月并入近卫摩步第4师
	摩步第36师	阿尔乔莫夫斯克		1966年6月组建，1990年1月并入摩步第254师
	物资供应第20旅	卢甘斯克		
	警卫连	顿涅茨克		
直属	警卫第290团	基辅		新罗西斯克—基辅总统警卫团
	近卫第169训练中心	杰斯纳	近卫坦克第48师，1987年12月1日改	5个培训团，装备T-64
	后警第232师	基辅		1989年—1990年9月

续表

军以上单位	下属单位	驻地	前身	备注
	近卫直升机第51团	基洛夫格勒州亚历山德罗夫卡	近卫运输航空兵第51团，1959年11月17日改	装备29架米-8、6架米-26
	(空军)电子对抗直升机第228大队	鲍里斯波尔		
	第94 BSR大队	哈尔科夫		
	BSR大队	吉森		
导弹炮兵部队	第750训练中心	哈尔科夫州马利诺夫卡	炮兵第67师(动员)，1987年12月改	1990年1月改第1835存储基地(炮兵)
	第752训练中心	基辅州德文斯基	炮兵第737师(动员)，1987年12月改	1990年1月改第1873存储基地(炮兵)
	导弹第159旅	基洛夫格勒		1958年9月组建，乌克兰接收
	导弹第26旅	基洛夫格勒	导弹第159旅，1970年拆分	1991年5月撤销
	导弹第226旅	克列缅丘格		
	火箭炮第1835团	罗宾		保留
	火箭炮第223团	捷列博夫利亚斯卡		乌克兰接管
	重型榴弹炮第192旅(动员)	白采尔科维		1982年组建，1989年撤销
	加农炮第222旅	尼科波尔		
	反坦克第182旅	卢甘斯克		装备5台R-145BM，98台MT-LBT，后改182群
	反坦克团	日梅林卡		
	第1294训练炮团			
防空部队	第1074训练中心	切尔卡瑟	防空导炮第141师(动员)，1987年12月改	1989年7月改第4613存储基地，1990年6月1日撤销
	第1075训练中心	克里沃罗格	防空导炮第182师(动员)，1987年12月改	1989年7月改第4650存储基地，1990年6月1日撤销
	防空第137旅	冈察洛夫斯克		1971年组建，乌克兰接管
	防空第120团	哈尔科夫		装备S-300，乌克兰接管
	防空第3团	佩尔沃迈斯克，米克莱夫		装备S-300，乌克兰接管
工兵部队	舟桥第16团	基辅		
	工程第205旅	普洛瓦力		装备3套IWW
	工程第209旅			
	近卫突击工兵第313旅	普洛瓦力		装备3套IRM、6套MTU-20
	第658工兵装备基地	奥利亚尼察		2辆UR-67
通信部队	近卫通信第15旅	普洛瓦力		被捷克撤回的通信第7旅替代
	后方通信第113旅	霍斯托梅尔		改通信第5团，装备5辆R-145BM、1辆P-137B、1辆P-240BT、1辆P-241BT、1辆E-ZPBR、1辆R-409BM
	通信第7团	温尼克		
	后方通信第185团	瑟米博尔		
	雷达第74旅	法斯托夫		雷达第150团
	第70 CS	基辅		
	对流层散射通信第126营	普洛瓦力		

第七章 盛极而衰：1980—1989 年的苏联陆军

续表

军以上单位	下属单位	驻地	前身	备注
	对流层通信第 653 营	吉森		
	对流层通信第 243 营	马纳科夫卡		
三防部队	三防第 208 旅	谢维罗德		装备 10 辆 RKhM、5 辆 RKhM-4、4 辆 R-145BM
	防化第 20 旅	哈尔科夫		
	防化第 25 旅	基辅		
	防化第 28 旅	北顿涅茨克		
	防化第 731 营	基辅		
	第 546 中央三防维修和存储基地	波尔塔瓦		
后勤部队	物资供应第 104 旅	北顿涅茨克		
	汽运第 18、21 旅	斯塔夫		
	汽运第 20 旅	基辅		物资供应第 20 旅
	管线第 45 旅	巴赫马奇		
	管线第 132 旅			
	警卫第 368 营	基辅		
	GRU警卫第 798 连	基辅		
侦察部队	侦察第 147 营			
空突部队	空突第 58 旅（动员）	克列缅丘格		1979 年 10 月组建，1989 年 12 月撤销
	空突第 8 营	罗姆内		
	空突第 719 营	普洛瓦力		
特种部队	特种第 9 旅	基洛夫格勒		1962 年 12 月 28 日组建，乌克兰第 50 特种空降训练中心
白俄罗斯军区		明斯克		1992 年 5 月被解散
第 28 集团军		格罗德诺市赫洛德纳		白俄罗斯第 28 军，2001 年 12 月 21 日西部军区
	近卫坦克第 6 师	格罗德诺	近卫坦克第 6 军	1994 年改近卫坦克第 6 旅
	坦克第 28 师	斯洛尼姆	机械化第 8 军	1990 年 6 月 1 日改第 6314 基地，1992—1993 年改第 28 基地，移防巴拉诺奇
	第 514 训练中心	布列斯特	坦克第 76 动员师，1987 年 12 月改	1990 年 8 月 15 日改第 5356 存储基地，1992 年 3 月白俄罗斯接管
	近卫摩步第 50 师	布列斯特	近卫步兵第 50 师	1994 年第 50 旅，后第 50 基地
	导弹第 465 旅	巴拉诺维奇、明斯克		1988 年 9 月 1 日组建，被白俄罗斯接管
	近卫炮兵第 111 团	布列斯特		1961 年起编入第 28 集团军
	801 火箭炮团	斯洛博德卡		装备 36 门 BM-21
	火箭炮第 1199 团	普鲁扎内		调巴拉诺维奇
	炮兵侦察第 954 团	斯洛博德卡		
	直升机第 181 团	普鲁扎内		1973 年 5 月组建，1980—1988 年在阿富汗作战，1988 年 8 月 5 日撤回。装备 18 架米-8、43 架米-24，后改第 181 基地
	混成直升机第 95 大队	格罗德诺	航空联络第 203 大队	装备 1 架米-24、7 架米-8、2 架米-6、3 架米-24K
	直升机第 362 大队	鲁尼涅茨		
	第 174 BSR大队	普鲁扎内		
	防空导弹第 120 旅	巴拉诺维奇	防空导弹第 743 团，1970 年 9 月 1 日改	防空团
	工程第 556 营	布列斯特		装备 2 套 IRM、3 辆 UR-67
	工程第 557 营	格罗德诺		装备 2 套 IWW、1 辆 UR-67
	舟桥第 1586 营	布列斯特		

287

续表

军以上单位	下属单位	驻地	前身	备注
	舟桥第 1583 营	普鲁扎内		被阿富汗撤回的舟桥第 1257 营合并
	空降第 903 营	格罗德诺	近卫空降第 80 团第 3 营，1979 年 11 月 10 日改	1989 年 12 月 31 日被匈牙利撤回的 902 营合并
	第 582 RRC	格罗德诺		
	专线第 255 团	新格鲁多克		
	物资供应第 108 旅	格罗德诺		
	汽车第 69 营	格罗德诺		
	通信第 74 团	格罗德诺	通信第 6 团	
	无线中继电缆第 105 营	格罗德诺		
	雷达第 36 营	格罗德诺		
	电子对抗第 930 营	格罗德诺		
	勘测第 754 营	沃尔科维斯克		
	三防第 40 营	普鲁扎内		
	警卫第 645 营	格罗德诺		
	第 5167 维修基地	沃尔科维斯克		
	维修 259、278 营			
近卫坦克第 5 集团军		博布鲁伊斯克		2001 年 12 月 21 日撤消，改陆军司令部
	近卫坦克第 8 师	滨海戈尔卡	近卫坦克第 8 军	1990 年 5 月改近卫 6297 基地
	坦克第 29 师	斯卢茨克	坦克第 29 军	1990 年 11 月改第 29 基地，后改第 6313 基地(无重武器)，后解散
	坦克第 193 师	博布鲁伊斯克	步兵第 193 师	1993 年改第 193 基地，2007 年解散
	防空导弹第 56 旅	斯卢茨克	高炮第 56 师	1992 年 1 月白俄罗斯接管，后改防空导弹第 110 旅
	导弹第 460 旅	莫吉廖夫州特谢尔		1988 年 9 月组建，白俄罗斯接管
	炮兵第 306 旅	奥西波维奇	近卫坦克第 5 集团军轻型火炮第 201 旅	1990 年 11 月装备 24 辆 2S5、24 门 2A65
	火箭炮第 1025 团	博布鲁伊斯克		1989—1990 年调扎斯洛诺夫，转隶坦克第 7 集团军，装备 36 门 BM-21、9 辆 1V18、3 辆 1V18
	火箭炮第 1198 团	斯卢茨克		装备 36 门 BM-21、9 辆 1V18、3 辆 1V18
	混成直升机第 13 大队	博布鲁伊斯克		1960 年组建，装备 3 架米-8、2 架米-6
	防空导弹第 302 旅	滨海戈尔卡		
	空降第 1011 营	滨海戈尔卡		1979 年 12 月组建，1989 年 12 月撤销
	BSR 第 279 营	乌雷奇		
	舟桥第 544 营	博布鲁伊斯克		装备 3 套 IWW
	通信第 40 团	博布鲁伊斯克	通信第 4 团	装备 7 辆 R-145MB、5 辆 R-156、1 辆 P-137B、1 辆 P-409MB、1 辆 P-240MB
	雷达第 45 营	博布鲁伊斯克		
	无线中继电缆营	博布鲁伊斯克		
	电子对抗第 913 营	博布鲁伊斯克		
	第 9 营	滨海戈尔卡		
	情报第 134 营			
	路桥建筑第 1590 营	博布鲁伊斯克		
	三防第 177 营	滨海戈尔卡		
	警卫第 44 连	博布鲁伊斯克		
	维修第 117 营	博布鲁伊斯克		
	维修 634 营	滨海戈尔卡		
	维修 635 营			

288

第七章 盛极而衰：1980—1989 年的苏联陆军

续表

军以上单位	下属单位	驻地	前身	备注
	物资供应 109 旅	滨海戈尔卡		
	勘测营	滨海戈尔卡		
坦克第 7 集团军		鲍里索夫	第 65 集团军	1993 年坦克第 7 集团军改为白俄罗斯第 7 军，1994 年改第 65 军、2001 年 12 月 21 日改白俄罗斯西北军区
	近卫坦克第 3 师	扎斯洛诺沃	近卫坦克第 3 军	1989 年 6 月 1 日改第 5357 存储基地，1989 年 11 月撤销
	近卫坦克第 37 师	波洛茨克（博罗夫哈）	近卫步兵第 37 师	1991 年改存储基地，1992 年改第 37 基地
	坦克第 34 师	鲍里索夫	坦克第 10 军	1992—1993 年改第 34 基地
	导弹第 76 旅	波洛夫卡		1963 年组建，装备 SS-1B/C，1992 年 3 月白俄罗斯接管
	近卫导弹第 233 旅	斯洛博德卡	"二战"第 32 集团军加农炮第 203 旅	1960 年 7 月 28 日组建，1989 年 4 月调扎斯洛诺沃，装备 12 具 SS-21，1992 年 3 月白俄罗斯接管
	加农炮第 231 旅	波洛夫卡		1982 年 12 月 28 日组建，1990 年 11 月时装备 24 辆 2S5、24 门 2A65、12 门 D-20，1992 年 3 月白俄罗斯接管
	火箭炮第 1152 团	鲍里索夫		装备 36 门 BM-21、3 辆 1V18、1 辆 1V19
	火箭炮第 427 团	波洛夫卡		
	防空导弹第 29 旅	鲍里索夫	高炮第 6 师	1992 年被白俄罗斯接管
	直升机第 276 团	博罗夫哈-1（新洛茨克）		1982 年组建，1993 年 10 月 1 日改第 276 基地、2002 年 1 月 5 日解散
	混成直升机第 46 大队	扎斯洛诺沃		1960 年组建，装备 4 架米-8
	第 280 BSR 大队	鲍里索夫		
	空降第 1151 营	波洛茨克		1980 年组建，1989 年 12 月撤销
	突击第 59 营	扎斯洛诺沃		
	第 1029 RRC	鲍里索夫		
	舟桥第 7 营	鲍里索夫	舟桥第 7 团	
	防化第 50 营	克鲁普基		
	通信第 60 团	鲍里索夫	通信第 129 团	装备 11 辆 P-145MB、1 辆 R-156BTR、1 辆 P-137B、3 辆 P 975
	无线中继电缆第 338 营	鲍里索夫		
	前方通信营	鲍里索夫		
	雷达第 42 营	鲍里索夫		
	电子对抗第 922 营	鲍里索夫		
	无人侦察机第 279 营			
	勘测第 21、349 营	克鲁普基		装备 12 辆 K-611
	物资供应第 110 旅	克鲁普基		
	工程第 399 营	列佩利(梅吉卡)		
	三防第 23、80 营			
	维修第 268、587 营	克鲁普基		
	警卫第 258 营	鲍里索夫		
	特种警卫第 824 连	鲍里索夫		
直属	近卫第 5 军	明斯克乌璐查查	近卫摩步第 120 师，1984 年改	1989 年改近卫摩步第 120 师，后为白俄罗斯近卫摩步第 120 旅
	后警第 231 师	明斯克		1989—1990 年 9 月
	近卫第 72 训练中心	欧文斯(斯托韦茨、佩奇)	近卫第 45 坦克训练师，1987 年 9 月改	机械化旅(动员)

续表

军以上单位	下属单位	驻地	前身	备注
导弹炮兵部队	近卫炮兵第51师	奥西波维奇	"二战"炮兵第83团,战后炮兵第347旅,近卫炮兵第39旅,近卫炮兵第121旅,1972年改近卫炮兵第51师	辖榴弹炮第170旅、重型榴弹炮第171旅、加农炮第178、179旅,近卫火箭炮第336旅,反坦克第502旅,炮侦团,1996年1月8日改近卫第51炮兵群
	炮兵第70师(动员)	明斯克州斯塔耶多罗吉		1983年组建,1989年10月1日撤销
	炮兵第80师(动员)	克鲁普基		1984年组建,1989年10月改第1533炮兵存储基地,装备48门D-20、48门2A36、48门9P140、27辆1V18、9辆1V19、2辆PRP-3、4辆PDP-4、5辆P-145MB
	重型火炮第13旅	拉比奇		1973年12月组建,38辆2S7
	反坦克第251旅	拉比奇		装备3辆PRP-3、2辆PRP-4、5辆P-145BM、72辆MT-LBT
	近卫导弹第189旅	明斯克州斯坦科沃	近卫炮兵第189旅,1960年改	装备18具SS-23,1989年10月调伯尔齐,换装18具SS-21,1992年撤回俄罗斯解散
	近卫导弹第199旅	莫吉廖夫州特谢尔	近卫加农炮第199旅,之后RVGK近卫工程第199旅,1960年7月1日改	1989年3月调喀尔巴阡军区沃伦斯基新城,隶属坦克第8集团军
	导弹第43旅(动员)	扎斯洛诺沃		装备9K79
	导弹第834营	斯坦科沃		1978年于拉比奇组建,1990年1月撤销
防空部队	防空导弹第147旅	博布鲁伊斯克	高炮第56师	1988年第3个装备S-300V(SA-12),到1990年完成换装
	防空训练第174团	多马诺沃		
	防空导弹第1493团			预备防空导弹第1493团
	预备防空炮第276旅			
直升机部队	武装直升机第65团	科布林		1962年组建,装备37架米-8、26架米-6
	直升机第248大队	明斯克		
	第106 BSR大队	卡尔图斯克		
空突部队	近卫空突第38旅	布列斯特	近卫空降第105师,1979年12月改	1995年改空降第38旅,后改空中机动第23旅
特种部队	特种第5旅	滨海戈尔卡		1963年1月1日组建
	第1034 RRC中心	明斯克		装备6辆T-80、613辆BRDM-2、12辆BMP-2、3辆BRM
通信部队	通信第85旅	巴拉诺维奇		
	通信第86旅	明斯克		装备6辆R-145MB、1辆P-137PB、1辆R-156BTR、1辆P-409MB、1辆P-238BT、1辆P-240BT
	总参通信第4旅	戈梅利		
	第32前方通信营	明斯克		
	无线电第67旅	明斯克		
	专线第153旅	瓦洛日内		
	后方通信第184团	明斯克		
	电子对抗第228团	波洛茨克		
	电子对抗第246团	明斯克		
	第80、40、177营			

第七章 盛极而衰：1980—1989年的苏联陆军

续表

军以上单位	下属单位	驻地	前身	备注
工兵部队	舟桥第11团	格罗德诺	舟桥第131旅、舟桥第11团	2002年2月改舟桥第189旅
	工程第119旅	明斯克		调莫吉廖夫
	路桥建筑第36旅	平斯克		
	近卫第10工程团	莫吉廖夫		装备8套IWW
	工程第141营	莫吉廖夫		
三防部队	三防第8旅	旧多罗吉		装备26辆RKhM-4
	三防第602旅	旧多罗吉		装备11辆RKhM、14辆RKhM-4
	喷火营	旧多罗吉		
后勤部队	物资供应第106旅	休钦		
	物资供应第107旅	旧多罗吉		
	汽运第20旅	旧多罗吉		
	管线第7、51旅			
	医疗第214旅			
	警卫第361营	明斯克		
	空降坦克维修第8营	波洛茨克		
	勘测第23团	旧多罗吉		
维修厂	第66维修厂			
	第245维修厂			
	第1371工兵装备维修厂	列德		
	第3620通信装备维修厂	明斯克		装备1辆RPn-4、3辆1V18、1辆1V19
波罗的海沿岸军区		里加		1991年9月改西北集群，1994年11月解散
近卫第11集团军		加里宁格勒		1997年12月1日划归波罗的海舰队
	坦克第1师	加里宁格勒	坦克第1军	1990年波罗的海坦克第1旅，2006年为摩步旅，2008年改385存储基地
	近卫摩步第1师	加里宁格勒	近卫步兵第1师	2002年近卫摩步第7旅，2008—2009年波罗的海舰队摩步团
	近卫坦克第40师	斯拉夫斯克	近卫骑兵第2军	近卫坦克第10旅，后改近卫第196存储基地
	近卫摩步第26师	古谢夫	近卫步兵第26师	1989年改近卫第5190存储维修基地，1991年11月撤销
	直升机第288团	李文斯科耶		1976年组建，装备48架米-24、20架米-8，1997年12月转隶波罗的海舰队，2002年7月1日改直升机第125大队
	混成直升机第87大队	卢戈沃伊		1960年组建，装备9架米-8、1架米-6，1993年解散
	导弹第463旅	苏维埃茨克		1988年7月20日组建，1993年7月30日撤回卢加，改导弹第26旅，接收炮兵第149师荣誉，2005年9月换装SS-26
	炮兵第710团	加里宁格勒		
	火箭炮第939团	加里宁格勒		装备36门BM-21
	反坦克炮第993团	加里宁格勒		
	防空第295旅	加里宁格勒—佩列斯拉夫斯克耶（多尔格鲁科沃）		1970年组建，1994年撤销
	空降第139营	加里宁格勒		1979年11月组建，1989年12月撤销
	突击第60营	加里宁格勒		
	道路工程第125团	马莫诺沃		

续表

军以上单位	下属单位	驻地	前身	备注
	工兵第552营	波罗的斯克（洛尔卡）		改第6610存储基地
	舟桥第362营	苏维埃茨克		
	近卫通信第1团	加里宁格勒		装备9辆R-145BM、3辆R-156 BTR、1辆P-137B、1辆P-409、1辆P-240BT
	专线第159团	近卫军城		
	无线电第435营	切尔尼亚霍夫斯克		
	电子对抗第302团	近卫军城		
	雷达第13营	切尔尼亚霍夫斯克		
	电子对抗第1541营	加里宁格勒		
	勘测第750营	加里宁格勒		
	三防第11营	加里宁格勒		
	物资供应第115旅	加里宁格勒		调至切尔尼亚霍夫斯克
	汽车第427营	加里宁格勒		
	警卫第767营	加里宁格勒		
	特种第77连	切尔尼亚霍夫斯克		
	维修第553营	陶拉盖		改第6454维修基地
	维修第256营	泽列诺		
直属	近卫摩步第3师	立陶宛克莱佩达	近卫步兵第3师	撤回俄罗斯
	摩步第153师（动员）	立陶宛帕布拉德	摩步第597团，1972年扩	1989年7月改5191 BHVT，1992年解散
	第54训练中心	里加地区多贝莱	坦克第24师，1987年改	1992年撤回列宁格勒普斯科夫州红斯特鲁吉，1993年1月1日再移至弗拉基米尔拉格；1992年8月29日以第13团为基础改近卫摩步第25旅(驻红斯特鲁吉)
	摩步第107师	立陶宛维尔纽斯	1968年7月由265师拆分	1993年1月撤回莫斯科军区
	导弹第149旅	加里宁格勒州多尔戈鲁科沃		1966年组建，1992年1月撤销
	近卫导弹第152旅	切尔尼亚霍夫斯克	近卫反坦克第3旅	
	近卫摩步第144师	爱沙尼亚塔林	近卫步兵第29师	1998年改近卫4944存储基地，2008年撤销
	空降第7师	立陶宛考纳斯	1948年近卫空降第322团扩	1993年8月撤回新罗西斯克，1998年6月改空降突击师
	第242训练中心	立陶宛约纳瓦	空降第4师、空降第44教导师	解体后1992年8月迁鄂木斯克
	后警第230师	里加		1989—1990年9月
炮兵部队	近卫炮兵第149师	加里宁格勒		1974年组建，辖重型榴炮第678、683团，加农炮第671、672团，近卫火箭炮第689团，反坦克第29团，炮侦第2317团。1997年改第3598存储基地，2009年撤销
	大威力炮兵第384旅	立陶宛普伦格		装备48辆2S7
	火箭炮第918团	杰尔布尔帕伊		撤回穆利诺，装备36门9P140
	火箭炮团			装备36门BM-21
防空部队	防空导弹第43旅	兹纳缅斯克		1967年组建，1994年9月1日属近卫第11集，1998年属波罗的海舰队地面集群，2006年部分换装S-300V，2011年转隶空天防御3旅
	防空导弹第69旅	波罗的斯克		
	第173防空教练团	巴朗加		

第七章 盛极而衰：1980—1989年的苏联陆军

续表

军以上单位	下属单位	驻地	前身	备注
陆航	武装直升机第367团	考纳斯		撤回谢尔多布斯克，装备33架米-8、28架米-6
	直升机第283大队	阿卢克斯内		
	电子对抗直升机第285大队	叶尔加瓦		
	第405 BSR团	陶拉盖		1989年组建
	航空第1121营	陶拉盖		
空突部队	空突第37旅	切尔尼亚霍夫斯克，加里宁格勒州		1979年10月组建，1994年撤销
特种部队	特种第4旅	维尔扬迪（爱沙尼亚）		1962年组建，1992年10月1日撤销，第330营改属特种第3旅
工兵部队	近卫工程第9团	考纳斯		装备9台WRI-2、2台MTU-20
	舟桥第46团	格罗德克		
	第106工兵训练旅	塔纳		
	舟桥第434营	考纳斯		
	空降舟桥第1377营	卡尔瓦里亚泽		
通信部队	通信第128旅	里加	通信第81团	
	通信第83旅	叶尔加瓦		
	后方通信第206团	里加		
	第61前方通信营	里加		
	电子对抗第66旅	多贝莱		装备1辆R-145BM
	专线第139旅	多贝莱		撤回奥伦堡
	专线工程第86团	里加		撤回加里宁格勒
	（通信）第374团	考纳斯		1984年组建
	电子对抗第27营	普伦格		
	电子对抗第498营	雷泽克内		
	雷达第15营	克莱佩达		
三防部队	三防第6旅	帕尔努		撤回红斯特鲁加
后勤部队	警卫第360营	里加		
	物资保障第63旅	多贝莱		
	汽运第5旅	多贝莱		
	汽运第12团			
	汽运第196、474营			
	管线第22旅			
	医疗第229旅			
	勘测第22团	帕尔努		
	第5358维修基地	多贝莱		
维修厂	第1407工程装备维修厂	加里宁格勒		
	第1462炮兵装备维修厂	加里宁格勒		
	第42汽车修理厂	加里宁格勒		
	第226维修厂			
仓库、基地	第948工兵仓库			装备6套MTU-20
	第279通信仓库	里加		装备22辆R-145BM
北高加索军区				2010年10月22日并入南方军区
第42军		奥尔忠尼启则		1982年8月组建，1995年4月26日第42军扩编为第58集团军，6月1日成立

续表

军以上单位	下属单位	驻地	前身	备注
	摩步第19师	奥尔忠尼启则（弗拉季高加索）	步兵第19师	1991年合并了德国撤回的近卫坦克第12师；2009年拆分为摩步第19旅（第503团为基础）、近卫第4基地
	第887训练中心	普罗赫拉德内	摩步第268师（动员）	1989年10月改第5853存储基地，装备35辆R-145BM、1辆R-156BTR、40辆MT-LBT，1992年撤销
	炮兵第485架子旅	奥尔忠尼启则		
	火箭炮第1451营（架子）			
	通信第551营	奥尔忠尼启则		装备7辆R-145BM、1辆R-156BTR、1辆P-137B
	无线中继、有线第395营	奥尔忠尼启则		
	无线电(雷达)第1996营	奥尔忠尼启则		
	特无线工程第1616营	奥尔忠尼启则		
	三防第508营	奥尔忠尼启则		
	警卫第922连	奥尔忠尼启则		
	GRU警卫第876连	奥尔忠尼启则		
	直升机大队	纳尔奇克		
	第1542维修中心	普罗赫拉德内		
第12军		克拉斯诺达尔	顿河军区第12军	第49集团军，后为第67军
	摩步第9师	迈科普	步兵第9师	1992年9月12日改第67集团军第131旅，装备T-72、BMP-2，现驻阿布哈兹第7基地
	第880训练中心	新罗西斯克	摩步第156师（动员），1987年12月改	1989年10月改第5383存储基地
	近卫炮兵第291旅(架子)	迈科普		
	火箭炮第943团	克拉斯诺达尔		2000年时装备36门9P140、2辆1V18、1辆PRP-4、1辆R-145BM、215人
	反坦克炮第1128团	迈科普		改第2013基地，1990—2000年时装备54辆MT-LBT、4辆PDP-4、2辆R-145BM，2000年时144人
	导弹第99旅	克拉斯诺达尔		1970年组建，1991年撤销
	工程第162团			
	通信第64营	克拉斯诺达尔		装备10辆R-145BM、1辆R-156BTR、1辆R-137B、1辆P-240BT
	雷达第170营	克拉斯诺达尔		2000年时82人
	电子对抗第444营	克拉普赛达		
	第5157维修中心	库班河畔斯拉维扬斯克		
第34军		伏尔加格勒		1980年5月组建，1993年6月撤销，场地留近卫第8军
	摩步第82师	伏尔加格勒	摩步第266师拆分	1990年6月1日改第6654基地
	第881训练中心	乌留平斯克	摩步第197师，1987年12月改	1990年改铁道通信第345旅
	火箭炮第806团	伏尔加格勒		
	炮兵第81旅(架子)	乌留平斯克		改炮兵第485旅（架子）。装备3辆R-145BM、28辆MT-LBT
	反坦克第264团	卡拉切夫		转隶军区，驻伏尔加格勒十月镇

第七章 盛极而衰：1980—1989年的苏联陆军

续表

军以上单位	下属单位	驻地	前身	备注
	通信第623营	伏尔加格勒		
	三防第4营	弗罗洛沃		三防第138营（伏尔加格勒）替代
	第1616维修基地	伏尔加格勒		
	维修营	乌留平斯克		
直属	坦克第14师	新切尔卡斯克		1974年7日17日组建，1989年10月1日改内务部第100师。装备大约70辆T-62坦克、约20门D-30火炮和100多辆BMP
	摩步第160师（动员）	叶伊斯克		1989年10月改第4770存储基地，1992年撤销
	近卫第173训练中心	格罗兹尼	近卫第42摩步训练师，1987年改	1992年解散，大部分武器流失给车臣武装；1996年车臣战争后重组近卫摩步第42师
	后警第239师	伏尔加格勒		1989年—1990年9月存在
炮兵	近卫炮兵第110师	布伊纳克斯克	炮兵第19师近卫大威力榴弹炮第32旅	辖榴弹炮第825团、重型榴弹炮第888团、加农炮第912、913团，火箭炮第928团，反坦克第712团（架子），炮兵侦察团。装备11辆R-145BM、190辆MT-LBT，48门D-30、48门D-20、48门2A36、48门9P140，1994年撤销
	火箭炮第439旅	卡普斯京达尔兹纳缅斯克		
	大威力火炮第227旅	库班河畔斯拉维扬斯克		1975年组建，装备48门2S4。1992年和德国撤回的炮兵第308旅组新的炮兵第227旅
	预备炮兵第260旅（架子）			
	导弹第1旅	叶伊斯克		
	近卫导弹第47旅	迈科普		1965年组建，1981年11月迁迈科普，装备SS-1B/C，1998年撤销
	空突第128旅	斯塔夫罗波尔		1986年10月组建，1990年5月撤销
防空部队	近卫防空导弹第42旅	克拉斯诺达尔		
	防空导弹第179旅	叶伊斯克		1973年组建，1993年换装SA-11，后改防空导弹第68旅（简编），转隶空防军。后改防空第726训练中心
	防空第254、283团			
	第181防空教练团			
	混成第138大队	罗斯托夫	运输大队	1999年后改第229基地
工兵部队	工程第121旅	卡缅斯克—沙赫京斯克		阿克塞
	工程第91旅	罗姆内		
	第93工兵教导旅	伏尔加格勒		
	工程第10团	卡缅斯克—沙赫京斯克		2000年时装备4套MTU-20，兵力248人
	工程第433营	阿克塞		
	舟桥第120旅	卡缅斯克—沙赫京斯克		
	舟桥第408营	卡缅斯克—沙赫京斯克		
	门桥第545营	阿克塞		
通信部队	通信第106团（传输）	阿克塞	通信第175旅	通信第175旅（传输）
	通信第176旅（终端）	新切尔卡斯克		

续表

军以上单位	下属单位	驻地	前身	备注
	特通信第860营	十月镇		
	通信第3旅	顿河畔罗斯托克		
	通信第11旅	新切尔卡斯克		
	专线第131旅	顿河畔罗斯托克		装备2辆R-145BM, 2000年时兵力320人
	第72前方通信营	顿河畔罗斯托克		
	电子对抗第102团	莫兹多克		
	独立通信第424营			
	无线电第1897营			
	电子对抗第71团	阿克塞		
	电子对抗第346、1919营			
	电子对抗第121团	捷尔里波列		
	第1619训练营			
三防部队	三防第4营	卡梅申西南弗罗洛夫		NBC第21旅
后勤部队	物资供应第75旅	新切尔卡斯克		
	管线第251旅			
	汽运第7旅	伏尔加格勒附近贝凯托夫斯卡亚		2000年时250人
	汽运第43旅			
	汽运第44旅	斯塔夫罗波尔		2000年时249人
	警卫第369营			
维修厂	第50车辆维修厂			
	第234、682（机动）修理厂	雷姆扎沃德		
存储基地、仓库	第186仓库			
	第744通讯存储基地	新切尔卡斯克		装备4辆PDP-4、12辆1V18、4辆1V19
	第2699移动仓库			装备125辆BRZHT
	第91仓库	克鲁泡特金		装备36辆R-145BM
	第92工兵仓库	格奥尔基街		装备2辆UR-67、36套MTU-20、10套MT-55A
	第670仓库			
	第236坦克修理训练营	米列罗沃		
外高加索军区		第比利斯		
近卫第7集团军		亚美尼亚埃里温		1990年11月时装备258辆坦克(含246辆T-72)、641辆装甲车、357门火炮、迫击炮、火箭炮、55架武装直升机、37架运输直升机
	摩步第15师	瓦纳佐尔（基洛瓦坎）	步兵第15师	1992年6月解散，荣誉转授后贝加尔军区第5209基地
	摩步第127师	列宁纳坎(久姆里)	步兵第261师	摩步124和128团于2009年组摩步第76旅，第123团改摩步第73旅
	摩步第164师	埃里温	步兵第164师	1992年7月该师及一部分（摩步第227团）调至后贝加尔军区。在埃里温的摩步第344团，后来改编为第102军事基地。第164师后改为第5285存储基地，后再改第6052存储基地，编入第55军，1998年3月1日转隶第36集团军，2009年，该基地解散

第七章 盛极而衰：1980—1989年的苏联陆军

续表

军以上单位	下属单位	驻地	前身	备注
	导弹第176旅	埃里温		1966年组建，装备SS-1B/C，1992年撤销，装备属亚美尼亚
	直升机第382大队	埃里温		1979年组建，装备7架米-24、5架米-8、3架米-24K、3架米-24R，1992年撤销，并入第3624基地
	混成直升机第26大队	列宁纳坎		装备5架米-8、1架米-6
	防空导弹第59旅	阿尔吉克	防空导弹第240团，1968年改	亚美尼亚军队一部
	炮兵第217旅	列宁纳坎	突击第2集团军加农炮第81旅	1990年时装备24门2A36、36门D-20、2辆PRP-3、9辆1V18、3辆1V19、6辆R-145BM、54辆MT-LBT，1993年撤回库班斯拉维扬斯克，1997年并入炮兵第227旅
	火箭炮第943团	列宁纳坎		装备36门BM-21
	炮兵侦察第1439团			
	第9筑垒地域	埃奇米阿津	第69筑垒地域	1970年5月组建，辖机炮第1555、1581营。1992年5月撤销
	第7筑垒地域	列宁纳坎	第55筑垒地域	1970年5月组建，辖机炮第69、70营。1992年5月撤销
	通信第77团	埃里温		
	无线电第167团			
	雷达第83营	埃里温		
	电子对抗第19、227营			
	通信第658营			
	工程第41营	列宁纳坎		装备2套IWW、1辆UR-67
	三防第462营			
	物资供应第99旅	埃里温		
	侦察第71营	埃里温		
	维修第122、221营	埃里温		
	警卫第99连、GRU警卫第779连	埃里温		
第4集团军		阿塞拜疆巴库	第4集团军	1992—1993年5月撤回俄罗斯解散
	近卫摩步第23师	基洛夫巴德(甘贾)	近卫骑兵第7军	1992年7月解散
	摩步第60师	连科兰	第6师	1992年阿塞拜疆接收
	摩步第75师	纳希切万	步兵第75师	1990年1月—1991年8月改KGB部队，1992年7月解散，武器由阿塞拜疆飞地纳希切万地方政府接管
	摩步第295师	巴库	步兵第295师	俄罗斯接收，撤回国内解散；摩步第135团于2000年时直属第58集团军
	近卫导弹第136旅	佩列季什库尔		1962年组建，装备SS-1b/c。1992年撤销
	火箭炮第941团	科巴		36门BM-21
	117防空导弹旅	汉拉尔	920防空导弹团，1975年改	阿塞拜疆接收
	近卫炮兵第215团	科巴	炮兵第11师炮兵第45旅	装备24门2A36、36门D-20、2辆PRP-3、3辆1V18、3辆1V19、5辆R-145BM、54辆MT-LBT，1998年荣誉转授莫斯科军区炮兵第450旅
	直升机第121大队	桑加奇阿里耶		1963年12月组建，装备5架米-8、1架米-6、少量运输机，1992年撤销
	直升机第381大队	阿塞拜疆纳希切万		1979年组建，装备13架米-24、4架米-8，1992年撤销，并入第3624基地

297

续表

军以上单位	下属单位	驻地	前身	备注
	电子对抗直升机第286大队	沙姆霍尔		
	侦察第714营	巴库		
	通信第95团	巴库		装备6台R-145BM、1台R-156、1台P-137B、1台P-409BT、1台P-240BT
	无线电第82团			
	雷达第59营	巴库		
	单边通信第1974营	巴库		
	电子对抗第162营	巴库		
	第1388和第2指挥和情报中心			
	工程第97营	阿格达姆		装备2套IWW、1台UR-67
	三防第463营			
	维修第111、640营	巴库		
	警卫第220连	巴库		
	GRU警卫第800连	巴库		
	第52前方通信营	巴库		
第31军		格鲁吉亚库塔伊西		1993年7月撤回国内
	近卫摩步第10师	阿哈尔齐赫	近卫步兵第10师	大部分属格鲁吉亚军队(22旅)，一部分编入第12基地摩步第405团
	摩步第145师	巴统		1992年5月15日改第12基地，2007年11月13日撤消移交格鲁吉亚
	摩步第147师	阿哈尔卡拉基		改第6026存储基地，后改第62基地，1999年10月该基地兵力1964人，装备41辆主战坦克、114辆装甲车辆、61门火炮
	摩步第152师(动员)	库塔伊西		1989年9月1日改5199存储基地，装备30辆T-55、75辆T-54、2辆BMP-1、12门BM-21，1992年解散
	加农炮第130团	巴统		改第2068存储基地，装备6台R-145BM
	第6筑垒地域	阿哈尔齐赫	第78筑垒地域	1970年5月组建，下辖机炮第48、54营，1992年5月撤销
	第8筑垒地域	巴统	第51筑垒地域	1970年5月组建，下辖机炮第4、7、8、9营，1992年5月撤销
	导弹第45旅(架子)	阿哈尔卡拉基		
	反坦克第953团	库拉伊西		
	炮兵侦察第2323团	库拉伊西		
	运输直升机第325团	楚卢基泽		1977年5月组建，1992年撤回耶格尔里奥科斯卡娅，属北高加索军区，现驻南奥赛蒂
	直升机第301大队	瓦兹阿尼		被近卫运输直升机第7团替代
	混成直升机第56大队	库塔伊西		装备5架米-8
	空突第802营	楚卢基泽		
	近卫防空第468旅	库塔伊西		
	通信第87团	库塔伊西		装备4辆R-145BM、1辆R-156BTR、1辆P-137B、1辆R-409BM、1辆P-240BR
	雷达第181营	库塔伊西		
	电子对抗第2240营	库塔伊西		
	工程第754营	库塔伊西		
	三防第29营	库塔伊西		
	物资供应第98旅	库塔伊西		

第七章 盛极而衰：1980—1989 年的苏联陆军

续表

军以上单位	下属单位	驻地	前身	备注
	维修第263营	库塔伊西		
直属	近卫第104空降师	甘贾		20 世纪 90 年代迁乌里扬诺夫斯克，1998 年 5 月改独立空降第 31 旅
	第171近卫训练中心	第比利斯	近卫训练第 100 师、近卫机械化第 1 军	1992 年 6 月解散，荣誉转授后贝加第 214 训练中心
	后警第235师	库塔伊西		1989 年—1990 年 9 月存在
空突部队	空突第21旅	格鲁吉亚库塔伊西		1973 年 2 月 19 日组建，1992 年撤回斯塔夫罗波尔，1998 年 5 月 1 日改空降第 247 旅，并入近卫空降第 7 师
特种部队	近卫特种第22旅	阿塞拜疆佩列季什库尔		1976 年组建，1984 年 2 月—1988 年 5 月参战阿富汗，1989 年其一部分参战安哥拉，1992 年 6 月撤回罗斯托夫州科瓦列夫卡、阿克塞地区。装备 25 辆 BTR-80、11 辆 BMP-2、11 门 D-30、8 门 BM-21，兵力 1692 人
	特种第12旅	格鲁吉亚拉戈代希		1962 年组建，1992 年 9 月 3 日撤回乌拉尔军区斯维尔德洛夫斯克州阿斯贝斯托斯，2009 年 8 月 29 日缩编为特种第 33 营
	导弹第90旅	格鲁吉亚萨姆亚尼		1960 年 7 月 28 日组建，1992 年撤销，装备属俄罗斯
	导弹第119旅	格鲁吉亚贡博尔		1971 年 12 月 1 日组建，1988 年 3 月从德国撤回，1992 年撤回叶卡捷琳堡叶兰斯基，装备SS-21
	武装直升机第395团	库塔伊西		
	武装直升机第292团	茨欣瓦利		1977 年组建，格鲁吉亚接管
	运输直升机第793团	捷拉维		装备 40 架米-8。1993 年 8 月撤回萨拉托夫州基涅尔—切尔尼瑟，直属伏尔加河沿岸—乌拉尔军区
	混成直升机第 326 大队	基洛瓦巴德(甘贾)		1970 年或更早组建，装备 1 架米-24、10 架米-8、6 架米-1、2 架米-24P，1992 年撤回罗斯托夫州巴泰斯克，直属军区
	防空导弹第296旅	哥达		1972 年组建，格鲁吉亚接管
	第182防空训练团	奥查姆齐里		
	防空炮第405营			
	声测第26团	索尤克布拉克		
工兵部队	工程第37团	茨欣瓦利	工兵第12团	
	舟桥第521营	姆茨赫塔		
	工兵第12营			
	路桥第1营			
	路桥第640营			
通信部队	通信第9旅	巴库	无线电第107团	
	独立通信第3团			
	通信123旅	第比利斯(瓦兹阿尼)	原通信第156团	
	通信第125旅(架子)	基洛瓦坎		
	通信第182团(架子)	第比利斯		
	第1616通信训练营	奥克杰姆贝立安		装备 7 辆R-145BM、1 辆P-137B
	无线电(雷达)第72旅	鲁斯塔维		
	特种无线电第154旅	第比利斯市捷特利茨恰罗		

299

续表

军以上单位	下属单位	驻地	前身	备注
	电子对抗第231团	第比利斯		
	电子对抗第22营			
	特对流层通信第5营	第比利斯		
	通信第713营			
三防部队	三防第19旅	索尤克布拉克		装备4辆4RKhM
后勤部队	物资供应第73旅	第比利斯		
	物资供应第84旅	基洛瓦坎		
	物资供应第96、97、100、101旅			
	管线第133旅			
	警卫第364营	第比利斯		
	第2139培训中心			
	供水第2412营			
	维修第224营			
维修厂	第13、102、852车辆维修厂			
	第2729、3191 AB-B			
	第404 RBI			
	第47 RBZHT			
	第95、223维修厂			
	第174坦克修理厂			
仓库	第2208、2263 AC-WB			
	第2594、3181 AU-B			
	第102通信仓库			
乌拉尔军区		斯维尔德洛夫斯克		1989年9月1日与伏尔加军区合并，1992年7月因中亚独立恢复，2001年9月1日再次合并
	第473训练中心	卡梅什洛夫城	第44坦克训练师，1987年9日改	
	摩步第34师	斯维尔德洛夫斯克（叶卡捷琳堡）	步兵第77师	2009年分拆近卫坦克第7、摩步第28旅
	后警第240师	斯维尔德洛夫斯克		
	第471训练中心	切巴尔库里	第78摩步训练师，1987年改	后改第5355存储基地，驻彼尔姆，装备163辆T-55、4辆T-54、51辆BMP（36辆BMP-1、15辆BRM-1K）、12门9P138、69辆MT-LBT，后解散
	直升机第113团	托茨科耶		1963年组建，改第2881直升机预备役基地，1995年时装备108架米-24和21架米-8
	混成直升机第180大队	斯维尔德洛夫斯克		
	摩步第65师（动员）	彼尔姆		1989年10月1日改第5078存储基地，1990年6月撤销
	加农炮第239旅	切尔巴库里		
	炮兵第255旅			
	大威力炮旅	彼尔姆		装备2S4等。后改预备炮兵，2000年时装备72辆2S3、52辆2S5、25辆2S7、26门D-30、33门2A65
	第39炮兵兵工厂	彼尔姆		
	炮兵第201旅	彼尔姆		1992年4月乌拉尔炮兵第201旅和北高加索炮兵第308旅组北高加索军区炮兵第227旅，1997年合并炮兵第217旅

第七章 盛极而衰：1980—1989年的苏联陆军

续表

军以上单位	下属单位	驻地	前身	备注
	第1079训练中心	车里雅宾斯克	防空导炮第213师，1987年9月改	1989年1月21日改存储中心，1990年6月1日撤销
	防空导弹第300旅	车里雅宾斯克		
	防空第466团			
	通信第59旅（传输）	斯维尔德洛夫斯克		后移至萨马拉
	通信第141团	斯维尔德洛夫斯克		
	后方通信第189团	斯维尔德洛夫斯克		
	第73 CSS	斯维尔德洛夫斯克		
	专线第313营	彼尔姆		
	电子对抗第1105营	车里雅宾斯克		
	工程第116旅（架子）	斯维尔德洛夫斯克		
	工程第315旅	阿列巴耶夫斯克		
	工程第186旅	乌法市阿尔吉内斯		改工程第56团
	工程第181、226团（架子）			
	门桥第47、50旅（架子）	莫斯托斯特罗杰尔尼		
	舟桥第424营	克拉斯诺乌菲姆斯克		装备1套IRM、4套MT-55A、2套MTU-20
	舟桥第425营	阿拉帕耶夫斯克		
	突击工兵第71旅	乌法市中区		装备10套IWW、4辆UR-67和T-54、1辆BMP-2
	工程第103旅			
	工程第406营	乌法		装备2套IWW、16套MT-55A、4套MTU-20
	防化第4旅	奇里索斯托姆		
	防化第29旅	斯维尔德洛夫斯克		
	防化第14旅	列夫达		改NBC第14团
	防化第3团	沃伦斯基		
	物资保障第124旅	马格尼托哥尔斯克		
	重型汽运第15旅	加加林斯基		
	警卫第371营	斯维尔德洛夫斯克		
	GRU警卫第822连	阿拉米尔		
	第6499维修中心	切尔巴库里		
	第414车辆维修营	加加林斯基		
伏尔加沿岸军区		古比雪夫（今萨马拉）		1989年9月1日与乌拉尔军区合并，1992年7月25日因中亚独立恢复，2001年9月1日再次合并
	第469训练中心	罗辛斯基	第43摩步训练师，1987年9月改	
	摩步第96师	喀山	步兵第96师	1989年9月改第5509存储基地，1993年解散
	摩步第213师	托茨科耶	步兵第213师	1992年解散，摩步第433团、防空导弹第838团并入德国撤回的近卫第27师
	第1056训练中心	阿尔基诺市	摩步第166师（动员），1987年9月改	1989年10月撤销
	第1060训练中心	萨拉普尔、乌德穆尔特ASSR	摩步第248师（动员），1987年9月改	1989年10月撤销
	第633摩步训练团	托茨科耶	步兵第157师633团	1990年11月时装备13辆T-55、202辆BMP（116辆BMP-2、86辆BMP-1）、5辆BTR-60
	后警第238师	古比雪夫		1989年—1990年9月

续表

军以上单位	下属单位	驻地	前身	备注
	反坦克第332旅	布祖吕克		
	反坦克炮1113团	布祖吕克		装备54辆MT-LBT、18门100mm MT-12、54具9P149，后改存储训练基地
	火箭炮第950团	布祖吕克		装备24门9P140
	侦察炮兵第991团	恩格斯		
	第103炮兵兵工厂（仅机关）	莫尔多瓦共和国萨兰斯克		装备15辆1V18、5辆1V19、51辆PRP-3、41辆PRP-4
	导弹第92旅	奔撒市卡缅卡		装备12具9K79-1，2000年时310人
	第187导弹训练旅	奔萨州卡缅卡		1961年组建，装备SS-1B/C，直属军区，1998年撤销
	000训练中心	萨拉托夫州多纳古斯	防空导炮112师，1987年9月改	1989年12月撤销
	防空导弹第28旅	多纳古斯		调至切巴尔库里，装备S-300V
	防空导弹第151旅	古比雪夫		
	直升机第437团	恩格斯		装备39架米-24、20架米-8
	直升机第237大队	古比雪夫附近的博布罗夫卡		2000年1月1日时装备14架米-24、8架米-8、1架米-24R、1架米-24K，兵力133人，后改第6975基地，之后撤销
	直升机第118大队	奥伦堡地区德米特里耶夫卡		1972年组建，装备米-8/24，2000年后属第344中心，于2007年12月1日并入第4215储备基地
	混成直升机第144大队	古比雪夫—博布罗夫卡		1970年代组建，装备米-8/安-24/26，20世纪90年代撤消
	工程第796营	托茨科耶		改第5661工兵存储基地
	工程第426营	奔萨		
	舟桥第18旅	奔萨		
	舟桥第85营	奔萨		
	通信第49团	古比雪夫		
	通信第73团	古比雪夫		装备9辆R-145BM、2辆BTR-50PUM、1辆R-156 BTR、1辆BTR-50PU、1辆P-137B、1辆R-409BR、1辆P-240BT
	后方通信第191团	古比雪夫		
	第71前方通信营	古比雪夫		
	专线第39旅	奥伦堡		
	专线第315团	萨拉托夫		
	雷达第173营	马克思城		
	电子对抗第1583营	古比雪夫		
	防化第1旅	希哈内		
	防化第23旅	恰帕耶夫		
	防化第754营	奔萨		
	运输第9、13、17、23、27、28、40、45、46旅			
	运输第139营			
	管线第130、249旅			
	勘测第14团	沃尔斯克		
	独立管道第652营			
	警卫第370营	古比雪夫		
	GRU警卫第808连	古比雪夫		
	第1686训练营			
	第5512维修中心	洛格		

第七章 盛极而衰：1980—1989年的苏联陆军

续表

军以上单位	下属单位	驻地	前身	备注
	维修第234、705营			
土耳其斯坦军区		塔什干	突击第1、4集团军	1992年6月30日解散
第40集团军		喀布尔		1979年5月重建，1989年2月15日全部撤出阿富汗，1991年6月4日缩编为第59军，辖摩步第108、201师
	摩步第201师	阿富汗昆都士	步兵第201师	1989年撤回塔吉克，合并了摩步第134师；改装T72，后改第201基地
	近卫摩步第5师	阿富汗信丹德	近卫机械化第5军	从信丹德撤回库什卡、马雷，1989年并入摩步第88师，后为土库曼军队一部分
	摩步第108师	阿富汗巴格拉姆	步兵第360师	撤回乌兹别克铁尔梅兹，为乌兹别克建军基础
	近卫空降第103师	阿富汗巴格拉姆		撤回白俄罗斯，1990年1月4日改KGB部队，1991年9月23日恢复，1992年5月29日白俄罗斯接管后撤消改3个旅，1995年第357近卫训练旅撤消，2002年近卫第317旅改空降第103旅，近卫第350旅撤消
	独立摩步第191团	加兹尼	原隶属201师，1980年改独立团	调201师
	独立摩步第860团	法扎巴德	1980年由舟桥团改，隶属摩步第134师	
	直升机第292团	贾拉拉巴德		1977年组建，从阿富汗撤回茨欣瓦利。装备48架米-24、20架米-8，1992年1月1日被格鲁吉亚接管
	直升机第335团	贾拉拉巴德		
	直升机第239大队	贾拉拉巴德		装备12架米-24、12架米-8，隶属特种部队
	直升机第280团	坎大哈		
	直升机第181团	喀布尔		装备43架米-24、18架米-8
	炮兵第28团	贾拉拉巴德	原为火箭炮团，1986年4月1日改炮兵团	3个2A36、1个9P140营，1980年2月24日至1988年8月14日在阿富汗战斗，驻贾拉拉巴德
	导弹第47营	喀布尔		1988年10月29日至1989年2月6日在阿富汗战斗
	工程第45团	昆都士		
	通信第103团	喀布尔		
	无线电中继第1617营	喀布尔		调至匈牙利，然后编入第38集团军
	对流层通信第230营	喀布尔	1979年由通信第5旅组建	
	第797情报中心	喀布尔		
	第421通信中心	喀布尔		
	无线电第56旅	奇姆肯特		
	电子对抗第1956营	喀布尔		
	广播第476连	喀布尔		
	第77情报中心	喀布尔		
	第117电台	喀布尔		
	第1136侦察组	赫拉特		

续表

军以上单位	下属单位	驻地	前身	备注
特种部队	特种第15旅	贾拉拉巴德		1962年2月5日组建，1963年1月1日成立，1985年参战阿富汗。1988年5月—1989年2月再次参战阿富汗。撤回奇尔奇克1990年1月转KGB，后被乌兹别克接管。1996年1月重建空突旅，1999年2月从科洛佩德、阿扎特巴萨迁回奇尔奇克
	直升机第205大队	拉斯卡尔塔（拉什卡尔加）		装备16架米-24，16架米-8，隶属特种部队
后勤部队	物资供应第59旅	喀布尔		
	汽运第1762营	喀布尔		
	管道第276旅	普勒胡姆里	管道第14旅，1982年改	
	道路第278旅	查加尼		
	第342工程局	喀布尔		
	第4904维修中心	巴格拉姆		1985年5月1日组建
	第1468、1594转运基地			
警卫单位	警卫营			1981年后组建，第1351营，驻喀布尔。1984年3月15日至1989年1月24日；第1352营，驻巴格拉姆，1984年5月12日至1989年2月6日；第1356营，驻信丹德。1981年5月12日至1989年2月4日
隶属第40集团军但驻乌兹别克的部队	近卫炮兵第353炮旅	齐里卡尔（铁尔梅兹）	近卫炮兵第55团	1980年2月24日至1980年6月25日驻喀布尔；1980年8月—1985年12月25日再次驻阿富汗。辖2个2S5炮兵营和2个D-20炮兵营。后装备72门2A65。被乌兹别克接管
	近卫空突第56旅	若洛坦、马雷	近卫空降第105师于1979年12月1日撤销后，由近卫第351团改	撤回伏尔加顿斯克，1990年12月30日空突第56旅扩近空降第105师（未完成），改为乌兹别克东部军区炮兵旅
	特种第469营			
	第787摩步训练团	铁尔梅兹		改为第720训练中心
第36军		阿什哈巴德		1982年5月组建，1992年6月改第52集团军
	摩步第58师	克孜勒阿瓦特	步兵第344师	20世纪80年代后曾加入阿富汗作战。1992年改土库曼第22师，调防里海沿岸
	摩步第83师（动员）	阿什哈巴德	第61摩步训练师的影子师	1972年组建，1989年撤销
	炮兵第352旅	阿什哈巴德		装备72门2A65
	防空导弹第381旅	卡克哈特		1980年组建，土库曼接管，1993年8月15日撤销
	火箭炮团	阿什哈巴德		装备51门9P140
	直升机大队	阿什哈巴德		
	通信第2069营	阿什哈巴德		
	工程营	阿什哈巴德		
	雷达营	阿什哈巴德州比尔克罗夫		
	电子对抗第2123营	比尔克罗夫		

第七章 盛极而衰：1980—1989年的苏联陆军

续表

军以上单位	下属单位	驻地	前身	备注
	物资供应第62旅	比尔克罗夫		
	维修营	比尔克罗夫		
	警卫连	阿什哈巴德		
直属	近卫摩步第4师	乌兹别克铁尔梅兹	近卫机械化第4军，1979年后从基埔军区调	1989年3月撤回基辅军区，1991年3月解散
	第61摩步训练师	阿什哈巴德	步兵第357师	第209训练中心，后土库曼第2师
	近卫摩步第70旅	库什卡	近卫摩步第5师近卫摩步第373团，1980年3月1日改	1988年8月从坎大哈撤回，1989年2月撤消，和近卫摩步第12团合并恢复近卫摩步第373团
	后警第236师	撒马尔罕		1989年—1990年9月
	炮兵第351旅	撒马尔罕		装备72门2A65
	炮兵第2团	撒马尔罕		
	火箭炮第304旅	克孜勒阿瓦特		
	反坦克炮第135旅	马雷		
	近卫空突第35旅	费尔干纳	1979年12月由近卫空降第105师，近卫第111团改	
	第387空降训练团	费尔干纳		乌兹别克空降第17旅
	导弹第111旅	白拉姆—阿里、马雷		1962年组建，装备12具SS-1b/c，1993年5月撤销
	导弹第3旅	白拉姆—阿里、马雷	1970年由导弹第111旅拆分	1989年撤销
	导弹第845营	卡特加库尔干	1970年前由导弹第113旅调出	装备5具SS-12，1989年撤销
	防空导弹第2旅	撒马尔罕	高炮第69师	1971年组建，阿富汗战争驻喀布尔，1980年3月撤回，1980年8月—1985年12月25日再次阿富汗作战，后调至阿什哈巴德州比克罗夫卡
	直升机第399团	奇尔奇克		
	雷达第56旅	奇姆肯特		
	专线第149旅	库什卡		阿富汗喀布尔撤回
	通信第148旅	库什卡		
	第151通信训练旅	撒马尔罕		
	通信第152旅（架子）	塔斯肯特		
	通信第244团	塔什干		
	工程第230旅	撒马尔罕		
	舟桥第94团	费尔干纳		1980年8月18日—1983年5月20日参战阿富汗
	空突第108营	塔斯肯特		
	特训练团	奇尔奇克		
	特种第459营	撒马尔罕		1980年1月2日—1980年2月21日参战阿富汗
	警卫第372营	塔什干		
	第67 CSS	塔什干		
	特种车辆维修第120营	塔什干		
	物资供应第81旅	塔什干		
中亚军区		阿拉木图	1969年6月24日从土耳其斯坦军区拆分	1989年6月1日解散并入土耳其斯坦军区

305

续表

军以上单位	下属单位	驻地	前身	备注
第1军		塞米巴拉金斯克	第32集团军,1988年3月1日改	1991年6月4日改称第40集团军,1992年11月1日后改第1军,后入哈萨克东部军区,2003年11月13日改名东部司令部
	摩步第155师	乌斯季—卡缅诺戈尔斯克	步兵第155师	1989年10月改第5203基地,后哈萨克接管,现步兵第3旅(乌斯哈拉尔,第155师1个团为基础改)、步兵第4旅(第155师主体改)
	坦克第78师	阿亚古兹		有350辆坦克、290辆装甲战斗车辆、150门火炮,现哈萨克机第3师
	摩步第203师	卡拉干达	步兵第203师	1989年11月改第5204存储基地
	摩步第167师	塞米巴拉金斯克		一部分参战阿富汗,1989年撤回,现南部军区步兵第5旅(塔拉兹,哈吉边境,1500人)、步兵第6旅(奇姆肯特,哈乌边境)
	摩步第71师	塞米巴拉金斯克		1984年组建,1989年10月1日改5202储存基地
	坦克第69师(动员)	乌斯季—卡缅诺戈尔斯克	摩步第155师的影子师	1972年组建,1989年7月1日改第5203存储基地,1992年撤销
	第10筑垒地域	春贾		1970年5月组建,辖5个独立的机枪炮兵营;1992年3月撤销
	直升机第450团	乌恰拉尔		
	直升机第27大队	塞米巴拉金斯克		
	火箭炮第962团	塞米巴拉金斯克		装备48门9P140
	炮兵第645团	塞米巴拉金斯克		装备24门2A36、36门D-20,现东部司令部炮旅
	炮兵侦察第935团	占姆		
	防空第272旅	阿亚古兹		1973年组建、哈萨克接管
	导弹第44旅	塞米巴拉金斯克		1961年在舒亚组建,1987—1989年7月装备12具SS-23,1989—1992年装备12具SS-21;1992年1月属哈萨克
	物资供应第77旅	塞米巴拉金斯克		
	通信第991营	塞米巴拉金斯克	1988年2月29日前通信第210团	
	雷达第2101营	塞米巴拉金斯克		
	工程第750营	塞米巴拉金斯克		
	伪装营	阿亚古兹		
	道桥第634营	塔尔加尔		
	维修营	阿亚古兹		
	勘测营	乌斯季—卡缅诺戈尔斯克		
	警卫连	塞米巴拉金斯克		
	GRU警卫第165连	阿亚古兹		
第17军		伏龙芝城(比什凯克)		1992年6月吉尔吉斯斯坦接管
	摩步第68师	萨雷—奥泽克	步兵第372师	有近300辆坦克、约500辆装甲战斗车辆。20世纪90年代后改第173师,2003年改哈萨克南方司令部摩步第4师;2003年还分出空突第37旅,驻塔尔迪库尔干
	近卫摩步第8师	伏龙芝城	近卫步兵第8师	2003年1月拆分2个旅,2011年7月11日,近卫第8师重建,驻托克莫克

第七章 盛极而衰：1980—1989年的苏联陆军

续表

军以上单位	下属单位	驻地	前身	备注
	摩步第134师	杜尚别	1980年2月由第201师拆分	1989年2月并入摩步第201师解散
	山地摩步第68旅	奥什	1981年6月摩步兵第32团改	1992年5月改吉尔吉斯山地第1旅
	独立摩步第30团	库尔代		1989年8月24日调入近卫第8师
	直升机第303大队	杜尚别		
	导弹第28旅	阿拉木图州萨姆西		1970年组建，装备SS-1b/c，1992年1月属哈萨克，1998年撤销
	导弹第78旅	恩古拉斯		
	加农炮第13团	萨雷奥泽克		
	火箭炮第179营	萨雷奥泽克		
	防空第186营	奥什		
	工程第751营	卡普恰盖		
	电子对抗营	萨雷奥泽克		
	物资供应第78旅	伏龙芝城		
	特种第525连	伏龙芝城		1994年特种第25蝎子旅，直属吉尔吉斯国防部，全国最好的旅
直属	近卫第210训练中心	奥塔尔市近卫军村	近卫步兵第80师	改哈萨克南部军区第210训练中心，有6000名士兵和军官、220辆坦克和220门火炮
	后警第237师	奥塔尔市		
	空突第57旅	阿克托盖	1979年10月1日近卫第383空降团一部分改	1991年5月撤销
	空突营	阿拉木图		
	直升机第157团	江布尔		1980年组建，装备米-6/8，1992年1月1日归哈萨克，2004年撤消
	直升机第162团	卡根		1981年组建，1988年12月29日并入第157团
	直升机第23团	杜尚别		装备米-26
	炮兵第64师（动员）	阿拉木图州布伦戴		1983年组建，1992年哈萨克接管
	加农炮旅	阿克纠宾斯克		1989年撤销
	大威力火炮第201旅	阿拉木图州乌纳古尔塔斯		1975年组建，1984年时装备24门2S7和24门2S4，1989年初时装备48门2S7。1992年4月哈萨克接管
	反坦克第401旅	江布尔		
	炮兵侦察团	江布尔		
	导弹第126旅	萨雷奥泽克	战略火箭军导弹第44师导弹第101团，1968年转隶陆军，1969年7月1日改导弹第126旅	装备SS-12，1989年撤销
	防空导弹第151旅	卡拉干达州索罗尼奇		1975年组建，1989年调古比雪夫州萨拉布尔，转隶伏尔加河沿岸—乌拉尔军区，1992年转隶伏尔加军区，1996年撤销
	通信第5旅	阿拉木图		1967年组建，辖通信第630营和对流层通信第449、577、1049营，于1989年解散
	通信第8旅	塔迪库尔干		
	通信第107（17）旅	布伦戴		
	雷达第56旅	奇姆肯特		
	雷达第75旅	塔迪库尔干		

续表

军以上单位	下属单位	驻地	前身	备注
	专线第41旅	琴格尔德		
	工程第111旅	卡普恰盖		
	三防第12旅	布伦戴		
	物资供应旅	江布尔		
	运输营	布伦戴		
	勘测第27团	特谢利诺格勒		
	供水第2030营	卡普恰盖		
西伯利亚军区				1998年解散,编入新西伯利亚军区
第33军		克麦罗沃	步兵第119军	1991年7月并入第28军
	摩步第13师	比斯克	1960年9月新组建,来源于撤销的摩步第95师	1989月10月1日改第5351存储基地
	摩步第62师	伊塔特卡	摩步第9师拆分	1989年10月改第5352存储基地,驻鄂木斯克,1994年撤销
	第1010训练中心	比斯克		1989年7月改第5349存储基地,1992年撤销
	导弹第40旅	阿巴坎		
	大威力炮第229旅	尤尔加		
	炮兵第256旅	克麦罗沃州尤尔加		
	反坦克第956团	尤尔加		
	炮兵侦察第1026团	尤尔加		
	防空导弹第102旅	克麦罗沃		1981年组建,1989年调北高加索军区戈尔亚奇克留奇(摩尔基诺),2009年改防空导弹第1722团
	通信第541营	克麦罗沃		
	无线电第314团	克拉斯诺亚尔斯克		
	电子对抗第1942营			
	雷达营	比斯克		
	舟桥第188营	阿巴坎		
	防化第254营			
	物资保障第91旅			
	维修第206营	阿巴坎		
	第4179维修基地	比斯克		
	警卫第102连	克麦罗沃		
直属	摩步第85师	新西伯利亚	步兵第85师	2009年分拆为摩步第32旅(第228团为基础)、103基地(希洛沃,又称摩步第84旅)
	摩步第218师(动员)	克孜勒	摩步第242师的影子师	1989年12月改第5349存储(分)基地,1993年撤销
	摩步第242师	阿巴坎	摩步第12师拆分	1989年12月1日改第5350存储基地
	第465训练中心	鄂木斯克	第56训练师,1987年9月改	1993年8月解散
	后警第241师	新西伯利亚		1989—1990年9月
	炮兵第84师(后备)	新西伯利亚		可能1960年组建,已撤销
	加农炮第520旅	克拉斯诺亚尔斯克		
	大威力火炮第351旅	希洛沃		1984年组建,1992年撤销
	导弹第292旅	新西伯利亚		装备9K72
	近卫导弹第12旅	塔什肯		
	导弹第182旅	塔什肯		1994年6月15日迁克拉斯诺亚尔斯克,改近卫导弹第292旅,装备SS-21。2002年撤销

第七章 盛极而衰：1980—1989年的苏联陆军

续表

军以上单位	下属单位	驻地	前身	备注
	直升机混成第37大队	新西伯利亚		
	防空导弹第220旅	希洛沃	防空导弹第226团，1976年改	1998年撤销
	特种第67旅	别尔茨克		1984年组建，2009年3月17日撤消，2012年重建，计划2017年1600人
	摩步第485团	阿克塔什		
	重型机械摩托化营	阿巴坎		
	工程第60团	新西伯利亚		
	舟桥第77团	阿尔泰边疆区波斯佩里哈		2008年后调远东乌苏里斯克，改舟桥营
	舟桥第309团	新西伯利亚		
	舟桥第587营	阿钦斯克		
	防化第11旅	阿尔泰边疆区波斯佩里哈		改NBC第11旅，2007年改预备役营
	物资供应第51旅	巴尔瑙尔		
	物资供应第121旅	新西伯利亚		
	汽运第12旅	新西伯利亚		
	汽运第48旅	比斯克		
	通信第103旅	亚古诺沃(克麦罗沃州)		
	无线电第88旅	比斯克		
	专线第70旅			
	专线第172旅	比斯克		
	无线电第71、131旅			1989年1月29日，第131旅调至北高加索军区
	通信第135旅	科切涅罗，新西伯利亚	第8集团军通信第34团	1989年改通信第235团，后改通信第135团
	通信第152团	科切涅罗		
	专线工程第314团	克拉斯诺亚尔斯克		
	电子对抗第233团	新西伯利亚		
	对流层通信第1310营	克孜勒		
	无线电第247营			
	维修第84营	希洛沃		
	第5542维修基地	库兹涅茨克		
	管道第250旅	克拉斯诺亚尔斯克边疆区卡马尔查		
后贝加尔军区		赤塔		1998年12月撤消
第36集团军		博尔贾	步兵第86军	1989年改第55军，1998年重建第36集团军，于2009年改驻乌兰乌德
	近卫摩步第122师	达斡里亚	近卫坦克第5军	1989年改近卫炮第122师，2001年12月移阿列伊斯克。2009年拆分为近卫摩步第35旅、第104基地。
	近卫摩步第11师	别兹列奇纳亚	近卫机械化第7军	1989年12月1日改近卫第5980存储基地，1992年9月撤消
	近卫摩步第38师	斯列坚斯克	近卫步兵第38师	1989年10月改近卫机炮第131师，2001年8月改近卫摩步第131师，2009年改近卫摩步第36旅
直属	第11筑垒地域	达基图伊		1975年12月组建，辖5个机枪营、1个摩步营、1个坦克营、1个火箭炮营。1989年10月改近卫机炮第131师机炮第298团，1992年7月改机炮第110营，1993年并入机炮第77营

续表

军以上单位	下属单位	驻地	前身	备注
	第14筑垒地域	谢尔洛瓦亚—戈拉	1966年成立的第114筑垒地域，于1974年改	辖机炮第256营、炮兵营和4个坦克连、火箭炮连。1989年10月1日与第18筑垒地域合组近卫机炮第122师机炮第363团
	第16筑垒地域	比留图伊，赤塔的东南	1966年3月组建第97筑垒地域，1975年改第16筑垒地域	辖机枪第255团、炮兵营、火箭炮连、4个坦克营。1989年10月1日改近卫机炮第122师机炮第383团，2001年9月撤销
	第18筑垒地域	克拉斯诺卡缅斯克		1966年3月组建，1989年10月和第14筑垒地域组近卫机炮第122师机炮第363团
	第19筑垒地域	达斡里亚		1966年3月组建，1989年10月1日与第16筑垒地域合组机炮第383团
	防空第240旅	博尔贾	防空导弹第158团，1969年改	1996年解散
	直升机第112团	尼布楚		米-6/8
	直升机第289大队	哈达—布拉克		
	导弹第65旅	赤塔州涅尔琴斯克(尼布楚)	前身为炮兵团	1965年8月组建，辖57、58、116营，技术连，装备SS-1b/c，1997年11月撤销
	加农炮第209旅	特苏格尔		
	火箭炮第965团	和平(米尔纳亚)		迁旧迪维济翁纳亚-1(赤塔-47)
	反坦克团	斯捷普		
	空降第906营	哈达—布拉克，赤塔		1979年12月组建，1989年12月撤销
	喷火坦克第60营	达斡里亚		
	通信第175团	博尔贾	通信第1608营	与1608团组乌兰乌德通信第75旅，2004年最佳通信部队
	无线电第203团	CLEAR(奥洛维扬纳亚)		
	电子对抗第1673营	博尔贾		
	雷达第175营	博尔贾		
	战斗工程第173团	博尔贾		
	工程第808营	布里特		
	工兵第774营			
	BSR大队	别兹列奇纳亚		
	物资供应第47旅	博尔贾		
	汽车第45旅(仅旅部)			
	维修第622营			
	特种第18连	巴达		
	警卫连	博尔贾		
第57军		乌兰乌德	第29集团军，1988年2月28日改	20世纪90年代恢复第29集团军，辖5个师(2个训练师)，1992年缩编为第57军，2003年扩第29集团军，2007年解散。2010—2011年重建
	摩步第245师	上乌金斯克(古西诺泽尔斯克)		1967年8月31日组建，1997年9月1日改第6803存储基地，2001年复建，继承近卫坦克第2师的"塔钦"称号；2006年2月1日改近卫第6基地，调恰克图，2009年改近卫坦克第5旅
	摩步第198师	迪维济翁纳亚		1979年3月组建，1992年6月并入摩步12师

310

第七章 盛极而衰：1980—1989年的苏联陆军

续表

军以上单位	下属单位	驻地	前身	备注
	第978训练中心	下乌金斯克	摩步第52师，1987年12月改	1990年7月1日改第5208存储基地，1994年撤销
	第497训练中心	下乌金斯克	摩步第91师	1989年12月改5209基地，1992年接受第15师荣誉，改第6063存储基地，2009年后改第187基地(预备役摩步第86旅)
	空突第1154营	舍列霍夫		1981年组建，1989年12月撤销
	空突第57营	恰克图		
	火箭炮第156团	纳乌什基		
	直升机第373团	苏贾		
	防空导弹第103旅	乌兰乌德		第792指挥所，辖第498、499、500(2009年解散)营
	防空导弹第7旅	吉达	防空导弹第715团，1971年3月15日改	1994年换装S-300V(SA-12)，2006年6月转隶空防第14集，2009年改1723导弹团
	导弹第103旅	迪维济翁纳亚		1960年8月1日组建，1994年解散
	BSR大队	吉达		
	舟桥第373营	上乌金斯克	舟桥第21团	
	通信第181团	乌兰乌德		
	第780通信中心	乌兰乌德		
	无线电中继和有线1311营	乌兰乌德		
	电子对抗第113营	迪维济翁纳亚		
	雷达第1898营	迪维济翁纳亚		
	物资保障第26旅	乌兰乌德		
	三防第522营	上乌金斯克		
	第6847维修基地	恰克图		
	管道第332营	奥诺赫		
	警卫营	乌兰乌德		
	特种连	迪维济翁纳亚		
第39集团军		蒙古乌兰巴托	1959年重建第57军，20世纪60年代末扩编39集团军	1989年5月15日至1992年9月25日从蒙古撤回后解散
	近卫坦克第2师	乔巴山	近卫坦克第2军	1990年5月撤回别兹列奇纳亚，2001年3月改第3742存储基地，2005年撤销，荣誉授予第245师
	坦克第51师	纳来哈	前近卫坦克第5师的影子师	1967年组建，1989年6月27日撤回纳乌什基，改存储基地。1991年调下乌金斯克，改存储训练基地
	摩步第12师	巴嘎诺尔		1960年6月组建，1992年6月撤回，改第5517存储基地，1993年撤销
	摩步第41师	蒙古乔依尔	摩步第52师拆分	1990年7月撤销
	火箭炮第156团	乔巴山		
	加农炮团	乔伊尔		
	炮兵侦察第203营	乔伊尔		
	直升机第68团	纳来哈		1968年组建，1993年解散
	直升机第7大队	乌兰巴托		
	空降第1609营	曼达尔戈壁		1987年12月组建，撤回恰克图，1989年12月撤销
	特种第904营			
	防空导弹第70旅	乔依尔		1970年组建，1989年撤回wood(德罗维亚纳亚-13)，1992年撤销

311

续表

军以上单位	下属单位	驻地	前身	备注
	工程第 315 团	乌兰巴托		辖 10 个营,撤回莫斯科军区,2006 年撤销
	工程第 273 旅	赛音山达(北镇)		辖 4 个营,后改工程第 273 团
	工程第 27 团			撤回博尔贾
	工程第 31 旅	乌兰巴托		
	工程第 416 队	乌兰巴托		辖第 431、907 营等 6 个营,1 个汽车维修间
	摩托化第 635 营	乌兰巴托		
	重型地下电缆第 1062 营	乌兰巴托		
	舟桥第 313 团			
	供水第 51 团	额尔登特		
	通信第 195 团	乌兰巴托		
	通信工程第 65 营	曼达尔—戈壁		装备 A/H 52541
	专线第 2065 营	赛音山达		
	雷达第 71 旅	乌兰巴托		
	雷达第 1897 营	额尔登特		
	无线电中继有线第 255 营	乌兰巴托		
	电子对抗第 77 营			
	物资供应第 46 旅	马尼塔-7		辖第 430、1456、55 营等 5 个营,装甲、炮兵、汽配、被服、杂货、医疗、食品店、技术连、步兵排,20 世纪 90 年代初撤回西伯利亚乌索列
	警卫第 758(785)营	乌兰巴托		
	GRU 警卫第 892 连	赛音山达		
	行政后勤第 5 旅	达尔汗		辖 2 个团、1 个独立营、法庭营、太平洋营,1989—1990 年 2 个团撤回莫斯科军区,旅部 1990—1991 年撤销
	OARVB 维修第 1737 团	乔依尔		辖维修第 622 营等
直属	近卫第 48 军	恰克图	近卫坦克第 5 师、近卫骑兵第 5 军、1982 年 6 月 1 日改	1989 年 6 月恢复近卫坦克第 5 师,2009 年 6 月改近卫第 37 旅
	第 212 训练中心	赤塔、齐斯克维德	第 49 坦克训练师、1987 年 10 月改	1992 年 6 月第 212 近卫训练中心,接受近卫机械化第 1 军荣誉
	第 213 训练中心	博尔贾	第 150 摩步训练师	1994 年 9 月 14 日改第 168 摩步旅,1998 年 6 月撤销
	后警第 244 师	赤塔		1989—1990 年 9 月存在
	第 976 训练中心	布拉茨克	摩步 110 师(动员),1987 年 10 月改	1989 年 9 月 1 日改第 5208 存储基地,1993 年撤销
	第 977 训练中心	舍列霍夫	摩步第 202 师(动员),1987 年 10 月改	1989 年 9 月 1 日改第 5205 存储基地,1993 年撤销
	特种第 24 旅	恰克图	1977 年 12 月 1 日由特种第 18 营扩建	2002 年移索斯诺维博尔,2009 年移伊尔库茨克市十月镇,2012 年 9 月移新西伯利亚-17 镇
	直升机第 162 团			
	武装直升机第 307 团	莫戈恰	第 211 攻击群	调乌兰乌德(穆克希诺),转隶第 57 军,1994 年解散
	武装直升机第 329 团	赤塔—切廖穆什金	第 172 大队,1968 年改	2002 年转隶空防 14 集

312

第七章 盛极而衰：1980—1989年的苏联陆军

续表

军以上单位	下属单位	驻地	前身	备注
	独立航空营	恰克图		
导弹炮兵部队	炮兵第12师	伊尔库茨克州奇斯托耶克留奇		1974年12月组建，辖5个旅，2009年解散
	大威力火炮第200旅	德罗维亚纳亚（旧迪维济翁纳亚，即大山村）		1974年12月组建，转隶第36集团军，2009年时装备18门BM-27、18门2A65、6门MT-12反坦克炮、18辆9P149，2012年6月撤销
	导弹第40旅	克拉斯诺亚尔斯克边疆区塔什基诺		1970年莫斯科军区组建，1976年7月转隶后贝加尔军区，近卫第182导弹旅的后备，装备SS-1b/c，1990年撤销
	导弹第41旅	别列兹奇纳亚		
	近卫导弹第182旅	克拉斯诺亚尔斯克边疆区塔什基诺（绿树林）		1967年11月15日组建，装备SS-1b/c，1994年6月15日迁克拉斯诺亚尔斯克泽列纳亚、洛斯查，改近卫导弹第292旅，装备SS-21，2002年撤销
	导弹第124旅	赤塔州戈尔纳		1969年7月1日由导弹团扩建，装备14具SS-12，1989年撤销
	防空第18旅	赤塔市捷连巴镇		被波兰撤回，与第140旅合并
	防空第273旅	多姆纳		1973年组建，1994年撤销，场地留防空第140旅
空突部队	空突第11旅	莫戈恰	空降第11旅，1971年7月改	1990年6月1日改空降第11旅，1992年11月移索斯诺维博尔，改近卫空降第11旅，直属军区
	空突第1604营	索斯诺维博尔		1987年12月组建，1989年12月撤销
通信部队	通信第136旅			
	通信第101旅	阿塔马诺夫卡		
	通信第102旅	德罗维亚纳亚		
	通信第150团	乌兰乌德		
	后方通信第194团	阿塔马诺夫卡		
	电子对抗第232团	迪维济翁纳亚		
	第80前方通信营	赤塔		
	独立电子对抗营	恰克图		
	第1620通信训练营			
工兵部队	舟桥第58旅	赤塔		
	舟桥第151旅	德罗维亚纳亚		
	战斗工程第174团	卡里姆		
	工程第43团	贝加尔边疆区图林		2007年秋后扩编为旅
	2个独立工兵营			
	防化第126营			
	NBC第522营	古西诺泽尔斯克		
	喷火第60营	达乌里亚		
后勤部队	物资供应第54旅	伊尔库茨克		
	运输营	古西诺泽尔斯克		
	警卫第257营	古西诺泽尔斯克		
	警卫第366营	赤塔		
	第6947维修基地	恰克图		辖第622营等4个营，后缩编为维修第622营，属第36集团军
	勘测第36团	恰克图		装备A/H 20086
	第550战略存储基地（仓库）	纳乌什基	坦克运输团、防空团等	撤销
远东军区				2010年解散，部队编入东部军区

313

续表

军以上单位	下属单位	驻地	前身	备注
第5集团军		乌苏里斯克（二月镇）		
	摩步第277师	滨海区谢尔盖耶夫卡	坦克第66师	1990年7月1日改为机炮第127师，2009年改摩步59旅，坦克第218团改摩步第60旅
	近卫摩步第123师	巴拉巴什	近卫步兵第17师	1989年秋改近卫机炮第129师，2009年改近卫摩步第70旅
	摩步第199师	红库特	步兵第215师	1989年10月改第5506存储基地
	摩步第29师	石费舍尔（兴凯湖边）	步兵第29师	第438团1992年后调近卫第121师；1990年中后期第29师撤销
	摩步第40师	斯莫尔雅尼诺沃	步兵第40师	1989年12月1日改太平洋舰队海防40师，2007年8月改岸防部队
	第475训练中心	什科托沃	摩步148师（动员）	1989年9月改第5509存储基地，1993年撤销
	第1008训练中心（动员）	利阿里奇	坦克第77师，1987年12月改	1989年10月1日改第5510存储基地
	第4筑垒地域	克拉斯季诺（图们江口）		1970年5月组建，下辖机炮第13、445、709、876营等，1989年10月改机炮第129师为机炮第196团
	第5筑垒地域	波波夫卡		1970年5月组建，辖坦克第69营，机炮第705和800、880营。1993年撤销
	第13筑垒地域	波格拉尼奇内		1966年组建，辖机炮第382、445、473、570、650营，摩步第117营，坦克第11营，1989年10月改机炮第127师机炮第105团
	第15筑垒地域	新格奥尔基耶夫卡		1966年3月组建，辖独立机炮第279、398、854、861、862营，坦克第250营，火箭炮第1190营，1989年10月改机炮第127师为机炮第114团
	第20筑垒地域	巴拉巴什		1966年3月组建，1989年10月1日改近卫机炮第129师为机炮第290团
	导弹第4旅	拉兹多尔诺耶		1961年7月组建，装备SS-1b/c，1997年9月1日撤销
	近卫导弹第20旅	斯帕斯克达利尼	近卫火箭炮第2师近卫火箭炮第20旅，1964年改	装备SS-1b/c，1998年改装SS-21，转隶军区
	火箭炮第719团	利阿里奇		调乌苏里斯克波克罗夫卡，装备9P140
	反坦克第958团	巴拉诺夫—奥伦堡		调乌苏里斯克波克罗夫卡
	炮兵第214旅	乌苏里斯克	1945年8月时属第25集团军	装备D20，后第7020基地
	炮兵侦察第272营	斯帕斯克达利尼		
	第85坦克教练团	石费舍尔		
	武装直升机第94团	斯帕斯克达利尼		1980年组建，装备米-24，2002年撤消
	直升机第319团	切尔尼戈夫卡	轰炸第36团1,960年3月16日改	装备米-24、米-8
	直升机第319大队			
	直升机第32大队	乌苏里斯克		
	第273 BSR大队	切尔尼戈夫卡		
	工程第224旅		工兵第23团	

第七章 盛极而衰：1980—1989 年的苏联陆军

续表

军以上单位	下属单位	驻地	前身	备注
	突击工兵第 58 团	拉兹多利诺耶	"二战"工兵第 20 旅，1945 年 8 月时为工兵第 79 旅，后缩编为团、营，1969 年组建工兵第 58 团	1989 年 8 月改工程第 316 旅
	舟桥第 314 团	沃兹德维泽纳卡		
	空突第 650 营	波克罗夫卡		
	防空第 8 旅	拉兹多利诺耶	第 209 导弹团，1971 年改	保留
	空降第 145 营	谢尔盖耶夫卡		1979 年 11 月组建，1989 年 12 月撤销；1996 年空降第 83 旅拆出空降第 145 营、第 1605 营
	空突第 1605 营	斯帕斯克达利尼		
	无线电第 317 团	谢尔盖耶夫卡		
	通信第 86 团	乌苏里斯克		
	第 79 前方通信营	乌苏里斯克		
	电子对抗第 304 团	波克罗夫卡		
	电子对抗第 825 营	拉兹多利诺耶		
	专线第 612 营	乌苏里斯克		
	无线电第 94 营	乌苏里斯克		
	物资保障第 44 旅	乌苏里斯克切尔尼舍夫卡		
	防化第 122 营	乌苏里斯克		
	第 5513 维修基地	利波夫奇		
	第 92、178 维修厂	海参崴		
	警卫第 111 连	乌苏里斯克		
	GRU 特种警卫第 344 连	乌苏里斯克		
第 15 集团军		哈巴罗夫斯克-41（红河）		1998 年解散，并入第 35 集团军
	摩步第 270 师	哈巴罗夫斯克附近红列奇卡		1970 年 3 月组建，1993 年 10 月转隶第 43 军
	近卫摩步第 81 师	比金	近卫步兵第 81 师	2009 年改近卫摩步第 57 旅（师主体）、第 237 基地
	摩步第 73 师	阿穆尔河畔共青城（太加村）	步兵第 73 师	1989 年解散，第 5505 存储基地
	摩步第 135 师	列索扎沃茨克市梅德韦季茨基镇		1989 年 9 月 3 日后改机炮第 130 师，2009 年后改 245 基地（摩步第 93 旅）
	第 2 筑垒地域	大乌苏里岛（黑瞎子岛）		1970 年 5 月组建，辖 3 个机炮营和一个坦克营炮台，2008 年撤销
	第 17 筑垒地域	达利涅列琴斯克		1966 年 3 月组建，1989 年 10 月改机炮第 130 师机炮第 365 团
	装甲列车第 10 营	比金		
	防空第 180 旅	阿纳斯塔耶夫卡		1973 年组建，1992 年转隶第 43 军，1995 年换装 S300V（SA-12），1998 年转隶远东军区
	加农炮第 166 旅	罗蒙托夫卡		第 74 炮兵基地（红河）
	火箭炮第 786 团	奥博尔		装备 27 门 9P140，后并入近卫火箭炮第 338 旅
	直升机第 364 团	斯洛德涅别洛耶（中别拉亚）		装备米-8、米-24、米-26

续表

军以上单位	下属单位	驻地	前身	备注
	武装直升机第825团	加罗夫卡-2，哈巴罗夫斯克附近		装备米-8、米-24、米-26
	直升机第8大队	红河		
	空突第1635营	红河		
	近卫通信第13团	红河		
	后方通信第104营	红河		
	电子对抗第827营	红河		
	舟桥第24营	哈巴罗夫斯克-14		
	突击第252营	哈巴罗夫斯克-14		
	道路桥梁工程第635营	列索扎沃茨克		
	物资供应第49旅	普林斯沃尔孔斯基		
	警卫第13连	红河		
	GRU特种警卫第771连	阿穆尔河畔共青城		
第43军		比罗比詹	步兵第137军	1989年10月10日撤销
	摩步第272师	巴布斯托沃	步兵第272师	1989年7月改机炮第128师，1992年转隶第35集；2009年改伪装掩护第69旅
	第3筑垒地域	列宁斯克		1970年5月组建，1989年7月27日改机炮第128师机炮第63团
	装甲列车第8营	比罗比詹		
	导弹第23旅	新西索耶夫卡	RVGK工程第77旅，1960年7月28日改	1994年后直属军区，1997年9月1日接受导弹第4旅荣誉，改导弹第107旅
	加农炮团	巴布斯托沃		
	防空第203旅	比罗比詹		后转隶第15集团军，第98直属军区
	空降第907营	比罗比詹		1979年12月组建，1989年12月撤销
	独立通信第688营	比罗比詹		
	雷达营	比罗比詹		
	物资供应营	比罗比詹		
	维修营	比罗比詹		
	警卫连	比罗比詹		
第35集团军		别洛戈尔斯克	步兵第29军	
	近卫坦克第21师	别洛戈尔斯克市叶卡捷琳诺斯拉夫卡	近卫步兵第31师	2004年恢复近卫摩步第21师。2009年分拆为近卫摩步第38旅(前近卫第143团)、第240基地(摩步第90旅，前第21师主体)
	摩步第67师	斯科沃罗季诺		1992年3月与近卫摩步第10师组近卫摩步第115师
	摩步第192师	布拉戈维申斯克		1989年10月改机炮第126师
	摩步第265师	沃兹日阿耶夫卡	步兵第265师	1989年10月改5507存贮基地，1993年撤销
	摩步第266师	赖奇欣斯克		1969年迁远东军区，1989年10月改第5508存储基地
	第12筑垒地域	布拉戈维申斯克		1970年3月组建，辖机炮第225、876营、火箭炮营。1989年10月改机炮第57团编入机炮第126师
	坦克第49团	别洛戈尔斯克		
	装甲列车第14营	马格达加奇		
	装甲列车第15营	阿穆尔奥布拉斯特布(Free)		
	装甲列车第16营	阿尔科哈拉		

第七章 盛极而衰：1980—1989年的苏联陆军

续表

军以上单位	下属单位	驻地	前身	备注
	直升机第364团	斯列德尼贝洛耶		
	BSR大队	别洛戈尔斯克		
	导弹第153旅	别洛戈尔斯克		1958年6月20日组建，装备SS-1b/c，1999年装备SS-21、2001年撤销
	防空导弹第71旅	阿穆尔中别拉亚（斯沃博德内）		1975年在中别拉亚组建，1988换装SA-11
	工程第1983营	别列佐夫卡		工程第37团
	加农炮第165旅	别洛戈尔斯克尼科利斯克耶		装备D20。后第7019布拉格基地
	火箭炮第38团	别列佐夫卡		装备9P140
	反坦克第483团	别洛戈尔斯克		装备"强攻-S"、MT-12
	炮兵侦察团	别列佐夫卡		撤销
	炮兵侦察第396营	尼科利斯克耶		
	通信第54团	别洛戈尔斯克		
	无线电第156团			
	专线工程第318团	ICE		
	雷达第1899营	帕尼诺		
	无线中继第1719营	波斯得耶夫卡		
	第178大队	别洛戈尔斯克		
	第668CM	别洛戈尔斯克		
	电子对抗营	ICE		
	防化营	别洛戈尔斯克		阿尔加里、阿穆尔州
	舟桥营	德扎林达		
	汽运旅	阿尔科哈拉		
	物资供应第43旅	托米奇		
	第6508维修中心	沃兹日阿耶夫卡		
	警卫第786连	别洛戈尔斯克		
	GRU特种警卫第827连	别洛戈尔斯克		
第25军		彼得罗巴甫洛斯克		1980年2月组建，1989年6月撤销，1993年10月11日重组，改管理楚科奇地区部队
	摩步第99师	楚科奇、阿纳德尔	1968年由摩步第33师拆分	1999年6月1日改第3840基地，2002年12月11日撤消
	摩步第22师	彼得巴甫洛夫斯克	步兵第22师	2002年6月1日改摩步第40旅，2007年9月改海军步兵第40旅，2009年3月改海军步兵第3团
	摩步第138团	马加丹		
	防空导弹第75旅	勘察加		S200，改防空第1532团，近年换装S-400
	炮兵第467旅	彼得罗巴甫洛夫斯克		装备2A36，改太平洋舰队海防部队
	炮兵第921团	彼得罗巴甫洛夫斯克		和BRP导弹第21团（为基础）组海岸炮第520旅
	加农炮第204团	彼得罗巴甫洛夫斯克		
	混成直升机第11大队	科尔米内斯		
	通信第698营	彼得罗巴甫洛夫斯克		
	工程第240营	恰帕耶夫卡		
	工程第280营	科尔米内斯		调至阿纳德尔

317

军以上单位	下属单位	驻地	前身	备注
	警卫连	彼得罗巴甫洛夫斯克		
	特种警卫第571连	叶利佐沃		
第51集团军		南萨哈林斯克	1977年第2军改第51集团军	1993年10月11日缩编为第68军,2005年时辖摩步第1师、机炮第1师,2006年12月撤消
	摩步第79师	波罗奈斯克	步兵第79师	1994年改摩步第174旅,后存储基地
	摩步第33师	霍穆托沃	步兵第342师	2009年6月改摩步第39旅
	机炮第18师	择捉岛戈尔亚奇克留奇	步兵第184和第109筑垒地域	
	摩步第1101团	法尔孔		
	炮兵第264旅	索罗沃夫卡		
	火箭炮团	索罗沃夫卡		
	反坦克第957团	索罗沃夫卡		
	炮兵侦察团	索罗沃夫卡		
	防空导弹第31旅	南萨哈林斯克		1979年组建、3个导弹营、装备SA-4,1994换装SA-11,2002年撤销
	混成直升机第45大队	阿尼瓦		装备米-8,后调索科尔(多林斯克)
	突击工兵第326团	南萨哈林斯克		
	通信第166团	南萨哈林斯克		2003年撤销
	专线工程第98团	特里尼提		
	无线中继有线第553营	南萨哈林斯克		
	第505 FPS节点	南萨哈林斯克		
	专线工程第7营	科萨科夫		
	防化第98营	南萨哈林斯克		
	第6509维修基地	南萨哈林斯克		
	物资供应第45旅	科萨科夫		
	警卫第787连	南萨哈林斯克		
	特种第877连	霍穆托沃		
军区直属	第395训练中心	扎维京斯克	第27坦克训练师,1987年10月改	1994年解散
	第392训练中心	哈巴罗夫斯克市沃洛查耶夫斯卡亚镇	第129(训练)师,1987年12月1日改	
	第291训练中心	西比尔采沃	1970年8月组建第121摩步教导师,1987年9月改291训练中心	1989年10月改摩步第121师,序列为摩步第438、476、656团,坦克第136团;第1220炮团。2009年改第247基地(摩步第94旅)
	摩步第271师(动员)	别洛戈尔斯克		1978年组建,1989年9月改5230存储基地
	后警第246师	哈巴罗夫斯克		1989年—1990年9月
	警卫第826营	哈巴罗夫斯克		
导弹炮兵部队	近卫导弹第123旅	莫纳斯特里斯切	1969年7月1日近卫导弹第132旅改	1989年2月1日调科诺托普,转隶近卫第1集团军,1992年乌克兰接管
	导弹第75旅	哈巴罗夫斯克边疆区阿纳斯塔谢夫卡		1962年组建,装备SS-1b/c,1989月2月移驻滨海边疆区新斯耶卡,1994年撤销
	导弹第102旅	谢米斯托奇内		装备9K72
	近卫炮兵第15师	海滨边疆区		1970年组建,辖7个团,2005年改近卫第3257炮兵存储基地

第七章 盛极而衰：1980—1989年的苏联陆军

续表

军以上单位	下属单位	驻地	前身	备注
	重炮第14旅	新西索耶夫卡		1974年组建，1982年装备24门2S7型203毫米加农炮和24门2S-4型240毫米迫击炮。1989年起装备48门2S7，1998年撤销
	火箭炮旅	比金		装备48门BM-21
	炮兵第91旅	什科托沃		
	加农炮第216旅	阿纳斯塔耶夫卡		
	榴弹炮第305旅	波克罗夫卡		装备2A36，后转隶第5集团军，2009年装备8门9P140、18辆2S5、6门MT-12、18辆9P149
直升机部队	武装直升机第331团	奥博尔，哈巴罗夫斯克		1977年9月组建，1992年撤销
	直升机第394团	中别拉亚·伊凡诺夫斯基（希马诺夫斯克）		1978年5月13日组建
	直升机第398团	阿穆尔马格达佳奇-2		1977年由第332群组建，1998年撤消
防空部队				
空突部队	空突第13旅	阿穆尔马格达加奇		1970年8月组建，1996年撤销
特种部队	特种第45旅	俄罗斯岛		1955年组建
	特种第14旅	乌苏里斯克基尔扎沃德		1963年12月1日组建，参加车臣战争。2012年6月迁哈巴罗夫斯克(沃洛查耶夫斯克)
工兵	工程第2旅	哈巴罗夫斯克		
	突击工兵第177团	乌苏里斯克		
	舟桥第3团	哈巴罗夫斯克-41		
	舟桥第42团	达利涅列琴斯克		被德国撤回的舟桥第65团替代
通信部队	通信第104旅（传输）	哈巴罗夫斯克市沃洛查耶夫斯卡亚	通信第127团	
	通信第105旅	别洛戈尔斯克	通信第54团	
	通信第106旅（终端）	达尔涅列琴斯克	通信第22团	
	通信第8旅	共青城		
	雷达第76旅	特洛伊茨科耶		
	通信第8团	加罗夫卡		
	第158通信训练团	哈巴罗夫斯克		
	后方通信第161团	沃洛查耶夫斯卡亚		调别洛戈尔斯克，转隶第35集团军
	专线工程第7团	阿尔乔姆		
	无线电工程第38团			
	第81前方通信营	哈巴罗夫斯克		
	专线第92营	旧西索耶夫卡		
	通信第104营			
	电子对抗第120营	马特维耶夫卡		
三防部队	三防第16旅	哈巴罗夫斯克边疆区加尔基诺		NBC第16旅
	三防第135营			
	喷火第70营	拉兹多利诺耶		
维修厂	第2592存储维修基地	红河		
	第18、89维修厂、第206装甲修理厂	红河		
	第6504维修中心	乌苏里斯克		
其他	勘测第15团	利阿里奇		

319

续表

军以上单位	下属单位	驻地	前身	备注
	汽车第15旅	切尔尼索夫克斯		
	道路指挥第16旅	菲林		
	物资供应第50旅	诺尔斯克		
	汽车第30营	奥布卢奇耶		
陆军直属				
维修厂	第61坦克（中心）维修厂	列宁格勒		1990年11月在修16辆T-80、305辆T-62、162辆T-55、43辆T-54（合计526辆）
	第7 BTRZ(第7坦克维修中心)	基辅		1990年11月在修144辆T-72、149辆T-62（合计293辆）
	第17 BTRZ	利沃夫		1990年11月在修56辆T-72、428辆T-55、200辆T-54（合计684辆）
	第115 BTRZ	哈尔科夫		1990年11月在修81辆T-80、332辆T-64（合计413辆坦克）
	第126AVTV	哈尔科夫		1990年在修120辆MT-LBT(合计120辆)
	第140 BTRZ	鲍里索夫		1990年在修94辆T-72、614辆BMP-1、336辆BMP-2（合计94辆坦克、950辆BMP）
	第141 BTRZ	日托米尔		1990年11月在修153辆T-55、49辆T-54（合计202主战坦克）、180辆PT-76、524辆BMP-1
	第142 BTRZ	第比利斯		1990年11月在修91辆T-55、116辆T-54、114辆BMP-1、51辆BMP-2（合计207辆坦克、165辆BMP）
	第143 BTRZ	考纳斯		1990年11月在修22辆BTR-80、3辆BTR-70、276辆BTR-60、157辆BMD-1、54辆BTR-D（合计301辆APCs、211辆BMD〈BTR-D〉、23辆R-145BM）
	第346 BTRZ	尼古拉耶夫		1990年11月在修389辆BTR-70、315辆BTR-60（合计704辆APC）
工兵	第91工兵训练旅	阿克赫提尔卡		
	第93工兵训练旅	伏尔加格勒附近伏尔加镇		
	第106工兵训练旅	爱沙尼亚塔帕		
	近卫工程第317旅			
	近卫舟桥第66团			
	工程伪装第45团	莫斯科军区尼古拉斯乌柳比诺		装备1套IWW、1辆UR-67、2套MT-55A、1套MTU-72、2辆T-72、1辆BMP-2
	（舟桥旅）			第7028基地
	（舟桥旅）			第7029基地
	第66训练中心（近卫第6工程中心）			
	第399工程训练中心			
	第187工程训练中心			
	7个中央工兵基地			第79CDC（斯摩棱斯克）：1辆UR-67、1套MT-55A，第80CDC（涅任）:3辆UR-67、3套MT-55A，第81CDC(雅罗斯拉夫尔)：5辆UR-67、1套IWW，第623CDC(哈尔科夫）：2辆UR-67等
通信兵、三防兵				

第七章 盛极而衰：1980—1989年的苏联陆军

表7-6 1989年1月1日后备坦克师

后备坦克师隶属军区	后备坦克师番号	驻地	历史	沿革
远东	坦克第56师（后备）	扎维京斯克	1971年组建，军号：30644，坦克第27师的影子师	1989年10月1日撤销
远东	坦克第57师（后备）	布拉戈维申斯克	1971年组建，军号：55613，布拉戈维申斯克坦克指挥学校的影子师	1989年10月1日撤销
乌拉尔	坦克第59师（后备）	切尔巴库里	1972年组建，军号：30684，切尔巴库里坦克高等指挥学校的影子师	1989年10月1日撤销
乌拉尔	坦克第61师（后备）	斯维尔德洛夫斯克	1972年组建，军号：30669，摩步第34师的影子师	1989年10月1日撤销
喀尔巴阡	坦克第62师（后备）	别尔季切夫	1972年组建，军号：75043，近卫坦克第117师的影子师	1989年10月1日撤销
乌拉尔	坦克第63师（后备）	上佩什马	1972年组建，军号：21764，斯维尔德洛夫斯克坦克炮军政学校的影子师	1989年10月1日撤销
基辅	坦克第64师（后备）	丘古耶夫	1972年组建，军号：21472，哈尔科夫坦克高等指挥学校的影子师	1989年7月1日改第5360存储基地，1991年3月撤销
莫斯科	坦克第65师（后备）	梁赞	1972年组建。军号：57438，梁赞摩托化高等指挥学校的影子师	1989年10月1日撤销
西伯利亚	坦克第67师（后备）	新西伯利亚	1972年组建，军号：34006，摩步第85师的影子师。装备360辆T-54、T-55、T-62、40门122mmM-30、40辆BRDM、30辆BMP-1、57mmS-60，兵力210人	1993年撤销
西伯利亚	坦克第68师（后备）	比斯克	1972年组建，军号：63753，摩步第13师的影子师	1993年撤销
基辅	坦克第70师（后备）	杰斯纳	1973年组建，军号：31648，近卫坦克第48师的影子师	1989年10月1日撤销
西伯利亚	坦克第71师（后备）	鄂木斯克	1973年组建，鄂木斯克坦克学校的影子师，65人以下	1989年10月1日撤销
远东	坦克第72师（后备）	瓦尔佛罗梅耶夫卡	1973年组建，军号：11900，乌苏里斯克摩托化高等指挥学校的影子师，装备300辆T-54、T-34/85、SU-100、ISU-152	1989年10月1日撤销
伏尔加	坦克第73师（后备）	喀山	1973年组建，军号：31635，喀山坦克高等指挥学校的影子师	1989年10月1日撤销
伏尔加	坦克第74师（后备）	乌里扬诺夫斯克	1973年组建，军号：74050，乌里扬诺夫斯克近卫坦克高等指挥学校的影子师	1989年10月1日撤销
后贝加尔	坦克第80师（后备）	下乌金斯克	1973年1月组建，军号：30742，摩步第52师的影子师，装备270辆IS-3M、120辆T-34/85	1989年10月1日撤销
后贝加尔	坦克第81师（后备）	下乌金斯克	1974年组建，军号：35459，摩步91师的影子师（也和摩步第52师、坦克第80师协作），装备320辆T-34/85，1982装备40辆BMP-1	1989年10月1日撤销
乌拉尔	坦克第82师（后备）	彼尔姆	1974年组建，军号：81667，彼尔姆炮兵军校的影子师	1989年10月1日撤销

表7-7 1989年1月1日后备摩步师

后备摩步师隶属军区	后备摩步师番号	驻地	历史	沿革
列宁格勒军区	摩步第250师	普斯科夫州弗拉基米尔军营		
乌拉尔军区	摩步第260师	库尔干州沙德林斯克	1979年组建，军号：31636	1989年10月改第5406武器存储基地，1993年撤销

第八章　大崩溃：1989—1991年苏联解体前的苏联陆军

第一节　裁军50万后的苏联陆军（1990年11月）

米·谢·戈尔巴乔夫上台后，在军事建设上提出了"合理足够"的原则和质量建军的方针，放弃同美国争夺全球军事优势的努力。从1987年起苏军逐年削减军事开支，压缩军队规模，并开始从境外大规模撤军。

1988年12月7日，戈尔巴乔夫在第43次联大宣布，苏军在两年内单方面裁军50万人，到1990年底这一计划基本完成；其间，苏军裁减了2万多辆坦克、1.9万辆装甲车、近3万门火炮、约1500架飞机、1900多架武装直升机、近30艘潜艇和近50艘舰艇。

1989年时，苏联开始进行大规模从外国撤出武装力量，但军人成功的阻止了宣称的6个将解散的坦克师里的3个师解散。留下了中央集群的近卫坦克第15师，从南方集群撤至白俄罗斯军区的近卫坦克第19师，莫斯科军区的坦克第31师，但撤销了其驻地的前部队。同时根据条约，转交了一些摩步师给克格勃、海军和内卫部队。

值得注意的是，陆军部队里短时间（1989年—1990年9月）内出现过完全没有装甲武器的后方警卫师（莫斯科军区第228、229后警师，白俄罗斯军区第231后警师，喀尔巴阡军区第232、233后警师，奥德萨军区第234后警师）。

陆军撤销了4个集团军机关、5个军机关、38个师、27个防空火箭旅（团）。

1986年10月，苏军从阿富汗撤出6个团的部队。1989年2月全面撤出阿富汗时，苏军撤销了40集团军的指挥机构，至此苏军共撤出3个摩步师、1个空降师、

▲苏联撤出阿富汗。

3个摩步旅，结束了对阿富汗8年多的军事占领。而对应于撤出蒙古的行动，撤销了39集团军的指挥机构。

1987年9月，苏军从蒙古撤出摩步第91师；1989—1990年，从蒙古撤出2个坦克师、3个摩步师。

到1991年1月，远东解散了12个师。

后贝加尔军区在1990年改为内地军区编制（即从远东战略方向中撤除）。1989年，伏尔加和乌拉尔军区合并，中亚军区编入土耳其斯坦军区后，苏联军区数目降至14个。

战略火箭军撤销1个火箭集团军和5个火箭师，并销毁全部中程导弹和500公里以上的所有战术导弹；撤销38个陆军师、27个防空火箭旅。

防空军撤销两个防空集团军司令部、4个师和6个防空火箭旅。

空军撤销两个空军集团军司令部、4个师和19个团。

海军调整了指挥体系和作战兵团，一些舰艇退役或拆除。

1989年苏联有：

战略火箭军28万7千人

海基战略火箭部队1万5千人

空基战略火箭部队10万8千人

陆军一线部队160万人

陆军后方部队100万人

空军34万人

防空军50万人

海军42万1千人

合计现役425万人左右（另有550万预备役）

另外内卫部队、边防军、铁道建筑工程兵106万

1991年解放军出版社《世界军事年鉴》的数字：

苏联武装力量约340万人，其中：

战略火箭军14.6万人

陆军140万人

空军42万人

第八章 大崩溃：1989—1991 年苏联解体前的苏联陆军

海军 45 万人

防空军 47.5 万人

边防军 23 万人

内务部队 35 万人（由国家安全委员会和内务部领导）

除了部队、直属机构，集群和军区还有很多中央、直属的相当数量的学院、教育科研机构、维修厂和仓库（1990 年，几乎所有的都驻扎在欧洲），这些机构也有很多的武器装备，而中央控制的装甲维修车辆只有 10 辆。

西部战区的 3 个驻外集群情况一样。驻德苏军正在翻修的有 2807 辆坦克、3664 辆装甲输送车、步兵战车和其他装甲车辆。仅在德国，共有 388 辆在修理坦克（48 辆T-80 在文斯多夫和 340 辆T-64 在吉尔美则），243 辆步兵战车（168 辆BMP-1、75 辆BMP-2）和 243 辆装甲输送车（23 辆BTR-70、218 辆BTR-60）。在内地的 8 个军区有很多储存的武器火炮基地和兵工厂，有 293 门火炮、迫击炮和 53 门多管火箭炮、297 辆BTR。

表 8-1 1990—1991 年苏军摩步师装备

摩步师番号	坦克	BTR	BMP	ASU	牵引火炮	迫击炮	火箭炮
近卫 1	66 辆T 72		36 辆BMP-2 15 辆BRM-1K				12 门
近卫 2	29 辆T-80 77 辆T-72 73 辆T-64	284 辆	36 辆BMP-2 117 辆BMP-1 51 辆BRM-1K	12 辆 2S1 36 辆 2S3	36 门		12 门
近卫 3	271 辆T-72	157 辆BTR-70 6 辆BTR-60	146 辆BMP-2 174 辆BMP-1		66 门 2A65 72 门D-30		18 门
近卫 6	258 辆T-80	34 辆BTR-70 282 辆BTR-60	26 辆BMP-2 139 辆BMP-1 14 辆BRM-1K	36 辆 2S1 54 辆 2S3	36 门D-30	54 门 2S12	18 门
9	133 辆T-72	16 辆BTR-70	21 辆BMP-2 15 辆BMP-1 15 辆BRM-1K	36 辆 2S3	24 门D-30	4 门PM-38 24 门 2S12	12 门
近卫 10	121 辆T-55 2 辆T-54	10 辆BTR-70 1 辆BTR-60	126 辆BMP-1 10 辆BRM-1K		12 门	11 门	16 门
15	61 辆T-72 8 辆T-54	12 辆BTR-70 6 辆BTR-60	88 辆BMP-1 13 辆BRM-1K	74 辆	3 门D-30	12 门PM-38	12 门
近卫 17	183 辆T-55	10 辆BTR-70 1 辆BTR-60	38 辆BMP-1 15 辆BRM-1K			44 门PM-38	
近卫 18	155 辆T-72	135 辆BTR-60	59 辆BMP-2 87 辆BMP-1 25 辆BRM-1K	34 辆 2S1 49 辆 2S3	36 门D-30	72 门 2S12	15 门
19	187 辆T-72	15 辆BTR-70	9 辆BMP-2 27 辆BMP-1 15 辆BRM-1K	18 辆 2S1		36 门 2S12	12 门BM-21 12 门 9P140

325

续表

摩步师番号	坦克	BTR	BMP	ASU	牵引火炮	迫击炮	火箭炮
近卫20	154辆T-80	155辆BTR-70 148辆BTR-60	120辆BMP-2 20辆BMP-1 29辆BRM-1K	72辆2S1 54辆2S3		72门2S12	18门
21	155辆T-80	282辆BTR-70 17辆BTR-60	134辆BMP-2 187辆BMP-1 29辆BRM-1K	72辆2S1 53辆2S3		72门2S12	18门
近卫23	61辆T-72 25辆T-54	48辆BTR-70 6辆BTR-60	47辆BMP-2 86辆BMP-1 14辆BRM-1K		74门D-30	4门PM-38	14门
24	202辆T-72	152辆BTR-70 8辆BTR-60	176辆BMP-2 11辆BMP-1 26辆BRM-1K	42辆2S1 37辆2S3	12门	2门PM-38	12门
近卫25	61辆T-64	9辆BTR-60	35辆BMP-1 15辆BRM-1K	24辆2S1	24门D-30		12门
近卫27	225辆T-80	147辆BTR-60	140辆BMP-2 177辆BMP-1 26辆BRM-1K	54辆2S1 54辆2S3	18门D-30	54门2S12	18门
近卫28	143辆T-64	148辆BTR-70 6辆BTR-60	158辆BMP-1 15辆BRM-1K	48辆2S1 36辆2S3			
近卫30	130辆T-72	64辆BTR-70 190辆BTR-60	36辆BMP-2 15辆BRM-1K	36辆2S1 12辆2S3	36门D-30	36门2S12	12门
近卫32	61辆T-80		34辆BMP-1 15辆BRM-1K	36辆	12辆2S1 12辆2S9 12辆2S3		12门
35	149辆T-80	290辆BTR-60	112辆BMP-2 191辆BMP-1 28辆BRM-1K	72辆2S1 54辆2S3		72门2S12	18门
近卫39	155辆T-80	297辆BTR-60	127辆BMP-2 187辆BMP-1 26辆BRM-1K	72辆2S1 52辆2S3		72门2S12	18门
近卫42	26辆T-72 6辆T-62 187辆T-54	6辆BTR-70	12辆BMP-2 23辆BMP-1	3门2S3	30门D-30	58门PM-38 3门2S12	17门
43	10辆T-62 39辆T-55 249辆T-54	27辆BTR-60	2辆BMP-2 274辆BMP-1 18辆BRM-1K		12门D-30	28门PM-38 1门2S12	3门BM-21 14门9P138
近卫45	186辆T-80	115辆BTR-80 109辆BTR-70	158辆BMP-1 14辆BRM-1K	28辆2S1 33辆2S3	2门D-30 36门2B16	4门2S12	12门BM-21 12门9P140
近卫50	187辆T-72	7辆BTR-80 180辆BTR-70 45辆BTR-60	36辆BMP-2 15辆BRM-1K			12门	
近卫51	186辆T-72	115辆BTR-70 8辆BTR-60	37辆BMP1 13辆BRM-1K	5辆2S1 10辆2S3	36门D-30	36门PM-38	14门
54	40辆T-80 39辆PT-76	125辆MT-LB			60门D-30		12门
近卫57	156辆T-80	304辆BTR-60	59辆BMP-2 99辆BMP-1 15辆BRM-1K	108辆2S1	18门D-30	36门2S12	18门BM-21
近卫59	155辆T-64	169辆BTR-70 17辆BTR-60	38辆BMP-2 12辆BMP-1 16辆BRM-1K	46辆2S1 36辆2S3	36门D-30	14门2S12	

第八章 大崩溃：1989—1991年苏联解体前的苏联陆军

续表

摩步师番号	坦克	BTR	BMP	ASU	牵引火炮	迫击炮	火箭炮
60	124辆T-72 12辆T-55 23辆T-54	125辆MT-LB 1辆BTR-80 5辆BTR-70	40辆BMP-2 74辆BMP-1 12辆BRM-1K	12辆2S1	60门D-30	12门PM-38	
近卫63	75辆T-80 90辆T-55 86辆PT-76	3辆BTR-80 25辆BTR-70 5辆BTR-70	63辆BMP-1		4门D-30	3门PM-38	12门
近卫64	40辆T-80 39辆PT-76	118辆MT-LB			67门D-30	4门PM-38	12门
近卫66	79辆T-64 11辆T-55 11辆T-54	7辆BTR-70 69辆BTR-60	177辆BMP-1		18门D-30	15门PM-38	18门
近卫70	187辆T-55 5辆T-64	8辆BTR-70 16辆BTR-60	36辆BMP-1 14辆BRM-1K	3辆2S3		36门2S12	12门
近卫72	133辆T-64	131辆BTR-80 16辆BTR-70	287辆BMP-2 1辆BMP-1 15辆BRM-1K	48辆2S1 36辆2S3		36门PM-38	12门
近卫77	271辆T-80	787辆MT-LB			62门2A65 72门D-30		
近卫92	52辆T-64 9辆T-55 3辆PT-76	8辆BTR-70	28辆BMP-2 115辆BMP-1 6辆BRM-1K	152辆2S1	24门D-30	30门PM-38	5门
近卫93	258辆T-64	86辆BTR-70	60辆BMP-2 106辆BMP-1 15辆BRM-1K	71辆2S1 60辆2S3		36门2S12	18门
近卫94	274辆T-64	6辆BTR-70 283辆BTR-60	51辆BMP-2 101辆BMP-1 14辆BRM-1K	36辆2S1 54辆2S3	36门D-30	54门2S12	18门
近卫97	61辆T-72	95辆BTR-70 3辆BTR-60	36辆BMP-1 15辆BRM-1K	48辆2S1 36辆2S3		36门PM-38	14门
近卫100	32辆T-72 80辆T-55 116辆T-54	4辆BTR-80 24辆BTR-70 2辆BTR-60	138辆BMP-1 10辆BRM-1K		24门D-30	24门PM-38	17门
107	189辆T-72 5辆PT-76	139辆BTR-70 15辆BTR-60	36辆BMP-2 15辆BRM-1K	3辆2S1 2辆2S3	36门D-30	30门PM-38	12门
111	40辆T-80 39辆PT-76	125辆MT-LB			60门D-30		12门
近卫120	187辆T-72	153辆BTR-80	322BMP-2 25BRM-1K	48辆2S1 36辆2S3	12门D-30		12门
126	271辆T-64	154辆BTR-70 9辆BTR-60	305辆BMP-2 16辆BMP-1		70门2A65 72门D-30	36门PM-38	18门
127	61辆T-72	85辆BTR-70 6辆BTR-60	46辆BMP-2 71辆BMP-1 13辆BRM-1K	12辆2S1	72门D-30		
近卫128	178辆T-64	295辆BTR-70 6辆BTR-60	93辆BMP-2 55辆BMP-1 8辆BRM-1K	48辆2S1 36辆2S3		12门PM38	12门
131	40辆T-80 39辆PT-76	425辆MT-LB			60门D-30		12门
近卫144	184辆T-72	125辆BTR-70 6辆BTR-60	36辆BMP-2 15辆BRM-1K	3辆2S1 3辆2S3			12门
157	61辆T-64		3辆BMP-2 33辆BMP-1 15辆BRM-1K		48门D-30	36门2S12	12门

续表

摩步师番号	坦克	BTR	BMP	ASU	牵引火炮	迫击炮	火箭炮
161	58辆T-55 128辆T-54	170辆BTR-70	65辆BMP-1 15辆BRM-1K				12门
180	61辆T-64 13辆T-54	5 BTR-70	2辆BMP-2 33辆BMP-1 16辆BRM-1K		50门D-30	36门2S12	12门
207	155辆T-80	292辆BTR-80 54辆BTR-60	134辆BMP-2 185辆BMP-1 29辆BRM-1K	72辆2S1 54辆2S3		72门2S12	18门
213	62辆T-72	139辆BTR-70 25辆BTR-60	36辆BMP-2 15辆BRM-1K	12辆2S1 36辆2S3			12门
254	221辆T-64	29辆BTR-70 259辆BTR-60	74辆BMP-2 94辆BMP-1 15辆BRM-1K	72辆2S1 54辆2S3		12门2S12	18门
295	124辆T-72 11辆T-55 1辆T-62	143辆BTR-70 17辆BTR-60	51辆BMP-2 88辆BMP-1 16辆BRM-1K		74门D-30	15门PM-38	12门

表8-2 1990—1991年苏军坦克师装备

坦克师番号	坦克	BTR	BMP	ASU	牵引火炮	迫击炮	火箭炮
1	224辆T-72	23辆BTR-70	257辆BMP-2 15辆BRM-1K	48辆2S1 24辆2S3			12门
近卫4	330辆T-80 3辆T-72 14辆T-64	20辆BTR-70	99辆BMP-2 156辆BMP-1 15辆BRM-1K	48辆2S1 24辆2S3			18门
近卫6	229辆T-72	23辆BTR-70	107辆BMP-2 15辆BRM-1K	48辆2S1 24辆2S3			12门
9	238辆T-80	10辆BTR-70 14辆BTR-60	271辆BMP-2 143辆BMP-1 29辆BRM-1K	72辆2S1 54辆2S3		36门2S12	18门
近卫10	364辆T-80	3辆BTR-70 8辆BTR-60	131辆BMP-2 143辆BMP-1 6辆BRM-1K	72辆2S1 36辆2S3		30门2S12	18门
近卫11	295辆T-80	36辆BTR-70 3辆BTR-60	129辆BMP-2 130辆BMP-1 15辆BRM-1K	36辆2S1 36辆2S3	36门D-30	36门2S12	12门
近卫16	250辆T-80	7辆BTR-80 4辆BTR-70 15辆BTR-60	256辆BMP-2 157辆BMP-1 29辆BRM-1K	72辆2S1 54辆2S3		36门2S12	18门
近卫17	104辆T-64	12辆BTR-70	30辆BMP-1 15辆BRM-1K	51辆2S1 15辆2S3	2门D-30	20门2S12 3门PM-38	12门
近卫19	226辆T-72	15辆BTR-70	38辆BMP-2 2辆BMP-1 15辆BRM-1K	50辆2S1 24辆2S3			12门
20	335辆T-80	27辆BTR-60	148辆BMP-2 111辆BMP-1 15辆BRM-1K	72辆2S1 36辆2S3		30门2S12	18门
23	315辆T-55	2辆BTR-70	38辆BMP-2 15辆BRM-1K				12门
24	10辆T-62 114辆T-72 14辆T-54	11辆BTR-70 9辆BTR-60	79辆BMP-1 1辆BRM-1K	15辆2S1 27辆2S3	10门D-30	9门2S12 7门PM-38	7门

第八章 大崩溃：1989—1991 年苏联解体前的苏联陆军

续表

坦克师番号	坦克	BTR	BMP	ASU	牵引火炮	迫击炮	火箭炮
近卫 26	304 辆 T-62 68 辆 T-80 38 辆 T-72 84 辆 T-64 6 辆 T-55 6 辆 PT-76	17 辆 BTR-70 4 辆 BTR-60	21 辆 BMP-2 47 辆 BMP-1 15 辆 BRM-1K	12 辆 2S1 24 辆 2S3	8 门 D-30	PM-38	17 门
近卫 30	224 辆 T-72	24 辆 BTR-70	36 辆 BMP-2 15 辆 BRM-1K	27 辆 2S3		PM-38	12 门
34	314 辆 T-62	1 BTR-70 11 辆 BTR-60	34 辆 BMP-1 15 辆 BRM-1K				12 门
近卫 37	224 辆 T-72	24 辆 BTR-70	38 辆 BMP-2 15 辆 BRM-1K	3 辆 2S1			12 门
近卫 40	299 辆 T-72	178 辆 BTR-60	36 辆 BMP-1 15 辆 BRM-1K				12 门
近卫 45	1 辆 T-62 224 辆 T-72 22 辆 T-54 9 辆 PT-76	12 辆 BTR-70 9 辆 BTR-60	52 辆 BMP-2 76 辆 BMP-1 1 辆 BRM-1K	36 辆 2S1 18 辆 2S3	12 门 D-30		7 门
近卫 47	322 辆 T-64	5 BTR-70 9 辆 BTR-60	114 辆 BMP-2 142 辆 BMP-1 15 辆 BRM-1K	72 辆 2S1 36 辆 2S3		30 门 2S12	18 门
近卫 48	233 辆 T-64 7 辆 T-55	9 辆 BTR-70 4 辆 BTR-60	130 辆 BMP-2 98 辆 BMP-1 4 辆 BRM-1K	18 辆 2S1 36 辆 2S3	9 门 D-30 3 门 M-30	14 门 2S12 5 门 PM-38	8 门
76	314 辆 T-62	3 辆 BTR-60	38 辆 BMP-2 15 辆 BRM-1K	1 辆 2S1 1 辆 2S3 2 辆 2S7	3 门 D-30 2 门 2A36 3 门 2A65		12 门
近卫 79	322 辆 T-80	18 辆 BTR-60	114 辆 BMP-2 141 辆 BMP-1 15 辆 BRM-1K	36 辆 2S1 36 辆 2S3	36 门 D-30	30 门 2S12	18 门
近卫 90	249 辆 T-80	2 辆 BTR-70 26 辆 BTR-60	167 辆 BMP-2 233 辆 BMP-1 27 辆 BRM-1K	72 辆 2S1 54 辆 2S3		36 门 2S12	18 门
近卫 117	95 辆 T-72 29 辆 T-64 13 辆 T-62 321 辆 T-55 7 辆 T-54	5 辆 BTR-70 9 辆 BTR-60	62 辆 BMP-2 95 辆 BMP-1 19 辆 BRM-1K	14 辆 2S1 24 辆 2S3	2 门 D-30	4 门 PM-38	14 门
193	108 辆 T-72	23 辆 BTR-70	38 辆 BMP-2 15 辆 BRM-1K				12 门

表8-3 1990—1991年苏军空降师装备

空降师番号	BMD	BTRD	ACS
近卫7	138辆BMD-2 210辆BMD-1 39辆BMD-1KSH	212（其中包括36辆反坦克车，47辆肩扛防空导弹车）	72辆2S9 6辆D-30
44	38辆BMD-2 207辆BMD-1	174（其中包括14辆反坦克车，3辆肩扛防空导弹车）	22辆2S9 9辆D-30
近卫76	93辆BMD-2 219辆BMD-1 39辆BMD-1KSH	185（其中包括36辆反坦克车，41辆肩扛防空导弹车）	72辆2S9 6辆D-30
近卫98	120辆BMD-2 192辆BMD-1 39辆BMD-1KSH	185（其中包括36辆反坦克车，47辆肩扛防空导弹车）	74辆2S9 8辆D-30
近卫104	93辆BMD-2 219辆BMD-1 39辆BMD-1KSH	185（其中包括36辆反坦克车，42辆肩扛防空导弹车）	72辆2S9 6辆D-30
近卫106	30辆BMD-2 312辆BMD-1 39辆BMD-1KSH	185（其中包括36辆反坦克车，47辆肩扛防空导弹车）	74辆2S9 8辆D-30

表8-4 1990—1991年苏军军校地面武器装备

军校	坦克数量（辆）	坦克清单	BTR数量（辆）	BTR清单	BMP数量（辆）	BMP清单
莫斯科军官学校BTV	69	18辆T-80 25辆T-72 7辆T-64 8辆T-62 11辆T-55	19	10辆BTR-80 7辆BTR-70 2辆BTR-60	19	3辆BMP-3 10辆BMP-2 5辆BMP-1 1辆BRM-1K
伏龙芝军事学院	8	5辆T-80 1辆T-72 2辆T-62	4	1辆BTR-80 2辆BTR-70 1辆BTR-60	7	3辆BMP-3 2辆BMP-2 2辆BMP-1
沙波什尼科夫高级军官学校	50	8辆T-80 18辆T-72 4辆T-64 9辆T-62 11辆T-55	22	9辆BTR-80 1辆BTR-70 12辆BTR-60	56	4辆BMP-3 31辆BMP-2 18辆BMP-1 1辆BRM-1K
巴库VOKA	6	5辆T-72 1辆T-62	17	14辆BTR-80 1辆BTR-70 2辆BTR-60	53	3辆BMP-3 42辆BMP-2 7辆BMP-1 1辆BRM-1K
弗拉季高加索VOKA	5	4辆T-80 1辆T-64	14	13辆BTR-80 1辆BTR-70	55	9辆BMP-3 46辆BMP-1
喀山VTKU	89	62辆T-80 8辆T-72 13辆T-64 5辆T-62 9辆T-54	16	9辆BTR-70 7辆BTR-80	16	3辆BMP-2 13辆BMP-1
基辅VOKA	11	1辆T-80 2辆T-72 8辆T-62	27	17辆BTR-80 6辆BTR-70 4辆BTR-60	64	3辆BMP-3 23辆BMP-2 14辆BMP-1 24辆BRM-1K

续表

军校	坦克数量（辆）	坦克清单	BTR数量（辆）	BTR清单	BMP数量（辆）	BMP清单
基辅VTIU	100	6辆T-80 11辆T-64 52辆T-72 27辆T-62 4辆T-55	16	2辆BTR-80 8辆BTR-70 6辆BTR-60	18	3辆BMP-3 7辆BMP-2 8辆BMP-1
列宁格勒VOKA	5	1辆T-80 3辆T-72 1辆T-62	19	14辆BTR-80 3辆BTR-70 2辆MT-LB	59	3辆BMP-3 41辆BMP-2 15辆BMP-1
莫斯科VOKA	8	4辆T-80 1辆T-72 2辆T-62 1辆T-55	19	17辆BTR-80 1辆BTR-70 1辆BTR-60	74	3辆BMP-3 47辆BMP-2 23辆BMP-1 1辆BRM-1K
敖德萨VOKA	34	9T-72 3T-62 8T-55 14T-54	15	6辆BTR-70 9辆BTR-60	23	5辆BMP-2 18辆BMP-1
辛菲罗波尔VOKA	15	5辆T-72 3辆T-62 7辆T-55	10	1辆BTR-70 9辆BTR-60	7	3辆BMP-2 4辆BMP-1
乌里扬诺夫斯克VTKU	97	20辆T-80 53辆T-72 3辆T-62 21辆T-55	9	5辆BTR-80 2辆BTR-70 2辆BTR-60	3	3辆BMP-2
哈尔科夫VTKU	82	53辆T-80 2辆T-72 20辆T-64 4辆T-62 3辆T-55			11	8辆BMP-2 2辆BMP-1 1辆BRM-1K

第二节　大撤军

1989—1991年发生的东欧剧变，除苏联解体之外，在保加利亚、匈牙利、捷克斯洛伐克、阿尔巴尼亚、南斯拉夫等东欧国家，都发生了政权更迭、社会制度剧变的类似事件。而且南斯拉夫一分为五，分为了波斯尼亚和黑塞哥维那、南斯拉夫联盟（2003年2月4日，南斯拉夫联盟更名为塞尔维亚和黑山；2006年6月3日，黑

▲ 1990年1月10日，在为国家的独立而进行的游行中，立陶宛人带着国旗聚集在首都维尔纽斯市中心。

▲ 1990年12月24日（星期一）红场，一位失去儿子的苏联母亲被民兵阻挡，她的手上拿着儿子的照片。1990年，大约有6000多名苏联军人被杀害。

山宣布独立）、斯洛文尼亚、克罗地亚、马其顿五个国家；捷克斯洛伐克一分为二；民主德国和联邦德国实现了统一。

1980年代末，由于苏联从南也门撤军以及东欧剧变，南也门迫于经济形势和外交孤立局面，最终寻求和北也门统一。1990年4月南北也门元首在阿拉伯也门的塔兹签署《统一协定（草案）》。1990年5月22日，也门共和国宣告成立。

1990年1月12日发生在蒙古人民共和国首都乌兰巴托的一起政治事件最终使得蒙古修订宪法，实现政治转型。

1989年12月3日，美苏两国领袖在马耳他的高峰会上宣布结束冷战。1990年7月，西德总理赫尔穆特·科尔说服戈尔巴乔夫不反对德国在北约组织下实现统一，以作为德国持续经济援助苏联的回报，清除了两德统一的最后障碍。

1991年3月31日，华沙条约组织宣布解散。1991年7月1日，华沙条约组织在布拉格的会议中宣布正式解散。这标志着"二战"后苏联苦心经营、与西方抗衡的世界最强大军事集团不复存在。在同月峰会上，戈尔巴乔夫与美国总统布什建立美苏战略伙伴关系，使冷战走向终结。布什总统称在1990年至1991年的海湾战争中，实现美苏合作，从而在处理双方及世界问题上打好基础。

东欧剧变和苏联解体使社会主义力量遭到重大挫折，标志"二战"后美苏争霸的两极格局崩溃，"冷战"结束，雅尔塔体系完全崩解，世界政治格局呈现出向多极化发展的趋势。

从蒙古撤军

1987年1月5日。苏联外交部宣布，1987年4—6月间，苏联将从蒙古撤回一个摩托化步兵师。1987年1月11日，苏联国防部宣布，苏军驻扎蒙古的一个摩托化步兵师和几支独立部队开始从蒙古撤回苏联。1987年9月，苏军从蒙古撤出了摩步第91师和一些独立部队。

1988年12月7日，戈尔巴乔夫在第43届联大宣布，两年内从蒙古撤走驻军的75%

约5万人,以此作为部署在中国边界地区的军队减少20万人的一部分。1991年底,驻蒙苏军作战部队(两个坦克师、3个摩步师、2个航空兵师、1个防空师)基本撤离蒙古。

从阿富汗撤军

1986年,苏军从阿富汗撤出了6个团的部队。1988年5月15日苏联开始从阿富汗撤军,首批1个摩托化步兵旅1200名苏联官兵乘坐300辆坦克和装甲输送车于1988年5月15日上午从楠格哈尔省首府贾拉拉巴德出发,在喀布尔举行撤军仪式后开始北撤。在贾拉拉巴德,苏军共驻扎4个旅,第一批只撤走1个旅。

8月15日前苏军撤出了一半军队,8月15日以后苏联放慢了撤军的步伐,11月正式宣布暂停撤军,同时再度向游击队发动强大攻势。1989年2月15日,第40集团军(驻阿苏军)全部撤出阿富汗。

表8-5 1988年苏联在东欧四国的驻军数量

	民主德国	匈牙利	捷克斯洛伐克	波兰
指挥机械化构	驻德国(西部)集群、5个军部	南部集群	中部集群	北部集群
坦克师(个)	11个,另有5个独立坦克团	2	2	1
摩托化步兵师(个)	8个,1个炮兵师	2	3	1
炮兵营(个)	5		1	
空军	1个歼击机械化大队 5个攻击直升机械化团	1个歼击机械化大队	1个歼击机械化大队 2个攻击直升机械化团	1个攻击直升机械化团
导弹部队	7个飞毛腿旅,1个SS-23旅		2个飞毛腿旅	1个飞毛腿旅
总人数(万人)	38	8	6.5	4

※ 资料来源:IISS, The Military Balance 1988—1989, London, 1988, pp.40—41。

从东欧国家撤军

随着1989年东欧国家发生的激烈变革,苏联军队完全从波兰、民主德国、捷克斯洛伐克和匈牙利撤出的问题,在1990年年初成为苏联与这些原盟国关系中的首要和迫切问题。

1989年苏军开始从东欧撤军。1991年6月19日,中部军队集群(驻捷苏军)陆军5个师、空军7个团共7.3万人,南部军队集群(驻匈苏军)陆军4个师、空军2个师另3个团共6.2万人全部撤出。1991年7月1日中部军队集群、南部军队集群宣布解散。

西部军队集群(驻德苏军)撤离了4个坦克师和部分团级部队,北部军队集群(驻波苏军)撤出了一些旅团级部队。根据1991年底苏联向波兰、德国提交的撤军时间表,

▲ 西部军队集群撤出德国。

▲ 人们在国营商场中排队购买猪肉。

驻波苏军陆军两个师、空军2个师以及勤务支援部队于1993年底前全部撤出；驻德国的陆军15个师、空军5个师到1994年8月4日全部撤出，8月31日完成仪式。

1994年8月31日，俄军最后一批人员撤离拉脱维亚，完成从波罗的海三国的撤军工作。

从古巴撤军

1991年9月11日，戈尔巴乔夫宣布撤出在古巴的1个摩步旅，随后苏军撤出1500人。根据协议，1993年6月俄罗斯完成了从古巴撤军的任务。

到1993年初，苏军从国外撤出59.5万人、1.2万辆坦克、8400门火炮、4000多架飞机和直升机、39个师、20个火箭旅、6个炮兵旅、22个防空火箭旅、55个航空兵团、20个直升机团。由于缺乏统一计划，大裁军、大撤军严重破坏了苏军的指挥体制，大批苏军撤回国内后，未来得及安置，就随着苏联的解体而解散。

在欧洲地区，苏军从波兰、德国全部撤出后，苏联被迫从南北两翼后撤600公里，从中央后撤900公里，其在东欧的军事缓冲区全部丧失。在亚洲地区，随着驻蒙苏军的后撤和裁减中苏边境地区驻军计划的落实，苏联对中国百万大军压境的进攻性前沿部署态势也有了很大改变。

第八章 大崩溃：1989—1991年苏联解体前的苏联陆军

第三节 1991年12月苏联陆军序列

表8-6 1991年12月24日苏军地面力量序列（不含海岸、岸防部队）

军及集群	集团军	军	摩步师	坦克师	存储基地	训练中心	空降师	摩步旅	特战旅
驻德集群	3、近卫8、20、近卫坦克1、2		21、近卫20、57、94	近卫10、16、47、79、90					近卫特种3
北方集群									
古巴集群			近卫6						
西北集群	近卫11		107、131、18、144	1、近卫40	5507、5191	54、空降242	近卫7		特种4、空突37
列宁格勒军区	6	近卫30	54、111、131、近卫45、64		5186—5189、3807	近卫56	近卫76		特种2、空突36
莫斯科军区	近卫22		近卫2	9、31、近卫4	5346、5347、近卫5210		近卫106		特种16
白俄罗斯军区	28、坦克7、近卫坦克5		近卫30、50、120	34、193、近卫6、11、19、37	6313、6314、5356、近卫6297		近卫103	近卫27	特种5、空突35
喀尔巴阡军区	13、38、坦克8		24、161、近卫17、51、97、128	近卫30	6065、近卫857、6242	近卫110、空降224			特种8、空突95
敖德萨军区	近卫14	32	48、254、28、59	近卫17	5361、5381、5775	5193、近卫4214、5001、6298	近卫98		特种10、空降40
基辅军区			34、35、近卫27		5406、5509	469、473			特种9、空突23
伏尔加河沿岸—乌拉尔军区	43		9、19		4770、5383、5853、6654	近卫173			
北高加索军区	4、近卫7	12、42	15、60、75、127、145、164、295、近卫10、23		137、5199、6026	近卫171	近卫104		特种12、22、空突21
外高加索军区	40	31	58、68、88、108、201、近卫8	78	5202—5204	209、近卫210			山地68、近卫空降36、近卫空降56
土耳其斯坦军区		17、36	85		5349—5352	465			特种67
西伯利亚军区	28		12、198、245、近卫机炮122、131	近卫2、5	5205、5208、5209、6052、近卫5980	212、213		169	空突11、特种24
后贝加尔军区	29、39	55	22、29、33、67、79、99、121、270、近卫81、机炮18、126、127、128、130、近卫机炮129	近卫21	5505—5508、5510	392、395、5230			空突13、特种14、45
远东军区	5、15、35、51								

335

表 8-7 1991年12月24日苏军地面力量编成数量统计

(单位：个)

	集团军	坦克集团军	军	摩步师	摩步旅	存储基地	机炮师	训练中心	坦克师	炮兵师	空降师	空突旅	空降旅	特种旅
西部集群	3	2		4	1				5	1				1
北方集群				1										
驻古巴部队			1											
列宁格勒军区	1		1	5		5		1		1	1			1
莫斯科军区	1			1	2	3		2	3	1	1			1
西北集群	1			4		2		1	2		1			1
白俄罗斯军区	1	2		3		4		1	6	1	1			1
喀尔巴阡军区	2	1		6	1	3		2	1	1	1			1
敖德萨军区	1		1	2		3		1		1				1
基辅军区	1	1		5		4			1					
伏尔加河沿岸—乌拉尔军区	1			3		2		2		1				
北高加索军区			2	2		4								
外高加索军区	2		1	9		3		1	1		1		1	2
土耳其斯坦军区	1		2	6		3		2				1		1
后贝加尔军区	2		1	3	1	5	2	2	2		1			1
远东军区	4			9		7	6	2	1		0		1	2
合计	21	6	9	66	6	52	8	17	22	7	6	8	3	15

336

第八章 大崩溃：1989—1991 年苏联解体前的苏联陆军

表 8-8 1991 年 12 月 24 日苏联陆军序列

军以上部队名称	师	驻地	前身	备注
四大战区（西部、西南、南方、远东）				1992 年 6 月 30 日撤销
西方集群			驻德集群	
第 3 集团军		马格德堡		
	近卫坦克第 47 师	哈尔登斯莱本	近卫步兵第 47 师	
近卫第 8 集团军		努赫拉		
	近卫坦克第 79 师	耶拿	近卫步兵第 79 师	
	近卫摩步第 57 师	瑙姆堡	近卫步兵第 57 师	1993 年撤回车里雅宾斯克，解散
近卫坦克第 1 集团军			德累斯顿（格劳豪）	
	近卫摩步第 20 师	德累斯顿	近卫机械化第 8 师、近卫机械化第 8 军	
近卫坦克第 2 集团军			符斯滕堡	
	近卫坦克第 16 师	施特种雷利茨	近卫坦克第 9 师、近卫坦克第 9 军	
	近卫坦克第 90 师	贝尔瑙	近卫摩步第 6 师、近卫机械化第 6 师、近卫机械化第 6 军	1992 年 8 月撤回切尔诺列奇耶
	摩步第 21 师	佩勒堡	步兵第 416 师	1992 年 8 月撤回鄂木斯克
	近卫摩步第 94 师	什未林	近卫步兵第 94 师	1993 年 9 月撤回尤尔加
近卫第 20 集团军		埃伯斯瓦尔德—菲诺		
	近卫坦克第 10 师	阿尔滕堡	近卫坦克第 10 军	
直属	炮兵第 34 师	波茨坦		
北方集群		莱格尼察		
	近卫摩步第 6 师	博尔内苏利诺沃	近卫坦克第 90 师、近卫步兵第 90 师	1992 年月撤回特维尔
列宁格勒军区				
第 6 集团军	摩步第 54 师	阿拉库尔季	步兵第 341 师	
	摩步第 111 师	索尔塔瓦拉	步兵第 367 师	
	摩步第 131 师	佩琴加	步兵第 45 师	
	第 5186 存储基地	彼得罗沃茨克	摩步第 16 师（动员）	1993 年撤销
	第 5187 存储基地	摩尔曼斯克	摩步第 116 师（动员）	
近卫步兵第 30 军		维堡		
	近卫摩步第 45 师	卡缅卡	近卫步兵第 45 师	
	近卫摩步第 64 师	萨佩尔诺耶	近卫步兵第 64 师	
	第 3807 仓储基地	黑河	摩步第 146 师、步兵第 83 师	
直属	近卫第 56 训练中心	红谢洛	近卫摩步 63 师、近卫步兵 63 师	
	第 5188 存储基地	伊万捷耶沃	摩步第 115（动员）	
	第 5189 存储基地	沃洛格达	摩步第 69 师	1993 年撤销
空降部队	近卫空降第 76 师	普斯科夫		
炮兵部队	近卫突破炮兵第 2 师	巴甫洛夫斯克		
特种部队	特种第 2 旅	普斯科夫州切列克西（普罗美日特种斯）		
	空突第 36 旅	列宁格勒州加尔波洛沃		
北方舰队	海岸近卫摩步第 77 师	阿尔汉格尔斯克	近卫步兵第 77 师	
西北集群			波罗的海沿岸军区	
近卫第 11 集团军		加里宁格勒		

337

续表

军以上部队名称	师	驻地	前身	备注
	坦克第1师	加里宁格勒	坦克第1军	
	近卫坦克第40师	斯拉夫斯克	近卫机械化第28师,近卫骑兵第2军	
	近卫摩步第1师	加里宁格勒	近卫步兵第1师	
	近卫摩步第18师	古谢夫	近卫步兵第18师	
直属	近卫摩步第144师	塔林	近卫步兵第29师	
	摩步107师	维尔纽斯		1993年1月撤回莫斯科军区
	第5191存储基地	帕布拉德	摩步第153师(动员)	1992年撤销
	第5507存储基地	维尔纽斯		
	第54训练中心	多贝莱	坦克第24师	1995年撤销
直属	近卫空降第7师	考纳斯		
	第242空降训练中心	立陶宛约纳瓦	空降第44教导师,空降第4师	
	空突第37旅	切尔尼亚霍夫斯克		1979年10月组建
	特种第4旅	爱沙尼亚维尔加迪		
波罗的海舰队	岸防近卫第282师	立陶宛克莱佩达	近卫摩步第3师,近卫步兵第3师	1989年移交
莫斯科军区				
近卫第22集团军		下诺夫哥罗德	近卫第13军	
	坦克第31师	下诺夫哥罗德	坦克第31军	
	第5347存储基地	坦波夫	摩步第89师(动员)	1996年撤销
直属	坦克第9师	斯摩棱斯克	坦克第9军	1992年4月解散
	近卫坦克第4师	纳罗福明斯克	近卫坦克第4军	
	近卫第5210存储基地	加里宁	近卫摩步第32师,近卫步兵第32师	1993年解散
	近卫摩步第2师	阿拉比诺	近卫步兵第2师	
	近卫摩步第27旅	莫斯连特根	近卫步兵第2师,近卫步兵第6团	1983年4月18日成立
	近卫第467训练中心	卡尔佩特(弗拉基米尔州科夫罗夫)	近卫坦克第26师,近卫摩步第62师,近卫步兵第53师	
	第5346存储基地	布良斯克州克林齐	摩步第149师(动员)	1993年撤销
空降部队	近卫空降第106师	图拉		
特种部队	特种第16旅	梁赞州丘尔科沃		
白俄罗斯军区				
第28集团军	近卫摩步第30师	滨海戈尔卡	近卫步兵第55师	
	近卫坦克第11师	斯洛尼姆	近卫坦克第11军	
	第6314存储基地	巴拉诺维奇	坦克第28师,机械化第8师,机械化第8军	改第28基地
	近卫摩步第50师	布列斯特	近卫步兵第50师	
	第5356存储基地	布列斯特	坦克第76训练师	1988年为第514训练中心
坦克第7集团军		鲍里索夫	第65集团军	
	近卫坦克第37师	波洛茨克(博罗夫哈)	近卫步兵第37师	后第37基地
	近卫坦克第19师	扎斯洛诺沃	近卫机械化第2师,近卫机械化第2军	
	坦克第34师	鲍里索夫	近卫坦克第10师,坦克第10军	
近卫坦克第5集团军			博布鲁伊斯克	
	第6313存储基地	斯卢茨克	近卫第29师,第29军	改第29基地
	近卫坦克第6师	奥西波维奇	近卫坦克第6军	
	坦克193师	博布鲁伊斯克	步兵第193师	第193基地

第八章 大崩溃：1989—1991年苏联解体前的苏联陆军

续表

军以上部队名称	师	驻地	前身	备注
	近卫第6297存储基地	滨海戈尔卡	近卫坦克第8师，1990年5月改	
直属	近卫摩步第120师	明斯克	近卫步兵第120师	
	第72训练中心	佩奇	近卫坦克第45、近卫步兵第6师	
空降部队	近卫空降第103师	维捷布斯克		
炮兵部队	近卫炮兵第51师		突破炮兵第19师近卫炮兵第40旅	
	近卫空突第38旅	布列斯特		
	特种第5旅	滨海戈尔卡		
喀尔巴阡军区		利沃夫		
第38集团军		利沃夫		
	近卫摩步第128师	穆卡切沃	近卫步兵第128师	
	近卫第857存储基地	伊万诺—弗兰科夫斯克	近卫摩步第70师	
	近卫第6242储存基地	亚尔莫林齐	摩步第207师	
坦克第8集团军		日托米尔	第52集团军	
	第6065存储基地	奥夫鲁奇	坦克第23师，坦克第23军	
	近卫坦克第30师	沃伦斯基新城	近卫骑兵第13师	
第13集团军		罗夫诺		
	近卫摩步第17师	赫梅利尼茨基	近卫步兵第40师	
	摩步第161师	伊贾斯拉夫	步兵第161师	
	近卫摩步第97师	斯拉武塔	近卫步兵第97师	
	近卫摩步第51师	弗拉基米尔—沃伦	近卫步兵第15师	
直属	摩步第24师	亚沃罗夫	步兵第294师	
	近卫第110训练中心	切尔诺夫策	近卫摩步第66教导师	
	近卫第119训练中心	别尔季切夫	近卫坦克第117师、近卫步兵第117师	
	炮兵第26师	捷尔诺波尔		
	第224空降训练中心	利沃夫州基洛夫	空降第39旅	1979年10月近卫空降第80团一部改
	空突第95旅	日托米尔		1986年组建
	特种第8旅	伊贾斯拉夫		1963年组建
敖德萨军区				
近卫第14集团军		蒂拉斯波尔		
	第5775存储基地	别尔哥罗德—德涅斯特罗夫斯基	步兵第180师	
	近卫摩步第59师	蒂拉斯波尔	近卫步兵第59师	
第32军		辛菲罗波尔		
	第5361存储基地	费奥多西亚	摩步第157师	
直属	近卫第150训练中心	尼古拉耶夫	近卫摩步第92师、近卫步兵第92师	
	近卫摩步第28师	敖德萨近卫军村	近卫步兵28师	
炮兵部队	炮兵第55师	扎波罗热	红旗榴弹炮兵第52旅	
空降、空突部队	近卫空降第98师	博尔格勒		基什尼奥夫（摩）执行任务
	空降第40旅	米克莱夫（尼古拉耶夫州佩尔沃迈斯基岛）		

339

续表

军以上部队名称	师	驻地	前身	备注
特种部队	特种第 10 旅	塞瓦斯托波尔旧克里木		
黑海舰队	海防第 126 师	辛菲罗波尔	摩步第 126 师、步兵第 126 师	
基辅军区				
近卫坦克第 6 集团军	摩步第 48 师	丘古耶夫	步兵第 48 师	
	近卫坦克第 17 师	克里沃罗格	近卫步兵第 20 师	
	近卫摩步第 93 师	切尔卡瑟	近卫步兵第 93 师	
近卫第 1 集团军		切尔尼戈夫		
	近卫摩步第 25 师	卢布内	近卫步兵第 25 师	
	近卫摩步第 72 师	白采尔科维	近卫步兵第 72 师	
	近卫第 6298 存储基地	切尔卡瑟	近卫坦克第 41 师、近卫步兵第 41 师	
	第 5193 存储基地	乌曼	摩步第 204 师（动员）	
	近卫第 5001 存储基地	白采尔科维	近卫摩步第 39 师、1991 年 11 月合并了第 5198 存储基地	
直属	摩步第 254 师	阿尔乔莫夫斯克		
	近卫第 169 训练中心	奥斯特	近卫坦克第 48 教导师、近卫步兵第 112 师、近卫空降第 5 师	
	近卫第 4214 储存基地	皮里亚京	近卫坦克第 7 师，1990 年 7 月改	1992 年后改近卫第 121 存储基地
	空突第 23 旅	克列缅丘格		1986 年 9 月 25 日组建
	特种第 9 旅	基洛夫格勒		
北高加索军区				
第 12 军		罗斯托夫	步兵第 12 军、顿河军区	
	摩步第 9 师	迈科普	步兵第 9 师	
	第 5383 存储基地	新罗西斯克	摩步第 156 师（动员）	1992 年撤销
	第 5853 存储基地	普罗赫拉德内	摩步第 268 师（动员）	1992 年撤销
第 42 军		奥尔忠尼启则	1982 年 8 月组建	1995 年 6 月扩第 58 集团军
	摩步第 19 师	奥尔忠尼启则	步兵第 19 师	
直属	第 4770 存储基地	叶伊斯克	摩步第 160 师（动员）	1992 年撤销
	近卫第 173 训练中心	格罗兹尼	近卫摩步第 42 训练师、近卫步兵第 24 师	
	第 6654 存储基地	伏尔加格勒	摩步第 82 师	1993 年并入近卫摩步第 20 师
	近卫炮兵第 110 师	布伊纳克斯克	炮兵第 19 师、近卫大威力榴弹炮第 32 旅	
不计	内务第 100 师	新切尔卡斯克	坦克第 14 师	1989 年改
外高加索军区				
第 31 军		库塔伊西	第 9 集团军、步兵第 76 军	
	摩步第 145 师	巴统		
	第 6026 存储基地	阿哈尔卡拉基	摩步第 147 师	
	近卫摩步第 10 师	阿哈尔齐赫	近卫步兵第 10 师	
	第 5199 存储基地	库塔伊西	摩步第 152 师（动员）	1992 年撤销
近卫第 7 集团军		埃里温		
	摩步第 164 师	埃里温	步兵第 164 师	
	摩步第 127 师	列宁纳坎	步兵第 261 师	
	摩步第 15 师	瓦纳佐尔(基洛瓦坎)	步兵第 15 师	1992 月 6 月撤销
第 4 集团军		巴库		
	摩步第 60 师	连科兰	步兵第 6 师、第 406 师	阿塞拜疆接管
	近卫摩步第 23 师	甘贾	近卫骑兵第 7 军	1992 年 7 月解散

第八章 大崩溃：1989—1991年苏联解体前的苏联陆军

续表

军以上部队名称	师	驻地	前身	备注
	摩步第75师	纳希切万		1992年7月解散
	摩步第295师	巴库	步兵第295师	1992年撤回俄罗斯解散
直属	近卫第171训练中心	第比利斯	近卫机械化第1师、近卫机械化第1军	1992年6月撤销
	近卫空降第104师	甘贾（基洛瓦巴德）		
	第137基地			
	空突第21旅	格鲁吉亚库塔伊西		1973年2月1日组建
	近卫特种第22旅	阿塞拜疆佩列凯斯库尔		1976年组建
	特种第12旅	格鲁吉亚拉戈代希		
不计	KGB摩步第75师	阿塞拜疆纳希切万	步兵第75师	
伏尔加河沿岸—乌拉尔军区			古比雪夫（萨马拉）	
第43集团军			乌拉尔军区，1989年9月1日改	1992年7月7日撤销
	摩步第34师	斯维尔德洛夫斯克	步兵第77师	
直属	第5509存储基地	喀山	摩步第96师、步兵第96师	1993年撤销
	第5406存储基地	沙德林斯克	后备摩步第260师，1989年10月改	1993年撤销
	近卫摩步第27师	托茨科耶	近卫摩步第27师、摩步第213师	
	摩步第35师	切巴尔库里	机械化第1军	1992年4月解散
	第469训练中心	古比雪夫（萨马拉）	摩步第43训练师、步兵第43师	
	第473训练中心	斯维尔德洛夫斯克市叶兰茨基村	第479训练中心、坦克第44师、步兵第279师	
土耳其斯坦军区		塔什干		
第36军		阿什哈巴德		1982年5月组建，1992年6月改第52集团军
	近卫摩步第5师	库什卡	近卫机械化第5师、近卫机械化第5军	
	摩步第58师	克孜勒—阿尔瓦特	步兵第344师	
第40集团军		塞米巴拉金斯克	第32集团军	
	坦克第78师	阿亚古兹		
	第5204存储基地	哈萨克卡拉干达	摩步第203师、步兵第203师	
	第5202储存基地	塞米巴拉金斯克	摩步第71师	
	第5203基地	乌斯季—卡缅诺戈尔斯克	坦克第69师（动员）、摩步第155师	1992年撤销
第17军		伏龙芝城		1992年6月被吉尔吉斯接管
	近卫摩步第8师	伏龙芝城（比什凯克）	近卫步兵第8师	
	摩步第68师	萨雷奥泽克	步兵第372师	
	摩步第201师	杜尚别	步兵第201师	
	摩步第108师	铁尔梅兹	步兵第360师	1992年1月乌兹别克接管
直属	山地第68旅	奥什	步兵第376师	
	近卫第210训练中心	奥塔尔市近卫军村	近卫第80摩步训练师、近卫步兵第80师	1987年第210训练中心
	第209训练中心	阿什哈巴德	第61摩步训练师、步兵第357师	

341

续表

军以上部队名称	师	驻地	前身	备注
	近卫空突第56旅	伏尔加顿斯克	近卫空降第105师，近卫空降第351团	1990年12月30日扩近卫第105空降师（未完成）
	近卫空降第35旅	费尔干纳		近卫空降第14旅1990年6月1日改空降第35旅，1991年4月撤回哈萨克卡普恰盖
不计	KGB特种第15旅	奇尔奇克		
西伯利亚军区				
第28军		克麦罗沃		1994年6月撤销
	第5351存储基地	比斯克	摩步第13师	1992年7月改近卫摩步13师
直属	第5349存储基地	比斯克	摩步第167师（动员）	1992年撤销
	第5350存储基地	阿巴坎	摩步第242师	
	第5352存储基地	鄂木斯克	摩步第62师	1994年撤销
	摩步第85师	新西伯利亚	步兵第85师	
	第465训练中心	鄂木斯克	第56摩步训练师	1993年8月撤销
	特种第67旅	别尔茨克		1984年组建
后贝加尔军区				
第39集团军		蒙古乌兰巴托		1992年9月25日解散
	摩步第12师	巴嘎诺尔		1992年6月改第5517存储基地，1993年撤销
第29集团军		乌兰乌德		1992年缩编为第57军
	摩步第245师	上乌金斯克（古西诺泽尔斯克）		
	摩步第198师	迪维济翁纳亚		1992年6月并入摩步第12师
	摩步第169旅	下乌金斯克	摩步第52师，步兵第347师	
	第5209存储基地	下乌金斯克	摩步第91师	
第55军		博尔贾	第36集团军	1989年缩编
	近卫机炮第122师	达斡里亚	近卫摩步第122师，近卫坦克第5师，近卫坦克第5军	1989年改近卫机炮第122师
	近卫机炮第131师	斯列坚斯克	近卫摩步第38师	
	近卫第5980存储基地	别兹列奇纳亚	近卫摩步第11师，近卫机械化第7师，近卫机械化第7军	
直属	近卫坦克第2师	别兹列奇纳亚	近卫坦克第2军	
	近卫坦克第5师	恰克图	近卫骑兵第5师，近卫骑兵第5军	
直属	第213训练中心	博尔贾	第150摩步训练师	
	第6052存储基地		摩步第41师，1990年7月改	
	第5205存储基地	舍列霍夫	摩步第202师（动员）	1993年撤销
	第212训练中心	赤塔	第49坦克训练师	
	第225炮兵基地	赤塔市德罗维亚纳亚	炮兵第12师，大威力炮第122旅	
直属	空降第11旅	莫戈恰	空突11旅，1990年6月1日改	
	特种第24旅	恰克图		
远东军区				
第51集团军		萨哈林		
	摩步第33师	霍穆托沃	步兵第342师	
	摩步第79师	波罗奈斯克		
	机炮第18师	择捉岛	步兵第184师，第109筑垒地域	

342

第八章 大崩溃：1989—1991年苏联解体前的苏联陆军

续表

军以上部队名称	师	驻地	前身	备注
	机炮第128师	巴布斯托沃	摩步第272师、步兵第272师	
第15集团军		哈巴罗夫斯克		
	摩步第270师	哈巴罗夫斯克附近卫红列奇卡		
	第5505存储基地	共青城	摩步第73师、步兵第73师	
	存储基地		摩步第118师	1992年撤销
	机炮第130师	列索扎沃茨克	摩步第135师	
	近卫摩步第81师	比金	近卫步兵第81师	
第35集团军		别洛戈尔斯克	红旗第1集团军	
	近卫坦克第21师	别洛戈尔斯克市叶卡捷琳诺斯拉夫卡	近卫步兵第31师	
	摩步第67师	斯科沃罗季诺		
	机炮第126师	别洛戈维申斯克	摩步第192师	1998年撤销
	第5507存贮基地	沃兹日阿耶夫卡	摩步第265师、步兵第265师	1993年撤销
	第5508存贮基地	赖齐欣斯克	摩步第266师	
第5集团军	机炮第127师	谢尔盖耶夫卡	摩步第277师	1990年改
	第5510存储基地	利阿里奇	坦克第77师	1993年撤销
	近卫机炮第129师	巴拉巴什	近卫摩步第123师、近卫步兵第17师	
	摩步第29师	石费舍尔	步兵第29师	
	第5506基地	克拉斯尼库特	摩步第199师、步兵第215师	
	摩步第121师	西比尔采沃	第291训练中心、1989年10月改	
直属	第395训练中心	扎维京斯克	第27坦克训练师	
	第392训练中心	哈巴罗夫斯克市沃洛查耶夫斯克镇	第129摩步训练师	
	摩步第22师	彼得罗巴甫洛夫斯克		
	第5230存储基地	别洛戈尔斯克	摩步第271师（动员）	1992年撤销
	摩步第99师	楚科奇地区阿纳德尔		
	空突第83旅	乌苏里斯克		1986年5月11日成立
	空突第13旅	阿穆尔州马格达奇		1970年8月组建
	特种第45旅	俄罗斯岛		1955年组建
	特种第14旅	乌苏里斯克市基尔扎沃德		
不计太平洋舰队	海防第40师	海参崴附近什科托沃		

表8-9 1945—1989年苏联陆军和海军的地面部队

（单位：个）

单位\年月	1945年5月	1945年11月	1946年9月	1953年5月	1955年5月	1957年7月	1960年1月	1970年1月	1980年1月	1989年1月
诸兵种合成集团军	72	52	42	18	16	15	16	22	22	22
坦克（机械化）集团军	6	10	10	9	9	8	6	6	6	6
步兵军（合成军）	174	136	121	64	55	45	28	17	15	13
步兵师、旅	516	366	316	144	125	—	—	—	—	—
山地步兵师	4	4	4	6	4	4	2	—	—	—
摩步师	2	2				156	123	130	137	140
机械化师，包括"二战"机械化军	14	20	65	70	69	—	—	—	—	—
坦克师，包括"二战"坦克军	26	27	28	29	32	47	42	48	49	50

续表

单位\年月	1945年5月	1945年11月	1946年9月	1953年5月	1955年5月	1957年7月	1960年1月	1970年1月	1980年1月	1989年1月
空降军	–	–	5	5	3	–	–	–	–	–
空降师	9	–	10	15	13	11	10	8	7	7
骑兵军	8	7	–	–	–	–	–	–	–	–
骑兵师	26	18	6	6	–	–	–	–	–	–
机炮师旅,筑垒地域	44	27	26	22	17	23	21	21	21	21
摩步旅	–	–	–	–	–	–	–	1	1	6
空突(空降)旅	–	–	–	–	–	–	–	2	12	16
特种旅	–	–	–	–	–	–	–	12	15	16
海军步兵师	1	1	–	1	–	–	–	1	1	1
其他独立旅(团)	6	7	4	4	1	–	–	3	3	4

※资料引自费斯托夫《冷战1946—1991》。
1. 统计诸兵种合成集团军,不包括这些部队的直属部队。
2. 该表数据如有错,不代表编者对该表的认可,仅供读者参考、了解苏联陆军发展状况。
3. 师包括摩步师、坦克师、空降师和教练师(军区训练中心OUC),以及存储基地(BHVT和BHI)。
4. 在1947年至1952年期间,部分机械化集团军改坦克动员师,一些坦克师、机械化步兵师和机炮师被改为旅。
5. 1946—1956年,几乎所有机炮旅(以及部分步兵师旅)改同名师。到1980年代末只保留了机炮第18师,其余的机炮师在20世纪50年代和60年代几乎都缩编为守备区(团级)。
6. 海军步兵第1师(截至1944年前步兵第55师)于1946—1954年称为机炮第1师(旅)。
7. 1945年秋,在堪察加半岛建立了海军步兵第14旅,所以其人数增加。

表8-10 1947—1991年间苏联坦克装甲车

型号	类型	生产年份	产量(辆)	改型	工程车
IS-4	重型坦克	1947—1949	250		
IT-1	导弹坦克	1968—1970	110		
PT-76	两栖坦克	1951—1967	1.2万		
T-10(IS-8)	重型坦克	1953—1966	8000	T-10M	
T-54	中型坦克	1946—1958	1.7万	T-54K、T-54B、T-54VK、T-54M、T-54TC、SAUSU-122/54	
T-55	中型坦克	1958—1978	3.6万	T-55A、T-55AD、T-55AK、T-55AM、T-55AMV、T-55AMD、T-55AMK、T-55K、T-55M、M-55TC、T-55MUK	MTU-20 MT-55ABTUK MT-5-1ARV
T-62	中型坦克	1962—1973	2万	T-62K、T-62M、T-62TC、T-62M、T-62M1	
T-64	主战坦克	1965—1987	1.6万	T-64A、T-64AK、T-64、T-64BU、T-64B1、T-64B1K、T-64BVKT-4M	
T-72	主战坦克	1973—	1.1万	T-72K、T-72A、T-72AK、T-72B、T-72BK、T-72V1、T-72B1K	
T-80	主战坦克	1976—	7400	T-80B、T-80BK、T-80BV、T-80BVK、T-80UD、T-80U	
BTR-40	轻型装甲车	1950—1958	3500	TR-40zhd	
BTR-50	履带装甲车	1952—1963	5000	BTR-50PU	
BTR-60	装甲输送车	1960—1976	2.4万	BTR-60A、BTR-60PB、R-145BM、R-156 BTR	
BTR-70	装甲输送车	1972—	1.04万		
BTR-80	装甲输送车	1982—	6500	RHM-4	
BTR-152	APC	1950—1961	1.24万		
MT-LB	轻型履带装甲车	1964—1989	7500	MT-LBT、SAU、9K35"箭"-10、9K37、RHM	
BMP-1	步兵战车	1966—1982	1.7万	BMP-1KSH、1V119、ARV-2、IRP	
BMP-2	步兵战车	1981—	8000	ARV-4、IWW、PDP-4	
BMP-3	步兵战车	1989—			
BMD-1	空降坦克	1967—1984	2000	BMD-1KSH	
BMD-2	空降坦克	1984—	1100		

第八章 大崩溃：1989—1991 年苏联解体前的苏联陆军

续表

型号	类型	生产年份	产量（辆）	改型	工程车
BTR-D	装甲突击	1974—	2900	ARV-D	
BRM-1K	武装侦察车	1972—	1800		
BRDM-2	侦察和巡逻车	1962—1985	6400	9K31"箭"-1、RHM-2、BRDM、BRDM-PU、BRDM-5	
ZSU-57-2	高射炮	1961—1972	1200		
ZSU-23-4	高射炮	1965—1984	2600		
ASU-57	空降SAU	1951—1962	1000		
ASU-85	空降SAU	1958—1982	1100		
2S1"康乃馨"	ACS	1970—	3400		
2S3"金合欢"	ACS	1971—	2000		
2S4"郁金香"	自行迫击炮	1977—	500		
2S5"风信子"	ACS	1976—	500		
2S7"芍药"	ACS	1976—	400		
2S9"诺娜"-S	空降ACS	1981—	600		
2S12"雪橇"	自行迫击炮	1984—	1200		

苏俄陆军
1941—2017

杨坚／编著

上海社会科学院出版社
SHANGHAI ACADEMY OF SOCIAL SCIENCES PRESS

图书在版编目（CIP）数据

苏俄陆军：1941—2017 / 杨坚著. — 上海：上海社会科学院出版社，2017
 ISBN 978-7-5520-2121-9

Ⅰ. ①苏… Ⅱ. ①杨… Ⅲ. ①陆军－概况－苏联－1941—2017②陆军－概况－俄罗斯－1941—2017 Ⅳ. ①E512.51

中国版本图书馆CIP数据核字（2017）第220030号

苏俄陆军 1941—2017

著　　者：	杨　坚
责任编辑：	黄飞立
封面设计：	周清华
出版发行：	上海社会科学院出版社
	上海市顺昌路622号 邮编 200025
	电话总机 021-63315947 销售热线 021-53063735
	http://www.sassp.cn　E-mail:sassp@sassp.cn
印　　刷：	上海普顺印刷包装有限公司
开　　本：	720毫米×1000毫米　1/16
印　　张：	50
字　　数：	800千
版　　次：	2017年11月第1版　2022年8月第3次印刷

ISBN 978-7-5520-2121-9/E·014　　　　　　　定价：136.00元（全二册）

版权所有　翻印必究

目　录

第九章 苏联解体后的各国陆军 1

第一节 瓜分苏联军队遗产 1

第二节 俄罗斯陆军 10

一 叶利钦时代的俄罗斯陆军 10

1. 格拉乔夫时期的俄罗斯陆军 10
2. 1996 年 1 月 1 日俄罗斯陆军序列 18
3. 罗季奥诺夫和谢尔盖耶夫时期的俄罗斯陆军 23
4. 2000 年 1 月 1 日俄罗斯陆军序列 27

二 普京时代的俄罗斯陆军 32

1. 伊万诺夫时期的俄罗斯陆军 32
2. 谢尔久科夫时期的俄罗斯陆军 34
3. 2008 年 9 月 30 日俄罗斯陆军序列 47
4. 绍伊古时期的俄罗斯陆军 50

三 俄罗斯陆军现状 59

1. 俄罗斯陆军现状简述 59
2. 2014 年俄罗斯地面力量序列 67
3. 2016 年俄罗斯地面力量序列 80
4. 2016 年俄罗斯陆军主要装备 124
5. 2016 年俄罗斯空降兵主要装备 126
6. 2016 年俄罗斯空天军直升机装备 127
7. 2016 年俄罗斯海军岸防部队主要装备 128

第三节 乌克兰陆军 129

一 乌克兰陆军发展简况 129

二 1992 年乌克兰陆军兵力和装备 134

三 2009年乌克兰陆军兵力和装备 136

　　四 2011年乌克兰陆军序列 138

　　五 2014年乌克兰陆军主要装备 142

　　六 2016年乌克兰陆军主要装备 144

　　七 2016年乌克兰陆军序列 147

　　八 乌克兰东部民间武装 150

　第四节 白俄罗斯陆军 151

　第五节 哈萨克斯坦陆军 154

　第六节 阿塞拜疆陆军 159

　第七节 亚美尼亚陆军 167

　第八节 格鲁吉亚陆军 171

　第九节 乌兹别克斯坦陆军 177

　第十节 土库曼斯坦陆军 181

　第十一节 摩尔多瓦陆军 182

　第十二节 立陶宛陆军 185

　第十三节 拉脱维亚陆军 187

　第十四节 爱沙尼亚陆军 189

　第十五节 吉尔吉斯斯坦陆军 190

　第十六节 塔吉克斯坦陆军 193

第十章 第二次世界大战后的苏俄战区、军区、驻外集群沿革 195

　第一节 概述 195

　第二节 四大战区（战略方向） 196

　　一 西方向总司令部（ГКВЗН，GKVZH、GKVZN） 196

　　二 西南方向总司令部（ГКВЮЗН，GKVYuZN） 197

　　三 南方向总司令部（ГКВЮН，GKVYuN） 198

　　四 远东方向总司令部（ГКВДВ，GKVDV） 199

第三节 集群、军区 200
　一 驻外集群 200
　　1. 西部集群（ЗГВ，ZGV、WGF）.............................. 217
　　2. 北方集群（СГВ，SGV）..................................... 218
　　3. 中央军队集群（中央集群，ЦГВ，TSGV）.................... 224
　　4. 南部集群（ЮГВ，YUGV）................................... 231
　　5. 西北集群（СЗГВ，SZGV）.................................. 239
　　6. 半官方或非官方的集群 239
　二 军区 248
　　1. 列宁格勒军区（ЛВО，LVO）................................ 248
　　2. 波罗的海沿岸军区（ПрибВО，PribVO）...................... 260
　　3. 白俄罗斯军区（БВО，BVO）................................ 267
　　4. 莫斯科军区（МВО，MVO、CVM）............................. 275
　　5. 喀尔巴阡军区（ПрикВО，PrikVO）.......................... 293
　　6. 敖德萨军区（ОдВО，ODVO）................................ 299
　　7. 基辅军区（КВО，KVO）.................................... 306
　　8. 外高加索军区（ЗакВО，ZaKVO）............................ 317
　　9. 北高加索军区（СКВО，SKVO）.............................. 326
　　10. 伏尔加河沿岸军区（ПриВО，PriVO）....................... 341
　　11. 乌拉尔军区（УрВО，UrVO）............................... 350
　　12. 土耳其斯坦军区（ТуркВО，TurkVO、TVO）.................. 355
　　13. 中亚军区（САВО，SAVO、CAMD）........................... 363
　　14. 西伯利亚军区（СибВО，SibVO）........................... 364
　　15. 后贝加尔军区（ЗабВО，ZabVO）........................... 371
　　16. 远东军区（ДВО，DVO、FEB）.............................. 380
　三 新面貌改革前俄罗斯联邦新建的军区 393
　　1. 西伯利亚军区（СибВО，SibVO）............................ 393

3

  2. 伏尔加河沿岸—乌拉尔军区（ПурВО，PUrVO）......396

  3. 伏尔加河沿岸军区（ПриВО，PriVO）......399

  4. 乌拉尔军区（УрВО，UrVO）......399

四 新面貌改革后俄罗斯联邦新建的军区......399

  1. 西部军区(ЗВО，ZVO)......399

  2. 南部军区（ЮВО，YUVO）......408

  3. 中部军区（ЦВО，CVO）......416

  4. 东部军区(ВВО，VVO)......420

表格目录

表 9-1 苏联解体前夕美国五角大楼公布的关于苏联武装力量在各共和国的分布情况 2

表 9-2 1989—1995 年期间苏军和独联体国家军队摩步师的变化 2

表 9-3 1989—1995 年期间苏军和独联体国家军队空降师的变化 6

表 9-4 1989—1995 年期间苏军和独联体国家军队坦克师的变化 6

表 9-5 1989—1995 年期间苏军和独联体国家军队独立旅、海军步兵旅的变化 7

表 9-6 苏联解体后新独立国家坦克、机械化步兵、空降兵和特种部队编成及装备（包含改编成 OUC、BHVT 的单位） 9

表 9-7 1996 年 1 月 1 日俄军地面力量序列（不含海岸、岸防部队） 18

表 9-8 1996 年 1 月 1 日俄军地面力量编成数量统计 19

表 9-9 1996 年 1 月 1 日俄罗斯陆军序列 20

表 9-10 2000 年 1 月 1 日俄军地面力量序列（不含海岸、岸防部队） 27

表 9-11 2000 年 1 月 1 日俄军地面部队编成数量统计 28

表 9-12 2000 年 1 月 1 日俄罗斯陆军序列 29

表 9-13 截至 2010 年初俄罗斯具有"新面貌"的陆军兵团统计（不含空降兵） 41

表 9-14 2008 年 9 月 30 日俄罗斯陆军序列（不含海岸、岸防部队） 47

表 9-15 2008 年 9 月 30 日俄罗斯陆军编成数量统计 47

表 9-16 2008 年 9 月 30 日俄军地面部队序列 48

表 9-17 新面貌改革前后地面兵团对比（不含海防旅、海军步兵旅） 65

表 9-18 截至 2016 年 10 月俄军地面部队主要作战师旅统计 66

表 9-19 2016 年俄罗斯陆军主要装备 124

表 9-20 2016 年俄罗斯空降兵主要装备 126

表 9-21 2016 年俄罗斯空天军直升机装备 127

表 9-22 2016 年俄罗斯海军岸防部队主要装备 128

表 9-23 2014 年乌克兰陆军主要装备 142

表 9-24 2016 年乌克兰陆军主要装备 144

表 9-25 2016 年白俄罗斯陆军主要装备 153

表 9-26 2016 年哈萨克斯坦陆军主要装备 158

表 9-27 2016 年阿塞拜疆陆军主要装备 165

表 9-28 2016 年亚美尼亚陆军主要装备 170

表 9-29 2015 年格鲁吉亚陆军主要装备 175

表 9-30 2016 年乌兹别克斯坦陆军主要装备 180

表 9-31 2013 年土库曼斯坦陆军主要装备 181

表 9-32 2016 年立陶宛陆军主要装备 187

表 9-33 2016 年拉脱维亚陆军主要装备 188

表 9-34 2016 年爱沙尼亚陆军主要装备 190

表 9-35 2015 年吉尔吉斯斯坦陆军主要装备 193

表 9-36 2014 年塔吉克斯坦陆军主要装备 194

第九章　苏联解体后的各国陆军

第一节　瓜分苏联军队遗产

根据1991年12月21日的《明斯克协定》和《阿拉木图宣言》，独联体各成员国同意在其地域内建立统一的军事战略空间，维持一支共同拥有和共同指挥的独联体联合武装力量。12月27日，在莫斯科签署了独联体防务问题的协议，大多数国家同意，独联体武装力量由战略核力量和常规力量组成，由联合武装部队总司令部统一指挥。在接下来的1992年2月的明斯克会议上，大多数国家在一些问题上又达成了一致：签署了战略力量协议（摩尔多瓦除外）；签署了共同任务部队协议（乌克兰、摩尔多瓦和阿塞拜疆除外）；就军人保障问题达成一致（摩尔多瓦除外）；俄罗斯、亚美尼亚、塔吉克斯坦、乌兹别克斯坦和哈萨克斯坦决定成立国防部长理事会等。

从1992年初开始，许多独联体国家加快了独立建军的步伐。在解体统一的国防方面，乌克兰是整个进程的发动者和推进器。1992年2月14日，在独联体成员首脑会议上，只有8个国家同意保留统一的武装力量，而且是在两年的过渡期内。1992年3月16日，叶利钦签署了成立俄罗斯国防部和武装力量的总统令，由此开始了组建俄罗斯军队的进程。继俄罗斯改变初衷后，其他原来同意维持军队统一的独联体国家也纷纷独立建军，参与分割军事遗产，保留统一军队的计划最终破产。

▲ 苏军的坦克坟场。

表9-1 苏联解体前夕美国五角大楼公布的关于苏联武装力量在各共和国的分布情况

	陆军师（个）	作战飞机（架）	战略导弹（具）	战略轰炸机（架）
俄罗斯	71	2380	1035	70
乌克兰	20	850	176	30
白俄罗斯	10	470	72	0
哈萨克斯坦	4	340	104	0
乌兹别克斯坦	1	290	0	0
土库曼斯坦	4	160	0	0
吉尔吉斯斯坦	1	0	0	0
亚美尼亚	3	0	0	0
阿塞拜疆	4	130	0	0
格鲁吉亚	4	240	0	0
摩尔多瓦	1	0	0	0
爱沙尼亚	1	110	0	0
拉脱维亚	1	180	0	0
立陶宛	4	0	0	0
东欧、蒙古	16	0	0	0
合计	145	5220	1387	100

※ 转引自S.波戈维奇·比扎霍夫1991年11月22日文章。

其中，乌克兰、白俄罗斯、哈萨克斯坦、乌兹别克斯坦、土库曼斯坦和吉尔吉斯斯坦基本接管了驻扎在其领土上的常规部队。而在阿塞拜疆、格鲁吉亚、摩尔多瓦等国的军队，特别是重要的技术兵器则主要被俄罗斯控制。在各国独立建军的过程中，由于财政经济、人员准备和技术兵器保障等原因，得到军事"遗产"的那些国家军队的规模大都有所压缩。

苏军从驻外的4个集群撤出了37个师，加上波罗的海国家4个军区，共计57个师撤回，部队被移交给俄罗斯、白俄罗斯和乌克兰。而苏联陆军的解散，源自从前华沙条约国家和波罗的海国家的撤退是一个非常苛刻、代价高昂的削弱的过程。由于解体后大部分军区留在俄罗斯，俄罗斯地面部队在相当大程度上通过重新改编部署的方式部署到原来资源不足的地区。然而，这些地区的设施都不足以容纳洪水般从国外撤回的人员和装备，许多单位"从铁路货车到空场地来进行卸载"。而受欧洲常规武装力量条约的限制需要销毁和转移的大量武器也需要较大的调整。

表9-2 1989—1995年期间苏军和独联体国家军队摩步师的变化

师番号（1989年初）	隶属	驻地	沿革	隶属（1995年）	驻地
近卫摩步第1师	PribVO，近卫11A	加里宁格勒	近卫摩步第7旅	不变	不变
近卫摩步第2师	MVO	加里宁	不变	不变	不变
近卫摩步第3师	PribVO	克莱佩达	改海防部队	波罗的海舰队	加里宁格勒
近卫摩步第4师	TVO	铁尔梅兹	撤销		
近卫摩步第5师	TVO，40A	信丹德	1989年撤销		

第九章 苏联解体后的各国陆军

续表

师番号(1989年初)	隶属	驻地	沿革	隶属(1995年)	驻地
近卫摩步第6师	SGV	博尔诺—苏林诺沃	近卫摩步第166旅,后近卫第70 BHVT	MVO	特维尔
近卫摩步第8师	CAVO、17AK	伏龙芝城	摩步第2旅(2003年),2011年重建	吉尔吉斯斯坦	比什凯克
摩步第9师	SKVO、12AK	迈科普	摩步第131旅(1993年)	不变	不变
近卫摩步第10师	ZakVO、31AK	阿哈尔齐赫	近卫摩步第115师,摩步第67师	FEB	不变
近卫摩步第11师	ZabVO、36A	别兹列奇纳亚	1989年改为BHVT	不变	不变
摩步第12师	ZabVO、39A	巴嘎诺尔	第5517 BHVT(1993年)		
摩步第13师	SibVO、33AK	比斯克	近卫摩步第13师,近卫摩步第23师	SibVO、41A	不变
摩步第15师	ZakVO、近卫7A	基洛瓦坎	第6063 BHVT		
近卫摩步第17师	PrikVO、13A	赫梅利尼茨基	机械化第15旅	乌克兰	不变
近卫摩步第18师	TSGV	波利斯拉夫		近卫11A	切尔尼亚霍夫斯克
摩步第19师	SKVO、42AK	奥尔忠尼启则		不变	不变
近卫摩步第20师	GSVG、近卫1TA	格里马		PribVO、近卫8AK	伏尔加格勒
摩步第21师	GSVG、近卫2TA	佩勒堡	摩步第180旅,后BHVT	SibVO、41A	鄂木斯克
摩步第22师	FEB、25AK	彼得罗巴甫洛夫斯克		FEB	
近卫摩步第23师	ZakVO、4A	基洛瓦坎	1992年撤销	不变	
摩步第24师	PriKVO	亚沃罗夫		乌克兰	不变
近卫摩步第25师	KVO、近卫1A	卢布内	机械化第25师	不变	不变
近卫摩步第26师	PBVO、近卫11A	古谢夫	1989年撤销		
近卫摩步第27师	GSVG、近卫8A	哈雷		PUVO	托茨科耶
近卫摩步第28师	OdVO近卫14A	黑海		乌克兰	不变
摩步第29师	FEB、5A	石费舍尔		不变	不变
近卫摩步第30师	TSGV、28AK	兹沃伦	机械化第30旅,后BHVT	白俄罗斯近卫5TA	普霍维奇
近卫摩步第32师	MVO	加里宁	第5210 BHVT(1990年)	不变	不变
摩步第33师	FEB、51A	霍穆托沃		FEB、68AK	不变
摩步第34师	URVO	斯维尔德洛夫斯克		PUVO	叶卡捷琳堡
摩步第35师	GSVG、近卫20A	克拉姆尼茨	1992年解散		
摩步第36师	KVO	顿涅兹克	1990年解散		
摩步第37师(动员)	LVO、近卫30AK	红列奇卡	第3807 BHVT(1993年)		
近卫摩步第38师	ZabVO、36A	斯列坚斯克	近卫机炮第131师	不变	不变
近卫摩步第39师	GSVG、近卫8A	奥尔多鲁夫			
摩步第40师	FEB、5A	斯莫尔雅尼诺沃	KTOF海防师(1989年)	不变	不变
摩步第41师	ZabVO、39A	乔依尔	1992年解散		
近卫第42摩步训练师(1730UC)	SKVO	格罗兹尼	1992年解散		
第43摩步训练师(4690UC)	PriVO	古比雪夫		不变	不变
近卫摩步第45师	LVO、近卫30AK	卡缅卡	近卫摩步第138旅	不变	不变
摩步第46师	KVO	伏罗希洛夫格勒	1989年解散		
摩步第48师	TSGV	上米托	1992年改国警第6师	乌克兰	丘古耶夫
近卫摩步第50师	BVO、28A	布列斯特		白俄罗斯	
近卫摩步第51师	PrikVO、13A	弗拉基米尔沃伦		乌克兰	不变
摩步第52师(第978训练中心)	ZabVO	下乌金斯克	第5208 EHVT		
摩步第54师	LVO、6A	阿拉库尔季		不变	不变
海军步兵第55师	KTOF	符拉迪沃斯托克		不变	不变

3

续表

师番号（1989年初）	隶属	驻地	沿革	隶属（1995年）	驻地
第56摩步训练师（4650UC）	SibVO	鄂木斯克	1992年解散		
近卫摩步第57师	GSVG，近卫8A	瑙姆堡	1992年解散		
摩步第58师	TVO，36AK	克孜勒阿瓦特	摩步第22师	土库曼斯坦	不变
近卫摩步第59师	OdVO，近卫14A	蒂拉斯波尔	近卫摩步第8旅	MVO	不变
摩步第60师	ZKVO，4A	连科兰	1992年解散		
第61摩步训练师（2090UC）	TVO	阿什哈巴德		土库曼斯坦	不变
摩步第62师	SibVO，33AK	伊塔特卡	第5352 BHVT（1993年）	不变	鄂木斯克
近卫摩步第63训练师（560UCs）	LVO	红谢洛		不变	
近卫摩步第64师	LVO，近卫30AK	萨皮奥尔诺耶	第36 BHVT	不变	不变
摩步第65师	UrVO	车里雅宾斯克	第5078 BHVT（1989年）	不变	
近卫摩步第66训练师（1100UCs）	PrikVO	切尔诺夫策	机械化第66师	乌克兰	不变
摩步第67师	FEB，35A	斯科沃罗季诺	近卫摩步第115师（1992年）	不变	
摩步第68师	TVO	萨雷奥泽克		哈萨克斯坦	不变
摩步第69师	LVO，26AK	沃洛格达	第5189 BHVT（1989年）	不变	
近卫摩步第70师	PrikVO，38A	伊万诺—弗兰科夫	1991年解散		
近卫摩步第72师	KVO，近卫1A	白采尔科维	机械化第72师	乌克兰	不变
摩步第73师	FEB，15A	共青城	第5505 BHVT（1993年）		
摩步第74师（0UC）	SibVO	尤尔加	1989年解散		
摩步第75师	ZKVO，近卫7A	纳希切万	KGB（1992年）		
近卫摩步第77师	LVO，26AK	阿尔汉格尔斯克	CSF岸防（1989年）	CSF	卡斯平斯克
摩步第78师（4710UC）	UrVO	切巴库里	第5355 BHVT（1989年）		
摩步第79师	FEB，51A	波罗奈斯克	摩步第174旅，后BHVT	FEB，68AK	不变
近卫摩步第80训练师（2100UCs）	TVO	奥塔尔		哈萨克斯坦	不变
近卫摩步第81师	FEB，5A	比金		不变	不变
摩步第82师	SKVO，34AK	伏尔加格勒	第6654BHI（1989年），已解散		
摩步第83师（动员）	TVO，36AK	阿什哈巴德		土库曼斯坦	
摩步第85师	SibVO	新西伯利亚		不变	
近卫摩步第86师	OdVO，近卫14A	伯尔齐	BHVT（1990年），已解散		
摩步第88师	TVO，36AK	库什卡	第3师	土库曼斯坦	
摩步第91师	ZabVO，29A	布拉茨克	第5209 BHVT（1989年），已解散		
近卫第92摩步训练师（1500UCs）	OdVO	尼古拉耶夫	机械化第92旅	乌克兰	不变
近卫摩步第93师	YUGV	凯奇凯梅特种	机械化第93师	乌克兰6AK	切尔卡瑟
近卫摩步第94师	GSVG，近卫2TA	什未林	近卫摩步第74旅（1991年）	SIBVO，33AK	尤尔加
摩步第96师	PriVO	喀山	摩步旅（1990年），后第5509 BHVT	不变	不变
近卫摩步第97师	PrikVO，13A	斯拉武塔	机械化第97旅	乌克兰	不变
摩步第99师	FEB，25AK	阿纳德尔	BHVT	不变	不变
近卫第100摩步训练师（1710UC）	ZKVO	第比利斯	第2120UC	ZKBO	赤塔
摩步第107师	PribVO	维尔纽斯	1992年解散		
摩步第108师	TVO，40A	巴格拉姆		乌兹别克斯坦	

第九章 苏联解体后的各国陆军

续表

师番号(1989年初)	隶属	驻地	沿革	隶属(1995年)	驻地
摩步第111师	LVO, 6A	索尔塔瓦拉	摩步第20旅	近卫30AK	不变
摩步第118师(动员)	FEB, 43AK	比罗比詹	BHVT (1992年)	不变	不变
近卫摩步第120师	BVO	明斯克	近卫机械化第120旅	白俄罗斯	不变
第121摩步训练师 (2910UC)	FEB, 5A	西比尔采沃	摩步第121师	不变	不变
近卫摩步第122师	ZabVO, 36A	达斡里亚	近卫机炮122师	不变	不变
近卫摩步第123师	FEB, 5A	巴拉巴什	近卫机炮129师(1989年)	不变	不变
摩步第126师	OdVO, 32 AK	辛菲罗波尔	CFP海防(1989年)	乌克兰	不变
摩步第127师	ZKVO, 近卫7A	列宁纳坎	第102 BHVT (1992年)	GRVZ	久姆里
近卫摩步第128师	PRIKVO, 38A	穆卡切沃	机械化第128师	乌克兰	不变
摩步第121训练师 (3920UC)	FEB	沃洛查耶夫斯克		不变	不变
摩步第131师	LVO, 6A	佩琴加	摩步200旅(1997年)	不变	不变
摩步第134师	CAMD	杜尚别	1989年解散		
摩步第135师	FEB, 15A	列索扎沃茨克	机炮130师(1989年)	FEB, 5A	不变
摩步第136师	KVO, 近卫1A	皮里亚京	第4214 BHVT (1990年)	乌克兰	不变
近卫摩步第144师	PBVO	塔林	近卫4944 BHVT (1998年)	MVO, 近卫1A	叶利尼亚
摩步第145师	ZKVO, 31AK	巴统	第12 BHVT	GRVZ	巴统
摩步第147师	ZKVO, 31AK	阿哈尔卡拉基	第6026 BHVT	GRVZ	不变
摩步第150训练师 (2130UC)	ZabVO	博尔贾		不变	不变
摩步第152师	ZKVO	库塔伊西	第5199 BHVT	格鲁吉亚	不变
摩步第155师	TVO, 32A	乌斯季卡缅诺戈尔斯克	第5203 BHVT	哈萨克斯坦	不变
摩步第157师	OdVO, 32AK	刻赤	第5378 BHVT (1990年)	乌克兰	不变
摩步第161师	PrikVO, 13A	伊贾斯拉夫	机械化第161旅	乌克兰	不变
摩步第164师	ZKVO, 近卫7A	埃里温	第5285 BHVT, 后第6052 BHVT	ZabVO, 55AK	博尔金斯基村
摩步第167师	TVO, 32A	塞米巴拉金斯克	第5202 BHVT	哈萨克斯坦	不变
摩步第180师	OdVO	敖德萨	机械化第27旅, 已解散	乌克兰	不变
摩步第192师	FEB, 35A	布拉戈维申斯克	机炮第126师	不变	不变
摩步第199师	FEB, 5A	克拉斯纳亚列奇卡	第5506BHVT	不变	不变
摩步第201师	TVO, 40A	昆都士		PuVO	杜尚别
摩步第203师	TVO, 32A	卡拉干达	第5204 BHVT	哈萨克斯坦	不变
摩步第206师	MVO, 近卫13.AK	坦波夫	第5347 BHVT (1989年)	不变	不变
摩步第207师	GSVG, 近卫2TA	斯滕达尔	1992年解散		
摩步第213师	PriVO	托茨科耶	1992年解散		
摩步第242师	SibVO, 33AK	阿巴坎	第5350 BHVT	不变	不变
摩步第245师	ZabVO, 29A	上乌金斯克		ZabVO, 57AK	不变
摩步第254师	YUGV	塞克什白堡	机械化第254师	乌克兰	阿尔乔莫夫斯克
摩步第265师	FEB	叶卡捷琳诺夫卡	第5507 BHVT (1989年)	不变	不变
摩步第266师	FEB, 35A	赖奇欣斯克	第5508 BHVT (1989年)	不变	不变
摩步第270师	FEB, 15A	共青城		不变	不变
摩步第272师	FEB, 43AK	巴布斯托沃	机炮第128师(1989年)	不变	不变
摩步第277师	FEB, 5A	谢尔盖耶夫卡	机炮第127师(1990年)	不变	不变
摩步第295师	ZKVO, 4A	巴库	1992年解散		

5

表 9-3 1989—1995 年期间苏军和独联体国家军队空降师的变化

师番号（1989 年初）	隶属	驻地	沿革	隶属（1995 年）	驻地
近卫空降第 7 师	PribVO	考纳斯		SKVO	新罗西斯克
第 44 空降训练师（2420UC）	PribVO	约纳瓦		SibVO	鄂木斯克
近卫空降第 76 师	LVO	普斯科夫		不变	不变
近卫空降第 103 师	TVO, 40A	巴格拉姆	近卫空降第 317 旅、空降第 351 旅	白俄罗斯	维捷布斯克
近卫空降第 104 师	ZKVO	基洛瓦坎	近卫空降第 31 旅（1998 年）	PuVO	乌里扬诺夫斯克
近卫空降第 106 师	MVO	图拉		不变	不变

表 9-4 1989—1995 年期间苏军和独联体国家军队坦克师的变化

师番号（1989 年初）	隶属	驻地	沿革	隶属（1995 年）	驻地
坦克第 1 师	PribVO，近卫 11A	加里宁格勒	坦克第 1 旅	不变	不变
近卫坦克第 2 师	ZabVO, 39A	乔巴山		ZabVO	别兹列奇纳亚
近卫坦克第 3 师	BVO, 7TA	扎斯洛诺沃	第 5357 BHVT（1989 年）	白俄罗斯	不变
近卫坦克第 4 师	MVO	纳罗福明斯克		不变	不变
近卫坦克第 5 师	ZabVO	恰克图		不变	不变
近卫坦克第 6 师	BVO, 28A	格罗德诺	近卫机械化第 6 旅	白俄罗斯	不变
近卫坦克第 7 师	GSVG, 3A	罗斯劳	1990 年解散		
近卫坦克第 8 师	BVO，近卫 5TA	普霍维奇	第 6297 IBHI（1990 年）	不变	不变
坦克第 9 师	GSVG，近卫 1TA	里萨	1991 年解散		
近卫坦克第 10 师	GSVG, 3A	阿尔滕堡		MVO，近卫 1A	博古恰尔
近卫坦克第 11 师	GSVG，近卫 1TA	德累斯顿	近卫机械化第 11 旅	白俄罗斯	斯洛尼姆
近卫坦克第 12 师	GSVG, 3A	新鲁平	1991 年解散		
近卫坦克第 13 师	YUGV	维斯普雷姆	1989 年解散		
坦克第 14 师	SKVO	新切尔卡斯克	内务第 100 师（1989 年）		
近卫坦克第 15 师	TSGV	米洛维采		PUVO	切尔巴库里
近卫坦克第 16 师	GSVG，近卫 2TA	施特雷利茨	第 5967 BHVT（1997 年）	PuVO	柴可夫斯基
近卫坦克第 17 师	KVO, 近卫 6TA	克里沃罗格		乌克兰	不变
近卫坦克第 19 师	YUGV	埃斯泰尔戈姆	第 19 BHVT	白俄罗斯 7TA	扎斯洛诺沃
坦克第 20 师	SGV	弗龙茨瓦夫	1991 年解散		
近卫坦克第 21 师	FEB, 35A	别列戈尔斯克		不变	不变
第 23 坦克教导师	PrikVO, 8TA	奥夫鲁奇	第 6065 BHVT（1989 年）	乌克兰	不变
第 24 坦克教导师（540UC）	PribVO	里加	近卫摩步第 25 旅（近卫摩步第 13 团改）	LVO	红斯特鲁吉
坦克第 25 师	GSVG，近卫 20A	沃格尔桑	1989 年解散		
近卫坦克第 26 教导师（4670UCs）	MVO	卡尔佩特（科夫罗夫）		不变	不变
坦克第 27 教导师（3950UCs）	FEB	扎ределей京斯克		不变	不变
坦克第 28 师	BVO, 28A	斯洛尼姆	1989 年解散，一部改第 6314 BHI		
坦克第 29 师	BVO，近卫 5TA	斯卢茨克	第 6313 BHVT（1989 年）	不变	不变
近卫坦克第 30 师	PrikVO, 8TA	沃伦斯基新城		乌克兰	不变
坦克第 31 师	TSGV, 28AK	布伦塔尔	摩步第 3 师（1997 年）	MVO，近卫 22A	捷尔任斯克

第九章 苏联解体后的各国陆军

续表

师番号（1989年初）	隶属	驻地	沿革	隶属（1995年）	驻地
近卫坦克第32师	GSVG，近卫20A	于特博格	1989年解散		
坦克第34师	BVO，7TA	鲍里索夫		白俄罗斯	不变
近卫坦克第37师	BVO，7TA	波洛茨克	BHVT（1991年）	白俄罗斯	不变
近卫坦克第40师	PribVO，近卫11A	斯拉夫斯克	近卫坦克第10旅	不变	不变
近卫坦克第41师	KVO，近卫1A	乌曼	第5193 BHVT（1989年）	乌克兰	不变
近卫坦克第42师	KVO，近卫6TA	第聂伯罗彼得罗夫斯克	第5359KHVT（1990年）	乌克兰	不变
坦克第44教导师（4730UC）	UrVO	卡梅申		不变	不变
近卫第45坦克教导师（720UC）	BVO	奥文斯（佩奇）		白俄罗斯	不变
近卫坦克第47师	GSVG，近卫1TA	哈尔登斯莱本	摩步第3师（1997年与坦克第31师合编）	MVO，近卫1A	
近卫坦克第48教导师（1690UC）	KVO	奥斯特		乌克兰	不变
第49坦克教导师（2140UC）	ZabVO	赤塔	近卫2120UC	ZabVO	不变
坦克第51师	ZabVO，39A	纳来哈	BHVT	ZabVO	下乌金斯克
坦克第60师	MVO，近卫13AK	捷尔任斯克	1990年解散		
后备坦克第65师	MVO	梁赞	1989年解散		
后备坦克第67师	SibVO	托普奇哈	1993年解散		
后备坦克第68师	SibVO	希洛沃	1993年解散		
近卫坦克第75师	KVO，近卫6TA	丘古耶夫	1989年解散		
坦克第76师（动员）	BVO	布列斯特	第5356 BHVT（1989年）	白俄罗斯	不变
坦克第77师	FEB，5A	利阿里奇	第5510 BHVT（1993年）		
坦克第78师	TVO，32A	阿亚古兹		哈萨克斯坦	不变
近卫坦克第79师	GSVG，近卫8A	耶拿	1992年解散		
近卫坦克第90师	GSVG，近卫20A	贝尔瑙	近卫第5968 BHVT（1997年）	PuVO	切尔诺列奇耶
近卫坦克第117师（1190UC）	PrikVO	别尔季切夫	第5356 BHVT（1989年）	乌克兰	不变
坦克第193师	BVO，近卫5TA	博布鲁伊斯克	BHVT（1991年）	白俄罗斯	不变

表9-5 1989—1995年期间苏军和独联体国家军队独立旅、海军步兵旅的变化

旅番号（1989年初）	隶属	驻地	沿革	隶属（1995年）	驻地
特种第2旅	LVO	切列克西		不变	不变
特种第3旅	GSVG	符斯滕堡		PuVO	萨马拉
特种第4旅	PribVO	维尔扬迪	1992年解散		
特种第5旅	BVO	滨海戈尔卡		白俄罗斯	不变
近卫摩步第6旅	GSVG，近卫20A	卡尔霍尔特	近卫摩步第6团	CVM	库尔斯克
特种摩步教导第7旅	GSVK	古巴	1992年解散		
特种第8旅	PrikVO	伊贾斯拉夫	第30团（1992年）	乌克兰	不变
特种第9旅	KVO	基洛夫格勒	特种空降第500UC	乌克兰	不变
特种第10旅	OdVO	旧克里木	特种第1团	乌克兰	不变
近卫空降第11旅	ZabVO	莫戈恰		ZABVO	乌兰乌德
特种第12旅	ZKVO	拉戈代希		PuVO	阿斯贝托斯
近卫空降第13旅	FEB	马格达奇		PuVO	奥伦堡
近卫空降第14旅	GSVG	科科布斯	摩步第1旅	哈萨克斯坦	阿拉木图
特种第15旅	TVO	奇尔奇克		乌兹别克斯坦	不变
特种第16旅	MVO	丘奇科沃		不变	不变
特种海军步兵第17旅	CFP	奥恰科夫	拆分为第1、464营（1992年）	乌克兰	不变
特种第19（14）旅	FEB	乌苏里斯克		不变	不变

7

续表

旅番号(1989年初)	隶属	驻地	沿革	隶属(1995年)	驻地
特种侦察第20旅	ZabVO	蒙古	1991年解散		
空突第21旅	ZKVO	库塔伊西	近卫空降第7师空降第247团(1998年)	SKVO	斯塔夫罗波尔
特种第22旅	ZKVO	佩列凯斯库尔		SKVO	阿克塞地区科瓦列夫卡
空突第23旅	KVO	克列缅丘格	空中机动第23旅	乌克兰	不变
特种第24旅	ZabVO	恰克图		不变	不变
近卫摩步第27旅	MVO	莫斯特连根	1990—1991年克格勃	不变	不变
空突第35旅	TVO	卡普恰盖		哈萨克斯坦	不变
空突第36旅	LVO	加尔波罗沃	1996年解散		
空突第37旅	PribVO	切尔尼亚霍夫斯克	1996年解散	不变	不变
空突第38旅	BVO	布列斯特	空中机动第23旅	白俄罗斯	不变
空突训练第39旅(2240UC)	PrikVO	基洛夫	空中机动第6旅	乌克兰	不变
空突第40旅	OdVO	尼古拉耶夫	空中机动第40旅	乌克兰	不变
空突第56旅	TVO	奇尔奇克	1996年解散	SKVO	伏尔加顿斯克
空突第57旅	TVO	阿克托盖	1990年解散		
海军步兵第61旅	CSF	佩琴加		不变	不变
摩步第66旅	TVO, 40A	贾拉拉巴德	1989年解散		
特种第67旅	SibVO	别尔茨克		不变	不变
摩步第68旅	CAVO, 17AK	奥什	山地步兵第1旅	吉尔吉斯斯坦	不变
近卫摩步第70旅	TVO, 40A	坎大哈	1989年解散		
空突第83旅	FEB	乌苏里斯克		不变	不变
空突第95旅	PrikVO	日托米尔	空中机动第95旅	乌克兰	不变
海军步兵第175旅	CSF	密斯提	1993年解散		
海军步兵第336旅	CBF	波罗的斯克		不变	不变
海军步兵第810旅	CFP	塞瓦斯托波尔	海军步兵第810团(1995年)	不变	不变

表9-6 苏联解体后新独立国家坦克、机械化步兵、空降兵和特种部队编成及装备(包含改编成OUC、BHVT的单位)

国家	集团军、军番号	摩步师序号	训练坦克、训练师序号	摩步师序号	坦克师序号	空降师序号	旅序号	坦克(辆)	装甲车(辆)	火炮、迫击炮、火箭炮(门)	歼击机(架)	直升机(架)
白俄罗斯	第28集团军、坦克第7集团军、近卫坦克第5集团军	近卫第45师		近卫第30、120师	坦克第34、76、193师,近卫第3、6、11、19、37师		近卫第103师,特种第38旅,特种第5旅	2200	2700	1800	180	250
乌克兰	第13、38集团军,近卫坦克第1集团军,第8集团军,近卫坦克第6集团军	近卫第48、117师		摩步第24、161、136、204(动员)、207、254师,近卫第17、25、28、39、51、66、70、72、93、97、128师,海防第126师	坦克第23师,近卫第17、30、41、42师		空突第23、39、40、95旅,特种第8、9、10、17旅	1.1万	18240	2000	800	
摩尔多瓦				近卫第86师				10	280	185	34	8
阿塞拜疆	第4集团军			摩步第60师				237	529	170	47	23
亚美尼亚								180	265	130	13	8
格鲁吉亚								109	212	76	29	11
哈萨克斯坦	第40集团军,近卫第80师			摩步第68、155、203师	坦克第68师		特种第14旅,近卫空突第35旅	3900	4650	8100	200	130
吉尔吉斯斯坦	第17军			近卫第8师			山地第68旅	240	500	220	50	25
塔吉克斯坦				摩步第108师		近卫第30团		10	25	30		
乌兹别克斯坦							特种第15旅	2200	1600	1100	190	130
土库曼斯坦	第36军	第61师		摩步第58、88师		近卫第345团		530	1132	540	314	20

第二节　俄罗斯陆军

一　叶利钦时代的俄罗斯陆军

1. 格拉乔夫时期的俄罗斯陆军

1992年5月7日,俄罗斯正式建军。1992年5月18日,帕维尔·谢尔盖耶维奇·格拉乔夫大将被任命为国防部长。

1992年,俄罗斯陆军兵力140万人,分编为8个军区、4个驻外集群。作战单位有19个集团军、7个军、22个坦克师、81个摩步师、6个空降师、8个机炮师、8个炮兵师、约48个炮兵旅(团)、约7个空降突击旅、8个特种部队旅、24个战役战术导弹旅、18个反坦克旅(团)、15个防空导弹旅(团)。

1993年初之前,俄军制订了俄罗斯联邦武装力量第一批改革计划。俄罗斯国内经济形势十分糟糕,军队维持费很少,而且军费大部分用于加快从东欧和前苏联一些共和国的撤军进程。1992年1月至1994年8月,俄军接收的从华约国家撤回的陆军作战力量,主要是3个集群、12个集团军、2个军、42个师、50个旅、51个航空兵团、15个直升机团。撤出的武器有坦克1.42万辆、装甲战斗车辆1.944万辆、120毫米以上火炮和迫击炮1.0376万门、直升机1855架。俄军继承了苏军的庞大陆军遗产,但同时也继承了装备维护、保养等问题。

俄罗斯联邦武装力量没有满员部队与兵团。所有部队与兵团在作战行动开始时需要补充人员。陆军的基础是缩编部队与兵团(补充率50%)及基干部队与兵团(补充率10—20%)。缩编和基干部队与兵团需通过动员人员补充到战时编制(齐装满员)。1991年,苏联陆军有32个坦克师和100个摩步师。132个诸兵种合成师中只有约20个师的人员和技术装备补充率为70%,其余

▲ 在车臣参战的俄罗斯陆军。

或者是简编师,或者是基干师(架子师)。当时简编师人员在编率为50%,架子师人员在编率为10—20%,建军后陆军在基本保留现有各兵种和专业兵结构基础上,大幅裁减简编兵团和部队的数量,提高常备兵团和部队的满员旅。1995年后,俄军开始改革各兵种和专业兵的结构。

苏军的动员模式复杂,军事指挥系统不仅要指挥部队,还要保障动员展开。1980年代苏联有16个军区和4个驻外军队集群。苏军在蒙古和阿富汗也有驻军(分别是第39和第40集团军),它们在军事行政关系上隶属于国内军区。总参谋部在平时向各军区下达命令,而战时向各方面军下达命令。军区(方面军)向所属集团军下达命令,集团军向所属军、军向所属部队与兵团下达命令。考虑到70—80%的部队与兵团是基干或缩编部队与兵团,在师、旅以上是庞大的各级参谋部上层建筑。

苏军分队与部队编制繁杂,这一局面在很大程度上是因为苏联国防工业综合体生产了大量相互重复、各种各样的武器和军用技术装备。例如,苏联陆军曾装备3种型号的同一代主战坦克(T-80、T-72和T-64),它们有着相近的战术技术性能,但不仅武器各不相同,发动机、火控系统也都不一样。步兵战车和装甲输送车也是这种情况。作为从苏军继承的遗产,俄罗斯联邦武装力量还装备着大量陈旧的武器和军用技术装备(例如T-10M、T-62、T-55和T-54,以及20世纪三四十年代生产的野战火炮),甚至苏联时期建立的强大的国防工业综合体也不能为苏军部队与兵团提供大量的最新武器装备,因此老旧的武器和军用技术装备得以保留。

另外的问题是,由于存在大量各种各样的武器和军用技术装备,以及奉行动员方针,苏军不得不保留大量的物资器材、武器和军用技术装备的储备。所有这些储备用于补充动员展开的部队和兵团,补给和补充正在作战的部队。平时,所有这些储备应保存和更新,武器和军用技术装备需要维护,而这需要人员,因此1991年苏军340万现役人员当中有将近120万人在看管武器装备仓库和储存基地。

在早期的改革方案中,国防部和总参谋部曾建议组建所谓的机动部队,解决当时没有"能打仗的部队"的问题。机动部队应由几个按战时编制补充(人员和武器装备补充率为95—100%)的独立摩步旅组成,各旅的编制和装备应相同。这项试验的目的是掌握新编制,尔后使整个陆军向此编制过渡。俄罗斯联邦国防部和武装力量总参谋部领导层计划以此来解决编制、武器和军用技术装备繁杂的问题,最主要的是摒弃缩编部队和基干部队,尔后使国防部摆脱复杂的动员展开体制。计划使陆军逐步由义务兵役制向混合兵役制过渡,即既有义务兵,也有合同兵。接下来彻底放弃义务兵役制,转而

11

采用合同兵役制。

但现实的国内经济和政治形势不允许实施这种走得太远的计划。计划中机动部队的5个独立摩步旅决定只组建3个，结果到1993年底之前，第74（尤尔加）、131（迈科普）和136（布伊纳克斯克）独立摩步旅列入俄罗斯联邦的编成，用于组建机动部队的拨款还不够完成计划的一半，所有的旅也未能转为统一的编制，甚至一个旅中的各个营编制都各不相同。

1993年，俄罗斯联邦政府决定将义务兵数量削减35%。这样一来，人员甚至不足以使新组建的旅达到100%的满员，更不用说陆军其他部队与兵团了，因此不得不回到动员展开体制，甚至在新组建的旅中一些部队和分队或者是缩编部队与分队，或者是缩编基干部队与分队。

1994年12月11日，俄政府开始在车臣共和国采取恢复宪法秩序的行动——第一次车臣战争。在远方发生的事情被大众传媒广为报道，在社会上引起巨大反响，最终导致国内政治危机和国防部长格拉乔夫辞职。俄罗斯第一轮军事改革未能完成。

为了组建赴车臣作战的军队集团，国防部和总参谋部不得不从所有军区调遣部队与兵团，并从储存基地和仓库调动人员加以补充。军队集团指挥系统也暴露了其不完善之处。原因在于，俄罗斯联邦武装力量指挥系统过于庞大，首先是面向指挥和动员1000万人的军队。总参谋部向北高加索军区下达命令和指示，后者再传达到第58集团军司令部，然后传达到驻车臣联合军队集团司令部。但这一系统中最奇怪的是，北高加索军区司令部和第58集团军司令部不指挥作战，实际上是中间环节，只为在总参谋部、国防部和联合军队集团领导人之间传递信息服务。

格拉乔夫担任国防部长期间在俄罗斯军事改革方面的最大贡献是奠定了后续改革的基础，提出了比较完善的改革计划，对未来俄罗斯军队做了很好的设想。

1995—1996年俄罗斯陆军兵力估计67万，其中21万义务兵。

继承了苏联主要军事遗产的俄罗斯陆军，拥有世界上一流的武器装备和军事技术：

（1）火炮

截至1996年，俄陆军共有火炮约2.2万门，另外约有2.1万门旧式火炮储备在乌拉尔以东地区，包括：

①牵引式火炮约1.25万门。

②自行式火炮约6000门，包括2S1（2A31）122毫米榴弹炮2600门、2S3（2A33）

152毫米榴弹炮2000门、2S5（2A37）152毫米榴弹炮850门、2S19式（2A64）152毫米榴弹炮130门、2S7（2A44）203毫米榴弹炮240门。

③加农迫击炮和迫榴炮共700余门，包括2S23（2A60）120毫米自行迫榴炮（轮式，"诺娜"SVK）和数量不多的2S31式120毫米自行迫榴炮（履带式，"诺娜"系列）。

④迫击炮约2000门。

⑤多管火箭炮约4500门，包括BM-21式122毫米火箭炮3000门、BM-22式220毫米火箭炮1250门和BM-30式300毫米火箭炮若干。

⑥对地战术导战发射架约900套，其中9K79战术导弹600套、P-17飞云战役战术导弹约300套。此外，俄陆军还装备有大量的反坦克武器，包括反坦克导弹发射车和发射装置约6354至6678套（件），其型号有9K8（AT-2）车载反坦克导弹系统、9K11（AT-3）车载反坦克导弹系统、9K113（AT-5）自行反坦克导弹系统、9K114（AT-6）自行反坦克导弹系统以及反坦克炮约2430至3402门。

（2）防空武器

俄军装备的野战防空武器有：

①各类防空导弹发射装置13746套（部），导弹约10万枚，包括中高空防空导弹发射装置1053至1404部，含2K11(SA-4)、9K37（SA-11）、S-300PM(SA-10)、S-300V(SA-12)防空导弹系统；中空防空导弹发射装置约2060部，包括2K12（SA-6）、9K33（SA-8）、9K330（SA-15）等防空导弹系统；中低防空导弹发射装置1648部，包括9K35M(SA-13)、9K31（SA-9）等防空导弹系统；低空近程便携式防空导弹发射器8985具，包括9K32（SA-7B）、9K34（SA-13）、9K310（SA-18）等防空导弹系统。

②各种高炮约2740门。

③弹炮合一式防空武器系统。

（3）坦克装甲车辆

俄陆军装备主力坦克约2.9万辆，其中T-80坦克5300辆，T-72系列坦克1.1万辆，最新型T-90坦克357辆。装甲车辆共3.7万辆，其中包括可发射炮射导弹的BMP-3在内的步兵战车和伞兵坦克约1.9万辆。

（4）步兵武器

俄陆军装备的轻武器主要包括枪械、榴弹发射器、轻型反装甲武器和手榴弹。现装备的枪械包括9毫米和5.45毫米2种口径的步枪，5.45毫米、7.62毫米、12.7毫米和14.5毫米4种口径的突击步枪和轻机枪。此外，还有2种榴弹发射器、4种口径的突击步枪和轻机枪、4种反坦克火箭、3种反坦克手榴弹。

（5）陆军航空兵装备

俄陆军航空兵主要装备三款直升机共3748架,包括武装直升机1654架,其中Mi-24有1320架、Mi-28有10架、Ka-50有20架；运输型直升机1400架,其中Mi-26有80架。

除上述5类武器装备外,俄陆军还装备有数量可观、技术先进的电子战、指挥控制、侦察通信等综合电子装备和工程、防化、军械等综合保障装备。

俄军陆战武器评价：

• 野战火炮

①自行化：基本上实现了火炮自行化,以配合主力坦克和步兵战车作战。2S9履带式和2S23轮式120毫米自行迫击炮、2S1式122毫米自行榴炮、2S3和2S19自行加榴炮、2S5式152毫米加农炮和2S7式203毫米自行榴炮等射程远。例如,2S19发射增程弹的最大射程为30公里；2S7M的最大射程是普通榴弹为37.5公里,增程弹则高达50公里,优于西方同类型火炮。

②可发展末端制导炮弹：现有3种系统,均采用激光半主动导引,一种为152毫米的红土地终端导引炮弹,射程为3至20公里,比美国的铜斑蛇155毫米榴弹远4公里,另两种为120毫米和240毫米终端导引迫击炮弹,命中概率均达80%。

③射速高：2S19式采用自动供弹机构,射速达7发/分,作战效能比美国的155毫米自加榴炮高2.5倍。

④携弹量大：2S19和2S5的携弹量分别为50发和60发,均装在自动装弹机构上,随车携带。

⑤迫榴合一：2S9、2S23、2S31等自行迫击炮既可曲射也可平射,不仅具有加榴炮和迫击炮的两种功能,而且具有反坦克能力,高低射角达-1至+85度,榴弹最大射程4000米,直射射程1500米,最大射速4发/分,是一种结构独特的新型火炮。

• 多管火箭炮

为俄陆军威力最大的面杀伤兵器,在列装的BM-21、BM-22和BM-30三种火箭炮中,后两种的最大射程分别34公里和70公里,BM-30更是当时世界上射程最远的火箭炮,且配用弹种多、威力大、精度高。BM-30配备杀伤集束子母弹头后,一门炮齐射共发射2880公斤弹药、864枚子弹,杀伤面积为67公顷；火箭弹采用弹头与发动机分离技术,尤其采用了简易惯导+自动修正技术,散布精度达 1/300x1/300。

- 地战导弹

俄罗斯地地战术导弹主要有 9K79 和 P-17/P-300 两种,用于攻击敌方纵深内的重要目标。其中 9K79 是一种近程地地战术导弹,射程 20 公里,采用惯性、预编程序和全程导引方式,杀伤面积为 3 公顷,圆周误差公算为 75 米,具有良好的机动性和越野能力,能有效地打击单独的或集群的目标;P-17(P-300)则是一种远程地地战役战术导弹,最大射程 300 公里,弹内有控制用的计算机和传感器。

- 反坦克武器

俄罗斯反坦克武器主要以反坦克导弹为主,尚有些二、三级师装备反坦克炮。随着炮射反坦克导弹的发展,100 毫米和 125 毫米反坦克炮再次咸鱼翻身,在反坦克作战中再显雄威,这可能是"古为今用"的典型实例,也充分体现出了俄罗斯炮兵武器发展的一大特色。

就反坦克导弹而言,俄军既有单兵携带式、机载式,又有车载式,还有自行反坦克导弹发射车。现役反坦克导弹中颇具代表性的是 AT-5、AT-6 和 AT-7。例如改良后的 AT-7B 系红外半主动导引,配备纵列穿甲弹头,射程为 80 至 1500 米,穿甲威力达 800 毫米,主要用于摧毁挂载反应装甲的主力坦克、建筑工程和轻型装甲目标;AT-6 系毫米波雷达导引,射程 400 至 5000 米,穿甲厚度达 1000 毫米,主要用于对付地面和低空目标。

- 防空武器装备

俄罗斯陆军防空炮兵形成以导弹为主、小型高炮为辅的完整防空系统。特别是导弹部分,形成了从低到高、从近到远的防空体系,连级以上均设有防空武器系统,使俄罗斯成为世界上防空力量最强、防空导弹发展最快的国家。

①火力配系严密,覆盖面大。俄罗斯拥有型号多、数量大的地面防空武器,包括超低空近程型、低空近程型、中低空近程型和中高空、中远程型不等,其火力覆盖面大,射高范围为 30 公里,射程范围可达 100 公里。例如 SA-16、SA-18 超低空近程防空导弹的射程和射高分别为 5 公里和 3.5 公里;S-300PMU 中高空、中远程防空导弹的作战高度为 25 至 2.7 万米,能拦截 360 度范围的目标,全系统展开时间为 3 至 5 分钟,比美国的爱国者系统更胜一筹。

②抗干扰能力强。1970 年代初期装备的防空导弹大都采用无线电指挥半主动雷达导引,若干已改为主动雷达导引,还有的改为双模式导引,具有很强的抗干扰能力。

③配备先进的雷达和其他光电设备。 最具有代表性的是 1990 年代装备部队的

SA-15 中低空近程防空导弹,配有三维搜索雷达和相位阵列追踪雷达,车体采自动调平平台,整合搜索、追踪、发射和导引为一体,全系统反应时间为 4.5 秒。

④越野机动性好。俄罗斯的防空武器系统是自行的,除少数采用轮式底盘外,大部分采用履带式底盘,尤其是野战防空系统更是如此,利于协同主力坦克、步兵战斗车以及大口径自行炮作战。

⑤弹炮一体化。俄罗斯现役防空装备中最特殊的是 2K22 通古斯卡系统,该系统将导弹、高炮、雷达及射控系统整合在同一底盘上,装有 2 门双管 30 毫米机炮、8 枚 9M311 防空导弹,火炮射高为 3000 米,射程为 4000 米,4 管射速共 5000 发/分;导弹射高为 15 米,射程为 2500 米,全系统反应时间约 8 秒,猎杀概率达 92%。通古斯卡是当今世界上唯一服役的炮弹一体化自行防空武器,它的战斗重量 34 吨,机动性颇佳。

- 坦克和其他装甲武器系统

20 世纪 90 年代,俄陆军的主力坦克最具代表性的是 T-72S 和 T-80U,两者均为 1980 年代后期的产品,其主要特点如下:

①配备既能发射反坦克导弹又能发射普通炮弹的 125 毫米大口径滑膛炮。

②配有激光测距仪、昼夜观瞄合一的瞄准线双向稳定等综合射控系统,以缩短反应时间和提高命中精度,射击反应时间约 10 秒。

③采用复合装甲与反应装甲一体化防护,以提高坦克生存力,车头防穿甲能力达 1000 毫米。

④底盘采用 1250 匹马力的燃气涡轮引擎,推重比达 27.2 马力/吨,以提升机动性。

1994 年,俄军开始装备 T-90。

- 步兵轻武器装备

俄陆军步兵的轻武器相当于世界 1970 年代的水准,有两个特点:

①整体火力密度大,机动性好,俄陆军摩托化步兵营 1 分钟可发射各种枪弹 3.5 万发。

②注意火力配套,实现了武器系列化、标准化。

- 航空兵系统

俄陆航装备的各型军用直升机大部分是 1970 年代初至 80 年代初的装备,98%服役已超过 10 年,主力直升机多数是 70 年代系统。最新研制的第二代战斗直升机米-28、第三代战斗直升机卡-50 尚未大量装备部队,米-24 仍是俄陆航的主力直升机。

卡-50 的设计独特先进,既可实施近距离低空快速攻击,又可用于摧毁装甲车辆,消灭敌方前沿和纵深的有生力量,堪称是直升机家族中的可怕杀手。

- 综合电子资讯装备

俄陆军的光学、光电装备以 1970 年代系统为主,少量为 80 年代水准。雷达为新旧并存,以旧体制为主辅以少量新装备,重视对现有雷达的改造,提高侦察距离。野战防空雷达能与新型的防空指挥系统相结合,利用 90 年代先进数位化技术,将野战防空侦察系统组成网络,构成完备的指挥控制系统。电子战装备多为先进设备。

- 综合保障装备

俄工程装备水准以 1980 年代为主,其特点是:品种齐全,体系完善;一机多用,性能先进;装备更新代换快。至于防化装备,则大多为 70 至 80 年代的产品。

从总体上说,俄罗斯陆军武器装备的性能和水准完全可以和西方一流国家的陆军武器相匹敌。与西方国家最大的区别在于:包括美国在内的西方国家,其武器的若干部件系别国生产(只不过比率的高低有别),而俄罗斯的所有武器装备均自行研制生产,且具有典型的俄罗斯特色。总体技术上更有其独到之处——可靠实用,某些装备还处于世界领先水准,为西方国家所不及。值得指出的是,凡美国陆军拥有的装备,俄罗斯一定有一种性能可资抗衡的同类武器装备系统。就其现有装备看,A 级师的标准装备均为 1970 年代以后的武器,具有 70—80 年代中期的世界水准,少数更具备 80 年代后期到 90 年代水准。B、C 级师则配备 60—70 年代的武器,尚有极少数四五十年代水准的武器装备。

从总体趋势看,俄国防预算自 1992 年起逐年下降,1995 年降至 4 万 4 千亿卢布,占财政总预算的 21%。俄罗斯军费占国内生产总值的 5%,远不能满足军方的要求。在俄罗斯军费开支中,装备采购费的削减幅度最大,1992 年削减 2/3 以上,1993 年又削减 1/3,但国防科研经费的削减幅度较小。

1996 年俄国防预算的绝对数字比以前还要低,用于武器装备的拨款只能满足需要的 60%,军队的现代化实际上已经停止。

2. 1996年1月1日俄罗斯陆军序列

表9-7 1996年1月1日俄军地面力量序列（不含海岸、岸防部队）

军区及集群	集团军	军	摩步师	机炮师	坦克师	存储基地	训练中心	空降师	摩步旅	坦克旅	其他旅
加里宁格勒集群	近卫11		近卫1、18						20、30	2、近卫10	特种4、空突37
列宁格勒军区	6	近卫30	54、131、近卫45、64				近卫56	近卫76			特种2、空突36
莫斯科军区	近卫1、20、22		近卫2、59		31、近卫4、10、47	5347、4944	近卫467	近卫106	18、近卫27、166		特种16
伏尔加沿岸军区			近卫27		近卫90	5078	469	近卫104			空突13
乌拉尔军区	近卫2		34		近卫16		473				特种12
北高加索军区	49、58	近卫8	19、近卫20			7、12、62、102		近卫7、98	131—136、205		空突22、空突21
南高加索集群			201								
驻塔吉克			85、201								
西伯利亚军区		55、57	245			5350	空降242		180、近卫74		特种67
后贝加尔军区				近卫122、131	近卫2、5	6052、6063	213、近卫212		168、169		空突11、特种24
远东军区	5、35、51	25、43	22、29、33、99、121、270、近卫130、近卫129	127、近卫21		1430、5506、5510	392		173筑垒地域		特种14、45

18

第九章 苏联解体后的各国陆军

表9-8 1996年1月1日俄军地面力量编成数量统计

(单位：个)

	集团军	军	摩步师	摩步、坦克旅	存储基地	机炮师	训练中心	坦克师	炮兵师	空降师	空突旅	空降旅	特种旅
列宁格勒军区	1	1	4	3						1	1		1
近卫第11集团军	1		2	2			1				1		1
莫斯科军区	2		2	3	2		1	4	1	1	1		1
伏尔加沿岸军区	1	1	1				1						
乌拉尔军区			1	1				1					1
北高加索军区	1	1	2	6						2			1
外高加索军区					4								
驻塔吉克		1	1										
西伯利亚军区		2	2	2	1	2	1	2			1		1
后贝加尔军区	2	2	1	2	2	5	1	1			1		1
远东军区	3	2	8	1	3								2
合计	9	8	24	20	12	7	6	9	2	5	5	0	9

19

表 9-9 1996 年 1 月 1 日俄罗斯陆军序列

军以上部队	师、旅、基地	驻地	前身	备注
列宁格勒军区				
第 6 集团军	摩步第 54 师	阿拉库尔季	步兵 341 师	
	摩步第 131 师	佩琴加	步兵第 45 师	
	摩步第 30 旅	彼得罗扎沃茨克	第 5186 基地	
近卫第 30 军		维堡	近卫步兵第 30 军	
	近卫摩步第 45 师	卡缅卡	近卫步兵第 45 师	
	近卫摩步第 64 师	萨佩尔诺耶	近卫步兵第 64 师	
	摩步第 20 旅	索尔塔瓦拉	摩步第 111 师	
直属	近卫第 56 训练中心	红谢洛	近卫摩第 63 师，近卫步兵第 63 师	
	近卫摩步第 25 旅	红斯特鲁吉	近卫摩步第 13 团	
	近卫空降第 76 师	普斯科夫		
	近卫炮兵第 2 师	巴甫洛夫斯克		
	特种第 2 旅	普斯科夫州切列克西(普罗美日特种斯)		
	空突第 36 旅	列宁格勒州加尔波罗沃		
北方舰队	近卫海防第 77 师	阿尔汉格尔斯克	近卫步兵第 77 师	
西北集群			波罗的海沿岸军区	
近卫第 11 集团军		加里宁格勒		
	坦克第 2 旅	加里宁格勒	坦克第 1 师，坦克第 1 军	
	近卫坦克第 10 旅	斯拉夫斯克	近卫坦克第 40 师，近卫骑兵第 2 军	
	近卫摩步第 1 师	加里宁格勒	近卫步兵第 1 师	
	近卫摩步第 18 师	古谢夫	近卫步兵第 18 师	
莫斯科军区				
近卫第 22 集团军		诺夫哥罗德	近卫第 13 军	
	坦克第 31 师	下诺夫哥罗德	坦克第 31 军	
	近卫坦克第 47 师	穆利诺	近卫步兵第 47 师	
	第 5347 存储基地	坦波夫	摩步第 89 师（动员）	1996 年撤销
近卫第 1 集团军		斯摩棱斯克	近卫第 1 集团军	
	近卫第 4944 存储基地	叶利尼亚	近卫摩步第 144 师	
近卫第 20 集团军		沃罗涅日	近卫第 4 集团军	
	近卫坦克第 10 师	博古恰尔	近卫坦克第 10 军	
	近卫摩步第 166 旅	特维尔	近卫摩步第 6 师，近卫坦克第 90 师	
直属	近卫炮兵第 34 师	穆利尼奥		从德国撤回
	近卫坦克第 4 师	纳罗—福明斯克	近卫坦克第 4 军	
	近卫摩步第 2 师	阿拉比诺	近卫步兵第 2 师	
	摩步第 18 旅	索尔涅奇诺戈尔斯克	摩步第 107 师	1998 年 6 月撤销
	近卫摩步第 27 旅	莫斯连特根	近卫步兵第 2 师，近卫步兵第 6 团	
	近卫第 467 训练中心	卡尔佩特（弗拉基米尔州科夫罗夫）	近卫坦克第 26 师，近卫步兵第 53 师	
驻摩尔多瓦集群	近卫摩步第 59 师	蒂拉斯波尔	近卫步兵第 59 师	
武器储存战役集群		科巴斯诺	近卫第 14 集团军	
空降部队	近卫空降第 106 师	图拉		
	特种第 16 旅	梁赞州丘尔科沃		
北高加索军区				
第 67 军		斯塔夫罗波尔	第 12 军	

第九章 苏联解体后的各国陆军

续表

军以上部队	师、旅、基地	驻地	前身	备注
	摩步第131旅	迈科普	摩步第9师、步兵第9师	
	摩步第132旅	新罗西斯克		
	摩步第134旅	叶伊斯克		
第58集团军（第42军）		弗拉季高加索		
	摩步第19师	弗拉季高加索	步兵第19师	
	摩步第205旅	车臣		
	摩步第136旅	布伊纳克斯克		
	摩步第34师摩步第276、第324团	车臣	乌拉尔军区抽调	
	摩步第135团	车臣	原属摩步第295师	
	摩步第133旅	普罗赫拉德内		
	摩步第135旅	车臣		1995年3月参加攻克沙利战斗
近卫第8军		伏尔加格勒	近卫第8集团军	
	近卫摩步第20师	伏尔加格勒	近卫机械化第8师、近卫机械化第8军	
直属	近卫空降第7师	新罗西斯克		
	近卫空降第98师	车臣（原常驻伊万诺沃）		
	空突第21旅	斯塔夫罗波尔		
	近卫特种第22旅	罗斯托夫州阿克塞地区科瓦列夫卡		
南高加索集群	第12军事基地	巴统	摩步第145师	
	第62基地	阿哈尔卡拉基	第6026存储基地（摩步第147师）	
	第102基地	久姆里（亚美尼亚）	摩步第127、164师，摩步第344团	
	第7基地	瓦纳佐尔	摩步第15师	
伏尔加军区		萨马拉		
近卫第2集团军		萨马拉	近卫坦克第2集团军	
	近卫坦克第90师	萨马拉州切尔诺列奇耶	近卫摩步第6师、近卫机械化第6师、近卫机械化第6军	
	存储基地	萨马拉	第469训练中心、第43摩步训练师	
直属	近卫摩步第27师	托茨科耶	近卫步兵第27师	
空降、空突部队	近卫空降第104师	乌里扬诺夫斯克		近卫空降第328团参加车臣战争
	空突第13旅	奥伦堡		
乌拉尔军区		叶卡捷琳堡		
	摩步第34师	叶卡捷琳堡	步兵第77师	第276、324团调车臣作战
	近卫坦克第16师	柴可夫斯基	近卫坦克第9师、近卫坦克第9军	第723团参战车臣战争
	第473训练中心	叶兰茨基	第479训练中心、坦克第44师、步兵第279师	
	特种第12旅	斯维尔德洛夫斯克州阿斯贝斯托斯		特种第33营参战车臣
驻塔吉克部队	摩步第201师	杜尚别	步兵第201师	
西伯利亚军区	摩步第85师	新西伯利亚	步兵第85师	
	近卫步兵第74旅	尤尔加	近卫摩步第94师	
	摩步第180旅	鄂木斯克	摩步第21师、步兵第416师	

21

续表

军以上部队	师、旅、基地	驻地	前身	备注
	第5350存储基地	阿巴坎	摩步第242师	
	近卫摩步第13师	比斯克		1992年7月第5351基地改
	特种第67旅	别尔茨克		
空降部队	第242空降兵训练中心	鄂木斯克	空降第44教导师	
后贝加尔军区		赤塔		
第57军		乌兰乌德	第29集团军	
	摩步第245师	上乌金斯克(古西诺泽尔斯克)		
	摩步第169旅	下乌金斯克	摩步第52师	
	第5517存储基地	旧迪维济翁纳亚	摩步第12师	
第55军		博尔贾	第36集团军	
	近卫机炮第122师	达斡里亚	近卫摩步第122师、近卫坦克第5师、近卫坦克第5军	
	近卫机炮第131师	斯列坚斯克	近卫摩步第38师	
	第6052存储基地	赤塔州谢尔洛瓦亚地区博尔金斯基村	摩步第164师	
直属	近卫坦克第2师	别兹列奇纳亚	近卫坦克第2军	
	近卫坦克第5师	恰克图	近卫骑兵第5师、近卫骑兵第5军	
	摩步第168旅	博尔贾	摩步第150教导师	
	第6063存储基地	下乌金斯克	摩步第15、91师	
	近卫第212训练中心	赤塔	第214中心、坦克第49训练师、第150师合组	
	第225炮兵基地	赤塔市德罗维亚纳亚	炮兵第12师	
直属	近卫空降第11旅	乌兰乌德州索斯诺维博尔	空突第11旅	
	特种第24旅	恰克图		
远东军区		哈巴罗夫斯克		
第68军		南萨哈林斯克	第51集团军	
	摩步第33师	霍穆托沃	步兵第342师	
	机炮第18师	择捉岛	步兵第184师、第109筑垒地域	
	第1430储存基地			
第25军		彼得罗巴甫洛夫斯克		
	摩步第99师	楚科奇地区阿纳德尔	摩步第33师拆分	
第35集团军		别洛戈尔斯克		
	近卫坦克第21师	别洛戈尔斯克市叶卡捷琳诺斯拉夫卡	近卫摩步第31师、近卫步兵第31师	
	近卫摩步第115师	斯科沃罗季诺	摩步第67师、近卫摩步第10师1992年3月合组	
	第173筑垒地域旅	巴布斯托沃	摩步第272师	
	机炮第126师	布拉戈维申斯克	摩步第192师	1998年撤销
第5集团军		乌苏里斯克		
	机炮第127师	谢尔盖耶夫卡	摩步第277师	
	近卫机炮第129师	巴拉巴什	近卫摩步第123师	
	摩步第29师	石费舍尔	步兵第29师	
	第5506基地	斯帕斯克达利尼县克拉斯纳亚列奇卡	摩步第199师	
第43军		哈巴罗夫斯克	第15集团军，1993年10月11日改	1998年5月撤销

续表

军以上部队	师、旅、基地	驻地	前身	备注
	摩步第270师	哈巴罗夫斯克附近卫红列奇卡	步兵第270师	
	近卫摩步第81师	比金	近卫步兵第81师	
	机炮第130师	列索扎沃茨克	摩步第135师	
直属	第392训练中心	哈巴罗夫斯克州沃洛查耶夫斯克镇	第129摩步训练师	
	摩步第121师	西比尔采沃	摩步第121训练师、机械化第10师、机械化第10军	
	摩步第22师	彼得罗巴甫洛夫斯克	步兵第22师	
空突部队	空突第83旅	乌苏里斯克		
特种部队	特种第45旅	俄罗斯岛		1955年组建
	特种第14旅	乌苏里斯克市基尔扎沃德，参加车臣战争		
不计：太平洋舰队	海防第40师	什科托沃	步兵第40师	1996年撤销

3. 罗季奥诺夫和谢尔盖耶夫时期的俄罗斯陆军

第一次车臣战争于1996年8月31日正式结束，此时俄罗斯联邦国防部长是I.H.罗季奥诺夫上将（1996年7月17日上任，10月5日晋升大将）。在车臣遭受了不应有的损失以及"哈萨韦尤尔特和平"之后，俄罗斯联邦武装力量受到了来自各方最严厉的批评。而俄军军队训练及战斗力下降，1996年陆军师的满编率仅60%，其中只有1/3有战斗力。没有一个团可在接到命令后2—3小时内投入战斗。罗季奥诺夫的改革计划只在原五大军种框架内进行小的调整，主要是裁减陆军，结果遭到高层的强烈反对，而当时俄罗斯国内经济形势更加恶化，其改革计划未来得及实施。俄罗斯联邦武装力量向新编制过渡是由I.D.谢尔盖耶夫大将（1997年5月22日上任，11月20日晋升俄罗斯联邦元帅，至今是俄罗斯联邦唯一的元帅）完成的。改革大刀阔斧，完成了大规模裁军和向新编制过渡。过渡计划比较保守，决定在每个师中各将一个团扩充至战时编制，将独立摩步旅和一些作战保障部队以及空降兵所有的师和旅改为战时编制。解散一些缩编和基干部队与兵团，其人员用于扩充常备部队与兵团员额。在基干部队的基础上组建了武器装备储存基地，其人员比缩编部队少得多。组建了若干中央储备基地，按专业储存武器和军用技术装备，如中央坦克储备基地、火炮储备基地、工程兵储备基地、通信兵储备基地、核生化防护兵储备基地。

但所有这些改革未能使俄罗斯武装力量克服主要的问题，动员展开、指挥体系（总参谋部—军区—集团军—师或旅）仍旧和以前一样。1998年解散了陆军司令部，陆军地位下降。尽管俄罗斯武装力量编成中最终出现了充分展开的部队，但更多的部队和兵团仍是缩编或基干部队与兵团。俄罗斯武装力量编成中还保留了大量的各种物资仓库，和以前一样需要人员保管和更新物资。陆军建设面临严重挑战，战斗力继续下降。

俄罗斯陆军到1998年之前完成了向新编制的转变，较多陆军师改为常备师，编入了80%编制的兵力和100%的装备。谢尔盖耶夫在1998年8月宣布，将有6个师和4个旅到年底开始24小时戒备。部队战备分3个级别：常备、简编、战略储备。编成中出现了以下类型的部队与兵团：

• 常备部队与兵团——人员补充率为战时编制的95—100%。如1997年春到7月，在原坦克第31师基础上组建了摩步第3师，到1998年3月该师满编率为平时编制的90%，到年底达到战时编制的80%。之后组建的常备兵团有莫斯科军区近卫坦克第4师、北高加索军区近卫摩步第20师，列宁格勒军区近卫摩步第138旅、摩步200旅，乌拉尔军区摩步第34师，伏尔加河沿岸军区近卫摩步第81团，西伯利亚近卫摩步第74旅、原后贝加尔军区近卫摩步第272团，远东军区某近卫摩步师。到1998年11月，已组建好计划中10个常备师中的4个，其中有北高加索军区近卫摩步第42师、近卫摩步第20师，莫斯科军区近卫摩步第2师、近卫空降第106师。还组建了4个常备旅，包括北高加索军区的摩步第131旅。

• 缩编部队与兵团（A类或B类）——人员补充率为战时编制的70以下。

• 武器装备储存基地——人员补充率为战时编制的5—10%。

• 基干部队与兵团——人员补充率为战时编制的5—10%。

同时，陆军的兵力和组织编制在经过1997—1999年的裁减之后保持了稳定，并在将近十年的时间里——到2008年开始改革之前保持相对不变。1998年初俄军陆军兵力约40万人，满编率84%。1999年3月15日前兵力31.89万人。第二次车臣战争爆发后有所回升。

1997年11月后，驻南高加索俄军集群转隶北高加索军区；驻摩尔多瓦德涅斯特沿岸俄军战役集群转隶莫斯科军区；驻加里宁格勒近卫第11集团军脱离陆军，改编为波罗的海舰队陆上集团；驻塔吉克斯坦摩步第201师转隶伏尔加河沿岸军区。

1997年下半年，俄军撤销了一些集团军、步兵军指挥机构及师、旅级部队。陆军师已由1990年的212个减至1999年的24个（不含驻外军事基地、军区训练中心和转隶海军的4个师）。为贯彻1997年底叶利钦将驻西北地区驻军裁减40%的讲话要求，俄军撤销了列宁格勒军区所属第6集团军、近步30军和所有摩步师。

向合同制军队转变因当时国家的经济能力不允许而终止，唯一能做的是在一定程度上增加俄军中合同兵的数量。

1999年8月7日武装匪徒入侵达吉斯坦引发的第二次车臣战争是对罗季奥诺夫和谢尔盖耶夫时期改革成效的检验。1999年9月30日,联邦部队在粉碎位于达吉斯坦共和国境内的武装匪徒后进入车臣。1999年8月7日至9月30日,俄军在达吉斯坦、斯塔夫罗波尔边疆区和北奥塞梯地区组建了联邦部队集团,其编成和装备超过了1994年组建的集团。1999年组建的部队集团的基础是常备部队与兵团以及空降兵的部队与分队,但根据俄罗斯联邦国防部长I.D.谢尔盖耶夫和武装力量总参谋长(当时是A.V.克瓦什宁大将)的决定,只能从常备部队中各拨出一个营战术群列入新的联合集团的编成,这个营战术群得到了坦克、炮兵、工程、分队和摩步营的加强。来自西伯利亚军区的第74近卫独立摩步旅是个例外,它是整建制(3500人)地被调到车臣前线,是唯一满编作战的兵团。其他常备兵团只向联合集团提供一个营战术群是为了用留在常驻地的分队补充参战部队的损失。1998年俄罗斯联邦武装力量总兵力为121.2万人,其中陆军36万人,其常备部队与兵团有约10万人。此外,空降兵还有3.5万人。包括空降兵在内有约3.5万人投入第一阶段作战。

在车臣战争期间,俄军参战兵力一度曾达到9万人(截至2003年5月1日)。俄罗斯联邦武装力量各部队遭受的损失由原部队补充。但这一办法并不好,因为用来补充损失的是缩编部队与兵团和武器装备储存基地、中央储备基地及基干部队与兵团。

自1999年起开始用合同兵补充在车臣作战的部队与兵团。俄罗斯联邦领导人没有别的出路,谁也不想让1994年那一幕重演。据俄罗斯联邦国防部官方统计,截至2003年6月1日,合同兵在驻车臣联合部队集团中所占比重为45%。

第二次车臣战争的作战行动结果表明,所进行的改革对武装力量产生了有益的影响。但也暴露出新的问题:作战行动经验表明,用其他部队的军人来替换因伤病离开战列的军人是不合理的,这导致兵员外调去补充战损的部队遭到削弱。例如,1999—2001年,为了补充第140近卫坦克团的损失,替换治疗、休假和在作战行动区工作期满的军人,不仅从编成中有1个团的第5近卫坦克师,还从在旁边驻扎的

▲ 2000年3月,俄军在共青村参加战斗。

第131机炮师以及西伯利亚军区第36集团军的其他部队调派了人员。参加反恐行动的所有部队与兵团都有类似的情况。根据俄罗斯国防部官方统计，1998—2003年，俄罗斯陆军有1/3的军官参加了在车臣的作战行动。

向合同兵役制转变还暴露了另外一个问题。超过85%的合同兵需要按其被任命的职务专业进行培训，因为他们在签订合同之前在其他的专业岗位上服役，有时甚至是在别的军、兵种服役。例如，2000年8月11日与153名军人签订了合同，以其补充第3摩步师第245摩步团。其中只有13人以前是在陆军服役，而其他的都是在海军和空军甚至战略导弹部队服役。因此毫不奇怪，有140名合同兵需要按新专业培训。

1999年的科索沃战争引发了俄军对军事威胁的担忧，激化了俄军内部关于核力量和常规力量建设关系的争论和分歧，主张核力量支撑并加强其发展的观点占了上风，俄罗斯陆军现代化进程再次停滞。

4. 2000年1月1日俄罗斯陆军序列

表9-10 2000年1月1日俄军地面力量序列（不含海岸、岸防部队）

军区及集群	集团军	军	摩步师	机炮师	坦克师	存储基地	训练中心	空降师	摩步旅	其他旅
列宁格勒军区	近卫20、22					23、35、232、近卫70、36	近卫56		200、近卫25	特种2
莫斯科军区			近卫2		近卫4、10	近卫70、4944	近卫467	近卫106	近卫8、27	特种16
伏尔加沿岸军区			近卫27			5968	469			近卫空降31
乌拉尔军区			34			5078、近卫5967	473			特种12
北高加索军区	58	67	3、19、近卫20、42					近卫7、76、98	131、205、近卫74、136、138	特种22、空突21
南高加索集群										
驻塔吉克			201			12、62、102				
西伯利亚军区	36、41	57	85	近卫122、131	近卫2、5	139、199、5350、6803、6052、6063、近卫5349	近卫212、242			近卫空降11、24、67 特种
远东军区	5、35	68	33、121、270、近卫81、115	18、127、128、130、近卫129	近卫21	261、1430、5506	392			特种14、45

27

表9-11 2000年1月1日俄军地面部队编成数量统计

(单位：个)

	集团军	军	摩步师	摩步旅	存储基地	机炮师	训练中心	坦克师	炮兵师	空降师	空突旅	空降旅	特种旅	空突师
列宁格勒军区				2	4		1		1				1	
莫斯科军区	2		1	2	2		1	2	1	1			1	
伏尔加沿岸军区			2		1		1					1		
乌拉尔			1		1								1	
北高加索	1	1	4	5						3	1			1
南高加索集群					4									
西伯利亚	2	1	1		7	2	2	2				1	2	
远东	2	1	5		3	5	1	1				1	2	
合计	7	3	14	9	22	7	8	5	2	4	2	2	8	1

28

第九章 苏联解体后的各国陆军

表 9-12 2000 年 1 月 1 日俄罗斯陆军序列

军以上单位	师、旅	驻地	前身	备注
列宁格勒军区	摩步第 200 旅	佩琴加	摩步第 131 师，步兵第 45 师	
	第 35 存储基地	阿拉库尔季	摩步第 54 师	
	第 216 基地	彼得罗扎沃茨克	第 5186 基地	
	近卫第 36 存储基地	萨佩尔诺耶	近卫摩步第 64 师	
	第 232 基地	黑河		
	第 23 存储基地	索尔塔瓦拉	摩步第 111 师，步兵第 367 师	
	近卫第 56 训练中心	红谢洛	近卫摩步第 63 师	
	近卫摩步第 25 旅	红斯特鲁吉	近卫摩步第 13 团	
	近卫炮兵第 2 师	巴甫洛夫斯克		
	特种第 2 旅	普斯科夫州切列克西（普罗美日特种斯）		
不计：波罗的海舰队陆上集群		加里宁格勒	近卫第 11 集团军	
	第 385 存储基地	加里宁格勒	坦克第 2 旅，坦克第 1 师，坦克第 1 军	
	近卫第 196 存储基地	斯拉夫斯克	近卫坦克 40 师	2008 年撤销
	近卫摩步第 1 师	加里宁格勒	近卫步兵第 1 师	
	近卫摩步第 18 师	古谢夫	近卫步兵第 18 师	
莫斯科军区				
近卫第 22 集团军		下诺夫哥罗德	近卫第 13 军	
	近卫第 4944 存储基地	叶利尼亚	近卫摩步第 144 师	
近卫第 20 集团军		沃罗涅日		
	近卫坦克第 10 师	博古恰尔	近卫坦克第 10 军	
	近卫第 34 炮师	穆利尼奥		
直属	近卫坦克第 4 师	纳罗福明斯克	近卫坦克第 4 军	
	近卫摩步第 2 师	阿拉比诺	近卫步兵第 2 师	
	近卫第 467 训练中心	卡尔佩特（弗拉基米尔州科夫罗夫）	近卫坦克第 26 师，近卫步兵第 53 师	
	近卫摩步第 27 旅	莫斯连特根	近卫步兵 2 师近卫步兵 6 团	
	近卫第 70 存储基地	特维尔	近卫摩步第 166 旅，近卫摩步第 6 师，近卫步兵第 90 师	
驻摩尔多瓦集群	近卫摩步第 8 旅	蒂拉斯波尔	近卫摩步第 59 师	
武器储存战役集群（近卫第 14 集团军）			科巴斯诺	
空降部队	近卫空降第 106 师	图拉		
	特种第 16 旅	梁赞州丘尔科沃		
北高加索军区				
北集群（67 军）		格罗兹尼市中心北	第 67 军，第 49 集团军	布尔加科夫中将指挥
	摩步第 3 师	原常驻下诺夫哥罗德	坦克第 31 师，近卫坦克第 47 师	莫斯科军区抽调
	近卫摩步第 138 旅	原驻卡缅卡	近卫摩步第 45 师	
	空降突击第 66 团			
西集群（第 58 集团军）		格罗兹尼老工业区（原驻弗拉季高加索）		沙马诺夫指挥
	摩步第 42 师（组建中）			
	摩步第 19 师	原驻弗拉季高加索	步兵第 19 师	
	摩步第 131 旅	原驻迈科普	摩步第 9 师	
	摩步第 205 旅	一部在格罗兹尼老工业区（常驻地布琼诺夫斯克）		

续表

军以上单位	师、旅	驻地	前身	备注
	摩步第135团			原属摩步第295师
东集群		汉卡拉和旧松扎地区		特种罗舍夫中将指挥
	近卫摩步第136旅	布伊纳克斯克		
	近卫空降第76师	原驻普斯科夫		近卫第234团，后增加第104团等
	近卫空降第106师近卫空降第119团			
	近卫空降第7师近卫空降第247团		空突第21旅，1998年改	
	近卫摩步第20师近卫空降第56团			
山区特种战群	近卫空降第98师	山区（原驻伊万诺沃）		执行特种战任务
	近卫空突第7师	原常驻新罗西斯克	近卫空降第7师	
	近卫摩步第74旅	谢尔泽那—尤尔特种（原驻尤尔加）	近卫摩步第94师	
特种部队	近卫特种第22旅	罗斯托夫州科瓦列夫卡阿克塞地区		
直属	近卫摩步第20师	伏尔加格勒	近卫机械化第8师，近卫机械化第8军	
南高加索集群	第12基地	巴统	摩步第145师	
	第62基地	阿哈尔卡拉基	6026 BHVT，摩步第147师	
	第102基地	亚美尼亚久姆里	摩步第127师，摩步第164师摩步第344团	
伏尔加沿岸军区		萨马拉		
	近卫摩步第27师	托茨科耶	近卫步兵第27师	
	近卫第5968基地	萨马拉切尔诺列奇耶	近卫坦克第90师，近卫摩步第6师，近卫机械化第6军	
	第469训练中心	萨马拉	摩步第43训练师	
空降部队	近卫空降第31旅	乌里扬诺夫斯克	近卫空降第104师	
乌拉尔军区		叶卡捷琳堡		
	摩步第34师	叶卡捷琳堡	步兵77师	
	近卫第5967基地（缺近卫摩步第723团）	柴可夫斯基	近卫坦克第16师，近卫第9师，近卫坦克第9军	近卫第723团参战车臣战争
	第473训练中心	卡梅什洛夫城	坦克第44师，步兵第279师	
	特种第12旅	斯维尔德洛夫斯克州阿斯贝斯托斯		
驻塔吉克部队	摩步第201师	杜尚别		
西伯利亚军区		赤塔		
第41集团军			原西伯利亚军区	
	摩步第85师	新西伯利亚	步兵第85师	
	第5350存储基地	阿巴坎	摩步第242师	
	第139武器存储基地	鄂木斯克	摩步第180旅，摩步第21师，步兵第416师	
	特种第67旅	别尔茨克		
	第242空降兵训练中心	鄂木斯克	空降第44教导师	
第57军		乌兰乌德	第29集团军	
	第6803存储基地	上乌金斯克（古西诺泽尔斯克）	摩步第245师	

第九章 苏联解体后的各国陆军

续表

军以上单位	师、旅	驻地	前身	备注
	第199存储基地	乌兰乌德旧迪维济翁纳亚	第5517存储基地,摩步第12师	
第36集团军		博尔贾		
	近卫机炮第122师	达斡里亚	近卫摩步第122师、近卫坦克第5师、近卫坦克第5军	
	近卫机炮第131师	斯列坚斯克	近卫摩步第38师	
	第6052存储基地	赤塔州的谢尔洛瓦亚地区博尔金斯基村	摩步第164师	
直属	近卫坦克第2师	别兹列奇纳亚	近卫坦克第2军	
	近卫坦克第5师	恰克图	近卫骑兵第5军	
	近卫第5349存储基地	比斯克	摩步第13师	
	第6063存储基地	下乌金斯克	摩步第15、91师	
	近卫第212训练中心	赤塔Chickweed (Gerbil)	第214中心,坦克第49训练师	继承近卫机械化第1军历史
	第225炮兵基地	赤塔市德罗维亚纳亚	炮兵第12师	
空降部队	近卫空降第11旅	乌兰乌德州索斯诺维博尔	空突第11旅	
特种部队	特种第24旅	恰克图		
远东军区				
第68军		萨哈林	第51集团军	
	机炮第18师	择捉岛	步兵第184师、109筑垒地域	
	摩步第33师	霍穆托沃		
	第1430储存基地			
第35集团军		别洛戈尔斯克	红旗第1集团军	
	机炮第128师	巴布斯托沃	摩步第272师	
	近卫坦克第21师	叶卡捷琳诺斯拉夫卡		
	近卫摩步第115师	斯科沃罗季诺	摩步第67师	
	第261基地	莫霍瓦亚		
第5集团军		乌苏里斯克		
	机炮第127师	谢尔盖耶夫卡	摩步第277师	
	近卫机炮第129师	巴拉巴什	近卫摩步第123师	2001年9月改近卫摩步第17师
	第5506存储基地	克拉斯尼库特	摩步第199师	
直属	近卫摩步第81师	比金		
	摩步第270师	哈巴罗夫斯克附近卫红列奇卡		
	机炮第130师	列索扎沃茨克	摩步第135师、步兵第39师	
	第392训练中心	哈巴罗夫斯克州沃洛查耶夫斯克镇	摩步第129训练师	
	摩步第121师	西比尔采沃	前训练中心、摩步第121训练师、机械化第10军	
空突部队	空突第83旅	乌苏里斯克		
特种部队	特种第45旅	俄罗斯岛		
	特种第14旅	乌苏里斯克市基尔扎沃德		参加车臣战争
不计:太平洋舰队东部地面集群		彼得罗巴甫洛夫斯克	第25军	
	摩步第22师	彼得罗巴甫洛夫斯克		
	第3840基地	阿纳德尔	摩步第99师	2002年12月1日撤销

31

二 普京时代的俄罗斯陆军

普京时代俄罗斯军事改革可以按国防部领导人划分为四个时期：谢尔盖耶夫过渡时期、伊万诺夫时期、谢尔久科夫时期、绍伊古时期。也可以按普京执政时期分五个时期：过渡时期1999年8月—2000年5月，第一任期2000年5月—2004年5月，第二任期2004年5月—2008年5月，梅普时期2008年5月—2012年5月，第三任期2012年5月至今。

2000年8月—11月，俄罗斯联邦安全委员会对陆军建军方针、领导体制、改革计划、资金投入、建设重点进行了较大的调整，提出武装力量要均衡发展，开始纠正侧重战略火箭军发展而使陆军建设几乎陷于停顿的倾向。

2001年1月23日，俄罗斯武装力量总参谋长阿纳托利·克瓦什宁宣布，俄总统普京已正式批准了《2010年前俄罗斯武器装备发展规划》。而之前的《1996年至2005年俄罗斯武器装备发展规划》严重脱离了当时俄罗斯的实际情况，其内容基本上都不能得到落实。《2010年前俄罗斯武器装备发展规划》提出俄罗斯陆军要以"信息化为核心，以提高远程精确打击能力为重点，改造现有装备与发展新装备并举，逐步实现陆军兵器的更新换代"，陆军作战力量现代化分两个阶段（2001—2005年、2010年前）进行。

1. 伊万诺夫时期的俄罗斯陆军

2001年3月28日，谢尔盖·鲍里索维奇·伊万诺夫被任命为俄罗斯新一任国防部长，他也是俄罗斯第一位文职国防部长。

2003年，第二次车臣战争积极阶段结束后，俄罗斯国防部和武装力量总参谋部鉴于在作战行动中暴露出来的问题，立即提出了新的俄罗斯武装力量改革计划。新的改革就意图而言重复了早在1993年帕维尔·谢尔盖耶维奇·格拉乔夫大将在任时提出的那些建议。改革意图归结为，常备部队与兵团需要转为合同兵役制，其他部队与兵团、储存基地、中央储备基地及军事机构采用义务兵役制。但此时动员展开体制仍没有改变。此外，改革计划中没有明确大量的物资仓库、武器装备储存基地和中央储备基地的老旧技术装备怎么处理。例如，防空兵器储存处在阿巴坎武器和军用技术装备储存基地（动员时应展开为摩步师）不仅为师的防空导弹团还为高炮团（旧的57毫米S-60牵引式高炮）储存了技术装备，因为按战时编制该师中应有1个高炮团。

2003年，根据俄罗斯联邦政府的决定在俄罗斯武装力量中开始实施联邦专项计划——《常备部队与兵团向合同制补充办法转变》，并在空降兵第 76 近卫空降师的一个空降团（驻普斯科夫）中试点。试验持续至 2005 年之前，在试验过程中发现了大量问题，这些问题影响了该团合同兵的正常服役。尽管有这些消极结果，还是认为试验是成功的，并从 2005 年开始向其他常备部队和兵团推广合同制补充办法。

2005—2006 年，当时俄军所有的自由资金都用于向合同兵役制转变的联邦专项计划，因此决定推迟组建地区司令部。到 2005 年年底，俄罗斯武装部队人员的 30% 是合同兵。但联邦专项计划处于失败的边缘——只要说一说这样一个情况就够了：一些部队与兵团所有的合同兵在一年之内就全更换了。例如，西伯利亚军区摩步第 122 师摩步第 382 团于 2006 年与 2700 名军人签订了合同，其中有近 2300 人很快就退伍，这是一个团的编制人数。有一项任务是将以合同兵补充的部队与兵团的人员补充率提高到战时编制的 95%—100%，但国防部没有顺利完成这项任务。而且从 2005 至 2007 年，超过 50% 的国家军事预算用于该计划，但未能将所有参加该计划的部队与兵团的补充率提高到预期目标。例如，截至 2008 年 1 月 1 日，北高加索军区驻车臣第 42 近卫摩步师人员补充率为 102%，但与其相邻的第 205 摩步旅（布琼诺夫斯克）补充率只有 85%。

2007 年 3 月，俄军陆军义务兵服役期由 2 年减为 18 个月，2008 年 1 月 1 日起减为 12 个月。2002 年俄罗斯陆军有 9 万女兵，而在 2000 年，估计在整个俄武装力量中，女兵人数在 11.5 万到 16 万之间。女兵执行支援后勤服务，最常见的在医务、通信和工兵领域。一些军官家属成为合同制人员。

2010 年，格鲁乌特种部队被正式解散，但许多士兵被划归陆军指挥的特种部队。

合同兵役制联邦专项计划的失败影响了组建地区司令部的计划的实施。2006 年 5 月，在俄罗斯联邦国防部全体会议上做出了在 2010—2015 年前组建俄罗斯武装力量地区司令部的原则性决定。

在伊万诺夫任期内，俄罗斯国防部对俄罗斯战略环境进行了全新的判断和界定，提出了推行"现实威胁"为主要目标的新战略，确立了均衡发展的指导思想，主张在保持一定核威胁的基础

▲ 近卫空降第 76 师 104 团 6 连。

上,加强常规力量建设;在军队指挥系统调整方面,通过合并,将军区由8个减少到6个,并赋予军区对辖区内所有军事力量实施指挥的职权;将战略火箭军降格到兵种,同时将战略火箭军的军事航天部队和导弹太空防御部队组建成新的兵种——航天兵。俄军由四大军种调整为陆海空三大军种和战略火箭军、空降兵、航天兵三个兵种;组建战略核力量、军事航天防御、快速反应部队司令部,大幅度精简军区、陆海空三军总司令部编制和舰队司令部机构,使其变成行政管理机构;成立相关的陆军、海军、空军局,负责行政管理和建设。2003年,陆军航空兵转隶空军。2006年,陆军防空兵与空军防空兵合并。

伊万诺夫的改革卓有成效,为下一步体制编制改革奠定了基础。但困扰俄军的根本问题未得到解决,如规模庞大、体制臃肿、指挥效率不高、军兵种机构不合理问题。动员体制仍未改革,同时对大量的物资仓库、武器装备储存基地和中央储备基地的老旧技术装备处理问题未能予以关注。

2006年,俄罗斯地面部队估计共有39.5万人,其中包括大约19万义务兵和3.5万人空降部队(VDV)。

2. 谢尔久科夫时期的俄罗斯陆军

2007年,俄罗斯开始执行《2007—2015年国家武器发展纲要》,集中力量解决武装力量武器装备更新换代问题。

2007年2月19日,A.E.谢尔久科夫被任命为新的国防部长。2007年12月制订了第一批改革方案。这些计划建议重返"机动部队"思想,但这回是大规模"机动部队",建议陆军立即采用旅编制,总体上摒弃师团编制。

2007年12月决定组建拟议中的第一个地区司令部——东方地区司令部,制订了司令部编制,并确定了其驻地在乌兰乌德。2008年1月,东方地区司令部组建完毕。但在现有指挥体制下,像地区司令部这样的机构是没有效能的。2008年5月,东方地区司令部解散。

2008年5月7日,德米特里·梅德韦杰夫就任总统,普京转任总理。

2008年8月8日,格鲁吉亚与俄罗斯联邦武装力量冲突。冲突中,摩步第19师在"百里推进"中丧失了一半的战斗力。第58集团军临时组建了各种直属的营级战斗群,师团基本成为多余环节。与格鲁吉亚的冲突结束后,2008年8月底,俄罗斯联邦政府和总统都发布了完善俄罗斯武装力量的命令。2008年9月至10月,俄宣布军队要向"新面貌"转变,同时国防部领导层和总参谋部制订了消除俄军中主要问题的措施计划。对世界军事政治形势的评估是新改革构想的基本出发点。因此决定,俄罗斯武装力量的任务应从与几个对手打大规模战争转为参加在俄罗斯边境和独联体国家境内和邻近的外国发生的局部冲突。鉴于对大规模战争概率的重新评估,决定放弃继承苏联的落后于时代的动员体制。因为动员展开体制被取消,所以也不再需要缩编、基干部队与兵团以及武器装备储存基地。

根据改革的意图,俄军应简化武装力量指挥体制,取消中间指挥环节。首先削减负责动员展开的指挥系统。在总参谋部、各军、兵种总部和军区指挥机关的编成中取消部分局和处,而部分局和处转用新编制。接下来计划放弃像诸兵种合成集团军这样的编制,削减军区数量,并在原地组建地区司令部系统。

俄罗斯武装力量放弃动员展开后,不再需要组织储存和更新保障动员所需数量的物资器材。因此可以削减仓库和储存基地,其部分资产移交给国家其他部和部门,而部分物资器材用于补充俄军部队与兵团。鉴于这一变化,还改组了俄罗斯武装力量的整个物质技术保障体系,取消该体系的各个环节,决定下一步将把具有"新面貌"的武装力量的部分物质技术保障任务赋予民间组织。此外,销毁为保障大规模作战行动而在仓库和储存基地存放的大量弹药。

鉴于由准备参加大规模作战行动转为准备参加局部冲突,决定回归"机动部队"思想,摒弃臃肿的师、团编制,组建机动性更高的独立旅。将在现有常备兵团与部队的基础上组建旅,通过解散缩编、基干部队与兵团以及武器装备储存基地来补充它们。新的旅组建和武装力量指挥体制改革后,指挥系统应由三级组成——总参谋部—地区司令部—旅。新组建的旅的数量大大超过了先前存在的常备部队与兵团。

在新组建的旅中必须采用装备单一型号武器装备的分队的统一编制。计划削减武器总量并销毁所有老化的退役武器和军用技术装备。

俄罗斯国防部通过总结五日战争得出结论:常备部队与兵团

▲ 俄罗斯陆军。

▲ 俄罗斯陆军士兵。

对警报的反应速度不够快。按照旧的标准，摩步团或独立摩步旅接到警报后出发并前出至等待装载地域用时不超过1昼夜。俄罗斯国防部长和2008年被任命为总参谋长的Н.Е.马卡罗夫大将认为，这一指标过长，不符合俄罗斯武装力量的作战要求。接警报后出发和前出至预定地域的时间需要缩短。经过理论计算，确定最合适的时间是1小时。

国防部决定放弃完全由合同兵补充兵团与部队。决定使部分合同兵退伍，部分在部队间在军士和军士长的职务中重新分配。具有"新面貌"的旅应由义务兵担任兵，而合同兵担任军士。

经对军人职务重新分配情况的分析，决定取消准尉。国防部领导人认为，合同兵和义务兵都能胜任准尉的职责。军官职务也是这样。改用新的分队和旅的编制，取消军团、军区、总司令部参谋部和指挥机关、国防部与总参谋部的部分局和处使大量军官没有了职务。在这种情况下国防部领导人决定将多余的军官按不同的种类退役，非常彻底地解决了问题。

到2008年10月初之前，俄罗斯武装力量向"新面貌"转变的主要措施计划已经制订完成，并获得了俄罗斯政府和总统的批准。

2008年10月，在所有军区举行的干部处、局军官集训班上，军事领导人公布了第一批改革计划和第一批任务。不久举行了部队、兵团和军团指挥员集训班，下达了向"新面貌"转变的办法。在这些集训班上公布了需要向"新面貌"转变以及需要解散的部队和兵团。

2008年11月，俄罗斯国防部和武装力量总参谋部制订了具有"新面貌"的陆军的分队和旅的新组织编制，决定暂时保留诸兵种合成集团军的指挥机关，但对其编制进行一系列改组，以符合向"新面貌"转变的措施。

在制订新的旅的编制时国防部遇到一个以前就存在的问题：由于武器和军用技术装备多样，未能顺利地过渡到统一的部队编制。此外，国防部试图将部分甚至还未进行试验的新的和未来的武器和军用技术装备列入编制。例如,决定把一个"菊花-S"反坦克导弹连列入摩步旅反坦克营,而该导弹系统还未交付国家试验。

2008年11月决定建立职业军士制度。职业军士应不单单是合同兵,而是在任命职务前按专业大纲经过训练的军士(时间不少于两年半)。按照国防部的计划,招收第一批参加军士训练的军人应不晚于2009年6月至7月。

2008年11月底决定于2009年1月底至2月初在西伯利亚军区第74独立摩步旅的基地(尤尔加)在具有"新面貌"的摩步旅的编制中举行试验性实弹射击演习。12月,旅的编制制订完毕并由国防部长批准。

就编成而言,这种摩步旅介于师和摩步团之间。此外,还制订了独立坦克旅的编制,其与摩步旅的编制的区别主要在于,坦克旅中的坦克营是3个,而摩步营只有1个,而且没有自行榴弹炮营。

在制订新编制时,俄罗斯联邦国防部领导人不得不从两个相互对立的要求出发。旅应该是独立的,应无需火力和物质技术增援就能完成上级司令部布置的任务,但同时应是"轻型"的,即能在接到警报后1小时之内出动。因此在旅里出现了火箭炮营(装备БМ-21"冰雹"122毫米火箭炮)和指挥连,但同时大幅度裁减了物质保障营和独立连、营的保障班、排的编制。

在开始向"新面貌"转变之前,摩步团编制人数为2200—2500人,而独立摩步旅为3200—3400人。具有"新面貌"的摩步旅的编制人数应为4200—4300人,而坦克旅为2200—2300人。

从2008年12月开始,被解散的部队的军人(其中85%是义务兵)开始补充向"新面貌"转变的陆军部队与兵团。

2009年1月,在陆军总司令V.A.博尔德列夫大将的指挥下,改组后的独立摩步第74旅举行了试验性旅战术实弹射击演习。按照演习计划,旅完成了一昼夜行程,并占领了防御地域。演练了防御行动后,第74旅随后转入进攻,冰上强渡托米河。演习开始前在第251诸兵种靶场为了检验具有"新面貌"旅的炮兵火力能力,建立了防御地域,并部署了老旧武器装备。在实弹射击阶段开始前一昼夜,旅炮兵对防御地域进行了几个小时的打击,火力打击结束后委员会对其结果进行了评估。

根据摩步第74旅的演习结果进行了分析,俄军分析了暴露出来的不足,并据此对具有"新面貌"的旅的编制进行了补充和修改。2009年2月,具有"新面貌"的旅的编制最终获得批准。根据俄罗斯联邦国防部长的命令,到2009年7月1日前武装力量所有部队和兵团应完成向新编制的转变。

但到2009年7月1日之前没有完成向"新面貌"编制的过渡，同时，完善新编制的工作在继续进行。2009年8月出现了以从2009年9月开始组建的侦察营代替旅中的侦察连的建议。接下来计划为这些侦察营购买并装备无人机。

2009年4—5月份举办的陆军防空兵分队集训班表明，其编制需要修整。暴露出部队防空能力相对较低，甚至在"新面貌"中也未能实现部队防空编制的统一化。大部分营装备不同的防空系统。2009年7—8月份对部队防空分队与部队的编制进行了调整。

2009年9月，制订了武器和军用技术装备储存与修理基地（用于取代武器装备储存基地和各种中央储备基地）的编制并提交国防部批准。计划在这些基地储存和修理各种武器和军用技术装备，然后发往部队用于取代报废和送去修理的装备。

2009年9月4日，陆军司令弗拉基米尔·博尔德列夫发表声明表示，到6月1日，俄罗斯地面部队上半年改革已经组建了85个常备旅，其中包括合成旅、导弹旅、突击旅和电子战旅。

俄罗斯陆军改革的新阶段

俄罗斯国防部没有在一定期限内完成最初批准的军队改革进度。本应在2009年7月之前完成向新编制的过渡，而自7月份起开始组建地区司令部并训练未来的职业军士，但向新编制的过渡拖延到2009年11月，而这项工作不完成就不能进行下一步改革。

2009年9月，俄军进行了招募军士的首次尝试。

2009年10月，俄军正式开始"新面貌"改革。计划到2016年1月1日组建39至40个新面貌旅，包括39个合成旅、21个炮兵和多管火箭炮旅、7个陆军防空兵旅、12个通信旅和两个电子战大队。此外，保留驻扎在远东地区的机炮第18师和17个独立团。

2010年初，俄罗斯国防部得出结论：尽管在过去的一年里陆军的改革做了很多工作，但不是所有的改革都是有效的。例如，具有"新面貌"的旅的编制非常"粗糙"，需要对其进行修改和补充。职业军士的问题也没有解决：训练中心招募了一批学员，但未来军士的法律地位没有确定。根据改革计划，应从2010年初开始组建地区司令部。

因此，为了不重犯过去的错误，国防部和武装力量总参谋部对改革进程进行了调整。决定重新格式化具有"新面貌"的旅，取代摩步旅、坦克旅、空降突击旅，决定加速组织完全同一类型的"重型"旅、"轻型"旅和"中型"旅。同时，这一次决定不再着急,而从实际演练试验性编制开始,随着作战训练过程的进行做必要的修改。伏尔加河沿岸—乌拉尔军区的2个摩步旅(分别作为试验型"重型"旅和"中型"旅)以及北高加索军区的空降突击第56旅(试验型"轻型"旅)参加了试验,还在莫兹多克组建了独立侦察第100旅作为试验。组建该旅的目的是研究侦察机构的新组织编制、新的侦察综合系统和无线电电子战综合系统。

自2010年起开始实施调整俄罗斯联邦武装力量军事行政区划和军队作战隶属关系的计划。在重组的过程中,指挥体制由4层架构(军区—野战军—师—团)替换为3层架构(战略司令部—作战指挥部—旅)。常备旅作为能够高度流动的特遣部队独立作战使用或与联合指挥机构下的其他旅的协同战斗。起初决定放弃中间指挥单位并立即采用"总参谋部—战役司令部—旅"的体制,但进行的首长司令部演习表明,没有集团军参谋部和指挥机关是不行的。俄罗斯领土过于辽阔,完善指挥体制仍然需要中间环节,况且平时集团军参谋部和指挥机关发挥行政功能,遂决定为集团军参谋部和指挥机关制订新编制,而在此前转用临时编制。起初决定,集团军将没有下属部队和兵团,平时它们将只是纯粹的参谋部和指挥机关,战时,执行任务的部队和兵团将隶属于这些集团军。但很快就决定放弃这种做法并重新回到向"新面貌"转变之前的集团军的存在形式。

2010年8月27日,俄军正式宣布组建新的西方军区。而2010年9月20日,德米特里·梅德韦杰夫总统签署了《关于俄罗斯联邦军事行政区划》的第1144号命令。根据该命令,2010年12月1日起,原来6个军区全部撤销,取而代之组建4个扩大的军区:西方军区、南方军区、中央军区和东方军区。西方军区包括原来的莫斯科军区和列宁格勒军区;中央军区包括原来的伏尔加河沿岸—乌拉尔军区和西伯利亚军区的大部分(东到贝加尔湖);东方军区包括原来的西伯利亚军区的后贝加尔部分和远东军区;南方军区包括原来的北高加索军区。舰队全归新成立的军区指挥:波罗的海舰队和北方舰队归西方军区指挥;黑海舰队和里海区舰队归南方军区指挥;太平洋舰队归东方军区指挥。起初计划将新的军区称作联合战略司令部,后来决定沿用和平时期的传统术语——"军区"。联合战略司令部这一术语将在存在军事威胁的情况下使用。

2010年9月,集团军参谋部和指挥机关开始采用新编制。除了现有的集团军外,陆军中还补充组建4个新的集团军:2个在南方军区,1个在西方军区,1个在东方军区。第6诸兵种合成集团军指挥机关及参谋部驻圣彼得堡,第67诸兵种合成集团军指挥机关及参谋部驻克拉斯诺达尔,二者于2010年夏季组建。

2010年6月开始实施销毁过剩弹药的计划,决定削减守备部队的数量,腾出来的军营将移交给自治市(镇)和州(边疆区)管理机关。

2010年8—9月,陆军总司令A.H.波斯特尼科夫大将指挥采用试验编制的旅进行了总结性演习。计划陆军全部旅从2011年1月开始向新编制过渡。

2012年,旅开始采用"重型"、"轻型"和"中型"旅的编制。

俄罗斯陆军改革部分过渡数字统计:

2008年在开始向"新面貌"转变之前,俄罗斯陆军(不含空降兵)编成中有24个师(3个坦克师、16个摩步师、5个机枪-炮兵师)和12个独立摩步旅及步兵旅,还有2个师级军事基地(分别位于亚美尼亚和塔吉克斯坦)。实际上这24个师和2个军事基地中,人员或多或少完全展开的只有5个摩步师和驻塔吉克斯坦的第201军事基地。实际上只有13%的陆军部队是常备部队。

2009年解散了23个师,取而代之在2009年12月1日前组建了40个展开的旅和旅级军事基地——4个坦克旅、35个摩步旅和1个掩护旅(实际上是要塞区)。只保留了2个师级兵团(两团制)——驻南千岛群岛的第18机枪-炮兵师和驻塔吉克斯坦的第201军事基地。同时,全部4个新的坦克旅是在4个坦克师的基础上组建的。35个摩步旅中有10个是2008年以前就有的,21个是在摩步师的基础上组建的,还有4个是由储存基地展开的。

截至2010年初,俄陆军在改革过程中共组建了85个旅。7个特种旅保持特殊地位,而作为试验型兵团在北高加索的莫兹多克组建了第100侦察旅。俄军在2010年又补充组建了8个"新面貌"旅,包括6个摩步旅、1个工程旅和1个防空导弹旅,并撤销了不合实际的"战役司令部",恢复了集团军编制。2011年3月,俄军再次补充组建了21个"新面貌"旅,包括3个诸兵种合成旅、1个导弹旅、2个炮兵旅、3个防空导弹旅、9个侦察旅和3个工程旅。截至2012年底,俄陆军基本完成了军事改革框架内所有"新面貌"旅的组建工作,

▲ 俄罗斯陆军。

作战部队总数量约为114个"新面貌"旅、1个机炮师和17个独立团。其中，担负主力作战任务的诸兵种合成旅约55—60个，针对主要对手具有空中优势的特点，重点加强了防空力量；其余均为单一兵种作战旅，但其中数十个旅兵员、装备严重不足。陆军总兵力约为27万人。

▲ 2011年红场阅兵。

俄罗斯陆军旅的改组分为两个阶段。第一阶段到2009年12月1日前基本结束，按折衷编制在现有武器和技术兵器的基础上组建了新的旅。接下来到2015年，把目前已经组建的旅改编为3种旅——"重型"旅、"中型"旅和"轻型"旅。"重型"旅应是陆军主要常备兵团，装备履带式技术装备；"中型"旅应装备轮式装甲技术兵器，作为快速反应手段使用；"轻型"旅应是高机动性兵团，使用轻型装甲车辆机动。

表9-13 截至2010年初俄罗斯具有"新面貌"的陆军兵团统计（不含空降兵）

（单位：个）

兵团类型	列宁格勒军区	莫斯科军区	北高加索军区	伏尔加河沿岸—乌拉尔军区	西伯利亚军区	远东军区	国外	合计
坦克旅		2		1	1			4
摩托化兵旅（步兵战车）		1	3	2	4	5	2	17
摩托化步兵旅（装甲输送车）		2	2	2	1		2	9
摩托化步兵旅（MT-LB）	3		4			2		9
掩护旅						1		1
侦查旅			1					1
武器装备储存和修理基地（缩编坦克旅）		1						1
武器装备储存和修理基地（缩编摩步旅）	1	1			5	7		14
特种旅	1	1	2	1	1	1		7
导弹旅	1	2	1	2	1	2		9
炮兵旅	1	2	1	1	2	2		9
火箭炮旅		1	1		1	1		4
机炮第18师						1		1
第201军事基地							1	1

到2012年3月20日，俄罗斯总统梅德韦杰夫宣布，2008年10月开始的俄军"新面貌"军事改革已基本结束，改革主要目标已经实现，俄罗斯拥有了一支全新的军队。

2012年，俄罗斯陆军兵力27万人（作战部队），分编为4个军区。作战单位有10-11个集团军、14个坦克旅、35个摩步旅、1个机炮师、14个炮兵旅、3个空降突击旅、6个特种部队旅、10个战役战术导弹旅、1个电子对抗旅、11个防空导弹旅。

"新面貌"改革打造了俄罗斯军队适应未来联合作战要求的指挥体制，确立了符合现代战争需求的军队编制，优化了部队和军兵种结构，提高了人员待遇和军心士气，彻底扭转了苏联解体后俄军一直以来的颓势，改革可谓成效显著，影响深远。

俄军此轮军事改革就其着力点而言，仍然是俄罗斯立国建军后几次常态化军事改革的逻辑深入，内容不新鲜，思路也没变化，反映的正是当代世界军事发展的必然趋势。

打造新军区，确立联战联训体制

俄军的军区体制作为以陆军为主体、以守疆卫土为根本的军事行政区划方式已经延续上百年，大陆军体制导致三军分立，很难适应高强度现代联合作战的需求。在这种体制下，军区只管得了陆军，管不了海、空军。纵观俄军在近几场局部武装冲突和大型演习中，对于组建的联合兵力集团，军区、海军、空军都指挥不了，总是由总参谋部出面组建临时司令部或临时性机构来领导联合行动，而指挥官也往往需要总部级领导坐镇居中协调，这些临时搭的班子往往具有随机性，准备常常不充分，结果无法令人满意。

面对这种情况，俄军2004年就想仿效美军，撤销六大军区，按地域原则组建东、西、南3个地区司令部，使其拥有除战略力量外区域内所有军队的指挥权，但由于遭原军区的坚决抵制，加之俄军并不具备构建统一战场信息空间的指挥自动化系统和相应通信设备，那次改革最终不了了之。

2011年7月14日，俄军依托原先六大军区，按东、西、中、南四

▲ 2012年红场阅兵。

个战略方向合并组建了四大新军区。新军区的建立，使俄军真正实现了类似美军的军政军令系统分离，俄三军联训联战真正从组织上得以实现。四大新军区作为联合战略司令部统一指挥辖区内陆、海、空三军部队，这实际上是冠以俄军区名的美军战区体制的翻版。

改组完成后，在作战指挥关系上，军区获得了总参的战区联合作战指挥权，各军种司令部被剥离作战指挥链，专司本军种发展，更新装备，轮训人员，而部队作战指挥权则完全交付军区。

美军为取消军种在联合指挥中的指挥职能，避免军种间的恶性竞争，自1958年推出《国防部改组法》后，直到1986年制定《戈德华特尼科尔斯国防部改组法》才算建立起真正意义上的联合体制，历时28年，其间还是借了越战失利的强劲东风才得以强力推进。而此次俄军打破长期阻碍真正实现联合的大陆军军区体制，配合国防部和总参谋部相应改革举措，其作战指挥体制调整已基本到位。

"师团"制改"旅营"制，建技术密集型军队

在编制上，俄军改革也同样毫不手软。最直接的就是"师团"制改"旅营"制。这一改革背后所反映出的战略判断是：军队是准备打世界大战，还是时刻战备应付局部战争和武装冲突。长期以来，俄军都在准备打"二战"那样的大规模战争，故绝大多数师都是基干师，这些师只保留师的架子，装备差，人员少，训练水平低，立足于战时再动员扩充，这显然与现代战争的快节奏南辕北辙。

俄格冲突中，基干师普遍战备程度差，过于笨重，根本无法作为战术单位使用，还是靠俄第58集团军司令率领刚结束反恐演习的两个营战术群在8月8日冲突爆发当日驰援茨欣瓦利，才算稳定战局。等俄军到8月10日总算动员集结起6个团战术集群近万人时，战局早已分出胜负。故俄军要"新面貌"必然要"师改旅"，撤销架子部队。改革中，俄将陆军改编成118个机动性好、战斗力强的满编常备旅，常备旅人装

▲ 2012年红场阅兵。

满编，全员全训，以具备一定自持力的合成营为基本战术单位，能不经任何动员、补充和训练直接遂行既定作战任务，这适应了现代战争快速机动、多兵种联动的要求。过去俄军一个基干师的展开至少要一个月，而现在常备旅有能力在受领任务8个小时内全员齐装向集结地域运动。

为进一步优化陆军常备力量，俄计划将现有坦克旅、摩步旅、空降旅和山地旅打造成重型、中型和轻型三种"模块化"常备旅。针对未来可能的北极和高寒山地作战需求，还组建配备专门通用装备器材的极地摩步旅和高寒山地旅。

配合"师改旅"，俄军还计划把1850处营区改组为潜在最紧迫战略方向上的48个军事基地，俄陆军司令信心十足地保证：俄军真正做好了给任何侵略者以应有回击的准备。

从人员和军兵种两方面优化军队结构

俄军建立之初，继承了苏军的大部分，即280万军队，在俄国家经济长期行走于崩溃边缘的情况下，裁军就成为俄历次军事改革的主基调。但裁撤总有尽头，在军队规模日趋合理时，就面临着如何调整优化结构的问题了。

对俄军这样一个曾经的庞然大物而言，所谓优化结构，其核心问题就是裁减高级军官的数量。社会学中，社会各阶层椭圆状分布结构表明稳定，而在军队中这一结构意味着效能低下，因为指挥的人多，干活的人少。

改革前，俄军113万军队，竟有36.5万名军官，也就是说一名军官带两名士兵。故此轮俄军改革就以裁减军官为主，裁官20万，将军官总量从36.5万减至14.2万。其中将军数量从1107名减到866名，上校从1.5万人减至3114人，中校从1.93万人减至7500人，少校从近10万人减至3万人，大尉从9万减至4万，基层尉官保持在2—3万人之间。而军队规模也相应从113万减至100万，这样就使军官比例进入世界通行的7%—20%区间内，保持在大概1:15的水平，使将官比例达到1:1100，形成一个

▲ 俄军第4、7基地进驻，2009年3月20日。

比例适当的金字塔结构。

裁官时，俄军总部机关也未得幸免，国防部中央机关人员总数由5.1万缩减至1.3万，缩减了近3/4。最为明显的是，国防部中央机关原在莫斯科有20栋大楼，如今只保留位于莫斯科市中心总参的一栋大楼。另外，政工军官从1.2万人降至1800人，国防部原

▲ 绍伊古时期的俄罗斯陆军。

教育工作总局被降格为干部总局下的方向局，只统配60名军官，负责全军人员教育工作。俄军大力裁减不需要的部队，比如驻阿拉比诺的骑兵团；军队内部的记者、学者、医生、律师、后勤军官以及其他一些与作战训练没有直接关系的军人被撤销编制，仅此裁减了15万人。

"新面貌"改革中，俄军调整了兵役制度，增大了职业军人比例。

到2009年前，走走停停的联邦专项计划基本完成。义务兵成为"新面貌旅"士兵的主体，服役期限由2年改为1年，新兵的入伍训练时间由过去6个月缩短为3个月（个别专业5个月）。

俄军放弃了苏联时期的动员展开机制，撤销了各地大部分的兵役委员会，建立军区级别的专门机构，负责征兵、动员、新兵培训，集团军、旅机关专心于作战训练。目前，俄军的动员任务是70万人，2014年底开始组建预备集团军。

"新面貌"改革中，俄军改善了院校体系，集约了教育训练资源。

俄军计划将65所军事院校合并成10所大型教学训练中心。2013年，绍伊古将其恢复到30所。

改变后勤体系，实行社会化保障

俄军对277个后勤基地和仓库进行裁并，改编为34个物资与技术综合保障基地。

在社会化保障方面，将军队的农业部门、饮食、生活服务等部门转交市政部门、或改造成国家控股的股份公司。另一方面，将国有、私营企业引入军队的后勤保障。

开始装备换代，加快装备更新速度

通过"新面貌"改革，俄罗斯陆军初步解决了型号过多的问题，减少了一半的弹药库、基地和仓库，淘汰约 14 万件老式武器装备。同时，俄军开始为大量新建的营级部队换装。根据《2011—2020 年国家武器发展纲要》，2011—2015 年，俄罗斯陆军展开"舰队"重型平台、"飞镖"（轮式）和"库尔干人"（履带式）中型平台、"台风"轻型平台这三种通用平台的研制，这三类平台将是俄陆军重型、中型、轻型旅的骨干装备，2016—2020 年陆续装备部队。

2011 年，陆军首批 5 个"新面貌"旅获得新式武器装备，包括自动化指挥通信系统、侦察、导航和电子战系统，以及 T-90 坦克、"姆斯塔-S"火炮等主战装备。旅属防空营陆续接收"道尔M"-1、"通古斯卡"-M1、"山毛榉"-M2、"针-10MH"等装备，防空导弹旅装备了 S-300B4 等导弹。2011 年，陆军推出新式步枪-AK12。工程兵也从 2010 年始换装。

现代化炮兵和防空兵武器系统是俄罗斯陆军装备研制和采购的重点。2009—2011 年，俄陆军采购了 30 多套"伊斯坎德尔"战术导弹系统和一批无人机。大批量采购装备指挥自动化系统的"姆斯塔"-S、"金合欢"152 毫米榴弹炮、"短号"-EM、"菊花"-S 自行反坦克系统等。

到梅德韦杰夫卸任时，俄军新武器数量由过去的 10% 提高到 16%。从 2012 年开始，俄军开始全面换装。

改革过程中，俄军还致力于改善军人待遇，提高军人社会地位。

▲ 参加突击检查的西部军区步兵部队，2013 年。

第九章 苏联解体后的各国陆军

3. 2008 年 9 月 30 日俄罗斯陆军序列

表 9-14 2008 年 9 月 30 日俄罗斯陆军序列（不含海岸、岸防部队）

军区及集群	集团军	摩步师	机炮师	坦克师	基地	存储基地	训练中心	空降师	空突师	摩步旅	其他旅
列宁格勒军区	6					216、232	近卫 56		近卫 76	200、近卫 25、138	特种 2
莫斯科军区	近卫 20、22	3、近卫 2		近卫 4、10		近卫 70	近卫 467	近卫 98、106		近卫 27	特种 16
伏尔加沿岸—乌拉尔军区	1	34、近卫 27			201	近卫 5967	473				近卫空降 31
北高加索军区	58	19、近卫 20、42			102				近卫 7	131、205、山地 33、34、近卫 136	近卫空降 22
西伯利亚军区	36、41	85、近卫 131	近卫 122	近卫 5		199、225、5350、6052、6063、近卫 6、5349	近卫 212、空降 242			近卫 74	近卫空降 11、特种 24、67
远东军区	5、35	68	33、121、127、270、近卫 17、21、81	18、128、130			261、1430、5506、近卫 5183	392			特种 14、45

表 9-15 2008 年 9 月 30 日俄罗斯陆军编成数量统计

（单位：个）

	集团军	摩步师	摩步旅	作战基地	存储基地	机炮师	训练中心	坦克师	炮兵师	空降师	空突旅	空降旅	特种旅	空突师	山地师
列宁格勒军区	0		3		2		1				1		1		
莫斯科军区	2	2	1		1		1	2	1	1		2	1		
伏尔加沿岸—乌拉尔军区	1	2		1	1		1						1		
北高加索军区	1	3	3	2				1			1		2	1	2
西伯利亚军区	2	2	1		7	1	2	1		1	1		2		
远东军区	2	7			4	3	1						2	1	
合计	8	16	8	3	15	4	6	3	1	2	3	2	8	2	2

表9-16 2008年9月30日俄军地面部队序列

军以上单位	师、旅	驻地	前身	备注
列宁格勒军区	近卫摩步第138旅	卡缅卡	近卫摩步第45师	
	摩步第200旅	佩琴加	摩步第131师，步兵第45师	
	第216基地（摩步第4旅）	彼得罗扎沃茨克		
	第232基地	黑河	第3807存储基地	
	近卫摩步第25旅	红斯特鲁吉	近卫摩步第13团	
	近卫第56训练中心	红谢洛	近卫摩步第63师	
	近卫炮兵第2师	巴甫洛夫斯克		
空突部队	近卫空突第76师	普斯科夫		
特种部队	特种第2旅	切列克西		
波罗的海舰队陆上集群（不计）		加里宁格勒	近卫第11集团军	
	近卫第196存储基地	斯拉夫斯克	近卫坦克第10旅，近卫坦克第40师	
	近卫摩步第7旅	加里宁格勒	近卫摩步第1师	
	近卫摩步第79旅	古谢夫	近卫摩步第18师	
莫斯科军区				
近卫第22集团军		下诺夫哥罗德	近卫第13军	
	摩步第3师	下诺夫哥罗德	坦克第31师，近卫坦克第47师	
	近卫第4944存储基地	叶利尼亚	近卫摩步第144师	
近卫第20集团军		沃罗涅日		
	近卫坦克第10师	博古恰尔	近卫坦克第10军	
直属	近卫第34炮师	穆利尼奥		
	近卫坦克第4师	纳罗福明斯克	近卫坦克第4军	
	近卫摩步第2师	阿拉比诺	近卫步兵第2师	
	近卫第467训练中心	卡尔佩特（弗拉基米尔州科夫罗夫）	近卫坦克第26师，近卫步兵第53师	
	近卫摩步第27旅	莫斯连特根	近卫步兵第2师，近卫步兵第6团	
	近卫第70武器存储基地	驻特维尔	近卫摩步第166旅，近卫摩步第6师，近卫步兵第90师	
驻摩尔多瓦集群	2个维和营（82、113）、支援营	蒂拉斯波尔	近卫摩步第8旅，近卫摩步第59师	
空降部队	近卫空降第106师	图拉		
	近卫空降第98师	伊万诺沃		
	特种第16旅	梁赞州丘尔科沃		
北高加索军区				
第58集团军		弗拉季高加索	第42军	7万多人
	近卫摩步第42师	格罗兹尼汉卡拉		1999年组建
	摩步第19师	弗拉季高加索	步兵第19师	
	摩步第131旅	迈科普	摩步第9师	
	近卫摩步第136旅	布伊纳克斯克		
	摩步第205旅	布琼诺夫斯克		
	山地第33旅	达吉斯坦博特利赫	第12基地	2007年组建
	山地第34旅	泽连丘克斯卡亚	第62基地	2007年组建
直属	近卫摩步第20师		近卫机械化第8师，近卫机械化第8军	

第九章 苏联解体后的各国陆军

续表

军以上单位	师、旅	驻地	前身	备注
	第102基地	戈尔诺	摩步第127师、摩步第164师、摩步第344团	
空突部队	近卫空突第7师	新罗西斯克		
特种部队	近卫特种第22旅	罗斯托夫州科瓦列夫卡阿克塞地区		
伏尔加河沿岸—乌拉尔军区		叶卡捷琳堡		
近卫第2集团军		萨马拉	近卫坦克第2集团军	
	近卫摩步第27师	托茨科耶	近卫步兵第27师	
直属	摩步第34师	叶卡捷琳堡	步兵第77师	
	近卫第5967基地	柴可夫斯基	近卫坦克第16师、近卫坦克第9师、近卫坦克第9军	
	第473训练中心	什梅洛夫城	坦克第44师、步兵第279师	
空降部队	近卫空降第31旅	乌里扬诺夫斯克	近卫空降第104师	
特种部队	特种第12旅	阿斯贝斯托斯		
驻塔吉克部队	第201基地	杜尚别	摩步第201师	
西伯利亚军区		赤塔		
第41集团军		新西伯利亚	原西伯利亚军区	
	近卫机炮第122师	阿列伊斯克	近卫摩步第122师、近卫坦克第5师、近卫坦克第5军	
	摩步第85师	新西伯利亚	步兵第85师	
	近卫摩步第74旅	尤尔加	近卫摩步第94师	
	第5350存储基地	阿巴坎	摩步第242师	2009年解散
第36集团军		博尔贾		
	近卫摩步第131师	斯列坚斯克	近卫摩步第38师	
	第225基地（摩步第29旅）	亚斯纳亚		
	第6052存储基地	赤塔州谢尔洛瓦亚地区博尔金斯基村	摩步第164师	
直属	近卫坦克第5师	恰克图	近卫骑兵第5军	
	近卫第6塔钦基地	上乌金斯克（古西诺泽尔斯克）	第6803存储基地、摩步第245师	
	近卫第5349存储基地	比斯克	摩步第13师	
	第199存储基地	旧迪维济翁纳亚	第5517 BHVT、摩步第12师	
	第6063存储基地	下乌金斯克	摩步第15、91师	
	近卫第212训练中心		第214中心、第49坦克训练师	继承近卫机械化第1军历史
	炮兵第12师	舍列霍夫镇		
特种部队	特种第24旅	恰克图		
	特种第67旅	别尔茨克		
空降部队	空降兵第242训练中心	鄂木斯克	第44空降教导师	
	近卫空降第11旅	索斯诺维博尔	空突第11旅	
远东军区		哈巴罗夫斯克		
第68军			第51集团军	
	摩步第33师	霍穆托沃	步兵第342师	
	机炮第18师	择捉岛戈尔亚奇克柳奇	步兵第184师、第109筑垒地域	
	第1430储存基地			
第35集团军		别洛戈尔斯克		

49

续表

军以上单位	师、旅	驻地	前身	备注
	近卫摩步第 21 师	叶卡捷琳诺斯拉夫卡	近卫坦克第 21 师	
	近卫第 5183 存储基地	斯科沃罗季诺	近卫摩步第 115 师	
	机炮第 128 师	巴布斯托沃	摩步第 272 师	
	第 261 基地	阿穆尔州莫斯帕德		
第 5 集团军		乌苏里斯克		
	摩步第 127 师	谢尔盖耶夫卡	机炮第 127 师，摩步第 277 师	
	近卫摩步第 17 师	巴拉巴什	近卫摩步第 123 师	2009 年 6 月改近卫摩步第 70 旅
	第 5506 存储基地	克拉斯尼库特	摩步第 199 师	
直属	近卫摩步第 81 师	比金		
	摩步第 270 师	哈巴罗夫斯克附近红列奇卡		
	机炮第 130 师	列索扎沃茨克	摩步第 135 师，步兵第 39 师	
	摩步第 121 师	西比尔采沃	第 121 摩步训练师，机械化第 10 军	
	第 392 训练中心	哈巴罗夫斯克州沃洛查耶夫斯克镇	第 129 摩步训练师	
空突部队	空突第 83 旅	乌苏里斯克		
特种部队	特种第 45 旅	俄罗斯岛		
	特种第 14 旅	乌苏里斯克市基尔扎沃德		
太平洋舰队东部地面集群(不计)			第 25 军	
	海军步兵第 40 旅	彼得罗巴甫洛夫斯克	摩步第 22 师	
	第 3840 基地	阿纳德尔	摩步第 99 师	

4. 绍伊古时期的俄罗斯陆军

普京第 3 个总统任期开始后，对军队的关注程度显著提升，将"新面貌"改革推进至深化阶段。在持续至 2020 年的新一轮军队建设计划中，俄军将在推进体制改革的基础上加大武器装备的发展力度，加大资金投入，将军费结构向发展费倾斜。2011 年和 2012 年，俄军军费分别增加 9.3% 和 26.8%，其中用于军力发展的经费从军费总额的 50% 提升至 67%。另一方面，俄军新装备比例在 2015 年前达到 30%，计划到 2020 年前达到 70%。雄心勃勃的军力发展计划之外，俄军还继续推进体制改革：精简国防部管理体系，理顺战略导弹兵、空天防御兵、空降兵这 3 个中央直属兵种司令部的职权功能。

新面貌旅的主要不足之处在于旅级指挥力量难以满足指挥幅度增大的要求。2012 年 11 月绍伊古上台后，俄军"新面貌"军事改革已进入更新军队装备和完善配套改革及后勤保障机制的第二阶段。绍伊古不仅要保证军事改革的连续和稳定，还要努力推进军事改革进一步深入。

①调整改革计划，弥补人力和兵役制度改革缺陷。

绍伊古上台后，广泛听取各方意见，紧急叫停了谢尔久科夫继续涉及军事教育、军事科学、军队医院和移交军营等引起诸多争议的改革计划,并决定对此前实施的部分军事改革计划和国防订货进行调整。俄国防部恢复了在"新面貌"改革期间被裁掉的数百个军兵种司令部机关岗位和大批高级军官的职务,归还军区对中高级干部的任免权限,让真正懂军事的人来指挥军队,交还了各军兵种军事教育机构和医疗机构管理权。

此外,还恢复被错误取消了的5.5万名准尉编制,为基层部队提供大批具有丰富经验的专业人才。陆军总部编制员额增加近一倍,集团军恢复了旅级部队负责人事、后勤、装备工作的3个副旅长职位。

2014年底,俄军开始组建预备集团军。

②调整军事部署,扩充军力,恢复和新组建部分师旅。

陆军优化了驻防体系。2012年后,西部军区导弹第448旅转隶南部军区,独立摩步第200旅转隶北方舰队,南部军区组建了工程兵第214旅。按照《2016年前兵力部署和驻防体系建设规划》要求,西部军区初步建成列宁格勒基地兵镇,移防2个旅,波罗的海方向兵力增强。中央军区初步建成尤尔加兵镇,完成4个旅移防,优化了阿尔泰—萨兰方向驻防体系。

2013年5月,陆军恢复了近卫摩步第2师、近卫坦克第4师。之后又恢复了第201基地师级编制。

2014年,鉴于地缘战略形势的新变化,俄罗斯主要调整了黑海和北极方向的军事部署,其他方向未发生显著变化。乌克兰危机和克里米亚入俄后,俄罗斯在克里米亚组建了担负不同任务的陆、空军7支兵团和8支部队,并在黑海舰队展开了1个独立潜艇支队,以加强克里米亚半岛和黑海方向的防御能力。

近年来,随着有关国家对北极地区的争夺日趋激烈,北极方向在俄国防建设中的重要性急剧上升。为此,根据2020年前俄罗斯联邦北极地区发展和国家安全保障战略,俄罗斯去年在北方舰队的基础上组建了北方舰队联合战略司令部,负责北极地区的安全与防务,保卫俄在该地区的国家利益。该司令部从2014年12月1日起在北极地区执行任务,已为该联合战略司令部增编了1个防空师(2015年还将组建一个空防集团军)和1个海军陆战旅,在科捷尔内岛上部署了1个装备现代化反舰系统和防空系统的战术群。1个北极摩托化步兵旅和其他一些部队也将组建完毕。另将成立一个训练中心,用于对驻北极部队进行补充训练。

2015年,俄罗斯陆军的主要编制变化是于11月开始重新组建近卫坦克第1集团军,并在克里米亚、下诺夫哥罗德新组建了侦察第127、96旅。

▲ 2016年新建的摩步第150师。

根据战备突击检查的结果和安全形势的需要，俄军积极推动恢复和新组建部分师旅。

2016年1月14日，俄罗斯国防部长绍伊古宣布，在西部的军区重建3个师。2016年1月22日，俄罗斯陆军司令奥列格·萨柳科夫上将证实恢复4个师，其中西部的军区3个师（即近卫坦克第10师，近卫摩步第144师，摩步第150师），中部军区1个（在车尔雅宾斯克附近组建近卫坦克第90师）。

之后，俄罗斯陆军的动作更大，为应对剧烈变化的国际形势，进行了一系列的部队调动和改组。

2016年10月消息，俄国防部在9月批复在南部军区重建近卫摩步第42师，而下一步的计划是驻伏尔加格勒的近卫摩步第20旅可能扩为师。

2017年，俄陆军重建了近卫第8集团军和摩步第3师。

③进一步完善"新面貌"师旅的编制体制。

2013年，俄陆军对南部军区摩步第8、17、18、34、205旅，按中型旅标准进行了作战编制和武器装备调整，原旅属自行火炮营由2个减为1个，裁撤了高炮营，减少了重装备数量。西部军区完成了坦克第4、6旅的重型旅改组任务，原旅属坦克营由3个减为2个，增编1个摩步营、1个自行榴弹炮营，裁撤了防空导弹营，轮式主战装备及压制兵器数量增加一倍，加强了对抗能力。

陆军重建了作战部队机动维修分队和旅属卫生连。2013年，陆军恢复了机动修理营和修理连，重建了50个卫生连，提高了战场救护能力。

陆军总司令部2014—2015年对苏联、俄罗斯联邦和世界主要国家武装力量的战术群的组建、保障和使用进行的细致分析后，确定了陆军兵团营战术群的最佳编成。

之后所有兵团都以摩步营或坦克营为基础上组建了营战术群，并做好了行动准备。这是能够随时执行任务的自给自足的分队。未来它们将只由合同兵组成。俄军特别重视营战术群指挥机关在陌生地域和复杂条件下行动的训练。

在新的重、中、轻型旅定型后,俄陆军迅速将其推广,到2015年末,现有的作战旅全部完成了改编,并大幅度更新了装备。

④进一步加快装备换代,加快指挥系统和装备现代化。

俄军致力于装备现代化和战备水平的提升,纠正了谢尔久科夫时期对国内军工科研企业的偏见,改变倾向于购买西方军事技术装备的思路,如以色列的无人机和意大利的装甲车等,将主要采购计划和经费放在国产武器装备上。根据相关计划,俄陆军继续加快了对现役T-72/90系列主战坦克、BMP-2/3系列步兵战车和各种火炮等主战装备的信息化升级改造步伐;加速采购列装S-300V4、"山毛榉"-M3、"道尔"-M2U等远、中、近程防空反导系统,以及"伊斯坎德尔"-M战役战术导弹系统等新型信息化装备;加快以"星座"-M战术自动化指挥系统、"舰队"主战坦克、"勇士"中程防空导弹系统等为代表的新一代信息化指控系统和主战装备的研制列装速度,到2015年使俄陆军现代化装备比例达到35%(计划是30%),初步满足了信息化战争对陆军作战能力的要求。

第一,列装新型指挥系统,优化指挥效能。

在指挥系统建设方面,2013年,俄军结束了"星座"战术自动化指挥系统的试验,开始试装。

俄军积极发展新型"蝎子"陆基远程无线电导航系统以替代现役的"海鸥"系统。重点加快了东部、南部军区指挥系统的更新。例如2013年中,东部军区列装10套"多面堡"-2US新式车载数字通信系统,新建35个卫星通信站、10个新式移动数字无线电中继站;南部军区接收了2套"巴尔瑙尔"-T防空指挥系统,列装"阿扎尔特"第六代无线电数字通信系统。

为了提高对武装力量的领导效能和巩固国家的国防力,2014年成立了俄罗斯联邦国防指挥中心。该中心负责对2020年前国防部活动计划的执行进行不间断的监督,这就排除了包括国防订货在内的武装力量建设任务中断的可能性。中心设有战斗值班,从而能为国家领导人提供论据充足、周全详尽的建议,以便前者实时定下决心,对世界和国内的各种危机局势做出

▲ BTR-80上的"星座"战术自动化系统。

反应。

俄军在担负同样任务的各军区展开了一直到兵团一级的地区指挥中心。

2014年,武装力量指挥体系的技术装备继续向前发展,为部队装备新一代自动化指挥系统。例如,东部军区接收了32辆指挥车;空降兵的"仙女座"-D自动化指挥系统即将完成部署;陆军各军种和兵团列装了460部车(汽车)载式新一代无线电台。

第二,进一步加快装备换代,加快装备更新速度。

在武器装备方面,2013年,俄军通过"未来战士"单兵作战系统国家试验,2014年列装。2015年5月9日,新型作战平台T-14"阿玛塔"(堡垒)、T-15、"飞镖""库尔干人""台风"等公开。

俄军加快了换装。2013年,俄陆军为6个摩步旅换发"克拉苏哈"-4机动式电子战系统,用于压制敌侦察卫星、地面雷达、预警机、无人机等空天地探测系统。为6个摩步旅和1个坦克旅换装坦克和"姆斯塔"-S,为1个导弹旅换装"伊斯坎德尔"导弹系统,其中东部军区列装50余辆T-72B1改进型坦克、24部152毫米"风信子"-S自行火炮,140余辆载重卡车,防空分队接收"道尔"-M2防空系统,南部军区列装250辆BTR-82A和"虎"-M装甲车、150余辆载重卡车、40辆"姆斯塔"-S,西部军区列装150辆现代化的T-72B3坦克,中央军区接收300余辆BTR-80A、1500余辆载重卡车。2013年末,俄陆军列装了"海雕""副翼""超光速粒子"等无人机。

2014年,陆军接收了2个旅的"伊斯坎德尔"-M战役战术导弹系统、294辆改进型坦克、296辆其他类型的装甲战车、2套S-300V4陆军防空导弹系统、约5000辆汽车。

2015年,陆军常备部队列装了2500多件新型装备和改进型装备,使6个兵团得以换装。2016年再装备3个兵团。

陆军的重点是改进现有装备。这一办法使其在国家经济困难形势下可以有计划地分配经费,并完成所最高总司令布置的将现代化装备比重提高到预定水平的任务。到2015年底,俄陆军武器和技术兵器的保障率为95%,其中现代化装备占35%,到2020年前将达到70%。

各兵团正在换装性能不逊于甚至超过国外同类装备的现代化技术装备。

2015年列装了不少新装备,其中包括S-300-V4、"托尔"-M2、"山毛榉"-M2和"山毛榉"-M3防空导弹系统、"柳树"便携式防空导弹系统;"联盟"-SV火炮系统,它具有创新的射击方式并能进行猛烈射击,以不同角度发射的多枚炮弹同时射向瞄准点;能自动制导的"旋风"-G火箭炮;能穿透所有坦克装甲的"菊花"-S自行反坦克系统。

继续用"伊斯坎德尔"战役战术导弹系统取代"圆点"和"圆点"-U导弹系统。到2015年底，陆军导弹和炮兵部队已经为6个旅装备了"伊斯坎德尔"-M导弹系统，2016年再装备2个旅。

2014年，俄军完成了"战士"单兵战斗系统全套装备的国家试验。该系统超过一半的装备是新

▲ 俄军"战士"单兵装备系统。

研制的——从简单的护膝和护肘、战刀、多功能刀到热成像瞄准具和热电视侦察装备。同时，可携带部分的重量从35公斤下降至24公斤，而防弹背心能承受7.62毫米德拉贡诺夫狙击步枪从10米开外射出的穿甲子弹的命中。

陆军全部诸兵种合成和侦察兵团及部队将在2021年前全面配备现代化的"战士"单兵战斗装备。2015年已经有约8万人配备该装备，2016年再装备5万人以上。

至于已经研制成功的第二代全套战斗装备，俄军认为其不比国外同类装备差，而防护系统优于后者。根据部队反馈的使用结果，没有发现原则性批评。

由于美国及其为首的北约与俄罗斯在东欧和中东的持续对抗进一步加剧，继2014年在西部军区部署了2个"伊斯坎德尔"-M1导弹旅之后，俄又于2016年10月初在其与北约成员国波兰和立陶宛接壤的飞地加里宁格勒地区部署了能携带战术核弹头和常规弹头的"伊斯坎德尔"-M1地地战役战术导弹系统。俄陆军计划到2018年共部署10个"伊斯坎德尔"-M1导弹旅(至少装备120套"伊斯坎德尔"-M1地地战役战术导弹系统)；每旅编3个导弹营，每营装备4套"伊斯坎德尔"-M1导弹系统，每套系统备弹4枚；全旅共装备各种车辆51辆，包括12辆发射车(每车携带2枚导弹)、12辆运输装填车、11辆指挥车、14辆部队与膳宿运输车(即保障车)、1辆校准与工程车(即维护车)、1辆火控车(即数据处理站)及配备的导弹、弹药和训练装备。

俄总统普京还于2016年11月15—18日主持召开了系列国防会议，会议透露从2015年11月至2016年11月，俄军新列装了20枚陆基洲际弹道导弹、190架飞机、800辆坦克和装甲车、60套防空反导系统、55套雷达系统和42艘水面舰艇和潜艇，共接收了2016年度计划接收的5700件新装备中的5500件，使装备现代化比例从2015年底的47%提高到2016年底的50%。

▲ 2016年9月6日，俄国防部宣布已与乌拉尔车辆厂签订了采购100多辆"阿玛塔"主战坦克的协议，首批"阿玛塔"正在进行野外试验。

同时，俄陆军建立了将在考虑新方案和先进生产技术的情况下用于研制第三代装备的科技储备。

继2015年5月9日在红场阅兵式上首次公开展示T-14"阿玛塔"主战坦克、T-15重型步兵战车、"回旋镖"8×8装甲车等新型陆军作战平台外，俄罗斯还于2016年4月10日宣布，又订购了20辆BTR-82A 8×8装甲人员输送车，计划2016年底完成交付。俄还正在以BTR-82A为基础研制BTR-87装甲人员输送车。2016年9月6日，俄国防部宣布已与乌拉尔车辆厂签订了采购100多辆"阿玛塔"主战坦克的协议，首批"阿玛塔"正在进行野外试验。俄陆军共计划采购2300辆"阿玛塔"，将逐步全部取代现役T-72、T-80、T-90主战坦克。乌拉尔车辆厂宣布将于2016底开始"阿玛塔"的大批量生产。不过2017年5月消息，大批量生产服役时间延后到2020年。

2016年10月17日，俄罗斯"高精度综合体"股份公司董事长透露，已完成新型"铠甲"-SM弹炮合一防空系统的设计工作，计划2016年底或2017初开始样机制造，2018开始生产。"铠甲"-SM系统将采用新型主动式相控阵雷达和新型防空导弹，使最大探测和识别距离从40千米扩展到75千米，最大射程从20千米扩展到40千米。10月26日，俄罗斯国防部长绍伊古宣布，1个装备了最新型"山毛榉"-M3中程防空导弹系统的防空营开始服役，与现役老式系统的发射车携带4枚防空导弹相比，新系统的发射车携带6枚新型9M317M防空导弹，并且新型导弹重量更轻、速度更快、射程更远，对付快速机动目标的能力更强。国防部还于10月中旬向俄陆军和空降兵部队交付了两个营的"山毛榉"-M2中程防空导弹系统。

俄罗斯研制出完全自主的"打击"地面无人战车，该无人战车能够在自动模式下进行作战和侦察行动。"打击"无人战车基于BMP-3步兵战车研制，采用了图拉仪器仪表设计局研制的"时代"遥控武器站，武器站配装1门2A42式30毫米自动炮、1挺卡拉什尼科夫公司的PKTM式7.62毫米机枪和4枚9M133M-2"短号"-M反坦克导弹。"打击"无人战车未来将能够分析作战环境，清除现代战场上所有类型的目标。"短号"-M反坦克导弹能够在10千米外打击敌方的装甲车辆和低空飞行的目标。开发人员计划将"打击"无人战车装备到摩步班、连和营,以增加士兵的作战效能。"打击"无人战车在战场上应该能够运输多达8名士兵。此外,"打击"战车有可能具备两栖能力。

⑤恢复了部分被撤销的院校,建立了战备突击检查机制,加大训练力度。

▲ 俄罗斯"打击"无人战车。

2014年,俄军对军事教育系统进行了完善,批准了2020年前各高校发展规划,这些规划的目标是建成现代化的基础设施和教学设施。根据干部订货参数调整了高等军事院校网络,有21所高等军事院校负责培训军事专业人员,其中包括3个军事教学科研中心、11所军事学院、2所军事大学、5所高等军事学校。

在一些军事学院分部的基础上成立了秋明高等军事工程指挥学校、切列波韦茨高等军事无线电电子工程学校、太平洋高等海军学校(符拉迪沃斯托克),重建了黑海纳希莫夫高等海军学校(塞瓦斯托波尔)。2014年一年级一共招收了1.514万人。

大学前普通教育网络增加了符拉迪沃斯托克、克孜勒和塞瓦斯托波尔总统中等军官学校、北高加索苏沃洛夫军事学校、鄂木斯克中等军官学校和阿克塞哥萨克中等军官学校。陆军恢复了部分被撤销的院校。

2015年,根据对专业人员的需求,陆军的军事教育组织网络进行了优化,由7个高等教育机构和3个大学前教育机构进行干部培训。

2015年,陆军招收了1500多名学员。应届中学毕业生的竞争激烈程度增加了130%,5—9个人竞争一个名额。

2015年时,陆军的专业人员训练系统共有超过16个中心、183个军事专业。5个军区训练中心是基础。2015年它们和各兵种训练中心培训并向陆军补充了超过4万名初级专业人员,其中穆利诺训练中心可以同时训练一个整旅。

2015年,陆军对军事教育系统进行了编制调整。根据国防部长的决定,2所诸兵种合成学校(新西伯利亚和远东)从俄罗斯联邦武装力量诸兵种合成学院(伏龙芝军事学院)独立出来。2016年再将莫斯科诸兵种合成学校和喀山坦克学校独立出来,已经恢复了军事院校过去那种能更准确体现其使命的名称：从学院变成学校。

2013年，陆军加强了战备，建立了战备突击检查机制。

2014年，对西方军区、中央军区和东方军区进行了突击检查。

2015年，陆军按最高总司令的指示进行了5次突然检查。

俄陆军加大了训练力度。2013年9月，俄陆军参加了俄—白"西部-2013"大型战役战略演习。

2014年9月，按新方法举行了"东方-2014"战略首长司令部演习。

2014年展开了大规模的跨军种部队训练。陆军集中力量进行了指挥机关和营级战术群在陌生地域执行教练战斗任务的训练。人员火力训练平均成绩从2013年的3.2分提高到了4.1分。经考核，57%的兵团与部队成绩为"良好"。

2014年空降兵跳伞强度提高60%，其中一半以上是在复杂条件下完成的。首次在北极地区空降了一个伞兵营。

2015年作战训练活动不论是数量还是规模都上了一个台阶。全年一共举行了4500多次各级别的演习、1.5万次火力练习和射击、7000次指挥练习，比2014年增长50%。

获得良好和优秀的分队数量增加了，兵团和部队的训练水平指标提高了5%。在突然检查过程中，兵团和部队进行了远距离转移，强渡江河，在陌生靶场遂行了进攻和防御行动。

2015年9月份举行的"中央-2015"战略首长司令部演习结果表明，军事指挥机关的协调性、部队的战斗技能、各种任务执行准备水平都提高了。一个突出特点是，陆军第一次用储备品在俄罗斯联邦14个主体的基地组建了6个诸兵种合成兵团，它们采用多种方式完成了长达5000公里的行军。行政当局领导人对与动员准备程度相关的措施的态度发生了积极变化，特别是新西伯利亚州、车里亚宾斯克州等州。

2013年夏，俄军开始举办坦克两项活动，于2015年将之扩展到包括坦克兵、摩步兵、空降兵、炮兵、防空兵、海军步兵的军事竞赛活动。2016年在继续扩大竞赛项目的同时，陆军国际比赛地理范围也大幅度扩大。

2015年陆军总司令部与外国军队举行了3次联合演习，即在俄罗斯境内举行的俄蒙"色楞格-2015"演习、在亚美尼亚举行的集体安全条约组织维和部队"牢不可破的兄弟情谊-2015"演习、在印度举行的俄印"英德拉-2015"演习。演练了在混合分队编成中携带武器、弹药和技术兵器执行维和、反恐和教练战斗任务、分队的运输问题，以及在沙漠地形中的行动。

2016年，俄陆军举行了7次这种演习，其中包括"色楞格""牢不可破的兄弟情谊""边界"（与越南）。

通过以上种种措施,俄陆军的蓝图——成为机动灵活、装备精良、高度动员、受到有效激励的军队——正在一步步落实。

三 俄罗斯陆军现状

1.俄罗斯陆军现状简述

经过多年的改革，几次大规模的裁军，俄罗斯武装力量实力情况一直在变化，通过对公开媒体材料的统计，2013年俄军实力情况是：编制人数约113.2万名军人，86.7万名文职人员，其中俄罗斯陆军42万人。

2010年9月，梅德韦杰夫签署了《关于俄罗斯联邦的军事行政区域划分》的第1144号总统令，宣布自2010年12月1日起,撤销原有6大军区,组建西部、南部、中央和东部4大军区，分别对应俄罗斯的4大战略方向；同时在新军区基础上，成立联合战略司令部，统一指挥军区辖区内各军兵种、地方强力部门和机构的部队。

2012年，俄军陆军作战兵力27万人，编成10个集团军、1个军、35个摩步旅、14个炮兵旅、10个战役战术导弹旅、11个地空导弹旅、6个特种旅、3个空降突击旅、1个电子对抗旅、1个机炮师。

近年来，俄罗斯陆军和空降兵处于扩编状态，相继恢复了若干的陆军师。

据外电报道，2015年俄陆军兵力32万，辖11个军（集团军和军）43个旅，装备坦克2600辆（库存1.3万辆），步战3000辆（库存1.4万辆），装甲车2900辆（库存5000辆），牵引火炮1800门，自行火炮2600门，自行火箭炮1400门；武装直升机300架（属空军），运输直升机600架（空军）。

▲ 俄军空地联合训练。

到 2015 年底,俄罗斯陆军已基本完成现有装备的更新和部署调整。2016 年主要进行了编制改革(恢复和新建若干陆军师)、新型装备(T-14、T-15 等)试验试装,加强了军事演练。

①新型装备和改进型装备陆续换装。

坦克部队基本以T-72 系列为主力(升级到T-72B3 的T-72 坦克在 2016 年将超过 1000 辆),T-80、T-90 的数量均进行了相当数量的裁减。BMP-1 的数量已经不多,主要保留在未完成换装的东部军区。BTR-70 即将全部退役。新式的坦克和装甲车正在进行最后的测试,"虎"式轻型装甲车和部分军用车辆正在大规模换装。

空降兵部队仅保留少量的BMD-1R,原有的BMD-1 除退役外,已升级为BMD-2.BMD-4 的生产仍然缓慢。

导弹兵和炮兵装备增加较快的是"伊斯坎德尔"导弹和替换BM-21 的"9A53-G旋风"火箭炮。火箭炮在乌克兰东部战斗中作用突出。新一代的2S34 迫榴跑、2S35 自行榴弹炮正在小规模试装。

地面防空部队的主战装备新增数量很少,俄军主要换装其配套的C4I信息化装备。过时的装备如SA-8、SA-9 已淘汰。

陆军航空兵的更新特别迅速。在过去的几年中,俄军国防部每年订购的新型直升机的数量超过 100 架。迄今为止,已订购超过 450 架新武装直升机米-28N,米-35M和Ka-52,其中已交付超过 250 架,正在不断购买新的米-17 系列运输直升机,购买了 18 架新的重型运输的Mi-26 直升机和 70 架更多的KA-226 和"安萨特"轻型直升机。从 2012 年开始,空军获得了广泛的新型制导兵器,包括RVV-SD和RVV-MD级"空—空"导弹。但陆军航空兵由空军指挥的现状还没有改变,其机队规模收缩过猛,已经无法与旧日比肩。

俄军的无人机较为落后, 其国防部门尚不能提供满足军方所需性能的无人机。

战斗支援兵种中, 通信兵和三防兵的装备更新迅速, 但工程兵装备更新缓慢, 数量上也有下降趋势。

▲ 俄罗斯陆军。

电子对抗部队大规模列装了多种新式电子对抗系统。

②编制改革和部队重新部署调整。编制基本实现统一和标准化。

2014年末,北极战略方向从西部军区分出,2015年组建了北极摩步80旅,2016年在亚马尔—涅涅茨自治区又新建了一个北极旅。

按照《2016年前兵力部署和驻防体系建设规划》要求,西部军区初步建成列宁格勒基地兵镇,移防2个旅,波罗的海方向兵力增强。中央军区初步建成尤尔加兵镇,完成4个旅移防,优化了阿尔泰—萨兰方向驻防体系。

乌克兰局势恶化后,俄陆军备受重视,努力弥补薄弱的兵力,兵力逐年增加,在2015年,俄陆军重建了近坦第1集团军。2016年,俄陆军重新组建了多个师(近卫坦克第10、90师,近卫摩步第144师、摩步第150师,还有9月份恢复的近卫摩步第42师),而且计划增加更多的师(如近卫摩步第20师)。

2016年1月14日,俄罗斯国防部长绍伊古宣布,在西部军区重建3个师。参考消息网7月1日报道日前接受塔斯社采访时,俄罗斯国防部长绍伊古称,2016年底之前,俄军将在西部战略方向新建3个摩托化步兵师,他们的任务很明确,就是针对北约(加强军力),以保持俄罗斯在该方向上的"战略平衡"。

新建的3个师中,1个师(摩步第150师)部署于南部军区罗斯托夫州,另外2个师(近卫摩步第144师、近卫坦克第10师)分别部署在西部军区的斯摩棱斯克与沃罗涅日地区,各师兵力计划约1万人。

不仅如此,据俄新社该年6月中旬报道,俄罗斯再向西部边界增调2个摩步旅,这2个旅都属于俄西部军区第20集团军。其中,独立摩步第28旅于6月开始离开原驻地叶卡捷琳堡(乌拉尔地区),7月13日首批部队一个摩步营抵达克林齐(布良斯克州)重新部署,独立近卫摩托化步兵第23旅也从萨马拉赶赴新驻地瓦卢伊基(别尔哥罗德州)。其位于别尔哥罗德州瓦卢伊基的新军营将于2016年11月启用。从建设规模来看,

▲ 俄罗斯陆军。

营区可驻扎3500人,包括面积逾千平方米的营房、50个床位的卫生所、训练基地和军火库。值得一提的是,克林齐和瓦卢伊基距离俄乌边界都不远。

据2016年10月俄罗斯媒体报道,俄军新建的近卫摩步第144师、摩步第150师分别在摩步第28旅、山地摩步第33旅基础上扩建。近卫坦克第10师、近卫坦克第90师分别在近卫坦克第1旅、近卫坦克第7旅基础上扩建。近卫摩步第42师将由近卫摩步第17、18旅合并扩建。

算上新建的3个师,俄西部军区仅地面部队总兵力就超过10万,并装备有48套"圆点"-U和射程达500公里的"伊斯坎德尔"战术导弹,约1600辆T-72M3、T-80、T-90A、BMP-2、BR-80等战车,以及600多门自行火炮和近300套火箭炮,据悉俄最新式的T-14主战坦克也将优先列装西部战区。俄方希望靠3大主力军——近卫坦克第1集团军、近卫第20集团军、第6集团军来化解"来自北约和乌克兰的威胁"。

2017年,俄陆军在南部军区复建近卫第8集团军,预计在2017年6月编组完成。另外,西部军区重建了摩步第3师,编入近卫第20集团军。

据俄罗斯媒体报道,经过多年的实践,俄陆军已经找到了"最为合理、均衡的集团军编成",可以实现奥尔加科夫元帅和格拉乔夫大将的设想,俄军认为这种集团军将以摩步师和坦克师作为主战兵团,同时还应辖若干的摩步旅和坦克旅进行敌后进攻。

俄军目前的坦克师下辖2个坦克团、炮团、防空导弹团,摩步师下辖2个摩步团、1个坦克营、炮团、防空导弹团。下一步具体如何变化,还需要等待更多的信息。

俄军目前的摩步旅一般编制如下:旅部,摩托化步兵1、2、3营,(狙击)步兵连,1个坦克营,自行榴弹炮1、2营,火箭炮营,反坦克炮营,防空导弹营,防空导弹和炮兵营,侦察营,无人机连,工程营,NBC连,通信营,电子对抗连,炮兵侦察指挥连(炮兵科长),雷达指挥侦察排(防空主任),指挥排(情报主任),物资保障连,卫生连,教导排,模拟排,维修营。南部军区的部分旅多一个特种营,少数重装旅辖2个摩步营和2个坦克营。南部军区的3个军事基地地面兵力为摩步旅级别,加强了防空力

▲ 俄罗斯陆军。

量和空中力量。中部军区的第201基地为师级兵力规模，但装备数量有所减少。

俄军目前的坦克旅一般编制如下：旅部，坦克第1、2、3营，摩步营，（狙击）摩托化步兵连，自行榴弹炮营，火箭炮营，反坦克炮营，防空导弹营，高炮营，侦察连，工兵连，NBC连，通信营，电子对抗营，炮兵侦察指挥连（炮兵科长），雷达指挥侦察排（防空主任），指挥排（情报主任），物资保障连，卫生连，教导排，模拟排，维修营。

俄军在坦克旅、摩步旅内均编入了阻击步兵连，在摩步旅内加强了反坦克兵器（如MT-12反坦克炮由6门扩为12门，试装了9K123"菊花"-S反坦克导弹车），防空兵力的数量进行了调整，更为精干实用。

俄军现有的3个山地旅编制、装备有所区别。山地摩步第8旅实质上是一个没有坦克的BTR摩步旅，山地摩步34旅则是典型的山地步兵编成。山地摩步34旅则是典型的山地步兵编成。山地摩步第55旅的编成还没有公布。

俄陆军特种部队在吞并克里米亚、乌克兰东部战争、叙利亚反恐战争中表现突出。俄陆军重视侦察旅的建设，到2016年10月，侦察旅数量已增加到4个。预计侦察旅的数量还将继续增加。

俄陆军航空兵的机队规模偏小，由空军指挥无疑会影响其建设。

俄陆军三防兵的地位有所提升。俄军组建了多个NBC旅、团，这些旅团相当一部分由原来的NBC团、营扩编而来。

2015年到2016年10月，俄罗斯空降兵没有进行大的调整，原计划近卫空降第104师的恢复没有实现。2016年，空降师开始组建坦克连。新型空降坦克还没有进行公开。

2015—2016年，波罗的海舰队岸防地面集群恢复军的名称。有消息指出，近卫摩步第7团和岸舰导弹第15团扩旅，但目前这些部队主战装备的换装都相对缓慢。而黑海舰队的克里米亚集群近年进行了全新的建设，优先装备最新的武器装备，优先调入相关的兵员。

③俄陆军的训练体制改变，军区训练中心转隶总参或军兵种。近卫第467训练中心由军区转隶陆军直属，协调多个兵种培训中心，转型为多兵种初级训练中心。

绍伊古任国防部长后，陆军恢复了部分被撤销的院校，加强了战备，建立了战备突击检查机制。

2017年2月22日，俄罗斯国防部长谢尔盖·绍伊古22日在俄罗斯国家杜马，即议会下院发表讲话称，俄罗斯已成立专门从事信息战的部队。据介绍，2016年俄军无人机数量从2011年的180架增至2000架。俄罗斯已部署新型远程预警雷达系统，能监

▲ 俄罗斯陆军。

控俄边境全线领空。

绍伊古表示，2017年俄罗斯将继续现代化军队进程，陆军有望接收905辆坦克。

美联社称，俄军的现代化进程已使目前兵力超100万的俄罗斯缩小了与西方在远程传统武器、通信和无人机技术领域的差距。

俄罗斯卫星通讯社莫斯科2017年3月29日电，俄罗斯武装力量在编人数从2017年7月1日起将增至190万人，其中100万军人，相关命令3月29日公布在俄法律信息官方网站上。

该命令指出，从2017年1月1日起俄罗斯武装力量编制为189.7694万人，其中包括101.3628万名现役军人。自2017年7月1日起俄武装力量人数将增至190.3051万人，其中现役军人仍为101.3628万人。2016年6月，普京在签署的命令中规定俄武装力量编制为188.5万人。

总的来说，俄陆军实力在近年继续扩大，编制改革将进一步深化。

表 9-17 新面貌改革前后地面兵团对比（不含海防旅、海军步兵旅）

（单位：个）

兵团类型	2008 年 9 月 30 日	2010 年初	2014 年 12 月
军区	6	6	4
战略司令部			1
集团军	8	8	10
军	1	1	1
摩步师	15		1
坦克师	3		1
摩步旅（BMP）	4	17	18
摩步旅（BTR）	2	9	5
摩步旅（MTLB），含山地旅	4	9	11
坦克旅		4	3
掩护旅		1	1
侦察旅		1	1
武器装备储存和修理基地	15	15	16
训练中心	8	10	10
机炮师	5	1	1
特种旅	8	7	8
军事基地	3	3	3
空降师	2	2	2
空突师	2	2	2
空降旅	2	1	1
空突旅	2	3	3

表 9-18 截至 2016 年 10 月俄军地面部队主要作战师旅统计

（单位：个）

军区、司令部	集团军	军	摩步师	坦克师	机炮师	空降师	空突师	BMP摩步旅	BTR摩步旅	MT-LB摩步旅	山地旅	掩护旅	坦克旅	空突旅	军事基地	特种旅	侦察旅	陆战队旅	海防旅
北极										3								1	1
西部	3		2	2		2	1	1	2	2			1			2	2	1	2
南部	2		2				1	2	2		2			1	3	3	2	1	1
中部	2			1				2	2	1	1			1	1	2			
东部	4	1			1			8		2		1	1	2		1		2	
合计	11	1	4	3	1	2	2	13	6	8	3	1	2	4	4	8	4	5	4

2. 2014 年俄罗斯地面力量序列

因在乌克兰境内及附近集结的军事力量尚未公开，以其常驻地表示：

总部直属机构：
北极战略司令部（北方舰队）
北方舰队独立红旗希尔科内斯海军步兵第 61 旅（摩尔曼斯克州斯普特尼克）
荣获库图佐夫勋章的独立佩琴加摩步第 200 旅（佩琴加，T-72B3、MT-LBV、2S19、"通古斯卡"）
北方舰队岸防第 80 旅（阿拉库尔季）
第 536 独立岸防导弹炮兵旅（摩尔曼斯克州斯涅日诺戈尔斯克，"边界"岸舰导弹）
第 186 独立电子战中心（北莫尔斯克）
第 561 通信枢纽（北莫尔斯克）
第 180 海军工程营（北莫尔斯克）
第 420 特种情报中心（摩尔曼斯克州博拉尔）
特种警备 160 支队（摩尔曼斯克州扎泽尔斯克）
特种警备 140 支队（摩尔曼斯克州韦德加耶沃）
特种警备 269 支队（摩尔曼斯克州哈吉耶夫）
特种警备 152 支队（摩尔曼斯克州博拉尔）

西部军区：
独立谢苗诺夫步兵第 1 团（莫斯科市莫斯特连根）
独立普列奥布拉任斯基仪仗兵第 154 团（莫斯科雷佛托沃镇）
独立近卫红旗塞瓦斯托波尔摩步第 27 旅（莫斯科市莫斯特连根）
荣获苏沃洛夫和亚历山大涅夫斯基勋章的近卫红旗新济布科夫统帅部火箭炮第 79 旅（特维尔，12 门 9A52 "龙卷风"）
独立防空导弹 202 旅（纳罗-福明斯克，2 个 S-300B 营）
荣获亚历山大·涅夫斯基勋章的近卫红星柏林工兵 45 旅（Mr. Moore）
独立电子战第 16 旅（图拉州普拉夫斯克）
独立 NBC 第 27 旅（库尔斯克）
荣获库图佐夫勋章的独立红星华沙铁道兵第 29 旅（布良斯克）

独立铁道第 34 旅（梁赞）

独立铁道第 38 旅（沃洛格达）

以共青团成立 50 周年命名，荣获亚历山大涅夫斯基勋章和红星勋章的红旗"塞瓦斯托波尔"通信第 1 旅（列宁格勒州谢尔托罗沃，即红谢洛）

"康斯坦察"通信第 132 旅（列宁格勒州阿加拉托沃）。

驻摩尔多瓦共和国德涅斯特河沿岸俄军集群（德涅斯特河蒂拉斯波尔）

独立自行迫击炮第 18 营（坦波夫-34，8 门 240 毫米 2S4 "郁金香"），原第 18 炮兵基地

独立自行火炮第 19 营（坦波夫-34，12 门 203 毫米 2S7 "芍药"），原第 19 炮兵基地

独立警卫第 100 团（莫斯科州阿拉比诺）

近卫红旗第 56 训练教学中心（列宁格勒州红谢洛），原"二战"近步 63 师

近卫红旗"莫斯科—塔尔图"第 467 军区初级坦克兵训练中心

近卫红旗"科韦尔"第 210 军区工程兵训练中心（下诺夫哥罗德州克斯托沃）

红旗第 6 集团军（圣彼得堡）：

荣获列宁勋章的独立近卫红旗红谢洛摩步第 138 旅（列宁格勒州卡缅卡，T-72B3、MT-LBV、2S19、"通古斯卡"、2S34）

独立近卫红旗塞瓦斯托波尔拉脱维亚摩步第 25 旅（普斯科夫州弗拉基米尔，T-72B3、MT-LBV），原坦克第 24 师摩步第 13 团

第 216 装备储存维修基地（摩步第 4 旅）（彼得罗沃扎茨克，T-80、MT-LB）

荣获库图佐夫勋章、波格丹·赫梅利尼茨基勋章、亚历山大涅夫斯基勋章的近卫红星凯尔采—柏林炮兵第 9 旅（卢加，9P140、AT-6、2S19、MT-12），原近卫第 289 大威力炮旅

近卫炮兵第 268 旅（普希金）

第 7014 炮兵储存维修基地（卢加，2 个炮兵旅装备、16 门 9P140、36 辆 9P149 "菊花"-S、18 辆 2S19、36 辆 2S5、6 门 MT-12），原第前 107 基地

防空导弹第 5 旅（圣彼得堡格列洛沃）

荣获苏维埃 50 周年纪念勋章的红旗列宁格勒通信第 95 旅（圣彼得堡格列洛沃，即乔尔纳亚奇卡）

荣获苏沃洛夫勋章、库图佐夫勋章、亚历山大涅夫斯基勋章的红旗涅曼河导弹第

22旅(卢加)

第51保障旅(圣彼得堡)

近卫红旗第20集团军(下诺夫哥罗德州穆利诺):

以尤里·安德罗波夫命名,荣获列宁勋章的近卫红旗坎捷米罗夫卡坦克第4师(纳罗-福明斯克,T-80、BMP-2/3)

以米哈伊尔·加里宁命名,荣获十月无产阶级红旗、苏沃洛夫勋章的近卫红旗塔曼摩步第2师(莫斯科州加利涅茨村,T-90<后换装T-72B3>、BMP-3、BTR-80/82)

荣获库图佐夫勋章的红旗琴斯托霍瓦坦克第6旅(穆利诺,T-72B3,BMP-3),前"二战"坦克第31军坦克第100旅

荣获苏沃洛夫勋章、库图佐夫勋章的红旗维斯瓦摩步第9旅(近卫坦克第20旅)(下诺夫哥罗德,T-72B3、BMP-3),原近卫坦克第47师近卫摩步第245团

以马利诺夫斯基元帅命名,荣获十月无产阶级红旗、苏沃洛夫勋章和库图佐夫勋章的近卫红旗乌拉尔—利沃夫第262武器存储维修基地(博古恰尔,近卫坦克第1旅,T-80、BMP-2)

第99武器存储维修基地(特维尔,摩步第13旅,T-80),原"二战"近卫步兵第90师

第53防空旅(库尔斯克,SA-11)

第49防空旅(斯摩棱斯克州红博尔,SA-11)

荣获库图佐夫勋章、波格丹·赫梅利尼茨基勋章的近卫红星利沃夫—柏林防空导弹第9旅(穆利诺)

荣获库图佐夫勋章、波格丹·赫梅利尼茨基勋章、红星勋章的红旗"华沙—勃兰登堡"炮兵第288旅(穆利诺)

第7015炮兵装备存储维修基地(穆利诺,16门9P140、36辆9P149、12门MT-12、54门2A65)

第448导弹旅(库尔斯克州杜尔涅沃,12具SS-21)

荣获列宁勋章、2枚红旗勋章、苏沃洛夫勋章、库图佐夫勋章、波格丹·赫梅利尼茨基勋章、亚历山大涅夫斯基勋章的近卫红旗新罗西斯克导弹第112旅(舒亚,2014换装12具SS-26)

第69独立保障旅(穆利诺)

空降部队：

独立空降特战第45团（库宾卡）

近卫空中突击第76师（普斯科夫）

近卫空降第98师（伊万诺沃）

近卫空降第106师（图拉）

空降兵通信第38团

特战及侦察部队：

第322特种作战力量训练中心（索尔涅奇诺戈尔斯克），下辖谢涅日特战支队（索尔涅奇诺戈尔斯克）、第900特战支队（库宾卡）

特种第2旅（普斯科夫州切列克哈）

特种第16旅（坦波夫）

红旗特种雷达第146旅（列宁格勒州戈罗季谢）

荣获亚历山大·涅夫斯基勋章的红旗特种雷达第82旅（维亚济马）

海军步兵及岸防部队：

荣获苏沃洛夫勋章和库图佐夫勋章的近卫红旗莫斯科—明斯克无产阶级摩步第7团（加里宁格勒），原"二战"近卫步兵第1师

荣获两枚红旗勋章、苏沃洛夫勋章的近卫红旗因斯特堡摩步第79旅（古谢夫），原"二战"近卫步兵第18师近卫步兵第58团

荣获苏沃洛夫勋章和亚历山大涅夫斯基勋章的近卫比亚韦斯托克海军步兵第336旅（波罗的斯克），原"二战"近卫步兵第120师近卫步兵第336团

独立第25岸防导弹旅（加里宁格勒州顿河，"边界"岸舰导弹）

荣获列宁勋章、库图佐夫勋章的近卫红旗布列斯特—华沙导弹第152旅（切尔尼亚霍夫斯克），原"二战"近卫反坦克第3旅

荣获库图佐夫勋章、亚历山大涅夫斯基勋章的近卫红旗维捷布斯克炮兵第244旅（加里宁格勒）

独立近卫防空导弹第22团（加里宁格勒，"道尔"）

荣获亚历山大涅夫斯基勋章的近卫莫洛杰奇诺防空导弹第183团（近卫军城，2个营S-400）

防空导弹第1545团（兹纳缅斯克，1个S-300V营）

第841电子战中心（加里宁格勒州阿姆贝尔）

第742通信中心（加里宁格勒）

荣获亚历山大涅夫斯基勋章的独立涅曼河舟桥第73营（加里宁格勒州戈罗德科沃）

第561情报中心（塞林格）

波罗的海舰队海军步兵及岸防部队第299训练中心（近卫军城）

特种警备第313支队（波罗的斯克）

特种警备第473支队（圣彼得堡市喀琅施塔得港）

南部军区：

荣获两枚红星勋章、亚历山大涅夫斯基勋章的红星鲁尼涅茨—平斯克通信第175旅（罗斯托夫州阿克塞）

独立通信第176旅（新切尔卡斯克）

独立第100（实验）侦察旅（莫兹多克）

荣获库图佐夫勋章的近卫彼列科普火箭炮第439旅（阿斯特拉罕州兹纳缅斯克，12门"龙旋风"）

荣获亚历山大涅夫斯基勋章的独立近卫金吉谢普工兵第11旅（罗斯托夫州卡缅斯克—沙赫京斯基）

NBC第28旅（伏尔加格勒州卡梅申）

第1270独立电子战中心（罗斯托夫州科夫列夫卡）

独立铁道兵第37旅（伏尔加格勒）

独立铁道兵第39旅（克拉斯诺达尔）

独立铁道舟桥第333营（伏尔加格勒）

武装力量山地战训练中心（卡巴尔达—巴尔卡尔共和国巴克桑峡谷）

第54侦察兵训练中心（弗拉季高加索）

第27铁道兵培训中心（伏尔加格勒）

第49集团军（斯塔夫罗波尔）：

独立（山地）摩托化步兵第33旅（迈科普）

独立（山地）摩托化步兵第 34 旅（泽连丘克斯卡亚，卡拉恰伊-切尔克斯共和国）

哥萨克摩托化步兵第 205 旅（斯塔夫罗波尔边疆区布琼诺夫斯克，T-72、MT-LB）

荣获库图佐夫勋章和红星勋章的红旗克拉斯诺达尔第 7 基地（阿布哈兹共和国古达乌塔）

第 7016 炮兵装备存储和维修基地（迈科普，阿迪格共和国，24 门 9P140"飓风"、36 门 152 毫米 2A65"姆斯塔"-B、12 门 100 毫米 MT-12、36 辆 9P149"强攻"-S）

荣获亚历山大涅夫斯基勋章的红旗敖德萨通信第 66 旅（斯塔夫罗波尔）

独立电子战第 95 营（莫兹多克）

独立第 99 保障旅（迈科普）

第 58 集团军（弗拉季高加索）：

以卡图科夫坦克兵元帅命名，荣获两枚列宁勋章、苏沃洛夫勋章、库图佐夫勋章和波格丹·赫梅利尼茨基勋章的近卫红旗切尔特科夫（山地）摩步第 8 旅（车臣共和国博尔佐伊，MT-LBV），原"二战"近卫坦克第 1 旅

独立近卫摩托化步兵第 17 旅（沙利，MT-LBV），原近卫摩步第 291 团

独立近卫红旗叶夫帕托里亚摩步第 18 旅（车臣汉卡拉，T-72、BTR-82），继承"二战"近卫步兵第 24 师荣誉

荣获苏沃洛夫勋章、劳动红旗的独立红旗沃罗涅日—舒姆林摩托化步兵第 19 旅（斯普特尼克，弗拉季高加索，T-90、BMP-3），原"二战"步兵第 19 师

荣获苏沃洛夫勋章的近卫红旗喀尔巴阡—柏林摩托化步兵第 20 旅（伏尔加格勒，T-90、BMP-3），原"二战"近卫机械化第 8 军

荣获苏沃洛夫勋章、库图佐夫勋章和波格丹·赫梅利尼茨基勋章的大队的独立近卫红旗乌曼—柏林摩步第 136 旅（达吉斯坦布伊纳克斯克，T-90、BMP），继承近卫摩步第 204 团荣誉

近卫导弹第 1 旅（克拉斯诺达尔）

炮兵第 291 旅（印古什共和国特里尼提）

火箭炮兵第 943 团（阿迪格共和国克拉斯诺奥克提阿不尔斯，迈科普附近）

独立第 573 侦察营（阿迪格共和国克拉斯诺奥克提阿不尔斯）

防空导弹第 67 旅（弗拉季高加索，斯普特尼克）

通信第 234 旅（弗拉季高加索）

战斗工兵第 31 团（卡巴尔达-巴尔卡尔共和国普罗赫拉德内）

独立第 97 电子战营（弗拉季高加索）

独立第 78 保障旅（卡巴尔达-巴尔卡尔共和国普罗赫拉德内）

驻外基地：

荣获苏沃洛夫勋章、库图佐夫勋章的近卫红旗瓦普尼亚尔卡—柏林第 4 基地（南奥塞梯共和国茨欣瓦利），前摩步第 19 师近卫摩步第 693 团

第 102 军事基地（亚美尼亚久姆里）

空降部队：

近卫（山地）空中突击第 7 师（新罗西斯克）

独立空中突击第 56 旅（卡梅申）

特种与侦察部队：

荣获朱可夫勋章的独立特种第 10 旅（克拉斯诺达尔州莫尔基诺）

独立特种第 22 旅（巴泰斯克）

独立特种第 346 旅（普罗赫拉德内），2011—2012 年组建

独立特种第 25 团（斯塔夫罗波尔），2011—2012 年组建

独立第 154 专线技术旅（斯塔夫罗波尔边疆区伊佐比利内）

独立第 74 专线技术团（弗拉季高加索）

海军步兵与岸防力量：

独立海军步兵第 810 旅（塞瓦斯托波尔）

荣获苏沃洛夫勋章的红旗戈尔洛夫卡海防第 126 旅（别列瓦尔诺耶），原"二战"步兵第 126 师

独立海军步兵第 382 营（捷姆留克）

独立岸防导弹—炮兵第 11 旅（克拉斯诺达尔边疆区乌塔什），2005 年组建

独立炮兵第 8 团（辛菲罗波尔）2014 年组建

独立第 1096 防空营（塞瓦斯托波尔）

独立第 475 电子战中心（塞瓦斯托波尔）

红旗第 529 通信枢纽（塞瓦斯托波尔）

第 137 观通站（图阿普谢）

特种第 102 支队（塞瓦斯托波尔）

特种第 136 支队（新罗西斯克）

特种第 137 支队（马哈奇卡拉）

独立海军步兵第 414 营（达吉斯坦卡斯皮斯克）

独立海军步兵第 727 营（阿斯特拉罕）

独立岸防导弹第 46 营（达吉斯坦卡斯皮斯克）

中部军区：

红旗锡瓦什通信第 59 旅（斯维尔德洛夫州上佩什马）

（终端）通信第 179 旅（叶卡捷琳堡）

荣获两枚红旗勋章、朱可夫勋章的红旗加特契纳第 201 基地（杜尚别）

荣获苏沃洛夫勋章的红旗辛菲罗波尔—奥尔忠尼启则摩托化步兵第 28 旅（叶卡捷琳堡，T-72、BMP-2），原"二战"步兵第 77 师

荣获苏沃洛夫勋章、库图佐夫勋章和亚历山大涅夫斯基勋章的独立近卫奥伦堡哥萨克坦克第 7 旅（车里雅宾斯克州切巴尔库里，T-72、BMP-2），原"二战"近卫骑兵第 15 师近卫骑兵第 55 团

防空导弹第 28 旅（车里雅宾斯克州切巴尔库里，2 个 S-300V 营）

独立近卫红旗柯尼斯堡—戈罗多克工兵第 12 旅（乌法）

独立 NBC 第 29 旅（叶卡捷琳堡）

第 18 电子战旅（叶卡捷琳堡）

独立红旗波兹南铁道兵第 5 旅（阿巴坎）

独立铁道兵第 43 旅（叶卡捷琳堡）

独立铁道兵第 48 旅（鄂木斯克）

红旗利西昌斯克第 473 军区初级（摩步）培训中心（斯维尔德洛夫斯克州叶兰斯基地区波罗申村）

近卫红旗第 2 集团军（萨马拉）：

荣获波格丹·赫梅利尼茨基勋章的近卫红旗基辅—新布格近卫摩步第 21 旅（托茨

科耶，T-72、BMP)，原"二战"近卫步兵第 27 师主体改

荣获库图佐夫勋章的独立近卫红旗柏林摩步第 15 旅（萨马拉州罗辛斯基村，T-72、BTR-82A），原"二战"近卫步兵第 27 师近卫步兵第 76 团

荣获两枚红旗勋章、苏沃洛夫勋章、库图佐夫勋章和波格丹·赫梅利尼茨基勋章的独立近卫红旗彼得罗库夫伏尔加哥萨克摩步第 23 旅（萨马拉，T-72、BTR-82），原"二战"近卫机械化第 6 军近卫机械化第 17 旅

导弹第 92 旅（托茨科耶）

炮兵第 385 旅（托茨科耶）

荣获波格丹·赫梅利尼茨基勋章的近卫红旗敖德萨炮兵第 385 旅（托茨科耶）

独立第 581 侦察营（奥伦堡州托茨科耶-2）

火箭炮第 950 团（奥伦堡州托茨科耶-2）

第 7017 装备存储和维修基地（奥伦堡州布祖卢克，18 门 100 毫米MT-12、54 辆 9P149 "强攻"-S）

防空导弹第 297 旅（乌法）

荣获亚历山大涅夫斯基勋章的红星凯尔采通信第 91 旅（罗辛斯基）

独立第 105 保障旅（罗辛斯基）

红旗第 41 集团军（新西伯利亚）：

红旗列宁格勒—巴甫洛夫格勒摩步第 32 旅（新西伯利亚州希洛沃，T-90 BTR），原"二战"步兵第 85 师

荣获列宁勋章、苏沃洛夫勋章和库图佐夫勋章的近卫红旗伏尔加格勒—基辅摩步第 35 旅（阿列伊斯克，T-72、BMP-2），原"二战"近卫坦克第 5 军

荣获苏沃洛夫勋章的独立近卫兹韦尼戈罗德卡—柏林摩步第 74 旅（尤尔加，T-72、BMP-3），原"二战"近卫步兵第 94 师

独立山地摩步第 55 旅（克孜勒），2014 年组建，第 5350 基地改

第 103 武器存储维修基地（希洛沃,摩步第 84 旅）

第 104 武器存储维修基地（阿列伊斯克,摩步第 85 旅）

荣获两枚红旗勋章和苏沃洛夫勋章的红旗锡瓦什湖—斯德丁第 187 炮兵武器存储维修基地（下乌金斯克,摩步第 86 旅），前身为 2005 年重建的炮兵第 12 师,继承了炮兵第 26 师的荣誉

导弹第 119 旅（叶兰茨基）

荣获苏沃洛夫勋章的红旗布拉格火箭炮兵第 232 旅（舍列霍夫）

近卫炮兵第 120 旅（尤尔加）

第 7019 炮兵装备存储和维修基地（舍列霍夫，16 门 9P140"飓风"、54 门 152 毫米 2A65"姆斯塔"-B，12 门 100 毫米 MT-12、36 辆 9P149"强攻"-S）

防空导弹第 61 旅（阿尔泰边疆区比斯克）

红星塔林通信第 35 旅（新西伯利亚州科奇涅夫村）

独立第 106 保障旅（尤尔加）

空降部队：

荣获库图佐夫勋章的近卫空中突击第 31 旅（乌里扬诺夫斯克），原近卫空降第 104 师

第 242 空降兵教学中心（鄂木斯克），原空降第 44 教导师

特战及侦察部队：

荣获苏沃洛夫勋章的近卫红旗华沙—柏林特种第 3 旅（陶里亚蒂）

特种第 24 旅（新西伯利亚）

第 39 专线技术旅（奥伦堡）

东部军区：

克卢日通信第 104 旅（哈巴罗夫斯克通信枢纽）

（终端）通信第 106 旅（达利涅列琴斯克）

荣获红星勋章的独立近卫红旗巴拉诺维奇工兵第 14 旅（滨海边疆区拉兹多尔诺耶）

第 17 独立电子战旅（哈巴罗夫斯克边疆区马特耶夫卡）

独立红旗铁道兵第 7 旅（阿穆尔河畔共青城）

独立铁道兵第 50 旅（阿穆尔州斯沃博德内）

独立铁道兵舟桥第 118 营（哈巴罗夫斯克）

荣获库图佐夫勋章的第 392 军区摩步训练中心（哈巴罗夫斯克），原第 129 摩步训练师

以I.N.鲁西亚诺夫中将命名，荣获列宁勋章和库图佐夫勋章的近卫维也纳第212军区坦克兵训练中心（赤塔），原坦克第49教导师,1993年继承近卫机械化第1军荣誉

第29集团军（赤塔）：

近卫红旗洛佐瓦亚摩步第36旅（博尔贾，T-90、BMP），原"二战"近卫步兵38师

第225武器存储维修基地（独立摩步第29旅，亚斯纳亚，即Clear）

炮兵第200旅（大山村<Mountain>，即戈尔内村）

第7018炮兵存储维修基地（Wood村，即多罗维亚纳亚，16门9P140"飓风"、54门152毫米2A65"姆斯塔"-B、12门100毫米MT-12、36辆9P149"强攻"-S）

荣获库图佐夫勋章的鲍里索夫防空第140旅（多姆纳）

兴安岭通信第101旅（赤塔）

第104保障旅（赤塔），原第53物资保障旅

第36集团军（乌兰乌德）

荣获苏沃洛夫勋章的近卫红旗塔钦坦克第5旅（乌兰乌德，T-72、BMP-1），原"二战"近卫坦克第2军

荣获红星勋章的近卫红旗顿河布达佩斯摩步第37旅（恰克图，T-90、BMP-2），原"二战"近卫骑兵第5军

第227武器存储维修基地（摩步第87旅，旧迪维济翁纳亚，即楚库柏兴，2S1、AT-6、SA-13、MT-12等）

荣获库图佐夫勋章、波格丹赫梅利尼茨基勋章的红旗导弹第103旅（乌兰乌德-4）

防空导弹第1723团（吉达），原防空导弹第7旅

通信第75旅（乌兰乌德），原通信第175团

独立第102保障旅（古西诺奥泽尔斯克-3）

红旗第5集团军（滨海边疆区乌苏里斯克）

荣获苏沃洛夫勋章的近卫红旗克拉斯诺达尔摩步第57旅（比金，T-80、BMP-1），原"二战"近卫步兵第81师

荣获库图佐夫勋章的摩步第59旅（谢尔盖耶夫卡，T-80、BMP-1），原"二战"步兵第66师

红旗摩步第60旅（西比尔采沃，T-80、BMP-1），原"二战"机械化第10军

荣获十月革命红旗、苏沃洛夫勋章的近卫红旗杜霍夫希纳—兴安岭摩步第70旅（乌苏里斯克，T-80、MT-LB），原"二战"近卫步兵第17师

第237武器存储维修基地（独立摩步第89旅，比金，T-80），由近卫摩步第81师分拆

第245武器存储维修基地（独立摩步第93旅，列索扎沃茨克，T-80）

红旗第247武器存储维修基地（独立摩步第94旅，摩纳斯提里斯齐-2，T-80），原坦克第218团、"二战"坦克第218旅

荣获两枚红旗勋章的近卫柏林导弹第20旅（斯帕斯克达利尼），原"二战"近卫火箭炮第2师近卫火箭炮第20旅

荣获亚历山大涅夫斯基勋章的近卫涅瓦河—德维纳河火箭炮第338旅（新西索耶夫卡）

红旗贡宾嫩炮兵第305旅（乌苏里斯克）

第7020哈尔滨炮兵存储维修基地（乌苏里斯克，16门9P140、36辆AT-6、54门2S5、12门MT-12）

荣获库图佐夫勋章的沙夫林防空导弹第8旅（拉兹多利诺耶）

通信第80旅（乌苏里斯克）

NBC第16旅（列索扎沃茨克）

第101保障旅（乌苏里斯克）

红旗第35集团军（别洛戈尔斯克）：

荣获列宁勋章、苏沃洛夫勋章的近卫红旗维捷布斯克摩步第38旅（别洛戈尔斯克，T-72B3、BMP-2），原"二战"近卫步兵第31师

摩步第64旅（哈巴罗夫斯克-41，T-80、BMP-2），原摩步第270师摩步第882团

荣获红星勋章的红旗斯维里—波美拉尼亚阿穆尔哥萨克第69掩护旅（巴布斯托沃），原"二战"步兵第272师

第240武器存储维修基地（摩步第90旅，别洛戈尔斯克），由近卫摩步第21师分拆

第243武器存储维修基地（摩步第92旅，哈巴罗夫斯克），原摩步第270师

第261武器存储维修基地（摩步第95旅，阿穆尔州布拉戈维申斯克），原近卫坦克第21师机炮第57团

荣获列宁勋章的红旗莫济里导弹第107旅（比罗比詹，SS-26）

荣获库图佐夫勋章、波格丹赫梅利尼茨基勋章的红旗布拉格炮兵第165旅（尼科尔斯科耶〈别洛戈尔斯克-15〉）

第7021炮兵存储维修基地（尼科利斯克耶，16门9P140、36辆AT-6、54门2S5、12门MT-12）

防空导弹第71旅（阿穆尔州斯列德尼别拉亚）

通信第54旅（别洛戈尔斯克）

荣获列宁勋章、库图佐夫勋章的红旗维堡工兵第37团（阿穆尔州别列佐夫卡）

第103保障旅（别洛戈尔斯克）

第68军：

机枪炮兵第18师（择捉岛戈尔亚奇克柳奇）

红旗摩步第39旅（南萨哈林斯克，T-80），原"二战"步兵第342师，后摩步第33师

第230武器存储维修基地（独立摩步第88旅，萨哈林州达奇诺耶），原摩步第33师摩步第389团

空降部队：

空降第83旅（乌苏里斯克）

近卫空中突击第11旅（乌兰乌德市松林村，即索斯诺维博尔）

特战及侦察部队：

独立特种第14旅（乌苏里斯克）

第88独立专线技术旅（乌兰乌德-40）

第92独立专线技术旅（滨海边疆区旧西索耶夫卡）

第7独立专线技术团（滨海边疆区阿尔乔姆）

海军步兵及岸防力量：

海军步兵第155旅（海参崴），原"二战"步兵第55师、海军步兵第1师

荣获两枚红旗勋章的克拉斯诺达尔—哈尔滨海军步兵第40旅（彼得罗巴甫洛夫斯克），原"二战"步兵第22师

独立岸防导弹第72团（滨海边疆区斯莫利亚尼诺沃），原"二战"步兵第40师

独立岸防导弹炮兵第 520 旅（勘察加英国女人村，即安格里恰卡）

防空导弹第 1532 团（彼得罗巴甫洛夫斯克）

第 471 电子战中心（勘察加英国女人村）

第 474 电子战中心（滨海边疆区索科托沃）

第 140 通信枢纽（海参崴）

第 42 观通站（滨海边疆区俄罗斯岛）

特种警备第 311 支队（彼得罗巴甫洛夫斯克）

特种警备第 159 支队（滨海边疆区巴甫洛夫斯克）

3. 2016 年俄罗斯地面力量序列

（一）国防部、总参直属侦察兵、工程兵、通信兵、三防兵部队，陆军直属部队：

- 国防部直属第 1327 特种部队和侦察兵训练中心，V/H25908（达吉斯坦共和国博特利赫）

- 情报中心

  第 1 部，V/h46188（莫斯科索科尔尼基，之前 V/H25969）

  第 2 部，V/H46188-II（库尔斯克）

  第 3 部，V/H46188-III（沃罗涅日）

  第 4 部，V/H46188-IV（特维尔，之前 V/H53956）

- 独立第 539 情报中心，V/H10199（卡卢加）

- 第 78 情报中心，V/H35555（顿河畔罗斯托夫）

- 情报中心，V/H62986（克拉斯诺达尔边疆区原克拉斯诺达尔军校）

- 独立谢苗诺夫步兵第 1 团，V/H75384（莫斯科）。辖：团部，5 个步兵营，通信连，国防部连，侦察连，教导排

- NBC 司令部，V/H52688（莫斯科）

- NBC 第 1 机动旅，V/H71432（萨拉托夫州什哈尔）

- 独立红星三防第 9 团，V/H29753（萨拉托夫州沃尔斯基地区希哈内-2）

- 大规模杀伤性武器、核生化武器防护第 345 业务联络点，V/H64053（莫斯科州诺金斯克市布纳科沃）

- 荣获苏沃洛夫勋章和库图佐夫勋章的近卫红旗布列斯特—柏林工程第 1 旅，V/H11105（弗拉基米尔州摩尔）。辖：旅部，突击工兵营（2 个突击连，1 个重型设备连），

工程兵营,工程道路桥梁建设营,舟桥营,工兵营,排雷连,机器人连,通信连,物资保障连,维修排,教导排,医疗中心

• 舟桥第 28 旅,V/H45445（弗拉基米尔州摩尔）

• 独立第 100 保障团,V/H85084（莫斯科州纳罗—福明斯克地区加里宁村）。辖：团部,摩托化营（汽车第 1、2、3 连,通信排,保障排,医疗中心）,保障营（特种连,机械化连,多轴重型轮式拖拉机,舟艇班,装备维修排,工程维修连,通信排,医疗中心）

▲ 俄罗斯庆祝卫国战争胜利 70 周年部分受阅部队合影。

• 俄罗斯联邦武装部队陆军兵种科学院军事训练和研究中心（莫斯科）

• VUNTS SV喀山分院（鞑靼斯坦共和国喀山）

• VUNTS SV新西伯利亚分院（新西伯利亚州新西伯利亚）

• 以A.M.华西列夫斯基苏联元帅命名的俄罗斯联邦武装力量陆军防空兵军事科学院（斯摩棱斯克）

• 米哈伊洛夫炮兵学院（圣彼得堡）。

• 以A.V.赫鲁晓夫上将命名的陆军后勤军事学院（圣彼得堡）

• 铁道兵后勤军事学院（圣彼得堡彼得霍夫）

  后勤军事学院军事（工程）学院（圣彼得堡）

  后勤军事学院沃利斯克分院（萨拉托夫地区沃利斯克）

  后勤军事学院鄂木斯克分院（鄂木斯克）

  后勤军事学院奔萨分院（奔萨-5）

• 以A.I.普罗申雅科夫元帅名字的秋明高等军事工程指挥学院（秋明州秋明）

• 工程兵部队中央科学试验研究所和武装部队国际扫雷行动中心,V/H33246（莫斯科州纳克哈比诺）

• 近卫红旗莫斯科—塔尔图第 467 初级训练中心,V/H30616（弗拉基米尔州科夫罗夫-6）

81

训练中心，V/H30616-2（列宁格勒州弗谢沃洛日斯克地区谢尔托洛沃）

第65兵种培训中心，V/H30616-14（莫斯科巴里比诺）

第282防化训练中心，V/H30616-13（莫斯科地区布纳科沃）

第399兵种区域训练中心，V/H30616-12（下诺夫哥罗德州克斯托沃）

第681导弹兵和炮兵区域作战训练中心，V/H30616-11（下诺夫哥罗德州穆利诺）

第1000导弹兵和炮兵作战训练中心（莫斯科州科洛姆纳）

近卫（坦克兵）初级培训中心，V/H30616-5，V/H30616-10（弗拉基米尔州科夫罗夫-6）

第33训练中心，V/H30616-9（莫斯科州久津）

ZHDV（铁道兵）训练中心，V/H30616-26（莫斯科州什切尔科沃）

第470MKC军犬训练中心，V/H30616-24（科纳亚热沃）

- 地面部队红星第60导弹部队训练中心，V/H47209（阿斯特拉罕州兹纳缅斯克-3）：

  第630导弹训练营，V/H97211（阿斯特拉罕州卡普斯京亚尔）

- 第631导弹兵和炮兵区域作战训练中心，V/H50661（萨拉托夫）
- 第681导弹兵和炮兵区域作战训练中心，V/H06709（下诺夫哥罗德州沃洛达尔斯基地区穆利诺）
- 第1000导弹兵和炮兵作战训练中心（莫斯科州科洛姆纳拉特舍夫靶场）
- 第19RAB研究中心，V/H33491（圣彼得堡勒热夫卡）
- 第7区域训练中心，V/H07001（滨海边疆区乌苏里斯克）
- 地面防空兵部队第106训练中心，V/H33860（奥伦堡，"山毛榉"-M2、S-400）
- 陆军防空兵第167作战训练中心，V/H21043（阿斯特拉罕州兹纳缅斯克-6）
- 陆军防空部队第726训练中心，V/H37115（克拉斯诺达尔州叶伊斯克）

  初级训练机构

  UCV PBO SV 防空导弹和炮兵营

- FAA、国防部、总参、陆军直属"捷尔斯科尔"山地作战和生存训练中心（卡巴尔达—巴尔卡尔共和国叶尔布鲁斯斯克地区捷尔斯科尔）

空降兵（未编入军区的）直属部队：

- 独立特种第45旅，V/H28337（莫斯科库宾卡）。辖：旅部，特种第1、2营，特种分队，无人侦察机（UAV）分队，心理作战分队，RER连，通信连，侦察教导连，保障连。装备：6辆BTR-82A，另装备MKTK REI PP"虎"-M，MKRPP RP-RP-377L和377LA"罗兰"。

• 独立近卫通信第38旅，V/H54164（熊湖）。辖：旅部，第1营，2营，保障连，安保连，警卫排，工程连，维修连，通信教导连，固定通信中心。一个营用于空降兵远距离通信，另一个营用于空降后与后方较高的指挥部通信（前线通信），以及引导飞机着陆与组织（指导）飞机在空降区的组织

• 空降兵第242初级训练中心，V/H64 818（鄂木斯克和伊希姆）。辖：第226、285空降教导团，第200教导营

• 以V.F.马尔格洛夫大将命名的梁赞高等空降兵指挥学院（梁赞）。基本构成为学员团、连排。培养9个军事专业和3个民用专业。另外，学院编有：

独立直升机第58大队（12架米-8）

RVVDKU培训中心（塞尔切，梁赞州）。装备：BMD-4M，BTR-MDM

北极战略司令部（北方舰队）地面部队：

• 荣获库图佐夫勋章的独立佩琴加摩步第200旅，V/H08 275（摩尔曼斯克州佩琴加、科尔朱诺沃、洛司塔里）。辖：旅部，摩步583、658、664营，独立坦克第60营，狙击步枪连，独立近卫自行榴弹炮第416、417营，独立火箭炮兵第382营，独立近卫工程第274营，独立反坦克炮第871营，独立防空导弹第226营，独立防空导弹和炮兵第246营，侦察营，通信营，独立电子对抗第293连，无人机连，NBC连，炮兵侦察指挥连（炮兵主任），雷达侦察指挥排（防空主任），通信排（情报主任），修理营，警卫连，卫生连。装备：40辆T-72B3、1辆T-72BK、159辆MT-LB、18门BM-21、18辆152毫米2S19、18辆152毫米2S3、18门120毫米迫击炮2S12、12门100毫米炮MT-12、12辆9P149自行反坦克导弹车、11辆BTR-80、4辆BRDM-2、12辆BM 9A33BM2（3）"黄蜂"6辆BM9A34（35）"箭"-10、6辆2S6M"通古斯卡"自行高炮，另有雪地和沼泽越野车GAZ-3351、运输车DT-10P"英雄"

• 独立北极摩步第80旅，V/h34667（摩尔曼斯克州阿拉库尔季）。辖：旅部，摩步1、2、3营，自行榴弹炮营，（狙击）步兵连，防空导弹营，侦察营，无人机连，工程营，NBC连，通信营，电子对抗连，维修营，警卫连，卫生连。装备：159辆MT-LB、18门122毫米2S1"康乃馨"、18门120毫米迫击炮2S12，另装备雪地和沼泽越野车GAZ-3351、运输车DT-10P"英雄"

83

- 独立北极摩步旅（亚马尔—涅涅茨自治区），2016年组建
- 红旗希尔科内斯海军步兵第61旅，V/H38643（摩尔曼斯克州佩琴加地区斯普特尼克〈卫星〉村）。辖：旅部，独立海军步兵第874、875营，空降第876营，独立自行火炮第1611营（2S1），独立自行火炮第1591营（2S9），火箭炮营，防空导弹和炮兵第1617营，侦察连，通信连，后勤营，工程连，火焰喷射器连，维修连，登陆艇连，反坦克连，NBC排，炮兵指挥排，警卫班。装备：59辆BTR-80/82A、80辆MT-LBV、12辆2S1"康乃馨"、22辆2S23"诺娜"-SVK、6门BM-21、6辆BM 9A34（35）"箭"-10、6辆2S6M"通古斯卡"、3辆BMP-1KSH、4辆PRP-3、3辆PDP-4、10辆IP-12、2辆R-145BM、15辆1V119、3辆1V18、1辆1V19、1辆BTR-PUM、1辆ZS-88（BTR-80）
- 特种第153团（摩尔曼斯克州格列米哈）；60人
- 第420特种情报中心，V/H40145（摩尔曼斯克州科尔斯基地区兹韦罗索夫霍兹）。辖：队部，特种1、2连，特种潜水第3连，通信连，技术排，物资保障排
- 独立岸防导弹和炮兵第536旅，V/H10544（摩尔曼斯克州鹿湾村）。辖：第1营，技术营，维修连，物资保障连，防空导弹排，工兵排，警卫排，NBC排，火箭技术班。装备2套K300P"堡垒"-P（8辆自行发射车K-340P、2台"整体"-B搜索防空雷达、2个K380P岸舰导弹指挥台、2辆战斗值班车辆、8辆运输电源车K342P）
- 独立第186电子战中心，V/H60134（摩尔曼斯克州北莫尔斯克），装备"摩尔曼斯克-BN"电子战系统
- 移动通信队，博尔雅（极地）
- 第516通信枢纽，V/H40630（北莫尔斯克）。
- 独立海军工程第180营，V/H36085（北莫尔斯克）。
- 第3805保障（MTO）基地，V/H96143。

西部军区部队：

①第6集团军（列宁格勒州弗谢沃洛日斯克地区阿加拉托沃）：

- 荣获列宁勋章的独立近卫红旗红谢洛摩步第138旅，V/H02511（列宁格勒州维堡地区卡缅卡村）。装备：40辆T-72B3、1辆T-72BK、159辆MT-LB、18门BM-21、36辆152毫米2S3、18辆120毫米迫击炮2B16、12门100毫米MT-12反坦克炮、12辆9P149自行反坦克导弹、27具9K115反坦克导弹、11辆BTR-80、4辆BRDM-2、12辆BM9K332M"雷神M2U"、6辆BM9A34（35）"箭"-10、6辆2S6M"通古斯卡"自行高炮、27

具9K38便携式防空系统"伊格拉"

• 独立近卫红旗塞瓦斯托波尔拉脱维亚摩步第25旅，V/H29760（普斯科夫州红斯特鲁加）。装备：40辆T-72B、1辆T-72BK、159辆MT-LB、18门BM-21、36辆122毫米2S1、18辆120毫米迫击炮2S12、12门100毫米MT-12反坦克炮、12辆9P149自行反坦克导弹、27具9K115反坦克导弹、11辆BTR-80、4辆BRDM-2、12辆BM9A33BM2（3）"黄蜂"、6辆BM9A34（35）"箭"-10、6辆2S6M ZSU"通古斯卡"、27具9K38便携式防空系统"伊格拉"

▲ 俄军第6集团军火箭炮部队。

• 近卫炮兵第9旅，V/HO2561（卢加）。装备：8门9P140"飓风"、18门152毫米2S19、6门100毫米MT-12、18辆9P149反坦克导弹车

• 导弹第26旅，V/H54006（卢加）。装备：9K720"伊斯坎德尔"-M系统、12辆SPU9P78-1发射车、12辆9T250运输和装卸车、11辆指挥车9S552、14辆保障车、1辆9S920训练车、1辆日常维护车、9辆R-145BM。

• 防空导弹第5旅，V/H74429，装备：9K331"雷神"-M1和9K37"山毛榉"-M1防空导弹（列宁格勒：第3营在罗蒙诺索夫镇，第1和第2营在涅纽姆亚基村。）

• 荣获苏联50周年勋章的红旗列宁格勒通信第95旅

• 康斯坦察通信第132旅，V/H28916（列宁格勒州弗谢沃洛日斯克地区阿加拉托沃）

• 第132侦察指挥中心，V/H23305（列宁格勒州弗谢沃洛日斯克地区黑河〈切尔纳亚列奇卡〉）。

• 独立第51保障旅，V/H72152（圣彼得堡红村〈红谢洛〉）

• 野战工程第30团，V/H31810（列宁格勒州弗谢沃洛日斯克地区凯尔洛）

• 独立NBC第6团，V/H12086（列宁格勒州萨佩尔诺耶）。装备：3辆TOS-1A、RPO-A"大黄蜂"、RPO PDM-A、RHM-4-01核辐射和化学检测仪、RHM-6化学检测仪、TMS-65U热处理仪、ARS-14特种机床、TDA-2K发烟器

②近卫红旗第 20 集团军，V/H89425（沃罗涅日）：

• 近卫坦克第 1 旅（沃罗涅日州博古恰尔），原第 262 BHiRVT，2016 年扩为近卫坦克第 10 师

• 近卫摩步第 144 师，于 2016—2017 年在独立摩步第 28 旅(V/H61423)的基础上组建，该旅 2016 年下半年从叶卡捷琳堡调斯摩棱斯克州斯摩棱斯克地区叶利尼亚。

原摩步第 28 旅装备：40 辆T-72B3、1 辆T-72BK、120 辆BMP-2、15 辆MT-LB、18 门BM-21、36 辆 152 毫米 2S19、18 门 120 毫米 2S12 迫击炮、12 门 100 毫米MT-12 反坦克炮、12 辆 9P149 反坦克导弹车、36 辆BTR-80、4 辆BRDM-2、12 辆BM9A33BM2（3）"黄蜂"、6 辆BM9A34（35）"箭"-10、6 辆 2S6M"通古斯卡"自行高炮、27 具 9K38 便携式防空系统"伊格拉"

• 摩步第 9 旅，V/H54046（沃罗涅日州博古恰尔，2016 年由下诺夫哥罗德调入）。装备：40 辆T-72B3、1 辆T-72BK、120 辆BMP-2、15 辆MT-LB、18 门BM-2B17"旋风"-G、36 辆 152 毫米 2S3、18 辆 120 毫米迫击炮 2S12、12 门 100 毫米MT-12 反坦克炮、12 辆 9P149 自行反坦克导弹、27 具 9K115 反坦克导弹、11 辆BTR-82、25 辆BTR-80、4 辆BRDM-2、12 辆BM 9A33BM2（3）"黄蜂"、6 辆BM 9A34（35）"箭"-10、6 辆 2S6M ZSU"通古斯卡"、27 具 9K38 便携式防空系统"伊格拉"

• 独立摩步第 23 旅，V/H34670（别尔哥罗德州瓦卢伊基和索罗季，2016 年由CVO萨马拉调入）。装备：40 辆T-72BM、1 辆T-72BK、130 辆BTR-82、15 辆BTR-80、15 辆MT-LB、18 门BM-21、36 辆 152 毫米 2A65、18 辆 120 毫米迫击炮 2S12、12 门 100 毫米MT-12 反坦

▲ 近卫第 20 集团军。

克炮、12辆9P149自行反坦克导弹、27具9K115反坦克导弹、4辆BRDM-2、12辆BM9A33BM2（3）"黄蜂"、6辆BM9A34（35）"箭"-10、6辆2S6M ZSU"通古斯卡"、27具9K38便携式防空系统"伊格拉"

• 第448导弹旅，V/H35535（库尔斯克），装备：9K79-1"圆点"-U

• 荣获库图佐夫勋章、 波格

▲ 近卫第20集团军。

丹·赫梅利尼茨基勋章、红星勋章的红旗"华沙—勃兰登堡"炮兵第288旅，V/H30683（下诺夫哥罗德州沃洛达尔斯基地区穆利诺村）。装备：8门9P140"飓风"、18辆2S19、6门100毫米MT-12反坦克炮、18辆9P149反坦克导弹车

• 防空导弹第49旅，V/H21555（斯摩棱斯克）。 装备：9K37"山毛榉"-M1防空导弹。

• 荣获库图佐夫勋章、波格丹·赫梅利尼茨基勋章的近卫红星利沃夫—柏林防空导弹第9旅，V/H31895（沃罗涅日）

• 荣获两枚红旗勋章的近卫红旗诺夫哥罗德—维捷布斯克第99武器存储和维修基地（特维尔）。装备：36辆2S19、6辆9K35"箭"-10、18门2B14、12门MT-12、12辆9K113反坦克导弹车、6门"通古斯卡"、18门BM-21、41辆T-72(2016年10月消息，近卫第99基地荣誉将转授新组建的中央军区近卫坦克第90师）

• 独立第69保障旅，V/H11385（下诺夫哥罗德州沃洛达尔斯基地区穆利诺）

• 独立NBC第20团，V/H12102（下诺夫哥罗德中心村，调博古恰尔）

③近卫坦克第1集团军，V/H73621（莫斯科州奥金佐沃地区巴科夫卡）：

• 以Yu.V.安德罗波夫命名的荣获列宁勋章的近卫红旗坎捷米罗夫卡坦克第4师，V/H19612（纳罗—福明斯克）

• 近卫红旗塔曼摩步第2师，V/H23626（加里宁莫斯科州纳罗—福明斯克地区）

• 独立近卫红旗塞瓦斯托波尔摩步第27旅，V/H61899（莫斯科市列宁区莫斯连特根）。装备：40辆T-90A、1辆T-90AK、129辆BTR-82A、27辆BTR-80A、18辆152毫米

▲ 近卫坦克第1集团军坦克群，2015年12月。

2S3、18门120毫米迫击炮2S12、12门100毫米MT-12反坦克炮、12具9P148反坦克导弹、4辆BRDM-2、6辆BM 9A34（35）"箭"-10、6辆2S6M"通古斯卡"自行高炮、27具9K38便携式防空系统"伊格拉"

• 坦克第6旅，V/H54096（下诺夫哥罗德州捷尔任斯克），2901人。装备：94辆T-72B3、37辆BMP-3、18门BM-21、18辆152毫米2S3、8门120毫米迫击炮2S12、6辆BTR-80、3辆BRM-3K、12辆BM 9A33BM2（3）"黄蜂"防空导弹发射车、6辆BM9A34（35）"箭"-10、6辆2S6M"通古斯卡"自行高炮

• 独立第96侦察旅，V/H52634（下诺夫哥罗德索尔莫沃）

• 炮兵旅（莫斯科州）。装备：8门9P140"飓风"

• 近卫导弹第112旅，V/H03333（伊万诺沃洲舒亚戈罗多克南）。装备：9K720"伊斯坎德尔-M"

• 防空导弹第53旅，V/H32406（库尔斯克州库尔斯克地区朱可夫元帅村）。装备：9K37"山毛榉"-M1

• 第60（通信）旅，V/H76736（莫斯科州纳罗—福明斯克地区谢利亚基诺、奥金佐沃地区巴科夫卡）

④西部军区空天军指挥的陆军航空兵部队：

• 第549陆军航空兵基地，V/H12633（圣彼得堡普希金机场）。装备：8架MI-8MT/MTV-2、6架MI-8MTV-5（NO.07、NO.10、NO.14、NO.15、NO.16、NO.17）、2架MI-28N（NO.70、NO.71）、1架MI-8SMV-PG（NO.61）、3架MI-8PP（NO.22、NO.33、NO.53）

▲ 西部军区陆航。

第九章 苏联解体后的各国陆军

• 第 549 陆军航空兵基地特遣队，V/H12633-2（列宁格勒州维堡地区格列布切沃普里比洛夫机场）。装备：10 架MI-24PN、6 架MI-35M(NO.31、NO.32、NO.33、NO.34、NO.35、NO.56)、6 架MI-8MT/MTV-2

• 第 378 陆军航空兵基地，V/H41687（斯摩棱斯克州维亚济马地区维亚济马机场）。装备：16 架米-24P型、15 架MI-8MT(NO.33、NO.?、NO.31、NO.53、NO.36、NO.32、NO.30、NO.44、NO.53、NO.35、NO.34、NO.32、NO.43、NO.61、NO.46)、2 架Mi-8PP(NO.56、NO.59)、2 架MI-8SMV-PG(NO.30、NO.60)

▲ 西部军区的米-28武装直升机。

• 陆军航空兵第 15 旅，V/H44440（普斯科夫州奥斯特罗夫维列特耶机场）。装备：12 架米-28N(NO.01、NO.02、NO.03、NO.04、NO.05、NO.06、NO.07、NO.08、NO.09、NO.10、NO.11、NO.14)、10 架米-24P型、6 架MI-35M(NO.16、NO.17、NO.18、NO.67、NO.68、NO.69)、12 架卡-52（NO.41、NO.42、NO.43、NO.44、NO.45、NO.46、NO.47、NO.48、NO.49、NO.50、NO.51、NO.52）、4 架米-26（NO.53、NO.54、NO.55、NO.56）、16 架MI-8MT/MTV-2、4 架MI-8MTPR-1

⑤波罗的海舰队地面部队：

• 荣获苏沃洛夫勋章、亚历山大涅夫斯基勋章的独立近卫比亚韦斯托克海军步兵第 336 旅，V/H06017（加里宁格勒州波罗的斯克）。辖：旅部，独立海军步兵第 877、878 营，独立空降突击第 879 营，独立自行火炮第 1592 营，独立炮兵第 1612 营，火箭炮连，两栖侦察连，通信连，物资保障旅，防空导弹和火炮营，两栖工程连，火焰喷射器连，维修连，两栖输送连（登陆艇连），反坦克连，NBC排，炮兵指挥排，警卫班。装备：134 辆 BTR-80/82A、18 辆 2S1 "康乃馨"、12 辆 2S9 "诺娜"-S、6 门BM-21、59 辆MT-LB、37 具 9K111-1 "竞赛"-M、6 辆BM 9A34（35）"箭"-10、6 辆ZSU-23-4 "石勒喀河"

• 第 561 海洋观通站，V/H10617（波罗的斯克市帕鲁斯诺耶<帆船区>）。辖:站部，特种第1、2连,特种潜水第3连,通信连,技术排,保障排

• 独立岸舰导弹第 25 团，V/H39108（加里宁格勒,顿斯科伊）。辖:团部,导弹1、2

89

连。装备：1套3K60"巴尔"岸舰导弹系统（2辆车载指挥所和通信设备、4辆发射车）
- 独立无线电第254团，V/H21790（加里宁格勒州近卫军城-13）。
- 独立电子对抗第318营，V/H03051（列宁格勒州喀琅施塔得）。装备："摩尔曼斯克"-BN电子战系统
- 独立通信第134旅（加里宁格勒）
- 独立通信第135旅（加里宁格勒）
- 第2652炮兵武器和弹药基地，V/H09956（加里宁格勒州普罗赫拉德诺耶）
- 第2574武器和弹药基地，V/H13068（加里宁格勒州古里耶夫地区利亚比诺夫卡）
- 兵工厂，V/H45752-D（加里宁格勒州波罗的斯克）。
- 第2676武器和弹药库（加里宁格勒州切列帕诺沃）。
- 第773综合仓库，V/H77167（圣彼得堡）
- 独立第148维修营（加里宁格勒）
- 第299海军陆战队及岸防部队训练中心，V/H87082（加里宁格勒州波罗的斯克）
- 第11军(加里宁格勒)，下辖：

荣获列宁勋章、两枚红旗勋章、苏沃洛夫勋章和库图佐夫勋章的独立近卫无产阶级莫斯科—明斯克摩步第7团，V/H06414（加里宁格勒）。辖：团部，摩步第1、2、3营，坦克营，狙击步兵排，自行榴弹炮营，防空导弹和炮兵营，侦察连，工兵连，通信连，物资保障连，运输连，NBC排，警卫班。装备：85辆BMP-2、18辆152毫米2S3、12门2B16"诺娜"-K、9辆2S6M"通古斯卡"自行高炮、18具便携式防空系统"伊格拉"

独立近卫摩步第79旅，V/H90151（古谢夫）。辖：旅部，摩步第1、2、3营，狙击步兵连，坦克营，自行榴弹第1、2炮，火箭炮营，反坦克炮兵营，防空导弹和炮兵营，侦察营，工兵营，NBC连，通信营，电子对抗连，炮兵指挥侦察连（炮兵科长），雷达指挥侦察排（防空主任），指挥排（情报主任），物资保障营，警卫连，卫生连，教导排，模拟排，维修营。装备：40辆T-72B、1辆T-72BK、159辆MT-LB、18门BM-21、36辆152毫米2S3、18门120毫米迫击炮2S12、12门100毫米炮MT-12"双刃剑"、12辆9P149自行反坦克导弹车、27具9K115"墨提斯"反坦克导弹、11辆BTR-80、4辆BRDM-2、6辆BM 9A34（35）"箭"-10、6辆2S6M"通古斯卡"自行高炮、27具9K38便携式防空系统"伊格拉"

荣获库图佐夫勋章、亚历山大涅夫斯基勋章的近卫红旗维捷布斯克炮兵第244

旅，V/H41603（加里宁格勒）。辖：旅部，第1加农炮炮兵营，火箭炮兵营，炮兵指挥连，侦察营，保障连，技术维修连，工兵排，NBC排。装备：18门152毫米2A36"风信子"-B、18门BM-21、3辆单位PRP-4M、2套AZK-7

▲海军步兵第336旅。

荣获列宁勋章、库图佐夫勋章的近卫红旗布列斯特—华沙导弹第152旅，V/H54229（加里宁格勒州切尔尼亚霍夫斯克）。辖：3个导弹营，每营2个导弹连，每连2辆发射车、2辆装填车。装备：9K79-1"圆点"-U、12辆9P129M-1、12辆9T218-1、12辆9T238/9T222，搭载检测仪9V819-1、维修台9V844M、9F370-1、9辆R-145BM

防空导弹第22团，V/H54129（加里宁格勒）。辖：团部，4个连，每连4辆防空导弹车、9A330战斗车辆和一个指挥站。装备：9K330"雷神"

⑥西部军区直属：

· 近卫红旗切尔尼戈夫空中突击第76师，V/H07264（普斯科夫）

· 荣获十月革命70周年勋章、II级库图佐夫勋章的近卫红旗斯维里空降第98师，V/H65451（伊万诺沃）

· 荣获II级库图佐夫勋章的近卫红旗空降第106师，V/H55599（图拉）

· 独立特种第2旅，V/H64044（普斯科夫州普罗美日特斯）。辖：旅部，特种第1营(特种第1、2、3连)，特种第2营(特种第4、5、6连)，特种第3营(特种第7、8、9连)，特种无线电第4支队(2个连)，教导队(特种教导第1、2连)，特种装备连(包括无人机排)，保障连，技术连，警卫连。装备：25辆BTR-80、4辆GAZ-3937"沃德尼克"、12辆GAZ-233115"虎"-M

· 独立特种第16旅，V/H6404454607（坦波夫）。辖：旅部，特种第1营(特种第1、2、3连)，特种第2营(特种第4、5、6连)，特种第3营(特种第7、8、9连)，特种无线电第4支队(2个连)，教导队(特种教导第1、2连)，特种装备连(包括无人机排)，保障连，技术连，警卫连。装备：25辆BTR-80，12辆GAZ-233115"虎"-M

▲ 在梁赞地区参加演习的近卫空降第106师，2016年9月。

装备：26辆BTR-80/80A

- 近卫火箭炮第79旅，V/H53956（特维尔）。辖：旅部，3个营，每个营辖3个连，维修连，指挥连，保障连，运输连，一个工兵排。装备：9K58"台风"多管火箭炮。旅装备18门BM9A52（9A52-2）和9辆TLV9T234（9T234-2）、1辆PDP-4；6辆MTLBT车载有1T12-2M测量仪、气象台RPMK-1，AIMS 9S729M1。每连2门9A52（9A52-2）多管火箭炮和9T234（9T234-2）装填车

- 独立自行火炮第19营，V/H52192（坦波夫）。辖：营部，3个炮连。装备：12辆203毫米自行火炮2S7

- 独立第18自行火炮营，V/H64493（坦波夫）。辖：营部，2个炮连。装备：8门240毫米迫击炮2S4

- 防空导弹第202旅，（莫斯科州纳罗—福明斯克）。辖：旅部，自动化指挥所，雷达站和雷达信息处理站，2个防空导弹营。装备：S-300V4、V/H43034

- 独立NBC第27旅，V/H11262（库尔斯克-16）。辖：旅部，2个核生化三防营、特种处理营，NBC侦察营，烟火营，旅部连。装备：放射性和化学侦察仪RHM-4-01、化学侦察仪RHM-6、化学侦察车RHM-6、热处理仪TMS-65U、发烟器TDA-2K

- 荣获亚历山大涅夫斯基勋章、红星勋章的红旗塞瓦斯托波尔通信第1旅，V/H55338（列宁格勒州谢尔托洛沃）

- 荣获亚历山大·涅夫斯基勋章的红旗华沙特种雷达第82旅（维亚济马），V/H48886（斯摩棱斯克州维亚济马和加里宁格勒州滨海区）。辖：旅部，测向营，通信营，物资保障连，运输连。装备："综合"电子情报站

- 独立红旗特种雷达第146旅（列宁格勒州弗谢沃洛日斯克地区博戈季谢）。辖：

• 驻摩尔多瓦共和国德涅斯特河左岸俄军集群，V/H13962（蒂拉斯波尔）。辖：独立摩步第82、113营，独立通信第540营，第1411炮兵仓库，第799维和分队，军事检察办公室，第80军事法庭，俄罗斯战地银行、"斯拉维扬卡"军官训练队，1120军事情报连，浴室和洗衣厂。兵力1500人。

旅部，测向营，通信营，物资保障连，运输连

• 独立无线电第 231 营，V/H73582（斯摩棱斯克）

• 独立无线电第 232 营，V/H30734（普斯科夫奥斯特罗夫-3）

• 独立电子对抗第 16 旅，V/H64055（库尔斯克市朱可夫元帅村）。装备："克拉苏哈"-S4、"雷耶尔"-3 和"摩尔曼斯克"-BN

▲ 2016 年初西部军区陆军联合演习。

• 独立第 841 电子战中心，V/H09643（加里宁格勒州雅塔尔纳）

• 荣获库图佐夫勋章、波格丹赫梅利尼茨基勋章、亚历山大·涅夫斯基勋章和近卫红星柏林工程第 45 团，V/H11361（莫斯科州纳克哈比诺）。辖：团部，工程营，道桥营，工兵营，排雷连，通信连，物资保障排，教导排，医疗中心

工兵营配属近卫 20 集团军，V/H11361-2（莫斯科地区纳克哈比诺）

• 第 4998 武器存储维修基地，V/H41734（列宁格勒州维堡）

• 第 591 炮兵仓库（诺夫哥罗德州伊万捷沃）。存储：13 门 2A65、20 门 2A36 "风信子"-B、15 门 D-20、328 门 D-30、2 辆 MT-LBT

• 第 7028（舟桥）武器存储维修基地（克斯托沃）

• 第 2124 维修厂，V/H28314（姆亚格洛沃）

• 第 96 工程基地（二类），V/H51522-3（列宁格勒州）

• 第 96 工程基地 3 区（第二类），V/H74020（莫斯科州柳别尔齐地区克拉斯科沃-1）

• 第 232 车辆储备基地（列宁格勒州弗谢沃洛日斯克地区黑河）：BMP-2、BMP-1、68 辆 BTR-70。

• 第 22 中央坦克存储基地，V/H42713（布伊）：T-90、BMP-3。

• 第 7023（工兵）武器存储和维修基地，V/H11105（雅罗斯拉夫尔州罗斯托夫）：7 辆 UP-67

• 第 216 武器存储维修基地，V/H63452（彼得罗扎沃茨克）：18 门 BM-21、36 辆 122 毫米 2S1 "康乃馨"、18 门 82 毫米 2B14、6 门 100 毫米 MT-12、18 辆 9P149 反坦克导弹车、6 辆 BM9A34（35）"箭"-10、6 辆 ZSU-23-4 "石勒喀"、41 辆 T-72、129 辆 MT-LB

- 第7014武器存储维修基地，V/H92882（列宁格勒州卢加）：16门9P140"飓风"、18辆152毫米2S19、36辆152毫米2S5、6门100毫米MT-12、36辆9P149反坦克导弹车
- 第3783综合后勤基地，V/H96131（莫斯科什切科沃地区莫尼诺镇）
- 7022（工兵）武器存储维修基地，V/H71216（卢普切萨维诺湖）
- 1837车辆维修间，V/H67651（列宁格勒州加特契纳）
- 第101装甲物资仓库，V/H68076（圣彼得堡普希金）
- 第10武器基地，V/H18558（彼得罗扎沃茨克）
- 第302存储基地，V/H42741（萨佩尔诺耶）
- 第40兵工厂，V/H42262（弗拉基米尔戈罗季谢）
- 第54兵工厂，V/H68586（勒热夫-9）
- 第55兵工厂，V/H41710（特维尔州勒热夫）：27门BM-21、32门9P140"飓风"
- 第59兵工厂，V/H42697（莫斯科，上沃伊）
- 第60兵工厂，V/H42702（卡卢加-32）
- 第75兵工厂，V/H42708（莫斯科州谢尔普霍夫-4）
- 第120兵工厂（布良斯克）：30门D-30
- 第3137炮兵仓库，V/H39348（摩尔曼斯克州科拉）
- 第353炮兵仓库，V/H01706（普斯科夫州穆利奥）
- 第1236炮兵仓库，V/H01540（卡累利阿查尔纳）
- 第936炮兵基地，V/H29229（摩尔曼斯克州泽列诺博尔斯基）
- ZHDV机关（斯摩棱斯克）
- 独立铁道兵第34旅，V/H01855（梁赞）
- 荣获库图佐夫勋章、红星勋章的独立华沙铁道兵第29旅，V/H33149（布良斯克）
- 独立铁道兵第38旅，V/H83497（沃洛格达）
- 第61指挥中心，V/H42676（圣彼得堡）

▲ 2016年初西部军区陆军联合演习。

•第 533 指挥中心，V/H32801（沃罗涅日）

•第 73 指挥中心（圣彼得堡）

•第 65 区域通信中心，V/H83320（莫斯科州伊利斯科耶）

•第 333 战斗训练中心，V/H74036（穆利尼奥）

•特种第 660 医疗分队，V/H63392（罗蒙诺索夫）

▲2016 年初西部军区陆军联合演习。

•特种第 696 医疗分队，（莫斯科）

•第 6415 医疗存储基地（沃洛格达）

•第 442 军区临床医院（圣彼得堡）

•第 70 测量分队（彼得罗扎沃茨克）

南部军区部队：

①第 49 集团军，V/35181（斯塔夫罗波尔）：

•荣获库图佐夫勋章的伊德里察—柏林摩步第 150 师，在 2016—2017 年组建，基础是独立摩步第 33 旅(V/H22179，2016 年从罗斯托夫州迈科普迁往新切尔卡斯克卡达莫夫斯基和米列罗沃)：

•荣获苏沃洛夫勋章的独立近卫红旗喀尔巴阡—柏林摩步 20 旅、V/H69670（伏尔加格勒）。装备：40 辆T-90A、1 辆T-90K、120 辆BMP-3、9 辆BTR-82A、27 辆BTR-80、6 辆GAZ-233014 ITS"虎"、15 辆MT-LB、18 门BM2B17-1"旋风-G"、18 辆 152 毫米 2S19、18 辆 122 毫米 2S34、18 门 120 毫米迫击炮 2S12、12 门 100 毫米MT-12、12 辆 9P149 自行反坦克导弹车、4 辆BRDM-2、12 辆 9K331"雷神"M1-2U、6 辆BM9A34（35）"箭"-10、6 辆 2S6M"通古斯卡"自行火炮、27 具 9K38 便携防空导弹"伊格拉"

•独立摩步第 205 旅，V/H74814（斯塔夫罗波尔边疆区布琼诺夫斯克）。装备：40 辆T-72B3、1 辆T-72BK、159 辆MT-LB、18 门BM-21、36 辆 152 毫米 2S3、18 门 120 毫米迫击炮 2S12、12 门 100 毫米MT-12、12 辆 9P149 自行反坦克导弹车、11 辆BTR-80、4 辆BRDM-2、12 辆BM9A331"托尔"-M1、6 辆BM9A34（35）"箭"-10、6 辆 2S6M"通古斯卡"自行高炮、27 具 9K38 便携式防空系统"伊格拉"

• 独立（山地）摩步第 34 旅，V/H01485（卡拉恰伊—切尔克斯共和国泽连丘克地区斯托罗日瓦亚-2），2283 人。装备：80 辆MTLME6MB和MT-LBBMK、9 辆BTR-80、18 辆 122 毫米 2S1 "康乃馨"、12 门 120 毫米 2S12、8 门 ZU-23-2 高炮

• 荣获库图佐夫勋章、红星勋章的红旗克拉斯诺达尔第 7 军事基地，V/H09332（格鲁吉亚阿布哈兹共和国古达乌塔）。装备：41 辆 T-90A（换装 T-72B3？）、130 辆 BTR-82AM、26 辆 BTR-80A、15 辆 MT-LB、18 门 BM-21、36 辆 152 毫米 2S3M、6 门 122 毫米榴弹炮 D-30、18 门 120 毫米迫击炮 2S12、12 门 100 毫米 MT-12、12 辆 9P149 自行反坦克导弹车、4 辆 BRDM-2

防空群：

防空导弹团（格鲁吉亚阿古德泽拉和普里莫尔斯克共和国阿布哈兹）：第 1、2 营各 8 具 S-300PM

防空导弹营：12 辆 9A33BM2（3）"黄蜂"

防空导弹和高炮营：6 辆 BM9A34（35）"箭"-10、6 辆 2S6M "通古斯卡"自行高炮、27 具 9K38 便携式防空系统"伊格拉"

航空兵群（古达乌塔巴姆博拉机场）

此外，阿布哈兹武装力量 2015 年 11 月 21 日在莫斯科签署了《俄罗斯联邦和阿布哈兹共和国关于俄罗斯联邦武装部队和阿布哈兹共和国武装部队组建军队（部队）的联合集群之间的协定》，基地还辖两个独立的摩步营、炮兵和航空兵集群，以及独立特种支队。

• 红旗第 102 军事基地，V/H04436（亚美尼亚埃里温和久姆里）。装备：40 辆 T-72B、1 辆 T-72BK、120 辆 BMP-2、15 辆 MT-LB、18 门 BM-21、18 辆 152 毫米自行火炮 2S5、18 门 122 毫米 2S1 "康乃馨"、24 门 120 毫米迫击炮 2S12、12 门 100 毫米 MT-12、12 辆 9P148 自行反坦克导弹车、36 辆 BTR-70/80、4 辆 BRDM-2、6 辆 BM9A34（35）"箭"-10、2 辆 ZSU23-4 "石勒喀"、6 门 ZU23-2 高炮

配属：

第 988 防空导弹团，V/H81594（久姆里）

第 3624 空军基地，V/H63530

▲ 参加"高加索 2016"演习。

（埃里温，A/B"兹列布尼"）

多管火箭炮9K58"台风"炮兵连（火箭炮第439旅）

9K720"伊斯坎德尔"-M导弹连（俄罗斯出售给亚美尼亚，人员穿亚美尼亚武装力量服装）：2辆9P78-1发射车和2辆9T250装填车。

侦察连连部（特种第10、22旅抽调）

军队医院（埃里温）

军队医院（久姆里）

- 荣获苏沃洛夫勋章和库图佐夫勋章的近卫奥尔沙导弹第1旅，V/H31853（莫尔季诺，克拉斯诺达尔地区）。装备：9K720"伊斯坎德尔"-M
- 火箭炮第943团，V/H21797（阿迪格共和国迈科普地区红十月镇）。装备：24门9P140"飓风"
- 防空导弹第90旅，V/H54821（顿河畔罗斯托夫）。装备：9K317"BUK-M2"
- 侦察旅（克拉斯诺达尔地区，科列诺夫斯克），计划组建
- 独立特种第25团，V/H05525（斯塔夫罗波尔边疆区，斯塔夫罗波尔）。装备：GAZ-233014 ITS"虎"
- 独立第573（炮兵）侦察营，V/H55030（阿迪格共和国迈科普地区红十月镇）
- 通信第66旅旅部，V/H41600（斯塔夫罗波尔）
- 第99后勤保障（MTO）旅，V/H72153（迈科普）
- NBC第39团，V/H16390（伏尔加格勒州十月镇）。

②第58集团军，V/H47084（北奥塞梯共和国—阿兰尼亚弗拉季高加索）：

- 荣获列宁勋章的独立近卫红旗沙夫林摩托化（山地）步兵第8旅，V/H16544（车臣共和国博尔佐伊）。装备：130辆BTR-82A、26辆BTR-80、6辆GAZ-233014ITS"虎"、15辆MT-LB、18门BM-21、18辆122毫米2S1"康乃馨"、18门82毫米迫击炮2B14、6门ZU-23-2（MT-LB底盘）自行高炮、27具9K38便携式防空系统"伊格拉"
- 独立近卫摩步第17旅（2016年底和近卫摩步第18旅合组近卫摩步第42师），V/H65384（车臣共和国沙利）。装备：40辆T-72B3、1辆T-72BK、159辆MT LME 6MB和MT-LB ICH、6辆GAZ-233014 ITS"虎"、18门BM-21和2B26、36辆152毫米2S19、18门120毫米迫击炮2S12、12门100毫米炮MT-12、12辆9P149自行反坦克导弹车、11辆BTR-80、4辆BRDM-2、12辆BM9A33BM2（3）"黄蜂"、6辆BM9A34（35）"箭"-10、6辆

2S6M"通古斯卡"自行高炮、27具9K38便携式防空系统"伊格拉"

- 近卫红旗叶夫帕多利亚摩步第18旅，V/H27777（车臣共和国汉卡拉和卡利诺夫斯卡）。装备：40辆T-72B3、1辆T-72BK、129辆BTR-82A、27辆BTR-80、6辆GAZ-233014 ITS"虎"、15辆MT-LB、18门2B26火箭炮、36辆152毫米2S19、18门120毫米迫击炮2S12、12门100毫米炮MT-12、12辆9P149自行反坦克导弹车、4辆BRDM-2、12辆BM 9A33BM2（3）"黄蜂"、6辆BM 9A34（35）"箭"-10、6辆2S6M"通古斯卡"自行高炮、27具9K38便携式防空系统"伊格拉"。

- 荣获劳动红旗、苏沃洛夫勋章的独立红旗沃罗涅日—舒姆林摩步第19旅，V/H20634（苏普特尼克弗拉季高加索）。装备：40辆T-90A、1辆T-90K、120辆BMP-3、9辆BTR-82A、27辆BTR-80、6辆GAZ-233014 ITS"虎"、15辆MT-LB、18辆BM 2B17-1"旋风"-G、36辆152毫米2S19、18门120毫米迫击炮2S12、12门100毫米炮MT-12、12辆9P149自行反坦克导弹车、4辆BRDM-2、12辆BM 9K330"托尔"、6辆BM 9A34（35）"箭"-10、6辆2S6M"通古斯卡"自行高炮、27具9K38便携式防空系统"伊格拉"。

- 荣获苏沃洛夫勋章、库图佐夫勋章和波格丹赫梅利尼茨基勋章的近卫红旗乌曼—柏林摩步第136旅，V/H63354（达吉斯坦共和国布伊纳克斯克）。装备：40辆T-72B3、1辆T-72BK、120辆BMP-3、9辆BTR-82A、27辆BTR-80、6辆GAZ-233014 ITS"虎"、15辆MT-LB、18门BM-21、36辆152毫米2S3、18门120毫米迫击炮2S12、12门100毫米炮MT-12、12辆9P149自行反坦克导弹车、4辆BRDM-2、12辆BM9A331"托尔"-M1、6辆BM9A34（35）"箭"-10、6辆2S6M"通古斯卡"自行高炮、27具9K38便携式防空系统"伊格拉"。

- 荣获苏沃洛夫勋章和波格丹赫梅利尼茨基勋章的近卫红旗瓦普尼亚尔卡—柏林第4军事基地，V/H66431（格鲁吉亚南奥塞梯茨欣瓦利和德加瓦）。装备：40辆T-72BM、1辆T-72BK、120辆BMP-2、36辆BTR-80、15辆MT-LB、18门BM-21、36辆152毫米2S3M、18门120毫米迫击炮2S12、12门100毫米炮MT-12、12辆9P149自行反坦克导弹车、4辆BRDM-2、6辆BM9A34（35）"箭"-

▲ 摩步第18旅装甲群。

10、6辆2S6M"通古斯卡"自行高炮、27具9K38便携式防空系统"伊格拉"

配属：

9K37"山毛榉"-M1防空导弹营

火箭炮连（V/H48315，来自火箭炮第439旅，装备9K58"台风"）

▲ 近卫第4基地在南奥塞梯军事演习。

9K720"伊斯坎德尔"-M导弹连：2辆9P78-1车和2辆TLV 9T250

• 导弹第12旅，V/H25788（北奥塞梯莫兹多克共和国—阿兰尼亚）。装备：9K720"伊斯坎德尔"-M

• 荣获苏沃洛夫勋章的近卫炮兵第291旅，V/H64670（印古什共和国特里尼提）。装备：8门9P140"飓风"、18门152毫米2A65、6门100毫米MT-12、18辆9K123"菊花"-S、3辆PRP-4M、2套AZK-7

• 独立第100侦察旅，V/H23511（北奥塞梯共和国—阿拉尼亚莫兹多克地区莫兹多克—7）。装备：12辆GAZ-2975"虎"、4辆RHM-4，ECM-341V RB无人机、"奥兰"-10无人机、"鹰眼"-400和"搜索者"MK2

• 防空导弹第67旅，V/H32383（弗拉季高加索）。装备：9K37"山毛榉"-M1

• NBC第40团，V/H16383（印古什特里尼提）

• 通信第34旅，V/H29202（弗拉季高加索）。装备：8辆BTR-80

• 独立第78后勤保障（MTO）旅，V/H11384（斯塔夫罗波尔边疆区布琼诺夫斯克）

• 工程第31团，V/H31777（普罗赫拉德内）

③南部军区空天军指挥的陆军航空兵部队：

• 陆军航空兵第16旅，V/H41767（罗斯托夫州泽尔诺格勒机场）。装备：6架米-8AMTSh（NO.07、NO.05、NO.01、NO.11、NO.10、NO.09）、4架MI-35M（NO.102、NO.103、NO.109、NO.112）、21架米-28N（NO.201、NO.202、NO.203、NO.204、NO.205、NO.206、NO.207、NO.208、NO.209、NO.210、NO.211、NO.212、NO.213、NO.214、NO.215、NO.216、NO.217、NO.218、NO.219、NO.223、NO.224）、3架米-8PP（NO.08、NO.48、NO.72）、4架MI-8SMV-PG（NO.70、NO.73、NO.74、NO.77）、1架米-8MTI（NO.63）

- 荣获库图佐夫勋章的独立塞瓦斯托波尔直升机第 55 团，V/H35666（克拉斯诺达尔边疆区科列诺夫斯克机场）。装备：10 架MI-35M(NO.31、NO.32、NO.33、NO.34、NO.35、NO.36、NO.37、NO.38、NO.39、NO.40)、12 架米-28N(NO.01、NO.02、NO.03、NO.04、NO.05、NO.06、NO.07、NO.08、NO.09、NO.10、NO.11、NO.12)、17 架米-8AMTSh(NO.41、NO.42、NO.47、NO.46、NO.49、NO.50、NO.51、NO.52、NO.53、NO.54、NO.62、NO.63)

- 独立直升机第 487 团，V/H44936（斯塔夫罗波尔边疆区布琼诺夫斯克机场）。装备 11 架米-35（NO.30、NO.31、NO.32、NO.33、NO.34、NO.35、NO.36、NO.37、NO.38、NO.39、NO.40）、17 架米-28N(NO.01、NO.02、NO.03、NO.04、NO.06、NO.09、NO.07、NO.08、NO.10、NO.11、NO.12、NO.14、NO.15、NO.16、NO.17、NO. 18)、14 架MI-8 MTV-5（NO.76、NO.77、NO.79、NO.80、NO.81、NO.82、NO.83、NO.84、NO.85、NO.86、NO.87、NO.88、NO.89、NO.90）、2 架"前哨"无人机

- 黑海舰队海军陆战队（海军步兵）和岸防部队
- 第 758 运输中心，V/H63876（塞瓦斯托波尔）
- 第 17 兵工厂，V/H13189（塞瓦斯托波尔苏哈尔纳亚巴尔卡）
- 独立第 133 保障旅，V/H73998（克里米亚巴赫奇萨赖地区）
- 独立海防第 126 旅，V/H12676（克里米亚佩列瓦尔诺耶）。辖：旅部，（山地）摩步第 1 营，摩步第 2 营，海军步兵营（费奥多西亚），坦克营，榴弹炮营，火箭炮营，防空导弹营，狙击步兵连，侦察连，工兵营，通信营，电子对抗连，NBC连，物资保障营，维修连，卫生连，警卫连。装备：41 辆T-72B、40 辆BTR-80、18 门D-30、18 门BM-21、8 门ZU-23-2

- 独立海军步兵第 810 旅，V/H13140（塞瓦斯托波尔哥萨克村）。辖：旅部，独立海军步兵 382 营（V/H45765，克拉斯诺达尔边疆区捷姆留克），独立海军步兵 557 营，空中突击 542 营，狙击步兵连，自行榴弹炮营，火箭炮连，两栖侦察连，通信连，物资保障营，防空导弹和火炮营，两栖工兵连，

▲ 南部军区的直升机群。

火焰喷射器连,维修连,两栖输送连(舟艇连),反坦克连,NBC排,炮兵指挥排,警卫班。3185人。装备：40辆BTR-82A、80辆BMP-2、2辆BRM-1K、18辆2S1"康乃馨"、12辆2S9"诺娜"-S、6门BM-21、6辆BM9A34（35）"箭"-10、6辆ZSU-23-4"石勒喀"、28辆LBT-MT、1辆PRP-3、4辆PDP-4、2辆PU-12、2辆1V119、2辆BREM-2、2辆MT-55A、1辆MTU-20

• 第388两栖侦察营,V/H43071（塞瓦斯托波尔）。辖：管理学,特种第1、2连,潜水第3连,通信连,后勤排,物资保障排

• 第127侦察旅,V/H67606（克里米亚帕尔格洛沃）。辖：旅部,侦察营(特种第1、2连,侦察突击第3连,技术侦察第4连,通信排,警卫排),仪侦营(电子侦察连、电子对抗连、通讯排、保障排),通信营,无人机连,物资保障连,运输连,警卫连,心理战分队,工程排,情报分析组

• 岸防导弹和炮兵第11旅,V/H00916（克拉斯诺达尔州边疆区阿纳帕地区乌塔什）。辖：第1、2营,技术营,炮兵连,维修连,保障连,防空导弹排,工兵排,警卫排,NBC排,火箭技术基地。装备：1套3K60"巴尔"岸舰导弹系统(2辆指挥所和通信设备车、4辆自行发射车)、2套K300P"堡垒"-P岸舰导弹(8辆K-340P自行发射车、2辆K380P指挥车、2辆对空对海搜索雷达车、2套预警系统、8辆K342P车)、6辆A-222"海滩"130毫米自行火炮

• 独立岸防导弹和炮兵第15旅（塞瓦斯托波尔）。辖：第1营,技术营,维修连,支援连,防空导弹排,工兵排,警卫排,NBC排,火箭技术基地。装备：1套"堡垒"-P岸舰导弹系统(4辆K-340P自行发射车、1辆K380P指挥车、2辆对空对海搜索雷达车、1套预警系统、4辆K342P车)、1套3K60"巴尔"岸舰导弹系统(2辆指挥所、通信设备车、4辆自行发射车)

• 独立炮兵第8团,V/H87714（辛菲罗波尔和佩列瓦尔诺耶）。辖:团部,自行榴弹炮营,火箭炮营,反坦克营,炮兵侦察连,通信连,保障连,维修连,工兵排,NBC排。装备：12门BM-21和2B26、4门9P140"飓风"、18辆152毫米2S19"姆斯塔"-S、6门100毫米MT-12、12辆9K123"菊花-S"反坦克导弹车

• 独立防空导弹第1096团（塞瓦斯托波尔）。辖：团部,防空导弹第1、2营,技术连,物资保障连,运输连。装备：12辆BM 9A33BM2（3）"黄蜂"

• 独立NBC第4团,V/H86862（塞瓦斯托波尔）。辖：团部,NBC第1、2营(NBC连,特种连),烟雾营,NBC侦察连,通信排,物资保障排,技术排,医疗中心

- 独立通信第 224 营，V/H83526（塞瓦斯托波尔）。
- 红旗第 529 通信枢纽，V/H40136（塞瓦斯托波尔）。
- 独立第 475 电子战中心，V/H60135（奥托拉德诺耶塞瓦斯托波尔）。装备："摩尔曼斯克-BN"干扰站、R-330ZH"居民"干扰台、R-934 BMW、电子战RB-531B、EW1RL257、8套"雷耶尔（阅读）"-3
  - 电子雷达监测中心（塞瓦斯托波尔）
  - 里海舰队（YUVO，阿斯特拉罕）海军陆战队和岸防部队
  - 综合保障仓库（MTO），V/H96146（阿斯特拉罕）。
  - 独立海军步兵第 414 营，V/H95152（卡斯皮斯克）。辖：营部，海军步兵第 1、2 连，两栖突击连，侦察连，自行火炮连，保障连，通信排，榴弹发射器排，反坦克排。约 600 人。装备：30 辆MT-LB，6 辆2S9"诺娜-S"
  - 独立海军步兵第 727 营，V/H20264（阿斯特拉罕州阿斯特拉罕新列斯纳亚村）。辖：营部，海军步兵第 1、2 连，两栖突击连，侦察连，自行火炮连，保障连，通信排，榴弹发射器排，反坦克排。约 400 人。装备：27 辆BTR-70、6 辆2S9"诺娜"-S
  - 通讯部队（阿斯特拉罕）
  - 独立雷达中心，V/H87111（卡斯皮斯克）。装备：超视距雷达MR-900"向日葵"-E

④ 军区直属：
- 荣获库图佐夫勋章的近卫红旗（山地）空中突击第 7 师，V/H61756（新罗西斯克）
- 荣获库图佐夫勋章的近卫红旗顿河哥萨克（轻型）空降突击第 56 旅，V/h74507，（YUVO，卡梅申）
- 荣获朱可夫勋章的独立特种第 10 旅，V/H51532（克拉斯诺达尔地区莫尔季诺）。辖：旅部，特种第 1 营（特种第 1、2、3 连），特种第 2 营（特种第 4、5、6 连），特种第 3 营（特种第 7、8、9 连），特种第 4 营（特种第 10、11、12 连），特种无线电第 5 营（2 个连），教导队（特种教导第 1、2 连），特种装备连（包括无人机排），保障连，技术连，警卫连。装备：25 辆BTR-80、12 辆GAZ-233014 ITS"虎"和依维柯LMV"山猫"、10 辆乌拉尔 63095 "台风"-U
- 独立近卫特种第 22 旅，V/H11659（罗斯托夫州巴泰斯克和斯捷普诺伊）辖：旅部，特种第 1 营（特种第 1、2、3 连），特种第 2 营（特种第 4、5、6 连），特种第 3 营（特种第 7、8、9 连），特种第 4 营（特种第 10、11、12 连），特种第 5 教导营（红波利亚纳，

克拉斯诺达尔边疆区），特种无线电第6营（2个连），教导队（特种教导第1、2连，巴泰斯克），特种装备连（包括无人机排），保障连，技术连，警卫连。装备：25辆BTR-80、11辆BMP-2、12辆GAZ-233014 ITS"虎"、20辆KAMAZ-63968"台风"

• 独立特种第346旅，V／H31681（卡巴尔达—巴尔卡尔共和国普罗赫拉德内）辖：旅部，特种第1营（特种第1、2、3连），特种第2营（特种第4、5、6连），特种第3营（特种第7、8、9连），特种无线电第4营（2个连），教导队（特种教导第1、2连），特种装备连（包括无人机排），保障连，技术连，警卫连。装备：12辆GAZ-233014 ITS"虎"、10辆乌拉尔63095"台风"-U

• 荣获库图佐夫勋章的近卫彼列科普火箭炮兵第439旅，V/H48315（阿斯特拉罕州兹纳缅斯克）。辖：旅部，三个营，维修连，指挥连，保障连，运输连，一个工兵排。每个营辖三个连，每连2门9A52（9A52-2）多管火箭炮和9T234（9T234-2）装填车。装备：9K58"台风"，旅装备18门BM9A52（9A52-2）和9辆TLV 9T234（9T234-2）、1辆PDP-4，6辆MT LBT车载有1T12-2M测量仪、气象台RPMK-1、AIMS 9S729M1

• 防空导弹第77旅，V/H33742（克拉斯诺达尔地区科列诺夫斯克）辖：旅部，自动化指挥所与雷达站和雷达信息处理站，2个防空导弹营。装备：S-300V4，S-300V4防空导弹营编有9S457M中心站、9S15M2雷达、9S19M2雷达和2个防空导弹连、每个都包含多联导弹制导台9S32M2、2辆9A82M车、1辆电源车9A84M、4辆9A83M车和2辆9A85M车

• 独立NBC第28旅，V/H65363（卡梅申）。辖：旅部，2个核生化三防营、特种处理营，NBC侦察营，烟火营，旅部连。装备：放射性和化学侦察仪RHM-4-01、化学侦察仪RHM-6、化学侦察车RHM-6、热处理仪TMS-65U、发烟器TDA-2K

• 荣获亚历山大·涅夫斯基勋章和两枚红星勋章的红星卢尼涅茨—平斯克通信第175旅，V/H01957（罗斯托夫州阿克塞）

• 独立通信第176旅，V/H71609（罗斯托夫州新切尔卡斯克）

• 独立无线电技术第154旅，

▲ 南部军区的坦克射击。

V/H13204（斯塔夫罗波尔边疆区伊佐比利内）

- 独立无线电工程第 74 团，V/H68889（弗拉季高加索）
- 独立第 305 无线电工程中心，V/H74315（达吉斯坦共和国卡斯皮斯克）
- 独立第 903 无线电工程中心，V/H30232（克拉斯诺达尔边疆区索契）
- 独立测量中心，V/H53058（罗斯托夫地区塔甘罗格）
- 独立第 19 电子对抗旅，V/H62829（罗斯托夫州阿克塞地区拉斯韦特）
- 第 362 指挥中心，V/H47187（顿河畔罗斯托夫）
- 第 1020 指挥中心，V/H30656（弗拉季高加索）
- 荣获亚历山大涅夫斯基勋章的独立近卫红旗金吉谢普工程第 11 旅，V/H45767（罗斯托夫州卡缅斯克—沙赫京斯基）。辖：旅部，工兵营，工程道路桥梁营，舟桥营，工程营，排雷连，通信连，物资保障连，维修排，教导排，医疗中心

- 军区直属第 1061 物资中心，V/H57229（罗斯托夫州顿河畔罗斯托夫）
- 第 7016 武器存储维修基地（阿迪格共和国迈科普）。装备：24 门 9P140"飓风"、36 门 152 毫米 2A65、12 门 100 毫米 MT-12、36 辆 9P149 反坦克导弹车
- 第 744 炮兵武器基地，V/H42286（新切尔卡斯克）
- 第 719 炮弹基地，V/H01704（克拉斯诺达尔边疆区季霍列茨克，实际上在季霍纳基）
- 第 430 轻武器中心库（阿尔马维尔）
- 第 1103 工程弹药基地，V/H55453（斯塔夫罗波尔州基洛夫地区共青团员村）
- 第 7024 武器存储维修基地，

▲ 南部军区军事演习。

V/H45278（罗斯托夫州卡缅斯克—沙赫京斯基）

- 第 3791 综合仓库，V/H96132（罗斯托夫州巴泰斯克）
- 第 91 通信存储维修基地，V/H69674（克拉斯诺达尔边疆区克鲁泡特金）
- 第 7029 武器存储维修基地（伏尔加格勒沃尔日斯基）
- 第 2728（NBC）武器储存基地，V/H42751（伏尔加格勒州弗罗洛沃）
- 第 670 装甲仓库，V/H52205（克拉斯诺达尔边疆区库什切夫卡）
- 第 2699 汽车存储基地 V/H63652（顿河畔罗斯托夫）
- 第 54 侦察兵培训中心，V/H90091（北奥塞梯共和国—阿兰尼亚）
- ZHDV铁道兵机关（伏尔加格勒）
- 独立铁道兵第 37 旅，V/H51473（斯塔夫罗波尔边疆区涅温诺梅斯克和格奥尔吉耶夫斯克）：装甲列车"贝加尔湖"，装甲列车"丘比特"
- 独立铁道兵第 39 旅，V/H01228（克拉斯诺达尔）
- 独立铁路桥第 333 营，V/H21483（伏尔加格勒）
- 第 529 特种医疗分队，V/H40880（顿河畔罗斯托夫）
- 第 6167 医疗/军事装备存储基地，V/H08376（克拉斯诺达尔）
- 第 14 测量队，V/H17908（克拉斯诺达尔边疆区科列诺夫斯克），配有"沃尔涅茨"移动数字地形图
- 南部军区实战训练中心（阿斯特拉罕州阿苏卢克）：至 2016 年 6 月还在组建中

中部军区部队：

①近卫红旗第 2 集团军，V/H22223（萨马拉）：

- 独立摩步第 15 旅，V/H90600（萨马拉州罗辛斯基）。装备：40 辆T-72BM、1 辆T-72BK、130 辆BTR-82AM、10 辆BTR-80、15 辆MT-LB、24 门 82 毫米迫击炮 2B9"矢车菊"、18 门 82 毫米迫击炮B14、4 辆BRDM-2、12 辆BM9A33BM2（3）"黄蜂"、6 辆BM9A34（35）"箭"-10、6 辆 2S6M"通古斯卡"自行高炮、27 具 9K38 便携式防空系统"伊格拉"
- 独立近卫基辅—新布格摩步第 21 旅（重型），V/H12128（奥伦堡州托斯科耶）。装备：84 辆T-72B3/BA1、32 辆BMP-2、6 门BM-21、36 辆 152 毫米 2S19、12 辆 122 毫米 2S34、12 辆 9P149 自行反坦克导弹车、12 辆BM9A331"托尔"-M1、6 辆BM9A34（35）"箭"-10、8 辆 2S6M"通古斯卡"自行高炮、27 具 9K38 便携式防空系统"伊格拉"
- 独立近卫摩步第 23 旅，V/H65349（萨马拉），2016 年调西部军区瓦卢伊基

•第 92 导弹旅,V/H30785（卡缅卡,奔萨附近）。装备:9K720"伊斯坎德尔"-M

•近卫炮兵第 385 旅,V/H32755（奥伦堡州托斯科耶）。装备：8 门 9P140"飓风"、18 门 152 毫米 2S19、6 门 100 毫米 MT-12、18 辆 9P149 反坦克导弹车

•火箭炮第 950 团,V/H92190（奥伦堡州托茨科耶-2）。装备：24 门 9P140"飓风"

▲俄军摩步第 15 旅。

•独立第 581 炮兵侦察营,V/H64492（奥伦堡州托茨科耶）

•防空导弹第 297 旅,V/H02030（巴什科尔托斯坦共和国奇斯明斯基地区阿尔基诺）。装备：9K317"BUK-M2"

•防空指挥所,V/H02030-KP（巴什科尔托斯坦共和国奇斯明斯基地区阿尔基诺）

•NBC第 2 团,V/H18664（萨马拉）

•荣获亚历山大涅夫斯基勋章的红星凯列茨卡亚通信第 91 旅,V/H59292（萨马拉州罗辛斯基）

•第 71 通信枢纽（卡利诺夫卡）

•第 2934 卫星通讯站（萨马拉地区罗辛斯基）

•第 332 邮件通信中心（萨马拉）

•第 1388 指挥中心,V/H23280（萨马拉）

•荣获库图佐夫勋章的独立红星后勤保障（MTO）第 105 旅,V/H11386（萨马拉州罗辛斯基）

②红旗第 41 集团军，**V/H64128**（新西伯利亚）：

•独立摩步第 32 旅，V/H22316（2016 年由新西伯利亚州希洛沃调叶卡捷琳堡-32 军事镇）。装备：40 辆T-72BM、1 辆T-72BK、156 辆BTR-80、15 辆MT-LB、18 门BM-21、36 辆 152 毫米 2S3、18 门 120 毫米迫击炮 2S12、12 门 100 毫米炮MT-12、12 辆 9P149 自行反坦克导弹车、4 辆BRDM-2、12 辆BM9A33BM2（3）"黄蜂"、6 辆BM9A34（35）"箭"-10、6 辆 2S6M"通古斯卡"自行高炮、27 具 9K38 便携式防空系统"伊格拉"

- 独立近卫摩步第35旅，V/H41659（阿列伊斯克）。装备：40辆T-72BM、1辆T-72BK、120辆BMP-2、15辆MT-LB、18门BM-21、36辆152毫米2S19、18门120毫米迫击炮2S12、12门100毫米炮MT-12、12辆9P149自行反坦克导弹车、36辆BTR-80、4辆BRDM-2、9K37"山毛榉"-M1（1套9S470M1、1套SOC9S18M1、6辆9A310M1、3辆9A39）、6辆BM9A34（35）"箭"-10、6辆2S6M"通古斯卡"自行高炮、27具9K38便携式防空系统"伊格拉"

- 独立（山地）摩步第55旅，V/H55115（克孜勒）

- 近卫独立近卫摩步第74旅，V/H21005（克麦罗沃州尤尔加）。装备：40辆T-72B3、1辆T-72BK、120辆BMP-2、15辆MT-LB、18门BM-21、36辆152毫米2S3、18门120毫米迫击炮2S12、12门100毫米炮MT-12、12辆9P149自行反坦克导弹车、36辆BTR-80、4辆BRDM-2、12辆BM9A33BM2（3）"黄蜂"、6辆BM9A34（35）"箭"-10、6辆2S6M"通古斯卡"自行高炮、27具9K38便携式防空系统"伊格拉"

- 独立摩步第28旅，V/H61423（叶卡捷琳堡第32军事镇），2016年调西部军区克林齐

- 荣获两枚红旗勋章的维捷布斯克 — 诺夫哥罗德近卫坦克第90师（切巴尔库里），基于独立近卫坦克第7旅组建，该旅V/H89547，2901人。装备：90辆T-72B3、4辆T-72BK、49辆BMP-2、18门BM-21、18辆152毫米2S3M、18门120毫米迫击炮2S12、6辆BTR-80、3辆BRM-3K、12辆BM9K330"雷神"、6辆BM9A34（35）"箭"-10、6辆2S6M"通古斯卡"自行高炮、36具9K38便携式防空系统"伊格拉"

- 荣获两枚红旗勋章、朱可夫

▲ 俄军近卫第2集团军训练。

勋章的红旗加特契纳第 201 军事基地，V/H01162（塔吉克斯坦共和国杜尚别库尔干托别）：

杜尚别驻军：

总部，火箭炮营（18 门BM-21），防空导弹营（12 辆BM9A33BM2"黄蜂"），狙击步兵连，侦察营（4 个侦察连，2 个特种电子侦察连），维修营（3 个连），通信营，无人机连，物资保障营，电子战中心，炮兵主任通信分队，通信排（防空主任）

第 109 卫戍区法庭

第 354 临床医院

近卫摩步第 149 团，V/H54306。装备：9 辆T-72B1、120 辆BMP-2、18 门 120 毫米迫击炮 2S12、18 辆 152 毫米 2S3M、4 辆BM 9A34（35）"箭"-10、4 门ZU-23-2

摩步第 92 团，VH31691。装备：9 辆T-72B1、120 辆BTR-82A、18 门 120 毫米迫击炮 2S12、18 门 122 毫米 2S1、4 辆BM9A34（35）"箭"-10、4 辆ZSU23-4"石勒喀"

库尔干托别驻军：

独立摩步第 191 团，V/H83364。装备：9 辆T-72B1、120 辆BMP-2、18 门 120 毫米迫击炮 2S12、18 辆 152 毫米 2S3M、4 辆BM 9A34（35）"箭"-10、4 门ZU-23-2

训练场：摩米拉克、拉乌尔、萨姆布洛夫。

• 导弹第 119 旅，V/H49547（叶兰斯基），310 人。装备：9K79-1"圆点"-U

• 火箭炮第 232 旅，V/H31643,（舍列霍夫/奇斯托别克柳奇<CLEAR>）。装备：18 门 9P140"飓风"

• 近卫炮兵第 120 旅，V/H59361,（克麦罗沃州尤尔加和奇斯托别克柳奇<CLEAR>）。装备：8 门 9P140"飓风"、18 门 152 毫米 2A65、6 门 100 毫米MT-12、18 辆 9K123"菊花"-S、3 辆PRP-4M、2 套AZK-7

• 防空导弹第 61 旅,V/H31466（比斯克）。装备：9K37"山毛榉"-M1

• 第 868 防空指挥所，V/H64128（新西伯利亚—17 军事镇）

• NBC第 10 团，V/H55121（托普奇哈）

• 红星塔林通信第 35 旅，V/

▲ 俄军第41集团军坦克射击。

H57849（科切涅沃）

• 第 75 通信枢纽（卡利诺夫卡）

• 独立第 106 保障（MTO）旅，V/H72154（尤尔加）

③中部军区空天军指挥的陆军航空兵：

• 第 48 陆军航空兵基地，V/H45123（斯维尔德洛夫斯克州卡缅斯克-乌拉尔地区特拉弗亚纳机场）。装备 16 架 MI-8MT（NO.03、NO.17、NO.39、NO.37、NO.39、NO.33、NO.05、NO.61、NO.14、NO.11、NO.07、NO.08、NO.41、NO.24、NO.23、NO.27）、16 架米-24P 型、1 架米-26（NO.01）。

• 中部军区第 48 陆军航空兵基地独立救援队，V/H45123-2（车里雅宾斯克州乌普伦机场）。装备：10 架 MI-8MT（NO.23、NO.29、NO.08、NO.09、NO.10、NO.69、NO.11、NO.40、NO.45、NO.39）、4 架米-26（NO.01、NO.02、NO.03、NO.04）

• 第 562 陆军航空兵基地，V/H12739（新西伯利亚托尔马切沃机场）。装备：16 架米-24P 型、19 架米-8AMTSh（NO.211、NO.213、NO.214、NO.221、NO.222、NO.223、NO.224、NO.231、NO.232、NO.233、NO.234、NO.241、NO.242、NO.243、

▲ 中部军区陆航。

▲ 中部军区近卫火箭炮第 232 旅射击训练，2015 年 4 月。

NO.244、NO.415、NO.416、NO.417、NO.422）

④军区直属：

• 荣获苏沃洛夫勋章的独立近卫红旗华沙-柏林特种第3旅，V/H21208（陶里亚蒂）。辖：旅部,特种第1营（特种第1、2、3连）,特种第2营（特种第4、5、6连）,特种第3营（特种第7、8、9连）,特种第4营（特种第10、11、12连）,特种第5营（特种第13、14、15连）,特种第6营（特种第16、17、18连）,特种无线电第7营（2个连）,教导队（特种教导第1、2连）,特种装备连（包括无人机排）,保障连,运输连,警卫连。装备：25辆BTR-80、12辆GAZ-233014ITS"虎"

• 荣获列宁勋章、苏沃洛夫勋章的独立近卫红旗勃兰登堡特种第24旅，V/H55433（新西伯利亚）。辖：旅部,特种第1营（特种第1、2、3连）,特种第2营（特种第4、5、6连）,特种第3营（特种第7、8、9连）,特种第4营（特种第10、11、12连）,特种第5营（特种第13、14、15连）,特种无线电第6营（2个连）,教导队（特种教导第1、2连）,特种装备连（包括无人机排）,保障连,运输连,警卫连。装备：25辆BTR-80、12辆GAZ-233014 ITS"虎"

• 荣获库图佐夫勋章的独立近卫空降突击第31旅，V/H73612（乌里扬诺夫斯克）

• 防空导弹第28旅，V/H71316（车里雅宾斯克州,切巴尔库里）辖：旅部,自动化指挥所与雷达站和雷达信息处理站,2个防空导弹营。S-300V4防空导弹营编有9S457M中心站、9S15M2雷达、9S19M2雷达和2个防空导弹连，每个都包含多联导弹制导台9S32M2、2辆9A82M车、1辆电源车9A84M、4辆9A83M车和2辆9A85M车

• 独立NBC第29旅，V/H34081（叶卡捷琳堡）。辖：旅部,2个核生化三防营、特种处理营,NBC侦察营,烟火营,旅部连。装备：放射性和化学侦察仪RHM-4-01、化学侦察仪RHM-6、化学侦察车RHM-6、热处理仪TMS-65U、发烟器TDA-2K

• 独立近卫红旗柯尼斯堡—戈罗多克工程第12旅，V/H63494（巴什科尔托斯坦共和国乌法阿尔基诺N-2）。辖：旅部,工兵营,工程道路桥梁营,舟桥营,工程营,排雷连,通信连,物资保障连,维修排,教导排,医疗中心

• 红旗锡瓦什通信第59旅，V/H28331（叶卡捷琳堡市上佩什马）

• 第179通信旅，V/H40566（叶卡捷琳堡市上佩什马）

• 第73通信枢纽（叶卡捷琳堡）

• 第611移动枢纽（叶卡捷琳堡）

- 独立后方通信第 153 营，V/H22245（斯维尔德洛夫斯克州阿拉米尔）
- 第 125 情报中心，V/H63190（叶卡捷琳堡）
- 第 273 指挥中心，V/H53847（叶卡捷琳堡）
- 第 1388 指挥中心，V/H23280（萨马拉）
- 电子对抗第 18 旅，V/H41158（伊尔库茨克州下乌金斯克）
- 独立无线电第 234 营，V/H73759（萨马拉州克里日）
- 独立特种无线电工程第 88 旅，V/H65262（乌兰乌德）
- 独立特种无线电工程第 39 旅，V/H63180（奥伦堡）
- 独立无线电工程第 236 营，V/H73762（阿尔泰边疆区比斯克）
- 独立第 1365 无线电工程中心，V/H74278（哈卡斯共和国阿巴坎）
- 第 187 武器存储基地，V/H21431（伊尔库茨克州下乌金斯克）。装备：36 辆 2S1"康乃馨"、6 辆 9K35"箭"-10、6 门 100 毫米 MT-12、18 辆 9P149 自行反坦克导弹车、18 门 2S12 迫击炮、6 辆 ZSU-23-4"石勒喀"自行高炮、18 门 BM-21

- 第 103 武器存储维修基地，V/H32456（新西伯利亚希洛沃）。装备：41 辆 T-72、36 辆 2S1、6 辆 9K35"箭"-10、6 门 MT-12、18 辆 9P149 反坦克导弹车、18 门 2S12、6 辆 ZSU-23-4"石勒喀"、18 门 BM-21

- 第 104 武器存储维修基地（阿勒泰阿列伊斯克）。装备：18 门 BM-21、36 辆 152 毫米 2S3、18 门 120 毫米迫击炮 2S12、12 门 100 毫米炮 MT-12、12 辆 9P149 自行反坦克导弹车、6 辆 ZSU-23-4"石勒喀河"自行高炮

- 第 7017 武器存储维修基地（奥伦堡州布祖卢克）。装备：18 门 100 毫米 MT-12、54 辆 9P149。

- 第 7019 武器存储维修基地（奇斯托别克柳奇<clear>）。装备：16 门 9P140"飓风"、54 门 152 毫米 2A65、12 门 100 毫米 MT-12、36 辆 9P149

- 第 7006 武器存储维修基地（萨拉托夫）
- 第 7007 武器存储维修基地（斯维尔德洛夫斯克州阿拉米尔）
- 第 691 BHViS，V/H42748（斯维尔德洛夫斯克州佩夫达）
- NBC第 349 BHViS，V/H54730（阿尔泰边疆区托普奇哈）
- 第 1311 中央坦克存储维修基地，V/H42716（斯维尔德洛夫斯克州上佩什马）
- 第 349 中央坦克存储维修基地，V/H63753（阿尔泰边疆区托普奇哈）
- 第 2544 中央坦克存储维修基地，V/H54630（克拉斯诺亚尔斯克边疆区科祖尔卡）

- 存储维修基地，V/H74881（阿尔泰边疆区波斯佩利哈）
- 第306工程基地，V/H67667（叶卡捷琳堡）
- 第103武器仓库，V/H42701（萨兰斯克）
- 第638中心弹药仓库，V/H63185（克拉斯诺亚尔斯克边疆区科祖尔卡地区凯姆丘格）

▲ 近卫空降第31旅。

- 第1215中央炮弹基地，V/H75226（伊尔库茨克州季马镇）
- 第2256中央炮弹基地，V/H71185（新西伯利亚州卡加斯）
- 第1819炮弹基地，V/H86775（新西伯利亚州切列帕诺夫斯基地区别兹梅诺沃）
- 第3794综合后勤基地，V/H96133（叶卡捷琳堡）
- 红旗利斯昌斯克第473军区（摩步）培训中心，V/H31612（斯维尔德洛夫斯克州卡梅什洛夫地区博洛史诺）
- 初级士官培训中心（新西伯利亚乌纳斯夫）：1—3连培训特种部队班长，4连培训扫雷兵，5连培训无人机操作员，67连培训通信员。专门进行四个月培训：无人机操作员、扫雷、无线电报务员和侦察兵
- 独立铁道兵第43旅，V/H61207（叶卡捷琳堡）
- 独立红旗波兹南铁道兵第5旅，V/H01662（哈卡斯共和国阿巴坎）
- 独立铁道兵第48旅，V/H55026（鄂木斯克）

  特种第183医疗分队，V/H64557（叶卡捷琳堡）
- 第63测量支队，V/H18032（伊尔库茨克州乌索利耶西伯利亚）

东部军区部队：

①红旗第5集团军，V/H06426（滨海边疆区乌苏里斯克）：

- 荣获十月革命红旗、苏沃洛夫勋章的独立近卫红旗杜霍夫希纳大兴安岭摩步第70旅，V/H24776（滨海边疆区哈桑地区巴拉巴什）。装备：40辆T-72B、1辆T-72BK、159辆MT-LB、18门BM-21、36辆152毫米2S19、18门120毫米迫击炮2S12、12门100毫米炮MT-12、12辆9P148自行反坦克导弹车、11辆BTR-80、4辆BRDM-2、9K37"山

▲ 第 5 集团军摩步第 59 旅在训练，2016 年 8 月。

毛榉”-M1（1 套 9S470M1、1 套 9S18M1、6 辆 9A310M1 SDA、3 辆 TLV 9A39）、6 辆BM 9A34（35）“箭”-10、6 辆ZSU23-4“石勒喀河”自行高炮

• 荣获库图佐夫勋章的独立摩步第 59 旅，V/H44980（滨海边疆区边境地区谢尔盖耶夫卡）。装备：40 辆T-72BM、1 辆T-72BK、120 辆BMP-1、15 辆MT-LB、18 门BM-21、36 辆 152 毫米 2S3、18 门 120 毫米迫击炮 2S12、12 门 100 毫米炮MT-12、12 辆 9P148 自行反坦克导弹车、36 辆BTR-80、4 辆BRDM-2、9K37“山毛榉”-M1（1 套 9S470M1、1 套 9S18M1、6 辆 9A310M1 SDA、3 辆TLV 9A39）、6 辆BM9A34（35）“箭”-10、6 辆ZSU23-4“石勒喀河”自行高炮

•荣获苏沃洛夫勋章的独立近卫红旗克拉斯诺格勒摩步第 57 旅，V/H46102（哈巴罗夫斯克州比金地区东里镇）。装备：40 辆T-72B、1 辆T-72BK、120 辆BMP-1、15 辆MT-LB、18 门BM2B17-1“旋风”-G、36 辆 122 毫米 2S1“康乃馨”、18 门 120 毫米迫击炮 2S12、12 门 100 毫米炮MT-12“双刃剑”、12 辆 9P148 自行反坦克导弹车、36 辆BTR-80、4 辆BRDM-2. 12 辆BM9K332M“雷神”M2U、6 辆BM9A34（35）“箭”-10、6 辆ZSU23-4“石勒喀河”自行高炮

• 独立红旗摩步第 60 旅，V/H16871（滨海边疆区兴凯湖地区卡门-李波洛夫和切尔尼戈夫地区莫纳斯特里谢村）。装备：40 辆T-72B、1 辆T-72BK、120 辆BMP-1、15 辆MT-LB、18 门BM-21、36 门 152 毫米 2S19、18 门 120 毫米迫击炮 2S12、12 门 100 毫米炮MT-12“双刃剑”、12 辆 9P148 自行反坦克导弹车、36 辆BTR-80、4 辆BRDM-2、12 辆BM9K332M“雷神”M2U、6 辆BM9A34（35）“箭”-10、6 辆ZSU23-4“石勒喀河”自行高炮

▲ 第 5 集团军摩步第 59 旅在训练，2016 年 8 月。

•近卫导弹第 20 旅，V/H92088

（滨海边疆区斯帕斯克达利尼）。装备：9K720"伊斯坎德尔"-M、12辆9P78-1发射车、12辆运输和装卸车9T250、11辆9S552指挥车、14辆保障车、1辆9S920教练车、1辆日常维护车、9辆R-145BM

• 红旗炮兵第305旅，V/H39255（滨海边疆区乌苏里斯克/波克罗夫卡）。装备：8门9P140"飓风"、18辆152毫米2S5、6门100毫米MT-12、18辆9P149反坦克导弹车、3辆PRP-4M、2套AZK-7

• 近卫德维纳河—涅瓦河火箭炮兵第338旅，V/H57367（新西索耶夫卡）。装备：18门9P140"飓风"

• 荣获库图佐夫勋章的沙夫林防空导弹第8旅，V/H36411（乌苏里斯克）。装备：9K37"山毛榉"M1

• 第641防空指挥所

• NBC第25团，V/H58079（谢尔盖耶夫卡）

• 荣获亚历山大涅夫斯基勋章的红旗维捷布斯克通信第80旅，V/H19288（滨海边疆区乌苏里斯克）

• 第79通信枢纽，V/H86748（滨海边疆区乌苏里斯克）

• 红旗第247武器存储维修基地，V/H30615（滨海边疆区切尔尼戈夫地区莫纳斯特里谢-2）。装备：18门BM-21、18辆152毫米2S3、18辆122毫米2S1"康乃馨"、18门120毫米2S12、6门100毫米MT-12、18辆9P148反坦克导弹车、6辆BM 9A34（35）"箭"-10、18门57毫米ARQ S-60、6辆ZSU-23-4"石勒喀"、41辆T-72

• 第245武器存储维修基地，V/H92910（列索扎沃茨克加加林大街）。装备：18门BM-21、36辆152毫米2S1"康乃馨"、18门120毫米2S12、6门100毫米MT-12、18辆9P149反坦克导弹车、6辆BM9A34（35）"箭"-10、18门57毫米S-60高炮、6门ZSU-

▲ 参加联合演习的第5集团军，2016年4月。

23-4"石勒喀"、41辆T-72

• 第237武器存储维修基地（比金市）。装备：18门BM-21、36辆122毫米2S1"康乃馨"、18门120毫米2S12、6门100毫米MT-12、18辆9P148反坦克导弹车、6辆BM9A34（35）"箭"-10、18门57毫米S-60高炮、6辆ZSU-23-4"石勒喀"自行高炮、41辆T-72。

• 独立第101保障旅，V/H11338（乌苏里斯克）

②红旗第35集团军，V/H02492（阿穆尔州别洛戈尔斯克—24）：

• 独立摩步第64旅，V/H51460（哈巴罗夫斯克州哈巴罗夫斯克地区科纳亚泽沃尔孔斯科耶—1）。装备：40辆T-72B3、1辆T-72BK、120辆BMP-2、15辆MT-LB、18辆BM-21、36辆122毫米2S1"康乃馨"、18门120毫米迫击炮2S12、12门100毫米炮MT-12"双刃剑"、12辆9P148自行反坦克车、36辆BTR-80、4辆BRDM-2、12辆BM9A33BM2（3）"黄蜂"、6辆BM9A34（35）"箭"-10、6辆2S6M"通古斯卡"自行高炮。

• 荣获红星勋章的独立红旗斯维里—波美拉尼亚阿穆尔哥萨克第69掩护旅，V/H61424（犹太自治州列宁斯基地区巴布斯托沃）。装备：41辆T-72、123辆BMP-1、18辆152毫米2S19、12辆BM9A33BM2（3）"黄蜂"、16辆ZSU-23-4"石勒喀"自行高炮、18门ZU-23-2高炮

• 荣获列宁勋章、苏沃洛夫勋章的独立近卫红旗维捷布斯克摩步第38旅，V/H21720（阿穆尔州别洛戈尔斯克）。装备：40辆T-72B3、1辆T-72BK、123辆BMP-1、15辆MT-LB、18门BM-21、36辆

▲ 第35集团军参加演习。

115

152毫米2S3、18门120毫米迫击炮2S12、12门100毫米炮MT-12"双刃剑"、12辆9P148自行反坦克导弹车、36辆BTR-80、4辆BRDM-2、12辆BM 9A33BM2（3）"黄蜂"、6辆BM 9A34（35）"箭"-10、6辆ZSU-23-4"石勒喀河"自行高炮

• 防空导弹第71旅，V/H01879（阿穆尔州伊万诺沃地区斯列德别诺耶—2）。装备：9K37"山毛榉"-M1

• 第643防空指挥所（帕尼诺）

• 第107导弹旅，V/H47062（比罗比詹谢米斯托奇内）。装备9K720"伊斯坎德尔"-M、12辆9P78-1发射车、12辆运输和装卸车9T250、11辆9S552指挥车、14辆保障车、1辆9S920教练车、1辆日常维护车、9辆R-145BM

• 炮兵第165旅，V/H02901（尼科尔斯科耶，距别洛戈尔斯克10公里）。装备：8门9P140"飓风"、18门152毫米2A65、6门100毫米MT-12、18辆9P149反坦克导弹车、3辆PRP-4M、2套AZK-7

• NBC第35团，V/H59792（阿穆尔州别洛戈尔斯克）

• 通信第54旅，V/H53790（阿穆尔州别洛戈尔斯克地区基洛夫）

• 独立第553通信营（萨哈林州南萨哈林斯克）

• 第668通信枢纽，V/H03823（阿穆尔州别洛戈尔斯克）

• 指挥情报中心，V/H32863（别洛戈尔斯克）

• 第240武器存储维修基地（别洛戈尔斯克）。装备：18门BM-21、36辆152毫米2S3M、18门120毫米2S12、6门100毫米MT-12、18辆9P148反坦克导弹车、6辆BM9A34（35）"箭"-10、18门57毫米S-60高炮、6辆ZSU-23-4"石勒喀"自行高炮、41辆T-72、120辆BMP-1

• 第243武器存储维修基地（哈巴罗夫斯克）。装备：18门BM-21、36辆122毫米2S1"康乃馨"、18门120毫米2S12、6门100毫米MT-12、18辆9P148反坦克导弹车、6辆BM9A34（35）"箭"-10、18门57毫米S-60高炮、6辆ZSU-23-4"石勒喀"自行高炮、41辆T-80、120辆BMP-1/2

• 第304炮兵弹药库，V/H01760（阿穆尔州斯沃博德内）

• 独立第103保障旅（MTO），V/H72157（别洛戈尔斯克）

③第36集团军，V/H05776（布里亚特共和国乌兰乌德）

• 荣获苏沃洛夫勋章的独立近卫红旗塔钦坦克第5旅，V/H46108（乌兰乌德，旧

迪维济奥恩纳亚），2901 人。装备：90 辆T-72B、4 辆T-72BK、49 辆BMP-1、18 门BM-21、18 辆 152 毫米 2S3M、8 门 120 毫米迫击炮 2S12、6 辆BTR-80、3 辆BRM-3K、12 辆BM 9K332M"雷神"M2U、6 辆BM9A34（35）"箭"-10、6 辆ZSU-23-4"石勒喀"自行高炮、36 具 9K38 便携式防空系统"伊格拉"

• 荣获红星勋章的独立近卫红旗顿河布达佩斯摩步第 37 旅,V/H69647(恰克图)。装备：40 辆T-72B3、1 辆T-72BK、120 辆BMP-2、15 辆MT-LB、18 门BM-21、36 辆 152 毫米 2S3M、18 门 120 毫米迫击炮 2S12、12 门 100 毫米炮MT-12"双刃剑"、12 辆 9K113"突击"-S自行反坦克导弹车、36 辆BTR-80、4 辆BRDM-2、12 辆BM9A33BM2（3）"黄蜂"、6 辆BM9A34（35）"箭"-10、6 辆ZSU23-4"石勒喀河"自行高炮

• 炮兵第 30 旅，V/H62048（乌兰乌德，旧季维济奥恩纳亚）。装备：36 辆 122 毫米 2S1"康乃馨"、18 门BM-21、18 门 120 毫米 2S12、6 门 100 毫米MT-12、18 具 9K113"突击"-S

• 荣获库图佐夫勋章和波格丹赫梅利尼茨基勋章的红旗导弹第 103 旅，V/H47130（乌兰乌德-4）。装备：9K720"伊斯坎德尔"-M、12 辆 9P78-1 发射车、12 辆运输和装卸车 9T250、11 辆 9S552 指挥车、14 辆保障车、1 辆 9S920 教练车、1 辆日常维护车、9 辆R-145BM

• 第 798 防空指挥所

• NBC第 26 团，V/H62563（布里亚特共和国奥诺霍耶-2）

• 通信第 75 旅,V/H01229（布里亚特共和国乌兰乌德-40 索斯诺维博尔军事镇）

• 独立第 102 保障旅（MTO），V/H72155（布里亚特共和国色楞格河地区古西诺泽尔斯克-3）

▲ 参加训练的第 36 集团军。

▲ 参加训练的第 36 集团军。

④第29集团军（赤塔）：

• 独立近卫红旗洛佐瓦亚摩步第36旅，V/H06705（后贝加尔边疆区博尔贾）。装备：40辆T-72B、1辆T-72BK、120辆BMP-2、15辆MT-LB、18门BM-21、36辆122毫米2S3、18门120毫米迫击炮2S12、12门100毫米炮MT-12"双刃剑"、12辆9K113"突击"-S自行反坦克导弹车、36辆BTR-80、4辆BRDM-2、9K37"山毛榉"-M1（1套9S470M1、1套9S18M1、6辆9A310M1 SDA、3辆TLV9A39）、6辆BM9A34（35）"箭"-10、6辆2S6M"通古斯卡"自行高炮

• 炮兵第200旅，V/H48271（后贝加尔边疆区戈尔内村）。装备：8辆9P140"飓风"、18门152

▲第29集团军训练。

毫米2A65、6门100毫米MT-12、18辆9P149反坦克导弹车、3辆PRP-4M、2辆AZK-7

• 荣获库图佐夫勋章的鲍里索夫防空导弹第140旅，V/H32390（后贝加尔边疆区赤塔地区多姆纳）。装备：9K37"山毛榉-M1"

• NBC19团，V/H56313（后贝加尔边疆区戈尔内）

• 第225武器存储维修基地，（亚斯纳亚<CLEAR>）。装备：36辆152毫米2S3、18门120毫米2S12、18门BM-21、6门100毫米MT-12、18辆9K113"突击"-S反坦克导弹车、6辆BM9A34（35）"箭"-10、6辆ZSU-23-4"石勒喀河"自行高炮

• 独立第104保障旅（MTO），V/H11387（后贝加尔边疆区赤塔）

⑤第68军（南萨哈林斯克）

• 机枪和炮兵第18师，V/H05812（择捉岛戈尔亚奇克留奇）。辖：师部（择捉岛），无人机连（择捉岛），电子对抗连（择捉岛），机枪和火炮第46团V/H71435（国后岛拉

古诺耶），机枪和炮兵第 49 团V/H71436，（择捉岛戈尔亚奇克留奇）。装备：多管火箭炮 9K58"台风"火箭炮连（国后岛）、2 辆 12 联 9A52（9A52-2）和 1 辆运输装弹车 9T234（9T234-2）

• 独立摩步第 39 旅，V/H35390（库页岛霍穆托沃）。辖：旅部，摩步第 1、2、3 营，（狙击）步兵连，坦克营，自行榴弹炮第 1、2 营，火箭炮兵营，反坦克炮营，防空导弹营，防空导弹和炮兵营，侦察营，无人机连，工程营，NBC连，通信营，电子对抗连，炮兵侦察指挥连（炮兵科长），雷达指挥侦察排（防空主任），指挥排（情报主任），物资保障营，警卫连，卫生连，教导排，模拟排，维修营。装备：40 辆T-72B、1 辆T-72BK、159 辆MT-LB、18 门BM-21、36 辆 152 毫米 2S5"葫芦"-S、18 门 120 毫米迫击炮 2S12、12 门 100 毫米炮MT-12"双刃剑"、12 辆 9P148 自行反坦克导弹车、5 辆BTR-70/80、4 辆BRDM-2、12 辆BM9A33BM2（3）"黄蜂"、6 辆BM9A34（35）"箭"-10、6 辆 2S6M"通古斯卡"自行高炮

• 独立工程营（库页岛霍穆托沃）

▲ 机炮第 18 师。

⑥东部军区空天军指挥的陆军航空兵：

• 第 439 陆军航空兵基地，V/H78081（赤塔切列姆什基机场）。装备：16 架米-24P、9 架MI-8MT/MTV-2、7 架米-8AMTSh（NO.40、NO.43、NO.45、NO.46、NO.50、NO.54、NO.55）

• 第 575 陆军航空兵基地（2 类），V/H13984（滨海边疆区切尔尼戈夫卡机场）。装备：16 架米-24P、20 架卡-52（NO.36、NO.38、NO.37、NO.32、NO.33、NO.34、NO.35、NO.31、NO.27、NO.28、NO.29、NO.30、NO.21、NO.22、NO.23、NO.24、NO.26、NO.01、

NO.02、NO.03)，19架米-8AMTSh(NO.44、NO.45、NO.46、NO.40、NO.49、NO.41、NO.42、NO.43、NO.47、NO.48、NO.50、NO.51、NO.52、NO.53、NO.59、NO.54、NO.55、NO.57、NO.58)

• 第573陆军航空兵基地（2类），V/H42838（哈巴罗夫斯克波尔沃伊机场）。装备：16架米-24、

▲ 东部军区陆航。

15架米-8AMTSh(NO.80、NO.82、NO.84、NO.85、NO.86、NO.87、NO.88、NO.89、NO.90、NO.91、NO.92、NO.93、NO.94、NO.95)、4架米-26（NO.04、NO.05、NO.06、NO.10）、13架卡-52（NO.01、NO.02、NO.04、NO.05、NO.06、NO.07、NO.09、NO.10、NO.12、NO.14、NO.15、NO.16、NO.17）、6架米-8T

• 第573空军基地独立直升机分队，V/H42838-2（萨哈林州择捉岛布列维斯金克机场）。装备：1架米-8AMTSh(NO.81)、1架米-26（NO.07）

⑦太平洋舰队海军陆战队和岸防部队：

• 独立海军步兵第155旅，V/H30926（符拉迪沃斯托克）。辖：旅部，独立海军步兵第59营，独立空降突击第47营，独立第287自行火炮营（斯拉维扬卡），火箭炮连，第288防空导弹和炮兵营，两栖侦察连，通信连，保障营，工程连，火焰喷射器连，维修连，两栖输送（登陆艇）连，反坦克连，NBC排，炮兵指挥排，警卫班。装备：59辆BTR-80/82A、12辆2S1"康乃馨"、6辆2S9"诺娜"-S、6门BM-21、6辆BM9A34（35）"箭"-10、6辆2S6M"通古斯卡"自行高炮

• 荣获两枚红旗勋章的独立克拉斯诺达尔 — 哈尔滨海军步兵第40旅，V/H10103（彼得罗巴甫洛夫斯克）。辖：旅部，海军步兵营（斯拉维扬卡），独立突击营，独立自行火炮营，独立火箭炮营，防空导弹和炮兵营，两栖侦察连，通信连，保障营，两栖工程连，火焰喷射器连，维修连，两栖输送（登陆艇）连，反坦克连，NBC排，炮兵指挥排，警卫班。装备：12辆MT-LB、6辆2S5"葫芦"-S、6辆2S9"诺娜"-S、6门BM-21、6辆BM9A34（35）"箭"-10、6辆ZSU23-4"石勒喀河"自行高炮

• 特种反PDSS（水下破坏）第311支队，V/H59048（彼得罗巴甫洛夫斯克），60人。

第九章 苏联解体后的各国陆军

装备：防破坏艇U-417、U-420、U-417

• 第101特种反PDSS支队（彼得罗巴甫洛夫斯克），60人

• 特种防PDSS 159支队，V/H87200（滨海边疆区什科托沃地区拉兹波尼克湾），60人。装备：防破坏艇U-377

• 第42观通站，V/H59190（俄罗斯岛哈鲁来湾符拉迪沃斯托克）。辖：队部，特种第1、2连，潜水第3连，通信连，保障排，物资保障排

• 独立岸舰导弹和火炮第520旅，V/H30973（堪察加彼得罗巴甫洛夫斯克〈安格里恰卡，即英国女人村〉）。辖：第1、2营，技术营，维修连，保障连，防空导弹排，工兵排，警卫排，NBC排，火箭技术基地。装备：8辆SPU-35B发射车和1套K300P"堡垒"-P岸舰导弹（4辆K-340P自行发射车、1辆K380P指挥车、2辆对空对海搜索雷达车、1套预警系统、4辆K342P车）

▲ 参加中俄联合演习的太平洋舰队海军陆战队旅，2015年8月27日。

• 独立第72岸舰导弹团，V/H15118（符拉迪沃斯托克地区斯莫尔雅尼诺沃）。装备：6套岸舰导弹系统3K60"巴尔"（2辆车载指挥所通信设备4辆导弹发射车）

• 无人机支队（楚科奇自治区阿纳德尔乌戈尔纳里机场）。装备：6架"奥兰"-10和"前哨"无人机

• 第140通信中心，V/H40128（符拉迪沃斯托克）

• 第99通信中心（符拉迪沃斯托克）

• 无线电中心，V/H51470（楚科奇自治区阿纳德尔）

• 第4无线电支队，V/H51286（符拉迪沃斯托克）

• 第5无线电支队，V/H30863（堪察加地区拉吉季诺）

• 独立第474电子战中心，V/H10604（滨海边疆区什科托沃地区卡门）。装备："摩

尔曼斯克"-BN电子对抗系统

• 独立第471电子战中心，V/H20918（彼得罗巴甫洛夫斯克）。装备："摩尔曼斯克"-BN电子对抗系统

• 独立无线电工程中心（雷达侦测），V/H22938（滨海边疆区福基诺利夫瓦亚湾和基耶夫卡基辅湾）。装备："波浪"超视距雷达和超视距雷达MR-900"向日葵"-E

• 第3828综合保障基地（MTO），V/H96145（符拉迪沃斯托克）

⑧军区直属部队：

• 独立特种第14旅，V/H74854（哈巴罗夫斯克）。辖：旅部，特种第1营（特种第1、2、3连），特种第2营（特种第4、5、6连），特种第3营（特种第7、8、9连），特种第4营（特种第10、11、12连），特种无线电第5营（2个连），教导连，特种装备连（包括无人机排），保障连，技术连，警卫连。装备：25辆BTR-80、12辆GAZ-233014ITS"虎"

• 空降第11旅，V/H32364（大索斯诺夫）

• 空降第83旅，V/H71289（乌苏里斯克市）

• 第100情报中心，V/H62882（后贝加尔边疆区赤塔-15）

• 第1394情报中心，V/H52837（哈巴罗夫斯克州哈巴罗夫斯克地区马特耶夫卡）

• 独立NBC第16旅，V/H07059（哈巴罗夫斯克州哈巴罗夫斯克地区列索扎沃茨克-9加尔基诺）。辖：旅部，4个核生化三防营、特种处理营，NBC侦察营，烟火营，旅部连，火焰喷射器营（火焰喷射器1、2连，重型喷火器连装备TOS-1A）。火焰喷射器连下设3个喷火排，每排3个喷火班，装备60管RPO-A"大黄蜂"/RPO PDM-A和BMO-T/1辆MT-LB装甲输送车，连装备火焰喷射器540管。重型喷火器连装备3套TOS-1A，辖3个重型喷火器排（每排1套BM-1和2台TLV-T），重型喷火器连装备3套BM-1和6台TLV-T和1辆MTLB指挥车。此外还装备放射性和化学侦察仪RHM-4-01、化学侦察仪RHM-6、化学侦察车RHM-6、热处理仪TMS-65U、发烟器TDA-2K

• 荣获苏沃洛夫勋章、库图佐

▲ 特种第14旅狙击手。

夫勋章的卡卢加通信第104旅，V/H16788（哈巴罗夫斯克科纳亚泽沃尔孔斯科耶-1）。
- 通信第106旅，V/H58147（滨海边疆区达利涅列琴斯克）
- 兴安岭通信第101旅，V/H38151（赤塔）。
- 独立特种无线电工程第92旅，V/H64845（滨海边疆区雅科夫列夫地区旧西索耶夫卡）
- 独立无线电工程第7团，V/H61230（滨海边疆区阿尔乔姆）
- 独立电子对抗第17旅，V/H11666（哈巴罗夫斯克边疆区马特耶夫卡）
- 荣获库图佐夫勋章的独立红旗里加工程第14旅，V/H30763（哈巴罗夫斯克州弗亚特斯科耶）。辖：旅部，工兵营，工程道路桥梁营，舟桥营，工程营，排雷连，通信连，物资保障连，维修排，教导排，医疗中心
- 第7027（工程兵部队）武器存储维修基地
- 第230武器存储维修基地和军事装备（达奇诺耶）。装备：18门BM-21、36辆152毫米2S3M、18门120毫米2S12、6门100毫米MT-12、18辆9P148反坦克导弹车、6辆BM9A34（35）"箭"-10、18门57毫米S-60高炮、6辆ZSU-23-4"石勒喀"自行高炮、41辆T-72、123辆BMP-2
- 第7018炮兵武器存储维修基地。装备：16门9P140"飓风"、36辆9K113"突击"-S、12门2A29 MT-12"双刃剑"、54门2A65"姆斯塔"-B
- 第7020哈尔滨武器存储维修基地（乌苏里斯克）。装备：16门9P140"飓风"、54辆152毫米2S5"葫芦"-S、12门100毫米MT-12、36辆9P149反坦克导弹车
- 第7021武器存储维修基地（尼科尔斯科耶）。装备：16门9P140"飓风"、54门152毫米2A65"姆斯塔"-B、12门100毫米MT-12、36辆9P149反坦克导弹车
- 第111中央存储维修基地，V/H44284（哈巴罗夫斯克州阿穆尔河畔共青城斯塔尔特）
- 中央坦克存储维修仓库，V/H44286（乌兰乌德，旧维济奥恩纳亚）
- 第1295中央坦克存储维修仓库，V/H42718（滨海边疆区阿尔谢尼耶夫）
- 第2206装甲存储仓库，V/H83231（阿穆尔州别洛戈尔斯克，实际上在阿穆尔河畔共青城斯塔尔特）
- 第511中央汽车存储仓库，V/H42796（阿穆尔州别洛戈尔斯克）
- 第3804保障基地，V/H96138（哈巴罗夫斯克）
- 第4990汽车中央存储基地，V/H83243（布里亚特共和国扎戈拉耶夫斯基区奥

诺霍伊-3村）

- 第74炮兵武器基地，V/H55472（哈巴罗夫斯克）
- 第1136中央炮弹基地，V/H71179（后贝加尔边疆区希洛克斯基地区莫格佐）
- 第3023火炮弹药基地，V/H67695（哈巴罗夫斯克上涅布雷斯基地区切戈多姆纳-2）
- GLAU火炮弹药基地，V/H89476（哈巴罗夫斯克瓦尼诺村）
- 第1434炮弹基地，V/H34411（后贝加尔边疆区彼得罗夫—扎白卡尔斯基）
- 独立第7铁道兵旅，V/H45505（哈巴罗夫斯克阿穆尔河畔共青城）
- 独立第50铁道兵旅，V/H03415（哈巴罗夫斯克州斯沃博德内）
- 独立第118铁道兵舟桥营，V/H29420（哈巴罗夫斯克）
- 荣获库图佐夫勋章的红旗太平洋第392军区初级专业培训中心，V/N30632（哈巴罗夫斯克）
- 以鲁西亚诺夫中将命名，荣获列宁勋章、库图佐夫勋章的近卫第212军区培训中心V/H21250（赤塔）
- 第247军区靶场，V/H11915（后贝加尔边疆区莫格秋斯基地区苏格尔）
- 特种第697医疗分队，V/H28381（哈巴罗夫斯克）
- 测绘第7分队，V/H29209（哈巴罗夫斯克）

2017年，俄军在南部军区重建了近卫第8集团军，在西部军区重组了摩步第3师。

4. 2016年俄罗斯陆军主要装备

表9-19 2016年俄罗斯陆军主要装备

型号	类别	系列型号	数量	备注
T-14			16	研制，试装备中
T-90			350	另有200辆存储，其中400辆较老型号计划进行升级
T-80	主战坦克	T-80BV T-80U	450	另有3000辆T-80S存储，准备重返现役，部署在北极、西伯利亚、远东
T-72	主战坦克		1900	其中1300辆已升级到T-72B3，另有7000辆T-72存储。T-72S准备升级以替换T-80
T-64	主战坦克			2000辆T-64在存储
T-62	主战坦克			2000辆T-62在存储
T-55	主战坦克			2800辆T-55在存储
T-15	重型步兵战车			研制中

第九章 苏联解体后的各国陆军

续表

型号	类别	系列型号	数量	备注
库尔干-25	步兵战车/装甲输送车			新一代BMP，计划命名BMP-4
BMP-3	步兵战车		616	
BMP-2	步兵战车		1974	另有6500辆BMP-2存储
BMP-1	步兵战车		658	另有10000辆BMP-1存储
BRM-3K	装甲侦察车			
卡马兹"台风"	防雷反伏击车		60	特种部队使用
乌拉尔"台风"	防雷反伏击车		30	
布拉特	装甲输送车		15-30	另订购50辆
飞镖（回旋镖）	步兵战车/装甲输送车			新一代BTR
BTR-90	装甲输送车		80-139	2011年停产
BTR-80/82A	装甲输送车		1292	其中1000辆BTR-82A，不包括BMM-80装甲救护车
BTR-70	装甲输送车		95	
BTR-60	装甲输送车		17	另有3663辆存储
MT-LB	装甲输送车		1493	另有5000辆存储
BRDM-2	装甲侦察车		1000	另有1000辆存储
UAZ-469	轻型多用途车			
UAZ-452	轻型多用途车			
UAZ-3132	轻型多用途车			
UAZ-3163	轻型多用途车			部分更换UAZ-469
GAZ-2975 "虎"	步兵机动车辆			2013年始服役
BMO-T	重型喷火输送车			
依维柯LMV	步兵机动车辆		358-418	停产
VPK-39273 Volk-3	步兵机动车辆			新一代步兵机动车辆
蝎-2M	步兵机动车辆			2016年末服役
9K720 "伊斯坎德尔"-M	战术弹道导弹	SS-26	114	
OTR-21 "托奇卡"	战术弹道导弹	SS-21	48	
"旋风"-G/"旋风"-S	模块式122/300mm火箭炮		136+	用于替换BM-21和BM-30
9K512 "乌拉干"-1M	模块式220/300mm火箭炮		6	用于替换BM-27
9A52-2 "龙卷风"	300mm多管火箭炮		30	另有100辆存储
9P140（BM-27）	220mm多管火箭炮		286	另有90辆存储
BM-21	122mm多管火箭炮		947	另有2200辆存储
TOS-1	220mm喷火车		15	
2S35	152mm自行榴炮		12	新一代152mm自行榴炮
2S19	152mm自行榴炮		468	另有82辆存储。生产中
2S3	152mm自行榴炮		931	另有1600辆存储
2S1 "康乃馨"	122mm自行榴炮		546	另有1400辆存储
2S7M "芍药"	203mm自行加农炮		20	
2S5 "风信子"-S	152mm自行加农炮		203	另有500辆存储
2S4	2400mm自行迫击炮		8	另有120辆存储
2S9 "诺娜"	120mm自行迫击炮		64	
2S23	120mm轮式自行迫击炮		50	
2S34	120mm自行迫击炮		30	
2A65	152mm榴弹炮		396	另有600门存储
2A36	152mm加农炮		131	另有1000门存储
2B16	120mm迫击炮		18	
2B11（2S12系统用炮）	120mm迫击炮		636	另有1000门存储
2B14	82mm迫击炮		306	另有3000门存储
D-30	122mm榴弹炮		564	另有1300门存储
MT-12	100mm反坦克炮		456	T-12的现代化改型

125

续表

型号	类别	系列型号	数量	备注
9P149	反坦克导弹车	AT-6		
"菊花"-S	反坦克导弹车			
S-300V			203	包括2014年服役的新型号V4
9K37"山毛榉"	中程防空导弹		378	包括2016年中服役的新型号M3
2K12"库班河"	中程防空导弹	SA-6"根弗"	350	
9K330"道尔"	中短程防空导弹	SA-15"雷神"	196	升级型号9K331-M12U于2012年服役,9K-331M2于2016年服役
9K33"黄蜂"	中短程防空导弹	SA-8"壁虎"	240	
9K35M3"箭"-10 M3	短程防空导弹	SA-13"金花鼠"	358	
9K31"箭"-1	短程防空导弹	SA-9"灯笼裤(甘斯肯)"	48	
2K22"通古斯卡"M1	自行防空系统	SA-19"灰鼬"	204	
ZSU-23-4"石勒喀"	自行防空系统		133	
1V152	炮兵侦察车			
PRP-4	炮兵侦察车			
PRP-4A"阿古斯"	炮兵侦察车			
MPPU	指挥车			
R-166	装甲指挥车			
1L219M"动物园"k-1	炮兵定位雷达			
1L220U	炮兵定位雷达			
SNAR-10	炮兵定位雷达			
Nebo-SV/SVU	空中监视雷达			
"奥布佐尔"	搜索雷达			
9S18"圆顶"	搜索雷达			
1L122"和谐"	空中监视雷达			
"波利亚纳"-D4	防空指挥系统			
9S737M"拉兹尔"-M	防空指挥系统			
PPRU-1"奥沃德"-M-SV	防空指挥系统			
9S932T-1"巴尔瑙尔"-T	防空指挥系统			
"乌兰"-9	机器人		20	
雅克"蜂"	无人机		92	
Eleron-3SV	无人侦察机			
"前哨"	无人机			
"格兰纳特"	无人机			
"奥兰"-10	无人机		200	
Takhion	无人机			
ZALA 421-08	微型无人机		400	

※ 陆航直升机现仍隶属空天军。

5. 2016年俄罗斯空降兵主要装备

表9-20 2016年俄罗斯空降兵主要装备

型号	类别	系列型号	数量	备注
T-72B3	主战坦克		60	
BMD-4M	伞兵战车		60+	已装备2个营
BMD-4	伞兵战车		30	
BMD-3	伞兵战车		10	
BMD-2	伞兵战车	BMD-2M BMD-2KU	1000	

续表

型号	类别	系列型号	数量	备注
BMD-1	伞兵战车		100	
BTR-MDM	伞兵运输车		30	新一代伞兵运输车
BTR-D	伞兵运输车		700	
BTR-82A	装甲输送车	BTR-82A BTR-82AM	20	
BTR-80	装甲输送车			
GAZ-2975"虎"	步兵机动车辆			
雪地车A-1	雪地车			
2S9"诺娜"	120mm自行迫击炮		250	
D-30	122mm榴弹炮		150	
2B23	120mm迫击炮		50+	
2B14	82mm迫击炮		150	
2S25	自行反坦克炮		36	
BTR-RD	反坦克车		100	
9K111-1"竞赛"	135毫米自行反坦克导弹车			
9K35"箭"-10	短程防空导弹	"箭"-10 MN "箭"-10 M3	30+	
BTR-ZD	自行高炮		150	
ZU-23-2	23毫米高炮			
"发现者"	无人机			
"奥兰"-10	无人机			

※ 与空降兵配合作战的直升机现仍隶属空天军。

6. 2016年俄罗斯空天军直升机装备

表9-21 2016年俄罗斯空天军直升机装备

型号	类别	系列型号	数量	备注
KA-50	武装直升机		12	
KA-52	武装直升机		74	
Mi-24/35	武装直升机	Mi-24V/P Mi-35M	118 60	
Mi-28	武装直升机		81	
Mi-2	运输直升机		19	
Mi-8/17	运输直升机		559	
Mi-26	运输直升机		42	
AS-350	运输直升机		3	
AS-355	运输直升机		2	
KA-27	通用直升机		7	
KA-226	训练直升机		31	
"安萨特"	训练直升机		31	

7. 2016年俄罗斯海军岸防部队主要装备

表9-22 2016年俄罗斯海军岸防部队主要装备

型号	类别	系列型号	数量	备注
T-72B	主战坦克		50	
T-72B3	主战坦克		200	
BMP-2	步兵战车		400	
BTR-80	装甲输送车		100	
BTR-82A/AM	装甲输送车		600	
MT-LB	装甲输送车		200	
BRDM-2	装甲侦察车			
OTR-21 "托奇卡"	战术弹道导弹	SS-21	12	
2S19	152mm自行榴炮		18	
2S3	152mm自行榴炮		50	
2S1 "康乃馨"	122mm自行榴炮		95	
2S9 "诺娜"	120mm自行迫击炮		30	
2S23	120mm轮式自行迫击炮		12	
2A65	152mm榴弹炮		50	
2A36	152mm加农炮		50	
2B16	120mm迫击炮		24	
2B14	82mm迫击炮			
9A52-2 "龙卷风"	300mm多管火箭炮			
BM-21	122mm多管火箭炮		36	
9P149	反坦克导弹车	AT-6		
"菊花"-S	反坦克导弹车			
9K111-1 "竞赛"	135毫米自行反坦克导弹车		60	
MT-12	100mm反坦克炮			T-12的现代化改型
S-400			32	
9K330 "道尔"	中短程防空导弹	SA-15 "雷神"		
"铠甲"	中短程防空导弹			
9K33 "黄蜂"	中短程防空导弹	SA-8 "壁虎"		
9K35M3 "箭"-10 M3	短程防空导弹	SA-13 "金花鼠"		与SA-9一共50辆
9K31 "箭"-1	短程防空导弹	SA-9 "灯笼裤(甘斯肯)"		
2K22 "通古斯卡" M1	自行防空系统	SA-19 "灰貂"		
ZSU-23-4 "石勒喀"	自行防空系统		60	
"口径"	岸防导弹			
4K51 "标记"	岸防导弹	SSC-3 "冥河"		
"堡垒"	岸防导弹		36	
3K60 "舞会"	岸防导弹	SSC-6	36	
A-222 "沿岸"	130毫米海岸自行岸炮系统		36	
"超光速粒子"	无人机			
"奥兰"-10	无人机			
"石榴"-4	无人机			

第三节 乌克兰陆军

一 乌克兰陆军发展简况

1991年,乌克兰境内3个军区共部署陆军正规作战师24个,占全部陆军正规作战师的16.0%。陆军25万包括4个坦克师、17个摩步师、3个炮兵师、3个内卫师、2个空降突击旅、1个特种部队旅、8个炮兵旅(团)、7个反坦克旅、12个战役战术导弹旅、7个武装直升机团,约有坦克7000辆、装甲车辆7500辆、火炮4000门、武装直升机300多架。

▲ 乌克兰陆军军徽。

▲ 乌克兰地面部队领徽。

苏联解体后,乌继承了境内三大苏联军区基辅军区、敖德萨军区和外喀尔巴阡军区,以及原苏军大量部队、先进武器装备和战略储备物资,其中包括78万名现役军人、6500辆坦克、7150辆装甲车、1500架飞机、350艘军舰、1272枚洲际导弹核弹头、2500枚战术核武器。

1992年,乌宣布奉行无核、中立、不结盟政策,开始进行大规模裁军。1992—1996年,乌军共裁员40万,并在俄罗斯、美国的帮助下销毁了所有核武器。

1996年,乌克兰陆军装备主战坦克6300辆,其中T-80型坦克300辆、T-72型1000辆、T-64型2100辆、T-62型200辆、T-54型和T-55型2700辆、PT-76型水陆两用坦克180辆;步兵战车2686辆、装甲输送车3800辆;自行火炮1165门、牵引火炮830门、火箭炮531门、迫击炮470门;战役战术导弹204部;武装直升机240架、支援直升机353架、运输直升机100架。

2011年乌军总人数为19.2万人,其中陆军5.72万人,海军1.4万人,空军4.26万人,文职人员4.8万人。根据2012年的统计,乌克兰武装力量总人数为18.4万,包括13.9万现役军人,仍为欧洲第五大军队。喀尔巴阡军区、敖德萨军区和基辅军区已经改组为"西部""南部"作战司令部和乌克兰军队指挥机构。全军师改为旅。现在乌克兰共有17个旅(2个坦克旅、8个机械化旅、1个空降旅、2个

▲ 乌克兰地面部队右肩章。

▲ 乌克兰陆军。

第九章 苏联解体后的各国陆军

▲ 集结在边境的乌克兰军队，2014年。

▲ 集结在边境的乌克兰军队，2014年。

▲ 被火箭炮覆盖的乌军营地，2014年7月。

▲ 战火后的顿涅茨克机场，2015年2月。

空中机动旅、1个导弹旅、3个炮兵旅）和20多个团，其中包括3个特种团。

在武器装备方面，乌陆军有2311辆坦克、3782辆装甲坦克、3101门火炮、121架武装直升机。专家认为，上述技术装备中只有一半具备战斗力。

然而持续多年的严重经费不足，早已让乌军濒临崩溃。2013年乌克兰军费不足20亿美元，人均军费开支只有俄罗斯的20%。整个2009年乌军都没有采购一件新装备，只改装了1辆BMP-1U步兵战车和1辆T-64B坦克。至于"堡垒"-M新型坦克等先进装备更是与囊中羞涩的乌军绝缘。

2014年3月，俄军占领克里米亚。事后在2016年2月，乌克兰宣布从克里米亚撤出了2.03万名军人。

2014年5月底，乌克兰陆军开始投入与东部亲俄武装的冲突，但在夏季的战斗、2015年初的战斗都失利了。

2015年，乌克兰全力展开建设，计划将兵力由2014年12月的13万人扩充到25万人。到2015年5月，乌军兵力增加到20.4万人，其中陆军占75%。2016年，乌军现役兵力增加到26万人，其中作战兵力20万人。

乌克兰陆军现下设四大作战司令部：

西方作战司令部

总部驻扎在罗夫诺的西方作战司令部（ЗапОК），原为乌克兰陆军喀尔巴阡军区，1998年1月缩编，并改名为西方作战司令部，主体为乌克兰陆军第13集团军，负责乌克兰西部9省和面向波兰、斯洛伐克、匈牙利、罗马尼亚等欧洲方向国家的防御。

2013年10月，在罗夫诺组建了北方作战司令部。西方作战司令部迁到了利沃夫，2015年8月解散。

2013年11月，空中机动第80团扩为旅。

2015年开始，北方作战司令部移至切尔尼戈夫。西方作战司令部留在罗夫诺。

2015年10月，西方作战司令部组建了独立山地突击第10旅。

▲ 西方作战司令部部徽。

南方作战司令部

南方作战司令部（ЮОК，PivdOK）是乌克兰于1998年1月在敖德萨军区的基础上组建指挥乌克兰南部的地面部队。司令部由敖德萨迁顿涅茨克，涵盖9个州和自治共和国：敖德萨、基洛沃格勒、尼古拉耶夫、赫尔松、第聂伯罗彼得罗夫斯克、扎波罗热、哈尔科夫、卢甘斯克、顿涅茨克州和克里米亚自治共和国。

2006年7月1日，南方作战司令部编入第6军（6AK），并包括以下单位：

独立坦克第17旅（第聂伯罗彼得罗夫斯克州克里沃罗格）

独立近卫机械化第28旅（敖德萨州乔尔诺摩尔斯克）

独立机械化第92旅（哈尔科夫州丘古耶夫地区克鲁霍斯诺—巴什基利夫卡）

独立机械化第93旅（第聂伯罗彼得罗夫斯克州新莫斯科斯克地区）

炮兵第55旅（扎波罗热州扎波罗热）

火箭炮第107团（波尔塔瓦州克列缅丘格）

空降第25旅（第聂伯罗彼得罗夫斯克州哈福尔基斯卡）

空中机动第79旅（尼古拉耶夫州尼古拉耶夫）

▲ 南方作战司令部部徽。

陆航第 11 团（赫尔松州切尔诺巴耶夫卡）

防空导弹第 1039 团（聂伯罗彼得罗夫斯克州格瓦尔季斯克）

特种第 3 团（基洛夫格勒）

特种第 50（后勤）教导大队（基洛夫格勒）

该司令部的部队参加的演习，包括"秋天-98""反应""南方山岗-99""堡垒 2000"，还包括维持和平的系列"和平盾牌""哥萨克草原""共同的邻居""海风""和平航道""南方"，与法国和意大利的军队单位联合演习。

2005—2013 年，南方作战司令部改称为南方战区。2015 年，分拆东方作战司令部。南方作战司令部总部从敖德萨迁到尼古拉耶夫。

东方作战司令部

2013 年 10 月，南方作战司令部成立了南方作战指挥所。2015 年 1 月，东方作战司令部成立，统辖顿涅茨克州、卢甘斯克州、哈尔科夫州、第聂伯罗彼得罗夫斯克州和扎波罗热州的部队。这些地区以前由南方作战司令部管辖。司令部设于第聂伯罗彼得罗夫斯克，首任司令为谢里亚·纳耶夫少将。东方作战司令部负责在顿巴斯的战斗。

北方作战司令部

原北方作战司令部于 1996 年在第 1 军基础上组建，继承了近卫第 1 集团军的历史和荣誉。它包含 6 个州：波尔塔瓦、苏梅、基辅、日托米尔、切尔尼戈夫、切尔卡瑟。该指挥部驻切尔尼戈夫，下辖直属单位和第 8 军。

根据乌克兰国防部长 NO.322/1/010 命令，2005 年 5 月 20 日在北方作战指挥部的基础上组建北方作战总局。

2005 年 8 月 15 日，临时局长尤里·霍洛留克上校签署第一个命令，这一天被认为是总局的创建日期。北方局（Север）是第一个切换到一个新的作战系统的单位。

2013 年 11 月，由原西方作战司令部和第 13 军重组的北方作战总局合组北方作战司令部。

▲ 东方作战司令部部徽。

▲ 北方作战司令部部徽。

乌军参与的战争：

科索沃战争

伊拉克战争

阿富汗战争(2001年)

2014年克里米亚危机

顿巴斯战争

二 1992年乌克兰陆军兵力和装备

1992年乌克兰陆军兵力15万人，编成包括6个集团军军司令部、1个军部、1个炮兵军、14个摩步师、7个反坦克旅、2个地地导弹旅、6个防空旅(原9个)、8个炮兵旅、4个坦克师(包括两个训练师)、3个炮兵师和1个特种兵旅。另有1个空降师、2个空降旅、7个武装直升机团。

装备	数量
6300辆主战坦克：	
T-54/-55	2700
T-642	100
T-72	1000
T-80	300
T-62	200
PT-76轻型坦克	180
3686辆步兵战车：	
BMP-1	1770
BMP-2	1250
BRM	350
BMD	310
BMP-3	6

8300 辆装甲输送车：

BTR-50P/-60P/-70/-80/-152	2200
MT-LB	1500
BTR-D	100
其他	4500

176 枚洲际弹道导弹：

SS-19"短剑"	130
SS-24"手术刀"	46

204 枚地地导弹：

"飞毛腿"	132
SS-21"蛙足"	72

240 架武装直升机：

Mi-24	240

353 架支援直升机：

Mi-8	280
Mi-6	60
Mi-24K	8
Mi-24P	5

100 架运输直升机：

Mi-2	80
Mi-26	20

830 门牵引式火炮：

152 毫米D-20	250
122 毫米D-30	250（实际468）

152毫米2A36	220
152毫米2A65	110

1165辆自行火炮：

122毫米2S1	520（实际638）
152毫米2S3	510
203毫米2S7	100
152毫米2S5	25
152毫米2S19	10

531门多管火箭炮：

122毫米BM-21	310
220毫米9P140	150
300毫米9A52	50
122毫米9P138	18
132毫米BM-13	3

80门120毫米2S9自行迫榴炮

470门迫击炮：

120毫米PM-38	260
120毫米2S12	210（实际342）

三 2009年乌克兰陆军兵力和装备

2009年年末乌克兰陆军辖：

2个司令部，1个指挥部，3个军，15个旅（机械化旅6，装甲旅2，空中机动旅2，空突旅1，炮兵旅3，火箭炮旅1），23个团（机械化团1，空中机动团1，火箭炮团3，防空团3，独立团2，陆军航空兵团2，通信团4，工兵团4，电子战团1，三防团1，特种团

1），1个培训中心，兵力7.33万人，装备735辆坦克，2155辆装甲战车，72架武装直升机，892门火炮。

具体装备、数量：

坦克

T-84	200
T-72	1302（储备未使用）
T-64	2281（其中786辆T-64B，T-64BV、T-64BM为现役）
T-64BM	76

APC和IFV

BMP-1	1008（部分升级了Shkval炮塔）
BMP-2	1434
BMP-3	4（储备未使用）
BTR-60	176
BTR-70	1026（一些进行了动力升级）
BTR-80	456
BTR-94	BTR-80（改型，增加了ZU-23-2和同轴PKT机枪）
MT-LB	2315
HMMWV	12（美国捐赠）

武装直升机

米-8/米17	56
米-24	42
米-26	25

火炮、火箭炮

BM-21	450
9P140"旋风"220mm	76
9A52-2"龙卷风"	100
2S1	638
2S3 152毫米	501
2S5 152毫米	24
2S19"姆斯塔-S"	40

D-20 152毫米榴弹炮

D-30　　　　　　　　　443（存储281）

四　2011年乌克兰陆军序列

陆军三大作战指挥部：

西方作战指挥部（原苏联喀尔巴阡军区）

南方作战指挥部（敖德萨，原苏联敖德萨军区）

北方地区指挥部（切尔尼戈夫，原苏联基辅军区近卫第1集团军）

陆军直属部队：

第1004陆军司令部警卫与勤务连

独立第3别动团

独立第8别动团

空降第79旅

导弹第19旅

第169训练中心（杰斯纳）

军乐中心

总统直属部队：

独立总统警卫第1团

总参谋部直属部队：

总参谋部独立第101警卫旅

总参谋部第30汽车基地

国防部第70汽车基地

第1野战通信中心（普罗斯库罗夫）

第70通信中心

独立宪兵第12营

第6军（第聂伯罗彼得罗夫斯克）：

▲乌克兰坦克兵。

坦克第 17 旅（克里沃罗格）

空降第 25 旅（切尔卡瑟）

近卫机械化第 28 旅（乔尔诺摩尔斯克）

近卫机械化第 92 旅（丘古耶夫）

近卫机械化第 93 旅（切尔卡瑟）

炮兵第 55 旅

军直属单位

第 8 军（日托米尔）：

坦克第 1 旅（通察罗夫斯科耶）

机械化第 30 旅（沃伦斯基新城）

机械化第 72 旅（白采尔科维）

空降第 95 旅（日托米尔）

炮兵第 26 旅（别尔季切夫）

陆航第 3 团（布罗德）

军直属单位

第 13 军（罗夫诺）：

机械化第 24 旅（亚沃罗夫）

机械化第 51 旅（弗拉基米尔—沃伦斯基）

近卫机械化第 128 旅（穆卡切沃）

炮兵第 11 旅（捷尔诺波尔）

陆航第 7 团（新卡利诺夫）

军事教育与训练中心：

军校

以萨盖达奇内命名的利沃夫陆军学院

敖德萨军事学院

以伊万·切尔尼亚霍夫斯基命名的乌克兰国防大学

训练中心

苏俄陆军 1941-2017

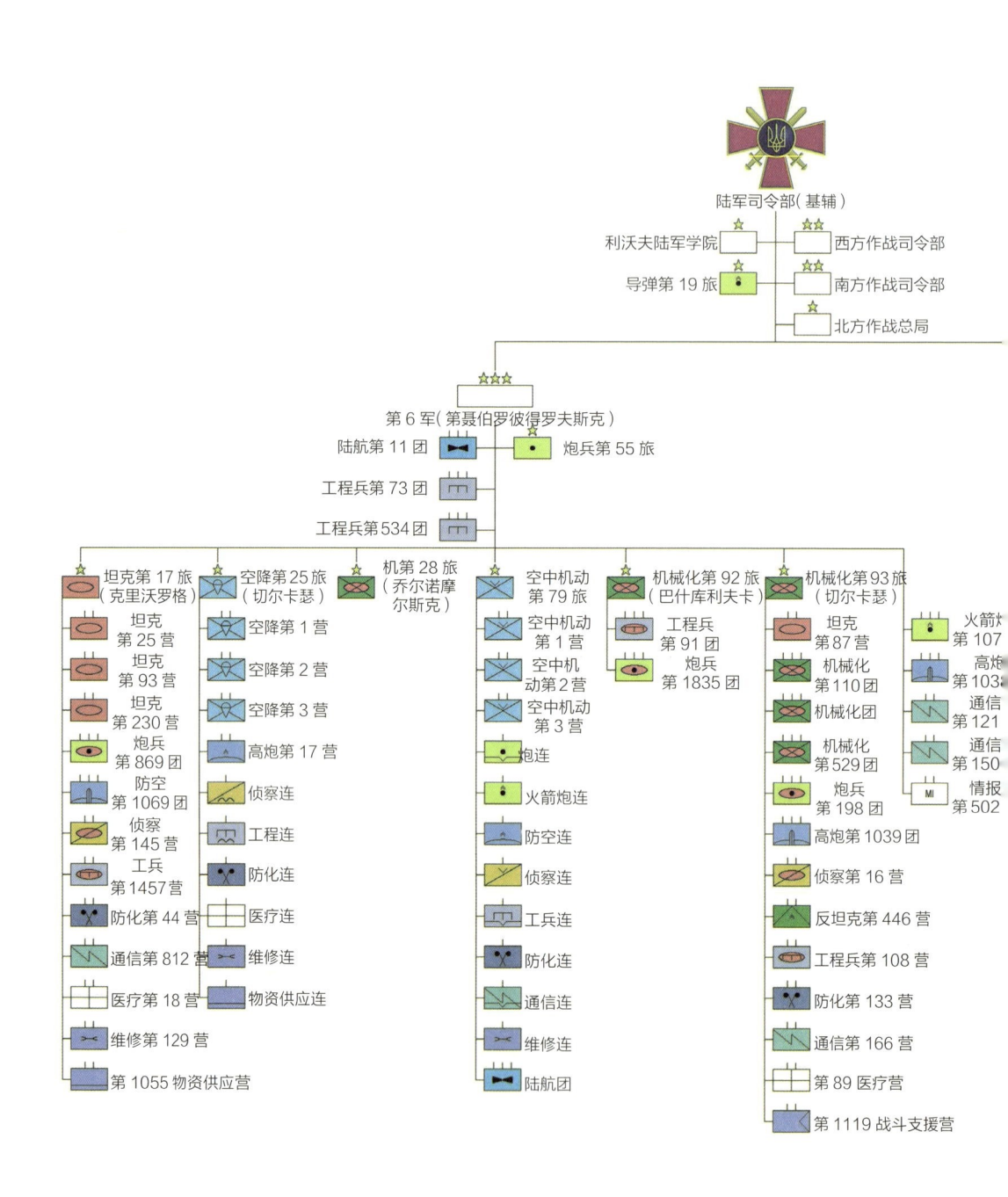

陆军司令部（基辅）

- 利沃夫陆军学院
- 导弹第 19 旅
- 西方作战司令部
- 南方作战司令部
- 北方作战总局

第 6 军（第聂伯罗彼得罗夫斯克）
- 陆航第 11 团
- 炮兵第 55 旅
- 工程兵第 73 团
- 工程兵第 534 团

坦克第 17 旅（克里沃罗格）
- 坦克第 25 营
- 坦克第 93 营
- 坦克第 230 营
- 炮兵第 869 团
- 防空第 1069 团
- 侦察第 145 营
- 工兵第 1457 营
- 防化第 44 营
- 通信第 812 营
- 医疗第 18 营
- 维修第 129 营
- 第 1055 物资供应营

空降第 25 旅（切尔卡瑟）
- 空降第 1 营
- 空降第 2 营
- 空降第 3 营
- 高炮第 17 营
- 侦察连
- 工程连
- 防化连
- 医疗连
- 维修连
- 物资供应连

机第 28 旅（乔尔诺摩尔斯克）

空中机动第 79 旅
- 空中机动第 1 营
- 空中机动第 2 营
- 空中机动第 3 营
- 炮连
- 火箭炮连
- 防空连
- 侦察连
- 工兵连
- 防化连
- 通信连
- 维修连
- 陆航团

机械化第 92 旅（巴什库利夫卡）
- 工程兵第 91 团
- 炮兵第 1835 团

机械化第 93 旅（切尔卡瑟）
- 坦克第 87 营
- 机械化第 110 团
- 机械化团
- 机械化第 529 团
- 炮兵第 198 团
- 高炮第 1039 团
- 侦察第 16 营
- 反坦克第 446 营
- 工程兵第 108 营
- 防化第 133 营
- 通信第 166 营
- 第 89 医疗营
- 第 1119 战斗支援营

- 火箭炮第 107
- 高炮第 103
- 通信第 121
- 通信第 150
- 情报第 502

▲ 2007 年乌克兰陆军架构图。

第九章 苏联解体后的各国陆军

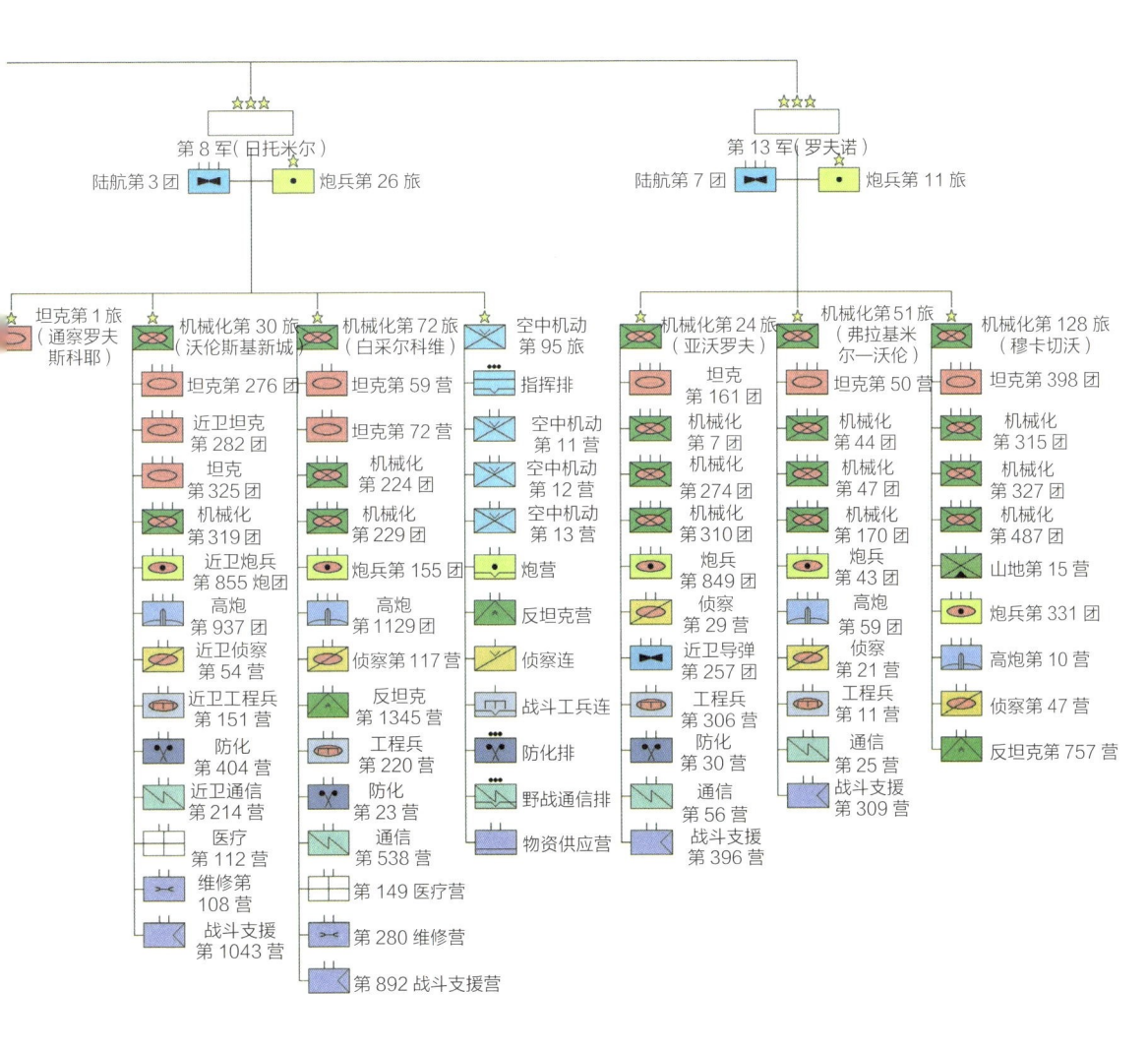

第 8 军（日托米尔）
- 陆航第 3 团
- 炮兵第 26 旅

第 13 军（罗夫诺）
- 陆航第 7 团
- 炮兵第 11 旅

坦克第 1 旅（通察罗夫斯科耶）

机械化第 30 旅（沃伦斯基新城）
- 坦克第 276 团
- 近卫坦克第 282 团
- 坦克第 325 团
- 机械化第 319 团
- 近卫炮兵第 855 炮团
- 高炮 937 团
- 近卫侦察第 54 营
- 近卫工程兵第 151 营
- 防化第 404 营
- 近卫通信第 214 营
- 医疗第 112 营
- 维修第 108 营
- 战斗支援第 1043 营

机械化第 72 旅（白采尔科维）
- 坦克第 59 营
- 坦克第 72 营
- 机械化第 224 团
- 机械化第 229 团
- 炮兵第 155 团
- 高炮 1129 团
- 侦察第 117 营
- 反坦克第 1345 营
- 工程兵第 220 营
- 防化第 23 营
- 通信第 538 营
- 第 149 医疗营
- 第 280 维修营
- 第 892 战斗支援营

空中机动第 95 旅
- 指挥排
- 空中机动第 11 营
- 空中机动第 12 营
- 空中机动第 13 营
- 炮营
- 反坦克营
- 侦察连
- 战斗工兵连
- 防化排
- 野战通信排
- 物资供应营

机械化第 24 旅（亚沃罗夫）
- 坦克第 161 团
- 机械化第 7 团
- 机械化第 274 团
- 机械化第 310 团
- 炮兵第 849 团
- 侦察第 29 营
- 近卫导弹第 257 营
- 工程兵第 306 营
- 防化第 30 营
- 通信第 56 营
- 战斗支援第 396 营

机械化第 51 旅（弗拉基米尔—沃伦）
- 坦克第 50 营
- 机械化第 44 团
- 机械化第 47 团
- 机械化第 170 团
- 炮兵第 43 团
- 高炮第 59 侦察第 21 营
- 工程兵第 11 营
- 通信第 25 营
- 战斗支援第 309 营

机械化第 128 旅（穆卡切沃）
- 坦克第 398 团
- 机械化第 315 团
- 机械化第 327 团
- 机械化第 487 团
- 山地第 15 营
- 炮兵第 331 团
- 高炮第 10 营
- 侦察第 47 营
- 反坦克第 757 营

141

罗夫诺军事训练中心

斯托罗日涅茨军事训练中心

日托米尔军事训练中心

博尔格勒军事训练中心

五 2014年乌克兰陆军主要装备

表9-23 2014年乌克兰陆军主要装备

型号	类别	变型	数量	备注
T-84	主战坦克	"堡垒"-M	10	
T-80	主战坦克	T-80UD	167	封存
T-64	主战坦克	T-64BM T-64BV T-64B	180 600 1000	2007年以来有每年12—14辆升级到T-64BM标准，总计升级了约180辆，每辆升级成本60万美元。约15-20辆T-64BV被顿涅茨克人民军与卢甘斯克人民军武装俘获或摧毁。1992—2014年期间少量被卖给其他国家
T-72	主战坦克		1302	由于为俄国制造，缺乏零部件维护，所有坦克可均处于封存。1992—2014年期间约700—800辆T-72被卖给其他国家
BMP-3	步兵战车		4	由于为俄国制造，缺乏零部件维护，未使用
BMP-2	步兵战车		1434	顿涅茨克人民军与卢甘斯克人民军武装摧毁了数十辆。乌克兰在日托米尔的OAO电气能够制造该装备，月产能力十余辆
BMP-1	步兵战车		1008	部分换装了BTR-3的什科瓦尔炮塔，但数量未知。顿涅茨克人民军与卢甘斯克人民军武装摧毁了数十辆
BTR-4	装甲输送车	BTR-4E BSEM-4K	40	斯拉维扬斯克战斗中广泛使用
BTR-3	装甲输送车	BTR-3E1	17+	少量装备。2014年6月23日，乌克兰国民卫队顿巴斯营被拍摄到从乌克兰内务部获得了该装备。订购了22辆
BTR-80	装甲输送车	BTR-80	456	2014年乌克兰亲俄罗斯武装冲突中，若干辆被缴获，几十辆被摧毁
BTR-70	装甲输送车	BTR-70 BTR-7	1026	大都封存。2014年乌克兰亲俄罗斯武装冲突中，若干辆被缴获，几十辆被摧毁
BTR-60	装甲输送车		176	大都封存
MT-LB	装甲输送车		2315	
BMD-2	伞兵坦克		78	在斯拉维扬斯克被缴获2辆；这2辆坦克于7月5日在斯拉维扬斯克战斗中被摧毁1辆，同时另1辆设法经戈尔洛夫卡撤回到顿涅茨克
BTR-D	伞兵坦克		44	在斯拉维扬斯克被缴获1辆；该坦克于7月5日在斯拉维扬斯克战斗中被摧毁
BMD-1	伞兵坦克		61	在斯拉维扬斯克被缴获2辆，在随后战斗中被摧毁
Dozor-B	装甲侦察车			定购200+
BRDM-2	装甲侦察车		600+	在2014年乌克兰亲俄罗斯武装冲突中被缴获、摧毁若干辆
BRDM-1	装甲侦察车		458	封存，过时装备

第九章 苏联解体后的各国陆军

续表

型号	类别	变型	数量	备注
OTR-21"托奇卡"	战术弹道导弹	"圣甲虫"-B	90	
9K52"旋风"-M	战术弹道导弹		50	封存
9A52-2"龙卷风"	300mm多管火箭炮		99	
9P140（BM-27）	220mm多管火箭炮		76	63门封存或报废
BM-21	122mm多管火箭炮		450	
2S19	152mm自行榴炮		40	
2S3	152mm自行榴炮		501	
2S1"康乃馨"	122mm自行榴炮		638	大都封存
2S7"芍药"	203mm自行加农炮		99	大都封存
2S5"风信子"-S	152mm自行加农炮		24	
2S9"诺娜"	120mm自行迫击炮		64	大都封存,被顿涅茨克民兵武装俘获若干门
2A65	152mm榴弹炮		185	
2A36	152mm加农炮		287	
D-20	152mm榴弹炮		224	
D-30	122mm榴弹炮		443	2014年7月2日在斯拉维扬斯克摧毁了3门
T-12	100mm反坦克炮		500+	大都封存
S-300V1	远程防空导弹	SA-12"角斗士"		
S-200	远程防空导弹	SA-5"甘蒙"		
"山毛榉"	中程防空导弹	SA-17"灰熊"SA-11"牛虻"	60	
"道尔"	中程防空导弹	SA-15"雷神"		
9K33"黄蜂"	中程防空导弹	SA-8"壁虎"	125	
9K35"箭"-10	中程防空导弹	SA-13	150+	
9K31"箭"-1	中程防空导弹	SA-9"灯笼裤"（甘斯肯）		封存
2K12"库班河"	中程防空导弹	SA-6"根弗"		封存
2K11Krug	中程防空导弹	SA-4"加涅夫"	100	封存
"通古斯卡"M1	自行防空系统	SA-19"灰鼬"	70	
ZSU-23-4"石勒喀"	自行防空系统		300	大都封存
S-60	牵引式高炮		400	封存
ZU-23-2	牵引式高炮		1000+	
MR-1	VHF波段机动雷达			最新的于2014年2月乌克兰本土研发的雷达、2015年开始生产,替代VHF波段雷达站(P-80)
80K6M	3D移动雷达			2013年开始生产,替代所有的PRV-17、PRV-13、PRV-11、P-37、P-30系统。但由于亚努科维奇任期内削减军费,该装备售给了阿塞拜疆。现少量订购
Trassa-1	移动导航雷达			伊斯卡拉设计局2000年代后期生产。用于战场导航,替代过时的RSP-10MN1、RSP-7、RSP-6M2 生产了少量,在亚努科维奇任期内由于削减军费而停产
铠甲	移动式被动雷达		19(2009)	1987年开始研发。2001年乌克兰制造了首部雷达。塞瓦斯托波尔附近卫部署了一部,克里米亚冲突后落入俄罗斯手中
ST-68U	3D机动雷达			在扎波罗热制造, 苏联解体后, 乌克兰继续改进制造了80K6与36D6-M

143

续表

型号	类别	变型	数量	备注
1L220U	炮兵定位雷达			大都封存
PRV-17	2D机动雷达			
P-80	2DVHF波段机动雷达			装备几十部,其余大都储备。如果有资金将被MR-1雷达替代
PRV-13	2D机动雷达			大都封存
P-37	E/F波段机动雷达			少量用于配套SA-5,其余大都封存
PRV-11	2D机动雷达			过时装备,封存
P-30	2DE波段机动雷达			过时装备,少量储备
RSP-10MN1	机动导航雷达			大都封存
RSP-7	机动导航雷达			过时装备,封存
RSP-6M2	机动导航雷达			过时装备,少量储备
Mi-2	运输直升机		14	不能飞行,2011年从波兰进口
Mi-8	运输直升机	Mi-8 Mi-9	14/100 2	2014年乌克兰亲俄罗斯武装冲突开始时,仅16架可飞行;乌克兰东部军事冲突中,被击落6架,重伤2架
Mi-26	运输直升机		16	不能飞行
Mi-24	攻击直升机		15/42	2014年乌克兰亲俄罗斯武装冲突开始时,仅15架可飞行;乌克兰东部军事冲突中,被击落7架,重伤1架
Tu-143	无人机			有限数量库存,基本都不能飞行

※1. 根据2014年年末的统计,乌克兰陆军仅装备1110辆坦克。
2. 顿巴斯战争后,乌克兰陆军进行了大规模的重建,中远程防空导弹移交给了空军。

六 2016年乌克兰陆军主要装备

表9-24 2016年乌克兰陆军主要装备

型号	类别	系列型号	数量	备注
T-84	主战坦克	T-84BM T-84U	0 (50+) 1	T-84U于2014年前生产,泰国订购的49T-84T坦克(T-84BM出口型)在2015年交付5辆后未能履行合同于2017年初被泰国取消了合同。乌克兰计划在2018年之前订购T-84BM自用型50辆,因战事将提前交付。
T-80	主战坦克	T-80BV T-80UD	25 154	2015年,乌克兰开始全面检修这些车辆,使其到2015年年底完成战斗准备。根据尤里比鲁科夫的说法,所有翻修的坦克将在装甲旅中使用。
T-64	主战坦克	T-64BM T-64BV T-64B	120 550 1000	2007年以来每年12—14辆升级到T-64BM标准,总计升级了约180辆,每辆升级成本60万美元。2014年初,乌克兰装备83辆BM和700辆BV,但顿巴斯战争开始后,至少170辆T-64在战斗中被击毁,65辆被东乌武装缴获。
T-72	主战坦克	T-72UA1 T-72B1 T-72A	2 240 760	由于在俄罗斯制造,缺乏零部件维护,2014年前所有坦克均处于封存。现修复了200—250辆
BMP-64	步兵战车		1	研制中
BMP-3	步兵战车		4	由于在俄罗斯制造,缺乏零部件维护,未使用

第九章 苏联解体后的各国陆军

续表

型号	类别	系列型号	数量	备注
BMP-2	步兵战车		1198	2014年初乌克兰陆军装备1434辆,到2015年3月5日,在顿巴斯战争中损失236辆
BMP-1	步兵战车 侦察车 炮兵侦察车 通信指挥车	BMP-1U BMP-1 BRM-1K PRP-3/4 BMP-1KSH	14 (39+) 994 458	大多数封存。50多辆BMP-1将被升级为BMP-1U标准。2014年5月16日交付11辆,但由于顿巴斯战争,已全部损失
BMD-2	伞兵战车		59	顿巴斯战争前有78辆
BMD-1	伞兵战车		47	顿巴斯战争前有61辆
BTR-D	伞兵运输车		44	在斯拉维扬斯克被缴获1辆;该坦克于7月5日在斯拉维扬斯克战斗中被摧毁
BTR-4	装甲输送车 装甲救护车 指挥通信车	BTR-4E BMM-4S BTR-4KSH	170 12 (31+) 1+	斯拉维扬斯克战斗中广泛使用,单价150万美元。主要用于空降部队,在战斗中损失了几辆。2016年工厂生产速率为每月7辆,计划在7个月内生产31辆装甲救护车。
BTR-80	装甲输送车	BTR-80	330	2014年2月时有395辆可用。在顿巴斯战争中损失99辆,不过从哈尔科夫生产补充了40辆
BTR-70	装甲输送车 装甲救护车	BTR-70 BMM-7	220/700+ 5	2014年2月时有857辆,但都处于封存,2014年夏决定启封。在顿巴斯战争中损失38辆,另100辆转隶国民警卫队。然而,大多数车辆仍然失修,需要进行全面的大修才能做好战斗准备。乌克兰还试图使BTR-70升级,其中一个版本被称为BTR-7,但是它被认为比BTR-3和BTR-4更昂贵,所以它没有被批量生产。另一个变型是装甲救护型-BMM-70,2014年交付了5辆。
BTR-60	装甲输送车 指挥通信车	BTR-60PB R-156BTR R-145BM PU-12 1V19/1V18	20	2014年2月时有136辆,但都处于封存。在顿巴斯战争期间,修复20辆,其中15辆在陆军,5辆在空降部队,但因太陈旧,均用于警卫任务。2014年,还向国土防卫营提供了数十辆,之后这些车辆并入国民警卫队,至少还有50多辆被编入乌克兰边防军,以缓解装甲车辆的严重短缺。还有不确定数量的装甲指挥车正在使用,但由于其状态不佳,更多的指挥车采用英国产"撒克逊人"装甲车。
MT-LB	装甲支援车	MT-LB MT-LBURKhM	2315 4600	已升级翻修数十辆
KrAZ"史莱克"	装甲输送车		2	加拿大产,2014年9月10日编入第79空突旅,其他的编入国民警卫队。但也有消息指后来转隶陆军
KrAZ"斯巴达"	装甲输送车		34	空降旅用,来自国民警卫队
SCTV Textron	装甲输送车		3	美国产,2016年2月1日交付3辆,将大量装备,替换失败的Dozor-B计划
"悍马"	装甲输送车	M1114	30	2015年3月25日首批10辆抵达
"撒克逊人"	装甲指挥车		20	英国产,用于炮兵指挥
BRDM-2	装甲侦察车 坦克歼击车	BRDM-2D1 BRDM-2 BRDM-孔库尔斯	50+ 500+ 20	乌克兰将全部升级到BRDM-2D标准,其中包括改进光学、导航设备和通信。
BRDM-1	装甲侦察车		458	封存装备。领土营正在维修启封
PTS-2	两栖装甲输送车		15+	
"游隼"	战术弹道导弹			研制中,射程480公里,计划2018—2019年服役
"科尔孙"-2	战术弹道导弹			2014年开始研制,射程350公里
"雷霆"-2	战术弹道导弹			研制中,沙特投资,射程300公里
OTR-21"托奇卡"	战术弹道导弹		90	参加过顿巴斯战争
9K52"旋风-M"	战术弹道导弹		50	封存
9A52-2"龙卷风"	300mm多管火箭炮		80	

145

续表

型号	类别	系列型号	数量	备注
9P140（BM-27）	220mm多管火箭炮		76	另63门在封存或报废
BM-21	122mm多管火箭炮	BM-21V BM-21U BM-21K BM-21	1 12 6 302	
2S19	152mm自行榴炮		38	原有40辆，其中2辆在顿巴斯战争中损失
2S3	152mm自行榴炮		463	原有501辆
2S1"康乃馨"	122mm自行榴炮		247/351	顿巴斯战争后存598辆，其中247辆可用
2S7"芍药"	203mm自行加农炮		99	大都封存
2S5"风信子"-S	152mm自行加农炮		24	
2S9"诺娜"	120mm自行迫击炮		64	大都封存，被顿涅茨克民兵武装俘获若干门，现正在翻修
B-4	203mm榴弹炮		4	重新服役的退役装备
2A65	152mm榴弹炮		185	
2A36	152mm加农炮		287	
D-20	152mm榴弹炮		224	
D-30	122mm榴弹炮		443	2014年7月2日在斯拉维扬斯克摧毁了3门
T-12	100mm反坦克炮		500+	到2015年，大都启存，现每旅装备1个营反坦克炮
D-48	85反坦克炮		45	大部分封存，少量用于训练
D-44	85反坦克炮		326	大部分封存
9K330"道尔"	中短程防空导弹	SA-15"雷神"		年久失修
9K33"黄蜂"	中短程防空导弹	SA-8"壁虎"	125	
9K35"箭"-10	短程防空导弹	SA-13"金花鼠"	150+	
9K31"箭"-1	短程防空导弹	SA-9"灯笼裤（甘斯肯)	48	封存
2K22"通古斯卡"M1	自行防空系统	SA-19"灰鼬"	70	
ZSU-23-4"石勒喀"	自行防空系统		300	大都封存，只有20辆可用
S-60	牵引式高炮		400+	封存
ZU-23-2	牵引式高炮		1000+	
AN/TPQ-36	炮兵定位雷达		2	美国产，2014年11月中旬到货
AN/TPQ-48	炮兵定位雷达		20	美国产，2014年11月20到货3套，其他的2015年8月后到货
1AP1	炮兵定位雷达		1	研制中
ARK-1	炮兵定位雷达		1+	研制中，2015年春开始露面
1L220U	炮兵定位雷达			大都为封存
SNAR-10	炮兵定位雷达			封存
Mi-2	运输直升机		5/14	5架已经翻修，其中4架救护型，1架侦察型，其余的9架不能飞行，需要翻修，从波兰继续进口的计划搁置
Mi-8	运输直升机 中继通信直升机	Mi-8 Mi-9	46/136 2	2014年乌克兰亲俄罗斯武装冲突开始时，仅16架可飞行，超过40架封存；乌克兰东部军事冲突中，被击落8架，重伤2架
Mi-26	运输直升机		11	不能飞行
Mi-24	攻击直升机	Mi-24VP Mi-24V Mi-24P Mi-24RKhR	133	2014年乌克兰亲俄罗斯武装冲突开始时，仅15架可飞行；乌克兰东部军事冲突中，被击落6架，重伤6架，另2015年3月24日失事坠毁1架
RQ-11	无人机		72	美国产
"鹰眼"-400	无人机		2	以色列产，2008年引进，因缺乏人员和技术封存。现状不明

七 2016年乌克兰陆军序列

2016年初,乌克兰陆军序列如下:

陆军司令部(基辅)

近卫火箭炮第15团(德罗戈贝奇)

炮兵第27旅,苏梅

炮兵第43旅,佩列亚斯拉夫—赫梅利尼茨基

导弹第19旅,赫梅利尼茨基

陆航第12旅,新卡利诺夫

陆航第11旅,赫尔松

陆航第16旅,布罗德

陆航第18旅,波尔塔瓦

独立工程兵第48旅,卡缅涅茨—波多利斯基

总参谋部第101警备旅(基辅)

第169培训中心(乌克兰杰斯纳)

近卫第300坦克训练团

近卫第354摩步训练团

第507维修训练团

第708保障训练团

第718独立汽车训练营

第1121高炮训练团

第6炮兵训练团,季维奇卡

第1总统警卫团,基辅

特种第3团,基洛夫格勒

特种第8团,赫梅利尼茨基

独立第704CBRN防御团,桑博尔

舟桥第808团,别尔哥罗德—德涅斯特罗夫斯基

西方作战司令部:

山地突击第10旅,切尔诺夫策

机械化第 14 旅,弗拉基米尔—沃伦斯基

机械化第 24 旅,亚沃罗夫

空中机动第 80 旅,利沃夫

山地第 128 旅,穆卡切沃

炮兵第 44 旅,捷尔诺波尔

通信第 55 旅,罗夫诺

工程兵第 703 团,桑博尔

第 136 侦察营,罗夫诺

南方作战司令部：

机械化第 28 旅,乔尔诺摩尔斯克

机械化第 56 旅,梅利托波尔

机械化第 57 旅,基洛夫格勒

机械化第 59 旅,波季尔斯克

空中机动第 79 旅,尼古拉耶夫

炮兵第 40 旅,五一城

高炮第 1039 团,格瓦尔季西克

第 130 侦察营

东方作战司令部：

近卫坦克第 17 旅（克里沃罗格）

独立机械化第 53 旅（北顿涅茨克和利西昌斯克）

独立机械化第 54 旅（阿尔乔姆斯克）

独立摩步第 56 旅（梅利托波尔地区姆戈内）

独立机械化第 92 旅（克鲁霍斯诺—巴什基利夫卡）

独立机械化第 93 旅（第聂伯罗彼得罗夫斯克州切尔卡斯克）

独立炮兵第 55 旅（扎波罗热）

独立陆航第 18 旅（波尔塔瓦）

火箭炮第 107 团（克列缅丘格）

炮兵第 1039 团（新莫斯科夫斯克地区格瓦尔季西克）

独立通讯第 121 旅（切尔卡瑟）

独立第 9 战斗支援团（罗姆内）

独立第 74 侦察营（切尔卡瑟）

独立第 129 侦察营（沃罗达尔斯克）

独立第 131 侦察营

第 502 无线电营（第聂伯罗彼得罗夫斯克）

北方作战司令部：

坦克第 1 旅，通察罗夫斯科耶

机械化第 30 旅，沃伦斯基新城

机械化第 58 旅，科诺托普

机械化第 72 旅，白采尔科维

空中机动第 95 旅，日托米尔

炮兵第 26 旅，别尔季切夫

工程兵第 12 团，沃伦斯基新城

第 20 电子对抗团，日托米尔

通信第 93 团，日托米尔

高炮第 1129 团，白采尔科维

第 54 侦察营，沃伦斯基新城

后备第 4 军：

独立坦克第 14 旅

独立机械化第 60 旅

独立机械化第 61 旅

独立山地第 62 旅

八 乌克兰东部民间武装

据乌克兰官方估计，2015年2月，顿巴斯民间武装总兵力已超过4.5万人，与政府军用于前线作战的部队兵力相当。

顿涅茨克共和国顿巴斯人民军主要部队：

1. 北营

2. 顿巴斯爱国力量

3. 沃斯托克旅（"东方营"）

4. 澳普罗特营（"堡垒营"）

5. 矿工大队

6. 卡利米乌斯营

7. 草原大队

8. 俄罗斯东正教军

9. 顿涅茨克共和国保安大队

10. 沃索德大队，至少300名战斗人员

11. 瓦良格营

12. 国际营

13. 圣斯蒂芬集团军 —— 匈牙利国际营

14. 约万塞维奇支队 —— 塞尔维亚支队

15. 阿利亚大队 —— 犹太志愿者小组

16. 死亡营——车臣志愿者小组

17. 斯巴达营——也被称为"摩托罗拉大队"，特种部队

18. 索马里大队 —— 更多人把他称为捷威

卢甘斯克人民共和国卢甘斯克人民

▲ 顿巴斯人民军。

军主要部队：

1. 哥萨克国民警卫队

2. 幽灵旅——2015年2月最先突入杰巴尔采沃

3. 洲际联合小队

4. 404国际共产主义志愿者团

5. 布利扬卡部队

6. 曙光营（黎明大队）

7. 列什伊营

▲ 卢甘斯克人民军。

第四节　白俄罗斯陆军

直到1991年，苏联的白俄罗斯军区地面部队包括近卫坦克第5集团军（博布鲁伊斯克）、第7坦克集团军（鲍里索夫）、第28集团军（格罗德诺）、近卫摩步第120师、近卫第72联合培训中心和后勤单位。除了这些部队，白俄罗斯军区还战术指挥近卫空降第103师、近卫空降第38旅等。

在1991年底，近卫坦克第5集团军辖近卫摩步第30师（从捷克斯洛伐克新撤回），坦克第193师，外加2个武器和装备储存基地（原近卫第8和第29坦克师），以及直属部队。坦克第7集团军辖近卫坦克第3、37师，坦克第34师，再加上直属部队。第28集团军辖4个师，其中之一是动员师。从驻匈牙利的南部集群撤回了近卫坦克第19师。

苏联解体之初，苏军在白俄罗斯驻军25万人。其中陆军13万人，10个师；空军4万人，装备战术飞机360架，中程轰炸机160架；防空军约3万人，装备战斗机110架。除大型运输机和中程轰炸机外，白俄罗斯接管了剩余的部队和军事装备。

1991年9月23日，白俄罗斯建立了本国国防机构。1992年1月11日，白俄罗斯将国防事务部改组为国防部，并接

▲ 白俄罗斯陆军。

151

▲ 白俄罗斯陆军。

管了境内原苏军所有常规力量。3月20日，白俄罗斯议会决定即日起组建本国军队。4月22日，白俄罗斯军区第一副司令兼参谋长帕·科兹洛夫斯基中将被任命为国防部长。1992年5月6日白俄罗斯军区解散，组建起白俄罗斯武装力量。

1992年，12月3日，白俄罗斯最高苏维埃通过军事学说，阐述了建军的基本思想。

1994年，白俄罗斯地面部队现役5.25万人，编为3个集团军军部，2个摩步师，1个空降师，第51近卫炮兵师驻在奥西波维奇，3个机械化师，1个空降旅，3个地对地导弹旅，2个反坦克旅，有1个特种旅，7个防空导弹旅。装备包括3108辆主战坦克（79辆T-54、639辆T-55、291辆T-62、299辆T-64、8辆T-80和1800辆T-72）、419具中程发射器、60具地地导弹和350具地对空导弹。

1995年6月，卢卡申科总统签署了关于组建机动部队的法令。到1996年6月，机动部队总部设在维捷布斯克，辖2个从近卫空降第103师改编的旅，独立空突第38旅（布列斯特），航空运输团，以及通信，后勤和工兵部队。

1996年8月1日，近卫炮兵第51师改编为近卫第51炮兵群，仍驻奥西波维奇。

2001年白俄罗斯组建国土防卫力量，到2002年人数约15万，编成营、连和排，分布在白俄罗斯全境。

▲ 白俄罗斯陆军。

2007年，白俄罗斯陆军兵力2.96万人，其中近卫机械化第6旅驻格罗德诺，近卫机械化第11旅驻斯洛尼姆，近卫机械化第120旅驻明斯克，空中突击第38和第103旅（编制类似苏军空降兵团，但没有全部配备BMD-1），第5特种部队旅（滨海戈尔卡），5个炮兵旅，4个炮兵团，2个多管火箭炮团，第15、29、115、120和第302 防空导弹旅，2个短程地

▲ 白俄罗斯陆军。

地导弹旅，2个工兵旅，8个独立NBC旅，2个通信旅，独立NBC第40营。陆军装备包括1800辆主战坦克（MBT）和2600辆装甲车辆，武器装备储存基地包括第50（布列斯特），19、34和第37（原坦克师），第3和第28（巴拉诺维奇）基地。已被解散的武器储存基地，包括第29、30、193和在滨海戈尔卡、前身是近卫坦克第8师的储存基地。

据报道，2012年白俄罗斯陆军辖有6个机械化旅：3个满编旅，即第6（格罗德诺）、11（斯洛尼姆）和在明斯克的近卫机械化第120旅。其余的为营级实力的简编旅，如第19（扎斯洛诺夫）、37、50（巴拉诺维奇）旅。

表9-25 2016年白俄罗斯陆军主要装备

型号	类别	系列型号	数量	备注
T-80	主战坦克		69	封存
T-72	主战坦克		446	主要为T-72B，装备4个机械化旅
BMP-2	步兵战车		875	装备4个机械化旅
BMP-1	步兵战车		136	主要是BRM-1侦察型
BTR-80	装甲输送车		153	装备特种部队
BTR-70	装甲输送车		39	装备特种部队
MT-LB	装甲输送车		50	
BMD-2	伞兵战车			
BMD-1	伞兵战车			
BTR-D	伞兵运输车			
OTR-21"托奇卡"	战术弹道导弹		36	
"飞毛腿"	战术弹道导弹		60	
9A52-2"龙卷风"（BM-30）	300mm多管火箭炮		36	
9P140（BM-27）	220mm多管火箭炮		72	
BM-21	122mm多管火箭炮		126	部分升级到BM-21A
"波罗涅兹"	模块火箭炮		4	
2S19	152mm自行榴炮		12	
2S3	152mm自行榴炮		108	
2S1"康乃馨"	122mm自行榴炮		198	
2S5"风信子"-S	152mm自行加农炮		116	

续表

型号	类别	系列型号	数量	备注
2S9"诺娜"	120mm自行迫击炮		48	
2A65	152mm榴弹炮		132	
2A36	152mm加农炮		48	
2S-12	120mm迫击炮		61	
D-30	122mm榴弹炮		48	
T-12	100mm反坦克炮			
S-400	远程防空导弹			2个连
S-300V1	远程防空导弹	SA-12"角斗士"		
S-300PS	远程防空导弹	SA-10"雷声"		
9K37"山毛榉"	中程防空导弹	SA-11"牛虻"		12个连
9K330"道尔"	中短程防空导弹	SA-15"雷神"		8套,另定购4套
9K33"黄蜂"	中短程防空导弹	SA-8"壁虎"		24个连,与SA-11、SA-12、SA-13一共350具导弹发射架
9K35"箭"-10	短程防空导弹	SA-13"金花鼠"		
2K22"通古斯卡"M1	自行防空系统	SA-19"灰鼬"		
Mi-8	运输直升机	Mi-8/17	25	隶属空防军
Mi-26	运输直升机		5	隶属空防军
Mi-24	武装直升机	Mi-24V	20	隶属空防军

根据日本《PANZER》杂志2015年第1期的统计,2014年末白俄罗斯陆军现役装备515辆主战坦克。

第五节 哈萨克斯坦陆军

1991年12月16日,哈萨克斯坦宣布独立。1992年4月18日,哈萨克斯坦总统纳扎尔巴耶夫宣布将驻阿拉木图第40集团军从土耳其斯坦军区划出,5月7日,将国家国防委员会改组为国防部。5月8日,纳扎尔巴耶夫正式决定即日起在第40集团军基础上组建本国军队。

苏联解体之初,苏军在哈萨克驻军11万人。其中陆军4万人,4个师;空军2万余人,装备战术飞机240架,战略轰炸机40架;防空军3万人,装备战斗机110架。

1992年6月30日,苏联武装力量土耳其斯坦军区解散。土耳其斯坦军区最强大的兵力集群则成为哈萨克斯坦新建军队的核心。哈萨克斯坦接管了第40集团军(原32集团军)和第17军一部的所有单位,包括6个陆军师,存储基地,空降第14和第35旅,2个火箭炮旅,2个炮兵团和欧洲常规武装力量条约签署后来自乌拉尔以西已被撤回的大量装备。除战略轰炸机外,哈萨克接管了其境内剩余的部队和军事装备。

1992年11月1日,在前苏联土耳其斯坦军区第32集团军的基础上组建了第1军,总部设在塞米巴拉金斯克。后来,在其基础上组建了东部军区,2003年11月13日改称东部司令部。

2000年7月6日,总统签署《关于哈萨克斯坦共和国武装部队的编成结构》,改变了编成:武装部队返回到二元结构(普通部队和防空力量),创建了空中机动部队,过渡到新的军事结构,建立了军区,进行统一的结构和兵力部署。

2002年1月29日,塔斯布拉托夫少将被任命为国防副部长,叶尔马诺夫少将被任命为南部军区司令,N.A.德祖拉马诺夫少将被任命为东部军区司令,扎苏扎科夫少将被任命为空中机动部队司令。2002年2月21日,A.萨特斯科夫少将被任命为中央军区司令,5月7日,K.阿尔金巴耶夫担任陆军司令。

▲ 哈萨克空中机动部队标志。

阿斯塔纳地区司令部(总部卡拉干达)辖阿克莫拉省、卡拉加迪省、科斯塔纳省和北哈萨克斯坦省。司令部作为最高统帅预备队。司令为弗拉基米尔·沙茨基少将(2008年4月)。

东方地区司令部(总部塞米巴拉金斯克)辖东哈萨克斯坦和巴甫洛达尔省(驻军在法米列斯,乌斯季卡缅诺戈尔斯克,格奥尔基耶夫卡和阿亚古兹、乌沙拉尔)。司令为尼古拉·波斯彼洛夫中将(2008年9月)。

西方地区司令部(总部阿特劳)辖西哈萨克斯坦省、阿克纠宾市、阿特劳省和曼吉斯套省。其主要任务是确保国家边境、领土主权完整,以及哈萨克斯坦在里海的经济利益完整。2008年,司令为阿里木扎尔·卡纳加托维奇·耶尼亚佐夫少将。

南方地区司令部(总部塔拉兹)辖阿拉木图州、江布尔省、南哈萨克斯坦省和克孜勒奥尔达市。该地区的主要任务是确保该国的东南边境的安全。2008年,阿里可汗·布里姆扎诺维奇·德扎布罗夫被任命为司令。

空中机动部队由空中突击第35旅与以前的苏军部队组建新的旅组成。第5204武器和装备存储基地(前身摩步第203师)驻卡拉干达附近。1998年在其基础上组建了2个摩托化步兵旅,其中一个留在卡拉干达附近,另一个——摩步第2旅迁至200公里远的阿斯塔纳的北部。2003年10月,在摩步第2旅的基础上组建了独立空中突击第36旅。在第173萨利奥泽克的摩步173师驻塔尔迪库尔干的摩步团的基础上,于2003年4月成立了独立空中突击第37旅。

到2009年，哈萨克共和国武装力量总兵力约11万人，由3个军种(陆军、空防军、海军)、2个独立兵种(导弹兵炮兵和空中机动力量)、专业兵(战役、战斗保障和技术保障兵团)、武装力量后勤、军事院校和军事科学机构组成。

哈陆军编为机械化师、摩步师各1个，独立摩步旅5个，还有空降强击营、炮兵旅、导弹旅、火箭炮团、工兵旅、独立通信团、独立通信营等。

哈陆军装备近千辆坦克，数百辆装甲侦察空降车、装甲人员输送车，有牵引式火炮、自行火炮、迫榴炮、多管火箭炮、迫击炮、反坦克加农炮近千门，另装备了"圆点"战役战术导弹发射装置。此外，还有大量前苏军库存武器装备。

导弹兵与炮兵分为两类。作为独立兵种的导弹兵与炮兵，主要装备SS-21"圆点"战役战术导弹发射装置；火箭炮团主要装备122毫米"冰雹"火箭炮和220毫米"飓风"

▲ 阅兵中的哈萨克斯坦陆军。

第九章 苏联解体后的各国陆军

火箭炮。

空中机动力量编有 1 个空降强击旅及 1 个空降强击营。

此外，根据哈萨克斯坦和美国军事合作计划，美国政府向哈萨克斯坦国防部提供"悍马"多用途车辆和其他军事装备和设备。同时，根据国际军事培训计划，包括美国国防大学在内的美军事院校为哈军培训了部分军人，并向哈萨克提供了C-130 运输机。

▲ 哈陆军的T-72。

截至 2011 年，哈萨克斯坦总兵力在 16 万左右。

哈陆军装备 4000 多辆坦克和装甲坦克，还有近千门牵引式火炮、自行火炮、迫榴炮、多管火箭炮、迫击炮、反坦克加农炮等一系列的地地导弹和火炮系统，另装备了"圆点"战役战术导弹发射装置。此外，哈萨克军事还有大量前苏军库存武器装备。

20 世纪 90 年代中期哈萨克斯坦陆军序列：

第 1 军（驻塞米巴拉金斯克）：

摩步第 68 师（萨雷—奥泽克，克孜勒、奥尔达市）。辖 2 个摩步团和 1 个坦克团，装备近 300 辆坦克及约 500 装甲战斗车辆。

坦克第 78 师（阿亚古兹）。装备 350 辆坦克、290 辆装甲车和 150 门火炮。

独立第 210 培训中心（原近卫摩步第 80 训练师）。兵力 6000 人，装备 220 辆坦克和 220 门火炮，是一个加强师（通常被认为是哈萨克斯坦近卫师的前身）。

2009 年哈萨克陆军序列：

阿斯塔纳地区司令部（总部卡拉干达）辖独立摩步第 7 旅（卡拉干达）

东方地区司令部（总部塞米巴拉金斯克）

机械化第 3 师（原坦克第 78 师，阿亚古兹）

3 个（？）军事装备储存基地

摩步第 3 旅（军号 40398，前身摩步第 155 师摩步团，乌沙拉尔）

157

摩步第 4 旅（军号 27943，新阿克米罗沃乌斯季卡缅诺戈尔斯克）

1 个炮兵旅和 1 个防空导弹旅

西方地区司令部（总部阿特劳）辖有独立的摩步旅和炮兵旅

南方地区司令部（总部塔拉兹）

摩步第 4 师（阿拉木图省萨雷—奥泽克）

摩步第 5 旅（军号 85395，塔拉兹，1500 人）

摩步第 6 旅（军号 35748，奇姆肯特）辖 5 个摩步营和坦克营，2 个炮兵营

山地炮兵营

第 210 训练中心。

第 206 预备役师以前驻扎在该地区司令部

空中机动司令部序列：

空中突击第 35 旅（卡普沙加<卡普恰盖>）

空中突击第 36 旅（阿斯塔纳）

空中突击第 35 旅（塔尔迪库尔干）

空中突击第 38 旅（维和旅，阿拉木图的卡兹布里格）

表 9-26 2016 年哈萨克斯坦陆军主要装备

型号	类别	系列型号	数量	备注
T-80	主战坦克			
T-72	主战坦克	T-72B3/BA	300	
BMPT	支援车		10	
BMP-2	步兵战车		500	
BTR-80A	装甲输送车		107	
BTR-82	装甲输送车		130	
BTR-70	装甲输送车		190	存储
"掠夺者"	装甲输送车			南非特许生产
GAZ-2330	装甲车		130	
"眼镜蛇"	装甲车		17	
"悍马"	装甲车		54	
BPM-97	装甲侦察车		18	
BRDM-2	装甲侦察车		40	
MT-LB	装甲输送车		180	另有大量车辆存储
"伊斯坎德尔"	战术弹道导弹		12	
OTR-21 "托奇卡"	战术弹道导弹		36	
9P140（BM-27）	220mm 多管火箭炮		180	大部分存储
BM-21	122mm 多管火箭炮		190	大部分存储
"奈扎"	模块火箭炮		380	与以色列合作，用于替换 BM-21、BM-27
TOS-1	喷火火箭发射车		3	

续表

型号	类别	系列型号	数量	备注
Semser	122mm车载炮			与以色列合作,用于替换2S1
2S3	152mm自行榴炮		89	
2S1 "康乃馨"	122mm自行榴炮		74	大部分存储
2S4	240mm自行迫击炮		19	
2S9 "诺娜"	120mm自行迫击炮		26	
2A65	152mm榴弹炮		90	
2A36	152mm加农炮		180	
D-20	152mm榴弹炮		74	
D-30	122mm榴弹炮		<400	
T-12	100mm反坦克炮		125	
2B-11	120mm迫击炮		145	
S-300PS	远程防空导弹	SA-10 "雷声"		
2K12 "库班河"	中程防空导弹	SA-6 "根弗"	20	
S200	远程防空导弹	SA-5	27	封存
2K11 "圆"	中程防空导弹	SA-4 "加涅夫"		封存
S-125	中程防空导弹	SA-3		封存
S-75	中程防空导弹	SA-2	100	封存
Mi-35M3	武装直升机		4	隶属空军
EC-145	通用直升机		8	隶属空军
Mi-17	通用直升机		46	隶属空军
Mi-171	运输直升机		3	隶属空军
Mi-26	运输直升机		2	隶属空军

第六节 阿塞拜疆陆军

在冷战期间,阿塞拜疆曾驻扎苏军第4集团军,在本土编有3个摩托步兵师(近卫摩步第23师,摩步第60、296师)。第4集团军还辖有导弹旅和防空旅和炮兵部队和火箭炮团。摩步第75师隶属近卫第7集团军,驻在飞地纳希切万,后来其装备、设备大量转移到纳希切万地方政府。

1987年,阿塞拜疆纳卡地区和纳吉切万这两地成为亚美尼亚和阿塞拜疆爆发严重暴力冲突的场所,驻阿塞拜疆的苏联军队给予了亚美尼亚不遗余力的帮助和支持。

1991年9月6日,阿塞拜疆成立国防部。1991年10月,阿塞拜疆正式宣布脱离已经瓦解的苏联而独立。11月11日,阿塞拜疆总统宣布接管境内原苏军所有财产。由于阿塞拜疆境内持续战乱,总统、国防部长几次易人,半年内仅成立一个150人的独立营。

苏联解体之初,苏军在阿塞拜疆驻军9万人。其中陆军6万人,5个师;空军2万余人,装备战术飞机100架;防空军1万人,装备战斗机30架。后俄罗斯将大部分部队撤回俄罗斯境内。

亚美尼亚和阿塞拜疆双方严重的冲突从1992年1月就爆发了。经历了最初一个月

▲ 阿塞拜疆陆军标志。

的混战后，其后两月的局势趋于平静。1992年2月底，亚美尼亚出动了2个新组建的机械化旅展开了一轮新的攻势，目的在于打通一条从纳卡地区到亚美尼亚边境的通道。攻势在初期进展顺利，一条叫作"拉钦走廊"的通道被顺利建立起来。在3月的早期，阿塞拜疆人在"拉钦走廊"附近地区组织了一次反攻。阿军在6月组织了第三次反攻。反攻于6月23日开始，目标直指5月18日被亚美尼亚人完全占领且还扩大到周边一些地区的"拉钦走廊"，给亚美尼亚人造成了很大的压力，但却未能切断"拉钦走廊"。由于与一些驻阿境内的前苏联红军达成了协议，阿塞拜疆人接收了他们的武器装备，阿军武装力量也因此得到了显著增强。6月9日，阿塞拜疆国防部长下令展开了一系列针对驻防在阿境内的前苏军（现俄军）的行动，他们从俄军的甘德扎空军基地那里得到了一大批重型装备，包括不少于11架（西方报道是16架）苏-24MR"击剑手"战斗攻击机、20架米格-25RB"狐蝠"战斗机以及3架伊尔-76"耿直"运输机。同月，在桑恰加利空军基地获得了不少于70架的L-29喷气式教练机。

阿塞拜疆人还在巴库附近缴获了大批米格-25PD"狐蝠"战斗机，在达尔亚尔空军基地得到了为数不少的老旧及退役的米格-21战斗机。同时，阿塞拜疆的陆军也因为获得了大批新式重型装备而得到了显著加强，其中就包括T-72坦克。1992年夏末秋初的的战斗态势发展对亚美尼亚和阿塞拜疆人双方来说都是不确定的。阿塞拜疆在10月末又发动了一轮新的攻势，用装甲部队袭击"拉钦走廊"两翼。亚美尼亚人虽然占据了地形上的优势，但是却也只能减缓阿塞拜疆人的进攻进度但却无力化解进攻本身。接下来的数日，战火从"拉钦走廊"和纳卡地区燃烧到了阿塞拜疆和亚美尼亚两国的边境。亚美尼亚的地面部队在其空军一定程度的支援下也展开了一系列反攻，反攻也取得了一定的成效，一些纳卡地区的村落被收复，而且"拉钦通道"也至少在夜晚恢复了物资的运输工作。1993年1月1日，阿塞拜疆人突然发动了新一轮的进攻，这次的目标直接指向纳卡地区——亚美尼亚人最重要的战略要地。在阿空军积极支援下的阿地面武装力量却推进顺利，很快就几乎完全瓦解了亚美尼亚人的抵抗。到

▲ 阿塞拜疆地面部队军旗。

第九章 苏联解体后的各国陆军

▲ 阿塞拜疆陆军。

了 1 月 2 日,进出纳卡地区的"拉钦走廊"再次被截断。亚美尼亚人在 1 月 7 日就发动了有空中支援的反攻。反攻当日,亚美尼亚人的空中力量便遭到了严重损失,他们不单单损失了 1 架米-8,1 架米格-25,另外还有 1 架亚美尼亚或是俄罗斯空军的苏-25 在前线执行对地支援任务的时候被击落。亚美尼亚草率组织的反攻走向了失败,接下来更是演变成了一次溃退,阿塞拜疆人在亚美尼亚人的两翼发动了多次进攻并歼灭了其不少战斗部队。1993 年 1 月 28 日,由土耳其,美国,俄罗斯三国牵头的新一轮谈判又开始了。这一次很快地达成了协议,所有的外国武装力量(尤其指俄军)必须在 120 天以内撤离这两个国家,而且环绕纳卡地区和纳吉切万的封锁线必须撤除。在接下来的数月里,欧洲安全合作组织(OSCE)又成功地举行了另一场谈判,最后也在亚美尼亚和阿塞拜疆间达成了一定形式的和平协议。战争双方顺水推舟地接受了暂时的和平,战争暂时结束了。

到了 1993 年 3 月 25 日,亚美尼亚人在凯尔班达佳地区展开了新一轮的行动。他们的地面武装包围了阿塞拜疆在该地区部署的第二装甲团,有步骤地击溃了阿塞拜疆人。惊慌失措的阿塞拜疆人沿着卡拉巴赫山脉逃向了甘德扎哈。1993 年 6 月 4 日,阿塞拜疆 709 旅旅长苏瑞特·古塞伊诺夫煽动了一场反对阿塞拜疆总统阿布法兹·埃尔奇贝的兵变,指责总统未能领导国家赢得战事的胜利。亚美尼亚抓住了阿塞拜疆内乱的机会,对斯特潘科尔特东北的阿塞拜疆城市阿格丹姆发动了进攻,投入了装备有 18 辆坦克、自行火箭炮和步兵的一个旅,并由亚美尼亚空军的米-24 提供空中

▲ 阿塞拜疆陆军。

161

▲ 阿塞拜疆陆军。

支援。短短两天，阿格丹姆的外围地区即遭攻陷而陷入了亚美尼亚人的重重包围。亚美尼亚人的武装在7月24晚到25日凌晨攻陷了阿格丹姆，这给阿塞拜疆造成了极大影响，其总统和国防部长引咎辞职。

新政府的总统马梅德拉菲·马梅多夫是一位有着丰富作战经验的阿富汗战争老兵，他花了数月时间准备一场大规模的进攻。1994年1月，精心准备的阿塞拜疆人沿着"拉钦走廊"一线对纳卡武装发动了最后一击，他们夺取了数个地面目标，并在短时间里再次切断了连接亚美尼亚和纳卡地区的这一唯一的通道。战事进行得相当惨烈，双方都损失惨重。接下来的数日，欧安组织（OSCE）终于促成双方在5月12日达成了休战协定。两国间的紧张关系一直持续到了阿塞拜疆人在里海发现了储量丰富的石油和天然气，而将注意力转向石油工业发展以后才得到了逐步缓解。

在亚美尼亚军队的凌厉攻势下，阿塞拜疆军队被迫退出纳戈尔诺—卡拉巴赫。1990年代中期，驻各地的部队被大改组为旅，但直至2000年至少还有一个师。自1995年以来阿塞拜疆地面部队始终保留在大约20个旅的兵力，缓慢增加。20世纪90年代，这些旅可能包括摩步第701旅（UICC）（第1军）、摩步第708旅（第1军）、摩步第130旅（第1军）、摩步第161旅（第2军）、摩步第709旅、摩步第23师和摩步第112旅。

在2002—2004年，国际战略研究所报告称阿陆军兵力下降，而摩步旅增加1个。2003—2004军事平衡报道阿陆军兵力5.6万人，有4个军部和23个摩步旅，而上年兵力为6.2万人和22个旅。炮兵和反坦克单位包括2个旅和1个团。

阿塞拜疆军队在北约的帮助下，到2008年年底前实现完全北约化。按照阿国防部制订的军队转型计划，从2007年1月1日起，占阿军总兵力20%的巴库军将开始完全按照北约模式运转。先期进行试点工作的该军的一个旅已经改造完毕，其余几个旅的北约化改造工作也已接近尾声。阿军共有5个军，其余4个军的北约化改革工作从2007年年中开始进行，到2008年年底前完成。改革后的阿塞拜疆军队彻底摆脱了俄军模式。

第九章 苏联解体后的各国陆军

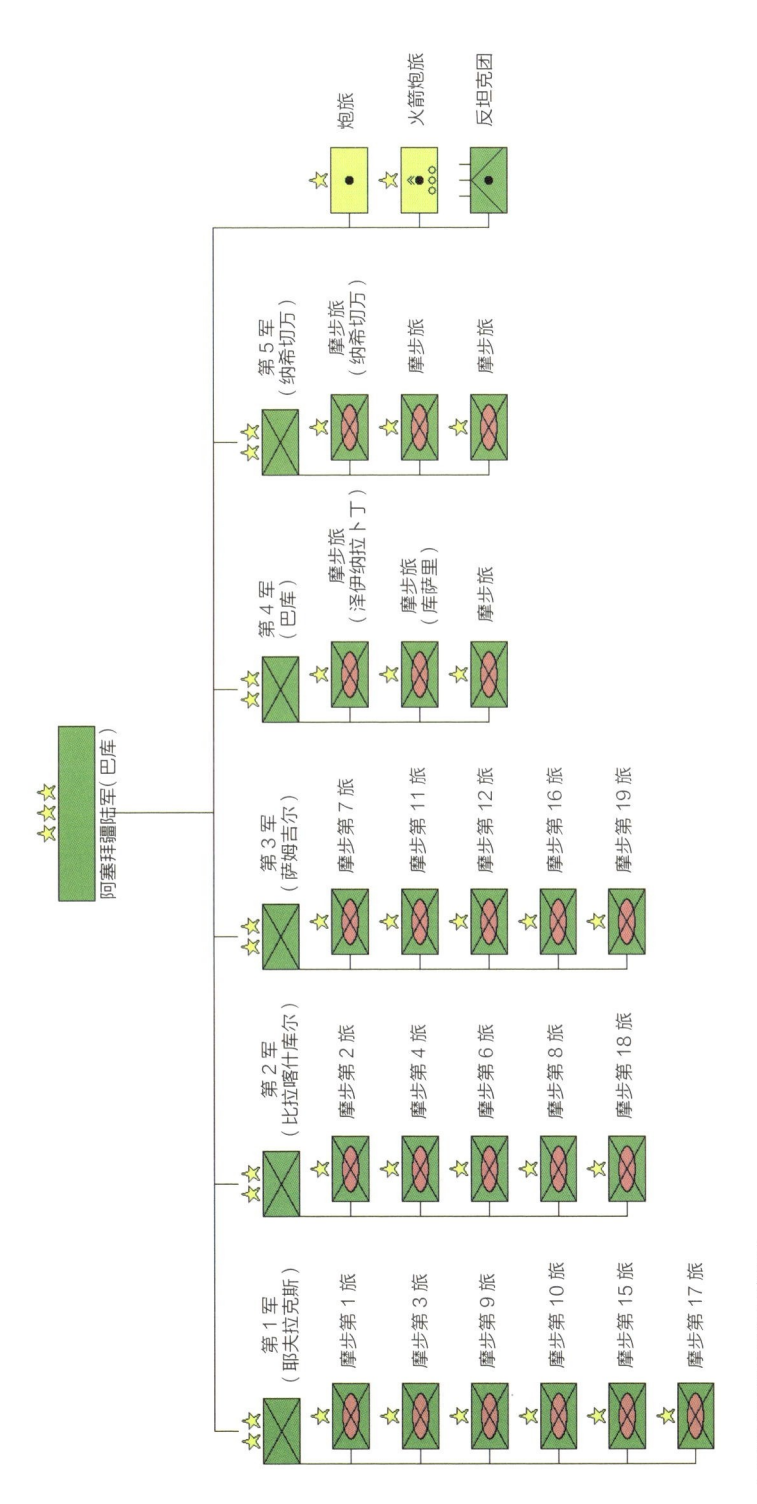

▲ 2007年阿塞拜疆陆军结构图。

阿塞拜疆陆军（巴库）

第1军（耶夫拉克斯）
- 摩步第1旅
- 摩步第3旅
- 摩步第9旅
- 摩步第10旅
- 摩步第15旅
- 摩步第17旅

第2军（比拉噶什库尔）
- 摩步第2旅
- 摩步第4旅
- 摩步第6旅
- 摩步第8旅
- 摩步第18旅

第3军（萨姆吉尔）
- 摩步第7旅
- 摩步第11旅
- 摩步第12旅
- 摩步第16旅
- 摩步第19旅

第4军（巴库）
- 摩步旅（泽伊纳拉卜丁）
- 摩步旅（库萨里）
- 摩步旅

第5军（纳希切万）
- 摩步旅（纳希切万）
- 摩步旅
- 摩步旅

- 炮旅
- 火箭炮旅
- 反坦克团

163

▲ 阿塞拜疆陆军。

2007年，根据英国战略研究和评估小组的估计，阿塞拜疆陆军兵力8.5万人，2500人的国民警卫队的也是地面部队的一部分。此外，还有曾在过去15年服过役的30万前军人。其他阿塞拜疆准军事部队包括1.2万人的内务部部队、边防局的地面部队5000人。

阿塞拜疆签署了众多合约，在土耳其的援助下加强其武装力量和训练。

2009年阿塞拜疆军队现役6.694万人。其中陆军5.684万人，地面部队兵役期17个月。

据Brinkster.net报告，1999年阿塞拜疆地面部队序列：
第1军（总部叶夫拉赫）辖6个旅（摩步第1、3、9、10、15、17旅）
第2军（比拉喀什库尔）辖7个旅（摩步第2、4、6、8、13、14、18旅）
第3军（总部萨姆吉尔）辖6个旅（摩步第7、11、12、16、19、20旅）
第4军（纳希切万飞地），前身为摩步师的3个摩步团

2007年，阿塞拜疆地面部队包括5个军：
第1军也被称为耶夫拉克斯军（部署在甘贾附近）
第2军也被称为比拉喀什库尔军（集结以打击亚美尼亚控制的领土，部分部署在阿

塞拜疆—伊朗边境）

第3军也被称为萨姆吉尔军（集结在亚美尼亚人控制的领土）

第4军也被称为巴库军（包括阿布歇隆半岛和海岸）

第5军也被称为纳希切万军（部署在纳希切万）

地面部队包括23个摩步旅、1个炮兵旅、1个多管火箭炮旅和1个反坦克团。

据IISS2007年报告，阿塞拜疆地面部队装备有大约40具SA-13"金花鼠"、SA-4"甘涅夫"和SA-8"壁虎"防空导弹系统。

2010年，阿塞拜疆陆军装备包括220辆主战坦克，2005—2010年还定购了162辆T-80、595辆装甲坦克和270门火炮系统。

据IISS2013年报告，阿塞拜疆陆军兵力11.9万人。

2014年12月，阿塞拜疆在纳希切万组建了第6军，卡拉姆·穆斯塔法耶夫成为特种第6军军长。

表9-27 2016年阿塞拜疆陆军主要装备

型号	类别	系列型号	数量	备注
T-90	主战坦克		94-100	定购100多辆
T-72	主战坦克	T-72SIM2	120	以色列升级型，另300辆T-72在预备役存储
T-55	主战坦克		100	作为射击靶子使用
BMP-3	步兵战车		104	BMP-3M安装了维斯纳-K热像仪
BMP-2	步兵战车		41	以色列升级型BMP-2M，更多未升级车辆在存储
BMP-1	步兵战车	BMP-1/BMP-1K BRM-1	44 21	更多车辆在存储
BMD-1	伞兵战车		20	
BTR-80	装甲输送车		101	
BTR-70	装甲输送车		53	阿塞拜疆自行加装"什姆舍克"炮塔、火控系统和热像仪，更多未升级车辆在存储
BTR-60	装甲输送车		53	更多车辆在存储
BTR-3	装甲输送车		3	乌克兰生产
BRDM-2	装甲输送车		88	其中23辆升级为ZKDM
MT-LB	装甲输送车		393	
BTR-D	伞兵运输车		11	
OTR-21"托奇卡"	战术弹道导弹		3	
TOS-1	火箭系统		18	
9A52-2"龙卷风"（BM-30）	300mm多管火箭炮		36	
T-300	300mm多管火箭炮			中阿合作研制生产
T-122	122mm多管火箭炮		44	中阿合作研制生产
BM-21	122mm多管火箭炮		53	

续表

型号	类别	系列型号	数量	备注
Lynx	160mm多管火箭炮		30	以色列生产
ATMOS2000	155mm车载炮		5	
2S19	152mm自行榴炮		18	
2S7	203mm自行榴炮		12	
2S3	152mm自行榴炮		6	
2S1"康乃馨"	122mm自行榴炮		46	
2S31	120mm自行迫榴炮		18	
2S9"诺娜"	120mm自行迫击炮		27	
D-20	152mm榴弹炮		30	
2A36	152mm加农炮		32	
M-46	130mm加农炮		36	
D-30	122mm榴弹炮		195	
MO-120-RT-61	120mm迫击炮		19	法国产
2B-14	82mm迫击炮		400	
2B-11	120mm迫击炮		600	
RM-38	50mm迫击炮		30	
D-44	85mm反坦克炮		72	

※1.阿塞拜疆的直升机隶属空军,集中在巴库的卡拉空军基地,根据国际战略研究所数据,其编为一个团,包括14—15架米-24、12—13架米-8和7架米-2。2010年年底,阿塞拜疆武装部队订购了24架米-35M武装直升机。
2.根据IISS2007年数据,阿塞拜疆陆军估计装备有40辆SA-13、SA-4和SA-8壁虎防空导弹车,80—240门高炮。

阿塞拜疆反政府武装:

纳戈尔诺—卡拉巴赫国防军于1992年5月9日正式成立,是阿塞拜疆飞地纳戈尔诺—卡拉巴赫地区的地方武装。1994年5月12日,其与阿塞拜疆军队停火。截至2012年,纳戈尔诺—卡拉巴赫国防军由大约1.8—2万名官兵组成。其中只有8500人来自纳戈尔诺—卡拉巴赫,约有1万人来自亚美尼亚。装备有177—316辆坦克、256—324辆其他作战车辆、291—322门火炮和迫击炮。亚美尼亚向卡拉巴赫提供武器和其他军事必需品, 几个营直接部署在卡拉巴赫地区。

▲ 亚美尼亚和纳戈尔诺—卡拉巴赫(ARTSAKH)武装。

第七节　亚美尼亚陆军

1991年11月25日，亚美尼亚成立国防部。

苏联解体之初，苏军在亚美尼亚驻陆军3万人，3个师。这些部队多为俄罗斯接管。

亚美尼亚陆军的历史分三个发展阶段。第一阶段始于1988年2月，纳戈尔诺—卡拉巴赫冲突开始组建了亚美尼亚民兵，在纳戈尔诺—卡拉巴赫对抗阿塞拜疆人；第二阶段始于1992年，几个月后，亚美尼亚宣布从苏联独立，亚美尼亚国防部长捷尔·格里戈良茨和瓦兹根·马努基扬、瓦兹根·萨尔基相等文职官员寻求建立一个"较小、均衡、常备的防卫力量"；第三阶段开始于战争结束，直到今天。

▲亚美尼亚陆军标志。

1992年11月26日亚美尼亚总统宣布一系列建军命令，优先发展快速机动部队。当年组建了1个空降突击旅。

亚美尼亚陆军大部分的参谋人员都来源于前苏军。据估计，在苏联崩溃时，有5000名亚美尼亚族军官。独立后，亚美尼亚被卷入与邻国阿塞拜疆的纳戈尔诺—卡拉巴赫战争。拟组建3万人的军队，后来在1994年年初军力增至5万人。

虽然俄罗斯人多年来不断提供新装备，亚美尼亚从来没能换装足够的地面部队单位和许多单位仍然用旧装备。这些旧系统的维修，保养，零件和必要的升级要求很高，影响军队财政预算和整体准备情况。陆军努力重估、重组和进行结构调整，以使亚美尼亚的防御未来满足修订后的兵力结构和单元组合。陆军认为有必要维持它的许多传统的机械化编队，增强机动能力和维持少数新单位以支持其在山区和其他崎岖地形有效战斗，以对抗阿塞拜疆的常规部队的机械化能力。

亚美尼亚陆军在功能上分为现役和预备役部队。其主要职能包括：威慑、防御、维持和平与危机管理、人道主义救援任务，以及亚美尼亚社会职能。现役部队主要有维和防守任务，并进一步划分为前沿部署部队、快反部队、国防军主力。预备役部队是补充兵力，包括国土防卫部队和训练部队。

据IISS 2010年报告，亚美尼亚陆军装备20辆T-80坦克、102辆T-72坦克、8辆T-54坦克和80辆BMP-1、7辆BMP-1K、55辆BMP-2和12辆BRM-1K。轮式装甲输送车包括11辆BTR-60、21辆BTR-70、4辆BTR-80、145辆MT-BLS、5辆BMD-1S和120辆BRDM-2侦察车。

▲ 特种部队。

亚美尼亚陆军有 2 所军校：梅尔克念军校、瓦兹根·萨尔基相军校。

亚美尼亚陆军序列：

第 1 军（戈里斯）辖 1 个独立坦克营，1 个独立侦察营，2 个摩步团

第 2 军（克哈察哈尔）辖 1 个独立坦克营，1 个独立侦察营，1 个独立步兵团，2 个摩步团，1 个独立炮兵营。

第 3 军（瓦纳佐尔）辖 1 个独立步兵团，1 个独立炮兵营，1 个独立坦克营，1 个独立侦察营，1 个独立火箭炮兵营，4 个独立摩步团，1 个维修营，1 个通信营。

第 4 军（叶海格纳佐尔）辖 4 个独立摩步团，1 个独立自行火炮营，1 个通信营。

第 5 军（埃里温郊的努巴拉申）辖 2 个要塞（筑垒地域），1 个独立摩步团，1 个独立步兵团。

军级部队：1 个空军和防空军联合司令部，1 个摩步训练旅，1 个特种团，1 个炮兵旅，1 个自行火炮团，1 个反坦克团，1 个工兵团与排雷中心，1 个地对空导弹旅，2 个地空导弹团，1 个雷达团。

据Brinkster.net 2004 年报告，陆军下辖摩步第 555 团，摩步第 83 旅（Dasheksan），摩步第 1 旅，第 7 筑垒地域（久姆里），第 9 筑垒地域（埃奇米阿津），摩步团（埃奇米阿津），摩步第 538 团（阿穆达巴），一个摩步团（舒什）以及摩步第 545 团。

特种部队：

亚美尼亚军方的特种部队编成 1 个标准的特种团和 3 个以上侦察营（不包括纳戈尔诺—卡拉巴赫国防部陆军特种部队和国防力量，这两者都是高度集成到亚美尼亚武装力量）。

据IISS 2013 年报告，亚美尼亚陆军现役 4.585 万人（含 1.995 万名志愿兵和 2.59 万名义务兵）。

第九章 苏联解体后的各国陆军

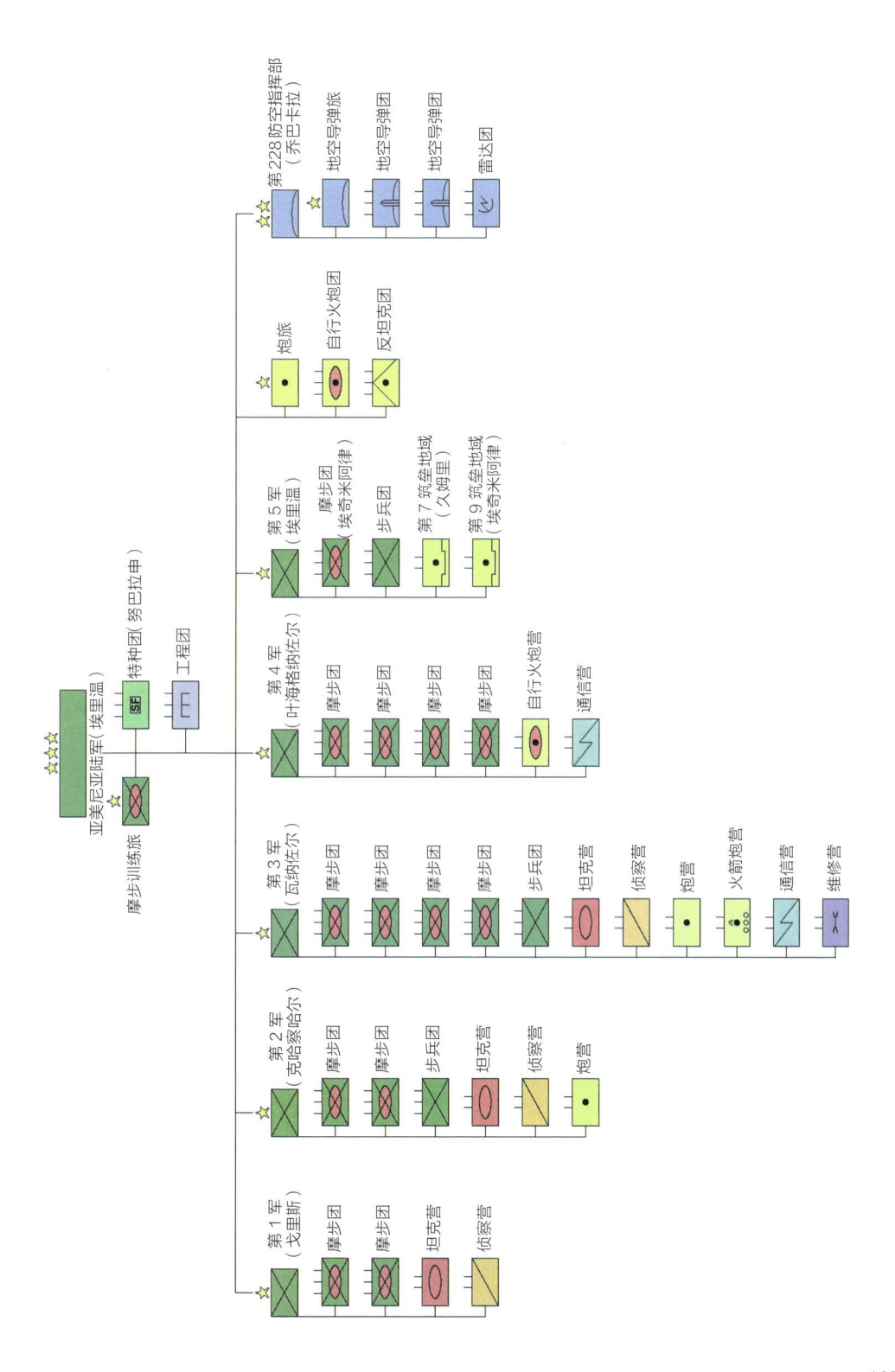

169

战斗历程：

纳戈尔诺—卡拉巴赫战争（1991—1994年）

科索沃和阿富汗维和

表9-28 2016年亚美尼亚陆军主要装备

型号	类别	系列型号	数量	备注
T-90S	主战坦克		1	坦克两项比赛奖品
T-80	主战坦克		20	
T-72	主战坦克		200+	部分为T-72B。估计与纳戈尔诺—卡拉巴赫国防军一起使用530—540辆T-72坦克。2013年，亚美尼亚还从俄罗斯接收了35辆T-72S
T-55	主战坦克		5	
T-54	主战坦克		3	
BMP-2	步兵战车		50	2012—2013年由俄罗斯升级，更多未升级车辆在存储
BMP-1	步兵战车	BMP-1 BMP-1K BRM-1K	74 7 12	更多车辆在存储
BMD-1	伞兵战车		10	
BTR-80	装甲输送车		110	可能更多车辆在存储。2016年展示了电子对抗车型号
BTR-70	装甲输送车		40+	进行了现代化改装，加装30毫米炮
BTR-60	装甲输送车		100+	
BTR-152	装甲输送车			
BRDM-2	装甲输送车		120	包含反坦克导弹车
MT-LB	装甲输送车		145	包括以下变型车： Snar-10"大弗雷德"雷达车 9P149反坦克导弹车 9K35"箭"-10防空导弹车
GAZ-2975	装甲输送车		4	2015年订购了更多数量
"伊斯坎德尔"-M	战术弹道导弹		4	
OTR-21"托奇卡"	战术弹道导弹		7—8	
"飞毛腿"-B	战术弹道导弹		8	
TOS-1A	火箭系统		6	
9A52-2"龙卷风"（BM-30）	300mm多管火箭炮		12	
WM-80	273mm多管火箭炮		15	1999年从中国引进
N-2	122mm多管火箭炮		2	亚美尼亚自制
BM-21	122mm多管火箭炮		110	与纳戈尔诺—卡拉巴赫国防军一起使用更多数量
2S3	152mm自行榴炮		28	
2S1"康乃馨"	122mm自行榴炮		10	
D-20	152mm榴弹炮		34	
2A36	152mm加农炮		26	
M-46	130mm加农炮			
D-30	122mm榴弹炮		69	
M-30	122mm榴弹炮			进行了升级
T-12	100mm反坦克炮		36	
D-44	85mm反坦克炮			
S-300PM	远程防空导弹		8+	

续表

型号	类别	系列型号	数量	备注
S-300PT1	远程防空导弹			在埃里温附近部署了3个营
"山毛榉"-M2	中程防空导弹			2016年公开
9K33"黄蜂"	中短程防空导弹	SA-8"壁虎"	10	
9K35M3"箭"-10-M3	近程防空导弹		10	SA-13"金花鼠"北约改型
S-75	中程防空导弹	SA-2	79	
2K12"库班河"	中程防空导弹	SA-6"根弗"		
2K11"圆"	中程防空导弹	SA-4"加涅夫"	115	
S-125	中程防空导弹	SA-3		
ZSU-23-4"石勒喀"	自行防空系统			
S-60	牵引式高炮			
ZU-23-2	牵引式高炮			

※1. 亚美尼亚的防空兵器隶属防空军。
2. 亚美尼亚的直升机隶属空军，装备有16架米-24武装直升机、18架米-8运输直升机和10架米-2直升机。

第八节 格鲁吉亚陆军

苏联解体之初，苏军在格鲁吉亚驻军9万人。其中陆军4万人，4个师。这些部队多为俄罗斯接管，格鲁吉亚所剩无几。1993年7月末第31军撤离格鲁吉亚。在阿哈尔齐赫的近卫摩步第10师最终被改编为格鲁吉亚摩步第22旅，在库塔伊西的摩步第152师改编为摩步第21旅。摩步第25旅在巴统，罗曼·杜姆巴泽任旅长直到2004年。

21世纪初格鲁吉亚军队装备短缺和训练不佳，格鲁吉亚政府寻求美国等国家的帮助。

从1992年到2003年，整个格鲁吉亚军队严重依赖前苏联生产的过时军事装备，随着时间的推移，大部分因缺乏维护损坏。超过100辆T-55退役，并从2000年起全部退役，只留下一个纸面上的数据。其他众多的军事硬件，包括T-72坦克被捐赠给内务部，但这些到2004年由于重组军队也退役。自2001年开始格鲁吉亚有意加入北约，并与众多的后苏联时代的供应商，如捷克共和国和乌克兰增强其军事能力的合作。2003年，格鲁吉亚政府开始从乌克兰购买大量的T-72坦克，几年之内成立了装甲部队，并在2005年的格鲁吉亚军队可在演习场投入170辆坦克。T-72坦克的很大一部分在以色列和波兰的帮助下火控系统得到了现代化升级。2007年，格鲁吉亚开始定购土耳其和其他北约成员国更现代化的装备。

格鲁吉亚陆军的结构是基于旅和营级规模的部队。主力由5个步兵旅和2个炮兵旅加上其他的旅

▲ 格鲁吉亚陆军军旗。

▲ 格鲁吉亚陆军坦克兵。

或营。格鲁吉亚每个旅兵力多达5500人+，包括非作战人员。2008年陆军兵力合计3.7825万（不含一级预备役），其中21名高级军官、6166军官和军士、28477士兵、125名学员和388名文职。装备了种类繁多的武器和车辆。内务部特种部队独立运作。

格鲁吉亚陆军：

俄格战争中，格鲁吉亚军队参战的步兵1、3、4旅5000多人中215人死亡，1469人受伤，4人失踪，除在东面的步兵第4旅外，其余陆军旅均遭受重创。

战后在美国等的帮助下，格鲁吉亚迅速恢复元气。

1995年格鲁吉亚陆军序列：

近卫摩步第1旅（格鲁吉亚国民警卫队）

摩步第2旅（塞纳基）

摩步第11旅（第比利斯）

摩步第21旅（库塔伊西）

摩步第25旅（阿扎尔）

1个统帅部预备炮兵旅，成立于1993年11月10日，起源于1991年12月成立于第比利斯的炮兵营。

2008年陆军兵力3.7万人。地面部队序列：

第1步兵旅（瓦兹阿尼、杰拉韦）

▲ 早期的格军。

第 2 步兵旅（库塔伊西、巴统）

第 3 步兵旅（哥里、阿哈尔齐赫）

第 4 步兵旅（第比利斯、穆克罗瓦尼）

第 5 步兵旅（哥里）

炮兵旅（哥里）

特种旅（科多里峡谷）

独立轻步兵营（萨古拉姆）

独立坦克营（哥里）

独立防空营（库塔伊西）

通信营（萨古拉姆）

技术侦察营（第比利斯）

宪兵营（第比利斯）

每个步兵旅辖 3 个 591 人步兵营，机械化营（装备 30 辆T-72、15 辆步兵战车），炮兵营（18 门 D-30、8 门 120 毫米迫击炮、4 辆ZSU-4 高炮），补给营（101 人），工程营（96 人），通讯营（88 人）

2012 年格鲁吉亚陆军序列（不完全）：

陆军司令部（驻第比利斯）

中央司令部

东部作战司令部（2011 年组建）

▲ 格鲁吉亚阅兵。

第 1 步兵旅（第比利斯）

第 11 泰拉维轻步兵营

第 12 轻步兵营

第 13 "沙夫纳巴达"轻步兵营

第 4 机械化步兵旅（瓦兹阿尼）

第 41 机械化步兵营

第 42 机械化步兵营

第 43 机械化步兵营

第 5 步兵旅（哥里）

第 51 轻步兵营

第 52 轻步兵营

第 53 轻步兵营

第 1 炮兵旅（瓦兹阿尼）

西部作战司令部（2011 年组建）

第 2 步兵旅（塞纳基）

第 21 轻步兵营

第 22 轻步兵营

第 23 轻步兵营

第 3 步兵旅（马梅卢凯斯、库塔伊西）

第 31 轻步兵营

第 32 轻步兵营

第 33 轻步兵营

第 2 炮兵旅（霍尼）

独立工兵旅

防空旅（库塔伊西）

独立轻步兵营（巴统）

军事情报营（科布莱蒂）

通信营

医疗营（萨古拉摩）

▲ 在阿富汗的格鲁吉亚士兵。

第九章 苏联解体后的各国陆军

特种部队（独立于陆军）

特种旅驻第比利斯（前身为苏联内务部师）

特种营

海军特种战斗群

山地侦察营

支援/维护营

特种部队训练中心

表9-29 2015年格鲁吉亚陆军主要装备

型号	类别	系列型号	数量	备注
T-72	主战坦克	T-72SIM1	220	以色列升级型
"拉兹卡"	步兵战车		6+	研制中
BMP-2	步兵战车		120+	包括安装S8、S13火箭系统的型号
BMP-1	步兵战车	BMP-1U/BMP-1P	80+	
"迪德格里"	装甲车		估计150—200	增购中
Nurol Ejder	装甲输送车		90+	土耳其生产，增购中
BTR-80	装甲输送车		75+	
BTR-70	装甲输送车		45+	升级为BTR-70DI
"狼"	装甲输送车		50+	以色列生产
"美洲狮"	防雷反伏击车			美国生产
"悍马"	装甲车		110	美国生产
VBL	装甲车			
"眼镜蛇"	装甲车		300	土耳其生产，包括两种变型：一种装备同轴机枪，一种装备自动榴弹发射器。可以加装其他武器平台，如反坦克导弹系统。
"蝎"	装甲车		250	土耳其生产
BRDM-2	装甲输送车			正在升级
MT-LB	装甲输送车		114+	包括救护型、防空型
"德尔加"	高机动车		少量	特种部队使用
LAR-160	160mm多管火箭炮		32	以色列生产
IMI "山猫"	122mm多管火箭炮		15	以色列生产
M-63	128mm多管火箭炮		12	南斯拉夫生产
RM-70	122mm多管火箭炮		48	捷克生产
RS-122	122mm多管火箭炮		8+	格鲁吉亚生产
BM-21	122mm多管火箭炮		120	
达纳	152mm轮式车载炮		47+	捷克生产
2S19	152mm自行榴炮		3+	
2S7	203mm自行榴炮			
2S3	152mm自行榴炮		26+	
2S1 "康乃馨"	122mm自行榴炮		30+	
D-20	152mm榴弹炮			
2A65	152mm加农炮		18	
2A36	152mm加农炮		12	
D-30	122mm榴弹炮		120	
GM-120	120mm迫击炮			格鲁吉亚生产
2B-11	120mm迫击炮		1100+	

175

续表

型号	类别	系列型号	数量	备注
M74/M-75	120mm迫击炮		70	南斯拉夫生产
2B-14	82mm迫击炮			
GM-82	82mm迫击炮			格鲁吉亚生产
2B-9	82mm迫击炮			
MT-12	100 mm反坦克炮			
D-48	85mm反坦克炮			
S-125	中程防空导弹		38	基本不再使用
"山毛榉"M1	中程防空导弹		15	
斯派德	中短程防空导弹			以色列生产
9K330"道尔"	中短程防空导弹	SA-15"雷神"	8	
9K33"黄蜂"	中短程防空导弹	SA-8"壁虎"	18	
9K35"箭"-10	近程防空导弹	SA-13"金花鼠"	12	
ZSU-23-4"石勒喀"	自行防空系统		35+	
S-60	牵引式高炮		15	
ZU-23-2	牵引式高炮			
Mi-35	武装直升机		1	
Mi-24	武装直升机	Mi-24V/Mi-24P	12	可飞行数量不详,正在淘汰
"超美洲豹"	运输直升机		4	
Mi-8	运输直升机	Mi-8T	16	
UH-1H	运输直升机		40+	
"贝尔"-212	运输直升机		6	
Mi-2	运输直升机		2	

※1.防空装备隶属空军。

2.直升机编制隶属空军,本表不列入支援海军的米-14直升机。

历任陆军司令:

古德扎·库拉什维利少将(1994年5月至今)

伊维里·苏北里阿尼上校(2014年)

反政府武装:

南奥塞梯武装:

南奥塞梯武装约2500人,包括预备役部队的人数则达1.6万人。

在2008年的五日战争开始时,南奥塞梯武装装备如下:

15辆坦克:5辆T-55S和10辆T-72S

24辆自行榴弹炮:12辆122毫米2S1和12辆152毫米2S3

▲ 南奥塞梯武装军旗。

第九章 苏联解体后的各国陆军

6 门 122 毫米 BM-21 多管火箭炮

12 门 122 毫米 D-30 榴弹炮

4 门 100 毫米 MT-12 反坦克炮

30 门迫击炮

52 辆装甲战车，包括 BRDM-2、BMP-1 和 BTR-70

6 辆 9K31"箭"-1 短程防空导弹系统

10 门 ZU-23-2 短程高炮

4 架米-8 直升机

▲ 南奥塞梯武装游行。

2008 年的南奥塞梯战争结束后，一些缴获自格鲁吉亚部队的坦克已被转编入了南奥塞梯武装。

阿布哈兹武装：

据阿布哈兹共和国当局宣布，阿布哈兹陆军按瑞士模式建设，兵力 3000—5000 人，战时包括预备役可达 4 万—5 万人。士兵可以持武器回家。阿布哈兹陆军编为步兵 1—3 旅，1 个炮团，1 个教导团，1 个侦察营，1 个山地步兵营，1 个防空营，1 个工兵营。装备 9 辆 T-72 坦克和 53 辆 T-55。

▲ 阿布哈兹武装旗帜。

据俄新社报导，阿布哈兹自卫队兵力 1 万人，装备 60 辆坦克，其中包括 40 辆 T-72S、85 门火炮和迫击炮（其中包括数十门 122—152 毫米火炮）、116 辆不同型号的装甲车，还有众多的反坦克武器。

第九节　乌兹别克斯坦陆军

苏联解体之初，苏军在乌兹别克斯坦驻军 5 万人。其中陆军 2 万人，2 个师。这些部队多为乌兹别克斯坦接管。

1992 年 1 月 28 日，乌兹别克斯坦最高苏维埃宣布接管原苏军驻乌兹别克斯坦军

▲ 乌兹别克斯坦陆军标志。

队，开始建军，前苏军1个摩托化步兵师、2个空军团和1个防空团成为国防军的核心。

2000年5月颁布新的《武装力量学说》，规定国防军由陆军、空军、防空军、特种部队、工程建设部队、国民近卫军组成。有4个高等军事院校。

在位于乌兹别克斯坦的三大军事院校，即塔什干全军兵种高等指挥学院、塔什干坦克高等指挥学校和撒马尔罕军事汽车兵高等指挥学校的基础上，1994年成立了联合武装部队学院。

实行普遍义务兵役制。乌军人义务服役期为18个月，大学毕业生服役期则为12个月。2003年国防部宣布，义务兵服役期从18个月降低到12个月，曾参加军官学校的只需服役9个月。

乌兹别克军队划分为5个军区：西北军区驻努库斯，西南特别军区驻卡尔希，中央军区驻吉扎克，东部军区驻费尔干纳。2001年，塔什干驻军改编为塔什干军区。

21世纪初，乌兹别克斯坦陆军兵力5万人，辖2个军级司令部，包括：

2个坦克旅

4个摩步旅

1个轻型山地作战旅

1个摩托化步兵旅

2个空突旅

1个侦察旅

1个空中机动旅

4个炮兵旅

1个多管火箭炮旅

1个国民警卫旅

2006年，乌兹别克陆军兵力4万人，但很多装备来源于前苏军，乌兹别克斯

▲ 乌兹别克斯坦陆军。

坦政府没有给予太多的努力换装现代化的装备。

2013年乌兹别克陆军序列：

西北军区（努库斯），辖卡拉卡尔帕克斯坦、花拉子模州

摩步？旅（努库斯）

西南特别军区（卡尔希），辖卡什卡达里亚州、苏尔汉河州、布哈拉州、纳沃伊州

摩步第25旅（卡尔希），军号08579

中央军区（吉扎克），辖吉扎克省、撒马尔罕州、锡尔河州

不明番号炮兵旅（卡塔库尔干撒马尔罕），原炮兵第353旅

东部军区（费尔干纳），辖费尔干纳州、安集延州、纳曼干州

空中突击第17旅（费尔干纳），多达5000名士兵，原空中突击第4旅、苏军空降第387教导团

摩步第37旅（安集延），原摩步第34旅

不明番号炮兵旅（费尔干纳），源于近卫空降第105师

塔什干军区（塔什干），辖塔什干州，2001年成立

不明番号炮兵旅（塔什干），前身大概是在奇尔奇克的炮兵训练团

其他部队：

第2军（费尔干纳），军号49827，1999年时辖空中突击第15旅、奇尔奇克教导团和费尔干纳空降旅

摩步旅（奇尔奇克），军号16707

摩步旅（撒马尔罕），前身可能是摩步师（预备役）

摩步旅（铁尔梅兹），原摩步第108旅

坦克团（架子团）（塔什干），从纳沃伊迁到阿哈尔嘉兰

工兵旅

特种营（塔什干），原特种第459连

国民警卫队旅（塔什干），1000人，包括警卫营、仪仗连和特种连

▲ 乌兹别克斯坦陆军。

表9-30 2016年乌兹别克斯坦陆军主要装备

型号	类别	系列型号	数量	备注
T-80BV	主战坦克		80	
T-72	主战坦克		70	
T-64	主战坦克		100	
T-62	主战坦克		170	
T-54	主战坦克		80	
BMP-2	步兵战车		270	
BMP-1	步兵战车		180	
BRM-1K	装甲侦察车		6	
BMD-2	伞兵战车		9	
BMD-1	伞兵战车		120	
BTR-D	伞兵运输车		50	
BTR-80	装甲输送车		210	
BTR-70	装甲输送车		25	进行了现代化改装,加装30毫米炮
BTR-60	装甲输送车		24	
BRDM-2	装甲输送车		13	
MATV	防雷反伏击车		308	美国产
"马萨罗"	装甲车		50	美国产
"美洲狮"	装甲车		50	美国产
RG-33	装甲车		50	美国产
OTR-21"托奇卡"	战术弹道导弹		5	
9P140(BM-27)	220mm多管火箭炮		48	
BM-21	122mm多管火箭炮		36	
BM-21A	122mm多管火箭炮		24	
2S7"芍药"	203mm自行加农炮		48	
2S5"风信子"-S	152mm自行加农炮		17	
2S3	152mm自行榴炮		28	
2S1"康乃馨"	122mm自行榴炮		18	
2S9"诺娜"	120mm自行迫击炮		54	
D-20	152mm榴弹炮		54	
D-1	152mm榴弹炮		36	
2A36	152mm加农炮		140	
D-30	122mm榴弹炮		60	
M-160	160mm迫击炮		48	
2S12	120mm迫击炮		19	
2B11	120mm迫击炮		5	
M120	120mm迫击炮		18	
PM-37	82mm迫击炮		120	
MT-12	100mm反坦克炮		36	
HQ-9	远程防空导弹		1	
2K22"通古斯卡"M1	自行防空系统	SA-19"灰鼩"	50	
9K31"箭"-1	短程防空导弹	SA-9"灯笼裤(甘斯肯)"	400	
Mi-24	武装直升机		51	隶属空军
Mi-8/17	运输直升机		64	隶属空军
Mi-6	运输直升机		27	隶属空军
Mi-26	运输直升机		1	隶属空军

第十节 土库曼斯坦陆军

苏联解体之初,苏军在土库曼斯坦驻军7万人。其中陆军4万人,5个师。这些部队基本为土库曼斯坦接管。

▲ 土库曼斯坦地面部队军旗。

1992年1月27日,土库曼斯坦成立国防事务部,原克格勃高级官员杜·科贝科夫中将被任命为部长。4月16日,土库曼斯坦接管驻阿什哈巴德第52集团军(第36军)。6月8日,土库曼斯坦与俄罗斯就成立联合部队达成协议,宣布在两个兵团及驻扎在其境内的苏军基础上建立本国军队。7月14日,土库曼斯坦内阁将国防事务部改组为国防部,正式组建本国军队。

土库曼陆军于1992年组建,2012年现役兵力1.85万人。苏联解体后,土库曼军队以防御守势为主,军费不足,装备保养不佳。

土库曼军队继承了苏联武装力量土耳其斯坦军区的几个摩步师,构成了土库曼地面部队的基础。现地面部队包括第2、3、11、22摩步师。

据报道,2007年1月,土库曼陆军部署在距土库曼—伊朗边境的里海和沿海地带350公里的纵深,边界集中了大约90%的部队(摩步第22师部署在里海沿岸,摩步第2、3师部署在土库曼—伊朗边境,摩步第11师部署在塔吉克—阿富汗边境)。

表9-31 2013年土库曼斯坦陆军主要装备

型号	类别	系列型号	数量	备注
T-90	主战坦克		10	
T-72	主战坦克		702	
BMP-2/1	步兵战车		930	
BRM-1	装甲侦察车		12	
BTR-80/70/60	装甲输送车		829	
BRDM-2	装甲输送车		170	
9A52"龙卷风"(BM-30)	300mm多管火箭炮		6	订购
9P140(BM-27)	220mm多管火箭炮		54	
BM-21	122mm多管火箭炮		56	
2S3	152mm自行榴炮		16	
2S1"康乃馨"	122mm自行榴炮		40	
2S9"诺娜"	120mm自行迫击炮		12	
2A65	152mm加农炮		72	
D-1	152mm榴弹炮		17	
D-30	122mm榴弹炮		180	
PM38	120mm迫击炮		66	
PM-37	82mm迫击炮		31	
S-125	中程防空导弹	SA-3		

续表

型号	类别	系列型号	数量	备注
2K12"库班河"	中程防空导弹	SA-6"根弗"		
9K33"黄蜂"	中短程防空导弹	SA-8"壁虎"	40	
9K35"箭"-10	近程防空导弹		13	
S-60	57mm高炮		22	
ZSU-23-4	自行高炮		48	
Mi-24	武装直升机		10	隶属空军
Mi-17	运输直升机		15	隶属空军

第十一节　摩尔多瓦陆军

摩尔多瓦武装力量是共和国获得独立后于1991年9月3日按照总统米尔奇·斯涅古尔《关于组建武装力量的命令》组建的，这一天也成为摩尔多瓦国防军的成立日。

1991年11月14日，摩尔多瓦政府宣布其境内的苏军军营、基地、装备、交通工具和技术装备及其他资产归本国所有。

苏联解体之初，苏军在摩尔多瓦驻军近卫第14集团军军部和1个摩步师、1个空降师，约2万人。俄罗斯接管后，将近卫空降第98师撤回境内。

1994年初，摩尔多瓦（国防部下辖的）地面部队包括了3个摩步旅，1个炮兵旅和1个侦察/空中突击营，合计9800人。装备包括了56枚弹道导弹防御弹、77辆装甲输送车和67辆变型车、18门122毫米和53门152毫米牵引火炮、9门120毫米迫榴炮、70具AT-4导弹、19具AT-5"拱肩"导弹、27具AT-6"螺旋"反坦克导弹、138门73毫米SPG-9无后坐力炮、45门MT-12型100毫米反坦克炮、30门ZU-23型23毫米和12门S-60型57毫米防空炮。摩尔多瓦接收了一些在共和国境内的前苏军军火，以及来自罗马尼亚数量不明的武器，尤其是在德涅斯特河高地战斗中。

▲摩尔多瓦陆军。

到2006—2007年，摩尔多瓦地面部队已经减少到了5710人，编成3个摩步旅，1个炮兵旅和独立特种营和工兵营，再加上一个独立的警卫部队。装备包括44辆BMD-1空降战车和266辆装甲输送车，其中包括91辆TAB-71S以及227门火炮。

2010年，摩尔多瓦陆军人数进一步降至5148人（3176名志愿兵军人和1981名义务兵），加上准军事部队2379人，预备役6.6万人。装备包括44辆空降战车、164辆装甲输送车、148门火炮、117具反坦克导弹、138门以上无后坐力炮、36门牵引式反坦克炮和37门牵引式高射炮。

▲ 摩尔多瓦陆军。

序列：

第1步兵旅"摩尔多瓦"（伯尔齐）

第2步兵旅"斯特凡大公"（基希讷乌）

第3步兵旅"达基亚"（卡古尔）

炮兵旅"普鲁特"（温格）

独立工程营"科德鲁"

独立通信团"比萨拉比亚"

独立特种营"弗哲"（基希讷乌）

独立仪仗连（基希讷乌）

国防部（警卫营）（基希讷乌）

卡拉宾骑兵部队（摩尔多瓦共和国宪兵）

截至2012年，摩尔多瓦陆军兵力5710人，拥有209辆装甲车辆和150门火炮及迫击炮，编成3个步兵旅、1个炮兵旅、1个团和2个独立营。

"摩尔多瓦"步兵旅驻扎在伯尔齐，兵力785人，在这里还有1个物资技术保障营，兵力65人。"斯捷潘·西马莱"步兵旅驻扎在基什尼奥夫，兵力915人。

"达基亚"步兵旅驻扎在卡古拉，兵力612人。

"普鲁特"炮兵旅驻扎在温格，兵力381人。

"科德鲁"独立工程营驻扎在涅格列什塔赫，兵力295人。

"比萨拉比亚"独立通信团，兵力250人。

国防部警卫和仪仗营，兵力425人。

"弗哲"独立特务营，兵力 321 人（3 个特务连、1 个伞兵连）。以上三支部队都驻扎在基什尼奥夫。独立特务营的任务是：消灭敌人的战略目标、特种作战、侦察、反恐行动、搜索救援行动、心理战。

陆军军官由基什尼奥夫亚历山大·西本军事学院和北约国家、俄罗斯、乌克兰和白俄罗斯的军事院校培养。

摩尔多瓦陆军装备：

44 辆BMD-1 空降坦克

9 辆BTR-D空降步兵战车

55 辆MT-LB装甲牵引车

11 辆BTR-80 装甲输送车

5 辆BTR-70 装甲输送车(2010 年)

48 辆BTR-60PB装甲输送车(2010 年)

91 辆TAB-71 装甲输送车（苏联BTR-60 装甲输送车的罗马尼亚版）

43 辆"悍马"(2010 年)

火炮系统包括：

11 套 9P140"飓风"火箭炮（到 2014 年已销毁，只剩下运输车封存）

9 门 2S9"诺娜"-S120 毫米自行迫击炮

31 门D-20 型 152 毫米加榴炮

21 门 2A36"风信子"-B152 毫米加农炮

17 门 1938 年式（M-30）122 毫米榴弹炮

7 门美制M120 型 120 毫米迫击炮

52 门美制M77 型 82 毫米迫击炮。

反坦克武器包括：

71 套 9K111"巴松管"

19 套 9M113"竞赛"

▲摩尔多瓦陆军。

27套BRDM-2车载9P148"攻击"反坦克导弹系统(封存)

27套MT-LB车载9P149"强攻"反坦克导弹系统(封存)

138件SPG-9火箭筒

36门MT-12型100毫米反坦克炮

防空武器包括:

26门ZU-23-2(部分车载)

26门S-60型57毫米高炮

第十二节 立陶宛陆军

立陶宛武装力量1990年4月25日组建。1991年2月9日,立陶宛举行全民公决,90%的公民支持国家独立。1991年9月6日,苏联国务委员会承认立陶宛独立。

苏联解体之初,苏军在立陶宛驻军8万人。其中陆军7万人,含空降兵1万人,6个师(含2个空降师)。俄罗斯接管这些部队后,将空降师撤回国内部署,其他部队解散或改编。

立陶宛陆军是该国的国防力量的骨干,是北约部队的一个组成部分。立陶宛陆军由一个旅、工兵营、国防志愿者组成。司令部驻维尔纽斯。

2002年11月22日,北约邀请立陶宛加入,立陶宛2004年3月正式加入北约条约。自加入北约后,立陶宛开始对军队原华约化武器装备全面换装。

2010年,立陶宛武装力量现役1.58万人,预备役8万人。

立陶宛陆军正规军3500人,志愿者4700人。

▲立陶宛地面部队司令部标志。 　▲立陶宛地面部队战旗。 　▲立陶宛地面部队司令旗。

陆军的主力是铁狼机械化步兵旅。辖3个机械化步兵营和1个炮兵营，以立陶宛大公的名字命名。

陆军还辖另外3个摩托化步兵营，其中之一负责支持国内和海外的部署，一个主要负责立陶宛属地的防御，第3个主要是培训单位。

约扎斯·维特库斯工兵营负责扫雷、浮桥、排爆以及水下工程的建设，并参加搜索和救援行动。爆炸物处理中队参加国际行动。

立陶宛志愿者部队已经成功参加了在巴尔干地区、阿富汗和伊拉克的任务。立陶宛志愿者部队下辖5个国民单位和立陶宛大公布蒂盖迪斯龙骑兵训练营。

2012年立陶宛地面部队架构：

铁狼机械化步兵旅：

布拉大公机械化步兵营

凯斯图蒂斯大公机械化步兵营

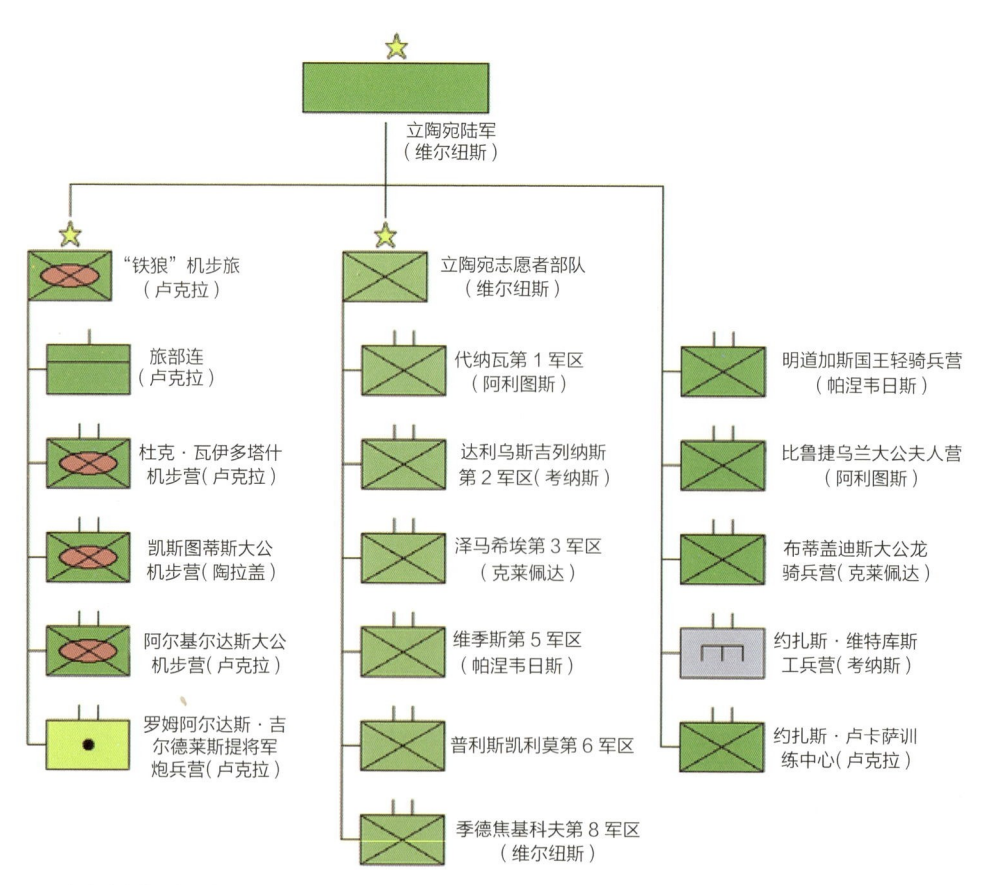

▲ 2012年立陶宛地面部队架构。

杜克·瓦伊多塔什机械化步兵营

罗姆阿尔达斯·吉尔德莱斯提斯将军炮兵营

比鲁捷乌兰大公夫人营

明道加斯国王轻骑兵营

布蒂盖迪斯大公龙骑兵营

约扎斯·维特库斯工兵营

立陶宛国防部志愿部队

▲ 立陶宛士兵。

表 9-32 2016 年立陶宛陆军主要装备

型号	类别	系列型号	数量	备注
"狼"	步兵战车		88	2017—2021 年交货
M113A1/A2	装甲输送车		210	德国二手装备，2000—2006 年交付 154 辆 M113A1、200 辆 M113A2，部分用作备件
M-577V2	装甲输送车		168	荷兰、德国二手，2017—2018 年交货
"悍马"	装甲车		200	美国生产
"路虎卫士"	装甲车		298	英国生产
"奔驰" G	装甲车		200	2016 年交货
"陆地巡洋舰"	装甲车		12	日本生产
M1064	迫击炮车		42	美国生产，2015 年进行了升级
PZH2000	155mm自行榴炮		4	订货 21 辆，2016—2019 年交付
M101	105mm榴炮		54	2002 年从丹麦进口 72 门，其中 18 门用作备件
M-1982	120mm迫击炮		24	罗马尼亚生产
2B-11	120mm迫击炮		20	1999 年保加利亚进口
M-38/43	120mm迫击炮		11	
M-41D	120mm迫击炮		12	芬兰生产
NASAMS 2	中短程防空导弹		4	从挪威订货 4 个连，交付中
"博福斯" L-70	40mm牵引式高炮		18	
AS-365	通用直升机		3	隶属空军
Mi-17	运输直升机		3	隶属空军

第十三节　拉脱维亚陆军

苏联解体之初，苏军在拉脱维亚驻军 4 万人。其中陆军 1 万人，1 个师。这些部队基本为俄罗斯接管。

1991 年 8 月 22 日，拉最高苏维埃宣布拉脱维亚共和国恢复独立。同年 9 月 6 日，

▲ 拉脱维亚陆军标志。　　　　　▲ 拉脱维亚陆军。

苏联国务委员会承认拉独立。9月17日，拉脱维亚加入联合国。

1991年8月23日开始组建军队，11月成立国防部。2002年11月22日，北约邀请拉脱维亚加入，拉脱维亚议会2004年2月26日批准了拉脱维亚加入北约条约。拉脱维亚2004年3月正式加入北约条约。

自1996年以来直到今天，拉脱维亚陆军一直在参与国外的维和行动，NAF士兵被部署在九个国际维和地区——阿富汗、阿尔巴尼亚、波斯尼亚、格鲁吉亚、科索沃、马其顿、伊拉克、中非共和国和索马里。

21世纪初，拉脱维亚军队总人数5000余人，其中陆军3500人。

2014年11月数据：拉脱维亚地面部队有971名志愿兵、1287名文职人员、1945名军士和10642名国民警卫队志愿者，总计1.4845万人。

从2015年开始，拉脱维亚军队编入欧盟的北欧战斗群。

表9-33 2016年拉脱维亚陆军主要装备

型号	类别	系列型号	数量	备注
T-55AM2	主战坦克		3	训练用
CVR（T）	步兵战车		123	英国产，2015年9月始交货
"悍马"	装甲车		60	美国生产
"路虎卫士"	装甲车		9	英国生产，还有非装甲型号
"奔驰"G	装甲车		50	还有非装甲型号
"美洲狮"	装甲车		8	
M1064	迫击炮车		42	美国生产，2015年进行了升级
M109A50	155mm自行榴弹炮		47	2017年9月始交付
Pvpj 1110	反坦克炮			瑞典生产
M-120	120mm迫击炮		25	美国生产
M-43	120mm迫击炮			
M-41D	120mm迫击炮			芬兰生产
M-252	81mm迫击炮		10	

续表

型号	类别	系列型号	数量	备注
L16	81mm迫击炮		28	英国生产
Mi-17	多用途直升机		4	隶属空军

第十四节　爱沙尼亚陆军

苏联解体之初，苏军在爱沙尼亚驻军约5万人。其中陆军1万人，1个师。俄罗斯撤走了上述全部部队。

国防军包括常规部队5600名官兵，以及志愿总队、国防同盟约12600名士兵，（战时）计划扩大到3万人。"所有的身体和精神健康的男性公民"必须接受义务兵役制为8或11个月的时间。国防军是在四个防区进驻，总部分别设在塔林、塔帕、塔尔图（卢乌贾）、派尔努。

▲爱沙尼亚陆军标志。

爱沙尼亚陆军是国防军的最大军种。平时约5500人，其中约2700名义务兵。陆军包括1个步兵旅和4个地区司令部。步兵旅负责部署单位的培训和支持。

据《简氏世界军事》2008年第23期，爱沙尼亚陆军平时的序列：

东北防区（塔帕），辖第1炮兵营、防空营和工兵营

北部防区（塔林），还辖有爱沙尼亚海军以及

步兵第1旅（塔帕）

童子军营（帕尔迪斯基）

卡莱弗步兵营（帕尔迪斯基）

维鲁步兵营（约赫维）

工兵营（塔帕）

炮兵营（塔帕）

防空营（塔帕）

战斗勤务支援营（帕尔迪斯基）

步兵第2旅（卢乌贾教区）

库佩尔加诺夫步兵营（沃鲁）

战斗勤务支援营

▲操作"米兰"-2导弹的爱沙尼亚士兵。

战时架构：

4个步兵旅

3个防空营

2个工兵营

3个炮兵营

2个战斗支援营

2个侦察连

2个反坦克连

2个通信连

表9-34 2016年爱沙尼亚陆军主要装备

型号	类别	系列型号	数量	备注
T-55AM2	主战坦克		3	训练用
CV90	步兵战车		44	荷兰二手，另有35辆支援型、2辆训练车来自挪威
"帕特里亚帕西"	装甲输送车	XA-180 XA-188	56 80	XA-180、188原来分别有60、81辆
BTR-80	装甲输送车		15	淘汰中
"曼巴"Mk4	装甲车		7	南非生产
K9	155毫米自行火炮		12	计划2021年到货
FH-70	155毫米榴弹炮		24	
D-30	122毫米榴弹炮		42	
Pvpj 1110	反坦克炮		130	瑞典生产
M40A1	106mm无后坐力炮		30	
2B11	120mm迫击炮		14	
M-41D	120mm迫击炮		165	芬兰生产
M-252	81mm迫击炮		80	
L16A1	81mm迫击炮		10	英国生产
B455	81mm迫击炮		41	以色列生产
ZSU-23-2	高炮		98	

第十五节　吉尔吉斯斯坦陆军

苏联解体之初，苏军在吉尔吉斯斯坦驻军1万人。其中陆军1个师（近卫摩步第8师），吉尔吉斯斯坦接管了部队和军事装备。

1992年1月13日，吉尔吉斯斯坦决议成立国防事务委员会。2月3日，吉尔吉斯斯坦宣布建立国民卫队。2月5日，吉尔吉斯斯坦成立国防事务委员会，扎·乌马塔利耶夫少将任主席。5月29日，吉尔吉斯斯坦宣布接管苏军驻比什凯克近卫摩步第8师。

7月初，决定在原驻吉尔吉斯苏军基础上组建本国军队。

独立初期，吉政府对国防建设采取了忽视态度，吉的军费预算水平较低。1992—1994年是吉尔吉斯斯坦军队的组建阶段。1993年1月22日，吉尔吉斯的一个步兵营开始参加稳定塔吉克—

▲ 吉尔吉斯斯坦举行独立日阅兵庆典。

阿富汗边境局势的行动。之后轮换部队参加行动，直到1999年2月。

1995—1998年是军队的发展阶段，但由于经费紧张，吉尔吉斯斯坦军队武器装备差、训练水平低、作战能力弱，未能实现改革目标。1999年7—8月奥什地区的非法武装团体对巴特肯地区的进攻最终在2001年被挫败。鉴于恐怖威胁已经出现，2000年吉军组建了南部集群。1999年12月13日的总统命令成立吉尔吉斯共和国防工作机构——总参谋部。国防委员会工作一直持续到2005年3月。在2010年4月，整个国家权力机构发生了从上到下的变化，包括武装力量。在6月的的悲惨日子里，军队帮助国家摆脱，重的政治危机，当时军队积极参加，以确保对付紧急情况，稳定南部的社会政治局势。2011年，完成了吉尔吉斯斯坦共和国新宪法后的军事和政治领导层的恢复工作，军队进行了管理机构和军队组织结构的逐步整编。南部集群改建西南地区司令部，总部设在奥什。而为了继承"潘菲洛夫"师的光荣军事传统，重建了近卫摩步第8师。在南部组建了新的摩托化步兵团，编入了坦克营。

吉军的武器装备是上世纪70年代的老装备，在经历了几十年的风雨之后，许多已经严重破损。吉军工企业也处于瘫痪和半瘫痪的状态，甚至连军装都生产不足。老旧的装备使吉军的训练一直在低水平徘徊，无法产生和应用新的作战理论，直接导致了吉军战斗力低弱。

吉尔吉斯斯坦在2003年1月解散了近卫摩步第8师。

陆军序列：

（山地）摩步第1旅（奥什）

1个旅在科亚—塔什

特种第25旅，（比什凯克地区），1994年组建，原第525连

在卡拉科尔和纳伦的独立营

巴里克奇纳的 1 个旅（吉尔吉斯斯坦历史上十分活跃的北部集群。2004 年，北部集群报告其改编为巴里克奇纳旅）

2011 年 7 月 11 日吉尔吉斯陆军序列：

近卫摩步第 8 师（托克莫克）

特种第 25 旅

西南地区指挥部

2016 年维基介绍吉尔吉斯陆军序列：

北方地区司令部：

以苏联英雄 I.V. 潘菲洛夫少将命名的近卫摩托化步兵第 8 师（托克马克巴尔克奇）

以伏龙芝命名的独立近卫红旗摩托化步兵第 2 旅（科伊塔什）

独立坦克团

独立机枪和炮兵第 2 营（卡拉科尔纳伦）

工程营

独立通信营（比什凯克）

特种第 25 旅"蝎子"

高炮旅

防化以及其他部队

西南地区司令部：

独立山地步兵第 68 旅（奥什）

阿拉—布卡混成坦克营

机枪和炮兵营

巴特肯独立山地步兵营（巴特肯）

特种第 24 营"伊尔比尔斯"

侦察营

高炮团

防化以及其他部队

▲ 特种第 25 "蝎子"旅，2013 年。

表 9-35 2015 年吉尔吉斯斯坦陆军主要装备

型号	类别	系列型号	数量	备注
T-72	主战坦克		150	
BMP-2	步兵战车		90	
BMP-1	步兵战车		230	
BTR-80	装甲输送车		10	
BTR-70	装甲输送车		25	
BTR-60	装甲输送车		53	
BRDM-2	装甲输送车		30	
9P140（BM-27）	220mm多管火箭炮		6	
BM-21	122mm多管火箭炮		15	
2S1"康乃馨"	122mm自行榴弹炮		18	
2S9"诺娜"	120mm自行迫击炮		12	
D-1	152mm榴弹炮		16	
D-30	122mm榴弹炮		72	
M-30	122mm榴弹炮		35	
BS-3	100mm加农炮		18	
2S12	120mm迫击炮		6	
M120	120mm迫击炮		48	
T-12	100mm反坦克炮		18	
SA-2/3	中程防空导弹		20	隶属空军
SA-4	中程防空导弹		12	隶属空军
S-60	57mm高炮		24	隶属空军
ZSU-23-4	自行高炮		24	隶属空军
Mi-24	武装直升机		4	隶属空军
Mi-8	运输直升机		8	隶属空军

第十六节　塔吉克斯坦陆军

苏联解体之初,苏军在塔吉克驻军 1 万余人。驻杜尚别陆军摩步第 201 师,1 个防空火箭旅、1 个雷达旅被俄罗斯接管。

塔吉克斯坦没有在其境内前苏联部队基础上组建军队,因为塔吉克斯坦的内战和俄罗斯军队在该国驻军,1994 年 4 月塔吉克斯坦的武装力量才正式合法化。

1992 年 1 月 6 日,塔吉克斯坦成立国防事务委员会,原塔吉克斯坦民防副司令兼参谋长萨·阿·尼亚佐夫少将任主席。1993 年 1 月 10 日,正式建立国防部,亚·希什利尼科夫上校任部长。

塔吉克斯坦武装力量由陆军、机动部队、空军、总统国民警卫队、边防和内务部队组成。俄罗斯军队 201 基地（摩步 201 师）驻该国。

到了 20 世纪 90 年代中期,国民军人数在 3000 左右。大多数军官都是俄罗斯人。

截至 1997 年,塔吉克斯坦陆军有 2 个摩托化步兵旅（其中之一是训练旅）,1 个特

▲ 塔吉克陆军。

种作战旅，1个团（主要用于保卫政权）和1个联合航空大队。

2007年塔吉克斯坦军队序列：

2个摩托化步兵旅

1个山地步兵旅

1个炮兵旅

1个空降突击旅

1个空降突击分队

1个地对空导弹团

空降突击旅不隶属陆军，隶属独立的塔吉克机动部队

截至2006年，因维持和经费不足，塔吉克军队只有44辆主战坦克、34辆步兵战车、29辆装甲输送车、12门牵引火炮、10门多管火箭炮、9门迫击炮和20具地空导弹。

表9-36 2014年塔吉克斯坦陆军主要装备

型号	类别	系列型号	数量	备注
T-72	主战坦克		30	
T-62	主战坦克		7	
BMP-2	步兵战车		15	
BMP-1	步兵战车		8	
BTR-80	装甲输送车		20	
BTR-70	装甲输送车		2	
BTR-60	装甲输送车		1	
BM-21	122mm多管火箭炮		3	
D-30	122mm榴弹炮		10	
PM-38	120mm迫击炮			
SA-2/3	中程防空导弹		20+	隶属空军
Mi-24	武装直升机		4	隶属空军
Mi-8	运输直升机		11	隶属空军

第十章　第二次世界大战后的苏俄战区、军区、驻外集群沿革

第一节　概述

1960 至 1990 年苏联全境被分为 16 个军区，在 1969 年至 1989 年期间，甚至增加了一个军区——中亚军区。在 1949 年至 1960 年十余年里，有几个军区（白海、沃罗涅日、东西伯利亚、高尔基、顿河、滨海、北部、塔夫里亚）在 1953—1960 年解散。

军区的典型编成（每个集群直辖自己的集团军）：

大部分一线军区（战时在军区机关的基础上改组为方面军）除编入 2—4 个诸兵种合成和坦克集团军，还编有：炮兵师，下设 5 个炮兵旅（榴弹炮旅 2 个，重炮、火箭炮和反坦克旅各 1），2 个独立导弹旅，3—4 个防空导弹旅，1—2 个无线电（雷达）旅，空中突击旅，工兵旅，2—3 个通信旅，1—2 个防化旅，1—2 个汽运旅，1 个物资保障旅，以及直属团——直升机、舟桥、和电子战团等。

这样的军区有 10 个：列宁格勒、波罗的海、白俄罗斯、基辅、喀尔巴阡、敖德萨、高加索、中亚、远东、阿穆尔军区。

二线军区（战时在军区机关的基础上改组为集团军）——莫斯科、土耳其斯坦、北高加索、西伯利亚、伏尔加河和乌拉尔——部署 2—4 个摩步师和坦克师，炮兵旅，导弹旅，防空导弹旅，前线工程旅（一般情况下辖团或营），汽车和物资保障旅，直属团（反坦克炮团、陆航团、舟桥团、通信团），独立营（特种营、通信营、雷达营、警卫营和三防营），两栖突击分队。各军区组成可能有所不同。20 世纪 70 年代初直到 1980 年代末，军区下辖的集团军和军没有改变。

这样的军区有 14 个：白海军区、白俄罗斯—立陶宛军区、基辅军区、利沃夫军区、莫斯科军区、高尔基军区、奥廖尔军区、伏尔加河沿岸军区、北高加索军区、西伯利亚军区、中亚军区、乌拉尔军区、哈尔科夫军区、南乌拉尔军区。

第二节　四大战区（战略方向）

20世纪80年代，苏军组建了四大战区。

一　西方向总司令部（ГКВЗН，GKVZH、GKVZN）

[简史]

西方向总部成立于1984年9月5日，军号30172，总部设在莱格尼察（波兰），指挥东德（苏联驻德集群GSVG）、波兰（北方集群SGV）、捷克斯洛伐克（中部集群TSGV）、白俄罗斯（白俄罗斯军区BVO）和乌克兰西部（即喀尔巴阡军区，PrikVO）的部队，GKVZN直属通信部队有通信第3和第134旅，独立第284团，空中支援由方向总司令部直属空军第4集团军提供，还指挥波罗的海舰队。

战区最重要的的力量是5个坦克集团军（近卫坦克第1、2、5集团军，坦克第7、8集团军），6个诸兵种合成集团军（近卫第8、20集团军，第3、13、28、38集团军）和第28军，5个空军集团军（4、14、16、26、36）。签订欧洲裁军条约时，西方向有50个师——26个坦克师和24个摩步师，其中约35个为齐装满员状态。

1992年6月30日，西方向总部撤销。

1984—1992年西方向序列：

- 独立通信第3旅（波兰肯斯特萨）
- 独立通信第134旅（波兰莱格尼察）
- 空降第83旅（波兰比亚洛格勒），1986年5月组建
- 独立第1367警卫营（波兰莱格尼察）
- 独立混成航空兵大队（波兰克什瓦）
- VGK空军第4集团军（波兰莱格尼察）
- 驻德集群（东德文斯多夫）
- 北方集群（波兰莱格尼察）
- 中央集群（捷克斯洛伐克米洛维采）
- 白俄罗斯军区（明斯克州明斯克）

- 喀尔巴阡军区（利沃夫州利沃夫）
- 波罗的海舰队（加里宁格勒州波罗的斯克）

西方向历任司令：

尼古拉·瓦西里耶维奇·奥加尔科夫苏联元帅（1984年9月5日—1988年8月31日）

斯坦尼斯拉夫·伊万诺维奇·波斯特尼科夫大将（1988年8月31日—1992年6月30日）

二 西南方向总司令部（ГКВЮЗН，GKVYuZN）

[简史]

西南方向总部成立于1984年9月5日，军号83392，总部设在基希讷乌，下属部队有驻匈牙利苏军（南方集群YUGV）和乌克兰KVO、OdVO（基辅和敖德萨军区），只有3个近卫集团军（近卫第1、14集团军，近卫坦克第6集团军）及22个师（7个坦克师，14个摩步师和1个空降师），包括教导师。GKVYuZN直属通信部队有：第2、57旅，第53、94团和独立微波通信第384营，空中支援直接由方向总司令部直属的空军第24集团军负责。驻基希纳乌的第286警卫营装备13辆BTR-80。

1992年6月30日，西南方向总部撤销。

1984—1992年西南方向序列：
- 独立通信第2旅（基希纳乌，摩尔达维亚SSR）
- 独立通信第57旅
- 独立空中突击第23旅（克列缅丘格，波尔塔瓦州），1986年9月组建
- 独立混成航空兵第193大队（基希纳乌，摩尔达维亚SSR）
- VGK空军第24集团军（文尼察，文尼察州）
- 南方集群（布达佩斯，匈牙利）
- 基辅军区（基辅，基辅州）
- 敖德萨军区（敖德萨，敖德萨州）

- 黑海舰队（塞瓦斯托波尔，克里米亚州）

西南方向历任司令：

伊万·亚历山德罗维奇·格拉西莫夫大将（1984年9月5日—1989年1月5日）

弗拉基米尔·瓦西里耶维奇·阿尔希波夫上将（1989年1月5日—1992年6月30日）

三 南方向总司令部（ГК ВЮН，GKVYuN）

[简史]

南方向总部成立于1984年9月5日，军号25064，总部设在巴库，指挥3个军区：北高加索，外高加索和土耳其斯坦军区；3个集团军：近卫第7集团军，第4、40集团军；5个军：第12、31、34、36、42军。GKVYUN直属通信部队主要驻扎在南高加索军区。这个方向的特点是纯粹的防御，军区面临的威胁相对较小。下辖2个空降师和防空第25军（里夫），教导师和驻阿富汗第40集团军，几乎没有大的坦克部队（仅在北高加索军区有坦克第14师）。

1992年6月30日，南方向总部撤销。

1984—1992年南方向序列：

- 独立通信第51旅（顿河畔罗斯托夫，罗斯托夫州）
- 独立通信第54旅（巴库，阿塞拜疆SSR）
- 独立空中突击第128旅（动员）（斯塔夫罗波尔，克拉斯诺达尔边疆区），1986年10月组建，1990年5月撤销
- 独立混成航空兵第300大队（巴库，阿塞拜疆SSR）
- 北高加索军区（顿河畔罗斯托夫，罗斯托夫州）
- 高加索军区（第比利斯，格鲁吉亚SSR）
- 土耳其斯坦军区（塔什干，塔什干州）
- 里海舰队（卡斯比尔斯克，阿斯特拉罕州）

南方向历任司令：

尤里·帕夫洛维奇·马克西莫夫大将（1984年9月5日—1985年7月5日）
米哈伊尔·米特罗法诺维奇·扎伊采夫大将（1985年7月6日—1989年1月4日）
尼古拉·伊万诺维奇·波波夫大将（1989年1月5日—1992年6月30日）

四 远东方向总司令部（ГКВДВ，GKVDV）

[简史]

第1次组建的远东方向总部存在于1947年5月22日至1953年4月23日，总部设在哈巴罗夫斯克（在贝加尔—阿穆尔军区机关的基础上创建，前身为贝加尔方面军）。

1979年2月8日第2次成立远东方向，军号65285，总部设在乌兰乌德。GKVDV指挥后贝加尔军区和远东军区，直属通信部队有第9和第50旅，空中支援由空军第30集团军提供。指挥7个野战集团军（5、15、29、35、36、39、51），第25和第43军。尽管坦克师较少——只有7个，包括教导师（近卫坦克第2、5、21师，坦克第27、49、51、77师）——但有大量的步兵师（36个）和筑垒地域（约15个），这还不包括18个独立步兵团和机炮团和海军步兵第55师。后贝加尔军区在1990年改为内部军区编制（即从远东战略方向中脱离）。

1992年6月30日，远东方向总部撤销。

1980—1990年远东方向序列：

- 独立通信第9旅（乌兰乌德，布里亚特ASSR）
- 独立通信第50旅（赤塔，赤塔州）
- GRU独立第20侦察旅（阿尔瓦—克列，蒙古）
- GRU独立第25侦察旅（乔巴山，蒙古）
- 独立空中突击第130旅（动员）（阿巴坎），1986年10月组建，1990年5月撤销
- 独立混成航空兵第150团（乌兰乌德，布里亚特ASSR），1988年8月25日转隶空军第23集团军
- 后贝加尔军区（赤塔，赤塔州）
- 远东军区（哈巴罗夫斯克，哈巴罗夫斯克边疆区）
- 太平洋舰队（符拉迪沃斯托克，滨海边疆区）

远东方向历任司令：

罗季翁·雅科夫列维奇·马利诺夫斯基苏联元帅（1947年5月22日—1953年4月23日）

瓦西里·伊万诺维奇·彼得罗夫大将（1979年2月8日—1980年12月1日）

弗拉基米尔·列昂尼德洛维奇·戈沃罗夫大将（1980年12月1日—1984年6月19日）

伊万·莫伊谢耶维奇·特列亚季克大将（1984年6月19日—1986年7月11日）

伊万·马卡罗维奇·沃洛申大将（1986年7月11日—1989年1月5日）

亚历山大·瓦西里耶维奇·科夫图诺夫大将（1989年1月5日—1992年6月30日）

第三节　集群、军区

一　驻外集群

苏军驻德军队集群（驻德苏军）（ГСВГ<ГСОВГ>，GSVG<GSOVG>，GSFG）

[简史]

临时驻扎德意志民主共和国领土的苏军。"二战"结束后，按照制定的德国战后政治、经济发展原则，德领土被划分为四个占领区，即苏、美、英、法占领区。为监督实施法西斯德军无条件投降书的各项要求，1945年6月10日，驻苏占区苏军部队统编为苏军驻德占领军军队集群。统率机关以白俄罗斯第一方面军野战统率机关为基础组建，设于波茨坦（1947年移驻文斯多夫）。第一任总司令为苏联元帅格·康·朱可夫，他同时兼任管制委员会苏方委员、苏联驻德最高委员和苏联驻德军管局（行使苏占区最高权力）总指挥。集群指挥9个集团军（近卫坦克<机械化>第1、2、3、4集团军，突击第2、3、5集团军，近卫第8和第47集团军），但由于大裁减，到1946年末，驻德占领军军队集群仅辖2个诸兵种合成集团军、2个机械化集团军，只有4个步兵军军部和18个师（6个坦克师、7个机械化师、5个步兵师），炮兵第4军（近卫炮兵第34师，炮兵第5、6师，近卫反坦克炮兵第3、4旅），5个（直属集群）独立高炮师（6、10、24、32、近卫2）。其结果是，到1946年11月5日通过了重组"驻德占领军的行动计划"。1946

年3月驻德占领军军队集群直属苏联武装力量部,而在1947年3月I.V.斯大林兼任部长。1947年,驻德占领军军队集群编入来自中央集群的近卫第3、4坦克动员师(近卫机械化第3和第4集团军缩编)。

到1949年底,驻德占领军军队集群共有7个集团军(1947年从中央集群编入的近卫机械化第3和第4集团军为师级别):近卫机械化第1(德累斯顿)、第2(符斯滕堡)、第3(于特博格)、第4(埃伯斯瓦尔德—菲诺)集团军,突击第3集团军(马格德堡)和近卫第8集团军(努赫拉),空中支援由空军第16集团军负责(1950年至1970年改空军第24集团军)。包括4个空军军:近卫歼击航空兵第61、71军,强击航空兵第75军,轰炸航空兵第80军(文斯多夫)。20世纪50年代,一些集团军改变了番号:突击第3集团军改为诸兵种合成集团军,近卫机械化第1和第2集团军恢复为坦克集团军,而1957年4月29日,近卫机械化第3和第4集团军改为近卫第18、20诸兵种合成集团军。

战后初期,集群部队担负守卫苏占区边界任务,并参加落实苏联军管局制定的各项措施。自1950年2月驻德占领军军队集群隶属陆军司令,1953年3月转隶苏联国防部。

鉴于德意志民主共和国1949年成立,根据苏军总参谋部在1954年3月24日的命令,苏军驻德占领军队集群(GSOVG)于1954年3月26日改为苏军驻德军队集群(GSVG、ГСВГ)。1955年《苏德关系条约》和1957年《苏军暂驻德意志民主共和国领土协定》签订后,国境守卫任务移交民德边防部队,但驻德苏军机构仍保留对美、英、法军事人员进入西柏林的检查权和履行1945年《波茨坦公告》规定的其他监督职能。协定还规定了苏联军人及其家属和苏军职工的法律地位,苏军不干涉民德内政,驻军的数量、驻地及演习地域须经民德国家机关同意。1956年—1958年,驻德苏军撤出7万人。

在1955年裁军阶段,苏联决定单方面削减兵力。苏联政府决定1955年10月1日前撤出所有

▲ 1961年10月对峙的美苏坦克。

驻扎在奥地利的军队和警察部队。驻德苏军裁军分两个阶段举行。在第一阶段（1956年春夏），从德国撤回了3.35万名士兵和军官。绝大多数撤回的部队是作战部队：从魏玛撤出坦克和自行火炮部队，从波茨坦和马格德堡撤出步兵和坦克部队，其中包括近卫坦克第136团。在很大程度上减少了航空作战部队和单位。例如从勃兰登堡撤出空军强击航空兵第200师。第二阶段（1957—1958年冬季）集群完成裁军约4.2万人，从科特布斯撤回了炮兵，从菲尔斯滕瓦尔德撤回了摩托化步兵团，从勃兰登堡撤出高炮师。在此期间，显著减少了单位和部队管理人员。苏联的这些举措起到了解决欧洲许多重要政治和经济问题的积极作用，缓解了国际紧张局势，建立起苏联、美国、英国和法国军队司令官之间的直接接触，这方面的证据是美军驻欧洲司令在1962年8月的正式访问。

1958年，驻德苏军组建了2个重坦克师，在军队首先装备了最新的重型坦克T-10。

1961年秋季，驻德苏军部队引发变故。1961年8月17日，苏联士兵在蒂尔加滕以保护英军纪念碑名义加强了"安保"，围起了铁丝网。8月22日，3辆坦克、5辆装甲输送车、4口无后坐力炮集结在这个纪念碑。从1961年9月29日至1962年1月16日，在弗里德里希大街附近不断有坦克和装甲输送车巡逻。东西德的边境更是日益紧张。1961年秋天合计有2137起冲突，其中包括685次侵犯边界、83起边境建设、2118起试图投奔联邦德国与边防军的冲突。驻德苏军奉命与东德人民军一起采取积极措施，加强民主德国的西柏林和西德的边境安全。例如，1961年10月，沃伊特岑科营（近卫坦克第68团第3营）第7坦克连开始在弗里德里希、柏林地区执勤。

1957年，一些集团军番号改变，近卫机械化第3和第4集团军和突击第3集团军改近卫第18、20和第3集团军。

到1960年代，近卫坦克第4集团军的近卫摩步第11师（前身近卫机械化第7军）撤往贝加尔军区。

1964年8月，近卫第18集团军撤出驻德苏军，调阿拉木图，改编为阿拉木图战役集群，3个师（近卫坦克第6、7师，近卫摩步第14师）转隶其他集团军。

1965年，部分部队恢复了"二战"时的番号。

驻德苏军编成内有许多苏德战争年代的著名部队，近卫部队占半数以上，有22名苏德战争英雄因其所立功勋而永载驻德苏军部队名册。战后时期（至1977年），该集群有4000余名军人荣获苏联勋章和奖章，许多部队荣获苏共中央、苏联最高苏维埃主席团和苏联部长会议颁发的奖旗、列宁诞辰纪念奖状和奖章，先进部队荣获苏联国防部长颁发的"勇敢和军人英勇精神"奖旗。集群部队经常开展军政训练。集群许多军人因在加强国际联系、同国家人民军的战斗团结方面积极工作,援助德意志民主共和国劳动人民和军人所表现的高尚行为而荣获德意志民主共和国勋章、奖章和德意志民主共和国各部及社会团体的奖章。约 4000 名军人和许多部队荣获德苏友好协会的金质和银质奖章。《苏联军队》报、其他大量发行的报刊和伏尔加广播电台用于对集群全体人员进行爱国主义和国际主义教育;军官之家、俱乐部、博物馆和战斗荣誉室在军人中开展大量的教育工作和群众文化工作。在卡尔斯霍斯特(柏林市郊)这个在 1945 年具有历史意义的日子签订法西斯德军无条件投降书的地方设有历史纪念馆。

1968 年,近卫坦克第 1 集团军的 3 个坦克师、1 个摩步师,近卫第 8 集团军的 1 个近卫摩托化步兵师,近卫第 20 集团军的 3 个摩托化步兵师,空军第 16 集团军的 3 个歼击航空兵师、1 个歼击轰炸兵师参加了镇压"布拉格之春"行动,驻德苏军投入了 2000 辆坦克和 2000 辆装甲车。"多瑙河行动"后,这些部队撤回了德国驻地。

1979—1980 年,驻德苏军撤回白俄罗斯 2 万人,1000 辆坦克,大批装备,包括近卫坦克第 6 师(驻维滕贝格)。1980 年,驻德苏军兵力约 50 万人。

1982 年,近卫摩步第 14 师改编为近卫坦克第 32 师。

1985 年,近卫摩步第 6 师与北部集群的近卫坦克第 90 师番号互换。

集群部队装备了最先进、最现代化的军事装备和武器,包括核武器。在 1980 年代中期,驻德苏军装备了 7700 辆坦克,其中 5700 辆装备在 11 个坦克师和 8 个摩步师,另有 2000 辆在独立的坦克(训练)储备仓库和维修厂。在 20 世纪 80 年代中期,保留的 T-62 超过千辆。

1987—1988 年,驻德苏军地面部队共有 23 万人,10 个坦克师,9 个摩步师。1987 年 1 月 1 日,装备 6396 辆坦克(含 838 辆T-80)。

1989 年,苏军驻德集群隶属西方向,西方向总司令也同时指挥德意志人民民主共和国人民军(NPA)。辖有 5 个集团军,11 个坦克师,8 个摩托化步兵师,3 个独立旅(摩步,特种部队,空降突击),

▲ 1970 年"火力协同"演习,在东德举行首次 7 国军队联合演习。

7个独立坦克团，1个炮兵师，10个炮兵旅，14个导弹旅，11个防空导弹旅和3个独立防空导弹团，4个通讯旅和大约15个独立通讯团，2个工程旅，10个工程团，更多的工程营，约10个独立三防营。

驻德集群的空军和防空兵力相当强大。空军最强大的集团军——红旗空军第16集团军（1949年2月至1968年4月称为空军第24集团军，并从1980年5月至1988年称驻德集群空军），除了辖歼击航空兵第71师（在编直到1989年）外，还辖5个航空兵师师部（近卫歼击航空兵第6师和歼击航空兵第16、126师，歼击轰炸航空兵第105、125师）和21个团：

- 9个歼击机团（近卫第31、33、35、73、85、773、787、833、968团）
- 6个歼击轰炸机团（近卫19、20团，第296、559、730、911团）
- 3个侦察机团（近卫931团，第11、294团）
- 2个强击机团（第357、368团）
- 混成226团

陆军的防空部队下辖有11个防空导弹旅和3个独立防空导弹团（不包括坦克师和摩托化步兵师辖防空团）。驻德苏军的防空导弹旅与其他集群、军区的编成明显不同。例如，在东德南部的防空导弹第163旅下辖14个独立防空导弹营，每一个都有自己的番号，防空导弹第157旅的营少一点——11个，部署在东德北部的城市。雷达第40、45旅则下辖4个独立雷达营：

- 雷达第40旅——第477营（普利茨瓦尔克、哈真文凯，A/H67840），第485营（蒂姆加滕，A/H58753），第512营（乌斯特罗，A/H82706），第1562营（科特布斯，A/H24967）
- 雷达第45旅——第1571营（奎德林堡，A/H82711），第1572营（普劳恩，A/H17789），第1573营（耶拿，A/H24967），第2127营（迪特福尔特，A/H10195）

驻德国克格勃辖有警卫第6旅和第44团，第107营（维滕贝格，A/H10826）和第56通讯站（文斯多夫）。此外，还辖荣获红星勋章的红旗里加特种第105团（卡尔霍斯特吉斯—洛特西洛瓦尔希，A/H70803）。

驻德集群有充足的基础设施，在其驻地有777个军事基地、3422个培训中心和垃圾填埋场、47个机场、5269个仓库。

1989年6日1日，驻德集群更名为西集群，开始削减20%的兵力和40%的坦克，将各坦克师的1个坦克团改编为摩步团，撤销了近卫坦克第7、32师，坦克第25师。

到1990年底，集群部队兵力33.78万人（包括家属、工程人员等有54.26万人），装备4100辆坦克（包括3000辆新的T-80B）、超过7500辆装甲车辆（BMP和BTR）、约3.6万火炮系统（包括自行火炮）、迫击炮和多管火箭发射系统、940架飞机、785架直升机（包括390架武装直升机和315军用运输直升机）。与20世纪80年代中期相比，人数减少20.82万人，减少了3800辆坦克、800门火炮。

▲ 1980年代的驻德苏军。

1990年1月，西集群开始撤军，1992—1993年，西集群停止了军事演习，到1994年6月25日，仅余驻柏林的近卫摩步第6旅，1994年8月31日，完成撤军，集群不复存在。

撤军后部分部队具体去向：

- 独立近卫特种第3旅——萨马拉
- 独立近卫摩步第6旅——库尔斯克
- 独立近卫空中突击第35旅——卡普恰盖（哈萨克斯坦）
- 炮兵第34师师部和炮兵第286、288、307旅——穆利诺（下诺夫哥罗德州）

反坦克炮兵第122旅改防空导弹第1158-II团——坦波夫

- 近卫导弹第152旅——切尔尼亚霍夫斯克
- 导弹第164旅——兹纳缅斯科耶
- 近卫导弹第175旅——科洛姆纳
- 近卫防空导弹第133旅——红斯特鲁加
- 防空导弹第163旅——下诺夫哥罗德
- 防空导弹第252旅——斯帕斯克达利尼
- 防空导弹第157、202旅，通信119旅——纳罗—福明斯克（第202旅在1989年和1991年在奥伦堡）
- 防空导弹第481团——北奥塞梯阿尔东
- 防空导弹第814团——克鲁泡特金
- 雷达第40旅——萨拉托夫；
- 雷达45旅——阿穆尔河畔共青城
- 近卫工程第1旅——罗斯托夫

- 第 57 建筑旅——纳克哈比诺
- 第 82 专线旅——维亚济马
- 通信第 118 旅——克麦罗沃州
- 通信第 272 团——叶利诺
- 电子对抗第 29 团——奥斯特罗夫
- 电子对抗第 71 团——莫斯科
- 近卫直升机第 239 团——叶菲列莫夫
- 汽车第 64 旅——斯捷普诺耶（伏尔加格勒州）
- 汽车第 65 旅——明斯克

驻德苏军的撤军是非常仓促的，造成了普遍的士气低落，俄罗斯失去了最有战斗力、战备等级最高的部队。

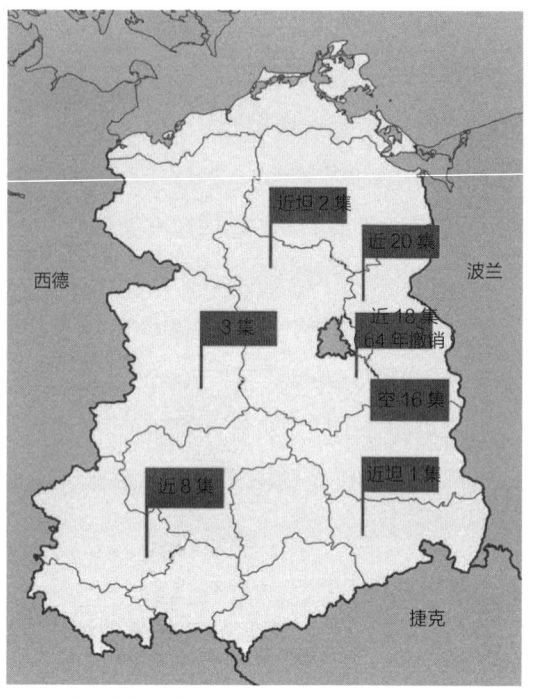

▲ 1991 年驻德苏军的部署。

[序列]

1945 年 6 月 10 日编入苏军驻德占领军的部队：

突击第 2 集团军

近卫步兵第 40 军（近卫步兵第 101、102 师，步兵第 272 师）

步兵第 108 军（步兵第 46、90、372 师）

步兵第 116 军（步兵第 86、321、326 师）

近卫第 8 集团军

近卫步兵第 4 军（近卫步兵第 35、47、57 师）

近卫步兵第 28 军（近卫步兵第 39、79、88 师）

近卫步兵第 29 军（近卫步兵第 27、74、82 师）

突击第 5 集团军

近卫步兵第 26 军（近卫步兵第 89、94 师，步兵第 266 师）

步兵第 9 军（步兵第 230、248、301 师）

步兵第 32 军（近卫步兵第 60 师，步兵第 295、416 师）

突击第 3 集团军

近卫步兵第 12 军（近卫步兵第 23、52 师，步兵第 33 师）

步兵第 7 军（步兵第 146、265、364 师）

步兵第 79 军（步兵第 150、171、207 师）

第 47 集团军

近卫步兵第 9 军（近卫步兵第 12、75、77 师）

步兵第 125 军（步兵第 60、175、185 师）

步兵第 129 军（步兵第 132、143、260 师）

炮兵

炮兵第 3、4、6 军，突破炮兵第 2、5、6、12、14、18、29、22 师

近卫火箭炮第 4 师

近卫加农炮第 30、43、44 旅

第 136、81 集团军属炮兵旅

突破炮兵旅：第 2、4 军属炮兵旅

反坦克旅：近卫第 3、4 旅，第 8、20、40、41、38、25、39、33、45 旅

自行火炮第 15、19、27 团

大威力炮兵第 44 旅

高炮师：近卫第 2、3、4 师，第 18、24、31、64、20、32 师

骑兵

近卫骑兵第 2 军

坦克部队

近卫坦克第 1 集团军（近卫机械化第 8 军，近卫坦克第 11 军，坦克第 9 军）

近卫坦克第 2 集团军（符斯滕堡，近卫坦克第 9、12 军，机械化第 1 军）

近卫坦克第 1 军

坦克第 11 军

空军第 16 集团军

歼击航空兵第 3 军（歼击航空兵第 265、278、286 师）

歼击航空兵第 13 军（歼击航空兵第 193、283、282 师）

近卫歼击航空兵第 1 军（近卫歼击航空兵第 3、4 师，歼击航空兵第 240 师）

强击航空兵第 6 军（强击航空兵第 197、198 师，近卫强击航空兵第 2 师）

强击航空兵第 9 军（近卫强击航空兵第 3、11 师，强击航空兵第 300 师）

轰炸航空兵第 6 军（轰炸航空兵第 326、334、113 师）

轰炸航空兵第 3 军（轰炸航空兵第 241、301、183 师）

近卫夜间轰炸航空兵第 9 师

1945 年 7 月 9 日苏军驻德占领军集群序列：

近卫坦克第 1 集团军（德累斯顿）

　　近卫机械化第 8 军

　　近卫坦克第 11 军

近卫坦克第 2 集团军（符斯滕堡）

　　近卫坦克第 9 军

　　近卫坦克第 12 军

　　机械化第 1 军

近卫坦克第 4 集团军（埃伯斯瓦尔德—菲诺）

　　近卫机械化第 5 军

　　近卫机械化第 6 军

　　近卫坦克第 10 军

突击第 2 集团军（1945 年 7 月 1 日前部署到什未林）

　　近卫步兵第 40 军（近卫步兵第 101、102 师，步兵第 272 师）

　　步兵第 108 军（步兵第 46、90、372 师）

　　步兵第 116 军（步兵第 86、321、326 师）

突击第 3 集团军（1945 年 7 月 1 日前部署到施滕达尔）

　　近卫步兵第 12 军（近卫步兵第 23、52 师，步兵第 33 师）

步兵第 7 军（步兵第 146、265、364 师）

步兵第 79 军（步兵第 150、171、207 师）

坦克第 9 军

突击第 5 集团军（柏林）

近卫步兵第 26 军（近卫步兵第 89、94 师，步兵第 266 师）

步兵第 9 军（步兵第 248、301 师）

步兵第 32 军（近卫步兵第 60 师，步兵第 295、416 师）

步兵第 230 师

3 个独立坦克旅

近卫第 8 集团军（1945 年 7 月 1 日前部署到努赫拉）

近卫步兵第 4 军（近卫步兵第 35、47、57 师）

近卫步兵第 28 军（近卫步兵第 39、79、88 师）

近卫步兵第 29 军（近卫步兵第 27、74、82 师）

坦克第 11 军

第 47 集团军（1945 年 7 月 1 日前部署到哈雷）

近卫步兵第 9 军（近卫步兵第 12、75、77 师）

步兵第 125 军（步兵第 60、175、185 师）

步兵第 129 军（步兵第 132、143、260 师）

坦克第 25 军

20 世纪 80 年代苏军驻德苏军集群（军号 25655）序列：

集群预备指挥所（莫赫拉），HF24383，呼号：堡垒

集群（文斯多夫），HF71650

集群司令部（文斯多夫），HF01131

第 1014 人防指挥所（文斯多夫），HF18178

集群装备司令部（文斯多夫），HF56663

集群情报局（文斯多夫），HF89430

通信兵管理机关（文斯多夫），HF16470

集群通信机关（文斯多夫），HF24566

集群医疗机关（文斯多夫），HF07365

集群物资保障机关（文斯多夫），HF32575

集群防化兵机关（文斯多夫），HF24445

作战训练司令部（68055）（文斯多夫）

航空兵司令部（22259）（文斯多夫）

近卫坦克第1集团军（德累斯顿）

坦克第9师（里萨）

近卫坦克第11师（德累斯顿）

近卫摩步第20师（格里马）

近卫坦克第2集团军（符斯滕堡/哈维尔）

近卫坦克第16师（施特雷利茨）

近卫摩步第21师（佩勒贝格）

近卫步兵第94师（什未林）

摩步第207师（施滕达尔）

第3集团军（马格德堡）

近卫坦克第7师（德绍—罗斯劳）

近卫坦克第10师（阿尔滕堡）

近卫坦克第12师（新鲁平）

近卫坦克第47师（哈尔登斯莱本）

近卫第8集团军（努赫拉）

近卫摩步第27师（哈雷）

近卫摩步第39师（奥尔德鲁夫）

近卫摩步第57师（瑙姆堡）

近卫坦克第79师（耶拿）

近卫红旗第20集团军（埃伯斯瓦尔德—菲诺）

坦克第25师（沃格尔桑）

近卫坦克第32师（于特博格）

第十章 第二次世界大战后的苏俄战区、军区、驻外集群沿革

摩步第35师（克拉姆尼茨）

近卫坦克第90师（柏林北的贝尔瑙）

空军第16集团军（措森）

歼击航空兵第6师（梅尔斯堡）

近卫歼击航空兵第16师（里布尼茨—达姆加滕），1993年10月30日撤回米列罗沃，编入北高加索军区空军第4集团军。

歼击轰炸航空兵第105师（里萨—格罗森海因）

歼击轰炸航空兵第125师（里克林＜镇，不在机场＞），1993年7—10月解散

歼击航空兵第126师（泽尔布斯特）

其他直属单位：

独立近卫摩步第6旅（柏林卡尔索尔斯特），HF67586，呼号：水手。1994年撤回库尔斯克，改摩步第6团，编入近卫20集团军近卫坦克第10师

独立空中突击第35旅，HF16407。1979年10月在德国科特布斯组建，1991年4月撤回哈萨克苏维埃社会主义共和国卡普恰盖，后编入哈萨克斯坦武装部队

近卫炮兵第34师（波茨坦），HF55872，呼号：切割。1945年6月25日到7月9日组建，撤回莫斯科军区捷尔任斯克、穆利诺等地

近卫榴弹炮第286旅（波茨坦），HF50560，呼号：Flazhechny。撤回乌克兰解散

重型榴弹炮第288旅（开姆尼茨），HF50618

近卫加农炮兵第303旅（阿尔滕堡），HF50432，呼号：破冰船。撤回穆利诺

火箭炮兵第307旅（开姆尼茨），HF80847

特种第3旅（内乌蒂姆），HF83149，撤回萨马拉市罗辛斯基

摩步第133营，HF64994，呼号：NITRO

摩步第178营，HF65016，呼号：POLOID

摩步第154营，HF65007，呼号：有效

坦克第53营，HF93297，呼号：崇拜

坦克第54营，HF64567，呼号：真皮

坦克第65营，HF65015，呼号：斐卢卡

警卫第 43 团（文斯多夫），HF80340，呼号：VAL

KGB 第 105 团（柏林）。HF70803，撤回乌克兰境内利沃夫州多罗戈贝奇、马尔捷，1993 年转移至切尔尼戈夫组建第 105 团

独立近卫直升机第第 239 团（奥拉宁堡），HF79048

独立混成航空兵第 113 大队（奥拉宁堡），HF42089

汽车修理厂（波茨坦），HF55872

第 1249 物资供应营（波茨坦），HF55946

第 199 卫生营（波茨坦），HF50642

导弹第 164 旅（德拉豪森），HF17850，呼号：跟踪

近卫导弹第 175 旅（欧萨斯），HF66553

反坦克炮兵第 122 旅（克尼格斯布吕克），HF11604

防空导弹第 157 旅（普利梅尔瓦尔德），HF73251

防空导弹第 133 旅（于特博格），HF01571，撤回弗拉基米尔州红斯特鲁加

防空导弹第 202 旅（马格德堡），HF84557，撤回纳罗—福明斯克，改 HF43034

防空导弹第 67 旅（叶尔斯塔尔），HF41516

防空导弹第 163 旅（莱比锡），HF99571，呼号：阿利

防空导弹第 252 旅（努赫拉），HF64023

独立防空导弹第 481 团（普利梅尔瓦尔德），HF99479，撤回北高加索军区

独立防空导弹第 814 团（雷哈根），HF96574，呼号：萝卜。撤回克鲁泡特金

独立喷火第 20 营（施塔恩斯多夫）

红星火箭炮第 40 旅（维特施托克），HF58887，呼号：布。撤回萨拉托夫州马克思城

无线电工程第 512 营（乌斯特罗），HF82706，呼号：信用卡

无线电工程第 477 营（哈真文凯），HF67840，呼号：Karbazit

无线电工程第 485 营（里布尼茨—达姆加尔滕），HF58753，呼号：开裂

1562 无线电工程第 1562 营，HF19120，其雷达第 19 连与雷达第 512 营 1 连一起撤回乌斯特罗半岛，隶属雷达第 611 团

无线电工程第 45 营（梅泽堡），HF47526，呼号：论文。1991 年撤回阿穆尔河畔共青城塔耶日内

无线电工程第 1571 营（迪特福尔特），HF82711，呼号：Vyrubka。1991 年 7 月转隶西集群雷达第 40 旅

第十章 第二次世界大战后的苏俄战区、军区、驻外集群沿革

无线电工程第1572营（Shteltsen），HF60684，呼号：音频

无线电工程第1573营（Welz），HF24967

无线电工程第2127营（陶哈），HF10195，呼号：袋

无线电工程第82营（托尔），HF41476，呼号：阿拉希。撤回维亚济马，改HF48886

教导营（中专学校）（托尔高）

测向营（托尔高）

电子情报中心（托尔高），可能于1989年在其基础上组建电子对抗营

后勤分部（托尔高）

后勤技术仓库（托尔高）

独立无线电工程第45营（托尔高）

独立无线电第443营（奎德林堡—科瓦尔姆贝克），HF21796，呼号：Attenuation

第218独立电子情报中心（布罗肯），HF44961，呼号：叶尼塞

（？）独立电子情报中心（什未林），HF34578，呼号：Pages

第220独立电子情报中心（什涅科普夫）HF63364，呼号：桦木

第668独立无线电工程中心（格洛维格），调海防

（？）独立无线电工程营（阿恩施塔特），呼号：容量

（？）电子情报中心（扎尔），呼号：裂解

（？）电子情报中心（哈斯谢尔非尔德），呼号：古兰经

（？）电子情报中心（达尔戈武），HF21795，呼号：联邦

（？）调查中心（努赫拉），HF51937，呼号：Svoyazh

（？）电子情报中心（普劳恩），HF48259，呼号：Packs

（？）电子情报中心（施滕达尔），HF51945，呼号：Olisfera

独立第39航空侦察支队（斯佩伦堡），HF54243，呼号：同义词

独立电子对抗第29团（舍恩瓦尔德），HF38775，呼号：狒狒

独立电子对抗第71团（奥得河畔法兰克福），HF11670

独立电子对抗直升机第292大队（克赫斯特），HF22632

独立通信第6团（雷哈根），HF10165

独立通信44团（维滕贝格），HF34008

通信第56旅（蒂森和恩），HF11465

第58通信中心（柏林），呼号：来源

第853通信节点(文斯多夫)

通信第118团(文斯多夫),HF46531,呼号:石英

通信第119旅(莱比锡),HF54376,呼号:作家。撤回纳罗—福明斯克、谢尔亚基诺

通信第132旅(特洛伊布里特森),HF83373,呼号:杰克、明快(Sprightly)、标题(Title)、冲浪

独立防空通信和自动化指挥第197团(文斯多夫),HF35714,呼号:镍

独立通信第272团(奥得河畔法兰克福),HF11547,撤回莫斯科军区

独立通信第278营(德累斯顿)

独立通信第107营(维滕贝格),HF10829

第415专线通信节点中心(文斯多夫),HF11465,呼号:RANET

第413专线通信节点(法尔肯哈根),HF96579,呼号:弩

近卫工程兵第1旅(勃兰登堡),HF43400,呼号:额尔古纳河。后改近卫工兵第1团(A/H11105)

工程兵第45营,HF86000

近卫工程兵第80营,HF87826

工程兵第84营,HF91002

路桥建筑工程兵第709营,HF91023

突击工兵第1580营,HF24055

工程勘测连

近卫军事建筑第57旅(福斯特清),HF96898,撤回纳科哈比诺-2

舟桥第27团(卢瑟斯塔德维滕贝格),HF47249

突击舟桥第721营(斯图加特),HF87818

防化第451营(圣基茨)

汽车第64旅(库姆梅尔斯多尔夫古特),HF05152,撤回斯捷普诺耶沃尔格

汽车第65旅(菲尔斯滕瓦尔德),HF4383

第7管道旅(菲尔斯滕瓦尔德),HF75130

第1249物资供应营(波茨坦),HF55946

第399被服基地(贝尔瑙),HF48317

第1694导弹技术机动基地(巴德夫赖恩瓦尔德),HF45291,呼号:下佐夫卡

第3893装甲物资基地(缪尔洛泽),HF45205

第十章 第二次世界大战后的苏俄战区、军区、驻外集群沿革

第 3725 炮兵弹药基地（阿尔特斯营），HF75244，呼号：骨架

第 4172 火炮和导弹武器基地（伯格）

第 1155 军区医院（别利特茨），HF25755，呼号：膳食

第 1189 军区医院（柏林），HF31999

第 1266 军区医院（开姆尼茨），HF34512

第 639 军用卫生所（文斯多夫）

第 3439 燃料基地（米克斯多夫），HF61481

第 274 燃料基地（科尔雅那巴拉），HF01450

第 624 燃料基地（凯姆利茨），HF23327

第 2300CPT（科尔雅那巴拉），HF68075，呼号：Kapkal

第 1928 弹药库（巴特萨罗皮），HF25783，后改建为一个独立弹药连HF51521，1992年在坦波夫州维维德纳解散

第 1843 通信存储仓库（巴特萨罗皮），HF03026

第 820 食品厂（文斯多夫），HF34198

第 59 面包房（文斯多夫）

铁道兵第 458 营（阿纳堡），HF89348

第 3802 转运基地（罗斯托克、木尔卡纳、奥得河法兰克福、文斯多夫），HF35222

克格勃特别警卫第 10 营（波茨坦），HF74487

第 697 军运连（奥得河畔法兰克福），HF15794

测绘第 68 队（奥得河畔法兰克福），HF07694，呼号：扎黑丹

第 3802 转运基地（罗斯托克），HF35222，呼号：克拉玛依

第 1 中转站（奥得河畔法兰克福），HF31908

维修厂
装甲修理厂：
第 120 装甲修理厂（开姆涅茨），HF48819，呼号：债主

第 193 装甲修理厂（文斯多夫），HF61468

第 184 装甲修理厂（莱比锡），HF71301

火炮修理厂：
第 134RH（菲尔斯滕瓦尔德），HF32483

215

第 511STRE（梅格林）

工程机械：第 556 工程机械维修厂（不来梅），HF93253

通信：第 133 通信维修厂（弗兰肯费尔德），HF34059

汽车维修：

第 862 修理厂（贝尔瑙）

第 43 汽车修理厂（贝尔瑙），HF36290

第 52 汽车修理厂

第 53 汽车修理厂（组建中）

第 5 维修营（库姆梅尔斯多尔夫）

第 149 维修营（库姆梅尔斯多尔夫），HF35272

学校：

第 141 坦克指挥军官学校（福斯特清），HF44991

第 143 工程兵学校（勃兰登堡）

第 320 工程学院（格劳），HF73278，撤回白俄罗斯索斯尼

第 341 汽车学校（勃兰登堡），HF64995

特种学校（托尔高）

第 74 摩托化步兵教导团（克拉姆尼茨），HF81620

第 97 坦克教导团（克拉姆尼茨），HF75099，呼号：Zavalina。1989 年撤回

第 214 炮兵教导团（波茨坦），HF95826

第 31 通信教导团（云达哈维尔），HF73046，呼号：meterlong

历任司令员：

格奥尔基·康斯坦丁诺维奇·朱可夫苏联元帅，4 次苏联英雄（1945 年 6 月 10 日－1946 年 3 月 21 日）

瓦西里·达尼洛维奇·索科洛夫斯基苏联元帅，苏联英雄（1946 年 3 月 22 日－1949 年 3 月 31 日）

瓦西里·伊万诺维奇·崔可夫大将，2 次苏联英雄（1949 年 3 月 31 日－1953 年 5 月 26 日）

安德烈·安东诺维奇·格列奇科大将（1955 年晋升元帅），2 次苏联英雄（1953 年

5月27日—1957年11月11日）

马特维·瓦西里耶维奇·扎哈罗夫大将（1959年晋升元帅），2次苏联英雄（1957年11月11日—1960年4月18日）

伊万·伊格纳季耶维奇·雅库鲍夫斯基大将，2次苏联英雄（1960年4月18日—1961年8月12日，1962年4月19日—1965年1月26日）

伊万·斯捷潘诺维奇·科涅夫苏联元帅，2次苏联英雄（1961年8月13日—1962年4月18日）

彼得·基里罗维奇·科舍沃伊大将（1968年晋升元帅），2次苏联英雄（1965年1月27日—1969年10月31日）

维克托·格奥尔吉耶维奇·库利科夫大将（1977年晋升元帅），苏联英雄（1969年11月1日—1971年9月13日）

谢苗·康斯坦丁诺维奇·库尔科特金上将、大将，苏联英雄（1971年9月14日—1972年7月19日）

叶夫根尼·菲利波维奇·伊万诺夫斯基大将，苏联英雄（1972年7月20日—1980年11月25日）

米哈伊尔·米特罗法诺维奇·扎伊采夫大将，苏联英雄（1980年11月26日—1985年7月6日）

彼得·格奥尔基耶维奇·鲁舍夫大将，苏联英雄（1985年7月7日—1986年7月11日）

瓦列里·亚历山德罗维奇·别利科夫大将（1986年7月12日—1987年11月12日）
鲍里斯·瓦西里耶维奇·斯涅特科夫大将（1987年11月26日—1989年5月31日）

1. 西部集群（ЗГВ，ZGV、WGF）

1989年6月1日，驻德苏军改名西部集群。苏联军队从东德撤军开始于近卫第20集团军。1989年的单方面裁军包括：

红旗坦克第25师（沃格尔桑）
荣获苏沃洛夫勋章、库图佐夫勋章的近卫红旗波尔塔瓦坦克第32师（于特博格）
近卫乌斯扬斯基坦克第288团（于特博格）

苏德双方于1990年达成西部集群部队的撤离协议（第3集团军近卫坦克第7、12师）。在撤军开始时，西部集群装备有大约5000辆坦克，高达1万辆装甲车，约1500架飞机和直升机。

从1992年至1994年的3年8个月，从德国撤回俄罗斯、其他独联体国家的计有6个集团军（近卫坦克第1、2集团军，近卫第8、20集团军，第3集团军，空军第16集团军），包括22个师（8个摩步师、8个坦克师、1个炮兵师、5个空军师）、49个旅、42个独立团，以及12.3629万件武器和军事装备：4288辆坦克、8208辆装甲车、3664门火炮和迫击炮、10.5144万辆汽车等车辆，1374架飞机和直升机。撤回275.453万吨物资，包括67.7万吨弹药。撤出舍内瓦尔德的核武器到前苏联境内的伯格洛沃克。合计撤回54.62万人：33.88万军人、20.74万名工人、雇员、家属以及西部集群的后勤保障人员。

▲ 西部集群。

1994年8月31日，苏军完成撤军，西部集群解散。

历任司令：

鲍里斯·瓦西里耶维奇·斯涅特科夫大将（1989年6月1日—1990年12月13日）
马特维·普罗科佩维奇·布尔拉科夫大将（1990年12月14日—1994年）

2. 北方集群（СГВ，SGV）

[简史]

北方集群即临时驻扎波兰人民共和国的苏军。北部军队集群（北方集群，СГВ、SGV）系根据1945年4月21日在莫斯科签定的《苏波友好互助与战后合作条约》组建而成。苏军暂驻波兰的法律地位由苏波两国政府1956年12月17日所签定的条约确定。该条约含不干涉波兰人民共和国内政、协商解决苏军数量和驻地、在驻地之外实施演习和联合大演习、尊重和遵守驻在国各种法令、领事裁判权等条款。在波兰的苏联军

第十章 第二次世界大战后的苏俄战区、军区、驻外集群沿革

队数量被限制在6.6万人,但波兰政府和波兰政府无权检查苏联基地。该条约还限制在波兰的苏联基地数量为39个,而基地的实际数量达到79个。

北部军队集群遵照最高统帅部大本营1945年5月29日训令,6月10日在白俄罗斯第二方面军基础上开始组建,辖区范围北到

▲ 北方集群总部。

戈乌达普、布朗斯堡、波罗的海海岸的什切青港口(不含)和博恩霍尔姆岛;西到什切青港口,然后沿着奥德河和尼斯河(西)到捷克斯洛伐克边境;南到波兰和捷克斯洛伐克边境;东到从桑河岸的米兹科维策、普热梅希尔、俄罗斯拉瓦西部向东,进一步沿着1939年国家边界的涅米罗夫、罗海德、立陶宛苏维埃共和国、波兰和东普鲁士,然后到与戈乌达普的边境的交界处。总部有6年在西德维尼察,之后设在下西里西亚省的莱格尼察(占据了1/3的城市)。

北部军队集群所有在编部队在苏德战争年代均经历了由图拉至格丁尼亚、由奥卡河至奥得河的光荣战斗历程,所辖苏军主要部署在波兰西部的西里西亚和波美拉尼亚,其中一些部队曾荣获政府奖赏、近卫称号和其他荣誉称号。最初兵力30—40万,辖原白俄罗斯第2方面军在波兰除了什切青(隶属驻德集群)之外的所有驻军,有几个集团军——第19、43、52、65诸兵种合成集团军。1946年下半年,驻波兰的苏军飞机达2500架之多。近卫坦克第5集团军于1946年初撤回乌克兰的西部、白俄罗斯,第52和65集团军改为机械化第8和第7集团军。

之后,集群地面部队的基础是2个坦克师:坦克第20师和近卫坦克第90师(前身近卫步兵第90师,后近卫机械化第26师,之后近卫坦克第38师,1985年改近卫摩步第6师)。

负责北方集群空中掩护的VGK空军第4集团军从1949年2月至1968年4月改称空军集团军,并从1964年7月至1967年8月称为北方集群空军,辖3个航空兵师和12个团。在波兰有2个师(歼击航空兵第239师,轰炸航空兵第149师)和3个独立团:近卫侦察航空兵第164团,第151电子战团和直升机第688团。另外还辖驻扎波罗的海的轰炸航空兵第132师。

219

▲ 波兰戒严，1981 年 12 月 13 日。

战后最初几年，集群所属部队在进行有计划的军政训练的同时，对波兰恢复战争破坏的国民经济方面给予了全面援助。

北部军队集群（SGV）在军政训练和值勤方面成绩突出，为此曾多次受到苏共中央和苏联政府嘉奖。该集群许多部队因在军政训练和社会主义竞赛中成绩优异，荣获苏共中央、苏联最高苏维埃主席团和苏联部长会议颁发的纪念奖旗、列宁诞辰纪念奖状和奖章。许多部队荣获苏联国防部颁发的"勇敢和军人英勇精神"奖旗和苏联列宁共产主义青年团颁发的锦旗和奖旗。

1990 年年底，北部军队集群（军号 01864）合计约 4.5 万军队，598 辆坦克，820 辆装甲输送车和步兵战车，354 门火炮、迫击炮和火箭炮，300 架飞机和 134 架直升机（包括 42 架武装直升机和 23 架运输直升机）。和 20 世纪 80 年代中期相比，集群减少了 3500 人、90 辆坦克、140 辆装甲输送车和步兵战车以及 90 门火炮。

北部军队集群驻扎在 180 个军事基地，其中包括西部方向司令部的基地，以及其他部队（空军、克格勃等）的基地。它部署了（通信）第 11、14、37 团和克格勃 26 团，通信第 137 营（A/H24260），独立铁道兵第 15 营（A/H80777，肯史特萨），第 56 汽车修理厂（弗罗茨瓦夫），医院，仓库，波罗的海舰队的基地等。

东欧剧变后，1992 年 5 月俄罗斯和波兰签署协议，在 1992 年撤出作战部队，1993 年撤出支援部队。

1992 年 5 月 5 日，俄军再次开始撤军，北部军队集群在 1993 年 9 月 15 日解散。

▲ 北部集群的士兵。

第十章 第二次世界大战后的苏俄战区、军区、驻外集群沿革

部分部队的去向：

- 莫斯科军区——近卫摩步第 6 师（特维尔），独立通信第 134 旅（斯摩棱斯克），独立电子对抗第 125 团（新莫斯科斯克）
- 列宁格勒军区——独立坦克第 510 教导团（卡缅卡），特种第 27 营（维堡）
- 远东军区——空降第 83 旅（乌苏里斯克），舟桥第 5 团（阿尔科哈拉）
- 北高加索军区——空军第 4 集团军司令部，直升机第 55 团（克列涅夫斯基）
- 基辅军区——坦克第 20 师（哈尔科夫），后解散
- 后贝加尔军区——防空导弹第 140 旅（捷连巴）
- 白俄罗斯军区——独立直升机第 688 团（斯托马奇村），近卫导弹第 114 旅（费斯托夫所说撤往克拉斯诺达尔不准确）

[序列]

1945 年 6 月 10 日编入苏军北部集群的部队：

第 43 集团军（但泽、希切、新斯德丁）

    步兵第 54 军（步兵第 126、235、263 师）

    步兵第 90 军（步兵第 26、70、319 师）

    步兵第 132 军（步兵第 18、205 师）

    步兵第 115 师

第 65 集团军（奉命在 1945 年 6 月 4 日—7 月 3 日部署到罗兹、波兹南、布雷斯劳）

    步兵第 105 军（布雷斯劳，步兵第 354、193 师，近卫步兵第 44 师）

    步兵第 46 军（波兹南，步兵第 103、186、413 师）

    步兵第 18 军（罗兹，步兵第 15、69 师，近卫步兵第 37 师）

第 52 集团军（1945 年 6 月 27 日前部署到凯尔采、琴斯托霍瓦、克拉科夫）

    步兵第 78 军（步兵第 373、31、214 师）

    步兵第 48 军（步兵第 294、213、111 师）

    步兵第 73 军（步兵第 50、116、254 师）

炮兵

    炮兵第 8 军（突破炮兵第 23、15、1 师）

    炮兵第 8 师

    加农炮旅：近卫第 37 旅，第 145、147 旅

反坦克第 1、4、5、13 旅

高炮第 47、49、28、65、12、6 师

骑兵

近卫骑兵第 3 军（1945 年 7 月 15 日前部署到卢布林）

坦克部队

近卫坦克第 3 军（1945 年 6 月 20 日前部署到克拉科夫）

坦克第 5 军（1945 年 6 月 17 日前部署到比亚韦斯托克）

坦克第 10 军（克罗托申）

坦克第 20 军（布雷斯劳）

空军第 4 集团军

歼击航空兵第 8 军（歼击航空兵第 215、323、269、309、229 师）

强击航空兵第 4 军（强击航空兵第 196、199、332、330、233 师）

轰炸航空兵第 5 军（轰炸航空兵第 132、327 师）

1945 年末北方集群序列：

第 43 集团军，驻扎在格但斯克、莱鲍、什切齐内克，其中步兵第 132 军驻扎在丹麦博恩霍尔姆岛。1946 年夏解散

第 65 集团军，驻扎在罗兹、波兹南、弗罗茨瓦夫地区，步兵第 18 军驻罗兹，步兵第 46 军驻波兹南，步兵第 105 军驻布雷斯劳（弗罗茨瓦夫）。第 65 集团军于 1946 年 6 月 12 日改机械化第 7 集团军，1947 年撤回白俄罗斯军区

第 52 集团军驻扎在凯尔采、琴斯托霍瓦、克拉科夫地区

步兵第 96 军驻扎在沃姆扎、姆瓦瓦、普乌图斯克地区

近卫骑兵第 3 军驻扎在卢布林

近卫坦克第 3 师驻扎在克拉科夫

坦克第 5 师驻扎在比亚韦斯托克

坦克第 10 师驻扎在克罗托申

坦克第 20 师驻扎在弗罗茨瓦夫

空军第 4 集团军（1949—1967 年改名空军第 37 集团军）一部也驻扎在波兰：歼击航空兵第 8 军，强击航空兵第 4 军和轰炸航空兵第 5 军

北部军队集群有 3 个集团军、1 个空军集团军、4 个坦克军（1945 年 7 月改组为坦

克师）、30 个步兵师、12 个航空兵师、1 个骑兵军和第 10 炮兵师，大约 30—40 万人。

1946 年裁军后兵力迅速减少。

1946 年末北方集群序列：

红旗步兵第 18 军（弗罗茨瓦夫），辖 2 个师：步兵第 26 师（罗兹）和近卫机械化第 26 师（博尔内苏利诺沃）

步兵第 132 军（格但斯克），辖 2 个步兵师：步兵第 27 师（比亚沃加德）和步兵第 205 师（格但斯克）

独立坦克第 7 师，1946 年 12 月 20 日由机械化第 7 集团军缩编（罗兹）

坦克第 20 师（斯维托斯乔夫）

1948 年 3—5 月，步兵第 132 军和 2 个步兵师解散，独立坦克第 7 师撤回白俄罗斯军区。

1952 年，步兵第 18 军和步兵第 26 师解散。

此后集群辖 2 个师：近卫机械化第 26 师（前近卫步兵第 90 师，1957 年 3 月 12 日改近卫坦克第 38 师，1965 年 1 月 4 日改近卫坦克第 90 师）和坦克第 20 师。

20 世纪 90 年代该集群准备撤离波兰时，有大约 5.6 万名士兵，装备 600 辆坦克、400 门火炮和 200 架飞机。

北方集群在波兰至少 3 个基地部署了 178 枚核武器，20 世纪 80 年代末增长到 250 枚。

历任司令员：

康斯坦丁·康斯坦丁诺维奇·罗科索夫斯基（苏联、波兰）元帅（1945 年 6 月 10 日—1949 年 11 月 6 日）

库兹马·彼得罗维奇·特鲁布尼科夫上将（1949 年 11 月 7 日—1950 年 9 月 18 日）

阿列克谢·伊万诺维奇·拉济耶夫斯基中将（1950 年 9 月 18 日—1952 年 7 月 8 日）

米哈伊·彼得罗维奇·康斯坦丁诺夫中将（1952 年 7 月 8 日—1955 年 4 月 6 日）

库兹马·尼基托维奇·加利茨基大将（1955 年 8 月授衔）（1955 年 4 月 6 日—1958 年 1 月 11 日）

格奥尔基·伊万诺维奇·赫塔古罗夫上将（1958 年 2 月 6 日—1963 年 3 月 25 日）

谢尔盖·斯捷潘诺维奇·马里亚欣坦克兵上将（1964 年 4 月授衔）（1963 年 3 月

25日—1964年7月10日)

亚历克赛·巴甫洛维奇·鲁达科夫中将(1964年7月10日—8月26日)

格列布·弗拉迪莫洛维奇·巴克拉诺夫上将(1964年8月26日—1967年4月19日)

伊万·尼古拉耶维奇·什卡多夫上将(1968年2月授衔)(1967年4月19日—1968年12月3日)

马戈麦德·坦卡耶维奇·坦卡耶夫上将(1969年2月授衔)(1968年12月3日—1973年1月30日)

伊万·亚历山德罗维奇·格拉西莫夫坦克上将(1973年11月授衔)(1973年1月30日—1975年6月26日)

奥列格·菲多罗维奇·库利舍夫上将(1976年10月授衔)(1975年6月26日—1978年2月6日)

尤里·费奥多罗维奇·扎鲁金上将(1978年2月授衔)(1978年2月6日—1984年10月1日)

亚历山大·瓦西里耶维奇·科夫图诺夫上将(1984年10月1日—1987年1月22日)

伊万·伊万诺维奇·科尔布特夫中将(1987年2月5日—1989年6月26日)

维克多·彼得罗维奇·杜贝宁上将(1989年7月—1992年6月10日)

列昂纳德·伊拉里奥诺维奇·科瓦廖夫上将(1992年7月16日—1993年9月15日)

3. 中央军队集群(中央集群，ЦГВ，TSGV)

①第一次组建

[简史]

中央军队集群是1945—1955年临时驻扎奥地利和匈牙利人民共和国的苏军，根据盟国签定的协议于1945年6月10日组建，目的在于监督执行法西斯德军(奥地利站在德国一方参加了"二战")投降议定书的各项要求。中央军队集群总部设在巴登，进驻捷克斯洛伐克、匈牙利和奥地利，与盟军的分界线北到德捷边境，南到奥地利和匈牙利、南斯拉夫边境。

撤出捷克后，中央集群基本兵力驻奥地利苏占区，部分军队驻匈牙利，以保障交通干线的安全。

中央军队集群统率机关是在乌克兰第一方面军野战统率机关基础上组建的。该集群所辖部队均曾参加当年斯大林格勒会战、库尔斯克会战、收复乌克兰以及从法西斯占领下解放东南欧和中欧各族人民的战斗。中央军队集群最初辖4个近卫集团军——近卫第4、5、7、9集团军。1945年夏季,近卫第9集团军撤回莫斯科军区;1945年底,近卫第7集团军撤回第比利斯军区;1946年8月,近卫第4集团军撤回乌克兰;1947年,近卫第5集团军解散。

1945年夏末,集群开始撤回国内的部队:

高加索军区——近卫第7集团军机关

塔夫里亚军区——步兵第23军和其3个步兵师

敖德萨军区——近卫步兵第25军和其3个步兵师

基辅军区——近卫步兵第27军和其3个步兵师,近卫步兵第39军和其3个步兵师

莫斯科军区——近卫第9集团军司令部,近卫步兵第38军和其3个步兵师

明斯克军区——近卫步兵第37军和其3个步兵师

1946年夏,集群撤销了近卫步兵第21、31军和6个步兵师——近卫步兵第14、34、58、62、78、111师。

1947年,近卫机械化第3、4集团军(此时缩编为独立坦克师)调驻德苏军。近卫机械化第3集团军荣获苏沃洛夫勋章、库图佐夫勋章的近卫红旗波尔塔瓦机械化14师(A/H73518,原近卫步兵第116师,近卫空降第9师)转隶近卫第5集团军。中央集群仅剩近卫第5集团军。

近卫第5集团军于1947年3月20日解散。

1个军军部和8个师撤回苏联:

基辅军区——近卫步兵第20军军部

荣获苏沃洛夫勋章的近卫红旗兹韦尼戈罗德步兵第112师——原近卫空降第5师(A/H07048,奥斯特)

荣获波格丹赫梅利尼茨基勋章的近卫红旗切尔卡瑟步兵第115师——前近卫空降第7师(A/H36895,第聂伯罗彼得罗夫斯克)

荣获苏沃洛夫勋章的近卫科尔松—多瑙河机械化第18师——前近卫步兵41师(A/H43128,切尔卡瑟)

土耳其斯坦军区——荣获苏沃洛夫勋章的近卫乌曼机械化第16师(A/H44699,撒马尔罕)

白俄罗斯军区——近卫红旗兹韦尼哥罗德步兵第69师(A/H44713,波斯塔维)和荣获列宁勋章、苏沃洛夫勋章的近卫机械化罗夫诺第15师(A/H04769,佩奇,前近卫步

兵第 6 师）

1950 年代，中央军队集群还辖有空军第 59 集团军（辖 3 个师：近卫歼击航空兵第 195、330 师，近卫轰炸航空兵第 177 师）、高炮第 23 师等。

中央军队集群在完成所受领的任务的同时，对奥地利和匈牙利两国居民和当地政权机关在消除战争后果，尤其是在恢复工业企业和运输等方面给予了巨大支援。

1955 年 9 月，苏、美、英、法、奥五国代表签订了关于恢复独立和民主的奥地利的国家条约后，中央军队集群撤销，此时集群管理 4 个近卫师——近卫机械化第 2、17、13 师和近卫步兵第 95 师，不包括 3 个航空兵师和其他编成。前 2 个驻匈牙利，其余 2 个驻奥地利。苏军在其基础上组建一个特别军，驻布达佩斯，下辖近卫机械化第 2、17 师，2 个航空兵师，其他集群部队从奥地利撤回喀尔巴阡军区（包括空军第 59 集团军机关），近卫机械化第 13 师和近卫步兵第 95 师解散。

[序列]

1945 年 6 月 10 日编入苏军中央集群的部队：

近卫第 5 集团军

    近卫步兵第 32 军（近卫步兵第 13、95、97 师）

    近卫步兵第 33 军（近卫空降第 9 师，近卫步兵第 14、78 师）

    近卫步兵第 34 军（近卫步兵第 15、58、6 师）

近卫第 7 集团军（到 1945 年 7 月 20 日部署到维斯普雷姆、瑙吉考尼饶、欧文）

    近卫步兵第 25 军（近卫空降第 6、4 师，近卫步兵第 25 师）

    近卫步兵第 27 军（近卫步兵第 72、42、81 师）

    步兵第 23 军（步兵第 19、252、303 师）

近卫第 9 集团军（1945 年 7 月 16 日前部署到索尔诺克、布达佩斯、塞格德）

    近卫步兵第 37 军（近卫步兵第 98、99、103 师）

    近卫步兵第 38 军（近卫步兵第 104、105、106 师）

    近卫步兵第 39 军（近卫步兵第 100、107、114 师）

近卫第 4 集团军

    近卫步兵第 20 军（近卫空降第 5、7 师，近卫步兵第 62 师）

    近卫步兵第 21 军（近卫步兵第 69、41、80 师）

    近卫步兵第 31 军（近卫步兵第 4、34、40 师）

炮兵

　　炮兵第 7、10 军（近卫突破炮兵第 1 师，突破炮兵第 3、4、17、31 师）

　　突破炮兵第 25 师

　　加农炮旅：近卫第 35、41 旅，第 123、155 旅

　　突破炮兵旅：近卫第 61、62、63 军属炮兵旅

　　近卫火箭炮第 3 师

　　火箭炮旅：第 37、53、2 旅，近卫第 7、10、11 旅

　　反坦克旅：近卫第 2、8、9 旅，第 26 旅

　　高炮师：第 10、21、23、29、37、69 师，近卫第 5、6 师

骑兵：近卫骑兵第 1 军

坦克部队

　　近卫坦克第 3 集团军（1945 年 6 月 3 日部署到帕尔杜比采）

　　机械化第 9 军

　　近卫坦克第 6、7 军

　　近卫坦克第 4 集团军（1945 年 6 月 10 日部署到松博特海伊）

　　坦克第 25 军

　　近卫坦克第 10 军

　　近卫机械化第 6 军

　　近卫机械化第 7 军（1945 年 6 月 3 日部署到坦博尔）

　　坦克第 18 军（1945 年 6 月 4 日部署到布拉迪斯拉发）

空军第 2 集团军

　　歼击航空兵第 2 军（近卫歼击航空兵第 7、12 师，歼击航空兵第 322 师）

　　歼击航空兵第 5 军（近卫歼击航空兵第 8、11 师，歼击航空兵第 256 师）

　　近卫歼击航空兵第 6 军（近卫歼击航空兵第 22、23、9 师）

　　近卫强击航空兵第 2 军（近卫强击航空兵第 5、6 师）

　　近卫强击航空兵第 1 军（近卫强击航空兵第 8、9 师）

　　强击航空兵第 3 军（强击航空兵第 307、308 师）

　　近卫轰炸航空兵 6 军（近卫轰炸航空兵第 1、8 师）

　　轰炸航空兵 4 军（轰炸航空兵第 202、219 师）

　　夜间轰炸航空兵第 208 师

中央集群（I）历任司令：

伊万·斯捷潘洛维奇·科涅夫元帅（1945年6月10日—1946年7月19日）

弗拉基米尔·瓦西里耶维奇·库拉索夫上将（1948年11月晋升大将）（1946年6月8日—1949年）

弗拉基米尔·彼得罗维奇·斯维里多夫中将（1949—1954年）

谢尔盖·谢苗诺维奇·比留佐夫大将（1953年8月晋升大将）（1954—1955年）

阿列克谢·谢苗诺维奇·扎多夫大将（1955年2月—1955年10月）

②第二次组建

[简史]

这里指临时驻扎捷克斯洛伐克社会主义共和国的苏军，是根据苏、捷两国政府于1968年10月16日签订的关于苏军临时驻捷克斯洛伐克社会主义共和国领土的条约在10月24日组建的。条约规定了苏军官兵及其家属和职工的法律地位，并包括下列条款：苏军不得干涉捷克斯洛伐克社会主义共和国的内政；同捷克斯洛伐克国家机关协商解决驻捷苏军的数量和驻地；有关营房、住宅、仓库、其他房屋、通信和运输网路、靶场和射击场、机场、训练场地等使用规定。

集群总部设在捷克斯洛伐克米洛维采（布拉格东北38公里），编有苏德战争年代许多功勋卓著的部队。

1968年中央集群组建时序列：

苏军：

近卫空降第7师（布拉格）

近卫空降第103师（布尔诺）

近卫坦克第9、11师，近卫摩步第6、14、20、27师，摩步第35师（隶属驻德苏军近卫坦克第1集团军，近卫第20集团军）（波希米亚西部、北部和中部）

近卫坦克第13师（南部集群）（斯洛伐克西南、摩拉维亚南、波希米亚南）

近卫第11集团军（3个师，包括近卫摩步第18师）（波希米亚北部和中部）

坦克第31师（喀尔巴阡军区第38集团军）（波西米亚东、斯洛伐克、摩拉维亚东北）

近卫坦克第15师，近卫摩步第30师（白俄罗斯军区第28集团军）（斯洛伐克）

摩步第48师（敖德萨军区）（斯洛伐克西南、摩拉维亚南）

独立单位：

民主德国人民军：坦克第7师，摩步第20师，第12边防旅（波希米亚北、西部）

波兰人民军：第2集团军4个师（机械化第4师，坦克第10、11、16师）（波希米亚东）

匈牙利人民军摩步第8师（斯洛伐克西南）

保加利亚摩托化步兵第2师摩托化步兵第12团、摩托化步兵第7师摩托化步兵第22团（斯洛伐克东部、布拉格）

中央军队集群在军政训练和国外执勤中取得的成绩，得到了苏共中央和苏联政府的高度评价。许多部队荣获苏共中央、苏联最高苏维埃主席团和苏联部长会议颁发的奖旗、列宁诞辰纪念奖状和奖章。1978年，"伊尔库茨克—平斯克"摩托化步兵师荣获十月革命勋章。许多部队荣获苏联国防部长颁发的"勇敢和军人英勇精神"奖旗。

1980年代，中央集群隶属西方方向总司令，辖第28军和5个师（2个坦克师和3个摩步师）。空中支援由空军第36集团军混成航空兵第131师负责，该师下辖2个团（歼击航空兵第114团和歼击轰炸航空兵第236团）和2个独立的空军大队（侦察航空兵第100团和混成航空兵第173团）。捷克斯洛伐克人民军协助。其人员培训工作由喀尔巴阡军区的第119培训中心、第66摩步教导师负责。

1966年，苏军在比林、大别雷、米索夫—博罗夫诺3个地点存储了核武器。1968年，核武器转为苏联外交部防务司第12部控制，战时通过华约国，由捷克斯洛伐克领导人授权使用。1990年7月1日，苏军撤回和销毁了这些武器。

1988年2月25日起苏军开始从德国、捷克回撤战术导弹。在1989年4—5月撤回了独立突击第901营和独立舟桥第563、1257营。此外，近卫摩步第18师从1989年开始裁减坦克团（而不是在该师另组1个摩步团），近卫坦克第15师开始改编为下辖2个坦克团和2个摩步团（原来3个坦克团和1个摩步团）。所有5个师的导弹营调出组建导弹第442旅。

1990年2月26日，苏军在莫斯科签署了三阶段撤军协议。撤军从1990年8月开始，第一列火车撤出了坦克第31师在弗伦什塔特、拉德霍斯滕的部队。在第一阶段撤出的是坦克第31师，摩托化步兵第48师，导弹第185和442旅，混成航空兵第131师一部；在第二阶段撤出近卫坦克第15师，炮兵第211旅，防空导弹第5旅，混成航空兵第131师一部；第三阶段撤出近卫摩托化步兵第18、30师，混成航空兵第131师余部。

1990年年底，中央集群在捷克斯洛伐克只有153辆坦克、254辆装甲输送车和步兵战车、141门大炮，而在此之前的编成中，有7.3万余人、1412辆坦克、2563辆装甲输送车和步兵战车、1246门火炮、迫击炮和火箭炮系统、127架飞机和189架直升机。

中央集群于1991年6月19日撤出最后的部队，末班车从米洛维采开出，6月21日越过苏联国家边界。1991年6月27日，中央集群的末任司令——E.A.沃罗比约夫上将撤离捷克斯洛伐克，集群宣布撤销。

随着冷战的结束，中央军队集群的部分部队去向如下：

- 近卫坦克第15师，原驻米洛维采，撤回伏尔加河沿岸—乌拉尔军区切尔巴库里
- 近卫摩步第18师，原驻米蒙培训中心（拉斯科军事基地），撤回波罗的海沿岸军区加里宁格勒
- 近卫摩步第30师，原驻斯洛伐克雷什特，撤回白俄罗斯，隶属近卫坦克第5集团军（近卫第5军），其防空导弹第144团调土耳其斯坦军区（克孜尔-阿尔瓦特），编入原近卫坦克第8师的近卫防空导弹第823团，后近卫摩步第30师缩编为1个存储基地
- 坦克第31师，原驻利巴瓦军事基地，撤回莫斯科军区，后来合并了近卫坦克第47师，改为摩步第3师
- 摩步第48师，原驻利巴瓦附近的多布鲁什卡小镇，至1990年时仍然在捷克斯洛伐克，是第一个撤离的师（1990年2—5月）。撤回乌克兰丘古耶夫，使用被解散的近卫坦克第75师的场地，为避免裁军条约限制，改编为内卫部队。因为场地不足原因，摩步第210团转隶近卫摩步第18师调古谢夫，摩托化步兵第333团和防空导弹716团调伏尔加格勒
- 近卫炮兵第211旅，独立通信第130团——莫斯科军区（下诺夫哥罗德）
- 近卫导弹第185旅——土耳其斯坦军区（涅比特达格）
- 导弹第442旅和防空导弹第5旅——莫斯科军区（舒雅）
- 独立直升机第238团——喀尔巴阡军区（卡利诺夫）
- 独立直升机第490团——莫斯科军区（图拉）
- 突击工兵第91团——基辅军区（罗姆尼）
- 第233专线工程团——西伯利亚军区（新西伯利亚）

中央集群（II）历任司令：

亚历山大·米哈伊诺维奇·马约罗夫中将（1969年2月晋升上将）（1968年10月16日—1972年7月16日）

伊万·伊万诺维奇·捷尼什切夫中将（1972年11月晋升上将）（1972年7月17

日—1976年11月4日）

德米特里·谢苗诺维奇·苏霍鲁科夫上将（1976年11月5日—1979年1月3日）

德米特里·季莫费耶维奇·亚佐夫上将（1979年1月4日—1980年12月30日）

格奥尔基·格奥尔基耶维奇·鲍里索夫上将（1980年12月31日—1984年9月30日）

维克多·费奥多罗维奇·尔马科夫上将（1984年10月1日—1987年12月）

爱德华·阿尔卡德维奇·沃罗比约夫上将（1987年12月—1991年6月27日）

4. 南部集群（ЮГВ，YUGV）

①第一次组建

[简史]

第一次组建的是1945年—1947年临时驻扎罗马尼亚和保加利亚的苏军。1945年5月8日时驻扎在罗马尼亚和保加利亚的苏军为8万人，6月15日，乌克兰第3方面军改南部军队集群（南方集群），旨在监督执行1944年盟国代表与罗马尼亚、保加利亚签订的停战协定。南部军队集群辖苏军驻罗保境内的所有部队，统率机关是个乌克兰第3方面军野战统率机关基础上组建的，驻克勒拉希。

1945年秋，南方集群开始撤军，驻罗马尼亚东面、西北的第27、46集团军分别撤回喀尔巴阡军区、敖德萨军区，空军第17集团军撤回基辅军区。

1946年1月，南部集群撤销步兵第68军；1946年4月，撤销步兵第64军；1946年6月，撤销步兵第104军。共计撤销了7个步兵师：近卫步兵第68、73师，步兵第74、93、259、353、394师。

1946年下半年，驻罗马尼亚的苏军飞机达2500架之多。集群辖2个野战集团军——第26集团军和机械化第10集团军（1946年春之前第37集团军）。

集群在履行其监督执行停战协定职责的同时，对罗、保两国人民在消除战争后果、恢复被破坏的工矿企业、修桥补路等方面给予了支援。

1946年7月，机械化第10集团军机械化第21师撤回国内解散。

1946年12月，近卫步兵第6军撤销，近卫步兵第61、126师撤销。

1947年2月10日，在同罗马尼亚和保加利亚签订《巴黎和约》后，南部军队集群撤销，职能被转移到特别机械化集团军。大部分部队在90天内撤出。

1947年2月，坦克第19师撤回国内解散。

1947年6月,机械化第10集团军撤销,机械化第19师撤销。

1947年7月,机械化第9集团军解散,机械化第20师、近卫机械化第24师解散。

根据1947年12月20日苏联与罗马尼亚、保加利亚签订的和约,南部集群解散。在布达佩斯新组建特别机械化集团军,接替其职能。

南部集群兵力变化如下:

1945年11月1日50万人,1946年1月4日42万人,1946年3月1日61.5万人,1946年6月1日40万人,1946年11月1日24万人,1947年6万—13万人,1948年5月1日—1948年7月1日3.5万人,1948年10月1日3.2万人,1949年7月1日2.8万人,1949年10月1.9万人,1950年1月1日3.2万人,1950年4月1日3.3万人,1950年9月1日—1952年9月3.2万人。1958年8月完全撤出罗马尼亚。

苏军在罗马尼亚主要集中在5个地域:克拉约瓦—斯拉蒂纳、锡比乌、阿尔巴尤利亚、康斯坦察、布勒伊拉—福克沙尼。部队人数从1948年5月至1956年10月维持一个相对稳定的水平:2个满编师,再加上直属单位大约3个师兵力。

[序列]

1945年6月15日南方集群序列:

第46集团军

　　近卫步兵第10军(近卫步兵第49、59师,步兵第99师)

　　近卫步兵第24军(近卫步兵第93师,步兵第53、180师)

　　步兵第68军(近卫步兵第86师,步兵第223、297师)

第27集团军

　　近卫步兵第35军(近卫空降第3师,近卫步兵第66、108师)

　　步兵第33军(步兵第78、206、337师)

　　步兵第37军(步兵第163、316、320师)

　　近卫第1筑垒地域

第37集团军

　　步兵第34军(步兵第259、353、394师)

　　步兵第66军(步兵第195、244、333师)

　　步兵第82军(近卫步兵第28、92师,步兵第188师)

第 57 集团军

 近卫步兵第 6 军（近卫空降第 10 师，近卫步兵 20、61 师）

 步兵第 64 军（近卫步兵第 36、68、73 师）

 步兵第 104 军（步兵第 21、74、93 师）

坦克机械化部队

 近卫机械化第 2 军

 近卫机械化第 4 军

 坦克第 19 军

炮兵部队

 突破炮兵第 2 军（突破炮兵第 9、19 师）

 炮兵第 9 军（近卫突破炮兵第 5 师，突破炮兵第 7、30 师〈5 月 29 日命令该师不编入集群，6 月 15 日后实际编入南方集群〉）

 独立加农炮第 160 旅，近卫加农炮第 27、46 旅

 反坦克炮第 7、9、42、49、12、24、43、10、22、31 旅

 高炮部队（高炮第 3、4、5、9、22、27、35 师）

空军第 17 集团军辖：近卫歼击航空兵第 3 军（歼击航空兵第 295、288、194 师，近卫歼击航空兵第 13、14 师），强击航空兵第 10 军（强击航空兵第 136、306、189 师），近卫强击航空兵第 3 军（近卫强击航空兵第 7、12 师），轰炸航空兵第 244 师，夜间轰炸航空兵第 262 师。

南方集群进驻罗马尼亚和保加利亚。

原乌克兰第 2 方面军第 46 集团军在 6 月 3 日前重组，辖步兵第 38、75 军，步兵第 197 师，近卫机械化第 2 军和原大本营预备队的坦克第 19 军（驻久尔久），还有在布达佩斯的近卫机械化第 4 军。

6 月 3 日前，乌克兰第 1 方面军近卫

▲ 在布达佩斯街道的 IS-3，1956 年 10 月。

第4集团军重组,辖:近卫步兵第20军(近卫空降第5、7师,近卫步兵第52师),近卫步兵第21军(近卫步兵第69、41、80师),近卫步兵第31军(近卫步兵第4、34、40师)和坦克第18军。

1945年6月8日,第57集团军部队转隶乌克兰第1方面军。

南方集群集结地如下:

第46集团军——克卢日、德治、奥拉迪亚马雷,至1945年8月1日

第27集团军——布勒伊拉、巴斯、加拉茨,至1945年8月20日

第57集团军——卢戈日、奥拉维察、塞维林,至1945年7月13日

第37集团军——调入占领地区

近卫骑兵第5军——普洛耶什蒂,在那里上车撤回顿河军区

到8月26日,步兵第30、135、133、75军,步兵第236、233、151、155、299、122、104、113、84、202、38、387师撤销,步兵第21师和步兵第151师一部合组机械化第20师。1945年8月5日,负责运送补给的255RRF在皮特什蒂解散。

历任司令:

费奥多尔·伊万诺维奇·托尔布欣苏联元帅(1945年6月15日—1947年1月16日)

维亚切斯拉夫·德米特里耶维奇·茨韦塔耶夫上将(1947年1月17日—1947年12月20日)

②第二次组建

[简史]

这里指临时驻扎匈牙利人民共和国的苏军。

1955年9月中央集群撤销后,在匈牙利组建了一个特别军(军号78056,军长彼得·尼古拉耶维奇·拉什岑科中将),驻布达佩斯,下辖近卫机械化第2、17师,2个航空兵师。

驻匈牙利苏军驻扎在13个城市。

1956年10月24日匈牙利开始发生政治动荡,苏军迅速反应进行介入,除了原驻匈牙利的特别军2个师(近卫机械化第2、17师)外,还派出了近卫赫尔松机械化第33师(原驻扎在罗马尼亚,靠近罗马尼亚和匈牙利边界)和喀尔巴阡军区的2个师——近卫机械化第11师和近卫步兵第128师。5个师的作战兵力增加到3.15万人,装备数百辆

坦克和自行火炮、380辆装甲输送车、3930辆汽车、615门野战炮和迫击炮、185门高射炮。在事件中，苏军720人死亡，1540人受伤，51人失踪。其中在11月上旬，近卫机械化第33师在布达佩斯的平暴行动中，损失了14辆坦克和自行火炮（1辆IS-3、12辆T-34-85、1辆SU-100）和9辆装甲车（6辆BTR-152、3辆BTR-40）。

1956年11月24日，南部军队集群根据苏匈两国政府协定组建了南部集群。

1957年5月28日，苏匈两国签署协定，确定了苏军的法律地位。协定指出，苏军不得干涉匈牙利人民共和国内政，确定了苏军的调防范围和顺序，靶场、射击场和训练场地的使用制度，并规定了尊重和遵守匈牙利政府法令、裁判权问题等条款。南部军队集群的数量及驻地抱据苏匈两国政府的协议确定。集群编成内有许多在苏德战争年代荣立战功的部队。

1957年，近卫机械化第11师和近卫步兵第128师撤回喀尔巴阡军区，取而代之的是喀尔巴阡军区第38集团军下辖的近卫波尔塔瓦坦克21师和切尔卡瑟摩步第27师，近卫机械化第2师改组为近卫坦克第19师，近卫机械化第17师改为近卫摩步第17师，并撤回苏联。近卫机械化第33师由近卫哈尔科夫机械化第35师替换，改驻近卫机械化第35师原驻地。

1958年，南方集群第38集团军指挥机关和警备、后勤部队和2个摩步师撤回苏联本土，这2个摩步师改编为3000人的缩编师，部署在喀尔巴阡军区。苏军驻匈牙利部队减少1.7109万人。

南部军队集群有2000余名官兵在加强同匈牙利人民友好关系、增强同兄弟部队的战斗团结方面积极活动，成绩突出，荣获匈牙利各种勋章、奖章和荣誉纪念章。南部军队集群在军政训练中取得的成绩，曾多次受到苏共中央和苏联政府的表彰。许多部队荣获苏共中央、最高苏维埃主席团和苏联部长会议颁发的纪念奖旗、列宁诞辰纪念奖状和奖章，还有一些部队荣获苏联各种勋章以及国防部长颁发的"勇敢和军人英勇精神"奖旗。

上世纪80年代，南部集群隶属西南方方向总司令，其编成有4个师：近卫坦克第13和第19师，近卫摩步第93和

▲ 南部集群的士兵在冬泳，1958年。

第254师。空中支援由空军第36集团军（1980年7月至1988年5月被称为南部集群空军）负责，该集团军辖有近卫歼击航空兵第11师的3个近卫团和3个独立团（轰炸航空兵第88团，歼击航空兵第515团，近卫侦察航空兵第328团）以及2个独立大队——混成航空兵第201大队和电子对抗直升机第209大队。集团军的另外一个空军师——混成航空兵第131师驻中部集群。克格勃驻南部集

▲ 1965年，集群的4个师恢复"二战"番号。

群通讯部队（A/H25705）辖有第40团（W/H62191，索尔诺克）、第302团（A/H10936，索尔诺克）和独立第305营（A/H34047，布达佩斯）。匈牙利人民军（VNA）协助集群作战。集群军队和家属等有12万人。

苏军撤军始于1989年5月，当时集群有大约7万军队、950辆坦克、600辆装甲输送车和步兵战车、650门火炮、迫击炮和火箭炮系统、120架飞机和123架直升机（包括100架陆军航空兵的直升机）。与20世纪80年代中期相比，减少了340辆坦克、1080辆装甲输送车和步兵战车、150门火炮。

1989年5月，首先撤离匈牙利的是近卫波尔塔瓦坦克第13师师部和坦克教导团。它们被解散，南部集群减少了450辆坦克、200门火炮和迫击炮、3000台车辆。然后从匈牙利撤回近卫坦克第19师（BVO）和摩步第254师（KVO）。1991年初，近卫摩步第93师撤回乌克兰。

南部集群于1991年6月16日撤销。

部分部队的去向：

- 近卫坦克第19师——白俄罗斯军区（扎斯洛诺沃）
- 近卫摩步第93师——基辅军区（第聂伯罗彼得罗夫斯克州切尔卡瑟）
- 近卫坦克第13师——敖德萨军区（克里米亚苏联村），解散，其近卫坦克第130团，独立侦察第56营和第77维修营撤回维捷布斯克州
- 摩步第254师——基辅军区（顿涅茨克州顿涅茨克）
- 导弹第22旅——白俄罗斯军区（奥西波维奇）
- 导弹第459旅——基辅军区（白采尔科维）

• 防空导弹第 55 旅——敖德萨军区（辛菲罗波尔地区苏维埃村）

• 防空导弹第 297 旅——伏尔加沿岸军区（巴什基尔）

• 独立雷达第 70 旅——莫斯科军区（纳罗—福明斯克）

• 独立近卫直升机第 396 团——土耳其斯坦军区（卡根）

▲ 1990 年苏军撤出匈牙利。

• 独立直升机第 488 团——喀尔巴阡军区（瓦普尼扬卡）

• 独立 151 营于 1990 年撤回叶尔加瓦（波罗的海军区），改 A/H20774，1992 年迁到叶卡捷琳堡（A/H83341）。

[序列]

1956 年驻匈苏军序列：

近卫机械化第 2 师（塞克什白堡）。辖：近卫机械化第 4 团（塞克什白堡）、近卫机械化第 5 团（凯奇凯梅特）、近卫机械化第 6 团（索尔诺克），近卫坦克自行火炮第 67 团（赛格德），近卫坦克第 137 团（沙尔博加德）

近卫机械化第 17 师（松博特海伊）。辖：近卫机械化第 56 团（松博特海伊）、近卫机械化第 57 团（杰尔）、近卫机械化第 58 团（科尔门德），近卫坦克自行火炮第 83 团（海马斯凯尔），近卫坦克第 27 团（科马尔诺）

近卫歼击航空兵第 195 师（波佩）。辖：近卫歼击航空兵第 5、14 团（均驻波佩），近卫歼击航空兵第 1 团（维斯普雷姆）

近卫轰炸航空兵第 177 师（德布勒森）。辖：近卫轰炸航空兵第 674、727、880 团

舟桥第 20 团（科马尔诺）

独立高炮第 66 营（塞克什白堡）

混成航空兵第 201 大队

独立火箭炮营

20 世纪 80 年代末南部集群序列：

总部布达佩斯

警卫第 81 营（布达佩斯）

防空导弹第 55 旅（莫尔），SA-4M1

近卫通信第 127 旅（布达佩斯、杰克-博特普斯塔）

无线电第 70 旅（布达佩斯），1 辆 R-145BM

第 188 指挥中心（旧布达），1 辆 R-145BM

导弹第 459 旅（9K79"圆点"），1990 年撤回莫斯科军区

第 103 坦克教导团（德布勒森），1990 年撤销

导弹第 22 旅（栋博堡），1990 年撤销

舟桥第 20 团（多瑙新城），1990 年撤销

第 40 修理厂（塞克什白堡），1991 年撤销

空中突击第 902 营（凯奇凯梅特），1990 年撤回白俄罗斯

荣获列宁勋章、两枚红旗勋章、苏沃洛夫勋章和库图佐夫勋章的近卫红旗波尔塔瓦坦克第 13 师（原近卫坦克第 21 师，"二战"近卫步兵第 13 师）（维斯普雷姆），1989 年 5 月撤销

近卫尼古拉耶夫—布达佩斯坦克第 19 师（埃斯泰尔戈姆），后撤回白俄罗斯

荣获两枚红旗勋章、苏沃洛夫勋章和库图佐夫勋章的近卫红旗哈尔科夫摩步第 93 师（原近卫摩步第 35 师）（凯奇凯梅特），1990 年撤回基辅军区，编入近卫坦克第 6 集团军

荣获列宁勋章、苏沃洛夫勋章、库图佐夫勋章和波格丹·赫梅利尼茨基勋章的红旗切尔卡瑟摩步第 254 师（原摩步第 27 师）（塞克什白堡），1991 年初撤回基辅军区

空军第 36 集团军

直属单位包括防空导弹第 327 团，总部设在索尔诺克并负责机场防务。

南部集群（II）历任司令员：

米哈伊尔·伊里奇·卡扎科夫大将（1956 年 11 月 24 日—1960 年 10 月 26 日）

马特维·季莫费耶维奇·尼基京坦克兵中将（1960 年 10 月 26 日—1961 年 8 月 10 日）

帕维尔·伊万诺维奇·巴托夫大将（1961 年 8 月 10 日—1962 年 9 月 5 日）

康斯坦丁·伊万诺维奇·普罗瓦洛夫上将（1962年9月5日—1969年10月14日）

鲍里斯·彼得罗维奇·伊万诺夫中将（1970年4月晋升上将）（1969年10月14日—1975年12月18日）

费多特·菲利波维奇·克里夫达中将（1976年2月晋升上将）（1975年12月18日—1979年3月）

弗拉基米尔·伊万诺维奇·西韦诺克上将（1979年3月—1982年7月31日）

康斯坦丁·阿列克赛耶维奇·科切托夫上将（1982年7月31日—1985年8月5日）

阿列克赛·阿尔谢涅维奇·杰米多夫上将（1985年8月5日—1988年6月20日）

马特维·普罗科佩耶维奇·布尔拉科夫上将（1988年8月21日—1990年12月28日）

维克多·伊戈尔耶维奇·什罗夫中将（1990年12月29日—1991年6月16日）

5. 西北集群（СЗГВ，SZGV）

[简史]

1991年9月11日，波罗的海沿岸军区改西北集群，1991年11月15日正式确认，1992年5月7日，西北集群被俄罗斯接管，1994年9月1日撤销。

历任司令：

瓦列里·伊万诺维奇·米罗诺夫上将（1991年11—1992年7月16日）

列昂纳德·谢尔盖耶维奇·马约罗夫上将（1992年7月16日—1994年9月1日）

6. 半官方或非官方的集群

除了正式的驻外集群，半官方或非官方的集群或苏军集群有：驻古巴集群（ГСВК，GSVK，基于摩步旅和防空师），驻蒙古集群（ГСВМ，GSVM，第39集团军，隶属后贝加尔军区），驻阿富汗集群（ОКСВА，OKSVA，土耳其斯坦军区第40集团军），驻埃及部队（防空部队）。第39、40集团军撤销后，苏军在埃及（1980年代初）、越南（金兰湾）和古巴的基地旅更名为教导旅。苏军在其他国家没有驻军（不计安哥拉、莫桑比克、埃塞俄比亚、也门等，以及保护他们的单位和庞大的军队顾问、苏联驻外使馆）。

①驻阿富汗苏军（OKCBA，OKSVA）

[简史]

驻阿苏军1979年12月组建，兵力8.11万人，后来兵力增加，在1986年9月兵力最多时为12万人，其中第40集团军10.88万人，边防部队1.1万人。

历年参战阿富汗的有62万苏军，永久伤亡总计只有1.5051万人，其中将军4人、军官2179人、士官639人、士兵12087人：

——战斗阵亡9961人

——死于战斗创伤（包括出院后）2475人

——失踪和被俘287人

——事故和疑似事故死亡1795人

——死于疾病（包括出院后）833人

——失踪和被俘只有417人，但1999年1月1日之前释放130人。

克格勃损失576人，苏联内务部损失28人，另有分别在其他部委和机构（建设部、国家委员会摄影、广播电视及其他）的20名员工。军事顾问专家和翻译损失190人（包括145名军人）。损失了52名妇女，其中包括4名少尉，其他为文职人员。

卫生损失46.9685万人，其中5.3753万人受伤（其中继续服役3.8614万人），6669人受伤致残。

装备和武器损失：坦克147辆，装甲输送车、步兵战车、装甲侦察车1314辆，火炮和迫击炮433门，飞机118架，直升机333架，电台1138个，工程车辆510辆，平台车和挂车1369辆。

因在阿富汗战争的表现，20多万苏军士兵和军官被授予勋章和奖章，其中包括1.0955万人死后追认。

奖励和勋章接收者：11.1966万士兵和军士、1.9261万少尉、6.6251万军官、2675文职人员，其中包括1350名妇女。86名士兵荣获苏联英雄称号，其中25人为追授。

被授予勋章的一些军事单位和分队：

列宁勋章——近卫空降第103师和

▲ 驻阿苏军在喀布尔的司令部——阿明宫。

独立摩步第66旅

红旗勋章——近卫摩步第5师,摩步第108和第201师,近卫摩步第70旅,近卫摩步第149团,摩步第180和第191团,独立近卫空降第345团,混成第50团,独立通信第17团和克格勃边防第117支队

一级卫国战争勋章——独立近卫空中突击第56旅

▲ 1989年2月,驻阿苏军撤销。

红星勋章——工程第45旅和第781侦察营、克格勃边防第23支队

阿富汗共和国红旗勋章——独立特种部队第15旅

从阿富汗撤出被解散、苏联解体后被其他国家接管的部队:近卫摩托化步兵第4师和近卫空降第103师,近卫摩步第5师、摩步第108师被并入其影子师——摩步第88和第133师,以及战略导弹部队近卫第33集团军的分队。

[序列]

驻阿富汗苏军序列:

陆军:

第40集团军

以苏联60周年命名,荣获库图佐夫勋章的近卫济莫夫尼基摩步第5师

荣获两枚红旗勋章的红旗涅韦尔摩步第108师(铁尔梅兹)

摩步第68师(1979年12月入侵阿富汗时的战役预备队)

摩步第201师(1979年12月入侵阿富汗时的预备队,后长期在阿富汗作战)

以苏联60周年命名,荣获列宁勋章、库图佐夫勋章的近卫红旗空降第103师(近卫空降第317、350、357团,近卫空降炮兵第1179团)

摩步第58师(1979年12月入侵阿富汗时的战役预备队)

直属:

荣获波格丹·赫梅利尼茨基勋章、亚历山大涅夫斯基勋章的近卫莫吉廖夫炮兵第353旅(1980年夏天编入)

防空导弹第 2 旅（1980 年夏天编入）

近卫空中突击第 56 旅（1988 年 6 月编入）

特种第 15、22 旅（均 1985 年 3 月编入）

第 28 集团军属炮团（1986 年 4 月 1 日前第 28 集团军属火箭炮团，1988 年 8 月编入）

独立红旗普斯科夫摩步第 860 团（1988 年 5 月编入）

荣获列宁勋章、亚历山大涅夫斯基勋章的红旗维堡摩步第 186 团（原隶属摩步第 108 师，1988 年 5 月编入）

荣获亚历山大涅夫斯基勋章的独立红旗纳尔瓦摩步第 191 团（1988 年 5 月由摩步 201 师转隶）

以空降兵成立 70 周年命名，荣获苏沃洛夫勋章的独立近卫红旗维也纳空降第 345 团

荣获库图佐夫勋章的独立通信第 103 团

独立无线电第 254 团

荣获红星勋章的独立红旗工程第 45 团（工兵第 19 营、第 92 道路营、第 1117 建筑营、第 2088 营）

第 692 道路营（1983 年第 692 营编入第 278 道路旅，692 营重新组建。）

独立第 159 道路营（1984 年改组为独立第 58 后勤旅）

第 59 集团军属后勤旅

独立第 14 管道营（1982 年改独立第 276 管道旅）

独立第 1461 管道营（1984 年撤出）

独立第 278 道路旅（第 692、1083、1084 道路营）

第 342 工程局——负责军事设施的军事建设单位。其成员包括 2 个建筑连，9 个营，其中 6 个军事建设营，2 个电子技术营和 1 个管道营（第 2017、2018、2137 建筑安装营，第 1110、1112、1630、1705、1707、1708 军事建设营，第 773、774 军事建筑连）

航空兵部队：

混成航空兵第 34 军（后空军第 40 集团军，通过部队轮换，逐渐投入了 11 个歼击航空兵团，1 个独立侦察航空兵团，1 个独立侦察航空兵大队，1 个强击航空兵团<18 团>，1 个独立的强击航空兵大队，1 个独立混成航空兵团，7 个歼击轰炸机团，4 个独立

直升机航空兵团，6个独立直升机大队。从苏联境内起飞参加打击阿富汗境内目标的有3个轰炸航空兵团，9个远程航空兵的重型轰炸航空兵团和17个独立直升机团。空军第40集团军的支援部队有7个独立警卫营〈装备装甲输送车，其实是摩步营〉，8个独立场务营，9个机务连，7个通信营和3个雷达连）

歼击轰炸航空兵第136团

歼击轰炸航空兵第217团

近卫歼击航空兵第115团

直升机第181团

直升机第218团

近卫摩步第5师独立直升机第302大队

以加斯捷洛命名的近卫红旗布良斯克军事运输航空兵第194团

近卫红旗列宁格勒军事运输航空兵第128团

以共青团命名的红旗特兰西瓦尼亚军用运输航空930团

红星混成航空兵第50团

混成航空兵第111团

边防部队：
参战的边防航空兵团
东部边境军区独立红旗边境航空兵10团（哈萨克SSR布伦戴）
中亚边境军区独立红旗边境航空兵17团（土库曼SSR马雷）
中亚边境区独立红旗边境航空兵第23团（塔吉克杜尚别）
东部边境军区独立红旗边境航空兵22大队（哈萨克SSR乌查拉尔）
海军：第45巡逻舰支队（1988年后改第22巡逻舰大队）
内务部部队：苏联内务部"钴"特种军官部队，包括23个侦察组，共有600人，从1980年夏天到1983年春季参战。"钴"支队负责侦察和搜索行动，以消灭游击队和培训阿富汗人的安全机构DRA4

苏联国防部阿富汗战局负责人：
谢尔盖·列昂尼多维奇·索科洛夫元帅（1979年—1985年）
瓦连京·伊万诺维奇·瓦连尼科夫大将、陆军司令（1985年—1989年）

历任苏军驻阿富汗首席军事顾问：

列夫·尼古拉耶维奇·格列洛夫中将（1975—1979 年）

索乌坦·凯克凯佐维奇·马戈梅托夫上将（1979—1980 年）

亚历山大·米哈伊洛维奇·马约罗夫大将（1980—1981 年）

米哈伊尔·伊万诺维奇·索罗金(1981—1984 年)

格里戈里·伊万诺维奇·萨尔玛诺夫大将(1984—1986 年)

弗拉基米尔·安德烈耶维奇·沃斯特洛夫上将(1986 年—1988 年)

米哈伊尔·米哈伊洛维奇·索茨科夫上将(1988 年—1989 年)

马合木提·阿科赫梅托维奇·加列耶夫大将(1989 年—1990 年)

鲍里斯·佩特罗维奇·申恩上将(1989—1990 年)

尼古拉·费奥多罗维奇·格拉乔夫少将(1990 年—1991 年)

鲍里斯·谢布格耶维奇·别尔菲尔耶夫中将(1991 年—1992 年)

②驻古巴苏军（ГСВК，GSVK）

[简史]

苏联军队在 1962 年 6 月进驻古巴。根据苏联和古巴共和国 1963 年 5 月 29 日之间签署的协议，苏军在古巴象征性地驻扎 1 个步兵旅。1962 年 12 月 9 日组建了驻古巴苏军的基础——摩步第 7 旅，前身为摩步第 400、496 团。

驻古巴苏军正式成立于 1964 年，所有军事人员接受古巴革命武装力量部和苏军驻

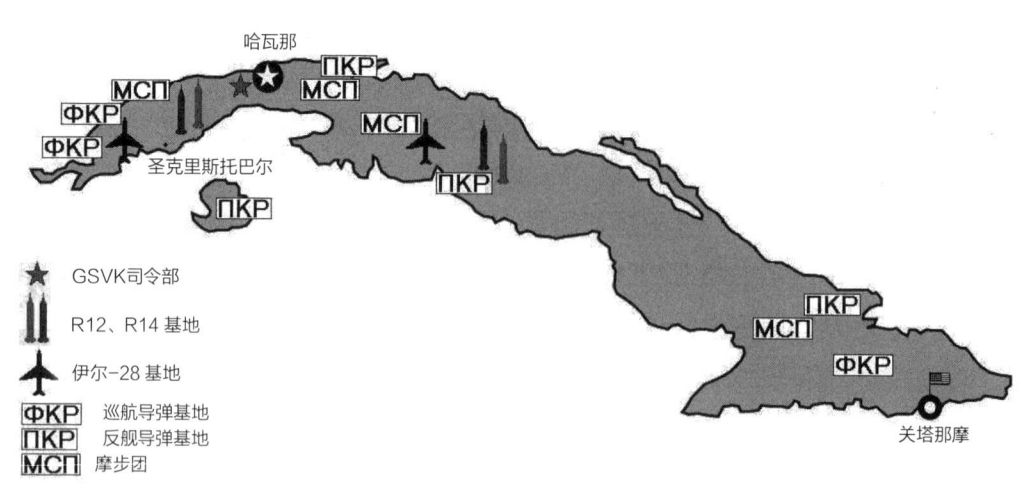

▲ 驻古巴苏军。

第十章 第二次世界大战后的苏俄战区、军区、驻外集群沿革

古巴共和国首席军事顾问指挥，该部的存在苏军没有公告，人员的轮换严格保密，直到1979年9月军方正式承认驻古巴苏军的存在，苏军在其基础上组建第1教导旅，对外名称为第12训练中心。

驻古巴苏军兵力约9000人，约20人工作在情报侦察机构和机场，定期调度TU-95MS着陆。1993年6月30日撤出。

海军兵力很少。

1991年苏军决定撤出驻古巴苏军1500人，1991年11月开始第一批撤离。到1993年，俄罗斯撤出所有驻古巴部队，驻古巴部队解散。

▲ 驻古巴苏军。

[序列]

1962年苏军驻古巴集群序列：

火箭军(RV)：

 导弹第43师

 导弹第665团(R-14/SS-5)

 导弹第668团(R-14/SS-5)

 导弹第79团(R-12/SS-4)

 导弹第181团(R-12/SS-4)

 导弹第664团(R-12/SS-4)

每团8套发射装置

国土防空军(PVO)：

国土防空第11师

 防空第16团

 防空第276团

 防空第500团

每团4个营,每营6套发射装置

独立雷达营

国土防空第10师

　　防空第294团

　　防空第318团

　　防空第466团

歼击航空兵第32团：40架米格-21

独立雷达营

空军(VVS)：

导弹突击第561、584团（每团8套发射装置）

独立直升机第437团：40架米-4

独立通信航空兵第134大队：11架飞机

陆军(SV)：

　　独立摩步第302团

　　独立摩步第314团

　　独立摩步第400团（1961年时隶属摩步第147师，1962年8月9日改摩步第43团）

　　独立摩步第496团（后在此团基础上组建驻古巴地面部队的核心——摩步第7旅）

4个团主要来自高加索军区，每个团加强了1个独立坦克营

海军(VMF)：

潜艇部队

　　导弹潜艇第18师（支队）：7艘潜艇（G级）

　　潜艇第211旅（大队）：4艘潜艇（F级）

　　2艘潜艇补给船（浮动补给基地）

水面舰艇支队：2艘巡洋舰、2艘导弹驱逐舰、2艘驱逐舰

导弹艇大队：12艘导弹艇

导弹团：6套发射装置

鱼雷轰炸航空兵团：33架伊尔-28（含3架教练机）

支援船：2艘油船、2艘干货船、1艘浮动维修船

1963—1978年驻古巴苏军摩步第7旅序列：

独立摩步第4、20营

独立坦克第5营

作战支援营

航空兵营

导弹营（后来的独立高炮连）营部

1978—1993年驻古巴苏军摩步第7旅序列：

独立摩步第3营，A/H55554

独立摩步第4营，A/H75380（1991年解散，1992年2月完全撤出）

独立摩步第20营（托伦斯），A/H89563

独立坦克第5营，A/H89406

航空兵营，A/H57212

侦察连连部

工兵连连部（托伦斯）

通信连连部

物资保障连

卫生队

维修队

三防排排部

指挥排

独立防空连（后来的防空导弹营）连部（托伦斯）（1981年末由独立炮兵第42营〈A/H49542〉改建）

除该旅外，集群还辖有：

通信台

"帕尔马"，A/H54234，来自GRU特种第6师（托伦斯）

"梧桐"，A/H54234，TSMRO海军（托伦斯）

"东"，A/H54234，TSMRO海军（尼卡罗）

"轨道"，KGB通信队（托伦斯）

"海鸥"，总参防御（哈瓦那卡萨布兰卡）

"松"，国防部总参谋部（托伦斯，直到1981年）

"巴萨"，国防部总参谋部（托伦斯，直到1981年）

"峡谷"，海军（托伦斯，直到1981年，1982年后驻那洛可可）

"完成"，国防部总参谋部（那洛可可）

"天使"，总参防御（埃尔加布里埃尔）

"冲浪"，海军（驻埃尔加布里埃尔）

"阿斯特拉"，URVO（驻埃尔加布里埃尔）

历任首席军事顾问：

A. 杰缅季耶夫少将（1962—1964年）

I. 斯卡多夫中将（1964—1967年）

I. 比岑科中将（1967—1970年）

D. 克鲁茨基赫中将（1970—1974年）

I. 威尔比茨基中将（1974—1976年）

S. 克里沃普尔亚索夫中将（1976—1981年）

V. 孔奇茨上将（1981—1985年）

A. 扎伊采夫上将（1985—1990年）

G. 伊姆莫尔塔尔斯上将（1989—1992年）

二 军区

1. 列宁格勒军区（ЛВО，LVO）

全称：荣获列宁勋章的列宁格勒军区

列宁格勒军区前身为1918年8月20日成立的工农红军彼得格勒军区，当时辖彼

第十章 第二次世界大战后的苏俄战区、军区、驻外集群沿革

得格勒、诺夫哥罗德、普斯科夫、奥洛涅茨和切列波韦茨五省。1924年2月1日根据苏联革命军事委员会命令改称列宁格勒军区,总部设在列宁格勒。其后辖区屡有变动。"二战"后最初辖爱沙尼亚苏维埃社会主义共和国、列宁格勒、普斯科夫和诺夫哥罗德州,1954年1月减少了爱沙尼亚,1960年4月后合并了北部军区,增加了阿尔汉格尔斯克、沃洛格达

▲ 列宁格勒军区司令B.V.斯涅特科夫在集团军司令V.G.丹尼索夫的陪同下视察第6集团军摩步第131师近卫炮兵第856团,1985年。(来源:V.V.普利亚尼什尼科夫)

和摩尔曼斯克州,科米共和国划归乌拉尔军区,北部军区机关改编为第6集团军机关。1977年,列宁格勒军区辖列宁格勒、摩尔曼斯克、阿尔汉格尔斯克、沃洛格达、普斯科夫、诺夫哥罗德诺六州和卡累利阿苏维埃社会主义自治共和国。

  1917年11月8日,列宁委派苏维埃政府成员V.A.安东诺夫-奥夫谢延科担任早在俄国时就有的彼得格勒军区指挥。因军区司令部由旧俄军官组成,图谋抗拒新任司令的命令,故有关红军部队组建和战斗行动指挥的主要工作,当时由彼得格勒工人士兵代表苏维埃总司令部负责(后此工作在全俄红军组建委员会领导下进行)。1918年1月,彼得格勒开始组建红旗第一军。25日,彼得格勒卫戍部队和赤卫队中的共产党员举行会议,创订了吸收该市士兵和劳动者参加红军部队的具体措施,从而推动了工作的开展。2月,德国军队向普斯科夫、雷瓦尔(塔林)和纳尔瓦等地展开进攻对彼得格勒造成直接威胁,军区革命部队和工人武装队进行了顽强抗击。此战,首批组建的红军部队得到了巩固和锻炼。3月19日,根据军区新任司令K.S.叶列梅耶夫的命令,解散了军区司令部这个旧俄军队的统率机关,于翌日成立了第一个苏维埃军区——工农红军彼得格勒军区。军区成立后为组建红军部队和训练预备队做了大量工作,同反革命的阴谋和叛乱进行斗争,担负了警卫重要的苏维埃机关和工业企业的任务。4月,军区共组建了127支红军部队,4.9万人。当时军区已改为彼得格勒劳动公社兵役委员会,隶属雅罗斯拉夫尔军区。9月,复为彼得格勒军区。根据苏维埃政府关于对劳动者实行义务兵役制和普及军事训练的决定,军区组建了大兵团和军团。为组织彼得格勒接近地的防御,在卡累利阿地峡、纳尔瓦和普斯科夫方向组建了第7集团军,它对保卫彼得格勒起到了决定性作用。军区部分部队调入第6集团军,转隶雅罗斯拉夫尔军区。组建了3个贫农模范团、第1预备师、若干区工会预备团及其他各种部队,其中多数部队

▲ 列宁格勒军区司令。

先后开赴国内战争前线。1919年春秋两季，为粉碎尤登尼奇军队，军区为前线训练和输送了数万名战士，其中共产党员5000余名，共青团员约3000名。1920年11月，军区部分人员派赴劳动战线，与处于破坏状态的经济和疾病做斗争。1921年3月，军区部队参加了平定喀琅施塔得反苏叛乱的行动。1922年，参与粉碎芬兰白卫军对苏维埃卡累利阿的入侵。

1923年9月3日，红军成立了彼得格勒军区革命军事委员会，集中对部队进行军政领导。1924—1925年，所部改为地方民兵制和基干制相结合体制，展开了有计划的军政训练。二十世纪二三十年代，列宁格勒军区多次举行演习，检验和核准新的条令、教令理论和原理。1926年大演习中，民兵第20和第56师展示出良好的战斗素质。6月举行了一次专业演习，演练了列宁格勒的防空、防化科目，城市居民首次广泛参加了这一演习。1935—1936年的演习，为组织和实施大纵深战役（战斗）及在战役纵深作战则使用大型骑兵机械化兵团提供了宝贵经验。这些演习大大提高了军区部队的训练水平和指挥人员的战役战术素质，完善了部队的编制和指挥体制。列宁格勒军区所取得的经验在其他军区部队中被广泛运用。1930年代曾在军区服过役的许多有才能的指挥员，后都成为苏联著名的军事首长和统帅，如G.A.沃罗热伊金、H.P.沃罗诺夫、M.V.扎哈罗夫、K.K.罗科索夫斯基、F.I.托尔布欣。战前军区各种陈旧武器迅速得到更新，许多部队因在掌握新式技术装备方面成绩显著荣获勋章和荣誉革命红旗。

1939—1940年间冬，苏芬武装冲突，本区部队经受了艰苦战斗考验。鉴于苏联面临法西斯德国进攻的威胁，1940年下半年起，军区在加强部队战斗准备方面做了大量工作，特别重视组建新的机械化和航空兵部队，换装新式坦克和飞机。军区十分重视加强本区特别是列宁格勒的防空，采取了巩固军区西北边境的措施，建筑部队、工程兵部队和其他一些部队参加了筑垒地域的构筑。尽管如此，军区部队的组织措施和技术改装在苏德战争爆发前仍未全部完成。根据掩护计划规定，军区部队担负雷巴奇半岛至芬兰湾一线的苏芬国境、爱沙尼亚苏维埃社会主义共和国沿岸地带和汉科半岛的防御

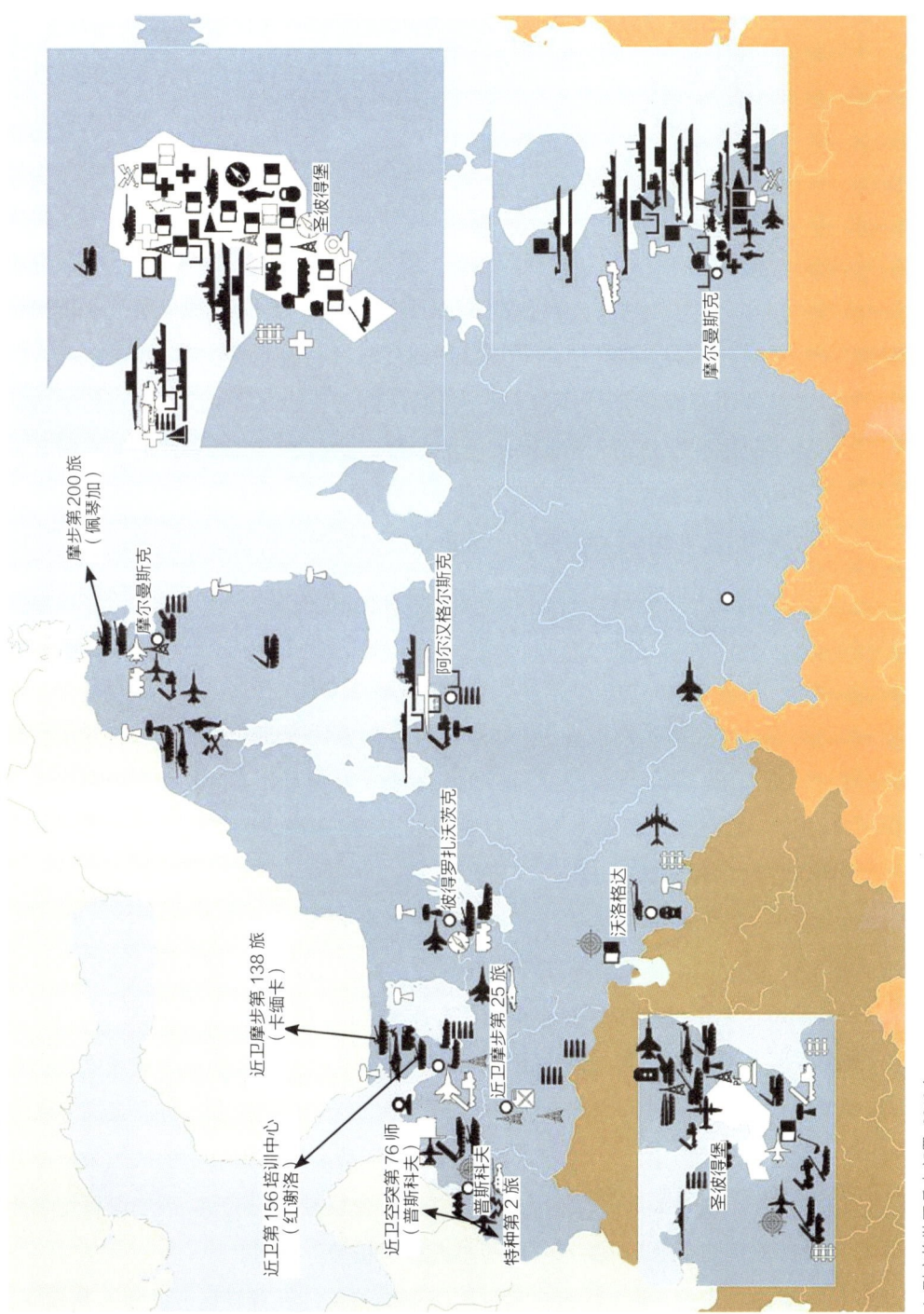

第十章 第二次世界大战后的苏俄战区、军区、驻外集群沿革

▲ 列宁格勒军区兵力部署，2010年。

251

▲ 列宁格勒军区标志。

任务；在濒海侧翼，与北方舰队、红旗波罗的海舰队进行协同。

苏德战争爆发后，列宁格勒军区于 1941 年 6 月 24 日改为北方面军，后于 1941 年 8 月 23 日分为卡累利阿方面军和列宁格勒方面军。北方面军与此后的列宁格勒方面军统率机关，除执行指挥部队战斗这一基本任务外，还继续履行军区兵役机关的职能：征集预备役军人，组建新部队。这些部队有很多是志愿兵，首先是共产党员和共青团员。为对志愿（义勇）部队实施领导，成立了列宁格勒民兵集团军军事委员会和司令部。在与德国法西斯侵略者的激烈战斗中，列宁格勒方面军部队与红旗波罗的海舰队共同守住了列宁格勒，协同其他方面军突破了对列宁格勒的封锁，粉碎了包围列宁格勒和诺夫哥罗德的敌军，并参加了解放被法西斯侵略者占领的苏联波罗的海沿岸的战斗。

1945 年 7 月 9 日，列宁格勒方面军野战机关改编为列宁格勒军区统率机关。军区部队在短时期内转为平时编制，开始按计划进行训练，掌握新式武器和军事技术装备，在靶场和训练中心检验新的射击教程、条令、教令草案。战后，所部为不断提高战斗素养，参加了国防部和陆海军总司令实施的许多活动，如"德维纳河"和"北方"等大演习。目的明确的日常党政工作促进了军区部队战斗战备任务的顺利完成。军区工兵在战后进行了大量工作，清除地雷和弹药总面积达 4.5 万平方公里，发现和销毁地雷约 1200 万颗，炮弹、航空炸弹和榴弹 2000 万发（枚）。474 名军人因在清雷中表现了英勇无畏精神而荣获勋章和奖章。

1949 年 1 月，空军第 76 集团军接替调出的空军第 13 集团军指挥军区空军，费奥多尔·波利宁上将是空军第 76 集团军的第一任司令。除了 1980 至 1988 年短暂的时期改称为列宁格勒军区空军外，空军第 76 集团军存在到 1998 年。

为表彰军区在巩固国防和武装保卫苏维埃国家的事业所做出的巨大贡献以及在军政训练中的取得的成绩，苏军建军 50 周年之际，1968 年 2 月 22 日，苏联最高苏维埃主席团命令授予军区列宁勋章。许多部队和机关因在战后军政训练中的成绩荣获苏联勋章和苏共中央、苏联最高苏维埃主席团、苏联部长会议颁发的奖旗、列宁诞辰纪念奖状、奖章以及苏联国防部长颁发的"勇敢和军人英勇精神"奖旗。

到 1980 年代，列宁格勒军区直接接受国防部长领导。在其辖区驻扎第 6 集团军，

第十章 第二次世界大战后的苏俄战区、军区、驻外集群沿革

近卫第 30 军，第 26 军，只有 1 个空降步兵师和 12 个摩步师。

空中支援由空军第 76 集团军负责，1989 年时其编成只有 5 个团：轰炸航空兵第 67 团，歼击轰炸航空兵第 66（1989 年转隶海军）、722 团，近卫侦察航空兵第 98 团和混成航空兵第 138 团。

防空由防空第 6、10 集团军负责。军区内驻有：

防空第 10 集团军（阿尔汉格尔斯克）：

防空第 1、3 师；

防空第 21 军（北莫尔斯克）：辖 3 个歼击航空兵团（近卫第 174 团，第 431、941 团），防空导弹第 5 旅（近卫第 116 营，第 39、42、143、224 团），防空导弹第 864 团，雷达第 5 旅；

防空第 4 师（新地岛）：辖 2 个歼击航空兵团（近卫第 72、641 团），防空导弹第 406 团，2 个雷达团（雷达第 3、11 团）；

防空第 5 师（彼得罗扎沃茨克），1988 年解散，之前辖 2 个歼击航空兵团（近卫第 57 团，1987 年迁诺里尔斯克；第 265 团），3 个防空导弹团（第 33、366、834 团）和 2 个雷达团（第 6、172 团，1989 年改雷达第 170 旅）；

防空第 23 师（阿尔汉格尔斯克）：辖 3 个歼击航空兵团（第 445，518、524 团），2 个防空旅（第 24、146 旅）和防空导弹第 515 团，雷达 145 旅。

防空第 6 集团军（列宁格勒州泰兹）：辖 2 个军（第 18 和第 27 军）和驻科特里的防空第 14 师。

防空第 18 军（加特契纳）：辖 2 个歼击航空兵团（近卫第 177、180 团），5 个防空导弹旅（近卫第 86、204 旅，第 82、83、84 旅）和 4 个防空导弹团（近卫第 196、219、341、557 团），2 个雷达旅（第 46 和第 174 旅）。

军区内驻有普列谢茨克航天发射场，近卫第 27 和第 50 战略导弹集团军的 2 个导弹师：近卫导弹第 7 师和导弹第 40 师。

另外，驻列宁格勒军区境内的波罗的海舰队、北方舰队部署了大量的兵力和装备。

▲ 胜利日阅兵预演，圣彼得堡。

其中北方舰队航空兵（总部设在北莫尔斯克）驻有：2个航空兵师——导弹突击第5师（第574、987团，近卫第924团）和远程反潜航空兵第35师（第76、135团），7个独立团（反潜航空兵第24和第403团，轰炸航空兵第88团，反舰突击第279团，侦察航空兵第392团，混成反潜直升机第912、830团）。

苏联解体前，列宁格勒军区编入从德国撤回的独立电子对抗第29团（奥斯特罗夫）、独立直升机第172团（卡西莫沃）。此外，大大加强了陆军第6集团军。

1990年底，列宁格勒军区共约20万人，装备900辆坦克、2000辆装甲坦克、1100多门火炮、迫击炮和多管火箭发射系统，以及100架武装直升机。

苏联解体后，俄军接管了列宁格勒军区。1998年7月，伏尔加河沿岸军区所属科米共和国划归列宁格勒军区。

苏联解体后，俄罗斯联邦军队需要重新部署。因经济恶化，几个单位，如1993年1月1日在解散的坦克教导第24师基础上于里加成立的摩步第25旅，从前波罗的海军区撤回。自1992年以来许多军区的单位参加了局部冲突和维和行动，特别是在北高加索地区。

摩步第111师（隶属第6集团军）到1994年改独立摩步第20旅，于1997年1月—1998年6月之间改第20存储基地，转隶近卫第30军。此外，1994年第5186存储基地在彼得罗扎沃茨克改为摩步第30旅。

1997年12月初，叶利钦总统在瑞典表示，俄罗斯将单方面裁减在西北部的部队，包括列宁格勒军区。他承诺，到1999年1月，地面部队和海军部队将减少40%。结果，列宁格勒军区的人员下降了52%。第6集团军驻彼得罗扎沃茨克，近卫第30军驻维堡，所有摩步师解散（包括摩步第54师缩编为1个旅，然后改为1个存储基地，近卫摩步第64师改为存储基地）。保留了2个摩步旅（1997年12月—1998年6月间，近卫摩步第45师改编为俄罗斯陆军近卫摩步第138旅，前身为"二战"步兵第45师的摩步第131师则缩编为俄罗斯陆军独立摩步第200旅）。

在空军方面，原苏联空军第76集团军和苏联国土防空军第6防空集团军于1998年合并为空军和防空军第6集团军。

在卡缅卡部署的俄罗斯陆军近卫摩步第138旅参加了第二次车臣战争。

俄罗斯空降兵近卫空中突击第76师驻在普斯科夫地区。

1998年年7月27日，叶利钦颁布了第900号总统令，规定列宁格勒军区辖卡累利阿共和国、科米共和国、阿尔汉格尔斯克、沃洛格达、列宁格勒、摩尔曼斯克、诺夫哥罗德、普斯科夫和州、圣彼得堡以及涅涅茨自治区。军区司令部驻圣彼得堡冬宫广场参谋部大楼。

[序列]

1989年初列宁格勒军区序列：

第6集团军（彼得罗扎沃茨克）：

摩步第54师（阿拉库尔季），后改第35武器和装备基地，2006年12月1日解散

摩步第16师（动员）（彼得罗扎沃茨克），1989年改第5186存储基地

摩步第111师（索尔塔瓦拉）

摩步第131师（佩琴加）

摩步第116师（动员）（摩尔曼斯克）

第26军（阿尔汉格尔斯克），成立于1967年

摩步第69师（沃洛格达），1989年改第5189存储基地

近卫摩步第77师（阿尔汉格尔斯克），1990年改北方舰队海岸防御师，1994年12月1日改组为1个独立海防旅

摩步第115师（动员）（伊万捷耶沃）

近卫第30军（维堡）

近卫摩步第45、64师

摩步第37师（动员）（红列奇卡），1989年改第3807存储基地

直属：

近卫第63摩步训练师，1990年改近卫第56军区培训中心

近卫空降第76师

预备役摩步第250师（弗拉基米尔拉格尔）

独立空中突击第36旅（加尔波罗沃），1979年组建，1990年6月转隶苏联空降兵部队，1997年2月撤销

第229后警师（列宁格勒）

近卫炮兵第2师（巴甫洛夫斯克）

2010年列宁格勒军区地面力量序列：

独立近卫塞瓦斯托波尔—拉脱维亚摩步第25旅（弗拉基米尔拉格尔），装备MT-LBV

近卫红谢洛摩步第138旅（卡缅卡），装备MT-LBV（原近卫摩步第45师）

独立佩琴加摩步第200旅（佩琴加），装备MT-LBV

第216储备基地（独立摩步第4旅）（彼得罗扎沃茨克）

独立特种第2旅（切列克哈）

近卫红谢洛第56军区培训中心

导弹和炮兵单位：

涅曼导弹第26旅（卢加）

近卫凯尔采—柏林炮兵第9旅（卢加）

第7014炮兵储备基地（卢加）

防空单位：

防空导弹第5旅，装备9K37导弹

第1013防空中心

工兵单位：

近卫金吉谢普工兵第140团（凯尔洛福谢沃洛日斯基）

第7022工兵储备基地

NBC三防部队：

独立NBC第10营（谢尔托洛沃）

通信部队：

荣获苏联50周年纪念勋章的（通信枢纽）通信第95旅

康斯坦丁斯卡亚野战通信第132旅

第60通信中心

独立第1269电子战中心

独立（后方）通信第140营

列宁格勒军区历任司令：

K.S.叶列梅耶夫（1918年）

V.P.波泽思（1918—1919年）

D.M.阿夫罗夫（1920—1921年）

A.I.叶戈罗夫（1921年）

V.M.吉季斯（1921—1925年）

第十章 第二次世界大战后的苏俄战区、军区、驻外集群沿革

V. M. 沙波什尼科夫（1925—1927 年）

A. I. 科尔克（1927—1928 年）

M. H. 图哈切夫斯基（1928—1931 年）

K. P. 别洛夫一级集团军级（1931—1935 年）

V. M. 沙波什尼科夫一级集团军级（1935—1937 年）

P. E. 德边科二级集团军级（1937—1938 年）

M. S. 霍津军级（1938—1939 年）

K. A. 梅列茨科夫二级集团军级（1939—1940 年）

S. K. 铁木辛哥元帅（1940 年）

M. P. 基尔波诺斯中将（1940—1941 年）

M. M. 波波夫中将（1941 年）

列昂纳德·亚历山德罗维奇·戈沃罗夫苏联元帅（1945 年 7 月 9 日—1946 年 4 月 27 日）

德米特里·尼古拉耶维奇·古谢夫上将（1946 年 4 月 27 日—1949 年 9 月 26 日）

亚历山大·亚历山德罗维奇·卢钦斯基上将（1949 年 9 月 26 日—1953 年 4 月 21 日）

马特维·瓦西里耶维奇·扎哈罗夫大将（1953 年 4 月 21 日—1957 年 11 月 16 日）

尼古拉·伊万诺维奇·克雷洛夫上将（1958 年晋升大将，1962 年晋升元帅）（1957 年 11 月 26 日—1960 年 10 月 26 日）

米哈伊·伊里奇·卡扎科夫大将（1960 年 10 月 26 日—1965 年 10 月 30 日）

谢尔盖·列昂尼德耶维奇·索科洛夫上将（1965 年 10 月 30 日—1967 年 5 月 7 日）

伊万·伊戈尔罗维奇·沙夫罗夫上将（1967 年 5 月 7 日—1973 年 1 月 30 日）

阿纳托利·伊万诺维奇·格里布科夫上将（1973 年 1 月 30 日—1976 年 9 月 27 日）

米哈伊·伊万诺维奇·索罗金中将（1976 年 10 月晋升上将，1981 年 11 月 2 日晋升大将）（1976 年 9 月 27 日—1981 年 10 月 30 日）

鲍里斯·瓦西里耶维奇·斯涅特科夫上将（1986 年 5 月 7 日晋升大将）（1981 年 10 月 30 日—1987 年 11 月 26 日）

维克托·费奥多罗维奇·叶尔马科夫中将、上将（1987 年 11 月 26 日—1990 年 7 月 5 日）

弗拉基米尔·尼古拉耶维奇·萨姆索诺夫中将、上将（1990 年 7 月 5 日—1991 年 12 月 6 日）

谢尔盖·帕夫洛维奇·谢尔泽涅夫中将、上将（1991年12月7日—1996年12月17日）

瓦连京·谢尔盖耶维奇·鲍布雷舍夫上将、大将（1996年12月17日任军区代理司令，1997年3月4日正式任职，到2005年3月9日）

伊戈尔·叶夫盖尼耶维奇·普扎诺夫上将（2005年12月12日晋升大将）（2005年3月9日—2007年12月11日）

瓦列里·瓦西里耶维奇·格拉西莫夫上将（2007年12月11日—2009年2月5日）

尼古拉·瓦西里耶维奇·波格丹诺夫斯基中将（2009年3月23日—2010年10月）

北部军区(СевВО，SevVO)

[简史]

1951—1960年的一个军区。1951年7月，白海军区（1944年12月15日从阿尔汉格尔斯克军区分拆成立，总部设在凯姆，并从1946年1月迁彼得罗扎沃茨克，原址留驻第14集团军机关）改称北部军区，统率机关驻彼得罗扎沃茨克。辖区包括卡累利阿—芬兰苏维埃社会主义共和国（1950年起为卡累利阿苏维埃社会主义自治共和国）和摩尔曼斯克州。到1952年3月30日前辖步兵第31军（后改第6集团军）。

1956年4月，阿尔汉格尔斯克军区（总部驻阿尔汉格尔斯克，1946年1月24日在从德国撤回的突击第2集团军机关的基础上组建）解散，阿尔汉格尔斯克、沃洛格达2州和科米苏维埃社会主义自治共和国又划归北部军区。1960年3月18日根据国防部长训令，军区及其统率机关撤销（1960年7月23日在其基础上成立第6集团军），所辖阿尔汉格尔斯克、沃洛格达、摩尔曼斯克3州和卡累利阿苏维埃社会主义自治共和国划归列宁格勒军区，科米苏维埃社会主义自治共和国则划归乌拉尔军区。

北部军区历任司令：

基里尔·阿法纳西耶维奇·梅列茨科夫元帅（1951年6月29日—1954年5月）

弗拉基米尔·雅科夫列维奇·科尔帕克奇上将（1954年5月—1956年4月4日）

安德烈·特罗菲莫维奇·斯图琴科上将（1956年4月4日—1960年3月18日）

阿尔汉格尔斯克军区(АрхВО，ArhVO，ArkhVO)

[简史]

1940年3月在第15集团军统率机关基础上组建,辖阿尔汉格尔斯克与沃洛格达2州和科米苏维埃社会主义自治共和国,统率机关驻阿尔汉格尔斯克市。苏德战争中,军区曾为作战部队训练了大量预备兵员。1944年12月15日,军区统率机关更名白海军区统率机关,驻凯姆市。辖区增加摩尔曼斯克州、卡累利阿共和国、涅涅茨民族自治区。

1946年2月,阿尔汉格尔斯克军区在突击第2集团军野战统率机关基础上重建。辖区为阿尔汉格尔斯克与沃洛格达2州和科米苏维埃社会主义自治共和国、涅涅茨民族自治区。1951年7月1日,军区改称白海军区。

阿尔汉格尔斯克军区历任司令:

弗拉基米尔·尼古拉耶维奇·库尔久莫夫二级集团军级(1940年3月26日—1940年4月)

弗拉基米尔·雅科夫列维奇·卡恰洛夫中将(1940年4月—1941年6月)

安德烈·伊万诺维奇·泽兰采夫少将(1941年6月27日—7月5日)

弗拉基米尔·扎哈罗维奇·罗曼诺夫斯基中将(1941年7月—1942年3月)

特里佛·伊万诺维奇·舍瓦尔金中将(1942年3月—1944年12月)

弗拉基米尔·扎克哈罗维奇·罗曼诺夫斯基上将(1946年2月25日—1946年1月29日)

伊万·伊万诺维奇·费久宁斯基上将(1946年1月29日—1947年3月)

弗拉基米尔·伊万诺维奇·谢尔巴科夫中将(1947年3月—1949年5月19日)

瓦列里乌斯·亚历山大罗维奇·弗罗洛夫上将(1949年5月—1951年6月29日)

白海军区(БелВО,BelVO)
[简史]
根据列宁签署的人民委员会命令于1918年5月4日组建。当时辖阿尔汉格尔斯克、奥洛涅茨、沃洛格达3省,白海诸岛和北冰洋的部分岛屿。统率机关在阿尔汉格尔斯克市。基本任务是为作战部队训练预备兵员。因英法美武装干涉者入侵苏维埃共和国北部而于8月15日撤销。辖区划归彼得格勒、雅罗斯拉夫尔和乌拉尔诸军区,统率机关人员编入屏障军东北防区和雅罗斯拉夫尔军区。

北极地区从德国侵略军手中解放后,1944年12月15日,阿尔汉格尔斯克军区(建于1940年3月)改名白海军区。辖区起初只包括阿尔汉格尔斯克、沃洛格达2州和科米苏维埃社会主义自治共和国,后摩尔曼斯克、佩琴加2州和卡累利阿芬兰苏维埃社会主义共和国也划该军区,军区统率机关驻凯姆市,1946年3月迁至彼得罗扎沃茨克市。军区编成包括第14集团军和一些较大的部队。白海军区协同北方舰队执行苏联北部边界的防御任务。1946年2月从军区中划出阿尔汉格尔斯克军区,白海军区只辖摩尔曼斯克州、卡累利阿共和国。1951年6月29日军区改名北部军区,阿尔汉格尔斯克军区改名白海军区。新的白海军区(统率机关在阿尔汉格尔斯克市)于1956年4月撤销改第44军,所部编入北部军区。

白海军区历任司令:

费多尔·叶夫拉姆别维奇·奥戈罗德尼科夫(1918年5月26日—8月15日)

布罗尼斯拉夫·伊格纳捷维奇·克拉耶夫斯基(1920年4月9日—1920年8月27日)

G.S.杜德尼克夫(1920年8月28日—1920年9月18日)

M.希波夫(1920年9月19日—1920年11月10日)

谢尔盖·彼得罗维奇·纳特萨列努斯(1920年11月—1921年4月)

特罗菲姆·伊万诺维奇·舍瓦尔金中将(1944年12月—1945年7月)

瓦列里·亚历山大罗维奇·弗罗洛夫上将(1945年7月9日—1948年5月)

米哈伊·斯捷潘诺维奇·舒米洛夫上将(1948年5月—1949年6月)

基里尔·阿法纳西耶维奇·梅列茨科夫苏联元帅(1949年6月—1951年6月29日)

瓦列里·亚历克赛德罗维奇·弗罗洛夫上将(1951年6月29日—1956年4月19日)

2. 波罗的海沿岸军区(ПрибВО,PribVO)

全称:红旗波罗的海沿岸军区

[简史]

遵照苏联国防人民委员1940年7月11日命令组建波罗的海沿岸军区,辖区包括拉脱维亚、立陶宛2个苏维埃社会主义共和国、加里宁州西部地区和爱沙尼亚苏维埃社会主义共和国(1940年8月17日起)。波罗的海沿岸军区统率机关在加里宁军区统率机关基础上组建。根据苏联国防人民委员1940年8月17日命令,军区改称波罗的海沿岸特别军区。

波罗的海沿岸军区是在第二次世界大战已经爆发和苏联面临法西斯德国侵略威

第十章 第二次世界大战后的苏俄战区、军区、驻外集群沿革

胁这种复杂军事政治形势下组建的。1940年年中,拉脱维亚、立陶宛和爱沙尼亚宣告成立苏维埃政权并申请加入苏维埃社会主义共和国联盟。苏联最高苏维埃第七次非常会议批准了上述申请。在此情况下,于波罗的海沿岸组建军区,实为保卫苏联西北部陆海边疆和保卫波罗的海沿岸年轻苏

▲ 波罗的海沿岸军区司令A.D.罗季奥诺夫上将在里加阅兵,1940年11月7日。

维埃共和国的安全所必需。波罗的海沿岸特别军区具有重大战略意义。该军区驻军担任海防并负责掩护由东普鲁士至列宁格勒和莫斯科的极为重要的陆地方向,这就消除了利用波罗的海沿岸作为进攻苏联的有利前进基地的威胁,加大了德国法西斯军队可能的战略展开线与苏联重要工业和行政中心之间的距离,同时为波罗的海沿岸特别军区与红旗波罗的海舰队密切协同创造了条件。1940年8月,军区编有第8和第11集团军,驻有拉脱维亚、立陶宛、爱沙尼亚人民军,1940年9月改编为民族地方步兵军(爱沙尼亚第22军、拉脱维亚第24军、立陶宛步兵第29军),亦编入波罗的海沿岸特别军区。1940—1941年,波罗的海沿岸特别军区进行了大量的组织动员工作,组建新部队(2个机械化军和其他部队),成立了各共和国兵役委员会和地方各级兵役局。

1941年5月开始组建第27集团军野战统率机关,但直到苏德战争爆发前夕,这些新部队并未齐装满员。当年2月起,军区采取一系列措施进行战区准备,特别是工事构筑。军区部队和各级司令部加紧实施战斗、战役和政治训练。党政工作旨在提高全体人员思想理论方面的修养,增强战斗训练的素质和巩固军人纪律。当年初夏,国际形势急剧紧张,据侦察获悉德国法西斯军队已在与苏联毗邻的东普鲁士集结,这时军区军事委员会于6月14日批准军区某些师和独立部队向边境地带调整部署的计划,18日,给所部下达了关于进入高级战备的训令。截至6月22日,波罗的海沿岸特别军区辖第8、11、27集团军,6个步兵军、1个空降军(空降第5军)、2个机械化军和6个筑垒地域。军区奉命以第8、第11和第27集团军协同红旗波罗的海舰队掩护哈普沙直至帕兰加波罗的海沿岸地区和立陶宛苏维埃社会主义共和国的陆地边界,主力集中用于防守与旧东普鲁士毗邻的300公里宽的一段陆界。苏德战争爆发后,波罗的海沿岸特别军区改编为西北方面军。

历任司令：

亚历山大·德米特里耶维奇·罗季奥诺夫上将（1940年6月—12月）

费奥多尔·伊斯多罗维奇·库兹涅佐夫上将（1940年12月—1941年6月）

遵照苏联国防人民委员1945年7月9日命令，波罗的海沿岸军区复建，辖区包括拉脱维亚和立陶宛2个苏维埃社会主义共和国，统率机关在泽姆兰集群（前波罗的海第一方面军）野战统率机关基础上组建，统率机关驻里加。编入军区的均系苏德战争年代负有盛名并参加收复苏联波罗的海沿岸地区的部队。1946年2月27日，合并了在前东普鲁士加里宁格勒境内部署的特别军区（近卫第11集团军机关基础上组建）。军区隶属总参谋部。唯一的诸兵种合成集团军——近卫第11诸兵种合成集团军部署在加里宁格勒。

1950年代后，唯一的诸兵种合成集团军——近卫第11集团军部署在加里宁格勒。原驻爱沙尼亚地区的近卫坦克第2师编入了列宁格勒军区，只留下因斯特堡坦克第1师驻在加里宁格勒。

列宁格勒军区原属爱沙尼亚苏维埃社会主义共和国的部分防区自1956年1月27日并入波罗的海沿岸军区，自此波罗的海沿岸军区辖拉脱维亚、立陶宛、爱沙尼亚3个苏维埃社会主义共和国和加里宁州，统率机关驻里加，编入近卫步兵第4军（1957年6月25日撤销）和5个师（近卫步兵第8、118师，近卫机械化第36师，机炮第1、2师），原驻爱沙尼亚的近卫第10集团军已于1948年3月撤销。

1956年7月，近卫步兵第118师、机炮第1师撤销。

1956年8月，波罗的海沿岸军区从伊万诺沃调入机械化第71师接替解散的步兵第16师，从基洛夫调入步兵第10军军部编入近卫第11集团军。

1957年6月，波罗的海沿岸军区从莫斯科军区调入重型坦克第24师，驻多贝莱。

1958年9月，机炮第2师改摩步第132师。

1950年代末大裁军，波罗的海沿岸军区撤销了近卫步兵第4

▲ 波罗的海军区司令S.I.波斯特尼科夫上将参加演习。

军、步兵第 10 军和 4 个摩步师（近卫摩步第 5、16、51 师，摩步第 132 师）。

荣获列宁勋章的近卫红旗维捷布斯克摩步第 51 师在 1960 年 5 月 5 日撤销。

在整个战后时期，近卫第 11 集团军辖有近卫坦克第 40 师（前近卫骑兵第 2 军，后近卫机械化第 28 师）和坦克第 1 师，以及近卫摩步第 1、26 师（原步兵师）。

1962 年 4 月，重型坦克第 24 师改坦克第 24 师。

1960 年代，波罗的海军区调出 4 个摩托化步兵师：近卫摩步第 31 师，摩步第 119（265）师调远东，近卫摩步 18 师调捷克斯洛伐克，近卫摩步第 8 师调伏龙芝城。首先是 1964 年 7 月 11 日调出摩步 119（265）师到阿穆尔州，在维尔纽斯新组建摩托化步兵第 107 师；1967 年 2 月 18 日近卫摩步第 8 师调出，在塔林组建摩步第 144 师替代，1967 年 12 月 27 日该师继承了被解散的近卫摩步第 36 师的历史和荣誉。

1965 年，驻波罗的海军区的近卫空降第 7 师、第 44 空降教导师直属空降兵司令部。

1972 年，在摩托化步兵第 107 师摩步第 597 团基础上组建了摩步第 153 师（动员）。

20 世纪七八十年代，波罗的海军区部署了 3 个坦克师、6 个摩步师、1 个炮兵师，其中 2 个坦克师、2 个摩步师隶属近卫第 11 集团军。

战后头几年，军区组织部队、各级司令部和机关转为平时状态，大批老兵复员退伍，部队进行体制改革，恢复和新建军营、车炮场、射击场、机场、坦克教练场等设施。军区部队完成了现地排雷、排除未爆航弹、地雷和其他爆炸物的艰巨任务并组织部队和各级司令部的战斗、战役和政治训练，提高了战斗准备的水准，装备了新式武器和军事技术装备。军区十分重视研究苏德战争的经验。苏联武装力量装备核武器，使军区部队发生了深刻的质的变化。军区组织研究了核武器在战斗和战役中的使用原则，进行了一些实验性和研究性的演习，调整了部队和各级司令部的战斗和战役训练。1960—1980 年代，军区部队参加了许多演习（"第聂伯河""德维纳河"等）并显示出具有战斗准备的高超水准。军区经常开展深入细致的党政工作，促进了各项任务的顺利完成。军区还设有许多军事院校，并为苏军培训了数以千计的技艺高超的专业人才。

波罗的海沿岸军区在巩固国

▲ 驻立陶宛的苏军装甲车，1991 年。

防和武装保卫苏维埃国家的事业中做出了重大贡献，并在军政训练中取得了优异成绩，为此，1974年1月15日苏联最高苏维埃主席团命令授予红旗勋章以资表彰。军区许多部队荣获苏联勋章和苏共中央、苏联最高苏维埃主席团和苏联部长会议颁发的奖旗、列宁诞辰纪念奖状和奖章以及苏联国防部长颁发的"勇敢和军人英勇精神"奖章。

到1980年代，军区总共有大约3个坦克师、6个摩步师和2个空降师（包括教导师）。空中支援由空军第15集团军负责，防空由国土防空第27集团军负责。

1989年，摩步第153师（动员）改第5191存储基地，装备22辆MT-LB和49辆BTR。

1989年12月10日，近卫摩步第3师改海防师，转隶波罗的海舰队，1993年9月1日被解散。

到1990年，该军区共有约17万名士兵、1300辆坦克、1500辆装甲坦克、800门火炮、迫击炮和火箭炮系统、170架武装直升机和运输直升机。

同时，军区编入了部分中东欧撤回的苏军单位，如3个独立空中突击营——空突第901营（A/H11664，阿卢克斯内）、空突第1044营（A/H11259，陶拉盖）、空突第1185营（A/H11665，沃鲁）。第901、1185营后来调其他军区。

同时还有在全军区范围的部队调动。例如，驻爱沙尼亚克罗奥嘉的近卫摩步第144师摩托化步兵第482团调拉脱维亚阿卢克斯内。

1991年9月，波罗的海沿岸军区奉命改编为西北集群，同年11月15日正式更名。

1992年1月27日，俄罗斯接管了集群，到1994年9月从立陶宛、拉脱维亚和爱沙尼亚撤出了所有的俄罗斯军队。1994年9月1日，集群撤销。

俄罗斯正式结束在波罗的海地区的军事存在后，1998年8月31日关闭了拉脱维亚的斯库伦达-1雷达站。在加里宁格勒州的近卫第11集团军后改为波罗的海舰队的地面和海防部队。

1992—1994年撤回到俄罗斯的部队：

- 近卫空降第7师——新罗西斯克
- 摩托化步兵第107师——索尔涅奇诺戈尔斯克（改摩托化步兵第18旅，A/H40961）
- 近卫摩托化步兵第144师——叶利尼亚
- 第54训练中心——弗拉基米尔（改近卫独立摩托化步兵第25旅，A/H29760）
- 空降兵第242训练中心——鄂木斯克
- 防化第6旅——红斯特鲁加
- 独立专线工程第139旅——奥伦堡

第十章 第二次世界大战后的苏俄战区、军区、驻外集群沿革

- 特种无线电第 86 团——加里宁格勒
- 火箭炮第 918 团——下诺夫哥罗德州穆利诺
- 独立第 367 直升机团——谢尔多布斯克
- 独立后方通信第 206 团——泽尔诺格勒
- 独立空突第 901 营——库宾卡
- 独立空突第 1185 营——车里雅宾斯克

和地面部队同时撤回的还有防空第 6 集团军、空军第 15 集团军、波罗的海舰队以及边防部队。

[序列]

1950 年波罗的海军区序列：

坦克第 1 师

近卫步兵第 2 军

近卫步兵第 16 军（近卫步兵第 1、26 师，近卫机械化第 29 师）

近卫步兵第 36 军（近卫步兵第 5、16 师，近卫机械化第 30 师）

1955 年波罗的海军区序列：

近卫第 11 集团军：

坦克第 1 师

近卫步兵第 2、4 军

近卫步兵第 1、5、16、26 师

近卫机械化第 28、29、30 师

近卫空降第 15 军（近卫空降第 76、104 师）

1980 年代末波罗的海军区序列：

近卫第 11 集团军：

坦克第 1 师（加里宁格勒）

近卫摩步第 1 师（加里宁格勒）

近卫摩步第 26 师（古谢夫），1989 年 8 月改第 5190 存储基地

近卫坦克第 40 师（苏维埃茨克）

直属：

近卫摩步第 3 师（克莱佩达），1989 年 12 月改波罗的海舰队海防师

第 54 军区训练中心（前坦克第 24 教导师）（里加），其近卫摩步第 13 团被改编为近卫摩步第 25 旅，调普斯科夫州的弗拉基米尔

摩步第 107 师（维尔纽斯）

近卫摩步第 144 师（塔林），该师辖有亚历山大·马特洛索夫团。

摩步第 153 师（动员）（立陶宛帕布拉德），1989 年 7 月改第 5191 存储基地，1992 年解散

近卫空降第 7 师（考纳斯城）

第 242 空降训练中心（空降训练第 44 师）（约纳瓦）

近卫炮兵第 149 师（加里宁格勒）

空军第 15 集团军，总部设在里加

国土防空军防空第 2 集团军

波罗的海军区历任司令：

伊万·赫里斯托福罗维奇·巴格拉米扬大将（1945 年 7 月 9 日—1954 年 5 月 31 日）

亚历山大·瓦西里耶维奇·戈尔巴托夫上将（1955 年 8 月晋升大将）（1954 年 5 月 31 日—1958 年 4 月 17 日）

帕维尔·伊万诺维奇·巴托夫大将（1958 年 4 月 17 日—1959 年 11 月 17 日）

尤瑟夫·伊拉克列维奇·古萨科夫斯基坦克兵中将（1960 年 5 月晋升上将）（1959 年 11 月 17 日—1963 年 3 月 14 日）

格奥尔基·伊万诺维奇·赫塔古罗夫上将（1968 年 2 月晋升大将）（1963 年 6 月 25 日—1971 年 6 月 8 日）

弗拉基米尔·列昂纳德罗维奇·戈沃罗夫上将（1971 年 6 月 8 日—1972 年 7 月 17 日）

亚历山大·米哈伊洛维奇·马约罗夫上将（1977 年 10 月晋升大将）（1972 年 7 月 17 日—1980 年 8 月 4 日）

斯坦尼西·伊万诺维奇·波斯特尼柯夫上将（1980 年 8 月 4 日—1984 年 1 月 19 日）

阿纳托利·弗拉基米罗维奇·博尔特宁上将（1984 年 1 月 20 日—1987 年 2 月 5 日）

维克托·伊万诺维奇·格里申中将（1987年5月晋升上将）（1987年2月5日—1989年1月5日）

费奥多尔·米哈伊洛维奇·库兹明中将（1989年5月晋升上将）（1989年1月5日—1991年8月25日）

叶甫根尼·瓦西里列维奇·舒瓦洛夫上将（1991年8月25日—1991年11月）

特别军区(ОБО，ОВО，OsVO)

[简史]

粉碎法西斯德国后于1945年7月9日在原东普鲁士北部地区组建。军区统率机关是在近卫第11集团军野战统率机关基础上组建的,驻柯尼斯堡(加里宁格勒)。1946年2月27日撤销,辖区和部队划归波罗的海沿岸军区建制。司令K.I.加利茨基上将。

3. 白俄罗斯军区（ БВО，BVO）

全称：红旗白俄罗斯军区

[简史]

前身为根据共和国革命军事委员会1918年11月28日命令成立的明斯克军区。当时辖明斯克、斯摩棱斯克、维捷布斯克、莫吉廖夫4省,统率机关驻斯摩棱斯克市,12月14日改称西部军区。德国军队被赶出白俄罗斯后,西部军区统率机关(1920年11月前其职能由区兵役委员会履行), 在动员人力物力与白卫军和资产阶级民族主义分子斗争方面做了大量工作。军区为西方面军组建和训练了许多部队。1919年8月,军区兵役委员会隶属西方面军革命军事委员会,积极参加了组织抗击波兰地主资产阶级军队并将之赶出白俄罗斯领土的斗争。1920年11月21日军事行动结束后,西方面军行使西部军区机关职能,1924年4月改为西部军区,司令部驻斯摩棱斯克。

1926年10月西部军区改称白俄罗斯军区,辖区包括白俄罗斯苏维埃社会主义共和国的领土,俄联邦的西部(包括斯摩棱斯克州、布良斯克州、卡卢加州一部)。白俄罗斯军区在国民经济恢复时期除担负守卫西部边境任务外,还大力协助苏维埃政权机关组织广大劳动群众克服经济困难,恢复破坏状态,整顿白俄罗斯苏维埃社会主义共和国的工农业。头几个五年计划期间,军区部队装备了新式武器和军事技术装备,大大提高了部队的火力和突击力。1932年调入朱可夫指挥的以伏罗希洛夫命名的红旗列宁格勒骑兵第4师。在1932年至1933年,发展装甲部队,组建了7个独立坦克旅(1932年夏组建了 3 个独立坦克旅，1933 年又组建了 4 个坦克旅（包括 1 个重型坦克旅），装备有苏制轻型坦克T-24、T-26，中型坦克T-28，快速坦克BT-2、BT-5，两栖坦克T-37，重型坦克T-35、T-27。军区空军也得到进一步发展：1937 年扩编了数个航空兵旅，组建了 1 个轰炸航空兵军。1933 年还组建了军区第 1 个防空旅，建立了新兵种——空降部队。此外还开工构筑波洛茨克、明斯克和波列斯克 3 个筑垒地域。1937 年，军区部署了 15 个步兵师（划分为 5 个步兵军）和 5 个骑兵师。

军区从 1925 年起每年都举行大规模军事演习，因此这里成了苏军的一个试验基地。1928 年首次举行军区级演习，由伏罗希洛夫担任总导演，参加演习的有骑兵第 6、7 师，步兵第 5、8、27 师，民兵第 33 师，莫斯科军区的 1 个坦克旅，炮兵，航空兵，通信和工兵单位。1930 年代常在此检验部队的组织体制，演练新的战术和战斗方法。军区积累的使用首批机械化部队的经验成为进一步研究运用机械化部队理论和实践的基础。1936 年的秋季大演习最富典型性，它表明 1936 年工农红军暂行野战条令中具体反映的纵深战斗和战役理论在当时来说是先进可行的。

1938 年 7 月 26 日，白俄罗斯军区改名白俄罗斯特别军区，增加了部队数量，迅速更新了武器和军事技术装备。1940—1941 年开始组建 6 个机械化军（战争开始时仅 1 个军齐装满员）和 3 个反坦克炮兵旅，高炮部队也换装了新式技术装备。

1939 年法西斯德国侵犯波兰后，白俄罗斯特别军区部队参加了白俄罗斯西部地区的解放进军。10 月 11 日军区改编为白俄罗斯方面军，11 月 14 日又改为白俄罗斯特别军区，辖区包括归并后的西部诸州在内的白俄罗斯全境，司令部移驻明斯克市，主要兵力移防新的西部边界附近。当时需要在短期内组织好国境防御，在新驻地部署部队，搞好部队的战斗训练并继续组建新部队，进行战区准备工作，拟制战争动员计划。1940 年 7 月 12 日，白俄罗斯特别军区改为西部特别军区，并辖驻斯摩棱斯克州的部队。

苏德战争爆发后，西部特别军区改组为西方面军，同时建立起西部军区统率机关。1941 年 7 月起隶属西方面军司令，9 月撤销。

历任司令：
伊万·雅科夫列维奇·阿利别科夫（1918 年 11 月—1919 年 8 月）
瓦西里·维克多罗维奇·卡门茨科夫（1919 年 8 月—11 月）
米哈伊·谢尔盖耶维奇·博格达诺夫（1919 年 11 月—1920 年 11 月）
亚历山大·伊万诺维奇·库克（代理，1924 年 4 月）

阿福古斯特·伊万诺维奇·科尔克（1924年4月—1925年2月）
米哈伊·尼古拉耶维奇·图哈切夫斯基（1925年2月7日—1925年11月13日）
阿福古斯特·伊万诺维奇·科尔克（1925年11月—1927年5月）
亚历山大·伊里奇·叶戈罗夫（1927年5月—1931年4月）
扎纳·弗兰采维奇·佐姆别尔格（代理，1931年2—4月）
叶罗尼姆·彼得罗维奇·乌博列维奇一级集团军级（1931年4月—1937年6月）
伊万·帕夫洛维奇·别洛夫一级集团军级（1937年6—12月）
米哈伊·普罗科菲耶维奇·科瓦廖夫二级集团军级（1938年4月—1940年7月）
德米特里·格里戈里耶维奇·巴甫洛夫大将（1940年7月—1941年6月）
弗拉基米尔·尼古拉耶维奇·库尔久莫夫中将（1941年6月—8月）
尼古拉·帕夫洛维奇·阿尼西莫夫上校（代理，1941年8月—9月）

白俄罗斯军区(II)

[简史]

1943年10月以莫斯科防区统率机关为基础，于斯摩棱斯克市（1944年8月起移驻明斯克市）组建了新的白俄罗斯军区统率机关，辖区包括斯摩棱斯克州和在战斗中逐渐解放的前西部特别军区辖区。1944年7月，立陶宛苏维埃社会主义共和国临时划入白俄罗斯军区，军区遂于1945年1月改称白俄罗斯—立陶宛军区，7月9日分为明斯克和巴拉诺维奇军区。白俄罗斯—立陶宛军区统率机关（和第3集团军机关）变成明斯克军区(MinVO)统率机关（司令V.N.拉祖瓦耶夫中将），巴拉诺维奇军区(BarVO)统率机关以白俄罗斯第三方面军野战统率机关为基础组建（司令部驻博布鲁伊斯克市）。辖区为巴拉诺维奇州、布列斯特州、格罗德诺州、平斯克州、博布鲁伊斯克州、波里希州、戈梅利州。

根据总参谋部1946年1月26日命令，1946年2月4日巴拉诺维奇和明斯克军区又合并为白俄罗斯军区（БВО、BVO），统辖全境，统率机关由巴拉诺维奇军区组建。司令部驻博布鲁伊斯克市，辖区为巴拉诺维奇州（1954年1月并入布列斯特州）、布列斯特州、格罗德诺州、平斯克州（1954年1月并入布列斯特州）、博布鲁伊斯克州（1954年1月并入莫吉廖夫州）、波列斯卡亚州（1954年1月并入戈梅尔州）、戈梅尔州，1947年1月司令部移驻明斯克市。

1945—1946年，明斯克军区、巴拉诺维奇军区编入了5个机械化师：

机械化第 11 师（原骑兵第 30 师）从喀尔巴阡军区萨姆博拉调回普霍维奇；

机械化第 12 师（原骑兵第 63 师）从南部集群普洛耶什蒂撤回奥西波维奇；

机械化第 13 师（原骑兵第 8 师）从喀尔巴阡军区杜布纳调回鲍里索夫；

近卫机械化第 12 师（原近卫骑兵第 15 师）从喀尔巴阡军区斯坦尼斯拉夫调回拉比奇（自 1946 年 1 月调布列斯特）；

近卫机械化第 15 师（原近卫步兵第 6 师）从捷克斯洛伐克撤回佩奇。

1946 年春，白俄罗斯军区接收了原中部集群的 3 个近卫步兵师：近卫步兵第 69 师（波斯塔维）、第 103 师（维捷布斯克）和第 114 师（波洛茨克）。在这种情况下，1946 年 6 月，近卫步兵第 103 和第 114 师改编为空降师（随后编入近卫空降第 8 军）。

1946 年 7 月—1947 年 3 月，军区短时间恢复了第 3 集团军，驻斯卢茨克。

经过裁减，1946 年秋，白俄罗斯军区辖 16 个师（2 个坦克师、6 个机械化师、8 个步兵师），以及近卫空降第 8 军（2 个空降师）。

1947 年，驻白俄罗斯东部的部队继续进行裁减。第 3 集团军、近卫步兵第 3 军军部、机械化第 11、13 师、步兵第 61、129 师撤销。

1948 年，北方集群的独立坦克第 7 师（原机械化第 7 集团军）撤回白俄罗斯东部，1950 年恢复机械化第 7 集团军。

1950 年代末，白俄罗斯军区撤销了重型坦克第 5 师、近卫坦克第 45 师、近卫摩步第 48 师。

战后，白俄罗斯军区和整个苏联武装力量一样，不断改进战斗、战役中指挥部队的方式方法和全体人员进行野外、空中、专业、射击与战术训练的组织形式。"第聂伯河"（1967 年）和"德维纳河"（1970 年）、"西方 81"大演习对部队和司令部都是严格检验。演习中军区部队充分显示了在"使用"核武器和常规武器情况下完成各种繁难任务的技能。

根据国防部 1949 年 1 月 10 日命令，1949 年 2 月中旬在军区组建了空军第 1 集团军，后改名空军第 26 集团军，隶属白俄罗斯军区。1962 年空军第 26 集团军下辖歼击航空兵第 95 师（格罗德诺州休钦）、近卫歼击轰炸航空兵第 1 师（格罗德诺州利达），以及 3 个独立小单位：独立侦察航空兵第 10 团（格罗德诺州休钦）、独立混成航空兵第 248 大队（明斯克州明斯克市利普基）和独立混合航空兵第 95 大队（格罗德诺州格罗德诺）。1980 年 4 月 26 日，空军第 26 集团军更名为白俄罗斯军区空军。1988 年 5 月，再次更名为空军第 26 集团军。1988 年歼击航空兵第 95 师被解散。

第十章 第二次世界大战后的苏俄战区、军区、驻外集群沿革

为表彰白俄罗斯军区在巩固国防和武装保卫苏维埃国家的事业中做出的重大贡献和在军政训练中取得的成绩，1968年2月22日苏军建军50周年之际，苏联最高苏维埃主席团命令授予红旗勋章。

从20世纪50年代初起军区辖3个集团军：第28集团军，近卫坦克第5集团军和坦克第7集团军，辖9个坦克师和2个摩步师，包括训练单位。

1984年，白俄罗斯军区在行政上转隶西方向总司令。辖3个集团军：第28集团军、近卫坦克第5集团军、坦克第7集团军（只辖9个坦克师，2个摩步师），

空中支援由空军第26集团军负责。1980年代末时编有：近卫轰炸航空兵第1师和歼击航空兵第59师师部，以及7个团：侦察航空兵第10团、强击航空兵第206团、轰炸航空兵第305团、歼击轰炸航空兵第911团、歼击航空兵第927、968、979团。

近卫空降第103师（维捷布斯克）于1979—1989年在阿富汗作战，撤回时编入了空突第378团和混成第50团，以及直升机第181团。

此外，在比克哈部署了波罗的海舰队海军航空兵第57师（师部、近卫第170和第240团，其第12团部署在列宁格勒军区），在博布鲁伊斯克驻有空军第46集团军近卫重型轰炸航空兵第22师（辖近卫第200团和第260团），在维捷布斯克驻有近卫军用运输航空兵第3师（辖近卫第110、235、334、339团）。

空防由国土防空第2集团军（司令部设在明斯克）负责，部署在白俄罗斯军区的只有防空第11军（军部设在明斯克），下辖2个歼击航空兵团（第61、201团）、5个防空导弹旅（第15、105、115、127、147旅）、2个防空导弹团（第377、1146团）、2个雷达旅（第8和第67旅）。

部署在BVO的还有红旗导弹第50集团军（总部设在斯摩棱斯克）的一些导弹师：近卫第31、33、49师，第32师。

1989年底，白俄罗斯军区兵力大约24万，装备2200辆坦克、1800辆装甲输送车和步兵战车、900门火炮、迫击炮和多管火箭炮、360架直升机，并开始编入从东欧撤回的部队：

- 斯洛尼姆——近卫坦克11师（不含近卫坦克第44团）
- 扎斯洛诺沃——近卫机械化19旅
- 滨海戈尔卡——近卫摩步30师（不含防空导弹144团）
- 奥西波维奇——导弹第22、27旅
- 明斯克——独立近卫通信第127旅，汽运第65旅

1991年，白俄罗斯军区兵力25万人，其中陆军13万人，10个师；空军4万人，防空3万人。

1992年1月11日，白俄罗斯宣布接管了境内原苏军所有常规力量。5月6日决定撤销白俄罗斯军区，部队转隶白俄罗斯国防部。

[序列]
1945年夏巴拉诺维奇军区序列：
第28集团军
近卫坦克第5集团军

1947年1月1日白俄罗斯军区序列：
第28集团军（格罗德诺），辖2个军：
近卫步兵第9军（步兵第20军），辖近卫步兵第48师、近卫步兵第55师（普霍维奇，即滨海戈尔卡），机械化第8师（前机械化第8军，鲍里索夫）
步兵第41军（明斯克），辖近卫步兵第37旅（近卫步兵第69师，波斯塔维），步兵第129师，机械化第13师（前骑兵第8师，鲍里索夫）
第3集团军（斯卢茨克），辖2个军：
步兵第128军（布列斯特），辖步兵第61师，近卫步兵第50师（布列斯特），近卫机械化第12师（前近卫骑兵第15师，布列斯特）
近卫步兵第3军，辖近卫步兵第120师（明斯克），机械化第11师（前骑兵第30师，普霍维奇）
近卫机械化第5集团军（近卫坦克第5集团军）（博布鲁伊斯克），辖：
坦克第29师（坦克第29军）（斯卢茨克）
近卫坦克第8师（近卫坦克第8军）（奥西波维奇）
机械化第12师（骑兵第63师）（奥西波维奇）
近卫机械化第15师（近卫步兵第6师）（佩奇）

1989年初白俄罗斯军区序列：
第28集团军（格罗德诺），后改白俄罗斯第28军，2001年12月21日改西部军区
近卫坦克第6师（格罗德诺），1994年改近卫摩步第6旅

坦克第28师（斯洛尼姆），前机械化第8军，1990年6月1日改第6314存储基地，1992—1993年改第28基地，移防巴拉诺维奇

第514训练中心（布列斯特），前坦克第76动员师，1987年12月改，1989年10月改第5356存储基地，1992年3月白俄罗斯接管

近卫摩步第50师（布列斯特），前近卫步兵第50师，1994年改第50旅，后第50基地

近卫坦克第5集团军（博布鲁伊斯克），2001年12月21日撤消，改陆军司令部

近卫坦克第8师（滨海戈尔卡），前近卫坦克第8军，1990年5月改近卫第6297存储基地

坦克第29师（斯卢茨克），前坦克第29军，1990年11月改第29基地，后改第6313存储基地（无重武器），已解散

坦克第193师（博布鲁伊斯克），前步兵第193师，1993年改第193基地，2007年解散

坦克第7集团军（鲍里索夫），前第65集团军，1993年改为白俄罗斯第7军，1994年改第65军，2001年12月21日改白俄罗斯西北军区

近卫坦克第3师（扎斯洛诺沃），前近卫坦克第3军，1989年6月1日改第5357存储基地，1989年11月撤销

近卫坦克第37师（波洛茨克即博罗夫哈），前近卫步兵第37师，1991年改存储基地，1992年改第37基地。

坦克第34师（鲍里索夫），前坦克第10军，1992—1993年改第34基地

直属：

近卫第5军（明斯克乌璐查查），1984年改近卫摩步第120师，1989年恢复近卫摩步第120师，为白俄罗斯近卫摩步第120旅

第231后警师（1989年—1990年9月）

近卫第72训练中心（欧文斯〈斯托韦茨，佩奇〉），前近卫第45坦克训练师，1987年9月改，后改动员机械化旅

近卫炮兵第51师（奥西波维奇），1972年组建

炮兵第70师（动员）（明斯克州斯塔耶多罗吉），1983年组建，1989年10月1日撤销

炮兵第80师（动员）（克鲁普基），1984年组建，1989年10月改第1533炮兵存储

基地

白俄罗斯军区（巴拉诺维奇军区）历任司令：

弗塞沃洛德·费奥多罗维奇·雅科夫列夫中将（1943年—1945年2月）

特里弗·伊万诺维奇·舍瓦尔金中将（1945年2月—1945年7月8日）

谢苗·康斯坦丁诺维奇·铁木辛哥元帅（1945年7月9日—1946年6月7日）

谢尔盖·格奥尔基耶维奇·特罗菲缅科上将（1946年6月—1949年3月）

谢苗·康斯坦丁诺维奇·铁木辛哥元帅（1949年3月—1960年4月18日）

弗拉基米尔·尼古拉耶维奇·科马罗夫上将（1960年4月18日—1961年7月22日）

瓦连京·安东诺维奇·佩尼科夫斯基大将（1961年7月22日—1964年7月10日）

谢尔盖·斯捷潘诺维奇·马里亚欣上将（1964年7月10日—1967年9月21日）

伊万·莫西耶维奇·特列季亚克上将（1967年9月21日—1976年5月28日）

米哈伊·米特罗凡诺维奇·扎伊采夫中将（1976年11月晋升上将）（1976年5月28日—1980年11月25日）

叶甫根尼·菲利普波维奇·伊万诺夫斯基大将（1980年11月25日—1985年2月5日）

弗拉基米尔·米哈伊洛维奇·舒拉廖夫上将（1985年2月5日—1989年1月19日）

阿纳托利·伊万诺维奇·科斯坚科上将（1989年1月—1992年5月6日）

明斯克军区(МинВО，MinVO)

1945年7月8日，白俄罗斯—立陶宛军区统率机关和第3集团军机关合建明斯克军区统率机关，辖区为明斯克州、波洛茨克州（1954年1月并入维捷布斯克州）、莫洛杰奇诺州（1954年1月并入明斯克、格罗德诺州）、维捷布斯克州、莫吉廖夫州，1946年1月26日撤销。

1945年夏明斯克军区序列：

步兵第35军（莫吉廖夫），辖3个师：步兵第250师（鲍里索夫）、步兵第290师（乔瑟）、步兵第348师（莫吉廖夫）

步兵第40军（维捷布斯克），辖3个师：步兵第5师（维捷布斯克）、步兵第129师（波洛茨克）、步兵第169师（列佩利）

步兵第 41 军（明斯克），辖 3 个师：近卫步兵第 120 师（明斯克）、步兵第 269 师（马拉泽奇纳）、步兵第 283 师（克鲁姆纳斯）

历任司令：

弗拉基米尔·尼古拉耶维奇·拉祖瓦耶夫中将（1945 年 7 月 9 日—1946 年 1 月 26 日）

4. 莫斯科军区（ＭＢＯ，MVO、CVM）

全称：荣获列宁勋章的莫斯科军区

[简史]

根据人民委员会 1918 年 5 月 4 日法令组建莫斯科军区，当时辖维捷布斯克、卡卢加、莫吉廖夫、莫斯科、梁赞、斯摩棱斯克、坦波夫、图拉诸省，尔后辖区有变动。1945 年夏组建了沃罗涅日军区（奥廖尔军区和第 6 集团军机关组建，其中包括沃罗涅日、库尔斯克、奥廖尔和坦波夫州）、高尔基军区（第 49 集团军机关的基础上组建，辖区高尔基、伊万诺沃、科斯特罗马州和莫尔多瓦ASSR）和斯摩棱斯克军区（第 33 集团军改建，辖区包括大卢基、布良斯克、卡卢加和斯摩棱斯克）。原莫斯科军区的 5 个州（加里宁、弗拉基米尔、莫斯科、梁赞、雅罗斯拉夫尔）隶属莫斯科军区。1946 年 8 月，这三个军区解散。然而，1949 年 5 月 28 日复建的高尔基和沃罗涅日军区分别于 1953 年 4 月 23 日、1960 年 8 月 18 日解散，并入莫斯科军区。莫斯科军区辖区包括境内 16 个州市和莫尔多瓦ASSR。1978 年辖莫斯科市和别尔哥罗德、布良斯克、弗拉基米尔、沃罗涅日、高尔基、伊万诺沃、加里宁、卡卢加、科期特罗马、库尔斯克、利佩茨克、莫斯科、奥廖尔、梁赞、斯摩棱斯克、坦波夫、图拉、雅罗斯拉夫尔诸州，统率机关驻莫斯科。

十月革命开始后，旧俄军莫斯科军区（建于 1864 年）的绝大多数部队特别是莫斯科卫戍部队受布尔什维克影响，站在起义人民一边，对苏维埃政权在莫斯科、布良斯克、弗拉基米尔、沃罗涅日、卡卢加、下诺夫哥罗德、奥廖尔、特维尔、雅罗斯拉夫尔及国家中部其他城市取得胜利做出了重大贡献。1917 年 11 月 4 日，根据莫斯科革命军事委员会决定，首次委任了军区苏维埃革命指挥

▲ 莫斯科军区标志。

苏俄陆军 1941-2017

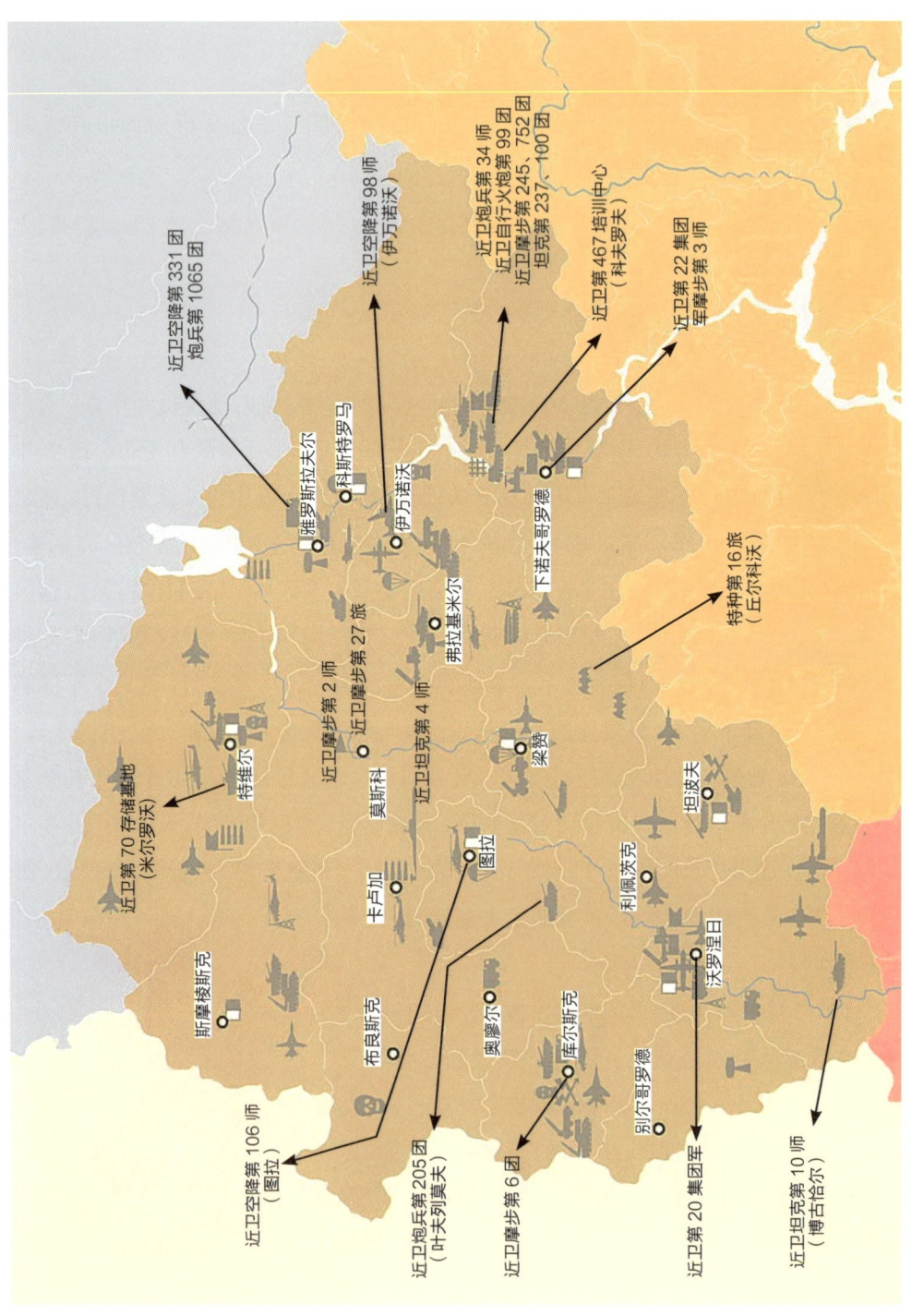

▲ 莫斯科军区兵力部署，2010年。

276

第十章 第二次世界大战后的苏俄战区、军区、驻外集群沿革

▲ 莫斯科军区的BT-7坦克群。

部,由革命军事委员会委员H.I.穆拉洛夫任司令,并向军区各部、局派了布尔什维克政治委员。革命指挥部自成立之日起,即担负了在军区辖区内组建赤卫队、同反革命进行斗争、争取军队民主化、实现指挥人员选举制及在旧俄军队复员时组织清点、保管武器和军用器材的领导工作。1918年2月起,军区开展了创建工农红军部队和支队的工作。新建支队和团队参加了平定卡列金反革命叛乱,抗击同年2月德国军队的进攻。3月11日,以列宁为首的苏维埃政府和联共(布)中央委员会迁往莫斯科(当时已定为苏联首都),之后部队的组建工作更加活跃。自此,军区部队的全部生活和战斗活动都是在列宁的直接领导下进行的。列宁经常关心部队和兵团的组建进度,关心武器、供应及全体人员的政治教育情况。他经常深入部队,在会议和集会上发表演说,同红军战士们交谈。1918—1922年,列宁视察莫斯科卫戍区部队达60余次。国内战争和外国武装干涉时期,军区在战胜国内反革命和外国干涉者联合势力的斗争中发挥了重要作用。1918年7月—1919年9月15日,全区征兵33次,有50余万人参军。共产党员成为新编部队的中坚力量,党员人数占全区部队总人数的10%—12%。在国内战争的英雄史册上,记载着军区部队的许多光辉篇章。拉脱维亚第5步兵团在解放喀山战斗

▲ 2008年5月9日红场阅兵。

中表现了非凡的勇敢和无畏精神,被全俄中央执行委员会在苏联军史上首次授予革命荣誉红旗。1918年,列宁革命第1团、斯摩棱斯克第1步兵团、布良斯克第1步兵团、库尔斯克步兵团、特维尔步兵团和第9气球队的军人们同敌人进行了英勇奋战:在同高尔察克白卫部队作战时,伊万诺沃—沃兹涅先斯克第220团和第2步兵师战功显赫;在抗击邓尼金和弗兰格尔白军的战斗中,第15步兵师、第3师和军区许多其他部队屡建战功;莫斯科第2、8步兵师、图拉第1步兵师、下诺夫哥罗德第17步兵师和沃罗涅日步兵师在与波兰白匪作战中表现得十分英勇顽强;在平定喀琅施塔得叛乱(1921年)、粉碎坦波夫地区安东诺夫匪帮(1920—1921年)和与布哈拉人民苏维埃共和国境内的巴斯马赤匪徒的斗争(1923年)中,军区部队都胜利完成了党和政府赋予的各项任务。

国内战争年代,军区是造就苏维埃军事干部的主要场所。1917年12月,遵照列宁指示,创办了俄国首批军事院校之一——莫斯科第一革命机枪学校,即后来的全俄中央执行委员会学校。为表达对列宁的特殊崇敬和热爱,学校全体人员1922年2月15日选举他为名誉学员,1923年9月又选举他为名誉红色指挥员。曾在法校就学的,有后来成为元帅的S.S.比留佐夫、P.A.罗特米斯特罗夫、K.P.卡扎科夫,成为将军的G.F.扎哈罗夫、A.I.罗季姆采夫以及其他苏联著名军事首长。1958年起,这所著名军校改称莫斯科俄罗斯联邦最高苏维埃高级合成军队指挥学校。1918年10月7日,遵照列宁指示,共和国革命军事委员会下令于莫斯科创办了工农红军总参学院,即后来的伏龙芝军事学院。至1919年,苏维埃共和国的大部分军事院校都设于该军区,其中有27所在莫斯科。1918—1919年,全区军事院校共为国内战争前线培养输送了约1.1万名红色指挥员。军区培训苏军干部的工作受到列宁、Y.M.斯维尔德洛夫、M.I.加里宁、H.I.波德沃伊斯基、E.M.雅罗斯拉夫斯基等人的高度重视。

国内战争后,军区部队复员退伍,人数从1920年底的58万缩减到1923年1月1日的8.5万名。与此同时,采取了完善部队编制的措施,完成了向混合(基干制军和地方民兵制)体制的过渡。至1925年底,军区有9个步兵师改编为地方部队。军区展开了有计划的部队军政训练,经常举行试验演习,检验新式武器、军事技术装备和部队编制,改进作战方法。分队逐渐掌握了集群战斗的战术。对征集流动人员的地方师,也十分重视进行训练。1924年底,军区在统帅部预备队独立坦克连基础上在苏军首建独立第3坦克团,辖2个营(基干营和教导营)。军区部队还在加强党组织、健全党政机构体制、改进党政工作、实现一长制等方面进行了大量工作。在战后国家百废待举的艰难岁月,许多部队积极参与国民经济的恢复工作。在国家头几个五年计划和技术改造时期,军区部队得到并掌握了新式武器和军事技术装备。从1922年至1936年编入第2步兵军,1930年成立了苏联红军中的第一个机械化步兵旅。1930年,军区组建了苏军第一个机械化旅,开始装备T-18、T-26、T-27、BT、T-28坦克以及T-35重坦克。1932年,以该旅为基础建立了机械化军。1930年8月2日在沃罗涅日附近举行的试验示范演习中,为执行战术任务,在世界上首次实施了一个伞兵分队的伞降,这天从此成为苏联空降兵节。此外,军区地方部队逐渐转为基干部队。在国际形势尖锐化和新的世界战争威胁增加的情况下,军区步兵和机械化军进行了扩编,各兵团和部队落实了加强战备的措施。

苏德战争前夕,全区共有4个步兵军和2个机械化军以及许多坦克、炮兵、航空兵和工程兵部队。战争开始后,莫斯科军区步兵军和机械化军编入统帅部大本营预备队,后被派赴加强西方面军和西北方面军。1941年6月25日,以军区统率机关为基础成立了由军区司令I.V.秋列涅夫大将领导的南方面军野战统率机关,同时开始为作战军队组建、训练后备部队。至1941年秋初,本区共组建26个坦克旅、10个步兵师、3个骑兵师、数十支炮兵、航空兵和防空部队,建立了组建近卫火箭炮兵部队的专门中心,短期内向前线输送了28个M-13和M-8火箭炮兵营。在莫斯科组建了16个民兵师,志愿参加者达16万余人。军区机关为这些兵团保障武器、技术装备和弹药,配备指挥干部并组织民兵开展军政训练。民兵师在短期内成为有战斗力的部队,许多在1941年7月中加入了第32、第33和第34集团军编成。1941年7—10月,军区军事委员会在组织构筑莫斯科接近地的防御地区方面做了大量工作。根据国防委员会1941年10月12日决定,为加强首都近接近地的防御,建立了莫斯科防区,所部与西方面军协同作战,参加粉碎首都近接近地德国法西斯侵略者的战斗。1942年春到战争结束,军区一直进行补充和组建新的步兵、炮兵、坦克兵等部队的任务,不间断向作战部队提供武器、技术装备和其他物资器材。仅在军区自行火炮训练中心,组建自行火炮团的数量就经常保持25—30个。库尔斯克会战前,军区加紧组建步兵、坦克兵、炮兵、近卫火箭炮兵、高射炮兵等部队,开赴中央方面军和沃罗涅日方面军。1943年5月,军区组建了苏军第一批最高统帅部预备队强击工程工兵旅。仅1944—1945年,就为前线训练和输送了数十万名战士和指挥员。军区指战员转战波兰和东普鲁士,参加了柏林战役,经历了捷克斯洛伐克、罗马尼亚、南斯拉夫、保加利亚、匈牙利、奥地利和我国东北地区等地的战斗。军区为组建和训练外国军队做了大量工作。1942年12月,在伊万诺沃开始组建法国"诺曼底"航空大队,该大队后来成为闻名的"诺曼底—涅曼"航空兵团。1943年春,组建了波兰第 1"塔德乌什·科斯久什科"师，后又组建了波兰第 2 和第 3 师，1943 年底纳入波兰陆军第 1 军。同年还组建了罗马尼亚"图多尔·弗拉迪米雷斯库"师、捷克斯洛伐克第 1 空降旅和南斯拉夫独立营。这些部队后多数成为创建新型社会主义国家人民军队的基础。随着军区辖区从德国法西斯侵略者手中逐渐解放，开展了清除战争后果,清扫地雷、炸弹和炮弹的工作。仅 1944 年,军区工程兵部队清除危险爆炸物面积就达 2.45 万平方公里,发现、排除和销毁地雷、炮弹和炸弹约 300 万颗。后来该工作的规模更加扩大。在第二次世界大战中,军区组建了 3 个方面军、23 个集团军、128 个师、197 个旅,配齐所有武器和各兵种,一共有大约 450 万人。在 1944 年—1945 年,军区就单独派往前线 120 万士兵。

从 1945 年夏到 1946 年夏,为了监督复员过程,军区又拆分为 4 个军区：莫斯科、沃罗涅日(1949—1960 年)、高尔基(1945—1947 年,1949—1953 年)和斯摩棱斯克军区(自德国撤回的第 33 集团军在 1945 年下半年组建斯摩棱斯克军区机关)。

1946 年夏,原高尔基军区近卫步兵第 37、38 军及各师改编为空降部队,在原高尔基军区辖区编入近卫步兵第 1 军机关。步兵第 265 师从德国撤回伊万诺沃,改编为步兵第 34 旅。

1946 年夏,莫斯科军区除近卫步兵第 2 师、近卫坦克第 4 师外,其他师改旅。近卫步兵第 12、32、33、53、75 师缩编为近卫步兵第 15、5、8、1、17 旅,编入近卫步兵第 13 军(驻从斯摩棱斯克军区并入的卡卢加州)。

1946 年底从德国撤回近卫机械化第 22、23 师,机械化第 15、16、17 师,到 1947 年这些师均解散。

1947 年 4 月,近卫步兵第 17 旅调梁赞,1948 年秋又调哈尔科夫州。

到 1947 年,莫斯科军区辖 5 个军、7 个师(1 个坦克师、1 个步兵师、3 个机械化师、2 个空降师)、15 个独立旅。到 1947 年 5 月,撤销了近卫步兵第 8、21 旅,步兵第 7、28、35 旅,近卫步兵第 3 旅调北高加索军区。

1956 年,近卫步兵第 1、11 军撤销。

1957 年春后,莫斯科军区部队进行整编。

1960 年 4 月 23 日,近卫摩步第 62 师改为训练师。

1960 年代末,近卫摩步第 32、38 师,摩步第 272 师调往中国边境地区。为接替摩步第 272 师,组建了摩步第 245 师,该师于 1969 年 2 月调后贝加尔军区后,又组建了摩步第 196 师。

1970 年,近卫摩步第 32 师归建。

苏德战争后,莫斯科军区在部队中开展了提高战备、技术装备和军政训练水平的工作,建立了新的训练设备和器材基地。军区每年举行冬种演习,训练部队在使用现代兵器条件下的作战。

1970 年,军区司令部和部队参加了"德维纳河"大演习,1981 年 9 月参加了"西方-81"战略级实兵演习。部队的战斗训练主要在于提高野战和空战素养,改进指挥员和各级司令部指挥部队的工作作风和方法。军事委员会、政治部、指挥员、政治机关和党组织进行的积极、目的明确的党政工作,是军区部队顺利完成军政训练任务的坚实思想政治基础。军区还广泛开展社会主义竞赛。军区倡导的一系列爱国主义创举在全军得到推广,其中有"给坦克第二次生命""二年服役,终生战备""让每个军人获得高超的技术知识""目标—优秀分队"等。

军区许多部队和军事院校因在军政训练庆祝十月社会主义革命胜利 50 周年的社会主义竞赛中取得成绩荣获苏共中央、苏联最高苏维埃主席团和苏联部长会议的奖旗,因在纪念列宁诞辰 100 周年的社会主义竞赛中达到高超标荣获列宁奖状。许多部队和军事院校在庆祝苏联成立 50 周年的社会主义竞赛中成为优胜者荣获苏共中央、苏联最高苏维埃主席团和苏联部长会议颁发的纪念奖章。准备和参加莫斯科阅兵式,是军区部队执行的一项光荣而重要的任务。

莫斯科军区为祖国建立的功勋受到党和苏联政府的高度评价。为表彰军区对巩固国防和武装保卫苏维埃国家事业做出的巨大贡献和在军政训练中的成绩,1968 年 2 月 22 日苏军建军 50 周年之际,苏联最高苏维埃主席团命令授予其列宁勋章。

20 世纪 80 年代时,军区直接隶属国防部,辖近卫第 13 军("二战"近卫第 2 集团军一部),作战部队只有 3 个坦克师、1 个空降师和 3 个摩步师。

莫斯科防空区负责军区的防空,辖 4 个军:

• 第 2 军(总部设在勒热夫),辖 4 个歼击航空兵团(近卫第 28,第 28、401、790 团)、6 个防空导弹团(近卫第 242 团,第 47、195、210、713、1281 团)和雷达第 3 旅

• 第 3 军(总部设在雅罗斯拉夫尔),辖 2 个歼击航空兵团(第 415、611 团)、近卫导弹第 79 旅和 7 个防空导弹团(第 48、164、380、474、485、488、1257 团)、雷达第 6 旅和雷达第 66 团

• 第 7 军(总部设在布良斯克),辖 2 个歼击航空兵团(第 191、472 团)、8 个防空导弹团(近卫第 80、493 团,第 108、260、326、559、791、1284 团)和雷达第 41 团

•第 16 军（总部设在高尔基），辖 2 个歼击航空兵团（第 153、786 团）、防空导弹第 72 旅和 4 个防空导弹团（近卫第 371 团，第 291、356、387 团）、雷达第 9 旅和雷达第 65 团

1991 年初时，负责莫斯科卫戍区的红旗特别防空第 1 集团军下辖防空第 86、87、88、89 师，共有 26 个装备 S-300 的防空导弹团和 4 个雷达团。

负责空中支援的空军歼击航空兵第 9 师（总部设在库宾卡）辖 4 个团（不包括训练团）：近卫歼击航空兵第 32、234 团，近卫歼击航空兵第 47 团（又名第 1146 中心），歼击轰炸航空兵第 274 团。

莫斯科军区还驻扎了 VGK 空军第 37 集团军（莫斯科）特种第 8 师（辖第 353、354 团），VGK 空军第 46 集团军（斯摩棱斯克），运输航空兵（BTA）第 12 师（近卫第 196 团，第 8、81、566、978 团）和其他航空兵单位（例如，近卫军事运输航空兵第 103、374 团，飞行学校团和培训中心）。

摩步第 149 师在 1987 年秋改第 1043 训练中心，并于 1989 年秋改第 5346 存储基地。

1989 年秋，近卫摩步第 32 师改近卫第 5210 存储基地，炮兵第 16 师改第 1874 存储基地，炮兵第 17 师改第 1875 存储基地。

1989 年末，莫斯科军区的训练师炮兵第 20 教导师改第 468 训练中心（468-йОУЦ），近卫坦克第 26 教导师改第 467 训练中心（467-гоОУЦ）。

在莫斯科军区驻有战略火箭军导弹第 50 集团军（斯摩棱斯克），近卫红旗导弹第 27 集团军（弗拉基米尔）司令部及近卫导弹第 10、28、54 师。

1990 年时，莫斯科军区共有约 19 万名士兵，装备 1300 辆坦克、1500 辆装甲战斗车辆、600 门火炮、迫击炮和火箭炮系统、120 架武装直升机和运输直升机。

20 世纪 90 年代初，莫斯科军区接收了从德国撤回的近卫坦克第 1 集团军，安置在斯摩棱斯克，下辖近卫坦克第 4 师和近卫摩步第 144 师（叶利尼亚）。但集团军机关在上世纪 90 年代后期和近卫摩步第 144 师一起解散。此外，从德国撤回的近卫第 20 集团军部署在沃罗涅日，近卫摩步第 6 旅部署在库尔斯克。

从东欧撤回的部分部队：

• 特维尔——近卫摩步第 6 师，近卫导弹第 181 旅

• 斯摩棱斯克——坦克第 9 师（近卫坦克第 11 师近卫坦克第 44 团进驻原近卫坦克第 70 团驻地），独立通信第 134 旅，第 41 物资供应旅

• 博古恰尔——近卫坦克第 10 师

- 高尔基州——近卫坦克第 47 师和坦克 31 师，炮兵第 34 师（辖重型榴弹炮第 288 旅，近卫加农炮第 303 旅等），近卫炮兵第 211 旅，独立通讯第 130 团，独立专线工程第 253 团
- 索尔涅奇诺戈尔斯克——摩托化步兵第 107 师
- 叶利尼亚——近卫摩托化步兵第 144 师，近卫防空导弹第 49 旅
- 库尔斯克——独立近卫摩步第 6 旅，防空导弹第 53 旅，短程地地导弹第 442 旅
- 舒亚——近卫导弹第 112 旅，防空导弹第 5 旅
- 坦波夫——反坦克炮兵第 122 旅
- 科洛姆纳——近卫导弹第 175 旅
- 纳罗福明斯克——防空导弹第 202 旅，独立通信第 119 旅，独立专线第 70 旅
- 斯科平——近卫炮兵第 387 旅
- 罗斯托夫——近卫工程第 1 旅
- 纳克哈比诺——工程第 57 旅
- 维亚济马——独立专线第 82 旅
- 沃罗涅日——第 117 物资供应旅和独立近卫通信第 6 旅
- 勒热夫——第 118 物资供应旅
- 普罗塔索夫——独立直升机第 225 团
- 叶菲列莫夫——独立近卫直升机第 239 团
- 卡卢加——独直升机立第 336 团
- 费列——独立直升机第 439 团
- 图拉——独立直升机第 490 团
- 叶林——独立后方通信第 272 团

从 1980 年代末开始，随着裁军和撤军，莫斯科军区的许多部队解散或重组。例如，1989 年 9 月 3 日，坦克第 60 师改第 5409 存储基地，1990 年 2 月 13 日解散，原址进驻坦克第 31 师，后来撤回的近卫坦克第 47 师与坦克第 31 师合组摩托化步兵第 3 师，编入近卫坦克第 47 师的近卫摩步第 245 团和近卫自行火炮第 99 团；重组坦克第 31 师第 100、237 团，防空导弹第 1143 团，独立第 84 侦察营，工程第 145 营，通信第 692 营，第 152 维修营，第 911 物资供应营；另外还编入摩步第 752 团，独立反坦克第 159 营，独立导弹第 9 营，独立 NBC 第 652 营，第 1691FPS。

1990 年代初，近卫第 13 军扩为第 22 集团军，下辖 3 个摩步师。

到 1994 年，莫斯科军区辖 3 个野战集团军：近卫坦克第 1 集团军，近卫第 20、22 集团军。

经过几年的组建，1998 年，俄罗斯军队驻摩尔多瓦集群（前近卫第 14 集团军，1995 年 4 月改名）调归莫斯科军区指挥。

2000 年 1 月 1 日，莫斯科军区陆军兵力 7.4329 万人，装备 2044 辆坦克、2246 辆装甲车、1747 门 100mm 以上火炮、206 架武装直升机、174 架运输直升机。

2008 年，俄罗斯展开军事改革。2009 年 3 月，整个地面部队开始经历重大重组，其集团军—师结构改为军—旅制。

[序列]

1920 年代莫斯科军区序列：

莫斯科无产阶级红旗步兵第 1 师

奥廖尔步兵第 6 师（1924 年 12 月或 1927 年年初组建）

弗拉基米尔步兵第 14 师

下诺夫哥罗德步兵第 17 师

雅罗斯拉夫尔步兵第 18 师

沃罗涅日步兵第 19 师

特维尔步兵第 48 师

库尔斯克步兵第 55 师

卡卢加步兵第 81 师

图拉步兵第 84 师

1945 年秋莫斯科军区序列：

近卫步兵第 1 军（梁赞），辖近卫步兵第 53 师（莫斯科）、步兵第 204 师（哈姆雷特）、步兵第 267 师（图拉）

近卫步兵第 11 军（加利涅茨），辖近卫步兵第 2 师（阿拉比诺）、近卫步兵第 32 师（加里宁）、近卫步兵第 33 师（勒热夫）

近卫坦克第 4 师（前近卫坦克第 4 军）（纳罗—福明斯克）

1955 年春莫斯科军区序列：

近卫步兵第 1 军（高尔基），辖步兵第 60 师（捷尔任斯克）、近卫步兵第 38 师（上沃洛乔克）、机械化第 71 师（步兵第 265 师，伊万诺沃）

近卫步兵第 11 军（加利涅茨），辖近卫步兵第 3 师（奥波奇卡）、近卫机械化第 62 师（近卫步兵第 53 师，科夫罗夫）、近卫机械化第 66 师（近卫步兵第 32 师，加里宁）

直属：

近卫坦克第 4 师（近卫坦克第 4 军）（纳罗—福明斯克）

近卫机械化第 23 师（近卫步兵第 2 师）（阿拉比诺）

空降兵司令部

近卫空降兵第 38 军（图拉），辖近卫空降兵第 105 师（科斯特罗马）、近卫空降兵第 106 师（图拉）、近卫空降兵第 11 师（梁赞）

1989 年初莫斯科军区序列：

近卫第 13 军（高尔基）

坦克第 60 师（捷尔任斯克）

摩步第 206 师（坦波夫），1989 年改为储存基地

第 1042 训练中心，摩步第 89 师（动员），1987 年 9 月改

直属：

近卫摩步第 27 旅（莫斯连特根），前近卫步兵第 2 师近卫步兵第 6 团

近卫第 467 训练中心（卡尔佩特〈科夫罗夫〉），前近卫第 26 坦克训练师，近卫步兵第 53 师

近卫摩步第 32 师（加里宁〈现特维尔〉），前近卫步兵第 32 师

第 1043 训练中心（布良斯克州克林齐），前摩步第 149 师（动员），1987 年 9 月改

第 228 后警师（卡尔佩特）

第 468（炮兵）训练中心（穆利诺），前第 20 炮兵教导师，1987 年 9 月改

炮兵第 16 师（动员）（加里宁），1982 年 5 月组建

炮兵第 17 师（动员）（坦波夫），1982 年 10 月组建

近卫空降第 106 师（图拉）

2006 年，莫斯科军区地面兵力 7.5 万人，序列：

克里姆林宫总统团

近卫塔曼摩步第 2 师（2009 年后改旅）

近卫炮兵第 34 师（穆利诺〈戈罗霍韦茨〉）

近卫塞瓦斯托波尔摩步第 27 旅

导弹第 112 旅（舒亚），装备SS-21

近卫第 20 集团军

近卫坎捷米罗夫卡坦克第 4 师（后改旅）

近卫乌拉尔—利沃夫坦克第 10 师（后改旅）

多管火箭炮第 397 团（斯科平）

导弹第 448 旅（库尔斯克），装备SS-21

第 4944 武器装备存储基地（叶利尼亚），原近卫摩步第 144 师

第 22 集团军（下诺夫哥罗德）（后解散）

乌斯扬斯基—维斯瓦河摩步第 3 师（穆利诺）（拆成两个旅）

防空导弹第 5 旅（舒亚）

导弹第 50 旅（舒亚），装备SS-21

炮兵第 211 旅（穆利诺）

多管火箭炮第 918 团（穆利诺）

武器存储基地（特维尔），前摩步第 166 旅

俄罗斯军队驻摩尔多瓦集群（蒂拉斯波尔），原近卫第 14 集团军

（2 个）独立营，原近卫摩步第 8 旅

特种第 16 旅

空军第 16 集团军

独立骑兵第 11 团（科布亚科沃），用于战争电影制作，2010 年撤销

2010 年莫斯科军区序列：

近卫坎捷米罗夫卡坦克第 4 旅（纳罗—福明斯克）

近卫塔曼摩步第 5 旅（加利涅茨），装备BTR

独立琴斯托霍瓦坦克第 6 旅（穆利诺）

近卫摩步第 9 旅（下诺夫哥罗德），装备BMP

独立特种第 16 旅（坦波夫）

独立近卫塞瓦斯托波尔摩步第 27 旅（维德诺耶），装备BMP

俄军驻德涅斯特河左岸集群

第99存储基地（独立摩步第13旅）（特维尔）

第262存储基地（独立坦克第1旅）（博古恰尔）

第467军区培训中心（科夫罗夫）

导弹和炮兵单位：

斯维里重型炮兵第45旅（坦波夫）

近卫多管火箭炮第79旅（特维尔）

近卫导弹第112旅（舒亚）

华沙—勃兰登堡炮兵第288旅（穆利诺）

导弹第448旅（杜尔涅沃）

第7015炮兵储备基地（穆利诺）

防空单位：

防空导弹第53旅（库尔斯克），装备9K37导弹

第886防空指挥中心

雷达单位：

独立无线电技术第70营（纳罗—福明斯克）

独立无线电技术第51营（德米特里耶夫—勒戈夫）

工兵单位：

独立工程兵第7团（别雷）

工程兵第841营

NBC三防部队：

独立NBC第27旅（库尔斯克）

独立NBC第465营（基涅什马）

通信部队：

塞瓦斯托波尔通信第1旅（谢尔亚基诺）

独立电子对抗第16营

通信第119旅（谢尔亚基诺）

独立（后方）通信第147营

辖区内空降部队：近卫空降第98师和近卫图拉空降第106师，直属空降兵司令部。

历任司令：

尼古拉·伊万诺维奇·穆拉洛夫（1917年11月—1919年2月）

谢尔盖·彼得罗维奇·哈察列努斯（1919年3月—6月）

亚历山大·亚历山德罗维奇·布尔杜科夫（1919年6月—1920年12月）

帕维尔·亚历山德罗维奇·波得里亚耶夫（1920年12月—1921年2月）

尼古拉·伊万诺维奇·穆拉洛夫（1921年3月—1924年4月）

克列门特·叶夫列莫维奇·伏罗希洛夫（1924年4月—1925年11月）

格奥尔基·德米特里耶维奇·巴济列维奇（1925年11月—1927年5月）

鲍里斯·米哈伊洛维奇·沙波什尼科夫（1927年5月—1928年1月）

尼古拉·弗拉基米罗维奇·古比雪夫（1928年1月—1928年11月）

伊耶罗尼姆·彼得罗维奇·乌博列维奇（1928年11月—1929年11月）

阿福古斯特·伊万洛维奇·科尔克（1929年11月—1935年9月）

鲍里斯·谢尔盖耶维奇·戈尔巴舍夫军级指挥员（1935年9月—1936年6月）

伊万·潘菲洛维奇·别洛夫一级集团军级（1936年6月—1937年6月）

谢苗·米哈伊洛维奇·布琼尼苏联元帅（1937年6月—1940年8月）

伊万·弗拉基米罗维奇·秋列涅夫大将（1940年8月—1941年6月）

帕维尔·阿尔杰梅维奇·阿尔捷米耶夫上将（1941年6月—1947年5月，1949年5月17日—1953年6月25日）

基里尔·阿法纳西耶维奇·梅列茨科夫苏联元帅（1947年5月—1949年5月16日）

基里尔·谢苗诺维奇·莫斯卡连科大将（1955年晋升苏联元帅）（1953年6月26日—1960年10月25日）

尼古拉·伊万诺维奇·克雷洛夫苏联元帅（1960年10月25日—1963年3月13日）

阿法纳西·帕夫兰捷维奇·别洛博罗多夫大将（1963年3月14日—1968年5月15日）

叶甫根尼·费奥多罗维奇·伊万诺夫斯基上将、大将（1968年5月16日—1972年7月16日）

弗拉基米尔·列昂尼德洛维奇·戈沃罗夫上将（1977年10月8日晋升大将）（1972年7月17日—1980年11月26日）

彼得·格奥尔基耶维奇·卢舍夫上将（1981年11月2日晋升大将）（1980年11月27日—1985年7月5日）

弗拉基米尔·米哈伊洛维奇·阿尔希波夫上将（1985年7月6日—1988年5月3日）

康斯坦丁·阿列克谢耶维奇·科切托夫上将（1988年5月4日—1989年1月23日）

尼古拉·瓦西里耶维奇·加里宁上将（1989年1月24日—1991年8月23日）

弗拉基米尔·米哈伊洛维奇·托波罗夫中将、上将（1991年8月31日—1992年5月16日）

列昂尼德·瓦西里耶维奇·库兹涅佐夫上将（1992年7月16日—1999年4月20日）

伊万·叶甫根尼维奇·普扎诺夫上将（1999年4月20日—2001年3月20日）

尼古拉·叶戈罗维奇·马卡罗夫上将（代理，2001年3月20日—2001年7月）

伊万·伊万诺维奇·叶夫列莫夫大将（2001年7月12日—2005年6月6日）

弗拉基米尔·尤里耶维奇·巴辛大将（2005年6月6日—2009年2月5日）

瓦列里·瓦西里耶维奇·格拉西莫夫上将（2009年2月5日—2010年9月20日）

高尔基军区(ГорВО，GorVO)

[简史]

1945—1946年和1949—1953年的一个内地军区。1945年6月第一次组建高尔基军区，辖高尔基、伊万诺沃、科斯特罗马3州和莫尔多瓦苏维埃社会主义自治共和国，统率机关在第49集团军机关基础上组建，驻高尔基市。

战后，近卫步兵第37、38军，步兵第97军撤回高尔基军区。1946年4月，步兵第97军撤销。

1946年1月，步兵第125军从德国撤回。同年夏，步兵第125军撤销。

到1946年夏，步兵第175、178、224师撤销，步兵第60、177、185、194师（来自解散的喀山军区）分别改步兵第6、28、35、40旅。

苏德战争后，高尔基军区在军队复员、将部队转入和平状态和组织它们进行系统军事训练方面做了大量工作。1949年2月，高尔基军区改编为地方军区并于5月撤销，辖区内各州划归莫斯科军区和伏尔加河沿岸军区。

1949年6月，高尔基军区复建。除以前辖区外，又划入基洛夫州、马里和楚瓦什2个苏维埃社会主义自治共和国。军区执行了内地军区所特有的任务。1953年5月撤销。

高尔基军区（I—II）历任司令：

伊利亚·科尔尼洛维奇·斯米尔诺夫中将（1945年7月9日—1946年5月7日）
弗拉基米尔·伊万诺维奇·谢尔巴科夫中将（1949年5月28日—1953年4月24日）

奥廖尔军区(ОрВО，OrVO)
[简史]
奥廖尔军区为内地军区，根据俄罗斯联邦最高军事委员会1918年3月31日命令组建，辖切尔尼戈夫、奥廖尔、库尔斯克和沃罗涅日4省，7月起还包括坦波夫省，司令部驻奥廖尔市。

国内战争中，军区曾为作战部队培训各种预备队。1919年10月起隶属南方面军指挥部，1920年2月起隶属全俄总参谋部，1922年3月撤销，辖区内各省除切尔尼戈夫省归基辅军区外，均划归莫斯科军区。

遵照国防人民委员部1938年7月28日命令，奥廖尔军区复建，辖沃罗涅日、库尔斯克、奥廖尔和坦波夫（1939年10月起）4州。1941年9月前，军区统率机关驻奥廖尔。随着战线的不断接近，先后移驻叶列茨、坦波夫和契卡洛夫。因军区辖区大部被德国法西斯军队占领而于12月撤销，统率机关用以组建南乌拉尔军区。奥廖尔军区未被占辖区划归伏尔加河沿岸军区。

1943年8月，中央黑土区从德国法西斯占领中收复后，奥廖尔军区第三次组建，统率机关驻沃罗涅日，辖由莫斯科军区划归的库尔斯克和奥廖尔2州以及伏尔加河沿岸军区划归该区的沃罗涅日州。10月30日起坦波夫州、次年7月起布良斯克州先后划归本军区。1945年7月9日军区改称沃罗涅日军区。

奥廖尔军区历任司令：
阿达姆·雅科夫列维奇·谢马什科（1918年5月—1919年1月）
А.Д.马卡洛夫（1919年1月）
彼得·卡尔波维奇·谢尔巴科夫（1919年1月—1920年1月）
奥斯卡尔·А.斯库佩（1920年1月—1921年3月）
亚历山大·康斯坦丁诺维奇·亚历山德罗夫（1921年3月—6月）
奥斯卡尔·А.斯库佩（1921年6月—1922年3月）
米哈伊·格里戈里耶维奇·叶菲列莫夫军级指挥员（1939年12月晋升二级集团军

级指挥员，1940年6月改中将）（1938年7月—1940年6月）

费多尔·尼基塔·列梅佐夫中将（1940年6月—1941年6月）

帕维尔·阿列克谢耶维奇·库罗奇金中将（1941年6—7月）

亚历山大·阿列克谢耶维奇·秋林中将（1941年7—10月）

马特维·季莫费耶维奇·波波夫少将（1944年1月晋升中将）（1943年8月—1945年7月）

沃罗涅日军区(BopBO，VorVO)

[简史]

1945—1960年的一个内地军区。沃罗涅日军区统率机关于1945年7月在奥廖尔军区和第6集团军统率机关的基础上建立，辖区包括沃罗涅日州、库尔斯克州、奥廖尔州、布良斯克州和坦波夫州。

1945年夏，步兵第92、96、111军，近卫骑兵第1军相继撤回沃罗涅日军区。

1946年1月，从德国撤回的近卫步兵第40军替换了步兵第111军。撤回的步兵第108军（辖步兵第46、90师）驻布良斯克，于1946年3月全部解散。

1946年2月4日，在完成军队复员并将部队转入和平状态后，军区改编为沃罗涅日地方军区。

1946年夏，驻德国近卫步兵第12军（辖近卫机械化第22师，近卫步兵第23、150师）撤回沃罗涅日军区，于1947年1月全部撤销（1946年12月，步兵第150师改步兵第7旅）。

到1946年夏，步兵第32、156、257、413师撤销，而近卫步兵第38、101、102师则缩编为近卫步兵第19、21、11旅。

1946年夏，步兵第272师撤回沃罗涅日军区库尔斯克，1947年改步兵第50旅。

1946年8月，沃罗涅日军区撤销。

1949年5月28日，沃罗涅日军区重建。除首建时的辖区外，从1953年起，新成立的巴拉索夫（1954—1957年存在，包括萨拉托夫、斯大林格勒、沃罗涅日、坦波夫州，1954年编入军区）、别尔哥罗德和利佩茨克3州也划入该军区辖区。编入近卫步兵第19旅、步兵第50旅等部队。军区内有12所军办学校和利佩茨克空军高级飞行战术训练班。

1960年6月7日，沃罗涅日军区撤销，辖区划归莫斯科军区。

[序列]

1945年夏沃罗涅日军区序列：

步兵第92军（坦波夫）

步兵第32师（坦波夫）

步兵第156师（米丘林斯克）

步兵第257师（利佩茨克）

步兵第111军（沃罗涅日）

步兵第189师（沃罗涅日州巴赫马奇）

步兵第196师（沃罗涅日州鲍里索格列布—科诺托尔）

步兵第382师（沃罗涅日）

步兵第96军（库尔斯克）

近卫步兵第10、76师

步兵第413师（别尔哥罗德）

1955年春沃罗涅日军区序列：

近卫步兵第13军（近卫步兵第87师，步兵第46师）

沃罗涅日军区历任司令：

弗拉基米尔·扎克哈罗维奇·罗曼诺夫斯基上将（1945年7月9日—1946年2月）

米哈伊·斯捷潘诺维奇·舒米洛夫上将（1949年6月—1955年10月21日）

阿法纳西·帕夫兰捷维奇·别洛博罗多夫上将（1955年10月22日—1957年5月17日）

安德烈·马特维耶维奇·安德列耶夫上将（1957年6月14日—1960年6月7日）

草原军区(СтепВО，StepVO)

[简史]

1943年4月15日在预备方面军基础上组建草原军区，辖区包括沃罗涅日、库尔斯克、坦波夫和罗斯托夫4州，统率机关驻沃罗涅日市。军区按方面军野战统率机关的编制行使职能，是最高统帅部大本营预备队的预编组织。到5月1日，军区编有第24、27、46、47、53和66集团军，近卫坦克第5集团军，空军第5集团军以及一些独立部队。军区任务是不让敌人从奥廖尔和别尔哥罗德方面向东实施可能的突破。为此军区构筑了罗索什诺耶、白科洛杰济防御地区,并准备实施反突击和转入反攻。军区完善了各防御地区,各部队完成了人员补充。指挥人员的选配受到特别重视。7月10日,军区改称草原方面军。

草原军区历任司令:

马尔基安·米哈伊洛维奇·波波夫上将(1943年4月—1943年5月)

马科斯·安德烈耶维奇·列伊捷尔上将(1943年6月)

伊万·斯捷潘诺维奇·科涅夫上将(1943年7月)

斯摩棱斯克军区(СмВО,SmVO)

[简史]

1945—1946年存在的一个内地军区,根据国防人民委员1945年7月9日命令组建。斯摩棱斯克军区统率机关由第33集团军野战统率机关组成,驻斯摩棱斯克。辖区包括由莫斯科军区划归本区的布良斯克、大卢基(1944—1957年存在,辖区后隶属加里宁、普斯科夫州)、卡卢加和斯摩棱斯克4州。军区司令部和政治部在复员退伍、部队转入平时状态以及组织部队平时军政训练方面做了大量工作。1946年2月5日,斯摩棱斯克军区改编为地方军区并于7月撤销,辖区和部队转归莫斯科军区。

1945年秋斯摩棱斯克军区序列:

近卫步兵第13军(卡卢加),辖3个师:近卫步兵第3师(大卢基)、近卫步兵第24师(布良斯克)、近卫步兵第87师(卡卢加)

步兵第60军(斯摩棱斯克),辖3个师:步兵第154、251、334师

斯摩棱斯克军区历任司令:

伊万·叶丽扎洛维奇·达维多夫斯基中将(1945年7月—1945年11月)

费多尔·彼得洛维奇·奥泽罗夫中将(代理,1945年11月—1946年5月)

5. 喀尔巴阡军区(ПрикВО,PrikVO)

全称:红旗喀尔巴阡军区

[简史]

根据苏联国防人民委员1945年7月9日命令组建。喀尔巴阡军区统率机关是在乌克兰第4方面军野战统率机关基础上组建的，驻切尔诺夫策。辖区最初包括斯坦尼斯拉夫州（1962年起为伊万诺—弗兰科夫斯克州）、捷尔诺波尔州、切尔诺夫策州、文尼察州、外喀尔巴阡乌克兰（1946年1月22日起为外喀尔巴阡州）和卡缅涅茨—波多利斯基州（1954年起为赫梅利尼茨基州，不含别列兹多夫、波隆诺耶、舍佩托夫卡、伊贾斯拉夫利和斯拉武塔地区）。此时其辖区上的驻军分别为第18、27、38集团军。编入军区的多为原乌克兰第4方面军部队以及利沃夫和基辅军区调出的一些后勤部队和机关。军区组建后完成下列任务：超龄老兵的复员退伍，部队转为平时体制，州、市、区兵役局的组建和军营、住宅、兵营、射击场等设施的恢复和新建。军区官兵对乌克兰苏维埃社会主义共和国西部各州人民在被战争破坏的国民经济恢复方面给予了支援。部队还开展有计划的军政训练。

根据苏联部长会议1946年3月5日决定，5月6日利沃夫军区（1944年5月成立，总部设在利沃夫，1945年7月第31集团军机关改军区机关，司令波波夫上将）和喀尔巴阡军区合并为统一的喀尔巴阡军区（ПрикВО，PrikVO），统率机关设在利沃夫。喀尔巴阡军区新辖区包括沃伦、罗夫诺、日托米尔、文尼察、赫梅利尼茨基（直到1954年前为波多利斯克）、捷尔诺波尔、利沃夫、伊夫诺—弗兰克夫斯克（截至1962年前为斯坦尼斯拉夫斯基）、切尔诺夫策和外喀尔巴阡10个州。时辖第13、38集团军、空军第14集团军、5个步兵军、17个师（1个坦克师、5个机械化师、1个骑兵师、2个山地步兵师、8个步兵师），同时将总部迁往利沃夫市。1946年5月组建的机械化第8集团军开始直属于总参谋部，直到1953年才划归喀尔巴阡军区。军区编有萨马拉—乌里扬诺夫斯克别尔季切夫铁军步兵师和荣获苏沃洛夫勋章、库图佐夫勋章、波格丹·赫梅列尼茨基勋章的红旗"恰普林"坦克团以及在苏德战争年代战功卓著的其他部队。

1947年，喀尔巴阡军区撤销了步兵第50、280、395师，坦克第18师，机械化第23、25师。

1956年，喀尔巴阡军区出兵匈牙

▲ 参加演习的喀尔巴阡军区坦克，1977年。

利，镇压了匈牙利革命。近卫机械化第39师、机械化第27师编入南方集群。

1957年3月，在第38集团军喀尔巴阡军区留守部队的基础上组建了第28军。

1958年1月，驻匈牙利的近卫摩步第17师撤回喀尔巴阡军区。

1968年，喀尔巴阡军区部队（包括空军第57集团军）在5个社会主义国家军队的编成内出兵捷克斯洛伐克，参加了华沙条约组织入侵捷克斯洛伐克的"多瑙河行动"。

1968年8月，第28军、坦克第31师调驻捷克斯洛伐克。

战后，喀尔巴阡军区同其他军区一样继续提高部队的野战和空战素养以及改进战术、射击和专业训练。军区十分重视研究和总结战斗经验，并根据已变化的条件将其运用于部队和司令部训练的实践中。还采取了使部队保持常备不懈的许多措施。军区工兵完成了现地排雷的繁重工作，数百名官兵在排雷作业中表现英勇顽强，荣获各种勋章和奖章。苏联武装力量发展的新阶段是同军队装备核武器和现代军事技术装备密切相关的，这一新阶段也使军区部队发生了深刻的质的变化。军区官兵卓有成效地掌握新式武器和军事技术装备，不断提高组织与实施现代战斗和战役知识和技能。喀尔巴阡军区在使用新式武器进行作战问题的研究方面地位显著。1953年秋，军区在司令苏联元帅I.S.科涅夫指挥下实施了一次以寻求在使用现代武器条件下作战方法为目的的演习。苏联元帅G.K.朱可夫和作为调理员的I.V.库尔恰托夫、S.P.科罗廖夫院士参加了演习的准备与实施。军区部队参加了"波尔塔瓦"演习（1966年）、"第聂伯河"大演习（1967年）、"涅曼河"演习（1968年）、"德维纳河"大演习（1970年）、"喀尔巴阡"演习（1977年）、"西方-81"战略级实兵演习（1981年9月），显示出高超的战斗技能。

喀尔巴阡军区在巩固苏维埃国家的国防事业中贡献巨大，在军政训练中成绩优异，为此1974年1月15日苏联最高苏维埃主席团命令授予其红旗勋章以资表彰。军区许多部队荣获各种勋章和苏共中央、苏联最高苏维埃主席团、苏联部长会议颁发的奖旗、列宁诞辰纪念奖状和奖章以及苏联国防部长颁发的"勇敢和军人英勇精神"奖章。

该军区在20世纪70年代末80年代初转隶西方向司令部。到1980年代末，驻有3个集团军——坦克第8集团军，第13、38集团军，只有3个坦克师和10个摩步师。

防空由国土防空第2集团军防空第28军（军部驻利沃夫）负责，下辖2个歼击航空兵团（第179、894团）、8个防空导弹团（近卫第269团，第254、270、312、438、521、540、582团）、雷达第1旅和2个雷达团（第10、99团）。

空中支援由空军红旗第14集团军（从1949年2月至1968年称为空军第57集团军，

从 1980 年 4 月至 1988 年 5 月称喀尔巴阡军区空军）负责。下辖 2 个航空兵师——歼击航空兵第 4 师和轰炸航空兵第 289 师；9 个团——歼击航空兵第 92、145、192 团，歼击轰炸航空兵第 69、179 团，轰炸航空兵第 686 团，强击航空兵第 452 团，混成航空兵第 243 团，电子对抗第 118 团。1988 年 5 月，调入了来自阿富汗的独立直升机第 35 团。

在喀尔巴阡军区还部署有 VGK 第 24 集团军的一些单位，在日托米尔驻有 VA 第 46 集团军近卫重型轰炸航空兵第 15 师师部和近卫第 341 团（这个师的第 121 和 203 团驻在白俄罗斯军区）。

此外，喀尔巴阡军区还辖有导弹战略火箭第 43 集团军一些导弹师：近卫第 37 师，第 19、44、50 师。

1987 年 12 月 1 日，防空导炮第 119 师（动员）改第 1068 训练中心，1989 年 7 月 1 日又改第 4606 存储基地（费斯托夫认为是改第 4603 存储基地）。

1987 年 12 月 1 日，炮兵第 72 师（动员）改第 701 民兵训练中心，1989 年 12 月 31 日改第 1596 炮兵存储基地。

1989 年 7 月 1 日，导炮第 61 师（动员）改第 4600 存储基地。

摩步第 168 师（动员）于 1981 年组建，1989 年重组为第 1950 存储基地，1991 年撤销。

1990 年，喀尔巴阡军区大约有 28 万名士兵、2400 辆坦克、2700 辆装甲车、1200 门火炮、迫击炮和火箭炮系统、370 架武装和运输直升机。

从东欧撤回喀尔巴阡军区的部队：

- 摩托化步兵第 207 师（不包括摩步第 33 和第 41 团）——亚尔莫林齐（接替解散的摩步第 146 师）
- 导弹第 432 旅——伊万诺—弗兰科夫州纳德维尔纳
- 独立直升机第 488 团——文尼察地州瓦普尼亚尔卡
- 独立雷达第 70 团——利沃夫
- 独立专线工程第 264 团——日托米尔州上欧文

此外，还有一些小单位如营、仓库等。

1992 年，喀尔巴阡军区被乌克兰接管。

1998 年 1 月，喀尔巴阡军区改乌克兰西部指挥部。

第十章 第二次世界大战后的苏俄战区、军区、驻外集群沿革

[序列]

1988年喀尔巴阡军区序列：

坦克第8集团军（日托米尔）

第23坦克教导师（奥夫鲁奇）

近卫坦克第30师（沃伦斯基新城）

第686训练中心（日托米尔），前坦克第50师

红旗第13集团军（罗夫诺）

近卫摩步第17师（乌克兰赫梅利尼茨基）

近卫摩步第51师（弗拉基米尔—沃伦斯基）

近卫摩步第97师（斯拉武塔）

摩步第161师（伊贾斯拉夫）

第38集团军（伊万诺—弗兰科夫）

近卫摩步第70师（伊万诺—弗兰科夫）

近卫摩步第128师（穆卡切沃）

第664训练中心（亚尔莫林齐），前摩步第146师（动员）

直属部队：

炮兵第26师（捷尔诺波尔）

炮兵第81师（维诺格拉多夫）

第701训练中心（文尼察州日梅林卡），前第72炮兵师（动员）

摩步第24师（利沃夫）

近卫摩步第66师

近卫第117坦克教导师（别尔季切夫），后改为第119军区培训中心

摩步第168师（动员）（别尔季切夫）

防空导炮61师（动员）（文尼察州德祖戈夫卡）

第1068训练中心（日托米尔），前防空导炮119师（动员）

格鲁乌特种第8旅，1962年12月在伊贾斯拉夫组建

喀尔巴阡军区历任司令：

安德烈·伊万诺维奇·叶廖缅科大将（1945年7月9日—1946年10月7日）

库兹马·尼基托维奇·加利茨基上将（1946年10月7日—1951年11月29日）

伊万·斯捷潘诺维奇·科涅夫元帅（1951年11月29日—1955年3月11日）

帕维尔·伊万诺维奇·巴托夫大将（1955年3月11日—1958年4月17日）

安德烈·拉甫连季耶维奇·格特曼坦克兵上将（1964年4月升大将）（1958年4月17日—1964年5月7日）

彼得·尼古拉耶维奇·拉先科上将（1964年5月7日—1967年8月10日）

瓦西里·基诺夫维奇·比夏林上将（1967年9月21日—1969年11月8日）

根纳季·伊万诺维奇·奥巴图罗夫坦克兵中将（1970年4月升上将）（1970年1月8日—1973年7月30日）

瓦连京·伊万诺维奇·瓦连尼科夫上将（1978年2月升大将）（1973年7月30日—1979年8月29日）

瓦列里·阿列克赛德罗维奇·别利科夫上将（1983年11月4日晋升大将）（1979年8月29日—1986年9月3日）

维克多·瓦西里耶维奇·斯科科夫上将（1986年9月3日—1991年12月）

彼得·伊万诺维奇·舒尔雅克中将（1994年4月7日）

利沃夫军区(Льво，LvVO)

[简史]

1944—1946年的一个军区。1944年5月16日成立于从法西斯德军占领下解放的西乌克兰，统率机关驻罗夫诺（1944年6月—7月），后移驻利沃夫（1944年8月—1946年6月），最初辖沃伦、罗夫诺、捷尔诺波尔、切尔诺夫策、利沃夫、德罗戈贝奇、斯坦尼斯拉夫和日托米尔8州。1945年7月喀尔巴阡军区成立后，利沃夫军区辖沃伦、德罗戈贝奇、日托米尔、利沃夫和罗夫诺5州。1944—1945年军区为作战部队组建和训练预备队做了大量工作，编成内有后备部队、教导团/营、军事院校和来自前线与其他军区的部队。1946年5月并入喀尔巴阡军区。

1945年夏序列：

第38集团军

第18集团军

历任司令：

伊利亚·科尔尼洛维奇·斯米尔诺夫中将，1944年5月16日—1945年7月

马尔基安·米哈伊洛维奇·波波夫上将，1945年7月9日—1946年5月

6. 敖德萨军区（ОдВО，ODVO）

全称：红旗敖德萨军区

[简史]

根据乌克兰军事人民委员部1919年4月9日命令组建，辖赫尔松省和相继解放的塔夫里亚与比萨拉比亚2省。1919年夏，军区组建了步兵、骑兵、炮兵、工程兵等许多部队，包括国际第一师、比萨拉比亚第一师、苏维埃第一装甲营、数辆装甲列车和若干空军支队。此时军区举办训练班培训中、初级指挥人员，按军事训练普及原则对普通人民进行军训。敖德萨军区所属部队及军校积极参加对白卫军、反革命匪帮和武装干涉军的作战，同进攻敖德萨的邓尼金军队进行顽强战斗，保证了红军部队的退却和苏维埃各级机关的后撤。当国内反革命势力在协约国援助下暂据乌克兰广大地区之际，敖德萨军区依乌克兰军事人民委员部1919年8月5日决议撤销，司令部和其他统率机关转隶基辅军事委员部建制，改编为第12集团军，所属部队编入南方面军。敖德萨军区（第一次组建）历任军事委员：E.I.奇克瓦纳亚、A.T.克里沃舍耶夫、Б.I.克拉耶夫斯基、V.G.涅达什科夫斯基。

按照联共（布）中央和苏联政府1939年10月11日决定，敖德萨军区复建，辖摩尔达维亚和克里木2个苏维埃社会主义自治共和国、乌克兰苏维埃社会主义共和国第聂伯罗彼得罗夫斯克、扎波罗热、敖德萨、尼古拉耶夫和基洛夫格勒5州。军区辖哈尔科夫军区和乌克兰军区部分部队，包括"锡瓦什"步兵第15师、俄罗斯联邦最高苏维埃"伊尔库茨克"步兵第30师、莫斯科市劳动人民代表苏维埃"彼列科普"步兵第51师、"恰帕耶夫"步兵第25师、乌克兰苏维埃社会主义共和国人民委员会克里木骑兵第9师和其他部队。战前军区担负苏联西南边境防务，1939—1940年苏芬战争爆发后，军区许多部队（步兵第95、150师和克里木骑兵第9师等部队）在列宁格勒方面军编成中参战。

1940年春，苏军在罗马尼亚边境集结，4月15日到6月10日，为配合基辅和敖德萨军区对罗马尼亚的行动，苏联红军组建了朱可夫指挥的南方面军，辖第5、9、12集团军，有32个步兵师、2个摩步师、6个骑兵师、11个坦克旅、3个空降旅、30个炮

兵团，以及更小的辅助单位。

1941年，面临法西斯德国战略威胁日益增长的局面，军区统率机关与各部队的指挥员、司令部和政治机关特别注意提高部队的战斗准备。6月21日23时，军区命令所部转入全面战备。因此，当德国法西斯军队和罗马尼亚军队入侵时，军区有7个步兵师、2个骑兵师、2个坦克师和1个摩托化师在边境地带占领了指定地域，航空兵则在各机场疏散待命。

苏德战争一爆发，在军区统率机关和部队基础上组建了独立第9集团军。为保卫敖德萨，1941年7月6日，军区抽调部分兵力兵器组建了南方面军滨海军队集群（后改编为滨海集团军）。8月初抽调军区兵力组建南方面军预备集团军。战争头几个月，军区组建了若干步兵师和骑兵师以及高射炮兵、炮兵、反坦克部队、歼击支队。尼古拉耶夫和其他城市在军区参与下组建了民兵支队。敖德萨军区统率机关和部队参加了保卫敖德萨的准备工作。9月10日，军区撤销。

根据苏联国防人民委员会1944年3月23日命令，敖德萨军区在4月23日第三次组建，统率机关驻基洛夫格勒（10月移驻敖德萨）。随着军区辖区逐渐解放，各级兵役委员会相继恢复，组建和训练了许多补充分队并派赴其到作战部队。战胜法西斯德国后，敖德萨军区机关和乌克兰第2方面军机关合组新的敖德萨军区机关，原乌克兰第2方面军和乌克兰第3方面军许多部队编入军区。

战后，第22集团军的步兵第83军（辖步兵第47、119、168师）、步兵第100军（辖步兵第28、37、219师）、步兵第110军（辖步兵第256、268、394师）编入敖德萨军区，分别驻敖德萨、尼古拉耶夫、科托夫斯克。到1945年10月22日，这些军和师全部撤销。

1945年夏，第40集团军撤回敖德萨军区解散。

1945年8—9月，第46集团军撤回敖德萨军区，9月27日解散。近卫步兵第10军驻基希纳乌，近卫步兵第24军驻博尔格勒，步兵第52军驻佩尔沃迈斯卡（即DAY），步兵第82军驻敖德萨。

1946年5月28日，从南方集群撤回2个步兵军——步兵第34军撤回格赖沃龙，1946年6月27日撤销；步兵第66军撤回科托夫斯克，1946年7月15日撤销。还撤回了近卫第1筑垒地域，1946年6月30日撤销。

1946年夏，改变了一些师的部署。步兵第188师调扎波罗热，编入塔夫里亚军区。

近卫步兵第 86 师、近卫机械化第 35 师改变驻地。

1946 年 8 月,从中央集群撤回了近卫第 4 集团军,下辖 3 个军 7 个步兵师。1947 年 3 月,步兵第 52 军撤销。1948 年 4 月,近卫第 4 集团军撤销。

1948 年,近卫机械化第 33 师调罗马尼亚,编入特别机械化集团军。

直到 1956 年,敖德萨军区还辖有 3 个步兵军——近卫步兵第 10、24 军,步兵第 82 军。

1945 年 9 月 1 日起,各部开始有计划的军政训练。苏德战争的战斗经验是部队和各级司令部进行训练的基础。军区部队着手修复旧营房,兴建新营区和办公房舍,构筑训练场地、机场、坦克教练场、靶场等并大力支持地方党政机关恢复国民经济。苏军装备火箭核武器后军区部队开展了紧张训练,以便掌握在武装斗争中使用新式武器条件下组织和实施战斗的各种方法。军区部队和各级司令部多次参加大规模演习,在这些联合大演习中展示出高超的野战技能和战斗准备水准。具体而深入细致的党政工作促进了军区部队顺利完成军政训练任务。

1956 年 4 月 4 日起,军区辖摩尔达维亚和乌克兰敖德萨、尼古拉耶夫、赫尔松、扎波罗热和克里木 5 州。在原塔夫里亚军区机关基础上组建了步兵第 45 军。1960 年 4 月,敖德萨军区辖 3 个州(伊兹梅尔、敖德萨、尼古拉耶夫)和摩尔达维亚苏维埃社会主义共和国,还有解散了的塔夫里亚军区原辖的扎波罗热、克里米亚、赫尔松。

1967 年 11 月,第 45 军东调远东,新建第 32 军接替。

军区拥有现代化训练设备、体育训练基地,必要的住房、营产、办公室、库房以及保障部队训练与生活的广泛的医疗设备和文化教育设施。

苏军建军 50 周年之际,1968 年 2 月 22 日,苏联最高苏维埃主席团命令授予敖德萨军区红旗勋章以表彰军区在巩固国防、武装捍卫苏维埃国家的事业中做出的巨大贡献。军区许多部队武装捍卫苏维埃祖国功勋卓著并在军政训练中成绩优异,荣获苏联各种勋章和苏共中央、苏联最高苏维埃主席团、苏联部长会议颁发的奖旗、列宁诞辰纪念奖状和奖章。

炮兵第 71 师在 1987 年 12 月 1 日改第 714 训练中心,1989 年改第 1773 存储基地。

负责军区防空的是防空第 8 集团军防空第 1 和第 21 师(1989 年 6 月 15 日防空第 60 军改,敖德萨),辖有 2 个歼击航空兵团(第 62、737 团),6 个防空导弹旅(近卫第 208、275 旅,第 46、160、174、206 旅)和 3 个防空导弹团(近卫第 1014 团,第 613、1170 团),2 个雷达旅(第 14 和第 16 旅)和雷达第 16 团。

负责空中支援的红旗空军第 5 集团军（1949 年 2 月至 1968 年 4 月称为空军第 48 集团军，1980 年 4 月至 1988 年称为敖德萨军区空军）下辖歼击航空兵第 119 师（辖近卫歼击航空兵第 86、684 团，歼击航空兵第 161 团，该师除近卫第 684 团外于 1989 年转隶黑海舰队），4 个独立团——强击航空兵第 90 团、侦察航空兵第 827 团、近卫歼击轰炸航空兵第 642 团、歼击轰炸航空兵第 190 团。

此外，附近驻有军事运输航空兵的 2 个师：运输航空兵第 6 师（克里沃罗格），辖第 37、338、363 团；运输航空兵第 7 师（梅利托波尔），辖近卫第 25 团，第 175、369 团。

此外，敖德萨军区部署了战略火箭军导弹第 43 集团军导弹第 46 师，以及黑海舰队（总部设在塞瓦斯托波尔）的主力，包括海军航空兵——近卫导弹突击航空兵第 2 师（辖近卫第 5 团，第 124、943 团）和 6 个独立团（侦察航空兵第 30 团、强击航空兵第 43 团、反潜航空兵第 318 和第 872 团、混成航空兵第 917 团和舰载反潜直升机第 78 团）。

1980 年代末始，敖德萨军区编入从东欧撤回的部队：克里米亚（苏维埃村），近卫坦克第 13 师（解散）和防空导弹第 55 旅；尼古拉耶夫，近卫摩步第 20 师近卫摩步第 29 团。

1990 年底，敖德萨军区共有约 11 万军队、600 辆坦克、1000 辆装甲车辆、900 门火炮、迫击炮和导弹系统、150 架武装直升机和运输直升机。

苏联解体后，敖德萨军区成为乌克兰军队的一部分。而近卫第 14 集团军在摩尔达维亚的部队大部编入俄军，一部编入摩尔多瓦武装部队。

近卫空降第 98 师由俄罗斯和乌克兰瓜分；乌克兰的一半改空中机动第 1 师，俄罗斯的部分撤回莫斯科军区伊万诺沃，编入了俄罗斯空降部队。

空军第 5 集团军后来改为乌克兰空军第 5 军，而在北部的部队改组后于 2001 年编入俄罗斯的伏尔加河沿岸—乌拉尔军区。

根据乌克兰国防部 1997 年 7 月 1 日命令，1998 年 1 月 3 日敖德萨军区改为乌克兰陆军南部作战司令部。辖区包括 9 个州（敖德萨、尼古拉耶夫、赫尔松、第聂伯罗彼得罗夫斯克、扎波罗热、顿涅茨克、卢甘斯克、基洛沃格勒、哈尔科夫）和克里米亚自治共和国。

[序列]

1941 年 6 月 22 日敖德萨军区序列：

第 9 集团军

机械化第 2、18 军

步兵第 7 军（1941 年 6 月组建）

步兵第 9 军（1941 年 6 月 22 日组建）

空降第 3 军

1941 年 8 月，独立第 51 集团军在克里米亚成立

1955 年 5 月敖德萨军区序列：

近卫步兵第 10 军，步兵第 25 和第 32 军

步兵第 20、48 师，近卫步兵第 28、59、66、86 师

1980 年代，敖德萨军区隶属西南方向总部（司令部驻基希讷乌）。序列：

近卫第 14 集团军（在近卫第 10 军基础上成立）

第 82 军（伯尔齐），辖近卫摩步第 59、86 师，1987 年撤销

第 32 军（1956 年在塔夫里亚军区基础上改建）：只有 1 个空降师（近卫空降第 98 师）和 7 个步兵师

空中支援由空军第 5 集团军负责

防空由国土防空第 8 集团军防空第 49 军负责

1988 年敖德萨军区序列：

近卫第 14 集团军（在近卫第 10 军基础上成立）

近卫摩步第 59 师（蒂拉斯波尔）

近卫摩步第 86 师（伯尔齐）

摩步第 180 师（别尔哥罗德-德涅斯特罗夫斯基）

柯尼斯堡第 32 军（辛菲罗波尔）

摩步第 126 师（辛菲罗波尔）

第 710 训练中心（菲奥多西亚）

第 711 训练中心（苏维埃村）

直属：

近卫摩步第 28 师（敖德萨近卫军村）

近卫第 92 摩步训练师（尼古拉耶夫）

近卫空降第 98 师（博尔格勒）

独立空降第 40 旅（尼古拉耶夫州米克莱夫）

独立格鲁乌特种第 10 旅（旧克里米亚）

炮兵第 55 师（扎波罗热）

空军第 5 集团军

敖德萨军区历任司令：

伏龙伊斯拉夫·伊格纳特耶维奇·克拉耶夫斯基（1919 年）

伊万·瓦西里耶维奇·博尔金军级指挥员（1940 年 6 月 4 日晋升中将）（1939 年 10 月—1940 年 6 月）

雅科夫·季莫费耶维奇·切列维琴科中将（1941 年 2 月晋升上将）（1940 年 6 月—1941 年 6 月）

尼坎德尔·叶夫拉姆皮耶维奇·奇比索夫中将（1941 年 6 月—8 月）

伊万·伊万诺维奇·伊万诺夫少将（1941 年 8 月—9 月）

伊万·格里戈里耶维奇·扎哈尔金上将（1944 年 4 月 23 日—1944 年 10 月）

瓦西里·阿列克赛德罗维奇·尤什克维奇中将（1945 年 7 月晋升上将）（1944 年 10 月 28 日—1946 年 6 月）

格奥尔基·康斯坦丁诺维奇·朱可夫苏联元帅（1946 年 6 月 3 日—1948 年 2 月 10 日）

尼古拉·巴甫洛维奇·普霍夫上将（1948 年 2 月 11 日—1951 年 11 月 28 日）

库兹马·尼基托维奇·加利茨基上将（1951 年 11 月 29 日—1954 年 5 月 27 日）

阿列克赛·伊万诺维奇·拉济耶夫斯基上将（1954 年 5 月 31 日—1959 年 6 月 3 日）

阿马扎斯普·哈恰图罗维奇·巴巴贾尼扬上将（1959 年 6 月 3 日—1967 年 9 月 22 日）

米哈伊·瓦西里耶维奇·卢戈采夫上将（1967 年 9 月 22 日—1967 年 12 月 29 日）

亚历山大·格奥尔基耶维奇·舒鲁波夫上将（1968 年 4 月 23 日—1974 年 4 月 24 日）

伊万·马卡罗维奇·沃洛申中将（1975 年 4 月晋升上将）（1974 年 4 月 25 日—1982 年 4 月 22 日）

亚历山大·西多罗维奇·尔兰金上将（1982 年 4 月 23 日—1986 年 12 月 15 日）

伊万·谢尔盖耶维奇·莫罗佐夫上将（1986 年 12 月 16 日—1992 年 1 月）

第十章 第二次世界大战后的苏俄战区、军区、驻外集群沿革

维塔利·格奥尔基耶维奇·拉杰茨基中将（1992年1月—1993年10月）
弗拉基米尔·什基德岑科少将（1993年12月—1998年2月）

塔夫里亚军区(ТавBO，TavVO)
[简史]
1945年7月组建。军区统率机关在滨海独立集团军和第22集团军野战统率机关基础上建成，驻辛菲罗波尔。辖克里木、扎波罗热和赫尔松3州。

起初军区编入了原隶属第67集团军步兵第112军，部署在赫尔松，下辖2个师：步兵第44师（梅利托波尔）、步兵第123师（赫尔松）。还辖有原独立滨海集团军的2个师：步兵第315师（刻赤）、步兵第414师（占科伊）。

1946年冬季之后，原驻波罗的海地区的步兵第54军撤回塔夫里亚军区，部署在辛菲罗波尔。下辖3个师：步兵第126师（驻辛菲罗波尔）、步兵第235师（叶夫帕托里亚）、步兵第263师（费奥多西亚）。

1946年，军区部队进行改组，步兵第126师改编为机械化第28师，4个步兵师缩编为旅。

1947年5月，近卫步兵第25军撤销。

1950—1953年，旅恢复为师。1955年，两个师重排序号：步兵第188师改步兵第20师，步兵第315师改步兵第52师。

军区在复员退伍、部队转为平时状态、组织军政训练方面做了大量工作。战后头几年军区部队参加了原德国法西斯军队占领地区的排雷工作及国民经济的恢复工作。

1956年4月4日，军区及其统率机关因军区合并而撤销，辖区和部队划归和转隶敖德萨军区。在塔夫里亚军区机关基础上组建了步兵第45军领率机关。

[序列]
1947年春塔夫里亚军区序列：
- 机械化第28师（辛菲罗波尔）
- 步兵第7旅（刻赤），前步兵第315师
- 独立步兵第19旅（费奥多西亚），前步兵第263师
- 独立近卫步兵43旅（叶夫帕托里亚），前近卫步兵第113师
- 独立步兵第52旅（扎波罗热），前步兵第188师

历任司令：

孔德拉·谢苗诺维奇·梅利尼克中将（1945年7月9日—1946年6月3日）

马尔基安·米哈伊洛维奇·波波夫上将（1953年晋升上将）（1946年6月—1954年7月1日）

谢尔盖·斯捷潘诺维奇·福缅科中将（代理，1954年7月2日—1954年9月1日）

伊万·伊万诺维奇·柳德尼科夫上将（1954年9月2日—1956年4月4日）

7. 基辅军区（K B O，KVO）

全称：红旗基辅军区

[简史]

根据乌克兰军事人民委员部1919年3月12日命令成立基辅军区，当时辖基辅、切尔尼戈夫2省和从白卫军与武装干涉者手中解放的右岸乌克兰其他诸省。后辖区屡变，1977年辖乌克兰伏罗希洛夫格勒、第聂伯罗彼得罗夫斯克、顿涅茨克、基辅、基洛夫格勒、波尔塔瓦、苏梅、哈尔科夫、切尔卡瑟和切尔尼戈夫诸州，统率机关驻基辅。

国内战争年代，军区在与国内外反革命势力斗争的复杂条件下执行任务，主要担负组织动员、组建所部和对全体人员进行军事训练的工作。至1919年6月，共组建和训练了1个旅、6个团和炮兵以及其他部队，还开办了红色指挥员训练班、飞行员和航空专业人员学校。8月因邓尼金军队进逼基辅，军区部队编入作战部队，统率机关移驻莫斯科，后撤销。

1920年1月23日奉共和国革命军事委员会命令，重建基辅军区。同乌克兰地方党政组织一起，为红军动员预备队、组织抗击弗兰格尔和波兰白匪军做了大量工作。12月22日根据乌克兰武装力量司令第十八号命令，将西南方面军和基辅军区统率机关合并为基辅军区统率机关。军区编成内有在国内战争各战线荣立战功的英雄"锡瓦什"步兵第15师、"萨马拉—乌里扬诺夫斯克"步兵第24师、"恰帕耶夫"步兵第25师、红旗"沃伦"步兵第45师、步兵第44、58、60师、红色哥萨克骑兵第1军、步兵第23和第55旅、独立步兵第20、41旅，稍后又辖骑兵第14师和其他部队。许多部队的指挥员是国内战争时期著名的军事首长，如V.N.博任科、O.I.戈罗多维科夫、I.N.杜博沃伊、L.E.德边科、V.I.基克维泽、G.I.科托夫斯基、H.G.克拉皮维场斯基、I.S.洛卡托什、S.K.马齐列夫斯基、A.Y.帕尔霍缅科、V.M.普里马科夫、N.A.邵尔斯。国内战争后军

第十章 第二次世界大战后的苏俄战区、军区、驻外集群沿革

区进行超龄军人复转,组织军事训练,在原指挥员训练班基础上建立了一些二年制军事学校,同时部分部队进行肃清马赫诺和彼特留拉残匪的战斗。1922年4月军区撤销,所部转隶乌克兰和克里木武装力量司令。1922年5月23日,在基辅组建步兵第6军。

▲ 基辅军区的坦克群,1935年秋。

1922年6月,以乌克兰和克里木武装力量为基础组建乌克兰军区。1924—1925年军事改革时期和以后几年,乌克兰军区采取了重大组织措施:统一所有步兵师和骑兵师的组织编制,改编炮兵部队,实行正规部队和地方民兵部队的混合体制,健全军区机关。军区部队和军事院校全体人员还大力协助地方行政机关巩固苏维埃政权,镇压反革命分子的顽抗,兴建工业企业,建立集体农庄。头几个五年计划期间,基于国家社会主义工业化的成就,乌克兰军区建立了苏联第一批机械化、坦克和航空兵部队。

为更有效地指挥,根据苏联国防人民委员部1935年5月17日命令,以乌克兰军区为基础成立了基辅和哈尔科夫2个军区。1936年12月重建了步兵第13军,驻白采尔科维。至1937年,基辅军区部队在数量和技术装备方面一直居苏军首位,共有10个军(5个步兵军、3个骑兵军、1个机械化军和1个航空兵军)、8个机械化旅、1个坦克旅、9个航空兵旅、1个空降旅和其它部队,西南国境的一些重要地段还建有7个筑垒地域。军区经常举行试验演习,研究和检验部队的新编制,研究各种战斗条件下新式军事技术装备和兵器的运用,改进协同动作的组织方法。基辅军区大演习(1935年)具有重要意义。该演习首次研究和检验了大纵深战役的新理论,在世界军事实践中第一次空降了一个伞兵团。1930年代后半期,因法西斯德国军国主义化及其对苏联进攻的威胁日益增加,基辅军区同其他北、西部边境军区一样,对于苏联国防愈益重要。为此,1938年7月26日根据工农红军总军事委员会的决议,基辅军区改为基辅特别军区组建了4个集团军级集群,后分别改为第5、第6和第12集团军以及骑兵集群。在法西斯侵略威胁不断增加的情况下,1938年秋,军区部分部队进入战斗准备,向国境线开进,以便按照1935年的《苏捷互助条约》援助捷克斯洛伐克。1939年7月26日,军区恢复基辅特别军区名称。

1939年9月,由军区机关和部队组建的乌克兰方面军参加了苏军解放西乌克兰的进军。1940年夏,军区部队解放了1918年罗马尼亚王国从年轻的苏维埃共和国手中

非法侵占的比萨拉比亚和布科维纳北部。军区许多部队还参加了1939—1940年苏芬战争。因作战英勇和出色完成了上级赋予的任务,步兵第7师、榴弹炮第137团和加农炮第320团荣获红旗勋章,3000余名军人荣获勋章和奖章,48人荣获"苏联英雄"称号。1939—1941年,军区继续在边境构筑防御工事、组建新部队并继续改进部队的训练和教育体制。1941年2月20日,军区组建了机械化第22军(372辆坦克,隶属第5集团军)、机械化第16军(527辆坦克,隶属第12集团军、机械化第9军(94辆坦克)、机械化第24军(56辆坦克)、机械化第15军(707辆坦克),以及机械化第19军(274辆坦克)。

至1941年6月22日,在基辅特别军区编成内共有11个步兵军、8个机械化军和1个骑兵军(计30个步兵师、2个山地步兵师、2个骑兵师、2个摩托化师和16个坦克师)。军区编成内还有1个空降军(辖3个空降旅)和12个筑垒地域,空军有10个航空兵师,是西部边境军区中编成最强的军区。所部第5、第6、第12和第26集团军部署于西部边境860公里正面以掩护西南方向。但同其他许多军区一样,该军区未能完成更新部队技术装备、补充兵员和改装训练工作。

苏德战争开始后,以基辅特别军区为基础组建了西南方面军,但军区仍进行了一段时间工作,筹建预备队,保障向前线输送武器、战斗技术装备、燃料和粮食。军区统率机关还采取措施向后方转移物资,疏散军用仓库和基地,支援地方党政机关向东部地区搬迁工厂。1941年9月10日,根据最高统帅部大本营决定,基辅特别军区机关再度撤销,部队和机关转属西南方面军。

1943年秋,随着乌克兰苏维埃社会主义共和国领土从法西斯侵略者手中的逐步解放,建立了地方军事指挥机关,根据苏联国防人民委员部1943年10月15日命令,1943年10月25日基辅军区复建,总部设在基辅,辖区为乌克兰右岸(基辅、切尔卡瑟、乌曼州)。直到苏德战争结束,军区一直担负动员预备役军人,组建和训练补充连,保障军事运输,负责恢复工作,在苏军解放的乌克兰共和国领土内建立兵役委员会和其他军事机构等任务。对法西斯德国战争胜利后,军区为部队转入平时编制,为部队准备常驻营地,修复和新建军营、野营、车场、靶场、机场、坦克教练场等设施做了大量工作,还组织部队开展有计划的军政训练。军区十分注意研究和总结战争经验,并结合部队不断装备新式军事技术装备的情况,将之运用于部队和司令部的训练实践。

1946年6月11日,因为哈尔科夫军区(1943年9月25日成立,1945年7月由第21集团军改建)在6月7日的解散,基辅军区增加了7个州:伏罗希洛夫格勒(1958—

1970年，1990年后改卢甘斯克)、第聂伯罗彼得罗夫斯克、波尔塔瓦、斯大林诺(1961年后改顿涅茨克)、苏梅、哈尔科夫、切尔尼戈夫。

1946年冬季之后，步兵第81、124军撤销，基辅军区编入从中部集群撤回的近卫步兵第20、27军。

1946年，从沃罗涅日军区调入步兵第189、196师，前者改步兵第13旅，后者撤销。从中央集群撤回近卫机械化第18师。

1946年夏，基辅军区的部队进行重组，近卫步兵第14、20、27军下辖步兵旅。

1953年秋，基辅军区的部队进行重组，旅恢复师编制，组建了近卫机械化第64师。

1954年秋，近卫机械化第64师改近卫重型坦克第14师。

1955年8月底，近卫步兵第25师改近卫机械化第38师。

到1957年春，近卫步兵第42、115师改近卫坦克42、22师，近卫机械化第38师改近卫摩步第115师，步兵师改摩步师。同年，近卫摩步第81师撤回基辅军区。从后贝加尔调入近卫坦克第6集团军管理机构，撤销了近卫步兵第14、20军军部。

1958年，驻罗马尼亚的第1集团军撤回切尔尼戈夫，同时撤回的还有近卫坦克第37师。1958年秋，近卫第27军军部撤销。

1968年6月，近卫摩步第112师改编为近卫第48坦克教导师。

1969年7月，近卫摩步第81师调远东。

1980年2月，近卫摩步第4师调土耳其斯坦军区，1989年3月撤回。

为接替这些师，组建了新的师。例如，在近卫摩步第81师旧址成立摩步第47师，在近卫摩步第4师的旧址成立摩步第46师。20世纪60年代开始组建动员师。例如，1970年在阿尔乔莫夫斯克组建了摩托化步兵第36师。

1982年初组建了第64军，1989年撤销。

1950年代初空军第69集团军隶属基辅军区，至少到1964年。1959年，空军第17集团军从蒙古调入军区，负责提供空中支援，防空第8集团军第60军负责防空。

1960年在文尼察组建了战略火箭军导弹第43集团军，下辖：

导弹第19师（赫梅利尼茨基）

近卫导弹第37师（卢茨克）

导弹第43师（克列缅丘格）

导弹第44师（伊万诺—弗兰科夫斯克州科洛梅亚），1990年3月31日解散，前身是在卡梅申的RVGK第73工程旅

导弹第 46 师（尼古拉耶夫州五一城）

导弹第 43 集团军于 1996 年 5 月 8 日撤销，最后一个司令是弗拉基米尔·阿列克谢耶维奇·米克修克上将（1991 年 10 月 1 日—1996 年 5 月 8 日）。

苏联武装力量装备火箭核武器和其他新式技术装备，使军区部队发生了深刻的质变。广大官兵日益熟练掌握新式技术装备和武器，不断提高组织和实施现代化战斗、战役的知识和技能。军区和战前时期一样，不懈探索作战的新方法。所属坦克部队是苏军最早能克服宽大江河障碍的部队之一。20 世纪 60—80 年代，军区多次举行大规模的试验、研究演习。军区部队在"第聂伯河"大演习和其他许多演习中，显示出高超的军人技能。军区经常进行的目的明确的党政工作对军区部队顺利完成加强战备的任务有很大促进作用。军区在其全部历史中一贯是造就军官干部的真正场所，全区共有各类军事院校 20 余所，军事院校和训练班为苏联武装力量培训了数万名军官，在此学习的许多人后来成为统帅和军事首长，其中有大将 N.F. 瓦图京和 I.D. 切尔尼亚霍夫斯基，炮兵元帅 YU.I. 巴扎诺夫和 G.F. 奥金佐夫，以及 I.H. 阔日杜布、A.G. 克拉夫琴科、I.V. 潘菲格夫等将军，约 500 名军区军事院校培养的学员成为苏联英雄。

为表彰基辅军区对巩固国防和武装保卫苏维埃国家所做出的重大贡献以及在军政训练中取得的成绩，苏军建军 50 周年之际，1968 年 2 月 22 日，苏联最高苏维埃主席团命令授予军区红旗勋章。所属许多部队和军事院校荣获政府奖项，许多部队和军事院校荣获苏共中央、苏联最高苏维埃主席团和苏联部长会议颁发的奖旗、列宁诞辰纪念奖状和奖章。一些在演习中成绩卓著的部队荣获苏联国防部长颁发的"勇敢和军人英勇精神"奖状。

到 1980 年代，基辅军区隶属西南方向总司令（基希讷乌）。军区辖 2 个近卫集团军：近卫第 1 集团军和近卫坦克第 6 集团军。近卫坦克第 6 集团军于 1959 年从蒙古调来。

空军第 8 集团军提供空中支援（1949 年 2 月—1964 年 4 月、1968 年—1972 年 4 月被称为空军第 69 集团军，并从 1980 年 6 月—1988 年 5 月称为基辅军区空军）。几乎没有辖作战部队，只有训练部队，但在军区辖区内驻有空军的其他部队：

空军第 24 集团军司令部和歼击航空兵第 138 师（第 168、831 团，但 168 团驻喀尔巴阡军区）。该集团军的其他航空兵师：轰炸航空兵第 32 师（下辖近卫第 7、727 团，师部与近卫第 727 团驻敖德萨军区）和轰炸航空兵第 56 师（下辖第 230、947 团）。

远程航空兵第 46 集团军的 2 个重型轰炸机师：近卫第 13 师（波尔塔瓦，辖第 184 和近卫第 185 团）和第 106 师（辖第 409、1006 团）。

国土防空第 8 集团军（基辅）负责防空。编有第 9、第 11 和第 19 师（第聂伯罗彼得罗夫斯克，1989 年 6 月 15 日前防空第 49 军），下辖 4 个歼击航空兵团（近卫第 146 团和第 636、738、933 团）、5 个防空导弹旅（近卫第 212 团，第 96、100、148、369 团）、4 个防空导弹团（近卫第 392 团，第 138、276、317 团）、2 个雷达旅（第 138、164 旅），以及雷达第 14 团。

此外，在基辅军区还驻有红旗导弹第 43 集团军（文尼察）和近卫导弹第 43 师。1988 年在克拉斯诺格勒组建第 72 中央炮兵储备基地。

炮兵第 67 师 1987 年 12 月 1 日改第 750 训练中心，1990 年 1 月改第 1835 存储基地。

炮兵第 73 师 1987 年 12 月 1 日改第 752 训练中心，1990 年 1 月改第 1873 存储基地。

导炮 141 师 1987 年 12 月 1 日改第 1074 训练中心，1989 年 12 月 1 日改第 4613 存储基地。

导炮 182 师 1987 年 12 月 1 日改第 1075 训练中心，1989 年 12 月 1 日改第 4650 存储基地。

1980 年代末起，从东欧撤回基辅军区的主要部队去向如下：

• 坦克第 20 师——哈尔科夫市，解散

• 坦克第 25 师——丘古耶夫，解散

• 近卫坦克第 32 师——克里沃罗格，解散

• 近卫摩步第 39 师（缺摩步第 585 团）——白采尔科维，解散

• 摩步第 48 师——丘古耶夫（其摩步第 210 团随近卫摩步第 18 师撤回古谢夫，摩步第 333 团和防空导弹第 716 团撤回伏尔加格勒，编入摩步 1335 团），1990 年 8 月转隶克格勃边防部队

• 近卫摩步第 93 师——第聂伯罗彼得罗夫斯克

• 摩托化步兵 254 师——卢甘斯克

• 导弹第 459 旅——白采尔科维

• 通讯第 7 旅——（基辅）普洛瓦力

1990 年，基辅军区大约有 15 万人、1500 辆坦克、1500 辆装甲坦克、700 门火炮、迫击炮和火箭炮系统、100 架武装直升机。军区部队后成为乌克兰武装部队的一部分。

1991 年苏联解体后，军区司令维克多·S. 切切瓦托夫上将拒绝效忠乌克兰，军区被

解散。

1992年1月11日，以军区机关为基础组建了乌克兰国防部和总参谋部。

[序列]

1920年代初基辅军区序列：

克里米亚步兵第3师

切尔尼戈夫步兵第7师

锡瓦什步兵第15师

萨马拉—辛比尔斯克步兵第24铁师

恰帕耶夫步兵第25师

伊尔库茨克步兵第30师

基辅山地步兵第44师

沃利尼亚步兵第45师

彼列科普步兵第51师

1949年1月1日基辅军区序列：

近卫步兵14军（第聂伯彼得罗夫斯克），辖1师2旅

近卫步兵第4旅（新莫斯科斯克），前近卫步兵42师

近卫步兵第14旅（第聂伯彼得罗夫斯克），前近卫步兵115师，近卫空降第7师

近卫机械化第4师（伏罗希洛夫格勒），前近卫机械化4军

近卫步兵第27军（科诺托普），辖3旅

近卫步兵第12旅（切尔尼戈夫），前近卫步兵第112师，近卫空降第5师

近卫步兵第7旅（白采尔科维），前近卫步兵第72师

近卫步兵第9旅（科诺托普），前近卫步兵第81师

近卫步兵第20军（波尔塔瓦），辖2旅

近卫步兵第2旅（卢布内），前近卫步兵第25师

近卫步兵第17旅（丘古耶夫），前近卫步兵第75师

军区预备队近卫机械化第18师（乌曼），前近卫步兵第41师

空降兵近卫空降兵第39军（切尔尼戈夫），辖近卫空降第100、107师

1989年初基辅军区序列：

近卫坦克第6集团军（第聂伯彼得罗夫斯克）

近卫坦克第17师（克里沃罗格），前近卫步兵第20师

近卫坦克第42师（近卫军城〈沃尔诺耶〉），前近卫步兵第42师

近卫坦克第75师（丘古耶夫），前近卫步兵第75师

近卫坦克第22师（新莫斯科斯克），前近卫步兵第115师

第722训练中心（顿涅茨克州日丹诺夫卡），前坦克第52师

第747训练中心（克里沃罗格），前坦克第58师

近卫第1集团军（切尔尼戈夫）

近卫坦克第41师（切尔卡瑟），前近卫步兵第41师

近卫摩步第72师，（白采尔科维），前近卫步兵第72师

近卫摩步第25师（卢布内），前近卫步兵第25师

摩步第47师（科诺托普），1969年7月组建

第850民兵训练中心（皮里亚京），前摩步第200师（动员）

第851民兵训练中心（切尔卡瑟），前摩步第204师（动员）

第64军（阿尔乔莫夫斯克），1982年6月组建

摩步第46师（卢甘斯克）

摩步第36师（阿尔乔莫夫斯克）

直属：

近卫第169训练中心（杰斯纳），前近卫坦克第48师

后警第232师（基辅），1989年—1990年9月存在

第750训练中心（哈尔科夫州马利诺夫卡），前炮兵第67师（动员）

第752训练中心（基辅州德文斯基），前炮兵第73师（动员）

第1074训练中心（切尔卡瑟），前防空导炮第141师（动员）

第1075训练中心（克里沃罗格），前防空导炮第182师（动员）

历任司令：

米哈伊·谢尔盖耶维奇·波格丹诺夫（1919年2月24日—1919年9月4日）

B. S. 科兹洛夫斯基（1920年2月24日—1920年3月2日）

弗拉基米尔·弗拉季米拉沃维奇·亚古舍夫斯基（1920年3月2日—1920年8月

28日）

维塔利·瓦西列夫耶维奇·沙拉波夫（集群司令，1920年8月28日—1920年11月26日）

维塔利·瓦西列夫耶维奇·沙拉波夫（1920年11月26日—1920年12月）

V.N.列维切夫（1920年12月—1921年1月）

亚历山大·伊拉维奇·叶戈罗夫（1921年1月1日—1921年4月21日）

尼古拉·尼古拉耶维奇·佩京（1921年4月—1921年11月）

伊奥那·叶马努伊洛维奇·亚基尔（1921年11月—1922年4月21日）

米哈伊尔·瓦西里耶维奇·伏龙芝（1922年6月—1924年3月）

亚历山大·伊拉维奇·叶戈罗夫（1924年4月—1925年3月）

伊奥那·埃马努伊洛维奇·亚基尔（1935年5月17日授予一级集团军级指挥员军衔）（1925年11月—1937年）

伊万·费奥多罗维奇·费季科二级集团军级指挥员（1937年5月—1938年1月）

谢苗·康斯坦丁诺维奇·铁木辛哥一级集团军级指挥员（1938年2月—1939年9月26日）

格奥尔基·康斯坦丁诺维奇·朱可夫大将（1940年6月7日—1941年1月）

米哈伊尔·彼得罗维奇·基尔波诺斯上将（1941年2月—1941年6月）

弗谢沃洛德·费多罗维奇·雅科夫列夫中将（1941年6月—1941年9月）

弗拉基米尔·瓦西里耶维奇·科夏金中将（1943年10月25日—1944年3月）

瓦西里·菲利普波维奇·格拉西缅科中将（1944年3月—1945年7月8日

安德烈·安东诺维奇·格列奇科上将（1945年7月9日—1953年5月25日）

瓦西里·伊万诺维奇·崔可夫大将（1955年3月11日晋升苏联元帅）（1953年5月26日—1960年4月6日）

彼得·基里尔洛维奇·科舍沃伊上将（1964年4月13日晋升大将）（1960年4月7日—1965年1月15日）

伊万·伊格纳捷维奇·雅库博夫斯基大将（1965年1月16日—1967年5月3日）

维克托·格奥尔基耶维奇·库利科夫上将（1967年5月4日—1969年9月29日）

格奥尔基·伊万诺维奇·萨尔马诺夫中将（1970年4月20日晋升上将）（1969年11月28日—1975年6月25日）

伊万·亚历克赛德罗维奇·格拉西莫夫上将（1977年10月28日晋升大将）（1975

年6月26日—1984年8月22日）

弗拉基米尔·瓦西里耶维奇·阿尔希波夫上将（1984年8月23日—1989年1月4日）

鲍里斯·弗谢沃洛多维奇·格罗莫夫上将（1989年1月5日—1990年1月）

维克托·斯捷潘诺维奇·切切瓦托夫上将（1990年1月8日—1992年4月）

哈尔科夫军区(XBO，HVO、KhVO)

[简史]

根据乌克兰工农临时政府军事处1919年1月27日命令组建哈尔科夫军区。军区兵役委员会履行指挥军区的职能，辖哈尔科夫、叶卡捷琳诺斯拉夫、波尔塔瓦和切尔尼戈夫4省（1919年12月前），12月起又包括塔夫里亚和顿涅茨克2省。1920年2月，军区兵役委员会同乌克兰后备军司令部合并。1922年1月后备军解散后，军区统率机关即成独立单位，由军区司令领导。4月军区撤销，所部由乌克兰和克里木武装力量司令指挥。

1935年根据苏联国防人民委员5月17日命令，重建哈尔科夫军区，辖哈尔科夫和顿涅茨克2州。1939年10月以前，辖第聂伯罗彼得罗夫斯克州和克里木苏维埃社会主义自治共和国。10月起又包括苏梅波尔塔瓦、伏罗希洛夫格勒、斯大林诺（顿涅茨克）和切尔尼戈夫诸州。因德国法西斯军队暂时占领了乌克兰，故根据苏联国防人民委员部1941年11月26日命令，撤销了哈尔科夫军区。

辖区被苏军解放后，根据苏联国防人民委员1943年9月25日命令，哈尔科夫军区复建，辖哈尔科夫、伏罗希洛夫格勒、斯大林诺、波尔塔瓦、苏梅、切尔尼戈夫、第聂伯罗彼得罗夫斯克、扎波罗热诸州和克里木苏维埃社会主义自治共和国。

1945年7月9日在哈尔科夫军区机关和第21集团军机关基础上组建了新的哈尔科夫军区机关。

1945年8月14日，军区编入近卫步兵第14军。

1946年2月，近卫步兵第14军各师解散，近卫步兵第14军编入了原步兵116军的3个师：步兵第86、321、326师。1946年5月13日，步兵第86、321、326师缩编为步兵第17、38、42旅。到了1947年3月9日，这几个旅撤销（此时步兵第42旅已编入敖德萨军区）。

1946年2月，哈尔科夫军区改为哈尔科夫地方军区，隶属基辅军区。

1946年5月6日，原驻鄂木斯克的步兵第69军（辖步兵第110、153、324师）撤回哈尔科夫军区解散。

1946年6月，原驻德国的步兵第129军（辖步兵第132、143、146师）撤回哈尔科夫军区解散。

1946年6月，哈尔科夫军区解散，辖区和部队转归基辅军区。

[序列]

1945年秋哈尔科夫军区序列：

近卫步兵第14军（第聂伯罗彼得罗夫斯克），辖步兵第11、288师

步兵第69军，辖步兵第110、153、324师

历任司令：

谢尔盖·拉夫连捷维奇·克久拉（1919年2月7日—1919年6月2日）

A.I.卡什卡洛夫（1919年6月2日—1919年8月4日）

亚历山大·瓦西列夫耶维奇·苏里克（1919年8月4日—1919年19月15日）

维塔利·瓦西里耶维奇·沙拉波夫（1920年2月8日—1920年6月20日）

伊万·帕夫洛维奇·舍利马诺夫（1920年6月20日—1920年9月30日）

格奥尔基·德米特里耶维奇·瓦西列维奇（1920年9月30日—1920年10月10日）

费多尔·米哈伊洛维奇·奥尔洛夫（1921年1月27日—1921年2月28日）

罗伯特·佩特洛维奇·埃德曼（1921年3月1日—1921年6月4日）

阿福古斯特·伊万洛维奇·科尔克（1921年6月4日—1922年4月27日）

伊万·纳伊莫维奇·杜博沃伊二级集团军级（1935年5月17日—1937年8月）

谢苗·康斯坦丁诺维奇·铁木辛哥二级集团军级（1937年9月—1938年2月）

菲利普·阿法纳西耶维奇·叶尔沙科夫师级（1938年2—4月）

伊利亚·科尼罗维奇·斯米尔诺夫军级（1938年4月—1940年5月）

米哈伊·普罗科菲耶维奇·科瓦廖夫中将（1940年5—12月）

安德烈·基里罗维奇·斯米尔诺夫中将（1940年12月—1941年6月）

亚历山大·尼基弗洛维奇·切尔尼科夫少将（1941年6—10月）

瓦西里·伊万诺维奇·库兹涅佐夫中将（1941年10—11月）

雅科夫·季莫费耶维奇·切列维琴科上将（1943年9月25—12月）

瓦西里·菲利普波维奇·格拉西缅科中将（1943年12月—1944年3月）
斯捷潘·安德烈诺维奇·加拉宁中将（1944年3月—6月）
帕维尔·谢苗诺维奇·库尔巴特金中将（1944年6月—1945年7月9日）
伊万·弗拉基米罗维奇·秋列涅夫大将（1945年7月9日—1946年6月）

8. 外高加索军区（ЗакВО，ZaKVO）

全称：红旗外高加索军区

[简史]

外高加索军区前身为高加索独立集团军。该集团军1923年5月以高加索方面军在北高加索西部地域作战的兵团和部队（主要是原第11集团军）为基础组建。第11集团军所属许多部队参加过国内战争各战线的战斗。高加索独立集团军首次在外高加索各共和国中履行地方军事统率机关职能。8月17日，因在争取社会主义革命胜利、从外国武装干涉者和国内反革命手中解放外高加索各共和国的斗争中功勋卓著，高加索独立集团军荣获红旗勋章，并易名红旗高加索集团军。因集团军人数增加，部队技术装备更新和由此而产生的对全体人员训练与教育领导的复杂化，集团军于1935年5月17日扩编为军区，辖亚美尼亚、阿塞拜疆和格鲁吉亚3个苏维埃社会主义共和国，达吉斯坦和北奥塞梯2个苏维埃社会主义自治共和国，统率机关驻第比利斯市。

军区自成立之日起，便在提高全体人员的军政训练质量，制订部队扩编和国境维护、防御计划以及战场准备等方面做了大量工作。所属部队还在实行大量的政治措施，建设工业企业、道路、桥梁和其他设施等方面给予了外高加索党政机关以巨大援助。因"二战"爆发和苏联遭到帝国主义侵犯的威胁，驻外高加索地域的军区部队发生了质和量上的重大变化。1940年，增加了5个步兵师、3个航空兵师、1个骑兵师和1个坦克师以及其他兵团和部队。空军作战飞机数量由1936年的40架增至苏德战争前夕的500架。党、团组织在战前几年得到大大加强，党团员占部队全员80%。"二战"爆发后，军区部分兵团转属列宁格勒军区并参加了1939—1940年苏芬战争，其中许多部队作战有

▲ 俄军撤离外高加索。

功荣获勋章。法西斯德国侵犯苏联后，驻伊朗的希特勒特务机构频繁活动，军区面临着组织黑海沿岸的抗登陆防御、可掩护黑海至里海一线国境线的任务。为此组建了4个集团军，第45和第46集团军驻防与土耳其接壤的边境地区，第44和第47集团军驻防伊朗毗邻的边境地区。1941年8月军区改编为外高加索方面军（1941年12月30日起为高加索方面军）。1942年1月末，根据最高统帅部大本营决定，高加索方面军分为克里木方面军和外高加索军区。外高加索军区辖第45和第46集团军，4个步兵师和1个步兵旅。在伊朗驻有1个骑兵军和1个步兵师。军区部队在拉扎列夫斯科耶至巴统之间的高加索黑海沿岸建立抗登陆防御，担负与土耳其和伊朗接壤的国境线掩护任务，部分部队还担负伊朗南部诸港通往里海和苏伊界的交通线的警戒任务。同时军区继续组建部队，训练补充兵员。在部队和物资器材方面军区给予塞瓦斯托波尔防御地域和克里木方面军以巨大支援。1942年冬季之后共向塞瓦斯托波尔调派了1个步兵师、1个海军陆战旅、1.2万名补充兵员和约8万吨各类物资（主要是粮食弹药）。1943年5月中旬，以军区机关和部队为基础重建外高加索方面军。

苏德战争后，1945年7月9日—8月在外高加索方面军基础上组建了新的军区——巴库军区和第比利斯军区。巴库军区统率机关由第69集团军野战统率机关组成，驻巴库，辖阿塞拜疆苏维埃社会主义共和国和达吉斯坦苏维埃社会主义自治共和国。第比利斯军区统率机关由外高加索方面军野战统率机关和第27集团军机关组成，驻第比利斯，司令S.G.特罗菲缅科上将，辖格鲁吉亚和亚美尼亚2个苏维埃社会主义共和国。1946年5月3日，在上述两军区基础上，复建外高加索军区，辖阿塞拜疆、亚美尼亚和格鲁吉亚3个苏维埃社会主义共和国，达吉斯坦和北奥塞梯2个苏维埃社会主义自治共和国。6月，新增达吉斯坦和北奥塞梯2个苏维埃社会主义自治共和国。

最初外高加索军区辖近卫第7集团军，第4、18集团军，1946年6月18日开始重组，编入了近卫机械化1师，机械化第26师，近卫步兵第10师，步兵第89、216、414师，其中步兵第89、216、414师分别以亚美尼亚、阿塞拜疆、格鲁吉亚命名；解散了"二战"末期高加索方面军的大部分部队：步兵第58军军部，步兵第296、349、392、402、406、407师，其中部分只是缩编。1948年，步兵第90旅扩为步兵第6师。

1946年夏，第51、55、69、78、151筑垒地域分别改机炮第12、17、20、2、6旅，后来重组为机炮第2、12、17师。1949年机炮第2师改步兵第2师，1954年机炮第12师改步兵第147师，1951年机炮第17师改步兵第145师。

1949年秋，军区组建了步兵第22军，步兵第19、13军改山地步兵军。在1950年代中期之前,外高加索军区辖 2 个集团军、3 个步兵军、13 个师。

具体为:

3 个机械化师——近卫机械化第 1、31 师,机械化第 26 师

4 个山地步兵师——近卫步兵第 10 师,步兵第 89、2、145 师(原机炮第 2、17 师)

6 个步兵师——步兵第 6 师、第 34 师(1955 年之前为步兵第 216 师)、第 37 师(1955 年之前为步兵第 261 师)、第 74 师(1955 年之前为步兵第 414 师)、第 75 师、第 147 师(1954 年前为机炮第 12 师)。

1956 年,为解决波罗的海国家、外高加索的民族问题,解散了 3 个民族师——步兵第 34(216)师、步兵第 74(414)师、步兵第 89 师,调步兵第 49(295)师、近卫机械化第 1 师、机械化第 73 师来替代,分别驻巴库、第比利斯、埃里温。

1957 年春,步兵第 13 军改特别第 31 军,当年秋改第 31 军。除近卫山地步兵第 10 师外,各师改摩托化步兵师。近卫机械化第 1、31 师,机械化第 26、73 师分别改近卫摩步第 2、25 师,摩步第 100、121 师。步兵第 2、6、37 师改摩步第 146、6、127 师。

1957 年 6 月 25 日,步兵第 19 军改第 19 军,1960 年 9 月撤销。

1950 年代末,外高加索军区撤销的只有摩步第 146 师。到 1960 年,近卫空降兵第 104 师调驻基洛瓦坎,几个师执行简编师编制,撤销了一些架子团。近卫摩步第 2 师改训练师,1964 年改番号为近卫第 16 摩步教导师,1967 年改近卫第 100 摩步教导师。

1964 年 11 月—1965 年 1 月,部分摩步师番号改变,近卫摩步第 2、25 师,摩步第 49、100、121 师改近卫摩步第 100、23 师,摩步第 295、15、164 师。

战后,军区部队顺利完成战役、战斗训练和政治教育的繁难任务,战斗技能不断提高,特别注重研究在使用核武器和常规武器条件下的山地作战,并在部队中就山地战区条件下的反空降和抗登陆问题进行演练。1976 年 1 月底 2 月初举行的"高加索"军级规模实兵演习、1985 年 1 月的"西方—81"战略级实兵演习、1985 年 7 月的"高加索—85"军区实兵演习证明军区部队具有完成长进行军的良好素质,能够实施高度机动的进攻作战,在短期内组织山地纵深梯次防御。

因在保卫苏维埃祖国事业中的功绩以及在战后时期军政训练中的成绩优异,军区许多部队和机关荣获苏联勋章,苏共中央、苏联最高苏维埃主席团和苏联部长会议颁发的奖旗、列宁诞辰纪念奖状和奖章以及苏联国防部长颁发的"勇敢和军人英勇精神"奖旗。根据苏联最高苏维埃主席团 1967 年 6 月 17 日决议,军区继承 1923 年高加索独立集团军荣获的红旗勋章,故此后称红旗外高加索军区。

到 1984 年,外高加索军区隶属南方向总部(总部设在巴库)。境内部署 2 个野战集团军:近卫第 4、7 集团军,第 31 军,1 个空降师和 13 个摩步师。空军第 34 集团军提供空中支援,国土防空第 19 集团军负责防空。

1990 年,外高加索军区共有大约 19 万士兵、1500 辆坦克、2500 辆装甲战斗车辆、1000 门火炮、迫击炮和火箭炮系统、250 架武装直升机和运输直升机。

苏联解体后,俄罗斯于 1992 年 3 月 19 日接管该军区,部队一部分撤回俄罗斯,一部分组建俄罗斯驻外高加索集群(ГРВЗ,GRVZ),一部分划入新的国家——阿塞拜疆、亚美尼亚和格鲁吉亚。

1993 年 1 月 1 日,军区改为俄罗斯驻外高加索集群,摩步第 127、145 师改驻亚美尼亚、格鲁吉亚的第 102、62 基地。

部分师历史、荣誉转授内地师,去向如下:

近卫摩托化步兵第 10 师——摩托化步兵第 67 师,斯科沃罗季诺(改近卫摩步第 115 师)

摩托化步兵第 15 师——摩托化步兵第 91 师,下乌金斯克

近卫摩步第 23 师——摩托化步兵第 13 师,比斯克

近卫第 100 摩步教导师——第 49 坦克教导师(又名第 212 训练中心),赤塔

摩托化步兵第 295 师——摩托化步兵第 12 师,乌兰乌德

部分陆军单位撤回俄罗斯,主要在北高加索军区:

近卫空降第 104 师——乌里扬诺夫斯克(PUrVO)

特种第 12 旅——阿斯别斯托斯(UrVO)

独立空降第 21 旅——斯塔夫罗波尔(SKVO)

特种第 22 旅(从阿富汗撤回佩列基什库尔)——阿克塞(SKVO)

导弹第 119 旅(1988 年 2 月从德国撤回戈姆博利)——卡梅申(SKVO)

独立专线第 154 旅——米哈伊洛夫斯基(SKVO)

火箭炮兵第 943 团——乌留平斯克(SKVO)

炮兵侦察第 2323 团——迈科普(SKVO)

独立直升机第 325 团——叶戈尔里克斯卡亚(SKVO)

独立直升机第 793 团——基涅利(PUrVO)

突击工兵第 3 团——喀山(SKVO)

根据 1990 年代末签订的协议,第 62 基地于 2007 年 6 月 27 日移交格鲁吉亚,第 12 基地于 2007 年 11 月 13 日移交格鲁吉亚,第比利斯以北姆茨赫塔镇的"红星"指挥部于 2005 年 9 月初移交。2007 年俄军撤离格鲁吉亚,但继续在阿布哈兹和南奥塞梯担任维和角色,还使用古达乌塔军事基地。

[序列]

1936 年 7 月高加索军区部队赋予全国统一番号,序列:

以格鲁吉亚苏维埃社会主义共和国中央执行委员会命名的山地步兵第 9(原高加索第 1)师

山地步兵第 20(前高加索第 3)师

斯大林格鲁吉亚山地步兵第 47(前第 1)师

以米哈伊尔·伏龙芝命名的格鲁吉亚山地步兵第 63(前第 2)师

以伏罗希洛夫命名的亚美尼亚山地步兵第 76 师

以格利戈里·奥尔忠尼启则命名的阿塞拜疆山地步兵第 77 师

1941 年 6 月 22 日高加索军区序列:

步兵第 3 军(步兵第 4、20、47 师),1941 年 8 月 1 日扩第 46 集团军

步兵第 23 军(步兵第 136、138 师)

步兵第 40 军(步兵第 9、31 师)

机械化第 28 军(坦克第 6、54 师,摩托化第 236 师)

5 个独立师——步兵第 63、76、77 师,山地骑兵第 17 师和骑兵第 24 师

3 个筑垒地域

1989 年初高加索军区序列:

近卫第 7 集团军(亚美尼亚埃里温)

 摩步第 15 师(瓦纳佐尔〈基洛瓦坎〉),前步兵第 15 师

 摩步第 127 师(列宁纳坎〈久姆里〉),前步兵第 261 师

 摩步第 164 师(埃里温),前步兵 164 师

 第 9 筑垒地域(埃奇米阿津)

 第 7 筑垒地域(列宁纳坎)

第 4 集团军（阿塞拜疆巴库）

 近卫摩步第 23 师（基洛夫巴德＜甘贾＞），前近卫骑兵第 7 军

 摩步第 60 师（连科兰），前步兵第 6 师

 摩步第 75 师（纳希切万），前步兵第 75 师

 摩步第 295 师（巴库），前步兵第 295 师

第 31 军（格鲁吉亚库塔伊西）

 近卫摩步第 10 师（阿哈尔齐赫），前近卫步兵第 10 师

 摩步第 145 师（巴统）

 摩步第 147 师（阿哈尔卡拉基）

 摩步第 152 师（动员）（库塔伊西）

 第 6 筑垒地域（阿哈尔齐赫），前身第 78 筑垒地域

 第 8 筑垒地域（巴统），前身第 51 筑垒地域

直属：近卫空降第 104 师（甘贾）

近卫第 171 训练中心（第比利斯），前近卫第 100 摩步训练师

后警第 235 师（塔伊西）

空突部队：空突第 1 旅（格吉亚库塔伊西）

特种部队：近卫特种第 2 旅（阿塞拜疆，佩列季什库尔）、特种第 2 旅（格鲁吉亚拉戈代希）

苏联空军第 34 集团军，辖 2 个航空兵师（轰炸航空兵第 36 师和歼击航空兵第 283 师）和 6 个独立航空兵团（共 12 个航空兵团）

苏联国土防空军防空第 19 集团军

1990 年代中期俄罗斯驻外高加索集群序列：

总部第比利斯

第 2 军事基地（巴统阿扎尔格鲁吉亚）

第 62 军事基地（格鲁吉亚阿哈尔卡拉齐萨姆茨赫-扎瓦赫季州），前摩步第 147 师。1999 年 10 月，该基地兵力 1964 人，装备 41 辆主战坦克、114 辆装甲车辆（BMP 和 BTR）、46 辆各种军用车辆、61 门火炮、2 套浮桥。该基地辖摩步第 409、421 团、炮兵第 817 团、通信第 889 营和第 65 炮兵分队

 第 102 军事基地（亚美尼亚久姆里）

第 137 军事基地（格鲁吉亚瓦兹阿尼军事基地），原近卫第 171 军区培训中心

1999 年 10 月，第 137 军事基地辖：

摩步第 405 团，兵力 773 人，装备 31 辆主战坦克、70 辆装甲车辆、16 门火炮和 1 套浮桥

通信第 566 营，兵力 193 人，装备 5 辆 R-145BM 车载电台

独立直升机第 311 大队，兵力 161 人，装备 5 架 Mi-24 武装直升机和 5 架 Mi-8MT 运输直升机。摩步第 405 团接收了原总部位于库塔伊西的近卫摩步第 10 师的人员、装备

第 142 坦克修理厂（第比利斯）。1999 年 10 月兵力 20 人，装备包括 28 辆 T-72 主战坦克、103 辆装甲车辆和 2 门 2S3 "金合欢"自行榴弹炮

克哈瓦差乌里（阿扎尔）兵站。1999 年 10 月兵力 56 人，存储的装备有 29 辆步兵战车，其中 5 辆 BMP-1 和 24 辆 BMP-2

其他较小的单位，包括一个独立的直升机大队

历任司令：

米哈伊·卡尔波维奇·列万多夫斯基二级集团军级（1935 年 5 月—1937 年 6 月）

尼古拉·弗拉基米罗维奇·古比雪夫军级（1937 年 6 月—1938 年 2 月）

亚历山大·伊里奇·叶戈罗夫元帅（1938 年 2 月）

伊万·弗拉基米罗维奇·秋列涅夫军级（1939 年 2 月二级集团军级，1940 年 6 月授予大将军衔）（1938—1940 年）

米哈伊·格里戈里耶维奇·叶夫列莫夫中将（1940 年 8 月—1941 年 1 月）

德米特里·季莫费耶维奇·科兹洛夫中将（1941 年 1 月—8 月）

伊万·弗拉基米罗维奇·秋列涅夫大将（1942 年 2 月—5 月）

伊万·伊万诺维奇·马斯连尼科夫大将（1946 年 5 月 3 日—1947 年 1 月 16 日）

费奥多尔·伊万诺维奇·托尔布欣苏联元帅（1947 年 1 月 17 日—1949 年 10 月 17 日）

阿列克谢·因诺肯季耶维奇·安东诺夫大将（1950 年 1 月 1 日—1954 年 4 月 19 日）

伊万·伊万诺维奇·费久宁斯基上将（1955 年 8 月 8 日晋升大将）（1954 年 4 月 15 日—1957 年 10 月 18 日）

康斯坦丁·康斯坦丁诺维奇·罗科索夫斯基苏联元帅（1957 年 10 月 19 日—1957 年 12 月 31 日）

库兹马·尼基托维奇·加利茨基大将（1958年1月4日—1961年6月4日）

安德烈·特罗菲莫维奇·斯图琴科上将（1964年4月13日晋升大将）（1961年6月5日—1968年4月22日）

谢苗·康斯坦丁诺维奇·库尔科特金上将（1968年4月23日—1971年9月13日）

帕维尔·瓦西里耶维奇·梅利尼科夫上将（1971年9月14日—1978年2月5日）

奥列格·费奥多罗维奇·库利舍夫上将（1978年2月6日—1983年8月13日）

弗拉基米尔·米哈伊洛维奇·阿尔希波夫上将（1983年8月14日—1985年7月6日）

康斯坦丁·阿列克谢耶维奇·科切托夫上将（1985年8月5日—1988年4月23日）

伊戈尔·尼古拉耶维奇·罗季奥诺夫中将（1988年10月晋升上将）（1988年4月24日—1989年7月30日）

瓦列里·阿尼西莫维奇·帕特里克耶夫上将（1989年7月31日—1992年9月26日）

费奥多尔·米哈伊洛维奇·列乌特上将（1992年9月—1992年12月）

俄罗斯驻外高加索集群历任司令：

费奥多尔·米哈伊洛维奇·列乌特上将（1993年1月—1997年3月）

弗拉基米尔·瓦西里耶维奇·安德烈耶夫上将（1997年5月—2001年）

尼古拉·叶甫根尼耶维奇·佐洛托夫中将（2001年—2003年9月）

亚历山大·伊戈列维奇·斯图德尼金少将（2003年晋升中将）（2003年9月—2005年2月）

亚历山大·尼古拉耶维奇·别斯帕洛夫少将（2005年2月—8月）

安德烈·叶甫根尼耶维奇·波波夫少将（2005年8月—2007年）

巴库军区（БарВО，BarVO、BakVO）

[简史]

巴库军区领率机关由第69集团军野战领率机关组成，设在巴库，辖区包括阿塞拜疆苏维埃社会主义共和国和达吉斯坦苏维埃社会主义自治共和国。部队的主体是驻伊朗的第4集团军。

1945年秋，近卫骑兵第7军及近卫骑兵第14、16师调回巴库军区，1946年1月改编为近卫机械化第31师。

1945年12月30日，步兵第124军从基辅军区转隶。

1946年5月3日巴库军区撤销，阿塞拜疆划入外高加索军区，达吉斯坦划入北高加索军区。原巴库军区机关与第4集团军机关合并。步兵第124军军部、步兵第51、208师撤销，步兵第216师调巴库。

[序列]
1946年初序列：
步兵第124军(马哈奇卡拉)，辖3个师：
步兵第51师(马哈奇卡拉)
步兵第208师(哈萨维尤尔特)
步兵第216师(杰尔宾特)
近卫骑兵第7军(纳希切万)，辖近卫骑兵第14、16师，1946年1月改近卫机械化第31师

历任司令：
弗拉基米尔·雅科夫列维奇·科尔帕克奇上将(1945年7月9日—1946年2月24日)
伊万·伊万诺维奇·马斯连尼科夫大将(1946年2月24日—1946年5月6日)

第比利斯军区(ТбилВО，TbilVO)
[简史]
1945—1946年的一个边防军区。统率机关由外高加索方面军野战统率机关和第27集团军机关组成，驻第比利斯，辖格鲁吉亚和亚美尼亚2个苏维埃社会主义共和国。

战后第比利斯军区编入了高加索方面军第45集团军及方面军直属部队。

1945年9月，从喀尔巴阡军区调入了第18集团军司令部，下辖原高加索方面军的步兵第12、13军。

1945年10月，从中央集群撤回了近卫第7集团军司令部，驻埃尔温，下辖原隶属第45集团军的部队，步兵第45集团军缩编为步兵第19军。

1946年5月，第比利斯军区撤销。

[序列]

1945年秋第比利斯军区序列：

第18集团军（苏呼米）

步兵第12军（苏呼米），辖步兵第296师（波蒂）、第151筑垒地域（苏呼米）

步兵第13军（库塔伊西），辖步兵第392师（祖格迪迪）、步兵第407师（库塔伊西）

近卫第7集团军（埃尔温）

步兵第19军（前第45集团军）（巴统），辖3个师：

  步兵第261师（列宁纳坎）

  步兵第349师（阿哈尔齐赫）

  步兵第402师（巴统）

集团军直属：

第51筑垒地域（巴统）

第55筑垒地域（列宁纳坎）

第69筑垒地域（埃奇米阿津）

第78筑垒地域（阿哈尔齐赫）

第116筑垒地域（阿哈尔卡拉基）

历任司令

谢尔盖·格奥尔基耶维奇·特罗菲缅科上将（1945年7月9日—1946年4月）

米哈伊·伊万诺维奇·奥济明中将（1946年4月—1946年5月6日）

9. 北高加索军区（СКВО，SKVO）

全称：红旗北高加索军区

[简史]

根据人民委员会1918年5月4日命令组建，辖斯塔夫罗波尔、黑海、达吉斯坦3省和顿河、库班和捷列克3州。后辖区多次变动，1970年代末辖克拉斯诺达尔、斯塔夫罗波尔2个边疆区，达吉斯坦、卡巴尔达—巴尔卡尔、卡尔梅克、北奥塞梯、车臣—印古什5个苏维埃社会主义自治共和国和阿斯特拉罕、伏尔加格勒、罗斯托夫3州，统率机关驻顿河畔罗斯托夫。

第十章 第二次世界大战后的苏俄战区、军区、驻外集群沿革

工农红军中的赤卫队和志愿兵部队是北高加索军区首批组建部队的基础。军区成立了兵役委员会负责领导军事工作。鉴于国内南方局势日趋紧张,军区于 1918 年 7 月 19 日成立了军事委员会,该委员会实际上负责指挥北高加索的全部苏军。根据共和国革命军事委员会 1918 年 9 月 11 日命令,暂时撤销北高加索军区,组建南方面军。

遵照共和国革命军事委员会 1920 年 3 月 31 日命令,北高加索军区重建。开始仅组建了 1 个军区兵役委员会,4 月 22 日才将该委员会改编为军区统率机关。为集中指挥工农红军各部队在北高加索对积极活动的白卫军匪帮进行作战,8 月军区撤销,其职责由高加索方面军野战统率机关代行。

▲ 北高加索军区标志。

遵照共和国革命军事委员会 1921 年 5 月 4 日命令,北高加索军区第三次组建。29 日高加索方面军撤销,部分部队编入北高加索军区。1920 年代军区部队在库班河流域和北高加索参加剿匪,肃清哥萨克富农和其他反革命匪帮,并帮助苏维埃政权机关和当地居民恢复国民经济。军区利用战争间隙阶段对部队进行技术改装,建立健全部队组织机构和供应体制并创办各种军事院校。

苏德战争前夕,军区组建第 19 集团军和几个骑兵师,1941 年 10 月上旬组建第 56 集团军。军区提供物资补充了第 9 和第 37 集团军以及第 57 预备集团军。因苏军暂弃军区部分领土,北高加索军区统率机关从 1941 年 10 月 18 日至次年 7 月 29 日移驻阿尔马维尔,并为作战方面军培训补充兵员。据 1942 年 5 月 1 日统汁,北高加索军区各部队只有 5%-40% 的人有武器,某些要地甚至连一门高射炮也没有,军区也没有歼击航空兵。5 月 4 日,在罗斯托夫州建立了 70 多个歼击营,在奥尔忠尼启则建立了 48 个歼击营,在切掸印古什苏维埃社会主义自治共和国建立了 11 个歼击营,在卡巴尔达-巴尔卡尔社会主义自治共和国建立了 9 个歼击营。

克里木被德军占领后,中,由北高加索军区编成内调出归北高加索方向战线司令员直接指挥的有:1 个独立步兵军(辖步兵第 417 师、步兵第 138 旅、第 142 旅、第 113 旅和第 139 旅)、骑兵第 17 军(辖骑兵第 12 师、第 13 师、第 15 师和第 116 师)、独立步兵第 103 旅和步兵第 91 师。

1942 年 8 月初,军区统率机关和新建部队移防格鲁吉亚苏维埃社会主义共和国境内,

苏俄陆军 1941-2017

▲ 北高加索军区兵力部署。

第十章 第二次世界大战后的苏俄战区、军区、驻外集群沿革

归外高加索方面军司令指挥。21日北高加索军区撤销,在其统率机关基础上组建外高加索方面军统率机关。

北高加索的德国法西斯军队被歼后,遵照国防人民委员会1943年7月2日命令,北高加索军区第四次组建。军区统率机关在外高加索方面军统率机关基础上组建,驻阿尔马维尔,后移驻顿河畔罗斯托夫。军区继续执行为作战部队培训各种预备队的任务。军区组建的部队参加了解放乌克兰和白俄罗斯的战斗并出国作战,一直打到柏林和布拉格。其中许多部队因战功卓著荣获各种勋章,获"近卫"称号和各种荣誉称号。

苏德战争后,遵照国防人民委员会1945年7月9日命令,北高加索军区分编为3个军区:库班军区(辖区为克拉斯诺达尔边疆区,军区统率机关驻克拉斯诺达尔,在第60集团军机关的基础上成立,司令P.A.库罗奇金上将)、顿河军区(辖区包括罗斯托夫、斯大林格勒和阿斯特拉罕,其前身第61集团军机关)和斯塔夫罗波尔军区(在第59集团军机关和近卫骑兵机械化第1集群机关的基础上成立,总部设在斯塔夫罗波尔,司令I.T.科罗尼科夫中将,辖斯塔夫罗波尔、格罗兹尼军区、卡巴尔达和北奥塞梯ASSR)。

战后近卫骑兵第5军、步兵第6军编入了顿河军区。

1945年11月,顿河军区编入了从斯摩棱斯克转隶的步兵第60军。

1946年1月,从德国撤回了步兵第108军军部和步兵第372师(驻乌留平斯克)。1946年3月,步兵第108军军部撤销。

1946年2月24日,顿河军区改称北高加索军区,斯塔夫罗波尔和库班两军区则于5月初撤销。1946年5月,军区划入达吉斯坦。

1946年5月,步兵第23军撤销,调入步兵第12军军部接替。

1946年8月28日,达吉斯坦(原属库班军区)划入北高加索军区。

1946年夏,军区各步兵师改为步兵旅。

1948年5月8日,格罗兹尼州、北奥塞梯及其地域的部队转隶外高加索军区。

1948年6月,步兵第60军军部撤销。

▲ 被击毁的T-80坦克残骸,1994年12月。

由此，从 1946 年到 1948 年，北高加索军区撤销了步兵第 23、60 军军部和步兵第 3、9、15、22、29 旅，从外高加索调入步兵第 12 军军部，并从库尔斯克调入近卫步兵 3 旅（前近卫步兵 24 师），驻格罗兹尼。

1949 年始恢复部分师。

后为便于指挥，需要在顿河和库班河流域设 2 个军区。为此，根据 1949 年 6 月 14 日命令，达吉斯坦、格罗兹尼州在 6 月 17 日由外高加索军区划归北高加索军区。1949 年 8 月 22 日成立了顿河军区（统率机关驻顿河畔罗斯托夫）和新北高加索军区（统率机关驻克拉斯诺达尔辖克拉斯诺达尔、斯塔夫罗波尔边疆区、格罗兹尼州、达吉斯坦、卡巴尔达、北奥塞梯ASSR）。

1951 年，北高加索军区内的独立旅改师：近卫步兵第 3 旅，步兵第 8、11、39 旅开始恢复为近卫步兵第 24 师和山地步兵第 9、19、73 师（1954 年改步兵师）。编组如下：

山地步兵第 12 军（近卫步兵第 24 师，山地步兵第 19 师）

山地步兵第 29 军（山地步兵第 9、73 师）

到 1954 年 5 月 31 日，所有这些师都改为步兵师。

1953 年底，其余的旅改师：步兵第 30、46 和 18 旅改步兵第 295、372 师（1955 年春重排序号为步兵第 49、68 师）和机械化第 68 师。

1953 年 11 月 10 日，顿河军区编入北高加索军区。

1954 年 11 月 18 日，近卫骑兵第 5 师改近卫重型坦克第 18 师。

1955 年 4 月，近卫骑兵第 4 师解散。

1956 年夏，步兵第 49（295）师调巴库，转隶外高加索军区。

1960 年 6 月，第 6 军被解散。

1960 年代末，第 29 军军部和 5 个师——近卫坦克第 5 师（前近卫坦克第 18 师），摩步第 68、73、202（在摩步 19 师摩步 32 团基础上组建）、266（原 117）师调中国边境，组建了新的师替代它们，其中坦克第 51 师后来调后贝加尔军区，又组建了坦克第 14 师来替代。

战后头几年，北高加索军区官兵对高加索劳动人民恢复工厂、电站等企业方面大力支持，并完成了军区内排除地雷、炮弹和炸弹的大量工作。

1970—1980 年代，军区全体官兵继续努力，改进军政训练，提高战备水平。许多军区部队参加了"德维纳河"大演习和其他许多演习，演习中全体官兵表现出高超的战斗技能、顺利实施现代战斗的本领以及高度的政治素质和精神心理素质。军区设有许多年事院校，为武装力量培训业务熟练的专门人才。

苏军建军50周年之际，1968年2月22日，苏联最高苏维埃主席团命令授予北高加索军区红旗勋章以表彰军区在巩固国防和武装捍卫苏维埃国家的事业中做出的巨大贡献和在军政训练中取得的优异成绩。军区许多部队和机关因军政训练成绩突出荣获苏共中央、苏联最高苏维埃主席团和苏联部长会议颁发的奖旗、列宁诞辰纪念奖状和奖章。

1970年代末，坦克第14师开始扩编。

1980年代北高加索军区组建了第34、42军。

1984年，北高加索军区转隶南方向总司令，在这之前隶属总参。

1980年代末，北高加索军区驻有3个军——第12、34、42军，辖1个坦克师和10个摩步师（只有4个正规摩步师，相比1960年减少2个摩托化师）。

空中支援由空军第34集团军负责，军区内的空军主要是一些空军学院的训练部队，大约有10多个训练团。

防空由国土防空军第19集团军负责。下辖：

防空第12军（顿河畔罗斯托夫），辖2个歼击航空兵团（近卫83团、562团）、2个防空导弹旅（第80、93旅）和2个防空导弹团（第1244团，近卫第879团）、雷达第7旅；

防空第10师（阿斯特拉罕），辖近卫歼击航空兵第393团、防空导弹第54旅和3个防空导弹团（第466、631、815团）、3个雷达团（第64、77、93团）。

此外，在北高加索军区部署了一些战略导弹部队（如导弹第35师驻留至1981年），以及海军（黑海舰队和里海舰队）的一些单位。

坦克第14师于1989年改内务部第100师。

摩步第160师于1989年改第4770存储基地。

1989年末始，军区编入从东欧和高加索撤回的部队：

• 伏尔加格勒——近卫第8集团军（缩编为近卫第8军）司令部，近卫摩步第20师（缺近卫摩步29、67团），摩步第33、41团（摩托化步兵第207师），防空导弹第67旅，汽运第64旅

• 弗拉季高加索（前奥尔忠尼启则）——近卫坦克第12师（与摩步第19师合并），防空导弹第481团

• 新罗西斯克——近卫空降第7师

- 斯塔夫罗波尔——独立空降第 21 旅
- 阿克塞——GRU独立第 22 旅
- 兹纳缅斯科耶——近卫导弹第 114、164 旅
- 阿斯特拉罕——导弹第 464 旅
- 迈科普——加农炮兵第 290 旅，炮兵侦察第 2323 团
- 库班河畔斯拉维扬斯克——加农炮第 308 旅
- 别克托夫斯克——防空导弹第 67 旅
- 米查伊洛夫斯克——GRU独立专线第 154 旅
- 斯捷普诺耶——汽运第 64 旅
- 布伊纳克斯克——近卫摩步第 204 团（近卫摩托化步兵第 94 师）
- 克列涅夫斯基——独立直升机第 55 团
- 叶戈尔里克斯卡亚——独立直升机第 325 团
- 布琼诺夫斯克——独立直升机第 487 团
- 克鲁泡特金——防空导弹第 814 团和突击工兵第 37 团
- 克拉斯诺达尔——独立通信第 91 团
- 泽尔诺格勒——独立后方通讯第 206 团

1990 年底，北高加索军区共有约 8 万军队、750 辆坦克、750 装甲车、600 门火炮、迫击炮和多管火箭炮系统、40 架武装直升机和运输直升机。

到 1990 年代初，高加索地区的民族、独立问题激化，原有的军相继扩编为第 48、49、58 集团军。

但 1992 年初，车臣分裂势力掠夺了车臣境内几乎所有的武器、装备和弹药（主要来自近卫第 173 训练中心、内务部第 566 团、第 382 训练团、防空导弹第 815 团），包括 2 具战术导弹发射架、42 辆坦克（T-54 和 T-72）、34 辆步兵战车、14 辆装甲输送车、44 辆 MT-LB、139 门火箭炮、89 件反坦克武器、30 台防空系统（5 具防空导弹发射架、9 门火炮和 16 门高射炮）、88 具单兵防空导弹系统、105 具 S-75 防空导弹、37795 件轻武器、942 辆汽车、266 架教练机（L-29、L-39）、27 列车的弹药和其他装备。

北高加索军区部队参加了第一、第二次车臣战争和北奥塞梯战争。

[序列]

1941年6月北高加索军区序列：

第一线部队包括

步兵第64军（步兵第165、175师，军长A.D.库列绍夫少将）

机械化第26军（2个坦克师和摩托化第203师）

山地步兵第28师

步兵第157师

5月份组建第19集团军，1941年6月由军区司令伊万·科涅夫率领参加与德军战斗，还组建了骑兵第50和第53师，编入了西方面军

1945年秋顿河军区序列：

步兵第6军（斯大林格勒），辖步兵第10、109、327师

近卫骑兵第5军（新切尔卡斯克），辖近卫骑兵第11、12师

1946年夏北高加索军区序列：

步兵第6军（斯大林格勒），辖：

 步兵第46旅（乌留平斯克，步兵第372师）

 步兵第15旅（卡梅申，步兵第252师）

 步兵第18旅（斯大林格勒，步兵第266师）

步兵第12军（奥尔忠尼启则），辖：

 步兵第11旅（奥尔忠尼启则，步兵第19师1946年5月改，1949年8月恢复师）

 步兵第3旅（纳尔奇克，步兵第217师）

 步兵第30旅（沙利，步兵第295师）

步兵第29军（克拉斯诺达尔），辖：

 步兵第8旅（驻克拉斯诺达尔，步兵第9师）

 步兵第9旅（阿尔马维尔，步兵第102师）

 步兵第39旅（新罗西斯克，步兵第73师）

步兵第60军（阿斯特拉罕），辖：

 步兵第22旅（阿斯特拉罕，步兵第154师）

步兵第 29 旅（埃利斯塔，步兵第 251 师）

直属：

近卫骑兵第 5 师（新切尔卡斯克），前近卫骑兵第 5 军

近卫骑兵第 4 师（克拉斯诺达尔），前近卫骑兵第 4 军

1957 年 7 月 1 日北高加索军区序列：

第 6 军（伏尔加格勒），辖 2 个师：

 摩步第 68 师（乌留平斯克），前步兵 68/372 师

 摩步第 117 师（伏尔加格勒），前机械化第 68 师，步兵第 266 师

第 29 军（克拉斯诺达尔），辖 2 个师：

 摩步第 80 师（迈科普），前步兵第 9 师

 山地摩步第 73 师（新罗西斯克）

第 12 军（奥尔忠尼启则），辖 2 个师：

 摩步第 92 师（奥尔忠尼启则），前步兵第 19 师

 近卫摩步第 42 师（格罗兹尼），前近卫步兵第 24 师

直属：近卫坦克第 18 师（新切尔卡斯克），前近卫骑兵第 5 师，之前近卫骑兵第 5 军

1989 年初北高加索军区序列：

第 42 军（奥尔忠尼启则）

 摩步第 19 师（奥尔忠尼启则〈弗拉季高加索〉），前步兵第 19 师

 第 887 训练中心（普罗赫拉德内），前摩步 268 师（动员）

第 12 军（克拉斯诺达尔）

 摩步第 9 师（迈科普），前步兵第 9 师

 第 880 训练中心（新罗西斯克），前摩步第 156 师（动员）

第 34 军（伏尔加格勒）

 摩步第 82 师（伏尔加格勒），摩步第 266 师分拆

 第 881 训练中心（乌留平斯克），前摩步第 197 师

直属：

坦克第 14 师（新切尔卡斯克）

摩步 160 师（动员）（叶伊斯克）

近卫第173训练中心（格罗兹尼），前近卫步兵第24师

后警第239师（伏尔加格勒）

炮兵：

近卫炮兵第110师（布伊纳克斯克），前炮兵第19师近卫大威力榴弹炮第32旅

2006年北高加索军区序列：

摩步第42师（车臣格罗兹尼汉卡拉）

近卫摩步第20师（含近卫空中突击第56旅改的近卫团）

独立摩步第33团（伏尔加格勒）

摩步第131旅，原摩步第9师

第58集团军（弗拉季高加索）

摩步第19师

近卫摩步第136旅

其他旅团

空防第4集团军

驻南高加索集群

里海舰队

新组建的山地摩步第33、34旅

2010年北高加索军区序列：

近卫（山地）摩步第8旅（博尔佐伊），装备BMP

独立特种第10旅（摩尔基诺）

近卫摩步第17旅（沙利），装备MT-LBV

近卫摩步第18旅（汉卡拉和加里宁斯卡亚），装备BTR

摩步第19旅（弗拉季高加索）

近卫摩步第20旅（伏尔加格勒），装备BMP

近卫特种第22旅（巴泰斯克）

独立（山地）摩步第33旅（波特利克），装备MT-LBV

独立（山地）摩步第34旅（泽连丘克斯卡亚），装备MT-LBV

近卫独立空降第56旅（卡梅申）

独立（实验）侦察第 100 旅，在莫兹多克新成立

近卫摩步第 136 旅（布伊纳克斯克），装备 BMP

独立摩步第 205 旅（布琼诺夫斯克），装备 MT-LBV

近卫第 4 军事基地（南奥塞梯）

第 7 军事基地（阿布哈兹）

第 102 军事基地（亚美尼亚）

独立摩步第 73 旅（埃里温）

独立摩步第 76 旅（久姆里）

导弹和炮兵单位：

近卫导弹第 1 旅（克拉斯诺达尔）

炮兵第 291 旅（迈科普）

近卫火箭炮第 439 旅（兹纳缅斯克）

多管火箭炮第 943 团（迈科普）

第 7016 炮兵存储基地（迈科普）

独立炮兵侦察第 573 营

防空单位：

防空导弹第 67 旅（伏尔加格勒），装备 9K37 导弹

第 1138 防空指挥中心

雷达单位：

独立无线电技术第 131 营（顿河畔罗斯托夫）

独立无线电技术第 48 营（弗拉季高加索）

工兵单位：

工程第 11 团（普罗霍拉德）

独立工兵第 57 营

NBC 部队：

独立 NBC 第 118 营（弗罗洛沃）

喷火第 860 营（十月镇）

通信部队：

（通信枢纽）通信第 175 旅

（广域）通信第 176 旅

▲ 俄军第 58 集团军进入南奥塞梯，2008 年 8 月。

独立通信第 234 团

独立（后方）通信 148 营

独立通信第 395 营

独立电子对抗第 97 营（弗拉季高加索）

独立第 1270 电子对抗中心（科瓦列夫卡）

其他单位：

物资保障第 32 团（斯塔夫罗波尔）

运输第 474 营（米列罗沃）

近卫（山地）空降第 7 师（新罗西斯克）（直属俄罗斯空降兵司令部〈VDV〉）

近卫空降第 108 团（新罗西斯克）

近卫空中突击第 247 团（斯塔夫罗波尔）

近卫炮兵第 1141 团（阿纳帕）

北高加索军区（顿河军区Ⅰ）历任司令：

安德烈·叶甫根尼耶维奇·斯涅萨列夫（1918 年 5 月—6 月）

A.N. 科瓦列夫斯基（1918 年 6 月—8 月）

克列门特 叶夫列莫维奇·伏罗希洛夫（1918 年 8 月—9 月）

格列戈里·德米特里耶维奇·巴济列维奇（1920 年 4 月—8 月）

克列门特 叶夫列莫维奇·伏罗希洛夫（1921 年 5 月—1924 年 5 月）

尼古拉·伊万诺维奇·穆拉洛夫（1924 年 5 月—1925 年 2 月）

叶罗尼姆·彼得罗维奇·乌博列维奇（1925 年 2 月—1927 年 11 月）

伊万·帕夫洛维奇·别洛夫（1927 年 11 月—1931 年 6 月）

尼古拉 德米特里耶维奇·卡希林（1935 年授予二级集团军级军衔）（1931 年 6 月—1937 年 6 月）

谢苗·康斯坦丁诺维奇·铁木辛哥军级（1937 年 6 月—9 月）

谢尔盖·叶菲莫维奇·格里博夫军级（1937 年 9 月—1938 年 3 月）

弗拉基米尔·雅科夫列维奇·卡恰洛夫军级（1940 年 6 月授予中将军衔）（1938 年 3 月—1940 年 6 月）

米哈伊·格里戈里耶维奇·叶夫列莫夫中将（1940 年 6 月—8 月）

费多尔·伊斯多罗维奇·库兹列佐夫少将（1940 年 8 月—12 月）

伊万·斯捷潘诺维奇·科涅夫中将（1941年1月—6月）

马科斯·安德烈耶维奇·列伊捷尔中将（代理，1941年6月—8月）

费多尔·尼基塔·列梅佐夫中将（1941年8月—10月）

维谢沃罗德·尼古拉耶维奇·谢尔盖耶夫中将（代理，1941年10月—1942年1月）

弗拉基米尔·尼古拉耶维奇·库尔久莫夫中将（1942年1月—8月，1943年6月—1944年4月）

尼古拉·库兹明·克雷科夫中将（1944年4月—1945年6月）

帕维尔·阿列克谢耶维奇·别洛夫上将（1945年7月9日—1948年4月19日）

弗拉基米尔·扎哈罗维奇·罗曼诺夫斯基上将（1948年4月20日—1949年5月16日）

谢尔盖·格奥尔基耶维奇·特罗菲缅科上将（1949年5月16日）

伊万·伊万诺维奇·博伊科夫中将（代理，1952年6月—1953年4月19日）

尼古拉·巴甫洛维奇·普霍夫上将（1953年4月20日—1953年11月）

安德烈·伊万诺维奇·叶廖缅科大将（1955年3月晋升苏联元帅）（1953年11月—1958年4月16日）

伊萨·亚历山大罗维奇·普利耶夫上将（1962年4月晋升大将）（1958年4月17日—1968年6月27日）

亚历山大·捷连季耶维奇·阿尔图宁中将（1969年2月晋升上将）（1968年6月28日—1970年10月1日）

德米特里·伊万诺维奇·利托夫采夫坦克兵中将（1971年2月晋升上将）（1970年10月2日—1976年5月27日）

瓦列里·阿列克赛德罗维奇·别利科夫坦克兵中将（1977年4月晋升上将）（1976年5月28日—1979年8月26日）

斯坦尼斯拉夫·伊万诺维奇·波斯特尼柯夫中将（1979年10月晋升上将）（1979年8月27日—1980年8月3日）

弗拉基米尔·基里尔洛维奇·梅列茨科夫上将（1980年8月4日—1984年8月22日）

弗拉基米尔·瓦西里耶维奇·斯科科夫中将（1984年10月晋升上将）（1984年8月23日—1986年9月2日）

列夫·谢尔盖耶维奇·舒斯特科中将（1987年5月晋升上将）（1986年9月3日—

1993年6月29日）

阿列克谢·尼古拉耶维奇·米秋欣上将（1994年12月解除前线指挥职务）（1993年6月30日—1995年2月）

阿纳托利·瓦西里耶维奇·克瓦什宁上将（1995年2月—1997年7月）

维克多·格尔马诺维奇·卡赞采夫上将（2000年2月晋升大将）（1997年7月—2000年5月）

根纳季·尼古拉耶维奇·特罗舍夫上将（2000年5月—2002年12月18日）

弗拉基米尔·安纳托利耶维奇·博尔德列夫上将（2003年12月12日晋升大将）（2002年12月18日—2004年7月19日）

亚历山大·伊万诺维奇·巴拉诺夫大将（2004年7月19日—2008年5月26日）

谢尔盖·阿法纳西耶维奇·马卡罗夫上将（2008年5月26日—2010年1月11日）

亚历山大·维克多罗维奇·加尔金中将（2010年1月13日—2010年9月）

顿河军区(ДонВО，DonVO)

[简史]

曾设立于1945年7月—1946年2月和1949年8月—1953年11月，在北高加索军区（第二和第四次组建）划分时组建，辖罗斯托夫、斯大林格勒和阿斯特拉罕3州，军区统率机关和司令部设在顿河畔罗斯托夫，顿河军区履行内地军区职责。1946年2月4日，高加索军区第四次组建时军区改为北高加索军区，1953年11月9日高加索军区第五次组建时编入北高加索军区。

顿河军区(II)历任司令：

弗拉基米尔·扎哈罗维奇·罗曼诺夫斯基上将（1949年1月19日—1952年8月22日）

尼卡诺尔·德米特里耶维奇·扎赫瓦塔耶夫上将（1952年9月19日—1953年11月1日）

库班军区(КубВО，KubVO)

[简史]

遵照国防人民委员会1945年7月9日命令，库班军区领率机关在第60集团军机关的基础上成立,辖区为克拉斯诺达尔边疆区、阿迪格民族自治区,军区统率机关驻克拉斯诺达尔。1946年2月4日改地方军区,1946年5月6日撤销,辖区和部队并入北高加索军区

1945年秋库班军区序列:
步兵第29军(克拉斯诺达尔),辖4个师:
步兵第9师(克拉斯诺达尔)
步兵第73师(新罗西斯克)
步兵第102师(阿尔马维尔)
步兵第217师(纳尔奇克)

历任司令:
帕维尔·阿列克谢耶维奇·库罗奇金上将(1945年7月—1946年5月)

斯塔夫罗波尔军区(СтавВО,StavVO)
[简史]
遵照国防人民委员会1945年7月9日命令,斯塔夫罗波尔军区领率机关在第59集团军机关和第1近卫机械化骑兵集群机关的基础上成立,总部设在斯塔夫罗波尔,辖斯塔夫罗波尔、格罗兹尼州、卡巴尔达-巴尔卡斯和北奥塞梯ASSR。1946年2月5日改为地方军区,1946年5月6日撤销,辖区和部队转隶北高加索军区。

1946年初斯塔夫罗波尔军区序列:
步兵第23军,辖3个师:
步兵第19师(奥尔忠尼启则)
步兵第252师(格罗兹尼,后调至卡梅申)
步兵第303师(涅温诺梅斯克)

历任司令:
伊万·捷连捷维奇·科罗尼科夫中将(1945年7月9日—1946年2月)
梅耶·费奥多罗维奇·雅科夫列夫中将(1946年2月—1946年5月)

斯大林格勒军区（СтлВО，StlVO）

[简史]

1941—1943年一个内地军区，1941年11月组建。军区统率机关是在哈尔科夫军区统率机关（1942年8—9月设在阿斯特拉罕）基础上组建的，辖斯大林格勒州（不含3个区）、罗斯托夫州北部地区、卡尔梅克苏维埃社会主义自治共和国、阿斯特拉罕行政区和西哈萨克州的4个区。1941—1942年，军区在构筑防御地域和地区、组建预备队、组织部队训练方面做了大量工作。

1942年8月奉最高统帅部大本营之命，军区在作战指挥方面由东南方面军司令负责。9月，军区统率机关改编为第28集团军野战统率机关。

1943年7月军区复建，统率机关驻斯大林格勒。第二次组建后，军区辖斯大林格勒州、罗斯托夫州北部地区、卡尔梅克苏维埃社会主义自治共和国、阿斯特拉罕行政区。后来哈尔科夫和伏罗希洛夫格勒2州划入该军区，军区再次担负预备队和部队的组训任务。1943年10月辖区和驻军转归北高加索军区，统率机关改编为基辅军区统率机关。

历任司令：

尼古拉·弗拉基米罗维奇·费克连科坦克兵少将（1941年11月—1941年12月）

瓦西里·菲利波维奇·格拉西缅科中将（1941年12月—1942年9月）

维克多·瓦西里耶维奇·科夏金中将（1943年7月—1943年10月）

10.伏尔加河沿岸军区（ПриВО，PriVO）

全称：红旗伏尔加河沿岸军区

[简史]

根据人民委员会1918年5月4日法令，红军组建了伏尔加河沿岸军区，最初辖奔萨、辛比尔斯克、萨拉托夫、萨马拉、阿斯特拉罕5省和乌拉尔州，以后辖区屡次改变，1941年11月分拆南乌拉尔军区（总部奥伦堡，辖奥伦堡州、巴什基里亚、阿克纠宾、古里耶夫和西哈萨克斯坦军区、哈萨克苏维埃社会主义共和国）。战争结束后，近卫第3集团军机关改新的伏尔加河沿岸军区机关。1945年8月，分拆在第48集团军机关基础上组建的喀山军区（总部喀山，建立在基洛夫军区机关基础上，辖马里、塔塔尔、楚瓦什和乌德穆尔特自治苏维埃社会主义共和国，司令尼古拉·古谢夫上将）。此时，伏尔加河军区的辖区为古比雪夫、奔萨、萨拉托夫、乌里扬诺夫斯克州。喀山和高尔基军区撤销（1946年）后划入巴什基尔、马里、鞑靼人、楚瓦什自治共和国，南乌拉尔军区撤销（于1958年）后划入奥伦堡州。1978年，军区辖俄罗斯联邦的古比雪夫、奥伦堡、萨拉托夫、乌里扬诺夫斯克和奔萨5州以及鞑靼、巴什基尔、马里、莫尔多瓦和楚瓦什5个自治共和国，统率机关驻古比雪夫。

伏尔加河沿岸军区是在苏维埃共和国同外国武装干涉军和国内反革命联合势力进行激烈斗争条件下，根据列宁的判断革命的命运将取决于"喀山—乌拉尔—萨马拉战线"时组建的。在复杂的情况下，军区统率机关顺利完成组织和实施动员，新部队的组建、人员训练和将部队派赴各作战地域等任务。1919年8月，遵照共和国革命军事委员会命令，军区组建了共和国预备军，同时进行了指挥员的训练。国内战争中，伏尔加河沿岸军区组建的并在东方面军屡建战功的许多兵团调南方面军和其他方面军，继续对反革命势力作战。遵照人民委员会1920年4月20日决定，由伏尔加河沿岸军区辖区中划出伏尔加河中下游左岸军区，辖区包括萨马拉、阿斯特拉罕、奥伦堡和察里津4省和乌拉尔州，军区主要任务是向土耳其斯坦方面军提供人员补充和物资供应。对地主资产阶级波兰的战争一爆发，伏尔加河中下游左岸军区就不断将预备兵员派赴西方面军和西南方面军。伏尔加河中下游左岸军区在继续为作战方面军培训各种预备队的同时，于1920年上半年着手将所属部分军队转为劳动集团军。如土耳其斯坦方面军第4集团军转隶该军区不久即被改编为革命劳动第2集团军，司令部驻萨拉托夫。1921年9月伏尔加河中下游左岸军区撤销，辖区和部队编入伏尔加河沿岸军区。苏维埃共和国许多著名党、国务、军事活动家和国内战争英雄如V.K.布柳赫尔、V.V.古比雪夫、V.I.梅日劳克、I.I.梅日劳克、M.H.图哈切夫斯基、M.V.伏龙芝、V.I.恰帕耶夫（夏伯阳）、H.M.什韦尔尼克等在国内战争中于伏尔加河沿岸军区参加了军区组建、全体官兵的教育训练和部队的指挥。国内战争后，伏尔加河沿岸军区部分军队参加了阿斯特拉罕、察里津、萨拉托夫、萨马拉各省和国内其他地域的剿匪，并参加平定喀琅施塔得叛乱（1921年）和中亚巴斯马赤匪帮。1923—1924年，军区将部队改为混编体制（基干制和地方民兵制相结合）。这时还组建了民族军队（加尔梅克和巴什基尔骑兵兵团）。尔后数年，各师均改为统一的组织编制。军区部队进行了技术改造，提高了战术和射击训练水平。"二战"前，军区采取各种措施，以便进一步提高军队的战斗准备水准。截至1939年底，所有特种兵师和部队均改为基干制。军区组建的步兵第57师参加了1939年的哈拉哈河战斗。1940—1941年，军区进行了组建、训练和向各边防军区派遣新编部队的大量工作。如1941年6月，第21集团军在本区组建完毕并被派往西部方向作战。

第十章 第二次世界大战后的苏俄战区、军区、驻外集群沿革

苏德战争初期及其进程中，组训和派遣新部队的工作更加繁重。第二次世界大战中，5个集团军、132个师、65个独立团、253个独立营在伏尔加、乌拉尔军区组建，参军人员达200万。波兰和捷克斯洛伐克部队也在伏尔加军区境内组建。到1941年9月1日，伏尔加军区组建了步兵第334、336、338、340、342、344、346、348、350、352、354、356、358、360师，加上骑兵第46、89、91师。战争时期，军区的145所中高级军校为苏军培训了大批指挥、政工和技术干部，军区组训的许多部队对德国法西斯占领军作战，屡建战功，因而荣获最高奖赏。

战后步兵第123军撤回伏尔加沿岸军区，驻古比雪夫，辖3个师。

1946年5月喀山军区撤销后，其原辖的步兵第53军军部及步兵第17、96师转隶伏尔加沿岸军区。

1946年夏，步兵第29、43、17、96、376师分别改步兵第10、21、1、26、48旅。

1947年，步兵第1旅撤销，步兵第48旅调土耳其斯坦军区。

1953年恢复了步兵第29、43、96师，步兵第29师改编为机械化第63师。

1955年春，步兵第123军改步兵第40军，1957年春改第40军。

1957年，步兵第43、96师改摩步第43、96师，机械化第63师改摩步第110师。

1958年初，军区编入了解散的南乌拉尔军区的摩步第44、130师。

1959年3月，摩步第44师也解散，其摩步第118团（布祖卢克，1978年调古比雪夫）、摩步第126团（奥伦堡，后迁古比雪夫）转隶摩步第43师，原属摩步第43师的摩步第74、147团解散。

1960年10月，撤销了第40军。

1964年5月，摩步第43师改训练师。

1968年4月，摩步第29师调远东，在其摩步第433团基础上，组建了摩步第213师，同时开始在军区内组建备份师（影子师）等部队。

战胜法西斯德国后，军区进行了整编，将所属部队和各级军事机关改为平时编制，并安排部队进行有计划的军政训练，还改进了训练基地的器材设备。军区十分重视战争经验的研究和总结并将其运用到部队、各级司令部和军校训练实践中去。1950年代各军事领域发生的根本变革、新式武器和新军事技术装备的出现急剧地改变了军区部队的训练性质，要求掌握使用核武器条件下的作战方法。1954年9月14日，在奥伦堡州托茨科耶北（当时奥伦堡地区属于南乌拉尔军区）举行了G.朱可夫元帅的领导下的托茨科耶核演习，使用了真正的核武器，检验了核条件下的联合兵种进攻，约4.5万名

士兵参加演习。

20世纪60—80年代，伏尔加河沿岸军区进行了一系列实验和研究性演习。在苏联国防部计划实施的演习中，军区部队表现出强大的战斗力和高超的战斗技能。到1978年，军区有18所各类专业军校，为武装力量培训各级军官，曾在这些军校受训的人有很多日后成为军事首长，如V.F.托卢布科大将、K.A.韦尔希宁空军主帅、O.A.洛西克坦克兵元帅、A.I.波克雷什金空军元帅、H.A.加根、D.A.德拉贡斯基、I.S.波尔宾等将军以及航天员Y.A.加加林和G.V.萨法诺夫。

伏尔加河沿岸军区的全体官兵以"身居列宁故乡，就要像列宁那样服务和工作"为座右铭，再接再厉继续提高自己的军政素质。军区在巩固国防和武装保卫苏维埃国家的事业中贡献巨大并在军政训练中成绩优异，为此，1974年1月15日，苏联最高苏维埃主席团命令授予红旗勋章以资表彰。 军区许多部队荣获苏联各种勋章和苏共中央、最高苏维埃主席团、苏联部长会议颁发的奖章、列宁诞辰纪念奖状和奖章以及苏联国防部长颁发的"勇敢和军人英勇精神"奖旗。

1980年代，军区隶属国防部，在其领土上驻扎3个摩步师。莫斯科防空区和乌拉尔军区防空第4集团军进行国土防空。

伏尔加河沿岸军区部署了战略火箭军导弹第31集团军（奥伦堡）司令部和导弹第13、14、60师。

军区部署有众多的后勤设施和仓库，以及培训和预备役部队，如后备炮兵第248旅、后备防空导弹第284旅、后备防空导弹第365旅、后备雷达第49旅、后备防空导炮第2320团。

1989年，军区共有约9万名士兵、400辆坦克、700装甲车、200门火炮、迫击炮和火箭炮系统、200架武装直升机和运输直升机。

1989年9月1日，伏尔加河沿岸军区和乌拉尔军区合并为伏尔加河沿岸—乌拉尔军区(UrVO)，司令部驻古比雪夫。同时原伏尔加河沿岸军区改组为第43集团军，摩步第96师改第5409存储基地。

伏尔加河沿岸—乌拉尔军区下辖多支著名的汽运部队，如汽运第9、13、17、27、28、40、46旅。

1990年11月，全军区陆军约6万名士兵，装备了400辆坦克、600辆装甲车、100门火炮、迫击炮和多管火箭炮系统、50架武装直升机和运输直升机。

1992年7月7日，伏尔加河沿岸—乌拉尔军区重新分拆为伏尔加河沿岸军区和乌拉尔军区。

1993年12月10日,伏尔加沿岸军区编入从德国撤回的近卫坦克第2集团军,驻萨马拉。

1992年7月7日,编入自欧洲和外高加索撤回的部队:

• 托茨科耶——近卫摩托化步兵第27师,近卫炮兵第385旅
• 萨马拉——近卫坦克第90师,近卫特种第3旅,物资供应第112旅,独立直升机第793团,独立近卫专线第250团,独立近卫通信第5团
• 乌里扬诺夫斯克——近卫空降第104师(整编为近卫空降第31旅)
• 奔萨——导弹第36旅
• 卡缅卡——导弹第458旅
• 谢尔多布斯克——独立直升机第367团
• 马克思——独立红旗雷达第40旅
• 卡梅什洛夫——导弹第119旅
• 奥伦堡——独立直升机第238团,专线第139旅,防空导弹第202旅(1989年8月撤回白采尔科维,两年后调纳罗—福明斯克)

1995年,伏尔加河沿岸军区装备1200辆坦克、1200辆装甲战车、750门火炮。

1998年7月,伏尔加河沿岸军区所属科米共和国划归列宁格勒军区。2001年9月,伏尔加河沿岸军区和乌拉尔军区再次合并为伏尔加河沿岸—乌拉尔军区。

[序列]

1945年秋序列:

步兵第123军(古比雪夫),辖3个师:

步兵第29师(希哈内)

步兵第43师(古比雪夫)

步兵第376师(谢尔多布斯克)

1987年初伏尔加河沿岸军区序列:

第43摩步训练师(罗辛斯基),1987年9月改第469训练中心

摩步第96师(喀山),"二战"步兵第96师,1989年9月改第5509存储基地,1993年撤销

摩步第 213 师（托茨科耶），1992 年解散，其摩步第 433 团、防空导弹第 838 团并入德国撤回的近卫摩步第 27 师

摩步第 130 师（动员）（古比雪夫），1970 年组建，摩步第 43 师的备份师于 1987 年 9 月撤销

摩步第 274 师（动员）（古比雪夫州克里日），1970 年组建，也是摩步第 43 师的备份师，1987 年撤销

摩步第 166 师（动员）（阿尔基诺市），1987 年 9 月改第 105 训练中心，1989 年 10 月撤销

摩步第 248 师（动员）（乌德穆尔特ASSR萨拉普尔），1987 年 9 月改第 1060 训练中心，1989 年 10 月撤销

伏尔加军区（1989 年 9 月 10 日后伏尔加河沿岸—乌拉尔军区）历任司令：

亚历山大·费多罗维奇·多尔古申（1918 年 5 月—8 月）

伊万·伊万诺维奇·梅日劳克（1918 年 8 月—1919 年 1 月）

I.L.科甘（1919 年 1 月—12 月）

帕维尔·亚历山德罗维奇·彼得里亚耶夫（1920 年 1 月—1920 年 12 月）

鲍里斯·伊萨耶维奇·戈尔德贝格（1920 年 12 月—1921 年 1 月）

德米特里·普罗科菲耶维奇·奥西金（1921 年 1 月—1923 年 5 月）

谢尔盖·维塔耶维奇·马尔切夫斯基（1923 年 6 月—1924 年 2 月）

亚历山大·伊格纳特耶维奇·谢任金（1924 年 2 月—1927 年 5 月）

格奥尔基·德米特里耶维奇·巴济列维奇（1927 年 5 月—1931 年 6 月）

鲍里斯·米哈伊洛维奇·沙波什尼科夫（1931 年 6 月—1932 年 4 月）

伊万·费多罗维奇·费季科（1935 年授予二级集团军级军衔）（1932 年 4 月—1935 年 11 月）

帕维尔·叶菲莫维奇·德边科二级集团军级（1935 年 11 月—1937 年 5 月）

米哈伊·尼古拉耶维奇·图哈切夫斯基元帅（1937 年 5 月）

米哈伊·格列戈里耶维奇·叶夫列莫夫军级（1937 年 5 月—12 月）

彼得·阿列克谢耶维奇·布良斯基赫军级（1937 年 12 月—1938 年 6 月）

基里尔·阿法纳西耶维奇·梅列茨科夫军级（1938 年 6 月—1939 年 1 月）

特里佛·伊万诺维奇·舍瓦尔金军级（1940 年 6 月中将）（1939 年 1 月—1940 年

第十章 第二次世界大战后的苏俄战区、军区、驻外集群沿革

6月）

瓦西里·菲利普罗维奇·格拉西缅科中将（1940年6月—1941年6月）

马特维·季莫费耶维奇·波波夫少将（1941年6月—11月）

斯捷潘·安德烈耶维奇·加里宁中将（1941年11月—1944年3月）

米哈伊·斯捷潘诺维奇·霍津上将（1944年3月—1945年7月9日）

瓦西里·尼古拉耶维奇·戈尔多夫上将（1945年7月9日—1946年6月28日）

瓦西里·阿列克赛德罗维奇·尤什克维奇上将（1946年7月—1950年4月）

尼古拉·瓦西里耶维奇·格里戈里耶维奇中将（代理，1950年4月—11月）

格奥尔基·尼基福罗维奇·皮列克列斯托夫中将（1950年11月—1953年10月11日）

瓦西里·伊万诺维奇·库兹涅佐夫上将（1953年10月12日—1957年6月2日）

弗拉基米尔·尼古拉耶维奇·科马罗夫上将（1957年6月3日—1960年4月17日）

安德烈·特罗菲莫维奇·斯图琴科上将（1960年4月18日—1961年6月）

伊万·格奥尔基耶维奇·帕夫洛夫斯基上将（1961年6月—1963年11月25日）

尼古拉·格奥尔基耶维奇·利亚先科上将（1963年11月26日—1965年12月3日）

尼古拉·瓦西里耶维奇·奥加尔科夫中将（1967年晋升上将）（1965年12月4日—1968年4月22日）

阿列克赛·米哈伊洛维奇·帕尔西科夫上将（1968年4月23日—1971年10月13日）

尤里·安德烈耶维奇·瑙缅科中将（1971年11月晋升上将）（1971年10月14日—1975年6月25日）

彼得·格奥尔基耶维奇·卢舍夫坦克兵中将（1976年2月晋升上将）（1975年6月26日—1977年11月23日）

弗拉基米尔·尼古拉耶维奇·孔奇茨中将（1978年2月晋升上将）（1977年11月24日—1981年6月11日）

阿纳托利·雅科夫列维奇·茹雅克霍夫中将（1981年6月12日—1985年6月12日）

瓦列里·阿尼西莫维奇·帕茨科耶夫上将（1985年6月13日—1989年8月10日）

阿尔伯特·米哈伊洛维奇·马卡舍夫上将（1989年8月11日—1991年8月30日）

阿纳托利·伊帕托维奇·谢尔盖耶夫中将（1991年10月晋升上将）（1991年8月31日—2001年3月24日）

喀山军区(КазВО，KazVO)

[简史]

1945—1946年的一个内地军区。统率机关1945年7月9日在第48集团军野战统率机关基础上组建，设在喀山。辖区包括基洛夫州和鞑靼、乌德穆尔特、马里、楚瓦什4个苏维埃社会主义自治共和国，执行内地军区的任务。苏德战争后，因部队复员转入和平状态。1946年2月改编为喀山地方军区，5月6日撤销，辖区和部队转隶伏尔加河沿岸军区。

[序列]

1945年8月序列：

步兵第10军（基洛夫），辖3个师：

步兵第87师（伊热夫斯克）

步兵第91师（萨拉普尔）

步兵第347师（基洛夫，稍后调彼尔姆）

步兵第53军（喀山），辖3个师：

步兵第17师（约什卡尔奥拉）

步兵第96师（喀山）

步兵第194师（约什卡尔奥拉，后调基洛夫）

历任司令：

P.I.利亚平中将，1945年8月—1945年10月

N.I.古谢夫上将，1945年10月—1946年5月

南乌拉尔军区（ЮУВО，YUUVO）

[简史]

1941年11月20日组建，辖区包括契卡洛夫州、哈萨克苏维埃社会主义共和国的西哈萨克、阿克纠宾斯克和古里耶夫3州以及巴什基尔苏维埃社会主义自治共和国。统率机关是在奥廖尔军区（第二次组建）统率机关基础上组建的，驻契卡洛夫（奥伦堡）市。苏德战争年代，军区的主要任务是为一线作战部队培训预备队和组建新部队，1941年12月到1942年1月3日组建了步兵第193师。军区还组建了后备部队、军事教导队和

各种军校。

1945年秋,步兵第84军(辖步兵第164、179、270师)撤回南乌拉尔军区。1946年5月,步兵第84军撤销,各师直属军区。1946年夏分别改步兵第16、27、41旅,1953年10月恢复为师,其中步兵第16旅改机械化第73师,步兵第179、270师改步兵第4、44师。

1956年,机械化第73师调驻亚美尼亚,调入步兵第18师(前步兵第194师)接替,并马上改编为机械化第43师。

1957年3月,步兵第4、44师,机械化43师分别改编为摩步第4、44、130师。

1958年1月15日因军区合并,南乌拉尔军区及其统率机关撤销,奥伦堡州转隶伏尔加河沿岸军区,巴什基尔苏维埃社会主义自治共和国转隶乌拉尔军区,哈萨克苏维埃社会主义共和国的3个州转隶土耳其斯坦军区,部队分别划归和编入伏尔加河沿岸军区、乌拉尔军区与土耳其斯坦军区。

[序列]
1945年秋序列:
步兵第84军(契卡洛夫),辖3个师:
步兵第164师(契卡洛夫)
步兵第179师(乌拉尔斯克)
步兵第270师(布祖卢克)

历任司令:
弗拉基米尔·尼古拉耶维奇·库尔久莫夫中将(1941年11月—1942年1月)
费多尔·尼基塔·列梅佐夫中将(1942年1月—1942年4月)
马特维尔·季莫费耶维奇·波波夫少将(1942年4月—1943年8月)
尼古拉·伊万诺维奇·杰门特耶夫少将(1943年8月—1943年9月)
马科斯·安德烈耶维奇·列伊捷尔上将(1943年9月—1945年7月8日)
格奥尔基·费奥多罗维奇·扎哈罗夫大将(1945年7月9日—1946年6月6日)
谢苗·康斯坦丁诺维奇·铁木辛哥元帅(1946年6月7日—1949年3月)
帕维尔·阿列克赛耶维奇·别洛夫上将(1949年3月—1955年6月22日)
雅科夫·格奥尔基耶维奇·克列伊泽尔上将(1955年6月23日—1958年1月15日)

伏尔加河沿岸—乌拉尔军区（ПУрВО，PUrVO）

[简史]

1989年9月10日，伏尔加河沿岸军区和乌拉尔军区合并为伏尔加河沿岸—乌拉尔军区，司令部驻古比雪夫。

1992年俄军建军后，把伏尔加河沿岸—乌拉尔军区重新分拆为伏尔加河沿岸军区和乌拉尔军区。

历任司令：

阿尔伯特·米哈伊洛维奇·马卡舍夫上将（1989年8月11日—1991年8月30日）
阿纳托利·伊帕托维奇·谢尔盖耶夫上将（1991年8月31日—2001年3月24日）

11. 乌拉尔军区（УрВО，UrVO）

全称：红旗乌拉尔军区

[简史]

遵照人民委员会1918年5月4日指令组建。军区辖区最初包括彼尔姆、乌法、维亚特卡、奥伦堡和喀山5省。此后辖区几经变动。1970年代末辖科米和乌德穆尔特苏维埃社会主义自治共和国，基洛夫、库尔干、彼尔姆、斯维尔德洛夫斯克和车里雅宾斯克5州，统率机关驻斯维尔德洛夫斯克。

乌拉尔军区是在国内战争的复杂条件下组建的，当时红军部队正在其辖区与反革命势力激战。在此情况下，军区和省、县、乡各级兵役委员会与当地党政机关一起执行动员和组扩建部队的任务并负责武器、被装和粮食的保障工作。1919年3、4月间，军区辖区大部被白卫军占领，因此军区兵役委员会移驻奔萨，其辖区临时包括阿斯特拉罕、奥伦堡、奔萨、萨马拉、萨拉托夫、察里津各省和乌拉尔哥萨克州。10月初，西乌拉尔军区组建，因而乌拉尔军区兵役委员会改称西乌拉尔军区兵役委员会。西乌拉尔军区辖叶卡捷琳堡、彼尔姆、乌法3省并临时包括车里雅宾斯克、托博尔斯克和鄂木斯克3省（至西西伯利亚组建军区止）。1920年11月，西乌拉尔军

▲ 俄军乌拉尔军区摩步团。

区统率机关在本军区兵役委员会基础上组建，主要任务是为西方面军和南方面军培训开赴前线的补充兵员。与此同时继续组建新部队，其中不少部队在国内战争各战场上不愧是英勇作战的典范，表现最为突出的部队（如步兵第37和第82团）分别荣获革命荣誉红旗。国内战争末期和战后，军区许多部队参加乌拉尔国民经济的恢复工作。1920年1月，根据乌拉尔全体官兵建议并经列宁批准，将第3集团军改编为革命劳动第1集团军。1922年4月21日西乌拉尔军区撤销，辖区和部队转归西西伯利亚和伏尔加河沿岸等军区。1923年，叶卡捷琳堡、彼尔姆、秋明和车里雅宾斯克4省及乌拉尔所有驻军划归和编入伏尔加河沿岸军区。

遵照苏联国防人民委员会1935年5月17日命令，乌拉尔军区复建，辖区包括巴什基尔苏维埃社会主义自治共和国、斯维尔德洛夫斯克州、车里雅宾斯克州和基洛夫边疆区。军区第二次组建是在国家社会主义工业化基础上对工农红军进行技术改装的条件下进行的，这就要求各级指挥员、政治机关和司令部大力加强组织工作，使部队尽快掌握新式武器和技术装备，培训出各种专业技术人员，并做好全体官兵的军政训练的改革工作。军区组建的步兵第82师参加了1939年的哈拉哈河战斗。军区部队的整个军政训练是吸取了苏军在哈桑湖、哈拉哈河战斗和苏芬战争中的经验组织实施的。为培训中级指挥人员和各级主管人员，军区开办了车里雅宾斯克第15军事航空学校、斯维尔德洛夫斯克、卡梅什洛夫、兹拉托乌斯特步兵学校及其他军事院校，三获"苏联英雄"称号的著名苏联王牌飞行员A.I.波克雷什金就是彼尔姆军事航空机械师学校的首批学员。

苏德战争爆发后，军区为作战部队培训了各种预备队。1941年6月，军区组建第22集团军。斯维尔德洛夫斯克州组建的步兵第153师在维捷布斯克和叶利尼亚城下的激战中表现极为突出，因而改称近卫步兵第3师，成为苏军首批近卫军之一。1941年夏秋两季，在组建新部队的同时，军区为各方面军培训补充兵员。为培训各兵种专业人员建立了各类训练中心、独立教导团和教导营。军区范围内开展了组建志愿部队的群众爱国运动。这些部队的军事技术装备由劳动人民自愿捐款和各工厂超额部分来解决。1941年11月，军区的一部分组建南乌拉尔军区（YUUVO）。

1942年春，由车里雅宾斯克和斯维尔德洛夫斯克共青团员志愿兵组建的首批坦克旅齐装满员派赴作战部队。1943年，根据乌拉尔劳动人民的倡议，组建了"乌拉尔—利沃夫"志愿坦克军。尔后军区一直为作战部队培训补充人员直至战争结束。

战争结束后，乌拉尔军区划出一部分到新组建的喀山军区，军区和第51集团军机关合并为新的乌拉尔军区（UrVO）机关，编入步兵第 63 军（辖步兵第 77、279、417 师）。后来步兵第 185 师从莫斯科军区调入，驻彼尔姆州昆古尔。

喀山和高尔基军区撤消后，辖区包括库尔干州、彼尔姆州（1957 年前为莫洛托夫州）、斯维里德洛夫斯克州、车里雅宾斯克州。编入步兵第 10 军和该军的 2 个师：步兵第 87 师（伊热夫斯克）、步兵第 91 师（萨拉普尔）。

1946 年夏，各师改旅。1947 年 3 月，驻昆古尔、伊热夫斯克步兵旅撤销。

1953 年，辖区增加了基洛夫州和乌德穆尔特ASSR.，编入了步兵第 194 师。

1958 年 1 月，南乌拉尔军区撤销，增加巴什基尔ASSR。

1960 年 3 月，乌拉尔军区增辖科米和秋明州。

战后，军区有计划地进行了完善军队技术装备和提高军队军政训练水平的工作。军区十分重视学习和运用苏德战争的经验及训练基地设备和器材的更新。军区每年实施各种演习，演习中对军队进行使用各种现代武器条件下的作战训练。各级军官的训练在军区的生活和活动中占有重要的地位，全区设有 9 所军校。经常的深入细致的党政工作，有助于训练教育任务的顺利执行并对提高部队的战备水平起到推动作用。

苏联最高苏维埃主席团于 1974 年 1 月 15 日命令授予乌拉尔军区红旗勋章，以表彰该军区在巩固国防和武装保卫苏维埃国家的事业中做出的巨大贡献，以及在军政训练中取得的优异成绩。军区许多部队和军事院校荣获苏联勋章，并荣获苏共中央、苏联最高苏维埃主席团和苏联部长会议颁发的奖旗、列宁诞辰纪念奖状和奖章。

到 1980 年代末，军区直接隶属国防部。在其领土作战部队驻有 1 个坦克师和 3 个摩步师，防空军第 4 集团军。

- 第 471 训练中心于 1989 年改第 5355 存储基地。
- 摩步第 65 师于 1989 年改第 5078 存储基地。
- 摩步第 166 师于 1987 年改第 1056 训练中心。
- 摩步第 248 师于 1987 年改第 1060 训练中心。
- 摩步第 260 师于 1989 年改第 5406 训练中心。

1980 年代末始，乌拉尔军区编入了从东欧和南高加索撤回的大量部队，如：

- 彼尔姆——近卫坦克第 16 师（改近卫第 5967 存储基地）
- 车里雅宾斯克——近卫摩步第 57 师（解散）和独立空突第 1185 营
- 切尔巴库里——摩步第 35 师（解散）和近卫坦克第 15 师
- 乌法——防空导弹第 297 旅

- 阿斯别斯托斯——特种第12旅
- 卡梅什洛夫——导弹第119旅

有些撤回的部队改变了编成。例如，从中央集群撤回的近卫坦克第15师近卫摩步第721团转隶西集群坦克第9师，编入了近卫坦克第70团。

1990年，全军区约6万名士兵，包含维修和存储，装备有400辆坦克、600辆装甲车、100门火炮、迫击炮和多管火箭炮系统、50架武装直升机和运输直升机。

1989年9月1日，伏尔加河沿岸军区和乌拉尔军区合并为伏尔加河沿岸—乌拉尔军区，司令部驻古比雪夫。在原乌拉尔军区机关组建第43集团军机关。

1992年7月7日，伏尔加河沿岸—乌拉尔军区重新分拆为伏尔加河沿岸军区和乌拉尔军区。

2001年9月，伏尔加河沿岸军区和乌拉尔军区再次合并为伏尔加河沿岸—乌拉尔军区。

[序列]

1945年夏乌拉尔军区序列：

步兵第63军（车里雅宾斯克），辖3个师：

步兵第77师（斯维尔德洛夫斯克）

步兵第279师（卡梅什洛夫城）

步兵第417师（车里雅宾斯克）

1946年夏乌拉尔军区序列：

步兵第10军（彼尔姆），辖3个旅：

步兵第12旅（伊热夫斯克，步兵87师）

步兵第14旅（彼尔姆州莫洛托夫城，步兵第91师）

步兵第28旅（彼尔姆州莫洛托夫昆古尔，步兵第185师）

步兵第63军（斯维尔德洛夫斯克），辖3个旅：

步兵第4旅（斯维尔德洛夫斯克，步兵第77师，

步兵第23旅（斯维尔德洛夫斯克州卡梅什洛夫城，步兵第279师）

步兵第45旅（切尔巴库里，步兵第417师）

1957年7月1日乌拉尔军区序列：

摩步第91师（彼尔姆）

摩步第65师（基洛夫）

第63军（车里雅宾斯克），辖3个师：

摩步第78师（切尔巴库里）

摩步第126师（斯维尔德洛夫斯克）

坦克第44师（卡梅什洛夫城），前机械化第61师

1989年初乌拉尔军区序列：

第473训练中心（卡梅什洛夫城），前第44坦克训练师

摩步第34师（斯维尔德洛夫斯克〈叶卡捷琳堡〉），前步兵第77师

后警第240师（斯维尔德洛夫斯克）

第78摩步训练师（切巴尔库里），前步兵第417师

摩步第65师（动员）（彼尔姆）

第1079训练中心（车里雅宾斯克），前防空导炮第213师

历任司令：

菲利普·伊萨耶维奇·戈洛晓金（1918年）

谢尔盖·安德烈耶维奇·阿努钦（1918—1919年）

阿达姆·雅科夫列维奇·谢马什科（1919—1920年）

尤里·伊万诺维奇·杜卡特（1920年）

谢尔盖·维塔耶维奇·姆拉奇科夫斯基（1920—1922年）

伊利亚·伊万诺维奇·加里卡维军级（1935—1937年）

鲍里斯·谢尔盖耶维奇·戈尔巴乔夫（1937年）

亚纳·彼得罗维奇·盖利特军级（1937年）

格奥尔基·帕夫洛维奇·索夫罗诺夫二级集团军级（1938年）

菲利普·阿法纳西耶维奇·叶尔沙科夫中将（1938—1941年）

亚历山大·瓦西里耶维奇·卡特科夫中将（1941—1945年）

费奥多尔·伊斯多罗维奇·库兹涅佐夫上将（1945年2月—1948年2月11日）

格奥尔基·康斯坦丁诺维奇·朱可夫元帅（1948年2月12日—1953年3月20日）

米哈伊·伊里奇·卡扎科夫上将（1955年晋升大将）（1953年3月21日—1956年1月6日）

尼古拉·伊万诺维奇·克雷洛夫大将（1956年1月13日—1957年11月16日）

德米特里·丹尼洛维奇·列柳申科大将（1958年1月25日—1960年6月12日）

雅科夫·格里戈里耶维奇·克列伊泽尔上将（1960年6月13日—1961年7月21日）

伊万·瓦西里耶维奇·图塔里诺夫上将（1961年7月22日—1965年9月28日）

亚历山大·亚历山德罗维奇·叶戈罗夫斯基上将（1965年10月6日—1970年4月30日）

尼古拉·库兹明·西利琴科上将（1970年5月4日—1980年5月4日）

米哈伊·亚历克赛德罗维奇·特亚古诺夫（1980年5月5日—1983年12月13日）

伊万·安德烈耶维奇·加斯科夫上将（1983年12月23日—1984年11月）

尼古拉·费奥多罗维奇·格拉乔夫上将（1984年11月—1987年7月8日）

尼古拉·格奥尔基耶维奇·马杜多夫上将（1987年7月9日—1989年1月4日）

阿尔伯特·米哈伊洛维奇·马卡索夫上将（1989年1月5日—1989年9月1日）

尤里·帕夫洛维奇·格列科夫上将（1992年7月16日—1997年12月）

维亚切斯拉夫·瓦连季诺维奇·季霍米罗夫上将（1997年12月—2000年1月22日）

亚历山大·伊万诺维奇·巴拉诺夫大将（2000年1月24日—2004年7月19日）

12. 土耳其斯坦军区（ТуркВО，TurkVO、TVO）

全称：红旗土耳其斯坦军区

[简史]

遵照人民委员会1918年5月4日命令组建土耳其斯坦军区，辖外里海、锡尔河、谢米列奇耶、撒马尔罕和费尔干纳各州。此后辖区多次变更，辖区覆盖中亚境内（不包括3个区域），土库曼、乌兹别克、塔吉克和吉尔吉斯苏维埃社会主义共和国。统率机关驻塔什干。

1918—1926年期间，军区军事行政机关的职权先后由各种不同的军事机构执行。最初由土耳其斯坦边疆区军事委员行使这些职权，旧俄军队土耳其斯坦军区经策反后保留的司令部和其他机关亦隶属军事委员。1918年土耳其斯坦苏维埃共和国成立后不久，该区军事指挥中心机关为军事委员部。1918年8月，军区司令部及其他统率机关改编为军事委员部各处。遵照土耳其斯坦苏维埃共和国中央执行委员会1919年4月7日

355

▲ 土耳其斯坦军区参谋大楼，1977年。

决议，成立了共和国革命军事委员会，并确定设总司令一职（1919年4—10月为I.P.别洛夫任总司令），11月起，共和国革命军事委员会称土耳其斯坦军队革命军事委员会，共和国总司令称土耳其斯坦驻军司令。11月，土耳其斯坦苏维埃共和国军事委员部改称军区军事委员部，隶属土耳其斯坦方面军革命军事委员会。1920年3月，军事委员部撤销，职权由土耳其斯坦方面军统率机关执行。国内战争年代，土耳其斯坦全体官兵对外国干涉军和白卫军英勇作战，他们对希瓦和布哈拉各族人民在建立苏维埃政权和组建布哈拉与花剌子模苏维埃人民共和国领导机关方面给予巨大支援。许多士兵、各级指挥员和政工人员在战斗中表现英勇顽强，并发扬了英雄主义精神，因而荣获各种勋章。

遵照苏联革命军事委员会1926年6月4日命令，土耳其斯坦方面军改编为中亚军区。军区部队有步骤地进行老兵复员退伍工作，实施有计划的军政训练。军区部队同时继续清剿巴斯马赤匪帮，直至1930年代初期。在平定巴斯马赤叛乱中，军区参战官兵在山地和沙漠作战，虽然条件复杂，但他们都表现出了高度的精神战斗素质，忠于军人职责，无限忠于苏维埃政权。此间许多官兵参加当地苏维埃工作，在居民中进行大量解释工作，组织支援恢复国民经济和进行社会主义改造。1930年代，军区部队装备了新式武器和技术兵器，许多部队改编为山地步兵和山地骑兵部队。军区部队在军事训练中广泛运用其他军区在演习中所取得的先进经验。苏德战争年代，军区为战胜法西斯德国做出了巨大贡献，军区组建许多部队并将其派赴各方面军参战。第316步兵师在莫斯科会战中使自己享有不朽的光荣。军区在为作战部队组训和派赴补充兵员的同时，还使军区部队在中亚为掩护苏联南部国境保持战斗状态。军区一些部队根据1921年苏伊条约规定，并遵照苏联政府的决定，进入伊朗执勤。

苏德战争后，遵照苏联国防人民委员部1945年7月9日命令，将中亚军区一分为二，组建土耳其斯坦军区（以突击第1集团军机关为基础组建，辖第1、第119军，只有6个师）和草原军区。土耳其斯坦军区辖区包括土库曼、乌兹别克、塔吉克和吉尔吉斯4个苏维埃社会主义共和国。军区统率机关（在中亚军区统率机关基础上组建）设在塔什干。

1945年11月29日，从利沃夫军区调来的近卫机械化第5师抵达马雷，编入步兵第1军。后来近卫机械化第16师撤回到撒马尔罕，编入步兵第119军。

1946年春，从伊朗撤回了一些部队，到1946年夏季，连同原驻军区的部队，撤销了山地步兵第68师，步兵第306、374师，步兵第89、93旅。

部分辖区（哈萨克苏维埃社会主义共和国西北部）已经转隶到新的草原军区（突击第4集团军的基础上组建，总部设在阿拉木图，司令P.S.库尔巴特金中将）。1946年5月，两军区合为土耳其斯坦军区。

1947年，由于和原盟友的关系恶化，重新调整了兵力部署：

从坎斯克调步兵第33旅（前步兵第203师），驻卡拉干达；

从谢尔多布斯克调步兵第48旅（前步兵第376师），驻伏龙芝城；

从伊朗撤回的骑兵第6师（前骑兵第39师），驻阿拉木图。

1948年7月，步兵第53旅恢复为步兵第201师。

1949年，所有的步兵旅恢复为师，其中步兵第201、376师改山地步兵师。组建了步兵第17军、坦克第15师（前身为白俄罗斯军区的第78重型坦克自行火炮团），但解散了红旗步兵第6师。

1949年9月步兵第119军改山地步兵第119军，辖山地步兵第201、376师。

1955年4月，山地步兵第119军改山地步兵第33军（1955年6月13日正式更名），山地步兵第201、376师改山地步兵第27、71师。4月8日，步兵第203、344、357、360师重排序号为步兵第30、58、61、62师。

1957年3月，山地步兵第27师改山地步兵第124师。

1957年6月，山地步兵第33军改第33军，辖山地步兵第124、71师。

1958年1月，撤销的南乌拉尔军区的哈萨克苏维埃社会主义共和国阿克纠宾、古里耶夫、西哈萨克斯坦州划入，但原驻乌拉尔斯克的摩步第44师撤销。

▲ 土耳其斯坦军区演习，1953年。

在 1950 年代末的裁军中，土耳其斯坦军区仅有山地步兵第 71、124 师缩编为山地步兵第 427、451 团。

1960 年春，从科斯特罗马调入近卫空降第 105 师，驻费尔干达。

1965 年各师恢复历史番号，近卫摩步 53、90 师，摩步第 102 师改近卫摩步第 5、80 师，摩步第 203 师，坦克第 15 师改坦克第 78 师。

1967 年，摩步第 68 师从伏尔加沿岸军区乌留平斯克调来，驻萨雷—奥泽克，编入近卫摩步第 369 团（于 1963 年调阿亚古兹，改独立团）。

1968 年，从伊朗边境调第 1 军军部、坦克第 78 师到哈萨克，在近卫摩步 369 团、步兵 374 师的原辖团基础上，开始组建摩步第 155 师。同时，第 33 军军部调西伯利亚军区。

苏军建军 50 周年之际，1968 年 2 月 22 日，苏联最高苏维埃主席团命令授予土耳其斯坦军区红旗勋章，以表彰其在巩固国防和武装保卫苏维埃国家的事业中做出的巨大贡献和在军政训练中取得的优异成绩。军区许多部队和机关荣获各种勋章以及苏共中央、苏联最高苏维埃主席团和苏联部长会议颁发的奖旗、列宁诞辰纪念奖状和奖章。

1969 年 6 月 24 日，土耳其斯坦军区分拆中亚军区，军区辖区减小到乌兹别克、土库曼苏维埃社会主义共和国。军区驻哈萨克、吉尔吉斯和塔吉克 3 个苏维埃社会主义共和国辖区的部分兵力兵器（含第 1、17 军军部，坦克第 78 师，摩步第 201 师，独立摩步 860 团）和当地军事行政机关转隶再次组建的中亚军区，土耳其斯坦军区保留了 4 个摩步师（库什卡的近卫摩步第 5 师、克孜勒—阿尔瓦特的摩步第 58 师、阿什哈巴德的摩步第 61 教导师、铁尔梅兹的摩步第 108 师）、近卫空降第 105 师。

为取代调到塞米巴拉金斯克的第 1 军，1970 年，第 36 军在阿什哈巴德创建。1982 年，该军辖 2 个师——摩步第 88 师（近卫摩步第 5 师编入第 40 集团军后创建）和摩步第 58 师。

1970 年代末，近卫空降第 105 师分拆为空突第 35、39、56、57 旅，而近卫空降第 345 团改独立团。

根据总参谋部 1979 年 12 月 24 日的命令，1979 年 12 月 25 日，驻阿苏军划归土耳其斯坦军区管辖。

1980 年，组建了近卫摩步第 5 师、摩步第 108 师的备份师——摩步第 88 师、摩步第 133 师（动员）。

1979 年底—1980 年初，从西部军区转隶了部分部队，近卫摩步第 4 师从卢甘斯克调铁尔梅兹，舟桥第 2、16 团和坦克第 285 团调自敖德萨军区、基辅军区，还有大量的通信营、汽车营等分队。

1984 年始，土耳其斯坦军区隶属南方向总司令。驻有第 36 军，驻阿富汗第 40 集团军，只有 1 个空降师和 8 个步兵师。空中支援由空军第 49 集团军负责，防空由国土防空第 12 集团军负责。

1989 年 1 月 5 日，中亚军区再次与土耳其斯坦区合并。

第 40 集团军从阿富汗撤出后解散。但在 1991 年 6 月，在塞米巴拉金斯克的第 32 集团军改名第 40 集团军。第 32 集团军序列：

坦克第 78 师（阿亚古兹）

第 5202 存储基地（塞米巴拉金斯克，1989 年之前为摩步第 167 师）

第 5203 存储基地（乌斯季卡缅诺戈尔斯克），1989 年前为摩步第 155 师

第 5204 存储基地（卡拉干达，1989 年前为摩步第 203 师）

1990 年，土耳其斯坦军区兵力为 28 万士兵，装备 2200 辆坦克（另有 2680 辆从欧洲撤回）、4500 辆装甲车、2300 门火炮、260 架直升机；1992 年 5 月 15 日，中亚各国获得了苏联的遗产——2260 辆坦克、3780 辆装甲车、185 架直升机。

苏联解体前，土耳其斯坦军区陆军辖有：

第 40 集团军（塞米巴拉金斯克），前第 32 集团军

第 17 军（伏龙芝城）

第 36 军（阿什哈巴德）

第 59 军（塔什干）

从东欧撤回的部队：

近卫坦克第 79 师——撒马尔罕，解散

近卫独立空降第 35 旅——卡普恰盖（A/H32363）

近卫导弹第 185 旅——涅比特达格（A/H14360）

独立直升机第 486 团——阿亚古兹（A/H01852）

1992 年 6 月 30 日，土耳其军区撤销，部队散布在 5 个新的中亚国家——萨克斯坦、吉尔吉斯斯坦、塔吉克斯坦、土库曼斯坦、乌兹别克斯坦。最强大的军队是哈萨克斯坦军队，其继承了第 40（原第 32）集团军所有的部队和陆军第 17 军的一部分，包括 6 个师和武器存储基地（原坦克第 78 师，近卫第 80 摩步教导师，摩步第 68、155、203 师）、空中突击第 14 和第 35 旅、2 个导弹旅、2 个炮兵团和一些其他单位。

乌兹别克斯坦接管的部队略少：第 59 军，组建中的近卫空降第 105 师（山地和沙

漠战）和摩步第 108 师，独立特种部队第 15 旅。

土库曼斯坦接管大约相同数量的部队：第 36 军，近卫摩步第 5 师和第 61 摩步教导师。

吉尔吉斯斯坦接管了第 17 军，近卫摩步第 8 师和独立（山地）摩步第 68 旅。

塔吉克斯坦最初几乎没有接管任何部队（摩步第 201 师归属俄罗斯）。

[序列]

1941 年 6 月 22 日中亚军区序列：

骑兵第 4 军（山地骑兵第 18、20、21 师）

机械化第 27 军（坦克第 9、53 师，机械化第 221 师）

步兵第 58 军

独立步兵第 238 师

中亚军区空军（司令 M.P. 卡里托诺夫少将，辖航空兵第 4 旅与驻塔什干的轰炸航空兵第 34 团、驻斯塔林阿巴德的第 116 团）

1945 年秋土耳其斯坦军区序列：

步兵第 1 军（阿什哈巴德），辖 3 个师：

步兵第 306 师（撒马尔罕）

步兵第 344 师（库什卡）

步兵第 357 师（阿什哈巴德）

步兵第 119 军（斯大林阿巴德<杜尚别>），辖 3 个师：

步兵第 201 师（斯大林阿巴德）

步兵第 360 师（铁尔梅兹）

步兵第 374 师（查尔朱）

1988 年土耳其斯坦军区序列：

第 40 集团军（阿富汗喀布尔）

近卫摩步第 5 师（信丹德、赫拉特）

近卫空降第 103 师（巴格拉姆空军基地）

摩步第 108 师（巴格拉姆）

摩步第201师（昆都士）

第36军（阿什哈巴德）

摩步第58师（克孜勒—阿瓦特）

摩步第83师（动员）（阿什哈巴德）

摩步第88师（库什卡）

直属部队：

近卫摩步第4师（铁尔梅兹）

摩步第61教导师（阿什哈巴德）

防空第12集团军（塔什干）

PVO第24、37军

历任司令：

土耳其斯坦共和国军队司令：

伊万·潘菲洛维奇·别洛夫（1919年4—10月）

土耳其斯坦方面军司令：

米哈伊·瓦西里耶维奇·伏龙芝（1919年8月—1920年9月）

格里戈里·雅科夫列维奇·索科里尼科夫（1920年9月—1921年2月，1922年11月—1923年3月）

弗拉基米尔·萨拉马诺维奇·拉扎列维奇（1921年2月—1922年1月）

瓦西里·伊万诺维奇·绍林（1922年1—11月，消灭班德·恩维尔·巴斯马奇匪帮）

阿福古斯特·伊万诺维奇·科尔克（1923年3—7月）

谢苗·安德烈耶维奇·普加乔夫（1923年7月—1924年4月）

米哈伊·卡尔洛维奇·列万多夫斯基（1924年4月—1925年11月）

中亚军区（I）司令（1926年6月起改称中亚军区司令）：

康斯坦丁·阿列克谢耶维奇·阿夫克先季耶夫斯基（1925年11月13日—1928年10月）

帕维尔·叶菲莫维奇·德边科（1928年11月—1933年11月）

米哈伊·德米特里耶维奇·韦利卡诺夫（1935年授予军级指挥员军衔，1937年7月晋升二级集团军级）（1933年12月—1937年6月）

伊万·肯索利诺维奇·格里亚兹诺夫军级（1937年6月—8月）

亚历山大·德米特里耶维奇·洛克季奥诺夫二级集团军级（1937年8月—12月）

列昂纳德·格里戈里耶维奇·彼得罗夫斯基军级（1937年12月—1938年3月）

约瑟夫·罗季奥诺维奇·阿帕纳先科军级（1939年2月晋升二级集团军级，1940年6月授予上将军衔）（1938年3月—1940年12月）

谢尔盖·格里戈里耶维奇·特罗菲缅科少将（1941年1月—12月）

帕维尔·谢苗诺维奇·库尔巴特金中将（1941年12月—1943年8月）

阿列克谢·尼古拉耶维奇·佩尔乌申少将（代理，1943年8月—9月）

帕维尔·谢苗诺维奇·库尔巴特金中将（1943年9月—1944年6月）

马卡林·费多罗维奇·利帕托夫少将（代理，1944年6月—1945年5月）

土耳其斯坦军区司令：

伊万·叶菲莫维奇·彼得罗夫大将（1945年7月9日—1952年7月7日）

阿列克谢·伊万诺维奇·拉济耶夫斯基上将（1952年7月8日—1953年4月20日）

亚历山大·亚历山德罗维奇·卢钦斯基上将（1955年晋升大将）（1953年4月21日—1957年10月19日）

伊万·伊万诺维奇·费久宁斯基大将（1957年12月23日—1965年12月3日）

尼古拉·格里戈利耶维奇·利亚先科上将（1968年晋升大将）（1965年12月4日—1969年6月24日）

斯捷潘·叶菲莫维奇·别洛诺日科上将（1970年1月8日—1978年12月10日）

尤里·帕夫洛维奇·马克西莫夫上将（1982年12月16日晋升大将）（1979年1月4日—1984年9月22日）

尼古拉·伊万诺维奇·波波夫上将（1988年2月16日晋升大将）（1984年9月23日—1989年1月4日）

伊万·瓦西里耶维奇·福津科上将（1989年1月5日—1991年12月6日）

格奥尔基·格奥尔基列维奇·孔德拉季耶夫上将（1991年12月7日—1992年6月30日）

草原军区（II）（СтепВО，StepVO）

[简史]

1945年7月，在哈萨克苏维埃社会主义共和国境内建立了草原军区（II）。军区统率机关在突击第4集团军野战统率机关的基础上建成，驻阿拉木图。军区包括已撤销的中亚军区（第一次组建）部分辖区，即哈萨克共和国（不含阿克纠宾斯克、古里耶夫、西哈萨克3州）。军区在解散一些部队后，在部队转入平时状态、复员超龄军人及组织和平条件下的军政训练方面做了大量工作。

1946年2月，草原军区改为地方军区，5月5日撤销，辖区和部队转归土耳其斯坦军区。

历任司令：

帕维尔·谢苗诺维奇·库尔巴特金中将（1945年7月9日—1946年5月6日）

13. 中亚军区（ＣАВО，SAVO、CAMD）

全称：红旗中亚军区

[简史]

1969年6月24日因与中国的关系恶化，由土耳其斯坦军区抽调部分部队并划出部分辖区组建中亚军区（ＣАВО，SAVO、CAMD），辖哈萨克、吉尔吉斯和塔吉克3个苏维埃社会主义共和国，统率机关由第18集团军机关改编，驻阿拉木图。

苏军重新组建了空军第73集团军，为中亚军区提供航空支援。1969年，第32-Ⅱ集团军在塞米巴拉金斯克在从阿什哈巴德调来的第1军基础上扩建。第32集团军最初辖乌克兰抽调的摩步第167师，土库曼斯坦军区抽调的摩步第155师和坦克第78师，在东哈萨克斯坦的摩步第203师（前身步兵第203师，后步兵第30师，山地摩步第102师）。

军区继续进行早已在土耳其斯坦军区开始的军队训练工作，不断改进战斗和战役中军队指挥的形式和方法，提高全体人员的野战和空战素养、专业、射击和战术训练水平。军区部队在各种演习中显示出在使用现代兵器并在复杂地形和全天候条件下完成任务的本领。军区全体官兵对当地各级党政机关和群众团体在完成国民经济任务、苏联人民军事爱国主义和国际主义教育及青年入伍前的军训方面给予了巨大支援。

1975年4月30日，苏联最高苏维埃主席团命令授予中亚军区红旗勋章以表彰其在巩固国防事业中做出的巨大贡献和在军政训练中取得的优异成绩。军区许多部队荣获苏共中央、苏联最高苏维埃主席团和苏联部长会议颁发的奖旗和纪念奖章。

中亚军区辖区驻扎了第32集团军和第17军，只有1个坦克师和7个摩步师。空中支援由空军第73集团军（1980年5月—1988年5月称中亚军区空军）负责，防空由国土防空第12、14集团军负责。1989年1月5日，该军区再次与土耳其斯坦区合并。

[序列]

1988年中亚军区序列：

第32集团军（塞米巴拉金斯克），辖2个坦克师（坦克第78师、坦克第69师〈动员〉）和3个摩托步兵师（摩步第71、155、203师），防空和导弹旅，炮兵团和火箭炮团，独立喷火坦克团以及其他单位。

第17军（伏龙芝），辖近卫摩步第8师（伏龙芝）和摩步第68师（萨利奥泽克）（原第372步兵师）、摩步第134师，山地摩步第68旅（奥什）和独立摩步30团（库尔代），1个独立营。

直属部队：

近卫210军区培训中心（前近卫摩步第80训练师）

2个通信旅

1个防化旅

1个独立空中突击营

独立运输直升机第23团（杜尚别）

空军第73集团军

防空第12、14集团军

历任司令：

尼古拉·格里戈利耶维奇·利亚先科大将（1969年6月24日—1977年11月23日）

彼得·格奥尔基耶维奇·卢舍夫上将（1977年11月24日—1980年11月26日）

德米特里·季莫费耶维奇·亚佐夫上将（1980年11月27日—1984年6月26日）

弗拉基米尔·尼古拉耶维奇·洛博夫中将（1984年10月29日晋升上将）（1984年6月27日—1987年1月21日）

亚历山大·瓦西里耶维奇·科夫图诺夫上将（1987年1月22日—1989年1月5日）

14. 西伯利亚军区（СибВО，SibVO）

全称：红旗西伯利亚军区

[简史]

西伯利亚军区前身为遵照西伯利亚革命委员会1919年12月3日决定组建的鄂木斯克军区，最初辖鄂木斯克、托木斯克、托博尔斯克、车里雅宾斯克、塞米巴拉金斯立和

第十章 第二次世界大战后的苏俄战区、军区、驻外集群沿革

阿尔泰诸省，统率机关驻鄂木斯克。12月末，鄂木斯克军区改称西伯利亚军区，1920年1月改称西西伯利亚军区。5月，西西伯利亚军区归共和国武装力量主管西伯利亚的副总司令指挥，12月8日，西西伯利亚军区统率机关与副总司令司令部合并，从此该司令部统管西伯利亚的一切军事工作。

遵照共和国革命军事委员会1922年5月6日命令，共和国武装力量西伯利亚副总司令司令部改编为西伯利亚驻军司令部，驻新尼古拉耶夫斯克（新西伯利亚），并恢复西西伯利亚军区。军区辖彼尔姆、叶卡捷琳堡、车里雅宾斯克、托博尔斯克、鄂木斯克、阿尔泰、新尼古拉耶夫斯克和托木斯克培省。1923年1月，东西伯利亚军区撤销，辖区划归西西伯利亚军区，5月，西西伯利亚军区辖区彼尔姆、叶卡捷琳堡、车里雅宾斯克和托博尔斯克4省划归伏尔加河沿岸军区。国内战争年代，西伯利亚军区官兵和游击队并肩战斗，为粉碎高尔察克白卫军、谢苗诺夫匪帮、温甘伦男爵匪帮和从西伯利亚与远东驱逐外国武装干涉军做出了应有的贡献。西伯利亚许多团和师在国内战争其他战线也无比英勇奋战。遵照共和国革命军事委员会1924年6月12日命令，西西伯利亚军区改称西伯利亚军区，西伯利亚和远东的所有驻军及各级军事机关均属其建制。尔后几年，军区积极参加清剿富农匪帮，并支援西伯利亚和远东劳动人民恢复国民经济。1924—1925年军事改革时期，军区组建了许多地方部队（包括布里亚特蒙古和雅库特各民族部队），开办了20余所培训红军指挥员的训练班，截至1928年，这些训练班编为2个步兵学校和1个炮兵学校。1920年远东特别集团军组建，军区许多部队编入该集团军，其辖区亦有扩大，原西西伯利亚边疆区、奥伊罗特和哈卡斯两自治州，以及克拉斯诺亚尔斯克边疆区（1935年5月起）先后划归该军区。头几个五年计划期间，西伯利亚军区组建了航空兵、坦克兵和其他部队。1925年起，军区部队有计划地实施军区规模的合练及联合大演习。苏德战争中西伯利亚军区在为作战部队组建部队、培训补充兵员方面做了大量工作。

1941年6月，军区组建第24集团军，9—10月组建了骑兵第75师。西伯利亚许多师、团参加了莫斯科、斯大林格勒和库尔斯克会战以及苏德战场和远东其他许多重要交战，许多师、团屡建战功，荣获各种勋章、"近卫"称号和荣誉称号。1944年10月增划图瓦自治州入西伯利亚军区。

苏德战争后，军区遵照国防人民委员会1945年7月9日命令，改称西西伯利亚军区（ЗСибВО，ZSibVO），辖新西伯利亚州、秋明州、鄂木斯克州、克麦罗沃州、托木斯克州、图瓦ASSR、阿尔泰边疆区、克拉斯诺亚尔斯克边疆区、哈卡斯自治州、戈尔诺—

阿尔泰自治州、汉特—曼西民族自治区和亚马尔—涅涅茨民族自治区。

1945年9月，军区原辖的克拉斯诺亚尔斯克边区和图瓦自治州划归新组建的东西伯利亚军区。西西伯利亚军区（驻新西伯利亚，第8集团军机关改新建的西西伯利亚军区机关）辖新西伯利亚州、秋明州、鄂木斯克州、克麦罗沃州、托木斯克州、阿尔泰边疆区、哈卡斯自治州、戈尔诺—阿尔泰自治州、汉特—曼西民族自治区和亚马尔—涅涅茨民族自治区，东西伯利亚军区（驻伊尔库茨克，第50集团军机关基础上组建）辖克拉斯诺亚尔斯克边疆区、图瓦自治共和国、伊尔库茨克州和雅库特ASSR。

1945年9月，步兵第122军编入西西伯利亚军区，驻新西伯利亚。

1946年3月，步兵第122军军部解散。

1946年夏，从东西伯利亚军区调入近卫步兵第18军军部和近卫步兵第109师。

1946—1947年，各步兵师改旅，近卫步兵第109师改近卫步兵第6旅，步兵第56、85、198师分别改步兵第20、24、47旅。

1953年4月因东西伯利亚军区撤销，克拉斯诺亚尔斯克边疆区和图瓦自治州重归西西伯利亚军区。1953年6月起军区辖区：新西伯利亚州、秋明州、鄂木斯克州、克麦罗沃州、托木斯克州、图瓦ASSR、阿尔泰边疆区、克拉斯诺亚尔斯克边疆区、哈卡斯自治州、戈尔诺—阿尔泰自治州、汉特—曼西民族自治区和亚马尔—涅涅茨民族自治区。1953年10月，军区内部队进行了重组。

1956年1月4日，西西伯利亚军区改称西伯利亚军区（СибВО，SibVO），辖阿尔泰和克拉斯诺亚尔斯克2边疆区，克麦罗沃、新西伯利亚、鄂木斯克、托木斯克、秋明5州和图瓦自治州（1961年10月1日起为图瓦苏维埃社会主义自治共和国）。军区统率机关驻新西伯利亚。

1957年春，军区内部队进行整编。近卫步兵第18军改近卫第18军，近卫步兵第109师，机械化第67、74师，步兵第85、23师分别改近卫摩步第109师，摩步第67、74、85、95师。

1950年代末的裁军中，只保留了摩步第67、85师，而近卫第18军，近卫摩步第109师，摩步第74、95师撤销。近卫摩步第109师近卫摩步第309团、炮兵第246团转隶摩步第67（56）师，解散了摩步第445团、炮兵第113团。摩步第74师摩步第228团、坦克第386团转隶摩步第85师，解散了摩步第103团、坦克第387团。

1960年夏天，组建了摩步第12师（阿巴坎，后来调蒙古）、摩步第13师（比斯克）。之后到1980年，军区组建了不少摩步师、坦克师（含影子师、动员师）。如1972年5月部署在伊特卡的摩步第62师,来源于迈科普的摩步第9师拆分。在1970年代,组建了坦克后备第67、68师,摩步第74、95、167、218、242师。此外,1968年,从中亚调入第33军军部,驻克麦罗沃。但这些动员师兵力很少,装备陈旧。

还有各军校也赋予了摩步师番号:

- 摩步第290师——鄂木斯克诸兵种高等指挥学校
- 摩步第291师——新西伯利亚高等军事指挥学校
- 摩步第292师——托木斯克通信高等军事指挥学校
- 摩步第293师——克麦罗沃通信高等军事指挥学校
- 摩步第294师——克拉斯诺亚尔斯克无线电电子防空部队高等指挥学校

苏联最高苏维埃主席团于1974年1月15日命令授予西伯利亚军区红旗勋章,以表彰该军区在巩固国防和武装保卫苏维埃国家的事业中做出的巨大贡献和在军政训练中取得的优异成绩。战后时期,军区许多部队和机关在捍卫苏维埃祖国的事业中立下新功,在军政训练中取得优异成绩,为此荣获各种勋章和苏共中央、苏联最高苏维埃主席团和苏联部长会议颁发奖旗、列宁诞辰纪念奖状和奖章。

在1970—1980年代。西伯利亚军区下辖第33军和5个摩步师(其中1个教导师)、2个独立旅(1个特种旅和1个空中突击旅),还有众多的动员师——根据现有的数据,至少有10个师,包括3个坦克师和7个摩步师。1980年代,西伯利亚军区直属国防部,境内驻扎第33军(3个摩步师)和3个独立的摩步师、2个预备役坦克师。

军区境内部署了荣获苏沃洛夫勋章的近卫红旗别里斯拉夫大兴安岭战略导弹第33集团军(总部设在鄂木斯克)的基本部队——近卫导弹第23、36、39、41,导弹第35、62师。

防空由国土防空第14集团军负责。1989年,红旗防空第14集团军(总部设在新西伯利亚)在西伯利亚军区境内部署了:

- 防空第38军(新西伯利亚),辖歼击航空兵849团、2个防空导弹旅(第113、155旅)和6个防空导弹团(第388、393、499、506和537团,近卫第531团)、雷达第157旅和雷达第84团
- 防空第39军(伊尔库茨克),辖2个歼击航空兵团(近卫第350、712团)、2个防空导弹旅(第64、89旅)和4个防空导弹团(第420、661、666、667团)、2个雷达团(第88和第97团)
- 防空第22师(诺里尔斯克),辖近卫歼击航空兵第57团、2个防空导弹团(近卫

第 414、484 团)、雷达第 169 旅和 2 个雷达团(第 92、164 团)

但军区几乎没有空军,只有个别大队和巴尔瑙尔飞行员学校的 3 个训练团。

1989 年,西伯利亚军区调入白俄罗斯军区坦克第 29 师的利沃夫防空导弹第 927 团(A/H17817),撤销了高炮第 1131 团。

摩步第 242 师于 1989 年 12 月 1 日改第 5350 存储基地(A/H31965)。

摩步第 95 师于 1991 年改第 6295 存储训练基地。

摩步第 218 师于 1989 年 12 月 1 日改第 5349 存储基地。

军区在 1989—1990 年开始接收来自《欧洲常规武装力量裁军条约》调防的装备人员,此时西伯利亚军区共有约 8 万名士兵和 2000 辆坦克、3500 辆装甲车、2200 门火炮。军区内如此大量装备和相对较少数量人员的事实,说明该军区的地位是国家战略储备动员基地。上述条约签署后,该军区仅坦克就有约 1.15 万辆。

1992 年,俄军接管了西伯利亚军区。

20 世纪 90 年代初,西方集群近卫坦克第 2 集团军的 2 个摩步师——摩步第 21 师撤回鄂木斯克,近卫摩步第 94 师撤回尤尔加(克麦罗沃州),在那里被改组为独立摩步旅(分别为第 180 旅,近卫第 74 旅)。然而,一些编成已转隶。例如,进驻新西伯利亚的近卫摩步兵第 94 师的近卫坦克第 74 团和摩步第 288 团转隶摩步第 85 师,而第 85 师的坦克第 386 团、摩步第 141 团被解散。近卫摩步第 94 师的近卫摩步第 204 团的历史在 1997 年 1 月由北高加索军区摩步第 136 旅继承,从而发展为著名的在车臣参战的近卫摩步第 136 旅。

中部集群的第 28 军撤回克麦罗沃,取代了第 33 军,编入新的部队和单位。如近卫摩步第 23 师(原摩步第 13 师),近卫摩步第 74 旅和摩步第 165 旅,以及其他一些存储基地。

另有从德国撤回的:

独立直升机第 337 团、独立直升机第 9 大队——别尔茨克

61 防空导弹旅——比斯克

独立通信第 118 旅——克列斯奇哈

独立工程第 323 营——新西伯利亚(1992 年 12 月编入第 215 工程旅)

独立工程第 325 营——阿钦斯克

从摩尔多瓦撤回的:

近卫导弹第 189 旅——克拉斯诺亚尔斯克

近卫空降第98师近卫空降第300团——阿巴坎（1993年改独立近卫空降第100旅）

从波罗的海国家撤回的：

第242空降培训中心——鄂木斯克

1998年12月1日，西伯利亚军区和后贝加尔军区合并为西伯利亚军区，司令部驻赤塔，在原西伯利亚军区司令部基础上组建第41集团军司令部，萨哈共和国划归远东军区。

[序列]

1941年6月西伯利亚军区序列：

第24集团军（军区机关改），司令斯捷潘·加拉宁中将

步兵第52军（新西伯利亚）

步兵第133师（新西伯利亚）

步兵第166师（巴拉宾斯克）

步兵第178师（鄂木斯克）

步兵第53军（克拉斯诺亚尔斯克）

步兵第119师（克拉斯诺亚尔斯克）

步兵第107师（巴尔瑙尔）

步兵第91师（阿钦斯克）

1945年秋西西伯利亚军区序列：

步兵第122军（新西伯利亚），辖3个师：

步兵第56师（鄂木斯克）

步兵第85师（新西伯利亚）

步兵第198师（巴尔瑙尔）

1953年10月西西伯利亚军区序列：

近卫步兵第18军（秋明）

机械化第67师（鄂木斯克），前步兵第20旅，步兵第56师

直属：

机械化第74师（克拉斯诺亚尔斯克），前步兵第49旅，步兵第227师

步兵第 85 师（别尔茨克），前步兵第 24 旅，步兵第 85 师

步兵第 198 师（比斯克），前步兵第 47 旅，步兵第 198 师，1955 年 4 月 30 日改步兵第 23 师

1989 年初西伯利亚军区陆军序列：

第 33 军（克麦罗沃）

摩步第 242 师（阿巴坎）

摩步第 13 师（比斯克）

摩步第 62 师（伊塔特卡）

第 1010 训练中心（比斯克），前摩步第 167 师（动员）

直属：

摩步第 85 师（新西伯利亚）

摩步第 218 师（动员）（克孜勒）

第 465 训练中心（鄂木斯克）

后警第 241 师（新西伯利亚）

历任司令：

M.O. 希波夫（1919 年 12 月—1920 年 1 月）

I.L. 科甘（1920 年 1 月—12 月）

V.I. 绍林（1920 年 12 月—1921 年）

谢尔盖·维塔尔耶维奇·姆拉奇科夫斯基（1922 年 5 月—1923 年）

尼古拉·尼古拉耶维奇·佩京（1923 年 1 月—11 月，1925 年 11 月—1928 年 11 月）

亚纳·彼得罗维奇·盖利特（1935 年授予军级指挥员军衔）（1923 年 11 月—1924 年 8 月，1933 年 12 月—1937 年 5 月）

罗贝特·彼得罗维奇·埃德曼（1924 年 8 月—1925 年 2 月）

米哈伊·米哈伊洛维奇·拉舍维奇（1925 年 2 月—11 月）

尼古拉·弗拉基米罗维奇·古比雪夫（1928 年 11 月—1930 年 1 月）

米哈伊·卡尔罗维奇·列万多夫斯基（1930 年 1 月—1933 年 12 月）

帕维尔·叶菲莫维奇·德边科二级集团军级（1937 年 5 月—6 月）

马克西姆·安东诺维奇·安东纽克（1937 年 6 月—1938 年 6 月）

斯捷潘·安德烈诺维奇·加里宁军级（1940年6月授予中将军衔）（1938年6月—1941年6月）

尼古拉·瓦西里耶维奇·梅德韦杰夫中将（1942年1月—1944年4月）

弗拉基米尔·尼古拉耶维奇·库尔久莫夫中将（1945年4月16日—1947年2月13日）

安德烈·伊万诺维奇·叶廖缅科大将（1947年2月14日—1953年11月9日）

尼古拉·帕夫洛维奇·普霍夫上将（1953年11月10日—1957年6月24日）

彼得·基里尔洛维奇·科舍沃伊上将（1957年6月25日—1960年4月7日）

格列布·弗拉基米罗维奇·巴克拉诺夫上将（1960年5月25日—1964年9月1日）

谢苗·巴甫洛维奇·伊万诺夫上将（1968年2月22日晋升大将）（1964年9月2日—1968年4月22日）

弗拉基米尔·菲利普波维奇·托卢布科大将（1968年4月23日—1969年5月21日）

米哈伊·格里戈里耶维奇·霍穆洛上将（1969年5月22日—1978年12月28日）

鲍里斯·瓦西里耶维奇·斯涅特科夫上将（1979年1月4日—1981年10月29日）

尼古拉·伊万诺维奇·波波夫上将（1981年10月30日—1984年9月5日）

弗拉基米尔·亚历山德罗维奇·沃斯特洛夫上将（1984年9月6日—1986年2月10日）

尼古拉·瓦西里耶维奇·加里宁中将（1986年10月晋升上将）（1986年2月14日—1989年1月23日）

鲍里斯·叶甫根尼维奇·皮亚科夫上将（1989年1月24日—1991年8月16日）

维克多·阿列克谢耶维奇·科普罗夫中将（1991年11月晋升上将）（1991年8月17日—1997年6月30日）

格奥尔基·巴甫洛维奇·卡斯佩尔洛维奇上将（1997年6月30日—1998年11月30日）

15.后贝加尔军区（ЗабВО，ZabVO）

全称：荣获列宁勋章的后贝加尔军区

[简史]

1935年5月17日，以红旗远东特别集团军后贝加尔军队集群统率机关为基础组建后贝加尔军区，由红旗远东特别集团军抽调机械化第11军、重型轰炸航空兵第5军、3

▲ 后贝加尔军区的坦克演习,沙哈利诺尔,1976—1978 年。

个步兵师、2 个骑兵师和后贝加尔筑垒地域编成,辖东西伯利亚边疆区和雅库特苏维埃社会主义自治共和国,统率机关驻赤塔市。

在军区这一苏维埃武装力量区域性军团成立前,后贝加尔地区的早期地方兵役机关和人民革命军正规部队就具有英雄历史。1921 年 8 月,根据远东共和国人民革命军和海军军事委员会命令,在赤塔建立了东后贝加尔区兵役机关,辖共和国后贝加尔州和贝加尔湖沿岸州,隶属共和国军事部长。11 月东后贝加尔区兵役机关改组为后贝加尔军区统率机关。为同远东的自卫部队和武装干涉者进行斗争,该机关于短期内在动员人力和物力方面做了大量工作。军区部队(基础为后贝加尔第一集团军)积极参加了粉碎在外贝尔和蒙古活动的温甘伦男爵匪帮、卡佩利将军匪帮和白卫部队的战斗。1922 年 5 月,根据远东共和国人民革命军和海军军事委员会命令,军区撤销,统率机关解散,所部隶属远东共和国人民革命军和海军军事委员会。原军区许多部队在人民革命军编成内参加了打败远东白卫军和日本占领军的战斗。在战争间歇时期,大部分部队仍在远东和后贝加尔担负执勤任务。部队全体人员在进行军政训练的同时,还帮助苏维埃政权机关恢复和发展国民经济。1924 年 6 月 12 日,驻后贝加尔的部队和军事机关加入西伯利亚军区。因日本帝国主义侵略势力和军国主义化日益加强,红旗远东特别集团军后贝加尔军队集群扩编为后贝加尔军区。战前,军区部队不断提高战斗技能,装备新式军事技术装备和武器。

1939 年夏,军区部队同蒙古人民革命军一道参加了抗击哈拉哈河地域日本侵略者的战斗。战斗中,后贝加尔军人表现了英勇和大无畏精神、出色的战斗素养和在荒漠地区的困难条件下使用各种军事技术装备的本领。有 6 支部队荣获列宁勋章,19 支部队荣获红旗勋章,1.7 万余军人荣获勋章和奖章,70 人荣获"苏联英雄"称号。飞行员斯穆什克维奇、克拉夫琴科和戈里采韦茨成为苏联首批两次荣获"苏联英雄"称号的军

第十章 第二次世界大战后的苏俄战区、军区、驻外集群沿革

人。此外,还有 326 名苏联军人获蒙古人民共和国政府奖项。

鉴于军国主义日本可能再次背信弃义进犯苏联,为确保指挥部队的良好条件,1940年 7 月,在军区编成内组建了第 16 和第 17 集团军,1941 年 7 月又组建了第 36 集团军。1941 年 6 月 22 日苏德战争爆发时,军区辖第 17 集团军、空军和防空司令部、步兵第 12 军(步兵第 65 和第 94 师)、步兵第 93 师、贝加尔筑垒地域、2 个加农炮兵团、1 个榴弹炮炮兵团以及其他更小的单位。1941 年 9 月 15 日,以后贝加尔军区为基础建立了后贝加尔方面军。

日本帝国主义战败后,1945 年 9 月 30 日以后贝加尔方面军野战统率机关为基础成立后贝加尔—阿穆尔军区,军区统率机关在后贝加尔方面军野战统率机关基础上组建,设在长春,1945 年 12 月迁至哈巴罗夫斯克。辖区包括贝加尔湖以东,包括鄂霍次克海西海岸(不含滨海边疆区)、布里亚特蒙古苏维埃社会主义自治共和国、赤塔州、哈巴罗夫斯克边疆区阿穆尔河以东下阿穆尔州一些地域和阿穆尔河畔共青城(不含堪察加和萨哈林州)。编成包括原后贝加尔方面军 4 个集团军(近卫坦克第 6 集团军,第 17、

▲ 后贝加尔军区的军事演习组图,1960—1970 年。

36、53集团军）和远东第1方面军红旗第1集团军改编的阿穆尔军区。

到1945年11月,解散了第53集团军,步兵第2、57、94军,步兵第6、52、103、124、192、221、243、275、278、390、396师。

原属第53集团军的近卫步兵第18军、步兵第49军转隶东西伯利亚军区。

1945年秋,步兵第284师改机械化第14师。

近卫坦克第6集团军驻乔巴山,下辖5个师：近卫坦克第5师、坦克第111师、近卫机械化第9师、机械化第14师、骑兵第7师（原骑兵第59师,1953年10月解散）。

1946年春夏之交,撤销了第17集团军机关以及步兵第209、210、292、293、361、388师。

1946年6月,军区所有的筑垒地域重组为4个机炮旅——机炮第3、8、13、14旅。1年后,合组为2个机炮师——机炮第3、8师,前一个几乎立即就解散了,后一个可能是在1953年末改编为步兵第29师,几个月后解散。

1946年6月,摩步第36、57师改步兵第36、57师。

军队转入和平状态,要求改变整个军政训练并动员全体官兵完成和平时期的各项任务。1945—1947年,军区按照军事训练计划进行了野外作业、战术演习和部队指挥员集训,通过上述演练,进一步完善战斗和战役中部队指挥的方式方法,并提高全体官兵的野战和空战素养、专业、射击与战术训练水平。部队在军政训练中广泛运用苏德战争的经验特别是远东作战经验。军区部队经常帮助后贝加尔地区劳动人民收割庄稼。

1947年5月23日,军区统率机关改编为远东驻军总指挥部,后贝加尔—阿穆尔军区改称后贝加尔军区,部分辖区划归远东军区。1947年7月10日,后贝加尔军区总部设在赤塔P6地区阿米尼8街（原第36集团军驻地）,司令为R.Y.马利诺夫斯基元帅,辖区包括赤塔州和布里亚特蒙古苏维埃社会主义自治共和国,蒙古国境内驻军。

1947年7月,第36集团军迁移到步兵第86军的军部特苏格尔村,根据总参谋部1948年3月24日命令,1948年7月底第36集团军撤销,人员调楚科奇组建第14集团军。

1953年4月24日,苏军解散了东西伯利亚军区,6月30日又把雅库特苏维埃社会主义自治共和国和以前属东西伯列亚军区的伊尔库茨克州划入军区辖区。军区统率机关仍设在赤塔市。原东西伯利亚军区机关改步兵第31军机关,划入了原东西伯利亚军区的近卫机械化第72师、近卫步兵第124师。

到1950年代中期,军区拥有足够强大的力量,甚至包括唯一一个部署在亚洲部分的坦克集团军——近卫坦克第6集团军。1953年中旬,军区陆军辖有11个师——3个坦克师、3个机械化师、3个步兵师、1个骑兵师、1个机炮师。

1953年末,骑兵第7师解散,机炮第8师改旅(根据某些来源,该旅1955—1956年改步兵第29师)。

1955年3月,坦克第61、111师重排序号为坦克第13、16师。

1955年7月,后贝加尔军区陆军辖有2个军——第31、26军。

1956年夏—1957年春,撤销了步兵第31军和4个师(步兵第36、94师,近卫步兵第124师,近卫机械化第72师),可能存在的步兵第29师应该也在这一时期撤销。

1957年夏,近卫坦克第6集团军调乌克兰第聂伯彼得罗夫斯克,解散了部分坦克师。到1950年代末,只剩下近卫摩步第122师,解散了近卫摩步第380团,编入了解散的近卫摩步第9师近卫摩步第375团。

在1950年代末,后贝加尔军区兵力被明显削弱,裁减了唯一的空军集团军(空军第45集团军,"二战"空军第12集团军)、坦克集团军、所有的坦克师,撤销了近卫摩步第9师。与中国的关系恶化后,20世纪60年代和70年代兵力明显增强,1967年恢复了空军第23集团军,从欧洲调来约10个师(包括3个坦克师)。

战后,后贝加尔军区许多部队因在保卫苏维埃祖国的事业中建立功绩,在战后的军政训练中取得优异成绩,荣获苏共中央、苏联最高苏维埃主席团和苏联部长会议颁发的奖旗、列宁诞辰纪念奖状和奖章以及苏联国防部长颁发的"勇敢和军人英勇精神"奖旗。为表彰军区对国防和武装保卫事业做出的重大贡献和在军政训练中取得的优异成绩,1974年1月15日,苏联最高苏维埃主席团命令授予列宁勋章,并命名为荣获列宁勋章的后贝加尔军区。

1980年代,后贝加尔军区行政上隶属远东方向总司令。在其辖区,包括蒙古驻军,进驻3个野战集团军(29,36,39)和防空第86师,而中央方向总部只有4个坦克师和12个摩步师。

空军第23集团军提供空中支援,辖有2个航空兵师——轰炸航空兵第21师(近卫第2和第21团)和歼击轰炸机第30师(近卫第139、189团,第58团),以及7个独立团——近卫侦察航空兵第193团,侦察航空兵第101、125团(前两个在1989年解散),歼击航空兵第120团,近卫运输航空兵第192团,混成航空兵第36和150团。此外,在蒙古的第39集团军下辖了混成第44军,编有2个航空兵师、4个航空兵团。

军区还辖有VGK空军第30集团军(伊尔库茨克州)和轰炸航空兵第31师(辖第

1225、1229 团）。

近卫防空第 54 军负责防空。防空第 14 集团军近卫防空第 50 军（到 1986 年改近卫防空第 16 师,驻赤塔）辖歼击航空兵第 22 团、近卫防空导弹第 469 旅、4 个防空导弹团（第 394、413、1157、1282 团）、雷达第 69 旅和 2 个雷达团（第 157、203 团）。

军区内还驻扎了 RVSN 红旗导弹第 53 集团军（赤塔）总部和 3 个导弹师——近卫第 29 师,第 4 和第 47 师。

第 49 坦克教导师于 1988 年 1 月 27 日改第 212 培训中心。

摩步第 150 教导师 1988 年 1 月 27 日改第 213 培训中心。

摩步第 110 师于 1987 年改第 976 训练中心,1989 年 9 月 1 日改第 5208 存储基地。

摩托化步兵 202 师于 1987 年改第 977 训练中心,1989 年 9 月 1 日改第 5205 存储基地。

1990 年,后贝加尔军区拥有约 26 万人、3100 辆坦克、4000 辆装甲坦克和 3900 门火炮、迫击炮和火箭炮系统、200 架直升机。而此时军区编入了从蒙古撤回的几乎所有部队,一些后贝加尔的部队解散,如近卫坦克第 2 师撤回后,近卫摩步第 11 师改第 6052 存储基地。同样的事情发生在摩步第 198 师,驻地移交给蒙古撤回的第 57 军摩步第 12 师。但是,驻蒙古的坦克第 51 师和摩步第 41 师被解散,分别并入近卫坦克第 5 师和摩步第 245 师。

军区还编入了东欧撤回的部分部队,例如：

导弹第 449 旅——和平（PEACE）

防空导弹第 140 旅——捷连巴

苏联解体时,后贝加尔军区编成如下：

第 55 军（博尔贾）,辖近卫机炮第 122 师（达乌里亚）和近卫机炮 131 师（斯列坚斯克）

第 57 军（乌兰乌德）,辖近卫坦克第 5 师（恰克图）和摩步第 12 师（乌兰乌德）

直属：

近卫坦克第 2 师和摩托化步兵第 245 师（古西诺奥泽尔斯克）

第 212 培训中心（赤塔）

第 213 培训中心（博尔贾）

正在从蒙古撤军的第 39 集团军

1992 年,俄军接管了后贝加尔军区。1998 年 11 月 30 日,西伯利亚军区和后贝加尔军区合并为西伯利亚军区,司令部驻赤塔,在原西伯利亚军区司令部基础上组建第 41 集团军司令部。同时,后贝加尔军区所属雅库特(萨哈)共和国划归远东军区。

2010 年 9 月 20 日,西伯利亚军区和远东军区合并为东部军区。

[序列]

1988 年后贝加尔军区(军号 23284)陆军序列:

第 29 集团军(乌兰乌德),辖近卫坦克第 5 师,摩步第 52、91、245 师

第 36 集团军(博尔贾),辖近卫摩步第 11、38、122 师

第 39 集团军(驻蒙苏军)(乌兰巴托),辖近卫坦克第 2 师,坦克第 51 师和摩步第 12、41 师。驻蒙苏军 1989 年—1992 年撤回国内;1982 年到 1988 年,提供空中支援的混合航空兵第 44 军总部设在乔巴山

第 213 培训中心(前摩步第 150 师)(博尔贾),1972 年 3 月改教导师,1976 年 12 月 1 日改训练师,1987 年 12 月改为第 213 培训中心,1994 年 9 月 10 日改摩步第 168 旅

后贝加尔军区(后贝加尔—阿穆尔军区)历任司令:

斯捷潘·米哈伊洛维奇·谢尔舍夫(1921 年)

阿尔贝特·雅诺维奇·拉平(1921—1922 年)

伊万·肯索利诺维奇·格里亚兹诺夫军级(1935—1937 年)

米哈伊·德米特里耶维奇·韦利卡诺夫二级集团军级(1937 年)

米哈伊·格里戈里耶维奇·叶夫列莫夫军级(1937—1938 年)

维谢沃罗德·费奥多罗维奇·雅科夫列夫军级(1938—1939 年)

费多尔·尼基塔·列米佐夫旅级指挥员(1940 年 6 月授予少将军衔)(1939—1940 年)

伊万·斯捷潘诺维奇·科涅夫中将(1940—1941 年)

帕维尔·阿列克谢耶维奇·库罗奇金中将(1941 年)

米哈伊·普罗科菲耶维奇·科瓦列夫中将(1941 年)

罗季翁·雅科夫列维奇·马利诺夫斯基元帅(1945 年 9 月 30 日—1947 年 5 月 20 日)

康斯坦丁·阿波罗诺维奇·科罗捷耶夫上将(1947 年 5 月 21 日—1949 年 12 月)

德米特里·尼古拉耶维奇·古谢夫上将(1949 年 12 月—1953 年 5 月 15 日)

叶菲姆·格里戈里耶维奇·特罗岑科中将(1954 年晋升上将)(1953 年 5 月 16 日—

1956年1月5日）

德米特里·丹尼洛维奇·列柳申科上将（1956年1月6日—1958年1月24日）

雅科夫·格里戈里列维奇·克列伊泽尔上将（1958年1月25日—1960年5月19日）

德米特里·费奥多罗维奇·阿列克谢耶夫上将（1960年6月16日—1966年8月17日）

彼得·阿列克谢耶维奇·别利克上将（1969年2月晋升大将）（1966年8月18日—1978年12月27日）

格里戈里·伊万诺维奇·萨尔马诺夫上将（1979年10月25日晋升大将）（1978年12月28日—1984年1月19日）

斯坦尼斯拉夫·伊万诺维奇·波斯特尼科夫上将、大将（1984年1月20日—1987年2月4日）

阿纳托利·弗拉基米罗维奇·博尔特宁上将（1987年2月5日—1988年8月30日）

弗拉基米尔·马戈梅多罗维奇·谢苗诺夫中将（1988年8月31日—1991年8月30日）

瓦列里·斯捷潘诺维奇·特列季亚科夫中将、上将（1991年8月31日—1996年9月）

尼古拉·维克多罗维奇·科尔米利采夫上将（1996年9月—2001年3月）

东西伯利亚军区(ВСибВО，VSibVO)

[简史]

最初根据列宁1918年5月4日签署的人民委员会491号法令建立,当时辖阿穆尔、滨海、堪察加3州和萨哈林岛,统率机关设在哈巴罗夫斯克市。对白卫军和暴乱的捷克白军的斗争一开始,军区所属部队和统率机关人员就先后编入格罗杰科沃方面军和乌苏里方面军,故军区实已撤销,1920年3月28日重建,辖叶尼塞斯克和伊尔库茨克2省,司令部在伊尔库茨克市。10月19日,驻雅库特和后贝加尔2省部分地区的部队和机关亦并入军区。在摧毁远东的反革命基地后于1923年1月撤销,辖区划归西西伯利亚军区。

1945年10月1日复建东西伯利亚军区,辖伊尔库茨克州、克拉斯诺亚尔斯克边疆区、雅库特苏维埃社会主义自治共和国和图瓦自治州。统率机关在第50集团军野战统率机关基础上建立,驻伊尔库茨克。

1945年秋—1946年春,军区编入:近卫步兵第18军,驻伊尔库茨克,后来调鄂木斯克;步兵第49军,驻克拉斯诺亚尔斯克。

而在军区筹建阶段驻扎的步兵第81军调基辅军区,不久解散。

1946—1947年,近卫步兵第110、124师,步兵第227师改近卫步兵第16、20旅,步兵第49旅。而步兵第203师改步兵第33旅,于1947年调卡拉干达。

1946年7月,步兵第49军撤销,而近卫步兵第18军携近卫步兵第109师调鄂木斯克,编入西西伯利亚军区。

1953年6月,东西伯利亚军区撤销,所辖克拉斯诺亚尔斯克边疆区和图瓦自治州划归西西伯利亚军区,雅库特苏维埃社会主义自治共和国和伊尔库茨克州划归后贝加尔军区。东西伯利亚军区机关改步兵第31军机关,编入后贝加尔军区。

[序列]

1946年初东西伯利亚军区序列:

近卫步兵第18军(伊尔库茨克),辖3个师:

近卫步兵第124师(下乌金斯克),前近卫空降第1师

近卫步兵第109师(安加尔斯克)

近卫步兵第110师(伊尔库茨克)

步兵第49军(克拉斯诺亚尔斯克),辖3个师:

步兵第203师(坎斯克)

步兵第227师(克拉斯诺亚尔斯克)

步兵第317师(阿钦斯克)

东西伯利亚军区历任司令:

普罗珂菲·洛格维诺维奇·罗曼年科上将(1945年10月1日—1947年2月18日)

格奥尔基·费奥多罗维奇·扎哈罗夫大将(1947年2月19日—1950年4月6日)

德米特里·尼古拉耶维奇·古谢夫上将(1950年4月7日—1951年3月11日)

伊万·瓦西里耶维奇·博尔金上将(1951年3月12日—1953年6月30日)

16. 远东军区（ДВО，DVO、FEB）

全称：红旗远东军区

[简史]

遵照最高统帅部大本营 1945 年 9 月 10 日训令，10 月 15 日在远东第 2 方面军野战统率机关和部队基础上复建远东军区，辖堪察加和萨哈林 2 州、千岛群岛、滨海边疆区萨马尔加河以北部分、阿穆尔河（黑龙江）以东下阿穆尔州一些地域和阿穆尔河畔共青城与尼古拉耶夫斯克 2 市，统率机关驻南萨哈林斯克市（1946 年前丰治市）。辖第 2、15、16 集团军，独立步兵第 5 军，堪察加防区。

▲ 远东军区标志。

1945 年秋，解散了第 2、15、16 集团军，独立步兵第 5 军，4 个步兵师（步兵第 35、345、390 年 396 师），步兵第 88 旅及其他一些部队。5 个步兵师（步兵第 3、12、34、316、388 师）编入远东其他军区。军区编入了后贝加尔方面军和远东第 1 方面军的一些部队：步兵第 85、87 军，轻步兵第 126 军，4 个步兵师（步兵第 22、264、342、355 师），3 个轻步兵旅（轻步兵第 31、32、72 旅）。

1945 年 10 月，远东军区只有步兵军：

步兵第 56 军（A/H24258）驻萨哈林岛的北部（军部设在亚历山大多普勒斯克），辖萨哈林步兵第 79 师，A/H35316；3 个独立步兵团（原独立步兵第 5 旅），A/H31487。

步兵第 85 军驻库利尔斯克，辖步兵第 355 师（择捉岛）、步兵第 2 旅（得抚岛）、步兵第 113 旅（国后岛）。

步兵第 87 军驻阿尼瓦，辖步兵第 264 师（南萨哈林多林斯克）、步兵第 342 师（住帐篷，霍穆托沃营地建设中）。

轻步兵第 126 军驻阿纳德尔，辖 3 个山地旅：山地第 31 旅（阿纳德尔）、山地第 32 旅、山地第 72 旅（普罗维登斯村）。

堪察加防区（1945 年 12 月改步兵第 137 军）驻彼得罗巴甫洛夫斯克，辖步兵第 22、101（后机炮第 6 师）、255 师。

直属：第 104 筑垒地域，驻尼古拉耶夫斯克（庙街），1946 年改机炮第 11 旅。

▲ 第 35 集团军士兵。

空军第 10 集团军负责空中支援（1949 年 2 月改空军第 29 集团军）。

因 1947 年 5 月后贝加尔—阿穆尔军区解散，下阿穆尔州其他地域和马加丹州若干地域划归远东军区，其辖区有所扩大。1947 年 5 月起辖区为堪察加州、萨哈林州、马加丹州、阿穆尔州、千岛群岛、楚科奇民族自治区、犹太民族自治州和哈巴罗夫斯克边疆区。编入了第 1 集团军（辖有近卫空降第 37 军（辖 3 个步兵师），机炮第 13、14 旅，2 个步兵师（步兵第 12、39 师）；1948 年在步兵第 34 师、3 个机炮旅（机炮第 11、13、14 旅）基础上重组了机炮第 11、13 师。

相据苏联国防部长 1953 年 4 月 23 日命令，军区进行了改编，合并了滨海军区（在滨海边疆区，1945 年 9 月 10 日远东第 1 方面军基础上组建）并确定了新的辖界，从此辖滨海边疆区、哈巴罗夫斯克边疆区、阿穆尔州、堪察加州、萨哈林州、马加丹州、犹太民族自治州和楚科奇民族自治区。远东军区新的统率机关是在驻哈巴罗夫斯克市远东总司令指挥部基础上组建起来的，原统率机关用以组建第 15 集团军。第 1、14 集团军解散。军区辖有 4 个集团军（第 5 和 25 集团军驻滨海边疆区，第 39 集团军驻中国，第 15 集团军驻萨哈林）和在堪察加半岛的步兵第 137 军（后改 43 军）。驻原远东军区、滨海军区的空军第 29、54 集团军在 1957 年 6 月 1 日合建为特别空军第 1 集团军。

然而到 1955 年 9 月 7 日，当时的苏共总书记赫鲁晓夫决定解散中国撤回的第 39 集团军和其部分部队，保留的部队编入第 5 集团军。至此，远东军区辖 3 个野战集团军、独立步兵军和师。

1956 年夏天，步兵第 32（原 87）军（驻扎在千岛群岛，后在库页岛）解散，其部队转隶第 15 集团军，同时解散了第 25 集团军步兵第 65 军（原隶属第 5 集团军）及所辖各师。

而到 1957 年 12 月末，军区解散了第 25 集团军，部队转隶第 5 集团军。

1960 年代，第 43 军（1955 年 4 月 30 日前为步兵第 137 军，之后为步兵 43 军，1957 年 6 月改第 43 军）由堪察加半岛调阿穆尔州驻守，直到 20 世纪 90 年代。

此后直属军区的军有第 2 军（萨哈林）、第 25 军（堪察加）、第 29 军（阿穆尔州）、第 45 军（滨海边疆区）。

远东军区是苏联最强大的军区，在不同历史时期辖 3—5 个集团军不等。

军区广大官兵大力完善军人技能，不断提高战斗准备程度。1960—1980 年代进行的各种演习对军区部队和各级司令部的战斗技能水平是严格的检验。 在这些演习中，各部队显示出的战斗技能有了明显的增强，善于在现代条件下完成各项复杂任务。军区部队中军政训练的先进个人、先进部队层出不穷。

根据苏联最高苏维埃主席团1967年6月17日决议,军区继承原授予远东特别集团军的红旗勋章,故此后称红旗远东军区。1960—1970年代,远东军区增加了从苏联欧洲部分的部队的东调,大大加强了与中国的边境战备。从北高加索军区(新罗西斯克)和克里米亚(辛菲罗波尔)调入第29、45军。第29军很快扩编为第35集团军,驻别洛戈尔斯克;第45军1967年3月抵达,编入了近卫摩步第81师、摩步第135师。珍宝岛战斗后第45军编成减少,1972年,第45军军部被解散。

此外,还调来了许多部队,包括9个满编的摩步师,其中包括:

• 列宁格勒军区——摩步第67师(从沃洛格达到斯科沃罗季诺)
• 基辅军区——近卫摩步81师(从科诺托普到比金)和摩步第135师(从白采尔科维到列索扎沃茨克)
• 伏尔加军区——摩步29师(从托茨科耶到石费舍尔即卡门—李波洛夫)
• 莫斯科军区——摩步第270师(从高尔基到哈巴罗夫斯克)和摩步第272师(从库尔斯克到巴布斯托沃)
• 波罗的海军区——摩步第265师(从维尔纽斯到沃兹日阿耶夫卡)和近卫摩步第31师(从考纳斯到别洛戈尔斯克,1977年改近卫坦克第21师)
• 北高加索军区——摩步第73师(从新罗西斯克调阿穆尔河畔共青城)和摩步第266师(从伏尔加格勒到赖奇欣斯克)

同时抵达的,还有一些动员师(第118、119、121、124、125、135、148、199师等)。

战后,近卫空降第37军调驻远东军区,下辖近卫空降第13、98、99师,但近卫空降13师于1959年解散,20世纪70年代末解散了其他师,空中突击旅作为唯一的空降部队存在。1970年8月,在阿穆尔州马格达奇组建了空中突击第13旅,直到1996年解散。第83空中突击旅在1990年代中期撤回滨海边疆区乌苏里斯克,并在1995年由空降兵转隶军区。

1969年,军区在步兵第2军基础上扩建第51集团军。

军区许多部队和机关因在保卫苏维埃祖国的事业中和战后时期军政训练中战功卓越、成绩优异,荣获苏联各种勋章及苏共中央、苏联最高苏维埃主席团和苏联部长会议颁发的奖旗、列宁诞辰纪念奖状和奖章以及苏联国防部长颁发的"勇敢和军人英勇精神"奖旗。

1980年代,军区隶属远东方向总司令。境内部署4个集团军(5、15、35、51),第

25、29、43军，辖3个坦克师、1个海军陆战队师、1个机炮师和24个摩步师。

空军第1集团军提供空中支援。这个集团军非常强大，兵力几乎与驻德集群空军第16集团军相同，1988年时辖有4个航空兵师——歼击航空兵第28师（近卫歼击轰炸第26团和歼击航空兵第216、301团），近卫混成航空兵第33师（轰炸航空兵团，歼击轰炸航空兵第229、292、302团），轰炸航空兵第83师（第56、277、300团），歼击轰炸航空兵第303师（第224、523团，近卫第18团）和5个独立团，其中包括2个侦察航空兵团（第293、799团）、强击航空兵团（第187团）、军用运输航空兵团（第930团）和混成航空兵团（第257团）。此外，军区还驻有VGK远程航空兵第30和第37集团军一部——空军第30集团军的轰炸航空兵第55师（第303和444团）和空军第37集团军的重型轰炸航空兵第73师。

国土防空第11集团军负责防空。辖有：

• 防空第8军（阿穆尔河畔共青城），辖3个歼击航空兵团（第60、308、821团）、3个防空导弹旅（第109、118、192旅）、防空导弹第143团、2个雷达旅（第55、76旅）和雷达第9团

• 防空第23军（符拉迪沃斯托克），辖3个歼击航空兵团（第47、530团，近卫第22团）、3个防空导弹旅（第88、130、267旅）、5个防空导弹团（第208、589、639、749、1133团）、雷达第10、123团

• 防空第6师（堪察加彼得罗巴甫洛夫斯克叶利佐沃），辖歼击航空兵第865团、防空导弹第161旅和防空导弹第1251团、2个雷达团（第60、124团）

• 防空第24师（南萨哈林斯克霍穆托沃），辖3个歼击航空兵团（第41、528、777团）、3个防空导弹团（第140、752、891团）、4个雷达团（第38、39、80、125团）

• 防空第25师（阿纳德尔），辖歼击航空兵第171团、防空导弹第762团、雷达第129旅

• 防空第29师（布拉戈维申斯克〈海兰泡〉），辖歼击航空兵第404团、防空导弹第110旅和3个防空导弹团（第112、504团，近卫第242团）、雷达第47旅

还应当指出的是，远东军区还部署了战略火箭军第53集团军，特别是其导弹第27师。

1980年代末的太平洋舰队兵力相当雄厚。其海军航空兵辖2个岸基航空兵师——海航第25师（近卫第141团、第183团）和海航第143师（第568、570团），以及11个独立团（反潜第77、289和310团，近卫反潜第169团，混成第317、586团，反舰航空

兵第173、311团，近卫侦察航空兵第304团，运输航空兵第46、593团），以及反舰直升机第710团，以及一定数量的独立直升机大队。

1990年，全军区共拥有约37万士兵、6100辆坦克、8700装甲坦克、5800门火炮、迫击炮和多管火箭炮系统、300架直升机。

1990年代初，从驻外苏军集群撤回的部队：

- 哈巴罗夫斯克——第3集团军司令部和独立通信第105团
- 乌苏里斯克——独立空降第83旅
- 斯帕斯克达利尼——防空导弹第252旅
- 阿穆尔河畔共青城——独立雷达第45旅
- 列昂尼多沃（南萨哈林）——独立直升机第280团
- 堪察加彼得罗巴甫洛夫斯克——防空导弹第1178团，接替解散的高炮第1006团，编入摩步第22师
- 达利涅列琴斯克——舟桥第65团

到1991年1月，远东军区解散了12个师，余下18个摩步师、1个坦克师和2个空中突击旅。

1992年，俄军接管了远东军区。1998年12月1日，后贝加尔军区所属雅库特（萨哈）共和国划归远东军区。

1998年贝加尔军区解散后，萨哈共和国编入远东军区辖区，第15、51集团军解散。

2000年，全军区共拥有约4500辆坦克、102具SSM导弹、310架直升机。

2005年，远东军区陆军兵力7.35万人，辖2个集团军、1个军、5个摩步师（其中2个训练师）、4个机炮师、1个炮兵师（辖1个重加农炮旅、1个榴弹炮旅、4个炮旅）、9个炮团、1个迫击炮旅、3个战术导弹旅（54具SS-21）、5个防空导弹旅、1个轻步旅、1个重加农炮旅，装备3000辆坦克、3800辆装甲车、3500门火炮。

2010年，远东军区撤销，部队编入新建的东部军区。

[序列]

1989年初远东军区（军号32978）序列：

第5集团军（乌苏里斯克〈二月镇〉）

    摩步第277师（滨海区谢尔盖耶夫卡），前步兵66师，坦克第2/32/66师

    近卫摩步第123师（巴拉巴什），前近卫步兵第17师

第十章 第二次世界大战后的苏俄战区、军区、驻外集群沿革

第 1008 训练中心（利阿里奇），前坦克第 77 师

摩步第 199 师（克拉斯尼库特），前步兵第 215 师

摩步第 29 师（兴凯湖边石费舍尔），前步兵第 29 师

摩步第 40 师（海参崴附近斯莫尔雅尼诺沃），前步兵第 40 师

第 4 筑垒地域（克拉斯季诺〈图们江口〉）

第 5 筑垒地域（波波夫卡）

第 13 筑垒地域（波格拉尼奇内）

第 15 筑垒地域（新吉尔基耶夫卡）

第 20 筑垒地域（巴拉巴什）

第 15 集团军（哈巴罗夫斯克-41〈红河〉）

摩步第 270 师（哈巴罗夫斯克附近红列奇卡）

近卫摩步第 81 师（比金），前近卫步兵第 81 师

摩步第 73 师（阿穆尔河畔共青城〈Taiga〉），前步兵第 73 师

摩步第 135 师（列索扎沃茨克市梅德韦季茨基镇）

第 2 筑垒地域，（大乌苏里岛〈黑瞎子岛〉）

第 17 筑垒地域（达利涅列琴斯克）

第 43 军（比罗比詹），前步兵 137 军

摩步第 118 师（动员）（比罗比詹）

摩步第 272 师（巴布斯托沃），前步兵第 272 师

第 3 筑垒地域（列宁斯克）

第 35 集团军（别洛戈尔斯克），前步兵第 29 军

近卫坦克第 21 师（别洛戈尔斯克市叶卡捷琳诺斯拉夫卡），前近卫步兵第 31 师

摩步第 67 师（斯科沃罗季诺）

摩步第 192 师（布拉戈维申斯克）

摩步第 265 师（沃兹日阿耶夫卡），前步兵第 265 师

摩步第 266 师（赖奇欣斯克）

第 12 筑垒地域（布拉戈维申斯克）

第 25 军（彼得罗巴甫斯克）

摩步第 99 师（楚科奇自治区阿纳德尔）

摩步第 22 师（彼得罗巴甫洛夫斯克），前步兵第 22 师

摩步 138 团（马加丹）

第 51 集团军（南萨哈林斯克）

 摩步第 79 师（波罗奈斯克），前步兵第 79 师

 摩步第 33 师（霍穆托沃），前步兵第 342 师

 机炮第 18 师（择捉岛戈尔亚奇克留奇），前步兵第 184 师和第 109 筑垒地域。

 摩步第 1101 团（法尔孔）

军区直属：

第 395 培训中心（扎维京斯克），前第 27 坦克训练师

第 392 培训中心（哈巴罗夫斯克市沃洛查耶夫斯卡亚镇），前第 129 摩步训练师

第 291 培训中心（西比尔采沃），前第 121 摩步训练师

摩步第 271 师（动员）（别洛戈尔斯克）

后警第 246 师（哈巴罗夫斯克）

近卫炮兵第 15 师（海滨边疆区）

1998 年重组后远东军区序列：

第 5 集团军

第 35 集团军

第 68 军（原第 51 集团军），4 个摩托化步兵师和 4 个机炮师

独立特种第 14 旅（乌苏里斯克）

空降第 83 旅（乌苏里斯克）、原辖有 1 个坦克营，1998 年辖独立空降第 654、635、598、954 营，1 个近卫炮兵营和支援单位

太平洋舰队东北集群地面部队（堪察加半岛），前第 25 军

摩步第 40 旅（堪察加半岛彼得罗巴甫洛夫斯克），辖独立坦克第 59 营和独立摩步第 385 营，2007 年 8 月第 40 旅改海军步兵旅，2009 年改为海军步兵第 3 团

2008 年远东军区序列：

第 5 集团军

 近卫摩步第 81 师（比金）

 摩步第 121 师，原机械化第 10 军

 机炮第 127 师，前摩步第 277 师，"二战"步兵第 66 师

近卫机炮第 129 师，前近卫摩步第 123 师，"二战"近卫步兵第 17 师

机炮第 130 师（列索扎沃茨克）

第 35 集团军

近卫摩步第 21 师

机炮第 128 师，原摩步第 272 师，"二战"步兵第 272 师

摩步第 270 师

第 68 军

机炮第 18 师

摩步第 33 师

直属：第 392 军区培训中心，原第 129 摩步训练师

其他小的单位，包括空降第 83 旅和特种第 14 旅

2010 年初远东军区序列：

第 5 集团军（乌苏里斯克）

独立近卫摩步第 57 旅（比金），装备 BMP

独立摩步第 59 旅（谢尔盖耶夫卡），装备 BMP

独立摩步第 60 旅（卡门—李波洛夫），装备 BMP

独立近卫摩步第 70 旅（巴拉巴什），装备 MT-LBV

第 237 存储基地（独立摩步第 89 旅）（比金）

第 245 存储基地（独立摩步第 93 旅）（列索扎沃茨克）

第 247 存储基地（独立摩步第 94 旅）（西比特舍沃）

第 35 集团军（别洛戈尔斯克）

独立近卫摩步第 38 旅（叶卡捷琳诺斯拉夫卡），装备 BMP

独立摩步第 64 旅（哈巴罗夫斯克），装备 BMP

独立斯维里—东波美拉尼亚摩步第 69 旅（巴布斯托沃）

第 240 存储基地（独立摩步第 90 旅）（别洛戈尔斯克）

第 243 存储基地（独立摩步第 92 旅）（哈巴罗夫斯克）

直属：

第 261 存储基地（独立摩步第 95 旅）（莫霍瓦亚）

机炮第 18 师（择捉岛戈尔亚奇克柳奇），辖机炮第 46、49 团

独立特种第 14 旅（乌苏里斯克）

独立摩步第 39 旅（霍穆托沃），装备 MT-LBV

独立空降第 83 旅（乌苏里斯克）

第 230 存储基地（独立摩步第 88 旅）（达奇诺耶）

第 392 军区培训中心（哈巴罗夫斯克市克尼亚泽沃尔孔斯科耶）

导弹和炮兵单位：

近卫导弹第 20 旅（斯帕斯克达利尼）

导弹第 107 旅（比罗比詹）

炮兵第 165 旅（尼科尔斯科耶）

炮兵第 305 旅（乌苏里斯克）

近卫多管火箭炮第 338 旅（新西索耶夫卡）

第 7020 炮兵储备基地（乌苏里斯克）

第 7021 炮兵储备基地（尼科尔斯科耶）

防空单位：

第 5 集团军

  防空导弹第 8 旅，装备 9K37 导弹

  第 641 防空指挥中心

第 35 集团军

  防空导弹第 71 旅，装备 9K37 导弹

  第 643 防空指挥中心

雷达单位：

独立无线电技术第 76 营（韦茨科耶）

独立无线电技术第 94 营（第 5 集团军）（乌苏里斯克）

独立无线电技术第 1889 营（第 35 集团军）（别洛戈尔斯克）

工兵单位：

工程第 37 团（第 35 集团军）

工程第 58 团（第 5 集团军）

独立工程第 2463 营（乌苏里斯克）

第 7027 工兵储备基地

NBC 三防部队：

独立NBC第16旅（加尔基诺）

独立喷火第70营（拉兹多尔诺耶）

独立NBC第122营（第5集团军）（乌苏里斯克）

独立NBC第135营（第35集团军）（哈巴罗夫斯克）

通信部队：

独立电子战第17营

（通信枢纽）通信第104旅（哈巴罗夫斯克）

（终端）通信第106旅

通信第54团（第35集团军）

通信第86团（第5集团军）

独立（后方）通信第156营

远东军区历任司令：

瓦西里·康斯坦丁诺维奇·布柳赫尔元帅（1935—1938年）

马克西姆·阿列克谢耶维奇·普尔卡耶夫大将（1945年10月15日—1947年1月17日）

尼古拉·伊万诺维奇·克雷洛夫上将（1947年1月17日—1953年4月22日）

罗季翁·雅科夫列维奇·马利诺夫斯基苏联元帅（1953年4月23日—1956年3月12日）

瓦连京·安东诺维奇·佩尼科夫斯基上将（1961年5月5日晋升大将）（1956年3月13日—1961年7月21日）

雅科夫·格里戈里耶维奇·克列伊泽尔大将（1961年7月22日—1963年11月25日）

伊万·格里戈里耶维奇·巴甫洛夫斯基大将（1963年11月26日—1967年5月3日）

奥列格·亚历山德罗维奇·洛西克上将（1967年5月4日—1969年5月21日）

弗拉基米尔·费奥多罗维奇·托卢布科上将（1970年4月29日晋升大将）（1969年5月22日—1972年4月5日）

瓦西里·伊万诺维奇·彼得罗夫上将，大将（1972年4月6日—1976年5月27日）

伊万·莫西耶维奇·特列季亚克上将（1976年10月29日晋升大将）（1976年5月

28日—1984年6月18日）

德米特里·季莫费耶维奇·亚佐夫大将（1984年6月19日—1987年1月21日）

米哈伊尔·阿列克谢耶维奇·莫伊谢耶夫上将（1987年1月22日—1988年12月12日）

维克多·伊万诺维奇·沃洛申大将（1989年1月5日—1992年4月28日）

维克多·斯捷潘诺维奇·切切瓦托夫上将（1992年4月28日—1999年8月2日）

尤里·尼古拉耶维奇·雅库波夫上将（2003年晋升大将）（1999年8月2日—2006年9月10日）

弗拉基米尔·瓦西里耶维奇·布尔加科夫上将（2006年9月10日—2008年12月31日）

奥列格·列昂纳德维奇·萨留科夫上将（2008年12月31日—2010年9月20日）

滨海军区（ПримВО，PrimVO）

[简史]

1945年10月30日成立滨海军区。军区统率机关在远东第一方面军野战统率机关基础上组建，驻伏罗希洛夫市（1957年改乌苏里斯克），辖滨海边疆区（不含萨马尔加河以北地区，战后第5、35集团军驻守）。军区还编有驻北朝鲜和辽东半岛的苏军（战后第25、39集团军驻守）。

滨海军区成立后，第35集团军，步兵第17军，步兵第105、187、190、231、335、345、363、365、366师即解散。

第5集团军为远东苏军最强大的集团军，下辖2个坦克师。

第25集团军驻朝鲜平壤，下辖2个步兵军（步兵第39、88军）、6个师（5个步兵师、1个机械化师）。1948年底撤回什科托沃，原辖部队只剩下步兵第40师、机械化第10师，回国后编入原第5集团军的步兵第65军（辖步兵第63、144师）。

第39集团军驻旅大，下辖2个步兵军（近卫步兵第5军，步兵第113军）、6个步兵师、1个机械化师（机械化第7师）、炮兵第5军（近卫炮兵第6、8师，炮兵第33师，战术控制反坦克炮兵第55旅）。

1946年夏，第39集团军撤销了4个步兵师（近卫步兵第91师，步兵第262、338、358师），改建了3个机炮旅（近卫第4旅，第25、26旅）。1947年，3个旅合并为近卫机炮第25师。1947年初撤销了步兵第113军。

防空第 55 军在不同的时间编有防空第 37、113、149 师。

军区还辖有高炮第 52 师。

从 1945 年 10 月至 1953 年 4 月，滨海军区辖 3 个集团军。

军区部队与后贝加尔—阿穆尔军区、远东军区部队负有共同保障苏联远东边境安全的使命以及军区应有的其他任务。1945 年对日战争结束后，军区进行了老兵复员和部队转为平时状态的大量工作。1953 年 4 月 23 日，滨海军区撤销，辖区和部队编入远东军区。

[序列]

1945 年 11 月 1 日滨海军区序列：

第 5 集团军（伏罗希洛夫）

步兵第 45 军：步兵第 159、157、184 师

步兵第 65 军：步兵第 97、144、371 师

步兵第 72 军：步兵第 63、215、277 师

第 6—8、105—113 筑垒地域

第 25 集团军（平壤）

步兵第 39 军：步兵第 40、335、384 师

步兵第 88 军：步兵第 258、386、393 师

机械化第 10 师（前机械化第 10 军）

第 39 集团军（旅顺）

近卫步兵第 5 军（金州）：近卫步兵第 17 师（金州附近）、近卫步兵第 19 师（安东）、近卫步兵第 91 师（金州）

步兵第 113 军（旅顺）：步兵第 262、338、358 师

第 150 筑垒地域

第 162 筑垒地域

机械化第 7 军

直属：

近卫机械化第 3 师

步兵第 66、300 师

骑兵第 84 师

1946年7月1日滨海军区序列：

第5集团军（伏罗希洛夫）

　　步兵第45军：步兵第159、157、184师

　　步兵第65军：步兵第97、144、371师

　　步兵第72军：步兵第63、215、277师

第25集团军（平壤）

　　步兵第39军：步兵第40、384师，机械化第10师

　　步兵第88军：步兵第258、386、393师

第39集团军（旅顺）

　　近卫步兵第5军：近卫步兵第17师、近卫步兵第91师（锦州），机械化第7师（旅顺）

　　步兵第113军：近卫步兵第19师（大连），近卫机炮第4旅（近卫步兵第91师），机炮第25、26旅

直属：

坦克第2、3师

近卫机械化第3师

机炮第7、9、10、15、16、18、19、21、24旅

1953年3月1日滨海军区序列：

第5集团军（伏罗希洛夫）

　　步兵第45军：步兵第159、157、184师

　　步兵第72军：步兵第215、277师，近卫机械化3师

　　坦克第2、3师

　　机炮第18师：步兵第184师，机炮第18旅

第25集团军（什科托沃）

　　步兵第65军：步兵第63、144师，机械化第10师

第39集团军（旅顺）

　　近卫步兵5军：近卫步兵第17师、机械化第7师

直属：

近卫步兵第19师（大连）

步兵第 40 师

近卫机炮第 25 师

机炮第 9、10、21、24 旅

滨海军区历任司令：

基里尔·阿法纳西耶维奇·梅列茨科夫元帅（1945 年 10 月 30 日—1947 年 6 月 3 日）

谢尔盖·谢苗诺维奇·比留佐夫上将（1953 年晋升大将）（1947 年 6 月 3 日—1953 年 4 月 23 日）

三 新面貌改革前俄罗斯联邦新建的军区

苏联在解体前共辖有 13 个军区。俄罗斯联邦武装力量组建后，俄政府对境内保留下来的军区进行了调整，共设 8 个军区，分别是：列宁格勒军区、莫斯科军区、北高加索军区、伏尔加河沿岸军区、乌拉尔军区、西伯利亚军区、后贝加尔军区和远东军区。2001 年 9 月，俄又将乌拉尔军区和伏尔加河沿岸军区进行合并，并重新对军区划分做了调整，保持了 6 大军区的军事行政区划，另外还设了 1 个不编入军区的独立军事行政单位——加里宁格勒特别区。6 个军区是：列宁格勒军区、莫斯科军区、北高加索军区、伏尔加河沿岸—乌拉尔军区、西伯利亚军区和远东军区。

1. 西伯利亚军区（СибВО，SibVO）

［简史］

1998 年 12 月 1 日，西伯利亚军区和后贝加尔军区合并为西伯利亚军区，司令部驻赤塔，在原西伯利亚军区司令部基础上组建第 41 集团军司令部。萨哈共和国划归远东军区。

2006 年，西伯利亚军区辖 1 个坦克师、2 个摩步师和 1 个机枪炮兵师、2 个摩步旅和 1 个空中突击旅。近卫坦克第 2 师在 2001 年解散改编。此外，德国撤回到原西伯

▲ 西伯利亚军区标志。

利亚军区的"塔甘罗格"摩步第 21 师一部在 1990 年代中期换装了 T-90 主战坦克。后于 2000 年解散。

在乌兰乌德的第 29 集团军在 2007 年解散。

2010 年 9 月 20 日，西伯利亚军区撤销，辖区分别划入中部、东部军区。

[序列]

2010 年西伯利亚军区序列：

第 36 集团军（乌兰乌德）

  近卫顿河—布达佩斯坦克第 5 旅（旧迪维济翁纳亚），装备 T-90

  近卫洛佐瓦亚摩步第 36 旅（博尔贾），装备 BMP-3 和 T-72

  近卫塔钦摩步第 37 旅（恰克图），装备 BMP

  第 187 存储基地（摩步第 86 旅）（下乌金斯克）

  第 227 存储基地（摩步第 87 旅）（旧迪维济翁纳亚）

第 41 集团军（新西伯利亚）

  列宁格勒—巴甫洛夫斯克摩步第 32 旅（希洛沃），装备 BTR 和 T-90

  伏尔加格勒—基辅摩步第 35 旅（阿列伊斯克），装备 BMP-2 和 T-72

  近卫兹韦尼戈罗德—柏林摩步第 74 旅（尤尔加），装备 BMP-3 和 T-72

直属：

第 103 存储基地（摩步第 84 旅）（希洛沃）

第 104 存储基地（摩步第 85 旅）（阿列伊斯克）

第 225 存储基地（摩步第 29 旅）（亚斯纳亚）

独立空降第 11 旅（乌兰乌德市索斯诺维博尔）

独立特种第 24 旅（伊尔库茨克）

近卫第 212 军区培训中心（赤塔）

导弹和炮兵单位：

导弹第 103 旅（乌兰乌德）

火箭炮第 232 旅（舍列霍夫）

炮兵第 120 旅（舍列霍夫）

炮兵第 200 旅（德罗维亚纳亚）

第 7018 炮兵存储基地（德罗维亚

▲ 西伯利亚军区演习，2010 年 8 月。

纳亚）

第7019炮兵存储基地（舍列霍夫）

防空单位：

第36集团军

防空导弹第140旅（捷连巴）

第792防空指挥中心

第41集团军

防空导弹第61旅

第868防空指挥中心

工兵单位：

工程第27团（第36集团军）（亚斯纳亚）

工程第60团（第41集团军）（新西伯利亚）

独立工程第457营

NBC三防部队：

独立喷火第11旅（德罗维亚纳亚）

独立NBC第126旅（博尔贾）（第36集团军）

独立NBC第254旅（托普奇哈）（第41集团军）

通信部队：

（广域）通信第50旅

"兴安岭"（通信枢纽）通信第101旅（赤塔）

第1271电子对抗中心（旧迪维济翁纳亚）

独立通信第175团（博尔贾）（第36集团军）

独立通信第235团（科切尼奥沃）（第41集团军）

独立（后方）通信第154营

后勤单位：

物资保障第53团（赤塔）

历任司令：

尼古拉·维克多罗维奇·科尔米利采夫上将（1998年12月—2001年3月）

弗拉基米尔·安纳托利耶维奇·博尔德列夫上将（2001年3月28日—2002年12

月18日）

尼古拉·叶戈洛维奇·马卡罗夫上将（2005年5月8日晋升大将）（2002年12月18日—2007年4月19日）

亚历山大·尼古拉耶维奇·波斯特尼科夫上将（2007年4月19日—2010年1月11日）

弗拉基米尔·瓦连季诺维奇·奇尔金中将、上将（2010年1月11日—2010年7月9日）

2.伏尔加河沿岸—乌拉尔军区（ПурВО，PUrVO）

[简史]

1989年9月1日伏尔加沿岸军区、乌拉尔军区合并为伏尔加河沿岸—乌拉尔军区，新总部设在萨马拉。然而在1992年7月，乌拉尔区进行了改革，因为该地区已成为与中亚新兴国家的边境。根据1992年7月7日NO.757总统令和1992年7月25日国防部长命令，伏尔加河沿岸—乌拉尔军区重新分拆为伏尔加河沿岸军区和乌拉尔军区。

从1992年起，两个军区接收了大量从国外和原苏联加盟共和国的部队（包括驻德苏军的近卫坦克第2集团军和近卫坦克第16、90师），许多单位随后被解散，包括从中部集群撤回的近卫坦克第15师。该师前身是近卫骑兵第15师，20世纪90年代初驻在切尔巴库里，不久解散。

1998年7月，伏尔加河沿岸军区所属科米共和国划归列宁格勒军区。

2001年9月，伏尔加河沿岸军区和乌拉尔军区再次合并为伏尔加河沿岸—乌拉尔军区，辖区包括巴什科尔托斯坦共和国、马里共和国、莫尔多瓦共和国、鞑靼斯坦共和国，乌德穆尔特共和国，楚瓦什共和国，基洛夫，库尔干，奥伦堡、奔萨、彼尔姆、萨马拉、斯维尔德洛夫斯克州、秋明州、乌里扬诺夫斯克和车里雅宾斯克州和科米共和国、汉特—曼西斯克、亚马尔和涅涅茨自治区边疆区。

2010年9月1日，伏尔加河沿岸—乌拉尔军区撤销，大部分辖区和西伯利亚军区编入新的中央军区，而其西部的部分编入了南部军区（原北高加索军区）。

▲ 伏尔加河沿岸—乌拉尔军区标志。

[序列]

2006—2007 年伏尔加河沿岸—乌拉尔军区序列：

摩步第 34 师（叶卡捷琳堡），编入了原近卫坦克第 15 师一部

摩步第 201 师（塔吉克斯坦杜尚别）

独立摩步第 15 旅，参加了 2007 年 4 月 7 日与法国第 1 机械化旅的诺曼底—尼曼指挥所演习

近卫第 2 集团军（萨马拉），前近卫坦克第 2 集团军

近卫摩步第 27 师（托茨科耶）

空防第 5 集团军

其他单位

2010 年伏尔加河沿岸—乌拉尔军区序列：

近卫奥伦堡哥萨克坦克第 7 旅（切巴尔库尔）

荣获库图佐夫勋章的近卫红旗柏林摩步第 15 旅（萨马拉州罗辛斯基村），装备 BTR。专业"维和"部队，原摩步第 589 团。2008 年 8 月，其一个单位参加了南奥塞梯战争。

近卫鄂木斯克—新布格摩步第 21 旅（托茨科耶），装备 BMP

近卫彼得罗库夫摩步第 23 旅（科尔雅日），装备 BTR

辛菲罗波尔摩步第 28 旅（叶卡捷琳堡），装备 BMP

加特契纳第 201 军事基地（塔吉克斯坦杜尚别）

近卫华沙—柏林特种第 3 旅（萨马拉州罗辛斯基）

第 473 军区培训中心（叶兰斯基〈斯维尔德洛夫斯克州西边的卡梅什洛夫〉）

独立近卫空降第 31 旅（乌里扬诺夫斯克），直属俄罗斯空降兵司令部（VDV）

导弹和炮兵单位：

导弹第 92 旅（卡缅卡）

导弹第 119 旅（叶兰斯基）

近卫敖德萨炮兵第 385 旅（贝尔舍特）

多管火箭炮第 950 团（布祖卢克）

炮兵存储基地

独立炮兵侦察第 581 营

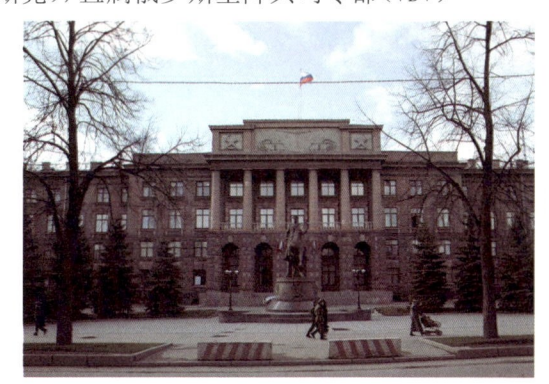

▲ 伏尔加河沿岸—乌拉尔军区司令部。

防空单位：

防空导弹第297旅（阿尔基诺-2〈乌法〉），装备9K37导弹

雷达单位：

独立无线电技术第40营（马克思）

独立无线电技术第173营（萨马拉）

工兵单位：

工程第56团（阿尔基诺）

独立工程第774营（切巴尔库尔）

第7025工兵储备基地

NBC三防部队：

NBC第29旅（叶卡捷琳堡）

NBC第319营（奇巴耶夫斯克）

通信部队：

"锡瓦什"（通信枢纽）通信第59旅（叶卡捷琳堡）

（广域）通信第179旅

独立通信第191团（萨马拉）

独立（后方）通信第153营

独立通信第836营

独立电子对抗第1583营

▲ 摩步第28旅，2009年。

历任司令：

尤里·帕夫洛维奇·格列科夫上将（1992年7月16日—1997年12月）

维亚切斯拉夫·瓦连季诺维奇·季霍米罗夫上将（1997年12月—2000年1月22日）

亚历山大·伊万诺维奇·巴拉诺夫上将（2000年1月24日—2004年7月19日）2004年6月大将

弗拉基米尔·安纳托利耶维奇·博尔德列夫大将（2004年7月—2008年7月31日）

阿尔卡季·维克托·巴辛中将、上将（2008年7月31日—2010年7月9日）

弗拉基米尔·瓦连季诺维奇·奇尔金中将（2010年7月9日—2010年9月20日）

3. 伏尔加河沿岸军区（ПриВО，PriVO）

参见前一节伏尔加河沿岸军区。

4. 乌拉尔军区（УрВО，UrVO）

参见前一节乌拉尔军区。

四 新面貌改革后俄罗斯联邦新建的军区

1. 西部军区(ЗВО，ZVO)

全称：荣获列宁勋章的西部军区

[简史]

根据2010年9月20日第1144号总统令，2010年10月20日在圣彼得堡成立西部军区。

军区辖第6和近卫第20集团军，俄罗斯空降兵（包括近卫第76空中突击师），驻加里宁格勒的波罗的海舰队，以及俄罗斯空军空防第1指挥部。总部设在圣彼得堡。兵力40万，占俄罗斯武装力量40%的兵力，下辖2500多个单位。西部军区司令部指挥除了战略导弹部队和航天部队以外所有驻扎在该地区的军事力量和其他俄罗斯武装力量。此外，还指挥区内执行任务的内务部部队和边防部队，以及紧急情况部等俄罗斯联邦强力部门。

从2011年到2012年，西部军区的舰队更新了75%。2011年，接收了超过3000辆卡车，2012年接收了2200辆卡车。

在2014年2月26日克里米亚危机期间，俄罗斯总统普京下令中央军区第2集团军进驻西部军区。

2014年12月前，西部军区范围内的联邦主体共30个，分别是卡累利阿共和国、科米共和国、阿尔汉格尔斯克州、别尔哥罗德州、布良斯克州、弗拉基米尔州、沃洛格达州、沃罗涅日州、伊万诺沃州、加里宁格勒州、卡卢加

▲ 西部军区标志。

▲ 圣彼得堡的西部军区司令部大楼。

州、科斯特罗马州、库尔斯克州、列宁格勒州、利佩茨克州、莫斯科州、摩尔曼斯克州、下诺夫哥罗德州、诺夫哥罗德州、奥廖尔州、普斯科夫州、梁赞州、斯摩棱斯克州、坦波夫州、特维尔州、图拉州、雅罗斯拉夫尔州、莫斯科市、圣彼得堡市、涅涅茨自治区。

近年来，随着有关国家对北极地区的争夺日趋激烈，北极方向在俄国防建设中的重要性急剧上升。为此，根据2020年前俄罗斯联邦北极地区发展和国家安全保障战略，2014年俄罗斯在北方舰队的基础上组建了北方舰队联合战略司令部，负责北极地区的安全与防务，保卫俄在该地区的国家利益。该司令部从2014年12月1日起在北极地区执行任务，已为该联合战略司令部增编了1个防空师（2015年还组建了1个空防集团军）和1个海军步兵旅，在科捷尔内岛部署了1个装备现代化反舰系统和防空系统的战术群。1个北极摩托化步兵旅和其他一些部队也组建完毕。另成立一个训练中心，用于对驻北极部队进行补充训练。

2014年末，西部军区重建近卫坦克第1集团军，划入了近卫第20集团军的大部分部队，并在2015年3月将近卫第20集团军调至沃罗涅日，其摩步第9旅被调往乌克兰边境的博古恰尔。

2016年1月14日，俄罗斯国防部长绍伊古宣布，在西部重组3个师。

2016年中，俄罗斯陆军透露西部军区2个新组师——近卫摩步第44师、近卫坦克第10师分别部署在斯摩棱斯克、博古恰尔。

2016年8月消息，波罗的海舰队岸防集群恢复为近卫第11军，摩步第7团已恢复为旅。

2016年底，西部军区摩步第9旅开始扩编为摩步第3师。

[序列]

2014年初西部军区序列：

俄罗斯军队驻摩尔多瓦德涅斯特河左岸地区集群（德涅斯特河沿岸蒂拉斯波尔）

独立近卫摩步第27旅（莫斯兰特根）

第6集团军（圣彼得堡）
    近卫摩步第138旅（卡缅卡）
    近卫摩步第25旅（弗拉基米尔）
    近卫炮兵第9旅（卢加）
    近卫炮兵第268旅（普希金）
    防空导弹第5旅（格列洛沃）
    导弹第95旅机关（格列洛沃）
    导弹第26旅（卢加）

近卫第20集团军（下诺夫哥罗德州穆利诺）
    近卫坦克第4师（纳罗—福明斯克）
    近卫摩步第2师（加利涅茨）
    坦克第6旅
    摩步第9旅（下诺夫哥罗德）
    防空导弹第53旅（库尔斯克）
    第9旅机关
    炮兵第288旅
    导弹第448旅（库尔斯克）

空降部队：
特种第45团（莫斯科州库宾卡）
近卫空中突击第76师（普斯科夫）
近卫空降第98师（伊万诺沃）
近卫空降第106师（图拉）
空降通信第38团（莫斯科州大熊湖）

海军陆战队和海岸防御部队：
摩步第7团（加里宁格勒）
近卫摩步第79旅（古谢夫）
近卫海军步兵第336旅（波罗的斯克市梅奇尼科沃村）
岸防导弹第25旅（顿河）

近卫导弹第152旅（加里宁格勒州切尔尼亚霍夫斯克）

近卫炮兵第244旅（加里宁格勒）

近卫防空导弹第183团（近卫军城）

独立舟桥第73旅

通信第742旅

无线电电子对抗第302团

海军步兵第61旅（摩尔曼斯克州斯普特尼克，即卫星镇Satellite）

摩步第200旅（佩琴加）

独立岸防导弹炮兵第536旅（斯涅日诺戈尔斯克）

舰队通信第516旅（谢维尔诺摩尔斯克）

海军工兵第180营

侦察/特种部队单位：

特种第2旅

特种第16旅

海军：

波罗的海舰队

北方舰队

2014年10月西部军区单位和驻地：

独立谢苗诺夫步兵第1团（莫斯科市莫斯特连根）

普列奥布拉任斯基独立仪仗兵第154团（莫斯科市雷佛托沃）

独立近卫红旗塞瓦斯托波尔摩步第27旅（莫斯科市莫斯特连根）

荣获苏沃洛夫和亚历山大涅夫斯基勋章的近卫红旗新济布科夫统帅部火箭炮第79旅（特维尔），12门9A52"龙卷风"

独立防空导弹第202旅（纳罗—福明斯克），2个S-300V营

荣获亚历山大·涅夫斯基勋章的近卫红旗柏林工程兵第45旅（莫尔）

独立电子战第16旅（图拉州普拉夫斯克）

独立NBC第27旅（库尔斯克）

第十章 第二次世界大战后的苏俄战区、军区、驻外集群沿革

荣获库图佐夫勋章的独立红星华沙铁道兵第29旅（布良斯克）

独立铁道兵第34旅（梁赞）

独立铁道兵第38旅（沃洛格达）

以共青团成立50周年命名，荣获亚历山大涅夫斯基勋章和红星勋章的红旗塞瓦斯托波尔通信第1旅（列宁格勒州谢尔托罗沃，即红谢洛）

康斯坦察通信第132旅（列宁格勒州阿加拉托沃）。

驻摩尔多瓦共和国德涅斯特河沿岸俄军集群（蒂拉斯波尔）

独立自行迫击炮第18营（坦波夫-34），8门240毫米2S4"郁金香"，原第18炮兵基地

独立自行火炮第19营（坦波夫-34），12门203毫米2S7"芍药"，原第19炮兵基地

独立警卫第100团（莫斯科州阿拉比诺）

近卫红旗第56培训中心（列宁格勒州红谢洛），"二战"近卫步兵第63师

近卫红旗莫斯科—塔尔图第467军区初级坦克兵训练中心

近卫红旗科韦尔第210跨区工程兵训练中心（下诺夫哥罗德州克斯托沃）

红旗第6集团军（圣彼得堡）：

荣获列宁勋章的独立近卫红旗红谢洛摩步第138旅（列宁格勒州卡缅卡），装备T-72B3、MT-LBV、2S19、"通古斯卡"、2S34

独立近卫红旗塞瓦斯托波尔拉脱维亚摩步第25旅（普斯科夫州弗拉基米尔），原坦克第24师近卫摩步第13团，装备T-72B3、MT-LBV

第216装备储存维修基地（摩步第4旅）（彼得罗沃扎茨克），装备T-80、MT-LB

荣获库图佐夫勋章、波格丹·赫梅利尼茨基勋章、亚历山大涅夫斯基勋章的

▲ 西部军区陆军。

▲ 普京视察西部军区，2013年。

403

近卫红星凯尔采—柏林炮兵第9旅(卢加),原身近卫大威力火炮第289旅,装备9P140、AT-6、2S19、MT-12,

近卫炮兵第268旅(普希金)

第7014炮兵储存维修基地(卢加),前第107基地,2个炮兵旅装备,包括16门9P140、36辆9P149"强攻"-S、18辆2S19、36辆2S5、6门MT-12

防空导弹第5旅(圣彼得堡格列洛沃)

荣获苏维埃50周年纪念勋章的红旗列宁格勒通信第95旅(圣彼得堡格列洛沃,即乔尔纳亚奇卡)

荣获苏沃洛夫勋章、库图佐夫勋章、亚历山大涅夫斯基勋章的红旗涅曼河导弹第22旅(卢加)

保障第51旅(圣彼得堡)

近卫红旗第20集团军(下诺夫哥罗德州穆利诺):

以尤里·安德罗波夫命名,荣获列宁勋章的近卫红旗坎捷米罗夫卡坦克第4师(纳罗—福明斯克),装备T-80、BMP-2/3

荣获十月无产阶级红旗、苏沃洛夫勋章的近卫红旗米哈伊尔·加里宁塔曼摩步第2师(莫斯科州加利涅茨村,即加里宁村),装备T-90、BMP-3、BTR-80/82

荣获库图佐夫勋章的红旗琴斯托霍瓦坦克第6旅(穆利诺),"二战"坦克第31军坦克第100旅,装备T-72B3、BMP-3

荣获苏沃洛夫勋章、库图佐夫勋章的红旗维斯瓦摩步第9旅(近卫坦克第20旅,下诺夫哥罗德),原近卫坦克第47师近卫摩步第245团,装备T-72B3、BMP-3

荣获十月无产阶级红旗、苏沃洛夫勋章和库图佐夫勋章的近卫红旗马利诺夫斯基元帅乌拉尔—利沃夫第262武器存储维修基地(近卫坦克第1旅博古恰尔),装备T-80、BMP-2

第99武器存储维修基地(摩步第13旅特维尔),"二战"近卫步兵第90师,装备T-80

防空第53旅(库尔斯克),装备SA-11

防空第49旅(斯摩棱斯克州红博尔),装备SA-11

荣获库图佐夫勋章、波格丹·赫梅利尼茨基勋章的近卫红星利沃夫—柏林防空导弹第9旅(穆利诺)

荣获库图佐夫勋章、波格丹·赫梅利尼茨基勋章、红星勋章的红旗华沙—勃兰登堡炮兵第288旅（穆利诺）

第7015炮兵武器存储维修基地（穆利诺），装备16门9P140、36辆9P149、12门MT-12、54门2A65

导弹第448旅（库尔斯克州杜尔涅沃），装备12具SS-21

荣获列宁勋章、2枚红旗勋章、苏沃洛夫勋章、库图佐夫勋章、波格丹·赫梅利尼茨基勋章、亚历山大涅夫斯基勋章的近卫红旗新罗西斯克导弹第112旅（舒亚），2014换装12具SS-26

保障第69旅（穆利诺）

空降部队：

独立空降特战第45团（库宾卡）

近卫空中突击第76师（普斯科夫）

近卫空降第98师（伊万诺沃）

近卫空降第106师（图拉）

空降兵通信第38团

特战及侦察部队：

第322特种作战力量训练中心（索尔涅奇诺戈尔斯克），下辖谢涅日特战团（索尔涅奇诺戈尔斯克）、特战第900团（库宾卡）

特种第2旅（普斯科夫州切列克哈）

特种第16旅（坦波夫）

红旗特种雷达第146旅（列宁格勒州博戈季谢）

荣获亚历山大·涅夫斯基勋章的红旗特种雷达第82旅（维亚济马）

海军陆战队及岸防部队：

荣获苏沃洛夫勋章和库图佐夫勋章的近卫红旗莫斯科—明斯克无产阶级摩步第7团（加里宁格勒），"二战"近卫步兵第1师

荣获2枚红旗勋章、苏沃洛夫勋章的近卫红旗因斯特堡摩步第79旅（古谢夫），"二战"近卫步兵第18师近卫步兵第58团

荣获苏沃洛夫勋章和亚历山大涅夫斯基勋章的近卫比亚韦斯托克海军步兵第336旅（波罗的斯克），"二战"近卫步兵第120师近卫步兵第336团

独立岸防导弹第25旅（加里宁格勒州顿河），装备"边界"岸舰导弹

荣获列宁勋章、库图佐夫勋章的近卫红旗布列斯特—华沙导弹第152旅（切尔尼亚霍夫斯克），"二战"近卫反坦克第3旅

荣获库图佐夫勋章、亚历山大涅夫斯基勋章的近卫红旗维捷布斯克炮兵第244旅（加里宁格勒）

独立近卫防空导弹第22团（加里宁格勒），装备"道尔"

荣获亚历山大涅夫斯基勋章的近卫莫洛杰奇诺防空导弹第183团（近卫军城），2个S-400营

防空导弹第1545团（兹纳缅斯克），1个S-300V营

第841电子战中心（加里宁格勒州阿姆贝尔）

第742通信中心（加里宁格勒）

荣获亚历山大涅夫斯基勋章的独立涅曼河舟桥第73营（加里宁格勒州戈罗德科沃）

第561情报中心（塞林格）

波罗的海舰队海军步兵及岸防部队第299训练中心（近卫军城）

特战第313支队（波罗的斯克）

特战第473支队（圣彼得堡市喀琅施塔得港）

北极战略司令部（北方舰队）：

北方舰队独立红旗希尔科内斯海军步兵第61旅（摩尔曼斯克州斯普特尼克）

荣获库图佐夫勋章的独立佩琴加摩步第200旅（佩琴加），装备T-72B3、MT-LBV、2S19"通古斯卡"

北方舰队岸防第80旅（阿拉库尔季），2015年1月17日成立

独立岸防导弹炮兵第536旅（摩尔曼斯克州斯涅日诺戈尔斯克），装备"边界"岸舰导弹

第186独立电子战中心（北莫尔斯克）

第561通信枢纽（北莫尔斯克）

海军工程第180营（北莫尔斯克）

第 420 特种情报中心（摩尔曼斯克州博拉尔）

特战第 160 支队（摩尔曼斯克州扎泽尔斯克）

特战第 140 支队（摩尔曼斯克州韦德加耶沃）

特战第 269 支队（摩尔曼斯克州哈吉耶夫）

特战第 152 支队（摩尔曼斯克州博拉尔）

2014 年初，西部军区装备 48 具战役战术导弹发射架（24—36 具"圆点-U"、12—24 具"伊斯坎德尔"）；超过 700 辆坦克（约 100 辆 T-72 和 T-90、500 多辆 T-80），约 900 辆 BMP 和 BMD，高达 600 辆轮式装甲车（主要是 BTR-80），以及超过 800 辆履带装甲车（MT-LB 和 BTR-D）；超过 600 门自行火炮、700 门牵引火炮、100 门迫击炮、300 门多管火箭炮（超过 200 门"冰雹"，其余的为"飓风"和"龙卷风"）；约 200 套反坦克系统；400 具陆军防空导弹（S-300V、"山毛榉""雷神""黄蜂""箭"-10）、60 具"通古斯卡"、若干 ZSU-23-4"石勒喀"。此外，还在科斯特罗马州的存储基地存储了几千辆装甲车辆（坦克、步兵战车、装甲运兵车）。西部军区的地面防空力量是俄罗斯境内所有新军区中最强大的，占据了俄罗斯联邦空军和防空力量 38 个防空导弹团中的 22 个。这 22 个团中除了 S-300PM，还有 3-4 个 S-400 团（2—3 个在莫斯科，1 个在加里宁格勒州）。另外，莫斯科防空区还有 5 个反导团和陆军的 4 个防空导弹旅。

西部军区装备了约 90 架强击机、轰炸机，其中包括俄空军拥有的全部 24 架最新苏-34，其余的是苏-24；装备了 200 多架战斗机和截击机（苏-27、米格-29、米格-31，这个数字包括俄罗斯唯一航母舰载的苏-27K〈苏-33〉）；装备了大约 80 架米 35/24 武装直升机，至少 50 架多用途米-8/17 和大约相同数量的海航直升机 KA-27/32/29。

北方舰队装备有 6 艘 667BDRM 弹道导弹核潜艇、13 艘核攻击潜艇（3 艘 949A、2 艘 945 和 2 艘 945A、6 艘 971）、7 艘 877 常规潜艇、10 艘特种潜艇、1 艘 11435 重型载机巡洋舰、3 艘重型核动力导弹巡洋舰（2 艘 1144、1 艘 1164）、2 艘 956 驱逐舰、5 艘大型反潜舰（4 艘 1155、1 艘 1551）和 6 艘小型反潜舰（1124M）、3 艘小型导弹舰、11 艘 1234 拖船、4 艘 775 大型两栖舰等。

波罗的海舰队装备有 3 艘常规潜艇（2 艘 877〈维修中〉、1 艘 677）、2 艘 956 型驱逐舰（维修中）、2 艘 11540 型巡逻艇等、3 艘 20380 型护卫舰、8 艘 1331 型小型反潜舰、4 艘 12341 型导弹艇、7 艘 12411 型导弹艇、20 艘拖船、4 艘 775（含 775M）型大型两栖舰、2 艘 12322 型两栖气垫艇。

西部军区下辖列宁格勒空防第1指挥部,2015年8月10日重组为空防第6集团军。

历任司令：
瓦西里·瓦西里耶维奇·格拉西莫夫上将（组建阶段，2010年9月—2010年10月）
阿尔卡季·维克多罗维奇·巴辛上将（2010年10月28日—2012年11月9日）
阿纳托利·亚历克赛耶维奇·西多罗夫上将（2012年12月24日—2015年11月10日）
安德烈·瓦列里耶维奇·卡尔塔波罗夫上将（2015年11月10日至今）

2. 南部军区（ЮВО，YUVO）

[简史]

根据2010年9月20日NO.1144俄罗斯联邦总统令，10月22日南部军区成立，驻顿河畔罗斯托夫。

南部军区范围内的联邦主体共13个，分别是阿迪格共和国、达吉斯坦共和国、印古什共和国、卡巴尔达—巴尔卡尔共和国、卡尔梅克共和国、卡拉恰伊—切尔克斯共和国、北奥塞梯—阿兰共和国、车臣共和国、克拉斯诺达尔边疆区、斯塔夫罗波尔边疆区、阿斯特拉罕州、伏尔加格勒州、罗斯托夫州。

南部军区还包括2个在亚美尼亚共和国的军事基地：

第102军事基地，驻久姆里；

第3624空军基地，驻首都埃里温埃列布尼军民两用机场，由亚美尼亚和俄罗斯当局共同控制。

到2014年4月2日，克里米亚和塞瓦斯托波尔也正式编入南部军区。

2016年，南部军区在顿河畔罗斯托夫新建摩步第150师，到年底重组了近卫摩步第42师。

2017年，南部军区重建了近卫第8集团军。

南部军区司令部指挥除了战略导弹部队和航天部队以外所有驻扎在该地区的军事力量和其他俄罗斯武装力量。此外，还指挥区内执行任务的内务部部队、边防部队，以及紧急情况部等俄罗斯联邦强力部门。

▲ 南部军区标志。

第十章 第二次世界大战后的苏俄战区、军区、驻外集群沿革

[序列]

2010 年底南部军区序列：

第 58 集团军（弗拉季高加索）

　　近卫第 4 军事基地（摩步第 693 团）（南奥塞梯德扎瓦—茨欣瓦利）

　　近卫摩步第 17 旅（沙利）

　　近卫摩步第 18 旅（汉卡拉）

　　摩步第 19 旅（弗拉季高加索斯普特尼克）

　　近卫摩步第 136 旅（达吉斯坦）

　　摩步第 205 旅（布琼诺夫斯克）

　　防空第 67 旅（伏尔加格勒）

　　通信第 34 旅（弗拉季高加索）

第 49 集团军（斯塔夫罗波尔原战略火箭军通信研究所/迈科普）

　　近卫山地摩步第 8 旅（博尔佐伊）

　　近卫摩步第 20 旅（伏尔加格勒）

　　山地摩步第 34 旅（斯托罗泽瓦亚-2）

　　通信第 66 旅（斯塔夫罗波尔）

　　近卫导弹第 1 旅（克拉斯诺达尔）

直属：

火箭炮第 439 旅

炮兵第 291 旅（特洛伊茨卡亚）

NBC 第 21 旅（卡梅申）

通信第 175 旅（阿克塞）

通信第 176 旅（新切尔卡斯克）

特种无线电技术第 154 旅（伊佐比利内）

物资保障旅（斯塔夫罗波尔）

第 102 军事基地（亚美尼亚久姆里）

摩步第 76 旅（亚美尼亚久姆里），2011 年撤消

摩步第 73 旅（亚美尼亚埃里温），2010 年撤消

防空第 998 团（亚美尼亚久姆里）

2 支俄罗斯空降兵部队：

▲ 南部军区部队。

近卫空降第 7 师（新罗西斯克）

近卫空中突击第 56 旅（卡梅申）

特种部队/侦察部队：

山地侦察第 33 旅（迈科普）

侦察第 100 旅（莫兹多克）

特种第 10 旅（克拉斯诺达尔）

特种第 22 旅（罗斯托夫）

空军部队：

俄罗斯空防第 4 集团军

海军黑海舰队

海军步兵第 810 旅

独立海军步兵第 382 营

独立海岸导弹炮兵第 11 旅

独立火箭炮兵第 1096 团

里海舰队

独立海军步兵第 414、727 营

2014 年南部军区序列：

荣获 2 枚红星勋章、亚历山大涅夫斯基勋章的红星卢尼涅茨—平斯克通信第 175 旅（罗斯托夫州阿克塞）

独立通信第 176 旅（新切尔卡斯克）

独立（实验）侦察第 100 旅（莫兹多克）

荣获库图佐夫勋章的近卫彼列科普火箭炮第 439 旅（阿斯特拉罕州兹纳缅斯克），装备 12 门"龙旋风"

荣获亚历山大涅夫斯基勋章的独立近卫金吉谢普工程兵第 11 旅（罗斯托夫州卡缅斯克—沙赫京斯基）

NBC 第 28 旅（伏尔加格勒州卡梅申）

独立第 1270 电子战中心（罗斯托夫州科夫列夫卡）

独立铁道兵第 37 旅（伏尔加格勒）

独立铁道兵第 39 旅（克拉斯诺达尔）

独立铁道舟桥第 333 营（伏尔加格勒）

武装力量山地战训练中心（卡巴尔达—巴尔卡尔共和国巴克桑峡谷）

第 54 侦察兵训练中心（弗拉季高加索）

第 27 铁道兵培训中心（伏尔加格勒）

第 49 集团军（斯塔夫罗波尔）：

独立（山地）摩步第 33 旅（迈科普）

独立（山地）摩步第 34 旅（卡拉恰伊-切尔克斯共和国泽连丘克斯卡亚）

哥萨克摩步第 205 旅（斯塔夫罗波尔边疆区布琼诺夫斯克），装备 T-72、MT-LB

荣获库图佐夫勋章和红星勋章的红旗克拉斯诺达尔第 7 基地（阿布哈兹共和国古达乌塔）

第 7016 炮兵装备存储和维修基地（阿迪格共和国迈科普），装备 24 门 9P140"飓风"、36 门 152 毫米 2A65"姆斯塔"-B、12 门 100 毫米 MT-12、36 辆 9P149"强攻"-S

荣获亚历山大涅夫斯基勋章的红旗敖德萨通信第 66 旅（斯塔夫罗波尔）

独立电子战第 95 营（莫兹多克）

独立保障第 99 旅（迈科普）

第 58 集团军（弗拉季高加索）：

以卡图科夫坦克兵元帅命名，荣获 2 枚列宁勋章、苏沃洛夫勋章、库图佐夫勋章和波格丹·赫梅利尼茨基勋章的近卫红旗切尔特科夫（山地）摩步第 8 旅（车臣共和国博尔佐伊），"二战"近卫坦克第 1 旅，装备MT-LBV

独立近卫摩步第 17 旅（沙利），前近卫摩步第 291 团，装备MT-LBV

独立近卫红旗叶夫帕托里亚摩步第 18 旅（车臣汉卡拉），继承"二战"近卫步兵第 24 师荣誉，装备T-72、BTR-82

荣获苏沃洛夫勋章、劳动红旗的独立红旗沃罗涅日—舒姆林摩步第 19 旅（弗拉季高加索斯普特尼克），"二战"步兵第 19 师，装备T-90、BMP-3

荣获苏沃洛夫勋章的近卫红旗喀尔巴阡—柏林摩步第 20 旅（伏尔加格勒），"二战"近卫机械化第 8 军，装备T-90、BMP-3

荣获苏沃洛夫勋章、库图佐夫勋章和波格丹·赫梅利尼茨基勋章的大队的独立近卫红旗乌曼—柏林摩步第 136 旅（达吉斯坦布伊纳克斯克），继承近卫摩步第 204 团荣誉，装备T-90、BMP

近卫导弹第 1 旅（克拉斯诺达尔）

炮兵第 291 旅（印古什共和国特里尼提）

火箭炮兵第 943 团（阿迪格共和国克拉斯诺奥克提阿不尔斯迈科普附近）

独立侦察第 573 营（阿迪格共和国克拉斯诺奥克提阿不尔斯）

防空导弹第 67 旅（弗拉季高加索斯普特尼克）

通信第 234 旅（弗拉季高加索）

突击工兵第 31 团（卡巴尔达—巴尔卡尔共和国普罗赫拉德内）

独立电子战第 97 营（弗拉季高加索）

独立保障第 78 旅（卡巴尔达—巴尔卡尔共和国普罗赫拉德内）

驻外基地：

荣获苏沃洛夫勋章、库图佐夫勋章的近卫红旗瓦普尼亚尔卡—柏林第 4 基地（南奥塞梯共和国茨欣瓦利），前摩步第 19 师近卫摩步第 693 团

第 102 军事基地（亚美尼亚久姆里）

空降部队：

近卫（山地）空中突击第 7 师（新罗西斯克）

独立空中突击第 56 旅（卡梅申）

特种与侦察部队：

荣获朱可夫勋章的独立特种第 10 旅（克拉斯诺达尔州莫尔基诺）

独立特种第 22 旅（巴泰斯克）

独立特种第 346 旅（凉城<普罗赫拉德内>），2011-2012 年组建

独立特种第 25 团（斯塔夫罗波尔），2011-2012 年组建

独立专线技术第 154 旅（斯塔夫罗波尔边疆区伊佐比利内）

独立专线技术第 74 团（弗拉季高加索）

海军陆战队与岸防力量：

独立海军步兵第 810 旅（塞瓦斯托波尔）

荣获苏沃洛夫勋章的红旗戈尔洛夫卡海防第 126 旅（别列瓦尔诺耶），"二战"步兵第 126 师

独立海军步兵第 382 营（捷姆留克）

独立岸防导弹炮兵第 11 旅（克拉斯诺达尔边疆区乌塔什），2005 年组建

独立炮兵第 8 团（辛菲罗波尔），2014 年组建

独立防空第 1096 营（塞瓦斯托波尔）

独立第 475 电子战中心（塞瓦斯托波尔）

红旗第 529 通信枢纽（塞瓦斯托波尔）

第 137 观通站（图阿普谢）

特种第 102 支队（塞瓦斯托波尔）

特种第 136 支队（新罗西斯克）

特种第 137 支队（马哈奇卡拉）

独立海军步兵第 414 营（达吉斯坦卡斯皮斯克）

独立海军步兵第 727 营（阿斯特拉罕）

独立岸防导弹第 46 营（达吉斯坦卡斯皮斯克）

南部军区装备了大约 400 辆坦克（T-72 和 T-90）；1000 余辆 BMP 和 BMD，约 250 辆轮式装甲车（主要是 BTR-80），以及 800 多辆履带装甲输送车（MTLB 和 BTR-D）；450 门自行火炮、约 250 门牵引火炮、200 门迫击炮、超过 250 门多管火箭炮（包括军内最新最强

大的多管火箭炮系统"龙卷风");超过 150 套反坦克系统;200 具陆军防空防空导弹(S-300V、"山毛榉""雷神""黄蜂""箭"-10)、超过 50 门"通古斯卡"弹炮合一系统。

南部军区境内的地面防空仅包括 3 个防空导弹团,而其中之一只装备类似地面部队防空导弹旅的SA-11。为了解决该地区的防空导弹的不足,1 个防空导弹团(新罗西斯克附近)换装了S-400。此外,南部军区在阿斯特拉罕州阿舒卢克的防空作战训练中心有 2 个S-300P战备营。

南部军区空军编有 100 架苏霍伊的苏-24、超过 80 架苏-25、约 100 架战斗机(米格-29、苏-27、苏-30)。有 1 个非常强大的航空兵集团军,其中装备 100 多架武装直升机(至少 10 架KA-52、30 架Mi-28N、至少有 50 架米-24/35)、12 架Mi-26 重型运输直升机、超过 60 架多用途的Mi-8/17。

黑海舰队拥有两艘潜艇(877 和 641B型各1),旗舰是 1164 型导弹巡洋舰"莫斯科"。1 艘 1134B型大型反潜舰"刻赤"(待修)、3 艘巡逻艇(01090、1135 和 1135M型各1)、5 艘小反潜舰(包括 1 艘 1124M和 1 艘 1124 型)、4 艘轻型导弹艇(1239 和 12341 型各2)、5 艘导弹艇(1 艘 12417、4 艘 12411 型)、11 艘拖船、7 艘大型登陆舰(3 艘 1171、4 艘 775 型)。

里海区舰队有 2 艘 1661 型巡逻舰(其中第 2 艘"达吉斯坦"装备有导弹系统"俱乐部"-NK,能攻击海上和地面目标)、3 艘 21630 型轻型炮舰、1 艘 12412 型导弹艇、3 艘 206MR和 2 艘 1241 型(其中 1 艘改装为炮舰)导弹艇、4 艘 1204 型装甲船、7 艘扫雷舰、6 艘登陆舰。

海军基地:
黑海舰队(塞瓦斯托波尔)
克里米亚海军基地(塞瓦斯托波尔)
新罗西斯克海军基地(新罗西斯克)
里海舰队(阿斯特拉罕卡斯皮斯克马哈奇卡拉)

内务部部队包括 2.65 万人、700 辆装甲输送车和步兵战车,装备有重机枪和口径达 100 毫米的火炮。2010 年,在瑙尔斯卡炮兵团的基础上改建了 1 个炮兵团,装备 122 毫米D-30 榴弹炮。

第 4(机动)支队可部署到南部军区的所有地区,隶属YUVO。

独立第 47 机动旅（2002 年 1 月前为第 2 机动师）（克拉斯诺达尔），A/H3702，辖有独立通信第 244 营（A/H3774），全旅共 1923 人，装备 34 辆BMP

第 49 机动师（2002 年 1 月前为第 99 师）（弗拉季高加索），A/H3748，辖独立通信第 243 营（A/H3773）、第 674 团（莫兹多克，A/H3737）、第 121 团（A/H3723，纳尔奇克）

第 100 装甲机动师（新切尔卡斯克），前身坦克第 14 师，辖 3 个机动团、1 个坦克团，后来减少到 1 个坦克营。2006 年冬，改编为独立第 50 机动旅，1 个团改特种机动团，坦克营简编，独立炮兵第 4 营转隶独立第 46 机动旅。2011 年 6 月，第 50 独立机动旅缩编（缩编了工兵营、独立物资保障营，机动团缩为营）

独立第 22 机动旅（顿河畔罗斯托夫），A/H3642，1871 人，装备 31 辆BMP

荣获朱可夫勋章的（车臣共和国）独立第 46 机动旅（2000 年前编为第 101 特种作战大队），约 1.5 万人，装备超过 150 辆装甲输送车

"斯维托格尔"特种第 30 团，I/H5559

独立第 102 机动旅（马哈奇卡拉），I/H6752

独立第 56 机动旅（皮亚季戈尔斯克），B/W7427

独立第 372 营（泽列诺库姆斯克的），A/H3772

独立第 346 营（伏拉格达特纳比），I/H6774

独立第 398 营（阿斯特拉罕），I/H6499

独立直升机团（顿河畔罗斯托夫），A/H3686，777 人，装备 2 架米-24 和米-8

直升机团，439 人，装备 2 架米 24 和米-8

特种摩托第 127 团（"奥林匹克"）（索契），I/H3662

第 139 特种机动团（前独立第 377 营，第 66 团）（克拉斯诺达尔），I/H3703

第 390 特种摩步营（前内部部队北高加索军区警卫团）（伏尔加格勒），I/H7461，隶属军区指挥，保护国家重要设施、各类专家培训中心、2 所医院（皮亚季戈尔斯克、新切尔卡斯克）

第 7 特种团"洛斯奇"（新切尔卡斯克），I/H3719

第 15 特种团"维季奇"（阿尔马维尔），I/H6761

第 17 特种团"雪绒花"（矿泉城），I/H6762

第 34 特种团（格罗兹尼），I/H6775

第 35 特种大队"罗斯"（辛菲罗波尔）

独立第 112 机动旅（辛菲罗波尔），I/H3009

独立机动营（叶夫帕托里亚），I/H3055

独立机动营（加斯普拉），I/H3058

独立第 42 机动团（塞瓦斯托波尔），I/H4110

独立第 47 机动团（派克），I/H4125

历任司令：

亚历山大·维克托罗维奇·加尔金中将、上将（2010 年 10 月 22 日—2016 年 6 月）

亚历山大·弗拉基米罗维奇·德沃尔尼科夫上将（2016 年 9 月 20 日至今）

3. 中部军区（ЦВО，CVO）

[简史]

根据 2010 年 9 月 20 日第 1144 号总统令，2010 年 10 月 21 日在叶卡捷琳堡成立中部军区（又译中央军区），司令部驻叶卡捷琳堡。辖区含原伏尔加河沿岸—乌拉尔军区和西伯利亚军区的西部，还包括空防军第 2 司令部、驻塔吉克第 201 基地。

中部军区范围内的联邦主体共 29 个，分别是阿尔泰共和国、巴什科尔托斯坦共和国、马里埃尔共和国、莫尔多瓦共和国、鞑靼斯坦共和国、图瓦共和国、乌德穆尔特共和国、哈卡斯共和国、楚瓦什共和国、阿尔泰边疆区、克拉斯诺亚尔斯克边疆区、彼尔姆边疆区、伊尔库茨克州、克麦罗沃州、基洛夫州、库尔干州、新西伯利亚州、鄂木斯克州、奥伦堡州、奔萨州、萨马拉州、萨拉托夫州、斯维尔德洛夫斯克州、托木斯克州、秋明州、乌里扬诺夫斯克州、车里雅宾斯克州、汉特—曼西自治区（尤格拉）和亚马尔—涅涅茨自治区。

中部军区是俄罗斯最大的军区，面积 706 万平方公里（超过俄罗斯总面积 40%），人口 5490 万（占俄罗斯全国 39%）。

中部军区司令部指挥除了战略导弹部队和航天部队之外所有驻扎在该地区的军事力量和其他俄罗斯武装力量。此外，还指挥区内执行任务的内务部部队、边防部队，以及紧急情况部等俄罗斯联邦强力部门。

2016 年，中部军区在车里雅宾斯克州切尔巴库里重组了近卫坦克第 90 师。

▲ 中部军区标志。

[序列]

2014年中部军区序列：

红旗锡瓦什通信第59旅（斯维尔德洛夫州上佩什马）

（终端）通信第179旅（叶卡捷琳堡）

荣获2枚红旗勋章、朱可夫勋章的红旗加特契纳第201基地（杜尚别）

荣获苏沃洛夫勋章的红旗辛菲罗波尔—奥尔忠尼启则摩步第28旅（叶卡捷琳堡），"二战"步兵第77师，装备T-72、BMP-2

荣获苏沃洛夫勋章、库图佐夫勋章和亚历山大涅夫斯基勋章的独立近卫奥伦堡哥萨克坦克第7旅（车里雅宾斯克州切巴尔库里），"二战"近卫骑兵第15师近卫骑兵第55团，装备T-72、BMP-2

防空导弹第28旅（车里雅宾斯克州切巴尔库里），2个S-300V营

独立近卫红旗柯尼斯堡—戈罗多克工程兵第12旅（乌法）

独立NBC第29旅（叶卡捷琳堡）

电子战第18旅（叶卡捷琳堡）

独立红旗波兹南铁道兵第5旅（阿巴坎）

独立铁道兵第43旅（叶卡捷琳堡）

独立铁道兵第48旅（鄂木斯克）

红旗利西昌斯克第473军区初级（摩步）培训中心（斯维尔德洛夫斯克州叶兰斯基地区波罗申村）

近卫红旗第2集团军（萨马拉）：

荣获波格丹·赫梅利尼茨基勋章的近卫红旗基辅—新布格近卫摩步第21旅（托茨科耶），"二战"近卫步兵第27师主体改，装备T-72、BMP

荣获库图佐夫勋章的独立近卫红旗柏林摩步第15旅（萨马拉州罗辛斯基村），"二战"近卫步兵第27师近卫步兵第76团，装备T-72、BTR82A

荣获2枚红旗勋章、苏沃洛夫勋章、库图佐夫勋章和波格丹·赫梅利尼茨基

▲ 中部军区司令部大楼。

勋章的独立近卫红旗彼得罗库夫伏尔加哥萨克摩步第23旅（萨马拉），"二战"近卫机械化第6军近卫机械化第17旅，装备T-72、BTR-82

导弹第92旅（托茨科耶）

炮兵第385旅（托茨科耶）

荣获波格丹·赫梅利尼茨基勋章的近卫红旗敖德萨炮兵第385旅（托茨科耶）

独立侦察第581营（奥伦堡州托茨科耶-2）

火箭炮第950团（奥伦堡州托茨科耶-2）

第7017装备存储和维修基地（奥伦堡州布祖卢克），装备18门100毫米MT-12、54门9P149

防空导弹第297旅（乌法）

荣获亚历山大涅夫斯基勋章的红星凯尔采通信第91旅（罗辛斯基）

独立保障第105旅（罗辛斯基）

红旗第41集团军（新西伯利亚）：

红旗列宁格勒—巴甫洛夫格勒摩步第32旅（新西伯利亚州希洛沃），"二战"步兵第85师，装备T-90、BTR

荣获列宁勋章、苏沃洛夫勋章和库图佐夫勋章的近卫红旗伏尔加格勒—基辅摩步第35旅（阿列伊斯克），"二战"近卫坦克第5军，装备T-72、BMP-2

荣获苏沃洛夫勋章的独立近卫兹韦尼戈罗德卡—柏林摩步第74旅（尤尔加），"二战"近卫步兵第94师，装备T-72、BMP-3

独立山地摩步第55旅（克孜勒），2014年组建，第5350基地改

第103武器存储维修基地（希洛沃，摩步第84旅）

第104武器存储维修基地（阿列伊斯克，摩步第85旅）

荣获2枚红旗勋章和苏沃洛夫勋章的红旗锡瓦什湖—斯德丁炮兵第187武器存储维修基地（下乌金斯克，摩步第86旅），前身为2005年重建的炮兵第12师，继承了炮兵第26师的荣誉

导弹第119旅（叶兰茨基）

荣获苏沃洛夫勋章的红旗布拉格火箭炮兵第232旅（舍列霍夫）

近卫炮兵第120旅（尤尔加）

第7019炮兵装备存储和维修基地（舍列霍夫），装备16门9P140"飓风"，54门152

毫米 2A65"姆斯塔"-B，12 门 100 毫米 MT-12、36 辆 9P149

防空导弹第 61 旅（阿尔泰边疆区比斯克）

红星塔林通信 35 旅（新西伯利亚州科奇涅夫村）。

独立保障第 106 旅（克麦罗沃州尤尔加）。

空降部队：

荣获库图佐夫勋章的近卫空中突击第 31 旅（乌里扬诺夫斯克），前近卫空降第 104 师

第 242 空降兵教学中心（鄂木斯克），前空降第 44 教导师

▲ 中部地区部队。

特战及侦察部队：

荣获苏沃洛夫勋章的近卫红旗华沙-柏林特种 3 旅（陶里亚蒂）

特种第 24 旅（新西伯利亚）

专线技术第 39 旅（奥伦堡）

中部军区装备有 24 具战役战术导弹（12 具 SS-21 和 12 具"伊斯坎德尔"）；超过 500 辆 T-72 坦克；800 辆 BMP-2 和 BMD-2、超过 300 辆 BTR-80；超过 500 门自行火炮、250 门牵引火炮、约 200 门迫击炮、约 300 门多管火箭炮系统（60 门"飓风"，其余的为 BM-21）；约 300 具反坦克导弹；250 具陆军防空导弹（S-300V、"山毛榉""雷神""黄蜂""箭"-10）、多达 50 辆"通古斯卡"弹炮合一系统、超过 20 辆 ZSU-23-4"石勒喀河"。

中部军区装备有约 40 架苏-24 和多达 50 架现代化米格-31BM。此外，还有 50 架米-24 武装直升机和 40 架米-26、米-8。然而，在中部军区辖区部署的远程（战略）航空兵恩格斯基地（装备了俄军所有的 Tu-160）和伊尔库茨克基地（装备中程轰炸机图-22M3）、奥伦堡军用运输机基地（装备伊尔-76）不受空防第 2 司令部指挥。

中部军区境内有 2 个中央坦克储备基地——上佩什马（斯维尔德洛夫斯克州）和科祖尔卡（克拉斯诺亚尔斯克边疆区）。基地不停放坦克和其他装甲车辆，只提供至少不亚于军区级的常规配件服务。地面防空部队有 6 个 S-300P 防空导弹团（伏尔加河沿岸地区和东西伯利亚各 2，乌拉尔和西西伯利亚各 1）。

历任司令：

弗拉基米尔·瓦连季诺维奇·奇尔金中将（2010 年 7 月 9 日—12 月 13 日代理，2010 年 12 月 13 日—2012 年 4 月 26 日）

▲ 中部军区部队。

瓦列里·瓦西里耶维奇·格拉西莫夫上将（2012 年 4 月 26 日—11 月 9 日）

阿列克塞耶维奇·弗拉基米罗维奇·德沃布尼科夫少将（代理，2012 年 11 月 9 日—12 月 24 日）

尼古拉·瓦西里耶维奇·波格丹诺夫上将（2012 年 12 月 24 日—2014 年 6 月 12 日）

弗拉基米尔·鲍里索维奇·扎鲁德尼茨基上将（2014 年 6 月 12 日至今）

4. 东部军区（ВВО，VVO)

[简史]

根据 2010 年 9 月 20 日第 1144 号总统令，2010 年 10 月 21 日在哈巴罗夫斯克成立东部军区，司令部驻哈巴罗夫斯克。

东部军区范围内的联邦主体共 11 个，分别是布里亚特共和国、萨哈（雅库特）共和国、后贝加尔边疆区、堪察加边疆区、滨海边疆区、哈巴罗夫斯克边疆区、阿穆尔州、马加丹州、萨哈林州、犹太自治州、楚科奇自治区。

东部军区司令部指挥除了战略导弹部队和航天部队之外所有驻扎在该地区的军事力量和其他俄罗斯武装力量。此外，还指挥区内执行任务的内务部部队、边防部队，以及紧急情况部等俄罗斯联邦强力部门。

第十章 第二次世界大战后的苏俄战区、军区、驻外集群沿革

[序列]

2014年东部军区序列：

克卢日通信第104旅（通信枢纽,哈巴罗夫斯克）

（终端）通信第106旅（达利涅列琴斯克）

荣获红星勋章的独立近卫红旗巴拉诺维奇工程兵第14旅（滨海边疆区拉兹多尔诺耶）

独立电子战第17旅（哈巴罗夫斯克边疆区马特耶夫卡）

▲ 东部军区标志。

独立红旗铁道兵第7旅（阿穆尔河畔共青城）

独立铁道兵第50旅（阿穆尔州斯沃博德内奥布拉斯特布,即FREE村）

独立铁道兵舟桥第118营（哈巴罗夫斯克）

荣获库图佐夫勋章的第392军区摩步兵训练中心（哈巴罗夫斯克）,前第129训练师

以I.N.鲁西亚诺夫中将命名的荣获列宁勋章和库图佐夫勋章的近卫维也纳第212军区坦克兵训练中心（赤塔）,前第49坦克教导师,1993年继承近卫机械化第1军历史和荣誉

第29集团军（赤塔）：

近卫红旗洛佐瓦亚摩步第36旅（博尔贾）,"二战"近卫步兵第38师,装备T-90、BMP

第225武器存储维修基地（独立摩步第29旅）（亚斯纳亚<Clear>）

炮兵第200旅（戈尔内村,即大山<Mountain>村）

第7018炮兵存储维修基地,驻（Wood村<多罗维亚纳亚>）,装备16门9P140"飓风"、54门152毫米2A65"姆斯塔"-B、12门100毫米MT-12、36辆9P149"强攻"-S

荣获库图佐夫勋章的鲍里索夫防空第140旅（多姆纳）

兴安岭通信第101旅（赤塔）

保障第104旅（赤塔）,前物资保障第53旅

第36集团军（乌兰乌德）

荣获苏沃洛夫勋章的近卫红旗塔钦坦克第5旅（乌兰乌德）,"二战"近卫坦克第2军,装备T-72、BMP-1

421

荣获红星勋章的近卫红旗顿河布达佩斯摩步第37旅（恰克图），"二战"近卫骑兵第5军，装备T-90、BMP-2

第227武器存储维修基地（摩步第87旅）（旧迪维济翁纳亚＜楚库柏兴＞），装备2S1、AT-6、SA-13、MT-12等

荣获库图佐夫勋章、波格丹赫梅利尼茨基勋章的红旗导弹第103旅（乌兰乌德-4）

防空导弹第1723团（吉达），前防空导弹第7旅

通信第75旅（乌兰乌德），前第175通信团

独立保障第102旅（古西诺奥泽尔斯克-3）

红旗第5集团军（滨海边疆区乌苏里斯克）：

荣获苏沃洛夫勋章的近卫红旗克拉斯诺达尔摩步第57旅（比金），"二战"近卫步兵第81师，装备T-80、BMP-1

荣获库图佐夫勋章的摩步第59旅（谢尔盖耶夫卡），"二战"步兵第66师，装备T-80、BMP-1

红旗摩步第60旅（西比尔舍沃），"二战"机械化第10军，装备T-80、BMP-1

荣获十月革命红旗、苏沃洛夫勋章的近卫红旗杜霍夫希纳—兴安岭摩步第70旅（乌苏里斯克），"二战"近卫步兵第17师，装备T-80、MT-LB

第237武器存储维修基地（独立摩步第89旅，比金），近卫摩步第81师分拆，装备T-80

第245武器存储维修基地（独立摩步第93旅，列索扎沃茨克），"二战"步兵第39师，装备T-80

红旗第247武器存储维修基地（独立摩步第94旅，摩纳斯提里斯齐-2），前身坦克第218团，"二战"坦克第218旅，装备T-80

荣获两枚红旗勋章的近卫柏林导弹第20旅（斯帕斯克达利尼），"二战"近卫火箭炮第2师近卫火箭炮第20旅

荣获亚历山大涅夫斯基勋章的近卫涅瓦河—德维纳河火箭炮第338旅（新西索耶夫卡）

红旗贡宾嫩炮兵第305旅（乌苏里斯克）

第7020哈尔滨炮兵存储维修基地（乌苏里斯克），装备16门9P140、36辆AT-6、54

▲ 东部军区司令部大楼，2012年4月。

▲ 2013年4月10日，谢尔盖·苏罗维金上将就任东部军区司令。

门2S5、12门MT-12

荣获库图佐夫勋章的沙夫林防空导弹第8旅（拉兹多利诺耶）

通信第80旅（乌苏里斯克）

NBC第16旅（列索扎沃茨克）

保障第101旅（乌苏里斯克）

红旗第35集团军（别洛戈尔斯克）：

荣获列宁勋章、苏沃洛夫勋章的近卫红旗维捷布斯克摩步第38旅（别洛戈尔斯克），"二战"近卫步兵第31师，装备T-72B3、BMP-2

摩步第64旅（哈巴罗夫斯克-41），前摩步第270师摩步第882团，装备T-80、BMP-2

荣获红星勋章的红旗斯维里—波美拉尼亚阿穆尔哥萨克掩护第69旅（巴布斯托沃），"二战"步兵第272师

第240武器存储维修基地（摩步第90旅，别洛戈尔斯克），近卫摩步第21师分拆

第243武器存储维修基地（摩步第92旅，哈巴罗夫斯克），前摩步第270师

第261武器存储维修基地（摩步第95旅，阿穆尔州莫斯帕德），前近卫坦克第21师机炮第57团

荣获列宁勋章的红旗莫济里导弹第107旅（比罗比詹），装备SS-26

荣获库图佐夫勋章、波格丹赫梅利尼茨基勋章的红旗布拉格炮兵第165旅（尼科尔斯科耶别洛戈尔斯克-15）

第7021炮兵存储维修基地（尼科利斯克耶），装备16门9P140、36辆AT-6、54门2S5、12门MT-12

423

▲ 东部军区 2014 年 5 月 9 日胜利日游行。

防空导弹第 71 旅（阿穆尔州斯列德尼别拉亚）

通信第 54 旅（别洛戈尔斯克）

荣获列宁勋章、库图佐夫勋章的红旗维堡工程兵第 37 团（阿穆尔州别列佐夫卡）

保障第 103 旅（别洛戈尔斯克）

第 68 军：

机枪炮兵第 18 师（择捉岛戈尔亚奇克柳奇）

红旗摩步第 39 旅（南萨哈林斯克），"二战"步兵第 342 师，后摩步第 33 师，装备 T-80

第 230 武器存储维修基地（独立摩步第 88 旅，萨哈林州达奇诺耶），前摩步第 33 师摩步第 389 团

空降部队：

空降第 83 旅（乌苏里斯克）

近卫空中突击第 11 旅（乌兰乌德市松林村〈索斯诺维博尔〉）

特战及侦察部队：

独立特种第 14 旅（乌苏里斯克）

独立专线技术第 88 旅（乌兰乌德-40）

独立专线技术第 92 旅（滨海边疆区旧西索耶夫卡）

独立专线技术第 7 团（滨海边疆区阿尔乔姆）

海军陆战队及岸防力量：

海军步兵第155旅（海参崴），"二战"步兵第55师，海军步兵第1师

荣获2枚红旗勋章的克拉斯诺达尔—哈尔滨海军步兵第40旅（彼得罗巴甫洛夫斯克），"二战"步兵第22师

独立岸防导弹第72团（滨海边疆区斯莫尔雅尼诺沃）

独立岸防导弹—炮兵第520旅（勘察加英国女人村）

防空导弹第1532团（彼得罗巴甫洛夫斯克）

第471电子战中心（勘察加英国女人村）

第474电子战中心（滨海边疆区索科托沃）

第140通信枢纽（海参崴）

第42观通站（滨海边疆区俄罗斯岛）

特种警备第311支队（彼得罗巴甫洛夫斯克）

特种警备第159支队（滨海边疆区巴甫洛夫斯克）

空军和防空部队：

空防第3司令部（2015年8月改空防第11集团军）

太平洋舰队海军航空兵（斯托尼布鲁克），其中第7060基地驻叶利佐沃，第7062基地驻尼古拉耶夫卡、克涅维奇、石溪

4个航空航天防御旅

东部军区装备了36具战役战术导弹（24具"圆点"-U，12具"伊斯坎德尔"）；900辆坦克（200辆T-72、约700辆T-80）；1200辆BMP-1/2、超过200辆装甲运兵车；超过700门自行火炮、400门牵引火炮、300门迫击炮、400门火箭炮；超过450具反坦克系统；超过300具陆军防空导弹（"山毛榉""雷神""黄蜂""箭"-10）、超过40辆"通古斯卡"弹炮合一系统、约100辆ZSU-23-4"石勒喀"。

从海参崴到纳霍德卡的地面防空力量有2个S-300P防空导弹团，其中1个换装S-400中，还有陆军的3个防空导弹旅，其中之一装备SA-11。在哈巴罗夫斯克部署了1个S-300P防空导弹团和1个原远东军区防空导弹旅缩编的防空导弹团，在阿穆尔河畔

共青城部署了1个5营制S-300P团。很难评价防卫堪察加半岛彼得罗巴甫洛夫斯克的1个独立S-300P团是否令人满意,但从哈巴罗夫斯克至贝加尔湖有一个巨大的"防空盲区",部署了3个SA-11旅(阿穆尔州,后贝加尔地区和布里亚特共和国各1,后一个防空团者被认为隶属空军和防空军,不隶属地面部队)。

然而,航空兵的情况也不好,大约装备了80架苏霍伊的苏-24,另外还有70架苏-25和100架战斗机、截击机(苏-27、米格-29、米格31)。计划将苏-25升级为苏-25SM(3),米格-31升级为米格-31BM。所有的苏-27升级为苏-27SM,后开始编入了新的苏-30SM(取代米格-29)和苏-35(取代苏-27SM)。TSB的武装直升机大约有70架,包括12架先进的卡-52,其余的为米-24。此外,还有70架米-26、米-8/17和大约30架KA-27/32/29。

太平洋舰队有3艘667BDR型核动力弹道导弹潜艇、5艘949A型巡航导弹核潜艇、5艘971型核潜艇、8艘877型常规潜艇、1164型导弹巡洋舰"瓦良格"号、1144型重型核动力导弹巡洋舰"拉扎列夫海军上将"号(改装中)、1艘956型驱逐舰(3艘维修)、4艘1155型大型反潜舰、8艘1124M型轻型反潜舰、4艘12341型导弹艇、10艘12411型导弹艇、9艘拖船、4艘大型登陆舰(1艘1171型、2艘775型、1艘775M型)。

历任司令:
康斯坦丁·谢苗诺维奇·西登科海军上将(2010年10月29日—2013年10月9日)
谢尔盖·弗拉基米罗维奇·苏罗维金中将、上将(2013年10月至今)